Agrarverhältnisse
im
Altertum

고대
농업
사정

막스 베버 Max Weber 저
김창성 역

공주대학교출판부

역자 서문

본서는 1909년 막스 베버가 『국가학사전 Handwörterbuch der Staatswissenschaft』 1권, 3판, pp. 52-188에 본 역서의 표제로 게재한 항목을 번역한 것이다. 이 기고문은 베버의 마지막 논고로 알려져 있다. 『국가학 사전』을 출간한 출판사에서는 베버에게 본 기고문에 수정이나 가필해 줄 것을 요구하였으나 그는 더 이상 원고를 작성하지 못하고, 1920년에 작고한다. 그래서 실제 이 기고문이 바로 막스 베버의 농업사로는 마지막 논고가 되었다. 이 마지막 작품을 한국어로 그의 서거 100주년을 임박한 시점에 발간하는 것은 의미 있는 일이다.[1]

한국에는 막스 베버가 저술한 몇 권의 저작이 번역되어 있으며, 연구서들도 있다.[2] 그런데 역자가 보기에 기존의 연구서는 대개 역사가라기보다는 사회과학자로서의 그의 면모를 조명하고 있다. 그것은 사회학자로서의 그의 활약 때문일 것이다. 그러나 사실 그의 최종 학위논문은 법사학 논문으로 제출되었다.[3] 그 논문 제목은 『공법과 사법에 관한 의미에서 본 로마 농지사 Die römische Agrargeschichte in ihrer Bedeutung für das Staats- und Privatrecht』 (1891) (이하 『로마농지사』로 약함)로, 국가가 관할하고 징세하는 농지의 측량과 그렇지 않은 개인토지의 측량을 구별하여 어떻게 다르게 적용되었는지를 논구하고 있다. 보통 유럽

---

1) 이 시점에 갑자기 여러 권의 번역서가 국내에서 출간된 것은 베버에 관한 관심이 커지고 있음을 보여준다. 주요한 것을 소개하면 다음과 같다. 전성우 역, 『직업으로의 정치』 나남, 2019. 전성우 역, 『막스베버의 고대 중세 연구』 나남, 2017. 박문재 역, 『프로테스탄트 윤리와 자본주의 정신』 현대지성, 2018. 이상률 역, 『관료제』 문예출판사, 2018. 이상률 역, 『직업으로의 정치』 나남, 2019. 이상률 역, 『관료제』 문예출판사, 2018. 이상률 역, 『사회학의 기초개념』 문예출판사, 2017.

2) 베버, 『사회경제사』, 조기준 역, 삼성출판사, 1982. (이 책은 Max Weber, *Wirtschaftsgeschichte: Abrisse der unversalen Sozial- und Wirtschaftsgeschichte, aus den nachgelassenen Vorlesungen herausgeben von prof. S. Hellmann und Dr. M. Palvi*, 2ter Auflage, München und Leipzig, 1924를 번역한 것이다. 이글은 베버가 뮌헨 대학에서 1919-1920년 겨울학기에 행한 강의를 기초로 하였으며, 베버는 이 강의를 마치고 만 56세의 나이로 서거한다.) 연구서로는 이순구(李舜求), 『증보판, Max Weber 연구』 한울, 1985, 여기에는 12편의 논문과 한편의 번역논문이 실려 있다. 번역연구서로는 이상율 편역, 『칼 마르크스와 막스베버』 문예출판사, 1999, 이 책에는 8편의 논고가 마르크스와 베버를 비교하고 있다. 김유경, 「봉건제와 가산제/막스 베버」 『봉건제』(나종일 편), 까치, 1988, pp. 84-110. (이는 *Wirtschaft und Gesellschaft*, Tübingen, 1972, pp. 625-636의 번역이다.)

3) 1889년에 상법박사 자격논문으로 제출된 것이 『중세 상사(商社)의 역사 Zur Geschichte der Handelsgesellschaften im Mittelalter』 Stuttgart 이다.

에서는 로마사가들이 로마법 학자로 분류된다. 이점을 고려하면 베버는 분명히 역사학자이고 그것도 로마 농업사가이다. 이렇게 본다면 그의 마지막 작품인 본서와 관련하여 베버는 시작과 마지막을 농업사로 장식한 셈이다. 후자의 경우 한 국가가 아니라, 이 책의 목차가 보여주듯이 로마를 벗어나 메소포타미아, 이집트, 이스라엘, 그리스로 확대되었던 것이다. 이렇게 확대된 주제를 연구하게 된 이유는 1910년을 전후하여 발굴 조사된 오리엔트 관련 유적에서 많은 문헌이 나오게 되었기 때문이다. 이런 문헌들을 탐독한 베버는 큰 충격을 받는다. 그동안 몰랐던 수많은 자료가 발굴됨으로써 종래 그리스와 로마 중심의 서양 중심주의가 더 이상 유지될 수 없었던 것이다. 이것이 그가 이 글을 기고하게 된 동기라고 할 것이다. 이제 베버는 발굴이나 판독 등이 자신의 역량을 넘어선다고 생각하여 간행물을 읽고 이를 중심으로 정리하고 비교하여 이 기고문을 완성한다. 따라서 이 기고문을 쓰는 데 그는 1차 사료보다는 2차 사료에 의존하여 세계의 농업사를 비교분석한 것이다. 이런 배경을 고려하면 서양 중심주의자로서의 그의 면모는 사실 재고를 요한다고 하겠다. 오리엔트를 비롯한 외부 세계에 관한 지식의 폭증이 그의 생각의 틀을 바꿀 수밖에 없었던 것이다. 그런 면모를 이 역서에서 독자들은 느낄 수 있을 것이다.

로마 농업사가인 베버가 왜 역사학자나 고대사학자로 소개되지 않는가? 실제 인터넷 대부분의 사이트에서는 그를 '사회학자'로 소개한다. 물론 독일어 위키 사이트에서는 '고전학자'로 소개되어 있으나 이 역시 뒤에 사회학과 문화학의 단서를 달고 있다. 역사학과 사회과학을 뚜렷이 구분하는 우리네 학풍에 소개되면서 베버는 역사학과는 무관한 사회과학자로 간주된다. 그래서 놀랍게도 막스 베버를 연구하고 그의 역사 방법이나 역사 연구 성과를 이해하고 활용한 학자는 국내에서는 고 양병우 교수뿐이다.[4] 사실상 한국의 역사학계에서 베버는 남의 동네 사람이라고 인식된다. 그러나 그는 사실 노벨 문학상을 수상한 테오도르 몸젠의 영향을 크게 받은 역사학자이다. 베버의 교수자격논문 『로마농지사』는 몸젠과의 긴밀한 교류가 있었을 때에 집필된 것이다. 특히 몸젠은 자신이 심취해 있었던 당시의 자유주의와[5] 당시에 인식되고 있던 수준으로서의 자본주의를 고대 사회에 적용하였다. 베버는 몸젠의 견해를 '별로 비판이 없이(too uncritically)' 그대로 따랐던 것이다.[6] 이런 점을 고려하면 역사가로서 베버의 정체는 분명하다. 폴 벤느에 따르면[7] 베버의 책들은 '우리 시

---

[4] 김창성, 「고전 다시 읽기-막스베버, 고대농업사정(1909)-서양 고대도시사 연구와 관련하여」, 『서양사론』 98, 2008, pp. 309-324를 참고하시오.

[5] 김창성, 「테오도르 몸젠의 자유주의 문제와 역사교육- 율리우스 카이사르 관련 서술을 중심으로 -」, 『歷史敎育』 145, pp. 71-92.

[6] John R. Love, *Antiquity and Capitalism-Max Weber and the Sociological Foundations of Roman Civilization-*, Rouledge, 1991, p. 11. 이런 점에서 베버의 자본주의관은 마르크스의 그것처럼 단순한 것이 아니었다고 러브는 본다.

[7] Paul Veyne, *Comment on ecrit l'histoire*, Les Editions du Seuil, Paris, 1971. 폴 벤느, 『역사를 어떻게

대의 가장 모범되는 역사서'이다. 그러나 그의 역사학은 전통 역사학과 다른 점이 있었다. 특히 "비교의 방법이 베버로 하여금 전문사가들이 언제나 제기할 줄 몰랐던 문제들을 제기하도록 이끌었다." 특히 독일에서 역사는 개체에 관한 이해, 다시 말해 국가사가 중심이었다. 그런 시대와 추세를 넘어서서, 시공의 제한에서 벗어난 역사를 추구하였기에 베버는 국가사라는 개별성을 중심으로 하는 '역사'를 자신의 학문이라고 말할 수는 없었던 것이다. 그러기에 베버는 자신의 학문을 '사회학'이라고 말하였다. 물론 그의 저작들은 사회과학서가 아니다. 오히려 폴 벤느의 지적처럼 '항목별 역사' 또는 '범주의 역사'라고 말하는 편이 정확할 것이다.

이런 기이한 사정이 생기게 된 연유를 파악하기 위해서 서양사학사를 잠깐 살펴볼 필요가 있다. 역사학이 다른 사회과학과 다르게 되는 점은 역사연구가 일회만 나타나며 개별인 사건을 추구한다는 것이다. 사회과학이 법칙을 정립하고 그 일반법칙 하에 개별 현상의 위치를 설명한다면, 역사학은 개별의 사물을 연구하되 그것에 가치를 둔다. 그렇다면 개별성은 어떻게 연구되는가? 개별 현상에는 보편과 특수가 병존해 있다. 개인의 행동이나 사건에는 일반으로 환원되는 법칙 요소가 존재한다. 그러나 이런 법칙 요소를 파악했다고 해서 개별 현상이 모두 설명되는 것은 아니다. 일반은 다원(多元)이고, 이들의 무한한 조합이 이루어져야 개별이 설명된다. 그러므로 사물의 특수성은 여러 법칙의 조합이라는 특수성에서 기인하는데, 이는 인간의 의식이 미칠 수 없다는 의미에서 신비의 영역이 된다.

이 딜레마를 해결하는 데에서 베버의 독창성이 드러나게 된다. 베버는 리케르트의 문화가치와 딜타이의 이해(理解)를 받아들이면서, 사회과학에서 말하는 '유형'(Typus)을 수용하였다. 일찍이 개체 사상은 리케르트가 제시했다. 그는 사물을 연구하는 방법을 자유라고 보았는데, 바로 무엇을 택할 것인가에 가치가 들어간다. 다만 이 가치가 형이상학인지 아니면 일반의 승인인지 알 수 없기에 애매한 상태로 남는다. 여기에서 베버는 적극 리케르트의 가치를 적극 이용하여, '사회과학에 대한 관심의 출발점이 바로 우리를 둘러싸고 있는 생활'의 현실이기에 바로 개성의 자태라고 파악하였다. 그래서 '가치 관계에 의해서 의의 있는 것이 되도록 실재의 부분만을 포용하는 것이 문화'라고 보았다. 이렇게 리케르트의 이해 체계가 베버에 의해서 수용된 것이다. 그러나 이에 그치지 않고 베버는 딜타이의 이해에도 접근했다. 딜타이는 일상에서 접촉하는 사람의 행동에 대한 관찰에서 과거에 있었던 인간 생활을 유추하는 것이 가능하다고 보았다. 이처럼 딜타이는 역사 속에서 공통된 인간의 성질을 파악하기에 이른다. 그러나 그는 개인 차원에 머물렀다. 베버는 이를 유형이라는 매개체를 적용하여 문화 현상을 연구하는 데 성공을 거둔다. 이러한

쓰는가」, 이상길·김현경 역, 새물결, 2004, p. 448f. 이 책에 언급된 "소급추정으로서의 역사"라는 개념이 베버에게서 영향을 받은 것이다.

아이디어들을 집약하여 베버는 '가치에 관련된 구성 부분에 대해서 인과(因果)로 설명한 것이 역사 이해의 문제'라는 명제에 도달한다. 이처럼 두 차원의 역사학에 대한 접근을 수용한 베버는 중요한 역사 저작들을 남긴다.

널리 알려져 있는 『프로테스탄트의 윤리와 자본주의 정신』8)을 예로 들어 보자. 독일은 비교해서 보면 같은 문화를 향유한 지역이라 할 수 있다. 그런데 한 도시는 교육과 소득의 수준이 다른 도시들에 비해서 높지 않았다. 여기에서 베버는 여러 문화요소를 통해서 같은 점과 다른 점을 비교해 본다. 그랬더니 다른 점에서 차이가 없었으나, 단지 신앙의 형태가 다른 것을 알게 된다. 확실한 것은 프로테스탄티즘과 전통 가톨릭이라는 신앙의 차이였다. 같은 그리스도교이지만 전자는 직업에 대한 소명 의식도 지니지만, 후자는 대죄와 회개와 용서가 있을 뿐이다. 누구나 이미 구원받았다는 믿음은 사실상 프로테스탄트에게 잘 인식되지 못하였다. 자신이 구원받았는지 잘 알 수 없다는 의문은 신이 부여한 소명을 잘 받아 성실하게 수행하는 것으로 해소된다고 믿었다. 그래서 부의 축적이 소명을 잘 이행한 덕분이며 이것이 신앙의 재확인이라는 형태로 인식되었다. 베버는 가톨릭과 다른 프로테스탄트의 구원관이 사태를 결정짓는 것이라고 보았다. 이 점에서 베버에 대한 오해는 풀어야 할 것이다. 오로지 프로테스탄트의 윤리가 부의 축적을 가져온 것이 아니라 근대 자본주의 형성의 초기에 많은 다원의 요인이 작동하고 있었고, 그런 원리들 중의 하나가 프로테스탄트의 윤리라는 것을 밝힌 데 불과한 것이었다. 이 저술에 대한 반대도 많이 있었으나 자본주의 발전에서 종교의 역할을 인정하였다는 점은 베버의 탁월한 공헌이 아닐 수 없다. 이점에서 그의 저술은 역사서술의 모범이다.

이런 베버의 모범은 로마사의 분야에서 폴 벤느의 저서인 『빵과 서커스』9)로 이어진다. 벤느는 '에우에르게티즘Euergetism'이라는 신조어에 주목한다. 이를 본 역자는 '선혜(宣惠)'라고 번역하였는데, 지역의 유력자가 지역을 위해서 자선 행위를 하는 것을 의미한다. 벤느는 이 현상을 고대 그리스에서 발견하였으며, 나아가 세계 여러 지역을 조사하면서 심지어 남미의 인디오들 사이에도 성행하고 있는 보편 현상임을 주목한다. 그런 이상형에 토대를 두고 로마의 제정기를 비교한 그는 로마 귀족들에 의해 이루어지는 선혜가 없음을 알게 된다. 이에 착안하여 벤느는 황제라는 권력자가 선혜를 독점함으로써 권력에 대한 도전의 싹이 트지 못하게 하였다는 결론에 도달한다. 이처럼 로마 황제가 유일한 선혜자로서 군림하였던 것이다. 그의 저작은 흥미로울 뿐 아니라 로마 제국에서 벌어진 경주대

---

8) 최근에 새로이 번역이 나왔다. 막스 베버 지음, 김덕영 옮김, 『프로테스탄티즘의 윤리와 자본주의 정신』길, 2010, pp 39-418.
9) Paul Veyne, *Le pain et le cirque*, Le Seuil, Paris, 1976. 영역본은 *Bread and Circuses: Historical Sociology and Political Pluralism*, Penguin Books, London, 1992 필자는 영역본을 참고하였다.

회와 유흥 그리고 무상 곡물 배급의 현상을 잘 이해하게 만들었으며, 현대 사회에 대해서도 다시 평가해 볼 여지를 주었다. 이처럼 베버의 방법론은 유용하고 새로운 발견을 위한 탐구법이다.

또 우리가 베버의 저술 특히 본 역서를 읽어야 할 이유는 무엇인가? 다름 아니라 그는 비교사의 모범을 보인다는 것이다. 러브에 따르면, 베버가 본서를 쓰면서 관심을 가졌던 것은 다름 아니라 보편사의 맥락에서 세계 여러 지역에서 나타났던 합리화의 다양한 과정들과 그것들이 변화해 나가는 흐름을 제시하고자 한 것이다.[10] 사실 우리는 글로벌 시대에 살고 있으면서도 세계사를 멀리하는 기이한 교육 환경을 목도하고 있다. 세계사가 필요한데도 세계사를 멀리하는 것은 그 내용이 풍부한 데 비해서 어떻게 조직해야 하는지에 관한 논의가 부족한 것에서 그런 사태가 온 것이 아닌가? 세계사를 조직하고 설명하는 것과 관련해서 본서는 모범이 될 것이다.

이제 독자들의 편의를 위해서, 이 역서의 장별 내용을 간단히 소개해 보겠다.

서장은 "고대 국가세계의 경제 이론을 위하여"라는 부제가 붙어있다. 『국가학사전』은 2단편집으로 되어 있는데, 먼저 1판과 2판의 기고에서는 불과 3단(1.5페이지)에 불과하던 것이 40단이 될 정도로 거의 새로 쓴 것이나 다름없다. (늘어난 부분은 본 역서에서는 작은 포인트로 표시된다.) 서장에서 강조하는 것은 고대와 중세의 경제의 차이점에 관한 인식이다. 특히 고대 상업의 경우 중세에 비해서 규모가 작은데, 이는 근본 노예제와 관련된다. 이런 논의에서 문제점은 고대의 경제를 설명하는 데에, 중세와 근대의 범주를 적용할 수 있는가에 관한 것이다. 이 점과 관련하여 에두아르트 마이어, 칼 뷔허의 입장과 로드베르투스의 입장으로 대비되고 있다. 후자가 가계(家計)를 뜻하는 오이코스라는 별도의 개념으로 고대경제를 본 것에 대해서, 전자는 근대의 개념으로도 고대 경제를 볼 수 있다고 주장하면서 논쟁이 전개된다. 이 주장에 큰 자극을 받은 베버는 뷔허의 주장에 기본으로 동의하는 입장을 지니면서, 고대에도 자본주의가 있었는가에 관한 문제를 다룬다. 결론은 고대에도 자본주의가 중요한 것이라는 점을 인정하면서, 근대의 그것과는 차이가 있다는 논지를 전개한다. 특히 귀금속의 사용과 노예의 존재가 고대 자본주의의 한계로 작용한다. 이 논의 이후에 저 유명한 고대 국가 발전의 7단계 유형론을 전개한다. 여기에서 이런 유형은 역사의 발전단계가 아니라 하나의 이상형이며, 이런 이상형은 현실의 역사를 비교하여 문제를 찾도록 도움을 주는 데 불과하다는 점을 지적한다.

본론은 "고대 문화 주요지역의 농업사"라는 표제가 붙었다. 이전 판과 크게 다른 점은 "오리엔트"의 장이 없어지고, 여기에서 메소포타미아와 이집트가 분리되어 전자가 앞에 서술된 것이다.

---

10) John R. Love, 앞의 책, 1991, p. 44.

1장 메소포타미아에서는 왕의 오이코스(가계)와 개인 경제를 다루고 있다. 전자에서는 세입과 군대 제도가 언급되고, 후자에서는 토지에 관한 권리, 가족, 노예, 거래의 형태와 발전이 소재로 취급된다. 이 장을 쓰는 데는 1901/2년에 함무라비 법전이 발견되었던 것이 큰 영향을 미쳤다. 이것은 요제프 콜러와 펠릭스 에른스트 파이저에 의해서 1904년 독일어로 상세한 해설과 함께 간행되었는데, 이것이 베버로 하여금 별도의 장을 쓰게 하였다. 특히 수메르 시기를 재고찰하는 것이 필요했다. 그 결과 신전과 사제가 왕정에 대해서 가지는 의미와 노예 및 소작관계의 전개 그리고 자본주의가 메소포타미아에서 가지는 의미와 역할이 추가로 규명되었다.

2장 이집트는 에어만의 저술로 인해서 3판에서는 앞 판들에 비해서 5배로 분량이 늘어났다. 그러나 절의 구분은 전통 연대기 분류인 고왕국, 중왕국, 신왕국으로의 구분을 따른다. 가끔 후기(Spätzeit)라는 말을 쓰는데, 이는 페르시아가 이 지역을 정복한 이후를 지칭한다. 고왕국 시기에 관한 서술은 애초 1.5단의 길이에서 7.5단으로 길어졌는데, 농촌경제, 관계시설 그리고 부세제도가 주로 다루어진다. 중왕국에서는 노마르코스라고 불리는 지역지도자들의 영주식 점유에서부터 레이투르기아로 불리는 공공부역의 부과체제에 관해서 깊이 있는 논의를 전개한다. 신왕국의 절은 애초 2.5단이었는데 11단으로 늘었다. 여기에서는 통일 부역국가에서 왕정과 신전의 역학관계가 어떻게 전개되었는지를 보고, 특히 람세스 이후를 새로이 조명하여 교역경제가 후기 이집트에서 시작하는 사정을 전해 준다. 이런 고찰을 마친 후에 결론으로 역자가 공공봉사로 번역한 레이투르기아의 원리와 관료 행정이 바로 이집트 발전의 특징임을 제시한다.

3장 이스라엘은 구약성서에 대한 베버의 학문 판단을 보여준다. 특히 사료로서 구약성서의 문제점을 통찰하고 있는데, 그는 시기를 나누어서 산악 민족이었던 왕 이전 시기의 상태와 왕정을 수립한 이후 신정정치 및 관료정치에 입각한 왕정의 특성을 제시한다. 특히 이스라엘 국가가 어떤 유형에 가까운 것인지를 천착하면서, 사유재산 및 화폐경제가 형성되는 사정과 아울러 세속 및 성직 권력자들의 관계를 조명하는데, 이런 상황이 이스라엘의 특징으로 보고 있다.

4장 헬라스는 57단에 이르며 앞판에 비해서 3배 이상 늘었다. 양으로 보면 고전기 이전에는 33단, 고전기는 24단의 길이이다. 전체 내용 중 1/3은 앞판의 것을 그대로 따르지만, 내용은 크게 달라졌다. 특히 a)절에서 농업관계에 관해서는 별로 큰 변화가 없으나 정주형태에 관한 고찰은 크게 보강되었다. 촌락의 형성, 자유인 자치단체, 성채 왕정을 거쳐 폴리스에 이르는 과정에 대한 상론이 이어진다. 여기에서 베버는 도시봉건제의 예로 스파르타를 들고 있으며, 교역경제 발전의 예로 해변에 있는 폴리스가 발전하는 차이점을 드러낸다. 앞서 서론에서 제시한 국가 유형을 연속으로 파악하여, 귀족 폴리스 → 씨족 국가 →

호플리테스 국가 → 급진 민주정의 유형이 전개되고 있음을 보여준다. 아울러 이런 발전 과정에서 그리스 문화의 특징으로 소위 세속성을 부각시키고, 신전의 제한점을 제시함으로써 '그리스다움'의 의미를 밝혔다. b)절에서 가장 중요한 점은 시민 폴리스와 토지거래 자유의 관계를 논한다. 그런 것이 존재하였음은 인정하지만 로마의 규모에는 미치지 못한 점을 제시한다.

5장은 헬레니즘으로 제호를 달고 있다. 이는 27단에 이르는데, 거의 절반을 새로 작성하였다. 페르시아 지배부터 마케도니아의 정복에 이르는 기간을 잠시 살펴보고 나서, 이집트의 파피루스를 중심으로 화폐경제의 발전에 관해서 분석하고 있다. 특히 프톨레마이오스 왕조기 레이투르기아와 관료제의 관계를 천착하고 있다. 여기에서 왕과 사제 오이코스의 관계, 토질과 노동력의 차이에 관해서 집중하면서 내린 결론에 따르면 화폐경제가 일부 발전하였지만 근대 경제의 범주로 파악해서는 안 되며, 아울러 자본주의 이익추구는 제한된 정도로만 인정할 수 있다고 본다. 이스라엘의 경우도 유대 법을 고찰하여 교역에 대해 신정정치의 속박이 강하여 헬레니즘 시대의 경제에는 별로 기여하지 못하였음을 보여준다. 흥미롭게도 근대의 의미에서 사회 운동이 없었던 나름의 이유도 제시한다.

6장은 로마인데, 앞판에 비해서 5배가 증가하여 가장 많이 증면한 장이다. 여기에서는 공화정기를 중심으로, 도시국가 단계의 로마를 다루고, 이어서 팽창 시기의 로마를 다룬다. 이런 구분은 앞판과 동일하나, 로마 농지사를 설명하면서, 자신이 박사논문 『로마농지사』에서 했던 토지측량의 방식과 분할 방법을 그대로 적용하여 독자(獨自)의 설명을 제시한다. 이런 시도는 공유지와 사유지라는 고전화된 구분 방법에 앞서서 이루어지고 있는데, 그 이유는 그런 법 구분이 사실은 로마의 농지가 안고 있는 구조의 산물임을 보여주는 데 있다.

7장은 "제정기 발전의 토대"라는 제호를 가진다. 원제와 다른 것은 토대라는 말이 들어간 것이다. 독자들도 보겠지만, 거의 새로 쓴 부분인데, 그 내용은 주로 중세와 비교한 고대 경제의 특징을 보여주고 있다. 특히 비교사에 관심이 있거나 발전의 역사에 관심을 가진 연구자에게 영감을 줄 수 있는 장이다. 그의 결론에 따르면 고대 말에 자본주의는 발전하지만 교역의 집중도는 하락한다. 이렇게 된 이유는 관료제가 고대 자본주의를 '목졸랐던' 데에서 찾을 수 있다. 이처럼 근대 이전의 자본주의가 가지는 한계를 명료하게 분석하면서 권력을 이루는 봉건제의 역할에도 주목하게 하는 데서 베버가 지닌 개념 적용의 유연성과 독창성을 찾아볼 수 있을 것이다. 마치 봉건과 자본의 이중주와 같은 베버의 이러한 사관은 단계설에 익숙한 우리들에게는 다소 낯설지만, 최근 중세사가들이 현재를 봉건화 과정으로 보는 것[11]과 일맥상통하는 부분이 있다.

마지막으로 참고문헌 해제는 그 자신이 본 기고문을 쓰는 데 있었던 어려움을 간략히

---

11) 서양중세사학회, 『서양중세사강의』 느티나무, 2003, pp. 441-445 에필로그 침조.

소개하고 각 장별로 자신이 참고하였던 문헌의 장단점을 준열하게 비판하고 있어서, 연구자들에게도 도움을 줄 것이다. 여기에서 퓌스텔 드 쿨랑주의 고대도시와 부르크하르트의 방법론에 관해서 베버가 보여준 평가를 주목할 만하다. 비록 경제사는 아니지만 오늘날의 문화사에 관해서 깊은 이해가 있었음을 보여준다는 점에서 흥미로운 측면이다. 또 하나 아쉬운 점은 베버 자신이 이 기고문에서 22회나 언급한 "콜로나투스" 항목이 같은 사전에 실리지 못한 점이다. 본 번역이 끝나면 반드시 찾아 번역하리라 다짐하였던 역자도 결국 베버의 약속이 실현되지 못하였음을 뒤늦게 발견하였다. 어쩐 일인지 로스토프체프에게 그 일을 양보하였던 것은 흥미롭지만 아쉬운 점이기도 하다. 그랬다면 중세사로부터 시작한 베버 연구의 완성편이 되었을 가능성이 높다.

[부록]에 관하여 언급하고자 한다. 부록은 애초 공개강연의 형태로 작성된 원고이지만, 이 번역서의 말미에 부록을 참고하라는 베버의 제안이 있기에 필요한 부분이라고 생각하여 게재한다. 영역판에도 이 부록이 실려 있다. 특히 이 강연에 소개된 베버의 이상형을 역자가 로마 쇠망에 관한 강의에서 제시한 바 있다. 역자를 통해서 강의를 들은 학생들에게서 "역사가 움직인다"는 느낌을 받았다는 말을 들었던 기억이 난다. 이처럼 이상의 유형을 제시하고 그것이 어떻게 변화되어 나갔는가에 관한 이른바 과정 유형은 역사 설명을 하는 데 매우 중요한 지침을 던지고 있다. 그런 설명이 가지는 장점과 단점을 잘 파악하고, 특히 어린 학생들에게 교수하는 경우 잘 활용되면, 역사의 흐름을 이해하는 데에 좋을 것이다.

이 역서가 역사학의 연구는 물론 역사교육에도 이바지할 수 있기를 바란다. 아직 그의 주요 이론 이상형의 활용에 관해서[12] 필자의 글 이외에 별다른 논고들이 없는 형편이지만, 역사로 사고하는 과정을 가르치는 것을 역사교육의 목표로 설정하는 교사들에게 이 책의 독서가 많은 영감을 줄 것이다. 베버의 『고대농업사정』 1909년판은 '고대 경제사회 발전에 관하여 만들어진, 가장 독창성 있고 가장 과감하고 가장 생생한 초상'[13]이라는 평가를 받는다. 이런 평가는 바로 찰리 채플린의 『모던 타임스』를 생각나게 한다. 애초 번역은 국가학사전에 게재된 것을 보고 진행했지만 2006년에 간행된 역주본[14]을 입수하게 되어 다시

---

12) 김창성, 「역사수업에서 일반화의 문제와 '이상형'의 활용」, 『역사의 실천을 위한 지평』 공주대 출판부, 2012, pp. 54-72.

13) 고대 사학자 핀리M.I. Finley의 마지막 책, 마지막 논고는 막스 베버의 그리스 도시국가를 다루고 있다. M.I. Finley, "Max Weber and the Greek City-State," *Ancient History: Evidence and Models*, Chatto & Windus, London, p. 88 ff. 여기에서 베버에 대한 호이스Heuss의 평가를 소개한다. 이런 극찬 말고도, 베버가 끼친 부정의 영향도 제시한다.

14) Jürgen Deininger, ed., *Zur Sozial- und wirtschaftgeschichte des Altertums, Schriften und Reden, 1893-1908*-Max Weber Gesamt Aufgabe(MWG, 1/6) -, J.C.B. Mohr, Tübingen, 2006. 이하에서 주석으로 표기한다. 이를 빌어 원문의 많은 오식을 교정하였으며 참고 문헌과 전거는 이 주석에 의존하

정리하여, 나오게 되었다. 역주본 덕에 늦었지만 많은 점을 참고하고 교정할 수 있게 되었다. 원문에 큰 포인트로 된 부분은 같은 사전 1판과 2판에 게재된 내용이며, 작은 포인트는 3판에 새로 추가하거나 수정한 내용이다. 원문에 강조하는 단어가 있는데, „ ... " 로 된 부분은 "..."로 표시하며, 자간 넓히기로 된 부분은 **고딕체**로 표시하였다. 원본의 면수는 < > 안의 수자로 표시하되, 2 단으로 되어 있어서 이를 좌, 우로 구분하였다. 원문에 희랍어나 라틴어가 나오는 경우, 번역어를 제시하고 처음 나오는 경우 원어는 각주에 넣고 설명한다. 원문의 하단에 있는 각주는 '원문 면수-원문의 각주번호]'로 표기한다. 예컨대 원문 56쪽의 1번 각주는 '56-1])'로 나타낸다. 찾아보기에는 각주나 본문에 설명이 되어 있는 용어의 처음 면수만을 표기하였다. 이곳을 통해서 독자들은 용어에 관한 설명을 볼 수 있을 것이다.

  이 책을 알게 해 주신 고 양병우 교수님께(1923-2003) 늦었지만 감사의 인사를 전한다. 이 번역이 빛을 볼 수 있도록 해 준 공주대학교 출판부와 까다로운 인쇄 작업을 통해서 책으로 완성해 준 출판사 보성의 관계자들에게도 감사의 마음을 전하고자 한다. 아울러 꼼꼼히 교정을 보아준 고한석 선생에게도 감사의 마음을 표하고 싶다. 마지막으로 이 위대한 저술을 소개하는 데 나름 최선을 다하였지만, 역자의 역량 문제에 비롯한 오류와 오인을 혜량해 줄 것을 독자들에게 부탁드린다.

2019. 6. 10.
금강 변에서 역자

없음을 밝혀둔다.

목 차

Ⅰ. 서론: 고대국가 세계의 경제이론을 위하여 ——————— 15
Ⅱ. 주요 고대문화 지역의 농업사 ——————————— 59
   [1] 메소포타미아 ————————————————— 59
   [2] 이집트 ——————————————————— 79
      a) 고왕국 ————————————————— 79
      b) 중왕국 ————————————————— 89
      c) 신왕국 ————————————————— 91
   [3] 이스라엘 —————————————————— 107
   [4] 헬라스 ——————————————————— 120
      a) 고전기 이전 시기 ————————————— 120
      b) "고전"기 (특히 아테네) ——————————— 163
   [5] 헬레니즘 —————————————————— 195
   [6] 로마 ———————————————————— 237
      a) 도시국가 ———————————————— 237
      b) 로마의 팽창기 —————————————— 287
   [7] 제정기 발전의 토대 ————————————— 319
참고문헌 해제 ————————————————————— 347
[부록] 고대 문화 몰락의 사회 원인 ——————————— 371
찾아보기 ——————————————————————— 395

I. 서론: 고대국가 세계의 경제이론을 위하여

동아시아의 문화민족과 대비할 때 서유럽의 정착생활에 공통되는 것은 다음과 같다. -짧고 따라서 별로 상세하지 못한 양식을 적용해 보면- 서유럽의 경우에는 가축 사육 특히 젖을 얻는 **가축**의 사육이 토지 경작보다 훨씬 우월한 상태에서 토지 경작의 의미가 목축보다 우세한 상태로 변하면서 최후의 정주를 위한 이행이 이루어진다. -동아시아의 경우에는 조방(粗放)의 이를테면 유목식의 **토지** 이용에서 젖을 얻는 가축의 사육이 **없는** 채원 농경으로 이행된다. 이러한 대비는 상대(相對)이고, 아마도 선사 시대에는 무효할 것이다. 그러나 역사로 드러난 것처럼 이러한 차이의 의미는 상당히 크다. 그 귀결은 다음과 같다. 서구 민족들에서는 토지점유가 한 공동체에 의해서 선점된 지역 위에 있는 **목초** 예비지를 분리하고 좀 더 작은 공동체에 마지막으로 할당하는 것과 늘 관련되고 있다. 이에 비해 아시아인들에게는 이 출발점 그리고 **그에** 입각한 원시 "경지 공동체"의 현상, 예컨대 서구식 개념의 시장이나 공동지가 결여되어 있거나 다른 경제 의미를 지닌다. 따라서 동아시아의 <53좌> 촌락 제도에서 경지 공동체의 요소는 그것들이 근대 기원을 지니지 않는 한, 다시 말해 조세제도로부터 유래하지 않는 한, 유럽의 경지 공동체와는 매우 동떨어진 인상을 준다. 그리고 동아시아의 민족들에게는 자신의 책임으로 가축을 점유하는 "개인주의"가 결여되고 있다. 이에 비해서 서구에서 (유일한 것은 아니지만 주로 유럽에서) 우리는 그런 발전의 출발점을 거의 언제나 다시 파악할 수 있을 것이다. 통상 이때에는 -우리가 판단할 수 있는 한- 생계의 중심점이 젖을 얻는 가축 사육의 소득에서 경작 소득으로 전이됨으로써 식량조달 영역의 수축과 더불어 최종의 **정착** 경작이 성립된다. 이런 사실은 북서유럽에만 아니라 남부유럽 및 서아시아 지역에 대해서도 유효하다. 그러나 무엇보다도 서남아시아(메소포타미아)에서 그리고 아프리카에서 유일한 대(大) 문화 민족인 이집트 인에게서 이미 선사 시대에 강변 문화 및 관개 문화의 중요성이 드러남으로써 그러한 발달 과정은 매우 달라졌다. 석어도 그런 차이는 원래 가축을 길들이기 이전에 있었던 단순한 경작에서 후대의 채원 성격으로 직접 발전할 수 있었을 것이라고 생각되기도 하지만, 결국은 역사 시대의 경제 전체에 매우 특수한 성격을 부여하였다.

이에 비해서 그리스계 국가들 그리고 -고사료에서1) 젖을 얻는 가축이 아니라 역**축**으로서 가축의 중요성이 강하게 대두되고 있음에도 불구하고- 로마는 농업의 토대라는 점에서는 유럽 중세의 상태에 좀 더 큰 친근성을 보여주고 있다. 중세의 상태에 비해서 두드러지는 고대의 차이는 발전 단계에서 비롯한다. 고대의 단계에서는 좀 더 집약 노동을 필요로 하기 때문에 주민 대중이 토지에 고착되었다. 이로 인해서 이들은 **군사** 목적을 위해 경제상 더 이상 동원될 수 없었으므로, 노동 분업을 통해서 일종의 **직업전사 계층**이 분리되어 나오고, 그들을 부양하기 위해서 무장하지 않은 대중을 수탈하고자 하였다. 군사 **기술**의 발전은 각 개인에게 오직 직업의 방법으로만 이루어질 수 있었다. 왜냐하면 계속된 훈련을 전제로 하는 기능(技能)은 어떤 때는 부수 현상으로서, 어떤 때는 작용 원인으로서 동등하게 이루어지기 때문이다. 아다시피 유럽의 중세 초기에 그러한 과정은 "봉건제"의 성립을 초래하였다. 그때 거기에서 발생한 그 형태는 고대에 단지 맹아 상태로만 인식되고 있었을 뿐이다. <53우> 역사 시대에 들어서 고대에는 주종제도와 은대지의 결합 그리고 로마·게르만의 봉건권의 성립2)과 아주 유사한 것이란 전혀 없다. 그렇지만 "봉건제"의 개념을 이처럼 특수한 경우에 국한시키는 것은 필요하지도 옳지도 않다. 동아시아 및 고대 아메리카의 문화민족이 기능상으로 보면 "봉건" 성격으로서 주목할 만한 제도를 지녔음은 의심할 여지가 없다. 그리고 전쟁이나 왕에 대한 의무를 수행하기 위해서 생활하는 귀족층의 분화와 특권화된 토지 점유, 지대 및 예속된 비무장 주민의 부역을 통해서 이루어지는 귀족층의 부양을 뒷받침하는 사회 제도들 전부가 왜 그 개념 속에 파악되지 않는지 이해되지 않는다. 즉 이집트와 바빌로니아의 관직 봉토는 스파르타의 제도와 마찬가지로 그 개념으로 파악된다. 차이는 다만 전사 계층이 편성되고 경제상 확보되는 다양한 **방식**에 놓여 있다. 그 다양성 중 하나는 지주 신분이 토지에 대한 **영주**로서 위치를 전환하는 것인데, 이는 봉건제의 "개인주의" 형태이다. 이런 형태는 (고대의 초기에 이미 맹아 상태이지만)

---

1) 로마의 농업서 저술가 카토, 바로, 콜루멜라를 지시한다.
2) 이 개념은 브루너Heinrich Brunner, 『독일법사*Deutsche Rechtsgeschichte*』 Bd. 2, Leipzig, 1892, pp. 3-7에 나오는 것을 인용한 것이다.

서구의 중세에 드러나고 있어서, 우리가 예리하게 분석할 수 있다. 이에 비해서 지중해, 특히 그리스의 고대는 문화발달의 초기에 특정한 장소에 집단으로 거주하는 직업 전사의 "도시봉건제"를 알고 있었다. 이 말은 "도시봉건제"가 고대에서 봉건제의 유일한 형태였을 것이라는 뜻이 아니고, 특수한 정치 발달의 시초에 "고전기" 정치문화의 중심지들에서 우세하였다는 뜻이다. 따라서 그 같은 형태는 중세 이탈리아의 많은 도시들에 토지 귀족을 강제로 정착시킨 것보다 고대의 중심지에 대해서 더 중요한 의미를 지녔다.

외부에 도입되고 압도하는 군사기술의 수입은 고대 남부 유럽의 해상로 위에, 그리고 동시에 적어도 지리상 팽창에 따라서 최근에 장악된 해안 지역을 포괄하는 교역에 연관되어서 이루어졌다. 우선 봉건 지배층은 보통 교역에서 이익을 이끌어내는 자들이다. 이로 인해서 봉건 도시국가의 형성을 향한 고대 특유의 봉건제 발달을 초래했다. 이에 비하여 중부 유럽은 중세초기에 육상로를 통하여 사실상 동일한 군사기술상의 발전을 하게 되었다. 봉건제를 향하여 완숙한 상태에 이르자, 여기에는 고대와 달리 상당히 발전된 교역이 결여되었다. 따라서 특별히 봉건제가 <54좌> 영주의 토대 위에서 형성되고 장원영주제가 수립되었다. 그러므로 여기에서 지배하는 전사계층을 결속시킨 유대는 봉토충성이라고 하는 사실상 개인 간의 결속이었고, 고대에서는 시민권이라는 매우 강고한 것이었다.

교역경제에 대한 고대 도시봉건제의 관계는, 유럽의 중세 도시에서 자유직업의 성장, 귀족 지배의 몰락, "도시경제"와 "장원경제"간의 잠재하는 투쟁, 그리고 중세 말기와 근대에 들어서 화폐경제를 통한 봉건국가의 해체를 연상시킨다. 그러나 중세·근대의 현상과 비교하는 것은, 외관상 뒤따라서 존재하는 것으로 보일지라도, 대부분 신뢰할 수 없으며 흔히 선입견이 없는 이해에 직접 해롭기도 하다.[3] 왜냐하면 그런 유사성은 속기 쉬운 것이며 실제 그런 경우가 드물지 않기 때문이다. 고대문화는 특수한 고유성을 지니고 있다. 중세 및 근대의 고유성과는 확연히 구분되는 것이다. 경제의 무게로 본다면 로마 제정기에 이르기까지 서구는 해안 문화였고, 오리엔트 및 이집트는 강변 문화였다. 아울러 지리상 광범하고 높은 이익을 가져오

---

[3] 이는 에두아르트 마이어 Eduard Meyer, 『고대경제발전 Wirtschaftliche Entwickelung des Alterthums』, Jena, G. Fischer, 1895, p. 711-713, 716에 반대하여 언급한 것이다.

는 지역·국가 간 무역을 갖추고 있었으나, 거래되는 상품량의 상대 의미에서 몇 가지 주요한 매개를 통해서 본다면 고대의 무역은 중세 후기에 뒤지고 있다. 의심의 여지없이 무역의 대상은 다양하고, 또한 비금속(卑金屬) 및 예상보다 더 많은 원료도 포함하고 있다. 그러나 한편으로 육상무역은 몇 가지의 점에서만 또한 몇 시기에만 중세 후기에 비교될 수 있을 뿐이다. 그리고 대중 수요상품의 대부분은 해상무역에서도 어떤 중요한 정치·경제의 세력을 신장하는데, 무엇보다도 시장 독점의 경우에만 실제 중요한 역할을 행사한다. 아테네에서, 나중에는 로도스, 이집트, 로마에서 그러하였다. 벨로흐가 기원전 401/0년에 페이라이에우스 항구의 징세청부로부터 추산한 연간교역의 총액은 우선 페이라이에우스에만 국한된다. (1/50 관세율에 30 내지 36 탈란톤의 청부액이므로 약 2,000탈란톤의 거래에 해당한다. 이는 1천 3백만 프랑에 해당한다.)4) 게다가 펠로폰네소스 전쟁 직후에 -화폐의 구매력 저하를 고려하지 않을 경우- 1909년 현재의 그리스 왕국의 수출 무역(약 1억 3천-4천만)의 1/10에 해당하는데, 이는 분명 대단한 규모이다. <54우> 만약 이 관세가 2%만을 징수했고 여타의 수수료가 청부되지 않았다고 한다면, 믿어야 할 사실이다. 그러나 단 이점에서 모든 것이 논쟁의 여지가 있다. 좀 더 현저한 것은 100만 로도스 드라크마(즉 약 140 아티카 탈란톤)이다. 로도스 인의 주장에 따르면(잘 주목하시오!), "공인(公認)의" 성격에도 불구하고 별로 의심스럽지 않을 것이므로, 그들의 (물론 거의 모든 헬레니즘 왕국에서 과도한 특권을 부여받은) 섬이 지닌 관세수입은 델로스 자유항의 설립 이전에 달하였던 액수임에 틀림없다. (이후에는 15만 드라크마에 불과하다.) 그래서 아테네와 로도스를 제외한 동맹도시들에 대한 약 5% 정도의 해상교역세는 아테네인들이 기원전 5세기 어떤 동맹세의 대체물로 결정한 것으로, 그들의 주관적인 계산에 따르면, 벨로흐가 계산한 것처럼, 1천 탈란톤을 벌어들일 수 있었을 것이다. 이런 사실은 나에게는 당치 않은 것으로 보인다. 투키디데스의 문구는 너무 간결하여서, 규모에 관하여 바른 이해를 하기 위해서는 결코 충분한 근거가 되지 못할 뿐 아니라 그 액수는 페이라이에우스 항구의 관세 징수청부의 액수인 30-36 탈란톤과 불일치한다. 그리고 해상수입품에 대한 5% 정도의 가격상승

---

4) Beloch, "XIII. Die Handelsbewegung im Altertum," *Jahrbücher für Nationalökonomie und Statistik*, De Gruyter, vol. 73(1), 1899, p. 627에 따르면, 2,000탈란톤은 금의 무게로 환산하여 1천 1백만 마르크로 추산된다. 베버는 프랑과 등가로 여기고 1천 3백만 프랑을 제시하였다..

을 통하여 징수할 수 있는 재산세는 사소하였을 것이다. 베스파시아누스 황제 하에서 해상을 통하여 인도로부터 들어온 이집트의 1년 수입은 5천 5백만 세스테르티이(1천 6백만 프랑)인데, 이러한 판독은 확실해 보인다.5) 이는 국가의 통제 및 부조가 없이 고대 세계에서 자유로운 개인 무역에 포괄되었던 매우 중요한, 아니 오히려 가장 중요하였을 금액이다. 모든 고대의 지불관계에서 이것 이외에도 다음과 같은 사실이 고려되어야 한다. 즉 상품만이 아니라 **인간**(노예)도 자신이 지니고 있는 수송능력으로 인해서 무역의 전성기에는 매우 중요해지고, **평화**의 시기에는 질이 좋은 경우 고가의 무역품을 이룬다. 외국의 **곡물** 수송에 의존하는 것은, 그것이 고대에 지속되는 현상으로 나타나는 곳에서, **항상** 하나의 현실이다. 이는 공권력을 움직였으며, 가장 광범한 정도로 제도 및 정치의 결실을 자신에게 끌어들였다. 왜냐하면 개인의 무역은 이런 공급을 확보할 만큼 지속되지 **못하였기** 때문이다. (아테네에는 '공공봉사,' 사모스에서는 저당권으로 확보된 화폐를 가지고 국가가 구입하고 이를 시민에게 분할했으며, 로마에서는 대규모의 조치를 마련하였다.) 한편 알다시피 중세만 아니라 중상주의 시대에도 그리고 오늘날의 러시아에도 이와 유사한 목적을 지닌 곡물무역 정책이 알려져 있다. 그러나 <55쪽> 절대주의 국가의 곡물비축정책 심지어는 러시아의 제도도 바빌로니아·이집트의 비축제도 또는 로마의 아노나6) 제도가 지닌 정치 의미와는 상당히 거리가 있을 뿐이다. 게다가 (러시아에서도) 목적 및 수단이 상이하다. 근대에 대비하여 고대 곡물정책의 특성은 오늘날의 프롤레타리아와는 완전히 다른 **고대의 소위 "프롤레타리이"**의 성격을 통하여 뒷받침되고 있다. 왜냐하면 고대의 프롤레타리아는 **소비자** - 프롤레타리아, 즉 등급에서 벗어난 소시민의 무리였으며 오늘날처럼 스스로 생산을 담당하는 노동계급은 아니었기 때문이다. 계급으로서 근대 프롤레타리아는 **없었다.** - 왜냐하면 때로 노예 전성기의 현장에서 인간을 유지하는 비용이 저렴하였으므로, 때로 역사·정치의 근거에서 고대문화는 -공화정 후기의 로마에서 그러했던 것처럼- 비중상으로 보아 **노예제도에** 의존하거나, 또는 적어도 헬레니즘 시기와 로마 제정기에 사법상(私法上) "자유" 노동이 우세한 경우에도 유럽 중세에는 없었던 정도로 노예 노동에

---

5) 플리니우스, 『자연사』 6.101에 근거한 자료이다.
6) annona: 로미 공화정기부터 있었던 곡물공급, 제정기에 확충되며, 애초 민수용이었으나 군사용으로도 확대된다.

의해서 침투를 받았기 때문이다. 헬레니즘 시대에 오리엔트에서는 프톨레마이오스 시대와 제정기의 도편과 파피루스, 게다가 탈무드는 숙련된 수공업 이외에 자유노동의 의미도 지시한다. 이 점은 비문에서 매우 명백하게 드러난다. "노동제공자"[7]라는 특수한 자본주의 개념이 발전했던 것처럼 보인다. 그렇지만 성격상 충분히 **큰 규모로** 사용해야 할 시점에 쓸 수 있는 확실한 노동력을 창출하기 위해서는 -이를테면 프톨레마이오스의 독점 올리브유 짜기의 경우처럼- 임의이주권에 대한 직접 아니면 간접 제한이 여기에 맞물리지 않을 수 없었다. 게다가 "자유" 공동체가 "고전의" 전승기를 구가했던 시기와 장소에서도 **노예제가 매우 강하게** 부각된다. 한편 노예의 양이 특정분야나 고대라는 시대에- 특히 헬레니즘 시대나, 이집트, 그 이전의 오리엔트와 그리스에 관련해서- 그 사회 의미에서 매우 과대평가되었다는 점은 이제 확증되고 있는 사안이다. 그렇다고 해도 주요한 의미에서 별로 많은 차이가 있는 것은 아니다. 하여간 고대의 경제제도와 관련해서, 우리가 중세경제사에 그리고 충분히 근대경제사에서 <55우> 사용하는 범주를 이에 적용하는 것을 배제할 만한 특징이 있는가는 어려운 질문이다.

이 문제와 관련하여 최근 수십년 전에 생기 있고 때로는 과열된 상태로 논쟁이 전개되었다. 논의의 출발은 **로드베르투스의 이론**[8]이었다. 그에 따르면 고대는 전시대에 걸쳐서 "오이코스" 경제에 속하였다. 다시 말하자면, 고대의 경제는 부자유노동을 통해서 확대된 가계의 자가생산에 의해 유지되었고, 고대의 노동 분업은 주로 대규모 노예가계 내부의 노동전문화였으며, 교역은 기회에 따라서 이루어지는 우연한 현상에 불과한 것으로서, 원칙에 따르면 경제로 자급자족[9]하는 대가계에서 때마다 나오는 잉여를 이용한 것에 지나지 않았다. ("오이코스의 자급자족") 또한 칼 뷔허[10]도 로드베르투스가 내세운 "오이코스"라고 하는 범주를 경제 조직의 **특색을 나타내는** 유형으로 파악하였다. 그런데 필자가 해석하고 있는 바, 이 견해에

---

7) ἐργοδότης, 장인에게 노동을 제공하는 사람. 원문에는 'ἐργοδοτός'로 표기된 것을 바로잡는다.
8) Rodbertus, "Untersuchungen auf dem Gebiete der Nationalökonomie des klassischen Alterthums. II. Zur Geschichte der römischen Tributsteuern seit Augustus," *Jahrbücher für Nationalökonomie und Statistik*, 4. 1865, pp. 343-355에 등장한다.
9) αὐτάρκεια: 스스로라는 뜻의 아우토스와 충분하다는 뜻의 아르케오이 합성어이다. 이는 행복을 추구하기 위해서 세상의 것에 되도록 적게 의존한다는 의미로, 키레네 학파에서 강조되었다.
10) Karl Bücher, 『국민경제의 형성: 강의와 논문*Die Entstehung der Volkswirtschaft : Vorträge und Aufsätze*』, Tübingen: Laupp, 1910, pp. 15-42을 베버는 참고한다.

대한 그의 진정한 해명에 따르자면, 한 경제제도에 대한 "이상형의" **구조**라는 의미에서 그렇게 파악하였다. 이는 고대 나름의 특수한 결과를 지니는 "개념상의" 순수성과 매우 **밀접한 상태에서** 비롯한 것이다. 그렇다고 해도 고대 전체는 공간으로나 시간으로 이런 개념에 지배되지 않았다. (그래서 고려할 필요가 없이 덧붙이는 말이지만) 이 시대 이런 범주의 "지배"는 매우 강하였고 가장 강한 효과를 가져왔는데, 단지 수요충족을 위한 교역현상의 **위축**을 초래했을 뿐만 아니라 그에 상응하여 교역담당자 계층의 경제·사회상 계층이탈도 위축시켰다. 항상 사실상 뷔허는 유형 **예시**를 통해서 고대를 "오이코스 경제"로 취급함으로써 -이것이 그의 상론의 의미였는데-, 그는 이러한 패러다임으로서의 목적을 위해서 고대경제사의 중요한 구성요소를 어느 정도 강조하였다. 이것은 역사가들에게 다음과 같은 인상을 줄 것이다. 즉 고대경제에서는 (이상형의 의미에서) "도시경제"의 성격과 더불어서 "오이코스 경제"라는 성격이 분명히 환기된다. 뷔허의 소중한 (반대론자들의 견해에 따르면 부당한) 견해를 반박하는 에두아르트 마이어의 반론은 이제 고대에 전용되는 특수한 경제 범주의 사용을 **대체로** 부정하기에 이른다.11) 그리고 그는 적어도 아테네의 전성기인 고전기에 비해 완전히 근대의 개념, 이를테면 "공장"이나 <56좌> "공장노동자" 같은 개념을 가지고 연구하고자 한다.56-1]

[56-1 이런 명칭상의 고대 공장들에 관해 주목할 만한 점은 그것이 이와 같이 "착복되거나" "탕진될"12)수 있었고 따라서 (물리상 의미로), 아무런 흔적을 남기지 않고 사라졌다는 점이다. 이것은 적어도 근대 공장에 이르지 못하게 한 점이다.]

그러나 아무리 교역과 은행의 의미를 강조한다고 하더라도 그는 우리에게 당시 경제생활의 상태가 "충분히 아직 근대가 아닌 것으로"13) 표상될 수 있음을 지시하려고 시도했다. 이 점만을 분명하게 살펴보자. 기원후 13세기에 유래하는 개념, 즉 "선대제도"라는 계약 형태를 갖춘 개념에 따른다는 의미에서 자유 "가내공업"의 존

---

11) Meyer, 『고대의 경제발전 *Die wirtschaftliche Entwickelung des Altertums*』, Jena, Verlag von Gustav Fischer, 1895, pp. 697-699을 베버가 인용한다.
12) Aphobos, Timarchos: 각각 데모스테네스, 『연설집』 27.18-33. 아이스키네스, 『연설』 1.96-99에서 인용한 것이다.
13) 마이어의 위 책, p. 730에서 인용.

재는 이제까지 아직 지시되지 않고 있다. (또한 자연히 고대에도 알려진 것처럼, 시장 사정에 밝은 상인이 **사실상** 생산자를 착취하는 것으로서만은 아니다.) **우선 당연히** 이제까지는 순수한 작업기술에 관련된 용어상의 의미만으로도 "공장"의 존재에 대한 어떤 지시도 결여되었다. (예를 들어 그 개념은 부역노동에 기초하는 러시아의 농노공장과 자가수요를 위해서 운영하는 국립작업장을 포괄한다.) **공업**은 규모·지속성·기술의 질(작업장에서의 노동분화·통합과 고정자본을 갖춘 작업장에 대한 노동과정의 집중)에 따라서 이런 명칭을 얻는 것이다. 그런데 사료는 어떻게든 확대된 현상으로부터가 아니라면 이와 관련하여 아무것도 인식하지 **못**하고 있다. 정상 형태라는 면에서 보면, 공업은 파라오의 생산이나 프톨레마이오스의 독점생산과 후기로마제국의 독점생산에서는 전혀 발견되지 않는다. 공업은 우선 이런 점에서 생각될 수 있다. (이와 관련해서는 후에 논하겠다.) 그리스의 에르가스테리온은 주로 소유하고 있는 사람의 **피고용인거처**였다. -대개 주인은 상인으로, 이들은 (상아 같은) 고가의 원료수입자였다.- 여기에서 상인은 함께 구입되었거나 수익질 계약에 따른 담보물로 제공된 숙련노예의 임의 수자를 한명의 에르가스테리온 감독14)의 지도 아래에서 자유수공업자에게 판매하지 **않은** (데모스테네스, XXVII, 823, 32) 원료의 부분을 가공하도록 한다. (아테네 항목 참조) 사람들은 이 에르가스테리온을 (일부 노예를 판매함으로써) 마치 납덩이처럼 임의로 **분할**할 수 있다. 왜냐하면 에르가스테리온은 노예화된 **노동자**의 미분화된 집적에 불과하였으며, 어떤 분업화된 노동**조직**도 나타나지 않았기 때문이다. 따라서 대농장의 경영이나 판매를 목적으로 만들어진 "부업"은, 오리엔트와 제정기 로마의 <56우> 독점 가공작업장과 중세에 이따금 나오는 좀 더 큰 규모를 지니고 제후의 부인에 의해서 운영되는 직물 "영업"처럼, 식민농장이나 조세행정이나 오이코스의 부가물에 불과한 것이지 결코 "공장"은 아니었다. 기술상의 의미로 보아서 "공장"과의 어떤 유사성을 실제로 이끌어 낼 수 있게 되는 곳에서도 -이점은 분명히 농노제 시기의 러시아에서처럼 고대에서도 **가능성이 있는데**-, 그런 유사성은 러시아의 "공장"과 동일한 근거에서 분명히 "규칙을 입증"할 수밖에 없게 된다. 왜냐하면 이것은 어느 경우에도 개인의 영리생활이 지속되는 현상은 아니기 때문이다. 아울러 은행업의 활동이 있었다. 이것은 범

---

14) 아이스키네스Aischines, 『연설Oratio』, 1.97.

위와 기술의 측면에서 중세 13세기에 존재했던 규모를 (질의 측면이 **아니라**) **양의 측면에서 초과**하였을 것이다. 이점은 소수 정치세력의 중심지 (주로 로마·아테네 및 기타 도시)의 공공계약자들과 관련해서 입증될 수 있고 가능성도 있다. 교역의 영업형태-해상대부, 위탁투자조합(이 경우는 초기 자본주의 무역의 특징인 **불연속성**을 보여준다), 은행지불, 은행추심-는 법의 형식에 따르면 초기 중세에 속한다. 일찍이 중세 초기에 알려진 환업무는 초기 단계에 존재했고, 액수에 비례한 이자, 이자기한, 법의 규제 등은 중세초기의 성격을 지닌다. 이미 중세에 알려진 국가신용의 어떤 형태도 고대에는 결여되어 있었다. 대신 고대에는 그 대용물이 있었다. 오리엔트와 페르시아 왕들의 엄청난 보고(寶庫) 및 그리스의 신전보호가, 의미와 관행의 면에서, 정규 자본에 대한 이자의 원천이 되었다. -이것은 기존의 귀금속 비축이 "**자본**"으로서 얼마나 **적게** 사용될 수 있었는지를 보여준다. 고대의 사정을 "근대의" 것으로서 표상하는 것보다 더 위험한 일은 없다. 이렇게 하는 사람은, 흔히 그런 일이 일어나는데, 중세가 자본법의 영역에서 -그 나름대로- 도출해내고 경제조직의 면에서 우리의 것과는 다를 것이 없는 형성물의 차이점을 과소평가하게 된다. 그리고 막대한 지금(地金)을 지닌 프톨레마이오스의 은행 및 로마 청부업자의 국가·반(半)국가다운 금융업이 **중세의 도시국가**라는 현상에서 (예컨대 제노바) 두드러진 등질성을 보여주지만, <57쪽> 이미 13세기에 이르러서는 유통경제의 기술이라는 측면에서 중세에 추월당한다. 오히려 로드베르투스가 지시하고 있는 의미대로 오이코스는 사실상 고대경제에서 가장 중요한 역할을 수행했다고 하는 점을 강조하는 것이 훨씬 더 중요하다. -이점은 필자가 지적하고자 하는 것인데[15]- 한편 당시에 그런 발전은 역사의 조명을 받은 고대 그리스·로마에는 우선 후기(=제정)의 발전에 따른 산물이고, 아울러 중세초기 봉건 경제·사회로의 이행이라는 의미에서도 중요하다. 다른 한편으로는 (오리엔트와 일부 그리스에서는) 우리에게 신빙성이 있는 역사 **초기**에, 이를테면 왕·군주·사제의 오이코스의 일부는 -신분상의 부역의무가 있는- 신민(臣民)의 소가족 경제와 병렬하여 존립하고, 일부는 그 위에 중첩된다. 이런 경우에도 오이코스는 로드베르투스의 의미대로 고(古) 가족 공동체가 확대된 자가경제로부터 직접 성장하여 나온 것은 분명 **결코** 아니었다. 오히려 일부

---

[15] 베버, 『로마농지사』 p. 241.

국가사회주의의 성격을 지닌다. 이집트에서는 그런 경향이 매우 우세한데, 이는 아마도 공동경제를 위한 치수(治水)의 결과에서 기인할 것이다. (오리엔트와 고대 그리스에서 그러 하듯이) 오이코스는 일부 교역의 이득을 통해서 성립하기도 한다. 정규 교환관계에서 가장 오래된 담당자들인 추장 및 족장이 선물교환이나 중계무역을 사실상 독점하여 마침내 자영상업을 통해서 (또 이와 구분하기 어려운 해적행위를 통해서) 이 교역의 이익을 끌어냈다. 이렇게 이끌어진 이익은 보고(寶庫)의 형태로 저장되었고, 그들의 지배 위치와 경제상의 팽창을 지탱해 주었다. 아울러 동시에 **비중**으로 보아서 족장과 정치지배층의 필요를 고대 **초기**의 "가계경영"으로 충족하였는데, 이것은 도처에서 일종의 자연경제 상태였다. 강제 조세, 부역, 노예 약탈은 족장에게 외래상품과 교환할 수 있는 수단을 제공하였다. 보고에 간직된 귀금속은 지속된 화폐경제와 관련된 수요를 충족하기 위해서가 아니라, (페르시아 왕의 경우와 같이) 오히려 개인의 보수(報酬)로서 때때로 정치 목표를 이루기 위한 목적에 사용되었다. 한편 자연경제는 고대 **후기** (기원후 3세기 이후)에 증가하던 영주제와 오이코스 경제로 운영되었던 국가경제를 지배하는 형태였다. 이에 비하여 고대의 **고전기** 대(大) 노예재산의 경우에, 로드베르투스가 믿듯이, (자연경제가) 규모 면에서 동일하였다고 주장하는 것은 전혀 사실이 아니다. 그리고 필자가 그전에 받아들이곤 했던 정도도 아니었다.16) 이런 점에서 (필자의 의견으로는) 에두아르트 마이어와 그의 제자인 구메루스17)가 옳았다고 생각된다. 그리고 내 생각에, 다음과 같은 점은 인정해야 할 것이다. <57우> 즉 고대경제의 특수성들을, 여기에 물론 노예 노동도 속하는데, 뚜렷이 드러내고자 하는 것은, 그 자체로서는 올바른 노력이지만, 이를테면 빌켄의 연구작업이 (물론 이 경우 아마도 이상한 입장을 수용하고 있는) 이집트에 대해서 제시하였던 바와 같이, 자유노동이 지니는 양 측면의 의미를 (예컨대 필자의 경우처럼) 몇 배나 저급하게 평가하도록 이끌었다는 점이다. 고대에는 부자유 및 반자유 농민과 더불어서 자유농민도 알려져 있었다. 후자는 자영

---

16) 본 역서의 부록과 같은 제목의 1, 2판 기고문을 지시한다.
17) Gummerus: 1901년 에두아르트 마이어의 문하에서 연구하였으며, 베버는 "경제조직으로서의 로마 농장경영: 카토, 바로, 콜루멜라의 작품에 의거하여 Der Römische Gutsbetrieb als Wirtschaftlicher Organismus: Nach der Werken des Cato, Varro und Columella," *Klio, Beiträge zur alten Geschichte*, 5 Beiheft, Leipzig, 1906, pp. 94-97을 참조한다.

농, 화폐지대소작농, 분익소작농으로서 존재하였다. 고대에는 가내공업 및 부자유노동과 더불어서 자유 수공업자도 있었다. 후자는 "자비작업자(自費作業者)", 임금작업자(이는 훨씬 빈번함), 그리고 (매우 드물지만) 영업상의 부업생산자로서 존재하였다. 수공업은 가족영업이나 (더욱 빈번하게) 단독영업 또는 한두 명의 노예 및 자유인 및 반자유인 (이 경우가 대부분임) 출신의 도제(徒弟)를 거느린 장인영업의 형태로 존재하였다. 게다가 러시아의 아르텔-식18)의 소수공업자 간의 협업(쉰에르고이) 역시 알려져 있었다. 구체화 된 목표를 달성하고자 계약자(에르고라본)를 매개로 하는 숙련직공 간의 회합도 알려져 있었다. (이는 오직 국가에 속한 노동자들의 경우에 있다.) 그렇지만 이를테면 직인(職人)에 해당하는 어휘는 고대에 없었다. [이 용어 역시 고대에는 생소한 말인 장인(匠人)에 대한 투쟁에서 비롯한 것이었다.] 왜냐하면 비록 고대에도 단체 활동이 상당히 풍부하였다고 하더라도, 일찍이 중세 성기(盛期)에 알려진 것만큼의 단계에 오른 자치조직과 정교한 편성 및 직인층을 지닌 수공업은 존재하지 않았기 때문이다. 고대에 성립된 조합이나 그런 부류에 드는 조직은, 중요한 사항을 고려하면, 오히려 공공봉사를 위한 조직이었다. 수공업자들의 사회 지위는 헬레니즘 시기에 들어서서 민주정치가 일시에 그리고 일부분 (또한 현저하게) 중단되면서 억압되었다. 기업가의 권력지위는, 중세의 경우처럼, 도시에서 법에 의한 영업 집중을 강제할 만큼 충분했던 적은 결코 없었다. (그 이유에 관해서는 아테네 장에서 참조하라.) 마지막으로 고대에는 자유인 비숙련 임금작업자가 있었다. 그들은 거의 노예상태로 팔린 자(아동, 채무자) 혹은 일시로 스스로를 판매한 자들에게서 비롯하였다. 이들은 수확시에나 공공의 토목·건설 공사나 기타 대규모의 작업에 사용된 것으로 알려진다. 그런데 이들의 고용은 변화하기 쉽고 경우에 따라서 나타나는 현상이다. 이제 중요한 문제는 고대가 (문화사라는 측면에서 두드러진 정도로) **자본주의** 경제를 알고 있었는가의 여부이다. - 우선 고대 도시의 (그리고 오리엔트와 초기 중세도시의) 생계활동의 여지에 대한 기본 토대는 <58좌> 대개는 주로 도시에 거주하는 족장·귀족의 토지점유로부터 나오는 **지대**수입과 이따금 생기는 신민의 조세이다. 오늘날 이것은 특수한 거주지역이나 -더 가까운 사례- 러시아 예속 시기의 모스크바에서 나타난다. 이 수입원 그리고 이와

---

18) Artjel-artige: 이 아르텔(artél')은 러시아에서 널리 퍼진 소규모 공업생산자들의 연합형태이다.

더불어서 급격한 전환점에서 등장한 도시들의 경제가 "개화"하는 특수한 **정치** 조건의 의미는 고대 전체 기간에 걸쳐 매우 중요한 것으로 남는다. 고대 도시들은 항상 중세 도시에 비해서 훨씬 더 높은 정도로 **소비** 중심이었고 반면 훨씬 낮은 정도로 **생산** 중심이었다. 고대 도시가 발전하는 과정에서 현저하게 도시다운 현상을 다수 볼 수 있다. 그렇지만 대부분의 중세 도시들의 경우처럼 "도시 경제"라는 개념의 이상형에 좀 더 근접한 특징을 가지게 되도록 진전되지는 못하였다. 이는 고대가 해안 문화로서의 성격을 지닌 것에서 비롯한 결과였다. 이제 고대에는

1. 노동 집약도가 좀 더 높았으며, 품질에 따라서 특정품목에 대한 수출업이 도시에서 이루어졌고,
2. 원거리에서 수송되는 곡물수입에 지속하여 의존하였고,
3. 구매노예제가 있었으며,
4. 특수한 교역의 이익이 정책을 강하게 지배하였다

는 사실이 지시된다. 이런 사정 하에서 질문이 제기될 수 있다. 이따금 축소되었다가 팽창되기도 하는 "축재(蓄財)의" 시기가 "자본주의" 구조를 가진 것인가?

이제 우리는 "자본주의" 라는 개념의 경계를 설정하게 된다. 이는 자연스럽게 매우 다른 것을 결과할 수도 있을 것이다. 어느 경우든 사람들은 다음 하나만을 확실한 것으로 주장하는 것이 가능하다. 즉 대체로 그 용어는 어떤 분류상의 가치를 유지해야 한다면, "자본"은 늘 개인경제의 "영업자본"을 뜻한다는 것이다. 이는 재화로서 재화의 거래에서 "이익"을 성취하는 역할을 의미한다. **모든 경우** 영업의 "**교환경제**" 토대가 요구된다. 한편으로 **생산품**이 (적어도 일부가) 거래의 대상이 **되지**만, 다른 다른 한편으로 **생산수단**이 거래의 목적이었다. 따라서 **농지와 관련된** 영역에서 현물 및 현금의 점유·상속·거래·인신부과금에 대해서 농민이 이용되었던 중세초기처럼, 영주가 **인신법**으로 지배받고 있는 자들을 단지 지대·재산세·수수료의 원천으로서 활용하는 경우는 모두 그 개념에 해당하지 **않는다**. -이 경우 차지하고 있는 <58우> 토지도 지배받고 있는 인신도 "자본"이 아니다. 왜냐하면 그 두 가지에 대한 지배는 (원리상) 자유로운 거래를 통한 이익이 아니라, 대개 두 부분의 **전통**에 **따른** 결합에 의존하고 있기 때문이다. 또 다른 한편 토지점유를 교환경제로 세분임대하는 것이 알려져 있다. 이 경우도 토지점유는 지대원이며, "자본주의" 영업

이 결여되어 있다. **주인 자신의 영업에 피지배자를 노동력으로 이용하는 것은**, 고대에는 (파라오의 왕국, 로마 제정기의 황실지처럼) 콜로누스를 이용하는 영주직영지 경영이나, 구매노예의 노동을 구비한 대기업 또는 양자의 결합으로 나타난다. 첫 번째의 경우에는 (이 경우는 부역을 의미한다) 우선 분류상의 난점이 초래된다. 왜냐하면 이 경우에는 겉보기에 "자유로운" 토지거래와 소작인의 "자유로운" 계약으로부터 시작해서 (이는 상업경제의 기초이다) 영주에 대해서 노동의 의무를 지는 콜로누스를 지나 콜로누스에 대하여 영주가 가하는 완전한 사회 속박에 이르는 상이한 여러 단계를 설정하는 것이 가능하기 때문이다. 게다가 콜로누스의 활동이 성립하는 곳에서는 언제나 후자의 경우가 일반이었다. 이 경우 콜로누스는 사실상 자신의 **인신**(人身)에 대해서는 "**자본**"이 아니었다. 즉 **자주에** 입각한 자유거래에서 벗어났던 셈이다. 그러나 그들의 부역은 토지와 **더불어** 거래대상이 될 수도 있었을 것이고, 실제 (오리엔트 및 로마 제정후기에) 그러했다. 이 경우 영업활동은 대수롭지 않은 것에 불과했다. 시장을 위해 생산이 이루어지고 **토지**가 거래대상이 되는 한, 그런 영업활동은 "자본주의"이다. -생산력으로서의 노동력이 **자유** 거래, 즉 구매 및 임대에서 멀어지는 한, 자본주의가 **아니다**. 그러나 통상 부역에 기초한 활동이 성립한다는 것은 오이코스로부터 자본주의에 반대되는 자연경제로의 이행현상이다. 왜냐하면 그런 현상은 항상 (상대로 본) 자본 **취약**, 특히 영업자본의 취약을 나타내는 증상이기 때문이다. 이는

1. 필요한 영업수단을 예속 경제에 이전하여 설비자본을 **절감**함으로써, 그리고
2. 강제노동의 이용을 통하여 노예구입자본이나 임금비를 절감함으로써

표현된다. 이런 현상이 나타나는 근거는 (보통) 재화거래의 집약도가 비교상 미비한 것에 있다. 자기소유 또는 임차한 토지 위에서 **구매노예를** 통한 영업(즉 노예가 실제로 구매를 통해서 획득되는 한, 노예가 보통 거래대상이 되는 **사정하의** 영업)은 경제로 보면 자연히 "자본주의" 영업이다. 이 경우 토지와 노예는 자유로운 거래의 대상이고 의심의 여지없이 "자본"이다. <59좌> 노동력은 "자유노동"을 통한 영업활동 이외의 경우에는 구입되며 임차되지 않는다. 혹시 (예외로) 임차되는 **경우**, 임대하는 자는 노동의 소지자(노동자)가 아니라 그의 주인이다. 이 경우 동일 양의 노동력에 대한 자본 **수요**는, 다른 조건이 같다면, 사실상 "자유" 노동을 사용하는

I. 서론: 고대국가 세계의 경제이론을 위하여

것보다 더욱 커지게 마련이다. 마찬가지로 다른 조건이 같다면, 토지 **구매자**는 토지 **임차인**보다 더 많은 자본을 들여야 한다. 결국 자유노동을 구비한 자본주의 대기업은 동일한 정도의 자본 축적에서 영업상 **실질** 생산수단에 훨씬 더 큰 자본집약을 가능케 한다. 하지만 그런 영업은 **보통** 고대에는 농업경제의 외부이든 내부이든 개인 경제의 영역에서는 지속된 현상으로 알려지지 않고 있다. 분명히 오리엔트와 그리스에서는 "향신(鄕紳)에 의한" 경영[19]이 발견된다. 그러나 시기상으로나 지역으로 볼 때 그것이 발견되는 곳은 **전통** 규범이 지배하고 있는 곳[그리스의 내지(內地), 탈무드 및 어떤 헬레니즘 지역]이었지, **진보하는** 경제발전의 지역에서는 아니었다. 언제나 계약만으로 의무를 지는 형식상 "자유" 노동을 가지고 이루어지는 **지속하는** 대기업은, 후에 상론할 국영기업을 제외하고, 고대문화의 "고전" 장소에는 실제로 경제로 또는 사회로 **중요**하게, 알다시피, 결코 나타나지 않았다. 후기 오리엔트에는 (일부) **다르다**.

오늘날 사람들은 "자본주의 경영"의 개념을 이런 영업 형태에 적용하는 경향이 있다. 왜냐하면 근대 "자본주의"의 고유한 **사회** 문제를 낳은 것이 바로 이것이기 때문이다. 따라서 사람들은 이 관점으로부터 고대에 "자본주의 경제"가 존재한다는 사실과 그것이 지배 의미를 지닌다는 점을 부정하고자 해왔다.[20]

이점에서 "자본주의 경제"의 개념을 무조건 하나의 특정한 자본 **이용방식**, 즉 "자유" 노동자와 계약함으로써 외국인 노동력을 이용하는 것에 국한하지 않고, -또한 **사회**의 특징을 고려하지 않고서- 오히려 순수한 경제 내용으로서 **교역**의 대상인 점유물이 개인에 의해서 교환경제에 의한 영업의 목적에 이용되는 것으로 의미를 규정할 수 있다. 그렇게 한다면 고대의 전 시기-그리고 특히 최성기-에 대하여[21] 매우 광범하게 "자본주의"라는 인상을 받게 되는 것이 확실하다. 물론 그렇다고 해도 과장해서는 안 된다. (이 점에 관해서는 후술하겠다.) 게다가 자본점유의 구성요소 및 자본의 이용방법은 그 나름대로의 특징을 지니고 있으며, 이는 고대 세계사의 진행에 중요한 성격을 부여한다. <59우> 자본점유의 **구성요소**들 속에는 자

---

19) 토지에 정착한 영주에 의한 경영이라는 의미이다.
20) 여기에서 베버는 좀바르트를 지시한다.
21) 고전기 아테네와 팽창기 로마를 의미한다. 전자는 기원전 5-4세기, 후자는 기원전 3세기말에서 기원전 1세기에 걸친다.

연히 최근 2백년 간 이루어진 기술 발전을 통해서 발생하여 오늘날에 이르는 "고정 자본"을 이룰 만한 생산수단이 완전히 결여된다. 대신 중요한 요소가 한 가지 덧붙여졌다. 즉 채무 노예 및 구매 노예이다. 자본 이용의 이런 방법이 적용되는 경우에는 대개 공업에 대한 투자가 이루어지지만, 공업을 운영하는 대기업에 대한 투자는 위축되기 마련이다. 그렇지만 오늘날의 방법과 중요성의 측면에서 완전히 말미에 속하는 것으로 인정되는 자본 이용방식이 고대에는 주도하는 범위를 차지하고 있었다. 그것은 다름 아니라 공공계약이다. 고전·고대에 자본투자가 이루어지는 방향은 다음과 같다.

1. 국세징수 청부와 공공사업의 수급이나 하청
2. 광산업
3. 해상무역 (자가의 선박을 이용하거나 해상대부 등을 통하여 참여한다.)
4. 재식농업
5. 은행업 또는 은행에 유사한 영업
6. 토지담보
7. 내륙횡단교역 (지속된 대기업으로는 매우 드문 현상이다. 서양에서는 로마 제정 초 2세기 간에만 북쪽 및 동북쪽으로 이루어졌다. 대개는 대상교역에 대한 위탁투자조합을 통한 투자로서 이루어진다.)
8. 노예(결국은 훈련된 노예)의 임대 또는 러시아에서 이야기되는 "오브로크"[22]에 대해서 자영 수공업자나 소매상으로서 노예를 구비하는 것. 마지막으로
9. 숙련된 공업 노예를 자본주의식으로 이용하는 것. 이들은 (아테네의 예처럼) "작업장"이 있거나 없거나 간에 소유권으로 또는 담보로서 보유될 수 있다.

자신의 개인영업 작업에 노예를 이용하는 것은 빈번하였고, 이는 의심의 여지가 없다. 자기 소유의 노예를 구비하고 자신도 일하는 수공업자도 나타났다. **자본주의식 이용**은 위에서 언급되었고 앞으로 상론하게 될 "에르가스테리온"의 형태로 나타난다. "부자유한 가내공업"의 형태로 자신의 소유 노예를 이용하는 (즉 주인 편에서 원료와 작업도구를 수여하고 노예의 가족 성원에 의해서 마무리된 물품을 인

---

22) Obrok: 러시아에서 예농들이(Leibeigenen) 마치는 조세로, 이들은 귀족 주인의 허락을 받아 농장을 떠나 딴 곳으로 이주하여 노동하거나 공업활동을 하고 얻은 소득을 바친다.

도하는) 것은 오리엔트와 고 이집트에서 우세한 것이다. 비록 "고전기"에도 존재했을 것으로 추론되지만, 분명히 지시되지는 않는다. 한편 수출된 아테네산 도자기에는 상당히 많은 수가 (최대 약 80) 동일한 이름으로 표시되고 있다.23) 바로 이 이름이 "수공예자"의 것이라 해야 자연스럽다. (그렇지만 "제조업자"이거나 "도매상"은 아니다.) 따라서 그의 이름은 곧 도공 가문에 의해서 시조명(始祖名)으로 유지되었고,24) 각 가문에서는 기술지식이 비밀로서 세전된다. <60좌> 아티카에서 수공업자 '촌락들이' 존재하였는데, 이는 가족에 의한 수공업이라는 점에서 다른 것들과 마찬가지의 특징을 지닌다. (뒤를 보시오.)

고대에서 자본주의 기업경영의 질·양에 관련한 의미에 기준이 되는 것은 그때마다 발생하는 일련의 개별 계기이다. 이 계기들은 매우 상이한 결합 속에서 발생한다.

1. 귀금속 저장의 의미는 자본주의가 발달하는 보조에 맞추어서 확실히 평가되어야 한다. 단 오늘에 이르러서야 경제 구조에 대하여 자본주의가 지니는 의미를 지나치게 평가하는 경향이 가중되었을 뿐이다. 바빌로니아에는 광산이 없었으므로, 금속저장이 극소량에 불과하였을 것이 분명하다. 여기에서는, 파라오와 왕 사이의 서신들이 보여주듯이,25) 더 일찍이 여타 오리엔트 국가들처럼 교환경제가 발전하였고, 귀금속이 가치척도의 기능을 수행하였다. 바빌로니아의 경제는 금을 보유하고 있던 이집트보다도 더 화폐경제가 발전하였다. 반면 개략의 계산에 따르더라도, 프톨레마이오스 치하의 이집트는 화폐경제가 충분히 시행된 상태에 있었고 막대한 양의 귀금속을 저장하였다. 그러나 그 같은 귀금속의 저장이 경제의 구조원리로서의 "자본주의"를 어느 수준으로, 다시 말하면 동시대의 로마에서와 같은 정도로 발전시키는 데에 기여하지는 못하였다. 결국 로마제국 후기에 자연경제가 도입된 것이 광업 생산이 부진한 결과였다고 하는 식의 기이한 견해는 아마도 사실을 혼란

---

23) 벨로흐Beloch, 「고대의 대규모 공업, Die Großindustrie im Altertum」, *Zeitschrift für Sozialwissenschaft*, 2, 1899, p. 19이하에 나온다. 이에 따르면 페이시스트라토스 시기에 니코스트라토스Nicostratos의 이름이 76회 언급된다.
24) 이 문장은 뒤 참고문헌 해제 원문각주 p. 181의 1번 각주에서 오류임을 본인이 직접 인정하고 있다.
25) 베버는 빙클러Winckler, 『텔엘아마르나 점토판Tontafeln von Tell-el-Amarna』, Hälfte 1-2, Leipzig, 1914-15, VII-XI을 참조하였다.

스럽게 할 것이다. 당시에 광산의 고갈이 발생한 경우 이것은 완전히 다른 이유에서 비롯한 것이었다. 즉 일찍이 고전기에 있었던 토착의 자본주의 노예 경영이라기보다는 광산업에 참여한 **소규모** 임대경영이 초래한 결과였을 것이다. 그렇다고 하더라도, 귀금속 저장을 대규모로 처분하고 그것을 **계획에 맞게** 개발한 것이 문화사에서 지니고 있는 강력한 역할은 결코 부인되어서는 안 된다. 오래된 부역왕정국가는 왕의 "재보(財寶)" 위에 근거하고 있었다. (뒤를 보시오.) 라우레이온의 은광이 없이 아테네의 함대는 없었다(?).26) 기원전 5-4세기 통화라는 면에서 그리스 신전이 지닌 재산의 변화는 여러 차례 가격변동을 유발한다(?). 그리고 페르시아 왕의 재산 변동은 그리스 도시의 발전을 용이하게 하였다. 게다가 기원전 2세기에 로마로 전리품인 귀금속이 엄청나게 유입되어 나타난 결과는 잘 알려져 있는 사실이다. 그러나 당시에 <60우> 그러한 귀금속 저장이 단지 일어난 것과 같이 사용되었을 뿐이고 다르게 (즉 오리엔트에서처럼 집적을 위해서) 이용되지 않았는데, 이 같은 사실에 대한 조건은 이미 존재하였음에 틀림없다. - 고대에는 그 같은 다량의 귀금속이 질로 보아 **새로운 경제를** 낳는다는 의미에서 "독창력 있게" 작용하지는 않았다.

2. "자유인" 노동의 체제와 비교하여 보면 자본주의식으로 이용된 노예점유의 **경제상 특질**은, 우선 살아있는 노동력의 공급을 위해서 소비해야 하고, 노예의 구입을 위해서 고정되어야 하는 자본이 급격하게 **상승한다**는 점이다. -영업이 영세하여 노예를 사용하지 않게 된 경우, 이 자본은 -기계와 마찬가지로- 아무런 이자도 발생시키지 않을 뿐만 아니라, 이에 더하여 계속 보조금을 (말 그대로) "먹어치운다." 이에서 비롯하는 결과는 다음과 같다.
 1. 자본 거래의 지연
 2. 자본 형성과정의 지체
자본의 이런 형태에서 비롯하는 **위험은** 매우 크다. 자본주의식으로 착취할 때에는 노예의 사망률이 매우 높으며 이는 예측하는 것이 완전히 불가능하여 노예의 **점유자**에게는 일종의 자본손실이 발생할 수 있을 뿐 아니라, 정치상 패배를 당하는 경우 노예자본은 완전히 없어질 수 있었고, 노예가격이 급격히 변동되기도 하였다.

---

26) 기원전 483년 직전에 풍부한 은광이 남부 아티카에 있는 라우레이온에서 개발되어, 그 수익이 함대의 재정에 사용되었다.

(루쿨루스는 한번에 4드라크마의 값으로 전리품인 노예를 매각하였다.27) 사람들은 평화시에 시장공급이 충분한 경우 사용가능한 노동자를 구매하기 위해서 수백 드라크마를 지불해야만 한다.) 위험은 바로 이 같은 사실에서 비롯하는 것이다. 즉 이런 현상은 설비된 자본의 가치가 저하한다는 계속되는 위험을 그 자체에 안고 있는 것이었다. "대기업"을 영위하기 위해서는 불가결한 전제라고 할 비용 계산이 결여되었다. 좀 더 광범한 계기가 이 점에 관련된다. 즉 오리엔트에서는 가부장 하의 노예제가 우세하였는데, 여기서 주인은 노예에게 가족성원의 지위를 부여하거나 자신의 가정을 가지도록 허락하였다. 전자의 경우 가족경제상에서 이익을 극대화할 가능성은 처음부터 차단되었다. 노예들에게 의무부담을 지우는 경우, 그는 지대원이지 노동력은 아니었다. 또는 자신의 가족들과 더불어 언제나 노동력으로서 기여하는 경우, 노예는 부역노동자이거나 제한된 벌이를 지니는 가내 노동자였다. 그에 비해서 하나의 물건 같은 생산수단처럼 노예를 실제 자본주의식으로 다루는 것은 노예시장에서의 지속된 조달에 의존한다는, 다시 말해 성과가 있는 전쟁에 달려 있다는 점에서 나름대로의 한계를 지닌다. <61좌> 왜냐하면 노예 노동에 대하여 충분히 자본주의식으로 착취하는 것은 법으로만 아니라 사실상으로도 노예가 가족을 **상실**하는 경우에만 가능하였기 때문이다. 즉 일종의 병영체제 하에서만 가능하였다. 그런데 이 체제는 스스로의 수단으로 노예계급을 보충하는 것을 불가능하게 하였다. 다른 한편으로 처(妻)의 마련비용과 생계비 그리고 자식의 양육비는 설비자본과 관련하여 볼 때 완전히 쓸 데 없는 부담이 되었다. 노예의 처가 직물업에 이용되는 경우에는 그런 문제가 회피될 수 있었다. 그러나 그런 경우 고대의 수요충족 특성에 비추어서 또 가내의 방적(紡績)·방직(紡織)의 중요성에 비추어서, 결코 두드러지는 것은 아니다. 노예의 자식에 관해서 언급한 아피아노스의 문구 (『내란기』, 1.7)는 다음과 같이 이해된다. 즉 적어도 고대 로마의 어떤 시점에 투기성의 노예양육이 **대규모로** 이루어졌다. 또한 이는, 마치 북미의 남부 여러 주의 경우와 같이, 생산 활동과 일부 노예자본의 매각 간에 일종의 노동 분업이 발생한 것으로 이해된다. 그래도 이런 의미는 의문의 여지가 있다. 노예시장에서 노예가격이 급격히 변동하였는데, 이는 노예양육에 따르는 이득을 불확실하게 만들었음에 틀림없

---

27) 플루타르코스, 『루쿨루스』 14.2.

다. 노예 노동이 주로 사용되는 영역인 재식(裁植) 농업, 항해, 광산업, 조세징수청부업에 대해서는 더 이상 부녀자의 노예 노동이 적합하지 않았다. 그러한 **영업 경영**은 주로 남자노예의 사용에 국한되는 것이 일종의 규칙이었다. (카토의 시기에 농장노동자로서 부녀자가 사용된 것이 유일한 예인데, 이는 아테네의 에르가스테리온에서 유일하게 지시되는 것과 동일하다.) 이런 규칙을 가능하게 하는 **경우는** 장기간에 걸쳐 지속된 전쟁 상태가 계속해서 시장에 노예를 공급하게 하는 때이다. 부녀자 노예들은 창녀나 가사노동자로서 기여하였다. 만약 좀 더 장기간에 걸쳐 계속된 공급이 가능하지 않으면, 노예의 재생산이 필수였다. 노예의 재생산은 노예병영의 몰락과 노예 가정의 수립을 통해서 보장될 수 있었다. 다시 말하자면, 노예자본의 재생산에 따르는 이해관계를 노예 자신에게 전가시킴으로써, 아울러 노예의 노동력에 대한 무한정한 착취를 포기함으로써 이룩될 수 있었다. 채찍질 아래에서 묶인 채 노동하는 단일경작 농장의 노예 체제에 대비하여 보면, 그런 포기는 이익에 대한 순전한 손실을 의미함에 틀림없다. 아울러 그런 노예 체제 하에서는 노예주가 경제 측면에서 노예가 가진 **자기 이해(利害)**를 이용할 수 있는 형태는 찾아볼 수 없었다. 왜냐하면 노예자본은 불안정하고 이에 수반되는 위험성은 계산할 수 없으며, 아울러 노동력으로서의 노예를 대기업에 직접 사용하는 경우, 무엇보다도 노예는 자연히 그 영업에 대해 <61우> 자기 이해를 결여하고 있어서, 이것이 어떤 기술상의 진전이나 집약화 및 질(質)의 상승을 가로막도록 작용하기 때문이다. 노동 수행을 위해서 핵심인 노예의 "윤리" 속성들은, 대기업에서 그들을 이용할 경우에, 최악의 것으로 생각될 수 있다. 이 점에서 노예 자본의 마모에는 도구자본으로서 역축 자본의 마모와 작업도구 (예컨대 쟁기) 기술의28) 정체가 병행한다. 전자의 점에 대해서는 명백하게 밝혀진다. 노예 노동을 곡물의 생산을 위해서 사용하는 것은, 대개 그런 점에 의해서, 즉 고대의 곡물 경작 기술의 노동집약도로 인해서, 불가능하였다. 그렇지만 노예들은 주로 좋은 토양에서만 그리고 노예시장에서 가격수준이 낮아서 실제로 현저한 이익이 있는 대기업에서나 사용될 수 있었다. 그들을 이용하는 것은 보통 확산의 선상에서 이루어졌다. 더욱 중요한 점은 **공업의 부문**에서 노예 노동의 이런 특징이 **도구** 기술을 세련되게 할 뿐만 아니라 주로 실제 그

---

28) 노예가 쟁기질을 부주의하게 하는 것에 대한 문제점은 콜루멜라, 1.7.6을 참조하시오.

와 맞물려 있는, 분화된 노동력을 조합하는 것을 방해하기도 했다는 점이다. 그러한 조합은 특히 근대 영업형태의 **존재**를 가능하게 했던 것인데, 여기에서 비단 노동자의 **수효**만이 특징인 것은 아니었다. **숙련된** 영업노동을 일종의 **노동 분업식** 구매노예에 의한 형태로 **대규모로** 사용하는 것은 의심의 여지없이 보통의 현상이었다. 또한 동일한 근거에서 이 현상이 고대에는 다른 곳에서도 발생하였을 것이라는 점은 의문의 여지가 없다. 왜냐하면 어떤 경우에나 아무리 사소한 사례에도 그런 형태는 발생할 것이기 때문이다. (이에 관해서는 후술하겠다.) 주로 **개별 노동자들**의 누적으로 묘사되는 에르가스테리온은 경제상으로 매우 유리했던 지역, 이를테면 아테네, 로도스, 알렉산드리아 등지에서 늘 상인 영업의 부수물로서 또는 하나의 지대재산으로서 발생하였다. 그런 이유로 공업으로 하는 부역수행 또는 부자유 가내노동자에 의해서나 수장이나 반(半)수장 하에 있는 "오이코스"의 대가계경영에 의한 생산의 잉여가 시장에 나온다면, 자연 이것이 **구매노예**에 토대를 둔 노예 "공장"의 존재와 혼동되어서는 안 된다. 대(大) 노예점유자나 군주의 편에서 공업을 위한 "부업"을 창출하기 위해서 강제노동을 이용하는 것을 보여주는 거의 반(半) 자본주의 형태는 근대의 경우 18세기 및 19세기 1/3분기의 러시아의 공장에서 발견된다. 이것은 단지 (사실상) 전매라는 토대 위에서만 생길 수 있는데 특정한 전제 조건을 지닌다. <62좌> 그 전제 조건은 다음과 같다. 즉 저렴한 **식량**, 생산물의 **독점 가격**, **그것들** 외에 그러나 특히 저렴한 **노예 가격**이라는 조건이 사망의 위험을 만회하는 매우 높은 착취율이, (데모스테네스와 아이스키네스의 시기에 30%에서 100%),[29] 공업을 위한 **구매노예**를 노예주의 에르가스테리온에서 장기간 사용하는 것을 가능하게 한다. 그렇지만 이런 "영업"은 대개 기껏해야 몇 십 명의 노동자로 운영되었다. 여기에는 "공장"에 속하는 "고정자본"이 없다. 대여되는 것은 노예이지 작업장이 아니다. 노예들이 작업장이다. 핵심은 노예주에 의한 노예의 부양이지 집약 "영업"에서 그들을 사용하는 것이 아니다. 그들의 편에서 작업장은 오이코스의 일부였다. 그리고 근대 공장의 성립 이전 수백 년 전, 13-14세기에 이미 알려진 개

---

29) 구매가격 대비 노예주가 노예 노동을 통해 얻을 수 있는 연간수입의 비율을 의미한다. 이 수치는 명백히 베버의 오류이다. 앙리 프랑코트Henri Francotte, 『고대 그리스 공업 *L'industrie dans la Grèce ancienne*』tome, 2, 1856, p. 21에 이 수자가 나오는데, 이는 해상대부의 경우이고, 두 사례의 노예 노동 수익률은 전자의 경우 15-20%, 후자의 경우 24%로 추정되고 있다.

인 재산 및 사업 재산에서 가계 및 작업장을 분리하는 데에 부수되는 매우 중대한 법의 발전은 고대에는 전혀 알려지지 않고 있었던 것이다. (그런 이유로 **공공청부업**에서 소수의 특징인 예외가 있지만- 변화하는 운명에 대해서 **재산** 결합을 통하여 **영업의 영속성**을 확보해 주는 "기업형태"인 주식회사와 같은 것은 결여하고 있었다.) 광산, 채석장 및 공공 작업에 대기업식으로 노예를 대량 활용하는 경우, 비숙련 노동이 거의 이용된다. "부자유 가내노동"은30) 일종의 부역체제처럼 경제의 약점을 자체에 담고 있으며, 그런 형태가 시장생산이라는 목적에 어느 정도나 기여하는지는 의문의 여지가 있다. 파라오의 왕실과 신전에는 주로 신전·장원·국가 수요를 충족시킬 목적으로 부자유 노동을 사용하였다. 이 경우에 원료는 파라오(와 신전)에 의해서 수입되거나 채굴된다. 이와 더불어서 생산물을 시장에서 매각하는 것이 발생할 수 있을 것이다. 이것이 발생하는 곳에서 부자유 노동은 늘 소규모 (가족) 영업에 고용된 노예들의 노동력을 의미한다. 대규모의 영업에서 자격이 있는 노예 노동이 사용되는 경우, [소수의 대(大) 상업중심을 제외하고도] 광산이나 단일 경작의 농장에서 십장이나 감독으로 특히 금고관리나 회계 등 (고문의 가능성 때문에) 지도하는 지위에서만 지속되는 것이 일반이다. 그러나 이 같은 노예귀족층에게는 주인의 특별한 이해관계에서 나름대로의 의사(疑似) 가족, 혼인과 나름대로의 (의사) 재산(특유재산)이 인정되는 것이 보통이었다. <62우> 경우에 따라서는 노예에게 (플리니우스의 경우처럼) 노예의 유언에 대한 존중이 보장되기도 했으며, 게다가 종종 되사기의 기회가 주어지기도 했다. 이런 식의 노예이용은 일찍이 (전쟁이나 파산을 통해서) 노예가 되기 이전에 이미 숙련된 상태이거나 주인의 비용부담으로 숙련공이 된 노예들을 단지 **지대의 원천으로** 이용하는 상태로 이행하게 했다. 이런 이행은 "임대노동자"로서 임대됨으로써 이루어질 수 있었다. 흔히 그것은 임차인에게 노예사망의 위험을 전가하는 한에서 발생하였다. 이것은 노예의 자기 이해를 위해서 작동되므로 좀 더 유리한 점이 있었다. 그러나 특유 재산을 지니는 목적은 노예가 나름의 계산을 하는 수공업자나 소상인으로 독립하고자 하는 것이었다. 주인은 그들의 아포포라31)를 수취하였다. 이밖에도 주인은 이를

---

30) 뷔허의 용어를 비판하며 이용한 것이다. 이에 따르면 가내공업이 임금작업 이전에 영업조직의 최초단계를 묘사하며, 이 점에서 고대에는 부자유인들에게 일종의 특별한 역할이 부가되어야 한다.

통해서 노예의 자본 가치를 무효화시킬 수 있었다. 즉 주인은 노예에게 되사기에 자신이 저장한 이익을 사용할 기회를 주었고, 되사기가 이루어지는 경우에는 그것 말고도 과업 및 부역의 이행(履行)을 포함시켰다. 그리고 주인은 피해방민의 유산 중에서 법으로, 계약으로, 유언으로 미리 확보된 부분을 차지하였다. -이에 관해서는 로마법에 매우 다양한 형태가 설정되어 있다.- (많은 경우 주인은 상속물 전체를 획득하였다.) 사망을 통한 자본손실의 위험은 독립하는 노예가 생길 때 한층 감소한다. 이 경우 노예들은 가정을 이루며 자식에 대한 직업훈련을 도맡는다. 영업을 위해서 노예를 보충하는 하는 경우, 한결같이 주인에게 노예에 대한 권리를 부여해 주는 것은 특유재산의 액수였다. 반대로 주인은 노예에 대해서 형식이긴 하지만 노예에 부여한 권리를 완전히 폐지할 권한이 있었다. (고대에 이 권한을 너무 빈번히 사용하는 것이 적어도 대규모의 노예점유자에게 저지를 받았던 것으로 보인다. 왜냐하면 한편으로는 농노해방 이전의 러시아에서처럼 노예들의 자기 이해를 각성시킬 필요가 있었고, 다른 한편으로는 전성기 러시아에서처럼 노예가 점유물을 은닉하는 기술을 가지고 있었기 때문이다.) 고대 전체에 걸쳐서 이루어진 노예해방은 매우 풍부하였고, 또 입법가의 간섭32)을 야기하였다. 노예해방은 자연히 주로 허영과 정치상 피호관계의 필요성을 대가로 하여 오롯이 이루어지는 것만은 아니다. 오히려 여기에서 노예의 자기 이해가 얼마나 잘 기능하였는가를 지시한다. <63좌> 그러나 이처럼 노예점유로부터 이익을 이끌어내는 매우 확실한 방식을 적용함으로써, 노예에 대한 착취는 "이익"을 획득하기 위한 생산양식으로서 자본주의식 이용이라는 궤도에서 벗어나, "지대"와 되사기를 위한 금액을 지불하는 관계의 궤도로 들어갔다. "자유노동과 부자유노동 사이의 투쟁"은 이제 비중으로 보아 소규모의 공업과 상업의 영역에서 전개되었던 것에 불과하였으며, 노예제 대경영과 자유인의 소경영 사이의 투쟁으로서 전개되었던 것은 아니다. 생산수단으로 사용된 모든 노예재산에서 비롯하는 것으로 여겨진, 강한 경제·정치 위기는 중지되었다. 이런 상태는 고대에 광범하게 퍼졌다. 완전한 무산자인 자유농민, 소작인, 소매

---

31) ἀποφορά: 아포포라는 무엇을 댓가로 징수하는 행위를 일컫는데, 빚의 청산, 세입, 기여금, 지대로 번역되기도 한다.
32) 가장 유명한 노예해방을 제한하는 법들은 아우구스투스 시기에 제정되는데, 기원후 2년 푸피우스 카니니우스lex Fufia Caninia 법, 4년에 아일리우스 센티우스lex Aelia Sentia 법이다.

상, 임금작업자 옆에 다음과 같은 부류의 사람들이 있었다.

1. 상인 및 공업의 소생산자(임금작업자)로서 **자유인** 소규모 점유자 층이 있다. 이들은 자신들 곁에, 즉 경작지나 작업장에서 한 명 혹은 여러 명에 달하는 "직인"을 지닐 수 있었다. 이들은 아마도 전쟁에서 노획되었거나 저축을 통해서 구입되었을 것이다. 이보다 멀리 위치한 자로서

2. 부자유 숙련 수공업자와 소매상 및 인신상 구속된 농민이나 부자유한 소작인 계층이 있었다.

이어서 수조권자로서 군림하는 자들이 있었다. 이를테면 이들은 농민, 자유인 소매상, 수공업자에 대해서는 채권자로서, 그리고 자유인 소작인에 대해서는 지주로서 군림하는 것처럼 경제상으로 부자유한 자에 대해서는 인신 영주로서 존재한다. 이처럼 노예를 "지대의 원천"으로서 착취하는 방식이 노예주에게 이익을 가져다주기 위해서는 **지방의 화폐경제**에 따른 노동 분업을 광범하게 전제하고 있어야 했다. 이것이 전제되는 상황에서는 생산수단으로서 노예의 이용을 주장하는 경향이 나타나고, 나아가서 이를 확대하려는 경향이 나타나는 것이 틀림없다. 이를테면 (거류 외인에 대해서 완전시민의 경우처럼 그리고 "기사신분"에 대해서 관직 귀족인 경우처럼) 주인이 정치로는 매우 분주하지만 경제로는 그렇게 할 수 없는 곳에서, 그리고 노예가격이 계속 유지되는 경우에 그러하다. 자유 대 부자유 노동의 경쟁을 조성한 요건은 조밀한 거주지일 경우에는 높은 지대와 그것에서 유래하는 집약 경작의 강제였다. 교통이 자유롭고 예속관계가 부재한 경우에는, 현재에도 그렇듯이, 고대에도 **농촌**에 점유한 토지를 경제로 보아 가장 적합한 소작계약의 형태로 매각함으로써 자유 대 부자유 노동 간의 경쟁을 조성했다. 소규모 영업은 고대의 농촌경제에서는 주요한 규칙이다. 그리고 단일 작물경작만이, 다시 말해 고대에는 올리브와 포도의 경작만이 통상 대노예 경영을 유지했다. <63우> 곡물 경작에 관해서 말하자면, 당시 고대의 기술수준을 보아서 자기 이해를 너무나 강력히 요구하였으므로[33] 보통 노예경영에 의지할 수가 없었다. 노예의 가격이 저렴하고 단일재배 작물의 가격이 높은 경우에만, **농업**에서 **대규모** 노예경영이 적합하였다. 공업과 소(小)상업에서는 노예의 자기이해 위에 되사기의 기회를 부여하는 보상이 현실로 가능

---

33) 콜루멜라 1.7.6.

성이 있는 곳에서, 확실한 예비금을 만들고자 하는 노예들의 경쟁이 생길 수 있었다. 노예로서 노동하고 저축하기를 배웠던 피해방민들이 경제면에서 잘 살았다는 것은 우연이 아니었다. 이는 그들이 정치 행위에서 배제되었던 사정에서 나온 결과였다. 로마 제정기에 속하는 한 비문을 보면 다음과 같은 사실이 추측된다. 노예 노동은

　1. 공업에서도 서양보다 동양에서 좀 더 약하게 대변된다.
　2. 노예들은 더욱 고된 일에 더 빈번히 등장했다.

전자는 일부 차후에 언급하게 될, 역사로 전해진 오리엔트의 문화에서 비롯한 것이며, 다른 한편으로 **로마의** 노예시장에 대한 강력한 배려가 정치 근거에서 어떻게 작용한 결과인가를 보여준다. 그에 비해서 **후자는** 노예 주인이 노예가 장기간의 도제 기간을 보내도록 하는 위험이나 비용을 떠맡으려고 하지 않았다는 사실에서 비롯한 말이다. 이런 이유들을 고려하면 노예 노동의 경쟁이 마지막으로, 그만큼 더 유별난 것으로서, 자유인의 노동력을 직접 **배척하는** 상태로 된 것으로 볼 필요는 없을 것이다. 물론 고대에는 외국인 구매노예의 경쟁을 통해서 노동에 대한 사회의 악평이 촉진되었다는 것과 더불어 (뒤를 보시오), 노동에서 자유인을 배제하는 그런 경향은 (좀 더 후기의 오리엔트처럼) 직업전사, 병사 또는 외국의 지배민족의 어깨에서 병역부담이 제거되지 않는 곳 어디에서든지 진행된다. 승패의 결과 엇갈리는 지속되는 혼전으로 인해서 자유인들은 매년 전쟁터에서 살아야 했고 이들은 경제면에서 몰락하였다. -이점을 아피아노스[34])가 보고하고 있다.- 전체로 보아 계속된 전쟁은 자유노동에 대비해서 **어떤** 형태이든 노예 노동의 신장에 기여하였다. 그와 더불어 전쟁으로 초래된 팽창과 대승은 보통 노예 점유를 확대하고 노예 가격을 저렴하게 했으며, (단일작물재배, 해상무역, 광산업, 에르가스테리온 등) 자기 경영에 입각한 **자본주의식** 이용을 촉진하였다. <64좌> 특히 **농촌경제에서** 자본주의식으로 노예를 이용할 때에 핵심은 값싸고 생산성 높은 **토지의** 존재였음에 틀림없다. 때때로 전쟁이나 혁명으로 몰수되는 곳, 예를 들자면, **키오스 섬처럼** 인구가 희박하고 비옥한 토양에 면적이 넓고 도시와 같은 구매력을 지닌 소비중심지가 나란히 있어서 빠르게 발전하는 곳에서 그런 현상이 발생하였다.[35]) -이런 현

---

34) 『내란기』 1.7.29-31, 기원전 2세기 로마.

상은 로마가 이탈리아를 정복한 이후와 최초로 승리를 올린 해외 전쟁 이후, 전에도 후에도 되풀이되지 않을 정도로 나타난 것처럼- 일찍이 후자와 이전의 많은 문헌들은

3. 정치 운명과 개별 토지의 특성이 자유 및 부자유 노동의 상대 발전 정도에 그리고 부자유 노동에 대한 "자본주의식" 이용의 정도와 방향에 얼마나 강하게 영향을 미쳤는가를 지시한다. 그런 의미에서 하트만이 날카롭게 지적하고 있는 바와 같이,36) 자유민의 군역은 무장을 자판(自辦)하는 농민 및 소시민을 포괄하는 자유 시민층의 소집이 대규모로 이루어지고 장기간에 걸쳐서 전쟁이 벌어지는 경우에 가장 강하였다. 이를테면 그리스 고전기 민주정의 전성기와 로마 공화정기가 그러하였다. 이런 군역이 노예 노동의 전제조건이 되었다. 이 관계는 다음과 같은 경우에 역전된다. 즉 군대가 적어도 일부는 봉건 혹은 권위주의 직업군대거나 봉건군역 군대인 경우, 또는 이집트 및 헬레니즘 시대의 여러 국가 그리고 말기의 그리스 폴리스와 로마 제정 후기에서처럼 봉급을 받는 군대인 경우에 그렇게 된다. 단 이런 후자 국가들의 경우에는 노동제도가 상이하였다. 이는 다음과 같은 의미를 지닌다. 즉, 언제나 그런 군사제도만이 노예제도의 발전 정도에 대해서 핵심은 아니며, 또한 그것의 전개규모와 방향에서 고대 "자본주의"를 결정짓는 것도 아니라는 점이다. 그것에 반해서 고대 생활에서 보통의 정치 토대, 특별히 정치제도로부터 최종으로 결정되는 국가 경영의 방식, 실제로는 재정운영이 여기에서 크게 작용한다. - 공공재정은 저장된 자체의 귀금속 즉 "재보"를 가진 도시 수장의 "오이코스"로부터 점차 발생하였다. 이것이 모든 경제운영의 가장 오래된 상태이고 가장 큰 것이었다. 공공재정은 때때로 개인의 자본축적을 대신하고 때로는 선도자가 되며 때로는 억압해 버리고 만다.

1. 대신하는 경우: 파라오의 부역기구는 완전히 관료식으로 운영되었다. 여기에서는 (본래 의미로) <64우> "기업가"가 알려지지 않고 있다. 그리스 도시국가들은 공공건물에 대한 재정조달을 개인 기업가에 맡겼다. 건물의 비석에 기록되어 전하는 바에 따르면,37) 특히 국고에서 기업가에게 운영 자본을 규정에 따라서 선불하였다.

---

35) 기원전 3세기말과 2세기초.
36) L. M. Hartman, "Besprechung Weber, Römische Agrargeschichte," *Archiv für soziale Gesetzgebung und Statistik*, Band 5, 1892, p. 216.

바로 이런 사실에서 알 수 있는 것은 그렇게 크고 많은 금액이 자본가의 주머니에서 나올 만큼 충분한 개인 자본은 없었으므로, 강력한 정치 및 종교 권위에 의해서 징수된 조세가 개인 자본의 결핍에 대한 돌파구를 마련해 주었다고 하는 점이다. 이 과정에서 개인 기업가의 관여는 주로 다음과 같은 의미를 지닌다. 즉 파라오식의 행정과 대비되게, 도시국가에는 강제하는 건축관료층과 (시민 부역의 제거 이래로) 강제 부역이 없었으므로 (관청, 등기소, 금고, 조폐국, 그리고 도로 공사 등에서 필요한 노동에 충분하지는 못하나 대체로 반복해서 종사하는 국가노예는 제외하고) 개인에 대해서, 기업가의 보수를 주는 대신에, 관료 능력 및 노동 능력의 **조직**을 부여한다. 더욱이 조세징수청부업에 관련해서는 기억할 것이 있다. 즉, 선납을 조세징수청부업의 특징으로 보는 것이 보통이지만, 그것은 매우 많은 경우에 개인 자본의 그러한 기능을 포함하지 않는다는 사실이다. 흔히 조세징수청부업자는 자신의 담보를 우선 제공한다. 이후에 상응하는 비율의 조세를 징수한 이후에 전액을 납부한다. 게다가 -예를 들어 프톨레마이오스의 세입법(歲入法)처럼[38]- 국가가 행정 관리를 자리에 앉힌 경우에 계약자는 스스로 징수하는 것이 아니다. 오히려 국가가 징수하고 계약자는 현물세가 현금으로 환산된 이후에 만일에 있을 수 있는 손실분에 대한 보증인으로서 보증하는 역할을 하는 데 불과하였다. 반대로 여분이 있을 경우에는 이익을 얻게 되었던 셈이다. 여기에는 "청부"의 목적이 분명해진다. **현금**으로 최소한의 세입을 확보함으로써 국가의 예산에 쓰일 **확실한 현금** 토대를 획득한다는 것이 그것이다. 이것은 또한 헬레니즘기 공공 계약제도의 발전이 낳은 최초의 산물이다. 적어도 조세징수 청부업자가 일부분의 성과에 책임을 지고 있다고 하더라도, 흔히 청부 금액에 상응하는 고액의 개인 자본의 축적을 통해서 단번에 완납하는 것은 불가능하였다는 점을 알 수 있다. 그렇지만 공공청부제도는 특히 조세 징수청부의 영역에서 개인의 자본 **형성**에 중요한 수단의 하나였고, 고전기 그리스에서는 가장 중요한 수단이었다.

2. 재정 경제가 개인 자본 형성의 순수한 "선도자(先導者)"가 될 수 있는 경우는

---

37) 프랑코트, 『고대 그리스 공업』 2, pp. 54-101, pp. 150-176를 참조하였다.
38) 이는 헬레니즘 시기 이집트 경제사에 관련된 주요 사료인 옥스퍼드 파피루스에 전해지고 있는 내용으로, 기원전 259년 프톨레마이오스 필라델포스가 허락한 국가세입 청부에 관련된 제도이다. 베버는 그렌펠Grenfel의 견해를 따르고 있다.

다음과 같다. <65좌> 즉 자기 나름의 관료제 기구가 결핍되어 있는 도시국가가 국유지 및 토지에 대한 지배자로서 공공계약자를 양육하고, 이들로 하여금 정복되어 지배받는 거대한 지역의 공납을 처분케 하는 경우이다. 이것은 고대에는 로마 공화정 시기의 경우였다. 여기에서는 의심의 여지없이 처음부터 사실상 공공계약 제도로부터 강력한 개인 자본가 계층이 생성된다. 이들은 제2차 포이니 전쟁 기간에[39] -그 시점이 충분히 독특하다- 근대 은행의 방식에 따라 대금업자로서 국가를 지원했다. 그러나 이를 위해서 일찍이 전쟁 중에 자신들의 정책을 국가에 제시할 수 있었다. 이어서 그라쿠스[40]와 같은 개혁가는 이들을 포섭하기 위해서 속주에 대한 징수청부와 법정의 배심원직을 그들에게 제공하지 않을 수 없었다. 그리고 이들과 귀족의 투쟁이 공화정의 마지막 세기를 가득 채웠다. 그렇지만 이들은 대금업자로서 경제로 보아 "사실상" 귀족의 지위를 지니고 있었다. 고대 자본주의의 정수는 이러한 사정과 로마국가 내부의 정치구조가 낳은 산물이었다.-

3. 마지막으로 고대국가의 재정제도는 다양한 방식으로 개인 자본의 발달을 "**억압하면서**" 작용할 수 있었다. 우선 고대국가 일반의 정치 토대는 전체로 보아 국가의 구성양식에 따라서 자본의 존립과 자본의 새로운 형성을 매우 **불안정하게** 할 수 있었음을 우리는 이미 알고 있다. 조세제도(점유자의 공공봉사)는 시민의 사유재산에 대한, 그리스 국가들 특히 무엇보다도 민주정 국가의 통치권 처분방식이다. (예컨대 헬레니즘 후기에 신용을 목적으로 모든 **개인의** 토지점유를 도시를 통해 저당하는 일이 발생하였다. 이는 중세에는 전혀 알려지지 않고 있는 일이다.) 나아가 모든 고대국가에서 정변과 정치혁명 시 일어날 수 있는 징발의 위험, 그리고 군주국가에 드물지 않게 발생하는 완전히 제멋대로의 재산징발 등은 (네로 황제 치하의 "아프리카의 절반" 토지[41]) 같은 방향으로 작용하였다. 단 이러한 위기는 개별 자본이나 그때그때 한 국가의 자본 상태에 관련된다. 그보다 훨씬 더 결정력이

---

[39] 기원전 210년에 개인들이 국가에 자금을 대여하였고, 이 대금의 1/3은 2차 마케도니아 전쟁으로 인해서 청산되지 않았다. 이에 채권자들은 항의하여 로마 근교의 공유지를 차지하였고 이 토지를 트리엔타불라라고 한다. 리비우스 31.13.2-9, 2차 포이니 전쟁기간인 기원전 215년에 공공청부업자들은 병역면제, 수송에 따른 위험의 국가보장 등의 조건을 요구하여 관철하였다. 리비우스 23.49.1-3.
[40] 가이우스 그라쿠스를 말한다.
[41] 플리니우스, 『자연사』 18.6에 보면, 6명의 토지점유자가 속수 아프리카의 농시 1/2을 점유한 것으로 네로가 이들을 사형에 처한다.

큰 것은 실제 행정이 어느 정도 지속하여 개인 자본의 이익가능성을 부여하고, 따라서 자본형성을 허락하느냐 하는 것이다. 이런 여지는 매우 크게 달랐다. 고대 군주 국가들에서 그것은 공화국의 경우보다 더욱 좁았던 것으로 파악됨에 틀림없다. 고대의 군주와 그의 국가는 언제나 최대의 영주였다. <65우> 어떤 경우에는 개인 권리라는 형태에서 그러했고, 어떤 경우에는 **보장된** 토지점유권이 없는 채 조세의무를 진 외국인에 대한 제멋대로의 지배 형태로서 그러하였다. **동일한** 현상이 이제 고대 폴리스에도 발생할 수 있었다. 이를테면 공화정기 로마에 광범하게 같은 것이 발생할 수 있었다. 그렇지만 **폴리스**의 경우 그런 점유는 우선 정치상 교대하는 종사(從士)들, 즉 엽관(獵官)운동자들의 순수한 경제 착취대상이었다. 따라서 무엇보다도 이들은 대금업자였다. 그리고 한편 이로부터 도시국가 특히 로마에서 공공의 토지점유는 대체로 개인의 자본주의식 이용이 부화하는 장소가 되었다. (조세징수청부업, 토지청부업, 노예영업-각각 상황에 따라서) - 한편 군주는 여기에서 다르게 처신해야만 했다. 군주는 자신의 왕령지 소농을 주로 **정치** 관점 하에서 고려하였다. 자신의 이해관계에서 단기간 선발된 관리들에 의해서 인도되는 공화국의 행정보다 그는 좀 더 확실한 지대를 더욱 높이 평가하였음에 틀림없다. 반면에 공화정 체제 하의 관리들과 그들의 종사들에게는 눈앞의 신속한 이익이 우선이었다. 그리고 **자본주의식으로** 개인의 이익을 지향한 도시국가의 착취 정책과는 반대로 군주의 **재정** 정책은 무엇보다도 좀 더 **국가** 경제의 관심에 따라서 **정치**지향이었으며, 신민이 지닌 이행능력을 길게 활용하고 주도면밀하게 배려하는 방향으로 갔음에 틀림없다. 따라서 군주의 국유지에서는 정규 소작계약이 완전히 우세하고, 대규모의 계약과 대규모 노예경영은 예외였다. -그렇지만 로마 황제가 자기의 가족재산을 위해서 금전상의 이유로 인해서 대규모의 계약을 체결했을 때, 그것은 황실지에 관련해서는 정식인 것으로 드러난다.42) 뿐만 아니라 **공화제** 국가에서는 자본운영 형태의 "왕좌"인 조세청부가, 중세 제노바의 양식에 따라서, 항상 국가를 공공채권자와 공공임대자의 기업으로 만들기 시작한다는 점이 중요하다. 그에 비해서 **군주정**

---

42) 이런 형태의 사례는 입증되지 않는다. 여기에서는 베버가 미타이스Mitteis,『고대 영대차지의 역사 *Zur Geschichte der Erbpacht im Alterthum Erbpacht*』, Leipzig, B. G. Teubner, p. 57을 참조한 것으로 보이는데, 막상 여기에서는 황제는 금전적인 관심에서 토지가격의 상승을 기대하여 자신의 가산에 대한 영대소작으로 결코 허용하지 않았으며, 반면에 사유지의 경우 달랐음을 제시하고 있다.

하의 국가는 공공 계약이 언제나 통제를 받고 있어서 흔히 완전히 국영화되거나 그에 가깝게 된다. 그러나 언제나 그런 경우 이익을 누릴 기회는 제한된다. 또 개인 자본의 형성을 위한 생식력도 박탈된다. 그러나 대체로 관료식 그리고 (상대로) 소경영식 재정으로 조달되는 독점운영이 결합됨으로써 더욱 제한을 받게 된다. 통제, 독점 및 관료화, 그리고 직접 <66좌> 개인 자본을 차단하는 이 과정은 모든 대규모의 고대 왕국에서 부단히 진전되었다. 이 과정은 점차 조세와 영지 이외에도 광산업, 정치상 중요한 부문의 교역, 선박교통(즉 곡물조달)을 장악하게 되고 나아가 궁정·군대·건물·공공작업에 필요한 공급품과 은행을 장악하였다. (은행은 국유 및 코뮌식의 독점은행의 형태를 지니고 있다. 예를 들어 후자는 환전의 경우 헬레니즘 시대 왕정과 자치시에서 그러하다.) 폴리스가 자체의 국법에 따라서 개인 자본의 불안정한 성격을 최고도로 고조시키지만, 그 점에서 자본형성과 자본주의식 이용 노력을 확실히 다시 타오르도록 한다. (개인 자본의 불안정한 성격을 초래하는 것은 언제나 성과 없는 재산분화에 대한 투쟁을 통해서라기보다 고대의 당쟁과 고대전쟁의 수행 속에 언제나 반복되는 모든 종류의 정치·경제상 재앙을 통해서이다.) - 한편 군주정하 국가경제의 관료 "질서"는 가장 중요한 이익의 원천을 폐쇄함으로써 최대의 개인 자본을 장기간 굶주리게 하였다. 그리고 폐쇄 왕국의 영역에서 한편으로 중세에나 고대에나 본연인 도시를 통한 농촌착취가, 다른 한편으로 광범위한 토지 및 인간 약탈의 전쟁이 중지되는 경우에, 그것은 자본주의식으로 이용 가능한 노예 노동의 확대를 위하여 필요한 저렴한 인간 상품이 노예시장에 흘러넘치지도 않았고 자본주의식으로 이용이 가능한 새 토지도 부족하였기 때문이다. 이 모든 것으로 인해서 자본형성의 과정이 정체되거나 위축된다. 이와 더불어서 (로스토프체프43)가 적절히 인식한 것인데) 국가에 필요한 공공 부역을 자신의 점유나 자신의 개인 자격으로 보증할 수 있었다. 이로써 사회 기능과 자신의 점유에 행정법상으로 결박되어진 자들이 자신들의 범주를 분화하고 확대함으로써 공공의 필요를 확보하고자 하는 경향이 나란히 진행한다. 그 결과 마침내 '공공봉사와 의무'가 보편으로 지배하면서 사람들이 고대 고전기에 소위 "자유"라고 명명하였던 모든

---

43) Rostowzew, "Geschichte der Staatpacht," *Philologus*, Supplementband, IX, drittes Heft, 1906, p 343f이 참조된다. 로스토프체프는 러시아어로 된 이 글을 독일어로 번역한 것이다.

것을 무효로 돌린다. 이점은 이른 바 고대국가의 "쇠망기"의 특징이다. 신민 대중을 위해서 그렇게 선행을 베푸는 군주정의 **질서**는 자본주의 발전과 그에 기초한 모든 것의 최후이기도 했다. 자본주의 <66우> 영업의 운반자인 노예제도는 이후 크게 퇴조하였다. 그리고 개인에 의해 동원되는 자본 능력의 새로운 형성도 쇠퇴하였다. 왜냐하면 이익획득의 기회에 대한 자극이 고대자본의 형성에 필요한 최소한도 **아래로** 내려앉았고, 행정법상으로 제한되고 규제되었지만 사법(私法) 형태의 노동이 "자유" 노동에 이어서 경제 구조의 전면에 등장하였기 때문이다. 군주정이 신정정치 성격을 주장하는 곳에서는, 필수불가결한 종교의 그리고 국법의 "약자보호"는 -오리엔트의 경우처럼44)- 자본주의식으로 인간을 이용하는 것을 매우 확실하게 위축되도록 전개된다. 이런 발전과정의 경우, **농업사**의 영역에 대해서 그 영향이 상존한다. 즉, 구매노예를 이용한 단일경작의 상대 의미가 감소하고, 소작 특히 분익소작이 토지의 점유이용에서 주도 형태로서 나타나며, 군주에 의한 또는 군주의 양보 위에 기초하는 반(半) 개인의 **지대** 영주제가 사회·경제상으로 우세한 범주가 된다.

전체로 고대에서 자본주의의 발전 그 자체에 미치는 가장 큰 장애는 다음과 같은 경우에 직면하게 된다.

1. 방금 상술한 것과 같은 고대국가의 **정치** 특성
2. 앞서 언급한 고대의 **경제** 특성

즉, 요약하자면, 교통기술상으로 재화에 대한 경제 수송력의 한계가 육상에서 작용함으로써 **시장생산**이 위축되었고 -그런 **사실**에 기초하여 자본 상태가 결정되었고 자본형성이 불안해졌으며- 대규모의 영업에서 노예 노동의 착취가능성이 기술상 위축되었으며, -마지막으로 특히 노예 노동의 이용시에 엄밀한 계산을 할 수 없으므로, 이에서 "계산능력"의 위축이 비롯하였다는 점이다.

(그 자체로서는 기술상으로 결코 발전이 없었던 것은 아닌, 고대의 개인 부기(簿記)는 때로 은행부기이고, 때로 농업경영 상태의 작성이거나 확대된 가계의 회계이다. 그런데 전자만이 상인의 성격을 지니고 있으며, 나머지는 **개인**의 기록물에 불

---

44) 베버는 함무라비 법전의 서문이나 결말에서 강자가 약자를 억압하지 않아야 한다는, 이와 같은 군주의 의무를 정형화하는 것을 비웃는다.

과하다. -우리가 이에 관해서 알고 있는 한- 중세 후기와 비교해서 자본주의식 수익성 통제의 척도를 사용할 때 장부기록은 별로 차별되지 않는다.) 고대의 노예를 이용한 "대규모의 영업"은 **물적**(物的) 필요 즉, 노동을 분해하고 다시 통합하는 생산 방식에 의해서가 아니라, **인적**(人的) 필요 즉, 한 개인의 재산에서 인력 점유라는 **우연한** 축적을 통해서 집계된다. 이 점이 "오이코스" 이론의 올바른 의미이다. 이로부터 <67좌> 모든 "대기업"은 특히 불안정한 것으로 남는다. "세리",45) 소(小)수공업자, 소상인은 오리엔트에서 그리고 헬레니즘 시기에 화폐경제를 상징하는 최후의 단어이다. 그리고 서양에서 정치·경제의 안정성이 증가함과 더불어서 동시에 자본형성이 쇠퇴하면서 여기에서도 이들이 마침내 승리하였다. 더욱이 다시 자본주의의 비상은 "포화된" 질서의 시기에 -이 또한 경제 안정과 일치한다- 추락하였다. 고대 자본주의 기업가는 -이들은 자본 수익자와는 구별되어야 한다- 자신의 사회지위에서 바빌로니아, 헬레니즘 시기, 로마의 공화정 후기 및 제정초기라는 예외시기가 있을 뿐 거의 언제나 불안정하였다. 즉 '거류외인'과 피해방민은 고전시기에 주요한 분담자였다. 또한 공업경영자는 민주정 국가에서 관직을 수행하는 것이 불허되었다. 그에 반해서 정치상의 완전시민은 "비(非) 이익관여자"인 것이 이상(理想)이었다. 즉 이들은 지대수취자 또는 이에 가까운 유형이면서 "자유" 국가에서 무엇보다도 "훈련의 책임이 있는 예비군"이었다. 고대 국가에 관한 이론이 표방하는 "영리추구에 대한 반대"46)는 비중상 적어도 중세 교회의 주장과 비교하여 볼 때 의미와 정도 면에서 **윤리상으로** –사람과 관련 없는, 그리고 그로 인해서 윤리규정에 따를 수 없는 순수 "영업" 관련의 성격에 대한 반감을 통해서- 결정된 것이 아니라, 오히려 우선 정치에 따라서 결정된 것이다. 즉,

1. (해당시기에 상론해야 할) "국가이성"의 고려를 통하여
2. 폴리스 시민의 평등과 "자급자족" 이라는 이상을 통해서
3. 사회상으로 지배하는 지대수취 계층의 속물근성이라는 요소로 인해서

만들어진 것이다. 다른 한편으로 영업노동에 대한 윤리의 강화가 없었다. 이와 관

---

45) 신약성서 『마태복음』 9.9-12에 나오는 세리를 로스토프체프는 조세징수 하청업자로 파악한 데 비해서 베버는 1894년까지도 로마의 청부업자 푸블리카니와 동일시하여, 당시 자본주의의 대변자로 간주한다.
46) 플라톤과 아리스토텔레스에 나오는 것으로 영리추구를 배제하는 것을 의미한다.

련해서는 견유주의47)와 헬레니즘기-오리엔트 소시민층에서만 약간의 맹아가 발견될 뿐이다. 근대 초에 보통 종교에 입각한 동기로 인해서 마련된 "직업윤리"에 따라 생활의 합리화 및 경제화를 추구하는 지주는 고대의 "경제인"에게는 없었다. 그들은 단지 자신의 환경에 대한 경험에서 그리고 자신의 개인 자각을 통해서 일종의 "소매상"과 "직업근성이 있는 자"48)로 머물렀다. 선박을 점유하고 (해안지대에 정주하는 왕이나 신전, 귀족이 초기에 사용하였던) 용인(傭人)을 통해서 자신의 교환상품과 부수물을 자신의 배에 하역하였다. 이로부터 파생된 '엠포리아'는 처음에는 완전히 위탁투자 조합이었다. <67우> 후에는 완전히 자신의 계산 하에 전부 구입했거나 위임된 화물을 해상무역 지역에서 **외국**의 선박에 하역하는 것으로 발전하였다. -그밖에 유보조건이 있기는 하지만- 이런 영업이 존경받게 되었다. 그렇다고 하더라도 이 사실이 앞서 말한 사정을 반박하는 예가 될 수는 없다. 왜냐하면 그런 지위는 자본 **점유**에 대해서 부여된 비연속의 것이었으며 그 자체로서는 지속된 "영업"의 성격을 지니는 것이 아니었기 때문이다.

고대의 국가제도 그리고 **바로** "자유" 도시국가들에서 주민의 완전한 **신분** 분화 및 **정치상** 정해진 재산권(주로 토지 및 상속권)의 분화가 이루어지고 있었다. 이런 사정은 모든 종류의 수입 특히 **지대** 관계의 원천이 될 수 있었을 뿐만 아니라, 사실 그렇게 되었다. 이때에 민주정에서는 -사람들은 아테네의 시민권 정책을 생각한다49)- 소시민의 지대 및 "**식량**"에 대한 입장이 다른 모든 이해관계의 위에 군림하였다. 이런 생각이 정치상의 근거에서 군주정에서도, -재정에 관한 강한 관심이 교차하지 않은 경우에- 작동한다.

고대의 **농업사**는 이제 그 경과 속에서 고대도시사의 격변과 매우 밀접히 관련되었으므로, 별개로 취급될 수는 없다. 이를테면 도시로 조직되지 **않은** 지역이 양으로는 매우 압도하지만, 이들 지역의 사정에 관한 분명한 보고가 남아 있기는 하나, 이는 거의 예외이다. 따라서 선진 상태에 있는 도시의 영역에 관해서는 보고가 매우 적게 남아 있으며, 무엇보다도 관련되는 민족 **자신**의 입에서 나오는 보고는 거

---

47) 다른 철학과 달리 이 학파에서는 고된 노동을 미덕을 이루는 수단으로 여겨졌다.
48) Banause: βάναυσος 자유인이나 귀족의 관념과는 다르다는 의미로, 비록 경제적으로 부유하더라도 자유인으로서 품위를 지니지 못한 경우를 지시한다.
49) 기원전 451/0년에 페리클레스의 입법으로 양친이 시민인 자에게 시민권이 제한된다.

의 없다. 가장 오래된 유대 전승은 유대 민족이 도시국가로 조직되기 이전에 편집된 것이 틀림없다. 그럼에도 그런 전승은 문화 민족의 도시 문화와 외래의 지배를 한 세기 경험한 상태에서 만들어졌다. 그리고 알다시피 그 전승의 "가장 오래된" 부분은 후에 어느 정도로 다시 손질되었는지는 매우 불확실하다. 우리는 서유럽의 민족들을 이집트 인과 바빌로니아 인보다 매우 미개한 단계에서 만나게 되는데, 그런 사정이 이와 다를 바 없다. 예를 들어서 "가우(Gau)"가 자연 상태에서 무엇이었는가, 군사상의 분화가 (후술하겠음) 시작하기 전(前) "촌락"의 사회 제도가 무엇인가라는 질문이 있다. 이런 질문에 대한 추론은 이루어질 수 없다. 왜냐하면 역사 시대 이전 제도들의 사정에 관하여 보고가 빈약한 경우에 또한 (아르카디아, 삼니움, 페르시아처럼) 당시에 도시 제도가 없었던 곳에서는, 이런 상태가 <68좌> 직접 접촉하고 있는 도시지역으로부터 얼마나 강하게 영향을 받은 결과인지를 알 수 없기 때문이다. 게다가 프라트리아, 필레, 쿠리아, 트리부스, 게쉴레히터(Geschlechter)와 같은 제도들이 어느 시기에 소급되는가의 문제는 최후로 분명하고 설득력 있게 해결될 수는 없다. 이 질문에는 분명한 답변이 필요하다. 특히 (보통 오래된 것으로 인정되고 있는) "프라트리아"가 민속학에서 알려진 유형에 속하는지의 문제가 그렇다. 아주 모순되는 설명들이 있지만, 이 제도가 2차의 즉, 군사상으로 정해진 발전의 산물이라는 점이 더욱 진실에 가깝다. -고대 사회사의 역사상 출발점에 관련해서 모든 측면에서 상당히 믿어지고 있는 여러 견해 중에서 오늘날에 하나의 견해는- 아마도 사막에 집중된 많은 오리엔트 국가들은 예외로 하고- 더 이상 유지될 수 없는 것으로 여겨진다. 즉 서유럽 민족들이 원래 "유목" 생활 상태에 있었다는, 다시 말해서 경작지가 없이 순수하게 가축을 기르기만 하는 태고가 그들에게 있었다는 믿음이 그러하다. -가축은 무엇보다도 동산의 주요한 요소이다. 그 때문에 가장 중요한 공납물이었고 교환물이었으며, 가축의 점유가 사회 분화의 주요한 요소였다. 또 (금속 장식 및 고가의 무기와 더불어서) 지도자가 지닌 재산의 중요한 요소였다. 아울러 가축의 사육은 특수한 인간 노동으로서 간주되었다. (따라서 귀족에게는 걸맞지 않는 것이 아니었다.) 그러나 목축이 행사한 역할은 저 가설을 승인하도록 유혹하지 않을 것이다. 또한 적어도 영주 귀족씨족이 순수한 목축 종족의 침입과 그리고 이로 인해서 징책 농경민이 정복됨으로 성립하였다는 그럴듯해 보이는 가설은, -개별 사례에서 그것이 진실한 것이 아니므로- 전반에 걸쳐 수용될 수는 없다. 왜냐하면 고대의 귀족 국가는 바로 해변 지역에서 매우 일찍부터 강력하게 발전했으며, 아울러 왕과 귀족이 행사한 지배권의 다른 원천이 알려져 있기 때문이다. 그러나 우리가 생각하는 민족들의 선사인 개척 시대까지 소급되는 농경이 "원시시대"에 사회상 어떻게 조직되었는가에 관해서는 확실한 것은 아무 것도 알려져 있지 않다. 보통 명백하게 인식되고 있는 것은 조직 단계이다. 이 단계는 당시에 센 강에서 유프라테스 강에 이르기까지 대체로 도시 발전을 경험하였던 그 모든 "고대" 민족들에게서 어느 정도까지 반복되었다.

1. 우선 후대도시들의 먼 선구자로서 적의 기습에 대비한 방어벽만이 존재하는 상태를 들 수 있다. <68우> 여기서는 가족 공동체와 촌락이 개인의 존재에 대한 경제 보호를 담당하고, 복수(復讐) 단체·제사 단체·방어 단체가 치안·종교·정치상의 보호를 담당한다. -그렇지만 구조로 보아서 고대의 시원시기에 이런 단체들이 기능상으로 일치하거나, 상충하여 분화하였다는 것은 확정되지 않는다. "자유인의" 가치가 있는 동포는 모두 토지점유에 참여하며 적절한 수의 노예를 점유하는 경우 경작노동에 가담한다. 정치 수장 및 그의 관리들의 -대체로 임시의- 기능은 예컨대 게르만 인의 경우50)와 별로 다른 점이 없을 것이다. 수장은 전쟁의 위협이 가능한 경우에만 존재한다. 그는 대부분의 "자연 민족"처럼 "기사"로서 호의의 수단만을 사용하며, 전통에 손상을 끼침으로써 더 이상 불안하게 할 수 없다. 전통에 대해서 자격을 갖춘 보호자는 최고 원로들이다. 공통의 정치 업무가 대체로 형성되는지의 여부는 정치의 상태에 달려있다. "혈연"을 통한 "씨족"의 연계가 지니는 중요성은, 원래 중요한 식사공동체를 통해서라기보다는, 무엇보다도 수장의 족속에서 강하게 발전하였다. 그 이유는 가치 있는 전쟁 수행이나 방패 판결에 대한 회상을 통해서 수장이 신의 총애를 받는 자로 합리화되었기 때문이다. 경제상으로 그들은 자유의사에 따르는 선물, 전리품 분배시의 우선권, 마지막으로 선택된 토지할당의 몫을 보유하였다.

2. 다음으로 다른 상태가 전개된다. 여기에서는 도시에 좀 더 가까운 전(前) 단계로 성(城)이 출현하고 그 보유자로서 "왕"이 존재한다. 그는 토지점유·노예점유·가

---

50) 타키투스, 『게르마니아』 7.1-2 참조.

축첩유·귀금속점유를 통해서 탁월한 지위를 지닌다. 그는 우선 일종의 개인에 속한 종사단을 직접 자신의 식탁에서 식사하게 한다. 아울러 이들에게 토지·노예·가축·귀금속을 선물로 주거나 봉토를 수여한다. 그리고 이들에게 전쟁 수행이나 약탈 시에 선두를 맡긴다. 그러나 왕은 나머지 인민에 대해서는 매우 다른 입장을 취한다. 이를테면, 왕이 평화롭게 군림했는가 아니면 정복하여 신민의 제국을 창출했는가에 따라서, 단순히 그때마다 선물을 요구하거나 아니면 완전히 제멋대로 부역·재산세를 요구하거나 (종자나 보병대로서) 전쟁에 강제로 징집되는 부담을 전가시키기도 한다. 이런 단계에서 평야 지대의 상황은 우리에게 매우 분명하지 않다. 성채(城砦) 왕정의 성립은 1.비옥한 **토지**(지대납부능력)와 2. 상업상의 이익에 달려있는 것이 관례이다. 왕의 종사단은 새로운 것이다. 따라서 외래의 것이며 인민의 공동사회에 도입되는 것이 규칙이다. 왕의 권리와 봉토의 권리는 **무엇보다도** "인민의 권리"와 구분된다. 종사들은 <69좌> 동포였던 경우도 있으나 대개는 동포가 아닌 것으로 간 **주된다**. 많은 "자연 민족"의 경우처럼, 예컨대 다윗 왕의 종사단("크레티Krethi와 플레티Plethi")[51]과 전설상 로마 기초자의 종사단[52]에 관해서, 그들의 종사가 "비적(匪賊)"[53]으로 이루어졌다는 전승은 의미를 지닌다. 그리고 메소포타미아의 경우 왕이 수여한 봉토를 보유한 자는 (뒤를 보시오) 그 흔적을 유지하고 있었을 가능성이 있다. 왕은 **정복자로서** 출현하자마자, 자신의 개인 전쟁 동료의 민족을 차별하지 않았다. 이런 차별 철폐는 흔히 왕의 호위대가 사실상 용병대였다는 사실에 부응한다. 이 경우 **더 큰** 지배권의 성립은 성주의 **재부**(財富)의 차이를 통해서 가능하다. 즉 가장 큰 "재보"를 가진 "왕들은" 다른 성주들을 자신의 봉신으로 삼는다. 이것이 바로 모든 고대 "국가"의 시작이다.

3. 고대 지중해 국가들의 "고전" 상태에 좀 더 근접한 것은 "귀족 국가"의 유형에 일치하는 "폴리스"이다. 전사라는 직업을 위해서 훈련되었으며, 자신의 보유토지와 채무 노예(또는 예속인)를 구비함으로써 경제상 (고가의 "중무장" 형태로) 무

---

51) 『사무엘』 하, 8.18, "그렛 사람과 블렛 사람을 관할하고". 메르크스, 『모세의 책들과 여호수아: 평신도를 위한 입문Die Bücher Moses und Josua: eine Einführung für Laien』 Tübingen, Mohr, 1907, p. 36 이하 참조.
52) 리비우스, 1.8.4-6, 로물루스가 외지인에게 수여한 도피권을 지시한다.
53) banditi· 베버는 이 이탈리아어를 씀으로써 두 가지 의미 즉 비적이라는 뜻 말고도, 추방자라는 의미를 제시하는 것으로 보인다.

장자판 능력을 갖추고 기사로서의 귀족생활이 가능한 일종의 "귀족 씨족"계층이 존재한다. 이들은 "아크로폴리스"를 차지하고 이로써 국가를 통치한다. 이 발전이 이루어지는 경우는 1. 토질이 지대(地代) 형성을 가능하게 하는, 이를테면 하안 평야지대 2. 화폐 획득이 가능한 경우, 즉 해변 근처이다. 이 시기에 이르러서 예전의 성채 왕정의 봉토 귀족은 자신의 주군으로부터 해방되며 - 이점이야말로 대륙의 초기 중세에 유사한 봉건영주제의 발전에 비해볼 때 특징이다. (반면에 중세 초기 이탈리아에서 일어난 발전은 어떤 유사성을 제시하고 있다.) - 그리고 이들은 스스로 행정하며 군사를 위해 편성된 도시 단체가 구성되었고, '동등자로부터 나온 수장'으로서의 왕에 의해서 또는 (한참 지난 후에) 피선된 관리들에 의해서 -그것이 핵심이다- 관료제가 없이 이끌어졌다. 기사로서 생활하지 않은 자는 도시의 군사제도에 참여할 수 없으며, "귀족"의 단체에도 속하지 않는다. 이제 혈통, 즉 계보에 대한 믿음은 일반화된다. 이 사회제도의 (유일한 것은 아닐지라도) 유형에 따른 노동력은 채무 노예이다. "귀족"은 처음에는 일종의 채권자층이었며, 이들은 지대(地代) 취득자 계층으로 변한다. 농민은 처음에는 채무자였다가 이를 통해서 "세습 예속인"이 된다. 따라서 평지는 "귀족"에 속하지 않는 <69우> 농민들과 더불어 광범한 채무 노예 계층에 의해서 경작된다. 이들은 때때로 법률상 자유인의 "신분"으로 분류된다. 지주층이 재판관직을 지배하는 사정과 관련하여 초기에 제정된 채무법과 소송절차법으로 발전하고 있던 피호제도는 같은 결과에 충분히 도달할 수 있었다.

4. 원시 군사 왕정의 상태에서(위 2단계의 마지막 무렵) 상이한 방향으로의 발전이 가능하다. 왕은 경제력에 바탕을 두고 권좌에 오르게 되자, 자신의 종사 및 군사에 의한 권력수단의 주인이 된다. 그 결과 군대는 바로 일종의 인신영주식의 군대가 되고 -특히- 그의 손에 완전히 장악되어 계서(階序)로 조직된 관리 신분이 될 수 있다. 그는 이를 통하여 모든 "신민"을 지배한다. 이어서 "도시"는 왕의 거주지이며 궁정 관리의 거처가 된다. 따라서 도시의 형태는 (이를테면 "도시가 없는" 이집트에서) 자치가 전혀 없거나, (아시리아의 경우처럼) 보통 종교상의 자치를 지녔거나, (기록으로 입증된 바빌로니아의 불입권처럼) 단지 왕에 의해서 통제되는 지방 행정과 이로 인해 정해지는 정치와 무관한 특권을 지닌 도시로 나타난다. 더 오래된 단계에 있는 전제 도시 왕정의 경우 평지의 상태는 알려진 것이 거의 없다.

신민의 조세 및 부역 의무는 (이집트에서) 거의 완전한 국가사회주의를 초래할 수 있었다. 또는 도시에는 개인의 교통에서 상당한 정도의 자유로운 이동이 가능하였다. 이것은 왕가의 수요충족이 이루어지는 구조에 따라서 달라진다. 즉 부역을 통해서인가 아니면 조세를 통해서인가에 따라서, 다시 말해 **부역 왕정**에 더 가까운가 아니면 **조세** 왕정에 더 가까운가에 따라서 정해진다. 흔히 부역 왕정은 후자로부터 유래하는데, 이번에는 절충 형태(즉, 조세·공공봉사 국가)로 변화된다. 이는 일종의 "합리화" 과정이라고 하겠다.

이미 위에서 언급한 두 개의 유형에서 (이 유형은 매우 잡다한 단계에서도 순수형으로 분명히 대변된다.) 교환경제의 영향이 효력을 발휘한다. **두 번째의 유형이 발달하는 과정은 완전히 규칙에 따라 다음과 같은 사실에 근거한다.** 즉, 수장은 - 아마도 독일이 점령하기 이전 (일부는 이후에) 카메룬의 왕들처럼[54]- 외국과의 무역을 독점하였거나 아니면 거기에 재산세 의무를 부과하여 "재보"를 축적하였다. 이것이 모든 원시 "왕들"에게는 **불가피한** 토대였다. -니벨룽겐이나 미케네나 유대의 초기(유대의 경우는 『신명기』[55])에서 신정 정치를 통해서 재보 형성을 저지한 것으로 보인다.)- 이 상태는 농민 경제의 몰락과 결부되었다. <70좌> 즉, 『창세기』 47장 15-26절에 나오는 요셉의 설화는 전형으로 그 선례를 제시한다. 극심한 기근이 들자 사람들이 가축과 토지를 포기하였고, 이에 대해서 그는 소비와 파종을 목적으로 **곡물을** 대여하였다. 이 결과 사람들은 채무 예속의 상태에서 수확물의 일부에 대한 소작권을 받게 된다. 이러한 단계에서 더 나아가 3의 "귀족 폴리스"나 4의 관료 도시 왕정의 상태로의 발전이 이루어지는 것은 지리로나 역사로나 여러 복합된 조건에 좌우되었던 것이 명백하다. (뒤를 보시오) 그렇지만 자연히 양 유형의 내부에서 신민 층에 대한 **노동력**을 직접 징발하는 정도(程度)는, 그것이 "영주식"이든, 수요충족을 위한 "국가식"이든지, 지배 귀족에 속하든, 왕정 오이코스에 속하든지, 개인의 내륙 교환-거래의 발전에 대해서는 반비례의 상관 관계에 있게 된다. 그러나 **조세**가 지배의 토대를 형성하는 한, **양자는 토지** 거래에 대하여 그 자체로는 중립으로 대응한다. 자연히 언제든지 토지 거래에 대한 상속계승권과 속

---

54) 영어 kings는 1884년 독일 제국에 포함된 카메룬의 촌주의 칭호였다.
55) 『신명기』 17.17. "은금을 자신을 위하여 많이 쌓지 말 것이니라."

I. 서론: 고대국가 세계의 경제이론을 위하여 51

박은 언제나 존재한다. -그 속박은 귀족 국가에서는 영주의 형태로, 왕정 국가에서는 군사상 제한된 형태를 띤다.- 그렇지만 관료의 성격을 지닌 왕(4) 자신에게 개인으로 "예속된" 군대의 관리 및 조세 체제의 형성 이후에는 육상교통의 자유는 쉽게 묶인될 수 있었다. 오히려 귀족 씨족들은 자신들의 지위가 토지 수익에 의존하고 있으므로 **농민** 점유를 위해서 그런 자유를 원한다. 그렇지만 귀족의 점유는 (실제나 법으로나) 귀족 씨족의 형성과 관련되어 있었다. 이에 비해서 전제 군주는 -나폴레옹의 사례가 보여 주듯이- 다음과 같은 정치 관심을 제시한다. 즉, 그로부터 나오는 특수한 보증 없이 토지 점유에 근거한 가부장 지배권을 전혀 형성할 수 없다는 점이다. "참주"는 (그리스처럼) 귀족 씨족이 위협하는 곳에서는 토지 축적을 제한하고, 한편 (오리엔트처럼) 귀족씨족이 형성된 곳에서는 토지 분할을 보장하였다.

군대와 관료가 예속 상태로 "귀속되고" 신민이 부역과 공납을 떠맡게 되는 제4의 유형으로부터 즉, 관료 도시 왕정이나 하안 왕정으로부터 국가의 수요충족을 합리화 하는 것이 증진됨에 따라서 다음의 것이 이루어진다.

5. 권위에 따른 **레이투르기아 국가**[56])가 이루어진다. 이 경우에는 계획에 의거하여 조성된 공공 부담의 정교한 체계를 통해서 국가수요를 충족시키며, "신민"을 순수한 대상으로서 취급한다. 이 국가의 공식 제도에 따르면, 각 부담은 1. 궁정 및 국가의 수요를 충족하기 위한 직접 부역, 2. 이런 부역과 상이한 종류의 강제권에 입각하여 이루어진 독점, <70우> 3. 조세, 그리고 주로 **화폐** 조세이거나 화폐의 가치가 있는 재산의 제공으로 이루어진다. 그러나 이것은 공정한 수입을 위해 강제 저장이라는 체계를 통해서 동방 전제군주에 매우 적합한 고유 기능에 연계된 특징을 부여한다. "교역의 자유"는 국가의 재정 목적을 방해하지 않는 한, 이런 유형의 국가에서는 기피되지 않는다. 반대로 징세를 통하여 국가에 재정상 이익을 초래하는 곳에서는 국가가 자유로운 교역을 장려한다. 고대 동방의 "계몽된" 전제군주에게는 관료 도시 왕정의 더 원시의 여러 형태로부터 끊임없이 발전해 나가야만 하는 의무가 있다. 그것은 자체의 더욱 합리로운 조직화를 통해서 구별되어지는 데 불과하

---

56) Leiturgiestaat: 앞에서 제시한 번역어 '공공봉사' λειτουργία이다. 희랍어이기 때문에 레이투르기아 국가로 번역한다. 베버는 이 개념을 로마 황제 하의 이집트만 아니라 제정기 황제권에 대해서 사용한다.

다. 이에 반해서 매우 상이한 이행의 단계가 3의 상태(귀족 폴리스)에 연결된다. 이는 다음의 것이다.

6. 고대 지중해 국가에서 "호플리테스(Hoplites) 폴리스"라는 유형이 있다. 여기에서는 도시에 대한 "귀족"의 지배, 농촌 지방에 대한 도시의 지배는 (형식상) 깨어졌다. 병역 의무는 중장보병 부대의 지배를 통해서 (상대로) 민주화된다. 이와 더불어서 정치면에서 완전시민권은 **토지 점유** 위에만 근거하며, 군대는 스스로 무장하는 일종의 **시민군** 부대이다. 이것의 추이는 다음으로 이어진다.

7. 민주정 시민 폴리스이다. 병역 의무와 완전시민권은 토지 점유에서 해방된다. 이로써 (무장의 자판을 위해서 아무런 비용이 전제되지 않는) 함대 복무에 자격이 있는 자들 모두에게, 즉 모든 시민에게만 (해안 도시에서) 점유 규모의 차이가 점점 무시되면서 국가 관리가 될 수 있도록 허용하는 경향이 생긴다. (분명 가장 급진한 아테네의 민주정치 시대에도 관직 자격에서 결코 완전히 실현되지는 않았다.)

호플리테스 폴리스(6)에서는 자유로운 일정 규모를 지닌 자영농민층, 달리 말하면, 경작 시민층이 군대의 중핵을 이룬다. 거래, 특히 토지 거래는 그들에게 무관하지 않다. 소위 "입법"은 호플리테스 폴리스의 구성에서 전형이다. 여기에서는 원리상 일반 접근이 가능한 고정된 법률을 창출하고자 하며, **채권자**(귀족)와 **채무자**(농민) 사이의 계급 투쟁을 조정하기 위해서 계급 형성을 안정시키고자 한다. 따라서 토지는, 씨족의 권리에만이 아니라, 병역의무 수행이 가능한 중장보병을 최대로 유지하고자 하는 **군사상** 이해 관계에도 연결되어 있다. (이는 폴리스 측에서 나오는 일종의 "농민 보호"이다.) 대토지 점유의 확대는 직접 <기좌> 또는 간접으로 (토지 및 노예 점유의 축소와 해묵은 **채권**의 소멸을 통해서) 억제되었다. -여기에서 나타나는 다양한 "도시경제의" 결정들은 시민의 계층 분화를 억제하려는 노력을 나타내고 있다. 그러나 **화폐 점유자**와 팽창하는 도시에 거주하는 계층의 이해관계가 진전된다. 늦어도 민주정 시민폴리스로의 이행(移行)과 더불어 토지는, 사망 시에 처분될 수 있는 것이 아니라, 살아 있는 자의 관할 하에 처분이 완전히 자유로운 상태나 혹은 그런 상태에 가깝게 놓여진다. 이 상태는 토지 관계의 토대로서 사료를 통해서 충분히 조명되고 있다고 여겨진다. 그것에 **선행하는** 것들은 매우 다양한 흔적들 속에서 돌출한다. 스파르타처럼 매우 극단인 경우로부터 드물기는 하지만 로마 공화정 후기에 공공 부역 (이를테면 도로건설 부담 등)이 부과된 경작지에 이르기까지 나타나는 흔적은 말 그대로 "역사상의" 토지 상태이다. "고전기" 폴리스에서 입법은 일부러 "중세의" 제도를 파괴했다. 따라서 역사 시대의 오리엔트 (앞을 보시오) 그리고 서유럽에는 개인 농지권이 토지의 신탁유증에 따른 속박만 아니라 토지에 대하여 부역 및 지대 의무가 부과되는 **사법(私法)**의 형태도 알려지지 않았는데, 이는 우연이 아니다. 대체로 1. 저당 설정, 2. 불가결한 수로 및 도로 부역 이외에 다른 토지 담보는 없었다. -한편 대개는 공권력이 토지에 대해서 부역 및 영대차지에 따르는 부담을 떠맡길 가능성이 남아 있기도 하다.- 그래서 나아가 **모든 공동경제의 점유 형태(공동지)**와 더불어서 모든 종류의 영주 토지 임대 및 -당사자 간에 해약고지가 가능한 금납 소작과 분익 소작을 제외하고는 -상속에서 토지분할에 대한, 그리고 그밖에도 마찬가지로 개인 농지권의 영역에 대한 **모든 법적 제한**은 제거되고 있다. -드디어 자본주의 발달이 침투한다. 즉, 소멸하는 **채무 노예**의 자리를 **구매 노예**가 대신한다. 그 영향 하에 동시에 도시국가의 정치 격변으로 인하여 토지 점유 및 영업 관계가 발전함으로써 "고전"기 농지사의 주제가 형성된다. 주로 "호플리테스 폴리스"에 고조되어 자유롭게 토지를 점유하고 자영능력이 있는 자들의 **몰락**에 의해 그리고 직업 군대나 (로마의 경우) 황제가 거느린 빈민 군대의 쇄도와 궤를 같이 하면서, 노예 경영이나 영세소작(零細小作)의 쇄도에 의해 농지사의 발전이 이루어졌다는 점이 보고된다.

 자유롭게 계약을 해지하는 것이 가능한 소작인 그리고 노예가 "고전기" <71우> 말에 있다. -전자는 동양에서 우세하였고, 후자는 농업노동자로서 서양에서 우세하였다. -그밖에 양자는 거의 언제나 법으로 결속된 대중에 대해서 그리고 스스로를 유지하며 자영하는 소유자의 우월한 수자 안에서 독재 권력을 획득할 수 없었다. 이제 보편 군사 왕국을 통해서 도시국가가 최종으로 해체된 이후, 하나의 현상이 느리지만 점차 전면에 대두하였다. 그것은 농촌의 **영주제**였다. 여기에는 콜로누스가 다소간 전통으로 묶여진 책임과 의무를 지닌 채 -유리하지만 (주의해야 하는 점인데) 어떤 의미에서는 그로 인해 **부담도 되는**- 영주의 경작지에 결박되었다. 이 위에 영주들은 지방 관헌으로서 군림하며, 국가가 이들에게 부담을 부과하는데, 특히 징세와 신병소집의 의무가 중요하였다. 이 대신에 영주를 위해서 다양한 범위의 면제가 허용되었다. -이것은 "시민 폴리스"가(6,7) 전혀 알지 못하였던 것이고 통상 일부러 배제하고자 하던 현상이다. 그러므로 그런 형태는 아주 새로운 창조물인 것으로 보인다. 진실로 그것은 존재하기를 멈춘 적이 확실히 없었다. 단지 그것의 지배 영역이 해체되었고 그 현상의 보편 의미가 성채 왕정의 시대 이래 장기간에 걸쳐 매우 감소되었을 뿐이다. 광범한 대륙의 내지 영역에는 도시가 부재하였고, 영주제가 다소간 뚜렷한 발달의 상태에 있었음은 의심의 여지가 없다. 그리고 오리엔트의 도시 왕정과 레이투르기아 군주국이 "세계제국"으로 확대되자마자 -우선 아시리아 제국에서57)-, 세계제국은 도시 형태로 조직된 영역과 영주식으로 -즉, 직영지나 봉토의 형태로- 조직된 영역으로 이루어진, 일종의 혼합물이 되었다. 이를테면 페르시아 제국이 그러하였다. 헬레니즘 시대의 군주국들도 최소한 구분되는 사법(私法) 권한을 통치자가 자신의 행정 강제권으로 통합한 직영지에 국한해서 볼 때 (적어도 이 영역에 대해서만) 그러하였다. 이들 국가들은 무엇보다도 구조로 보아 (특히 이집트에서) 조직의 토대로서 폴리스를 확고하게 조성하고 확산시켰다. 고대의 종결인 로마 세계제국은 서유럽에서 문화와 (군사상으로 점차 현저하게) 인구 중심이 해변에서 내륙으로 이동한 것과 아울러 전체 국가제도가 사회의 토대와 조직의 측면에서 광범위하게 변동하였음을 의미했다. <72좌> 이러 변화와 더불어서 제국의 정책이 낳은 경제 효과들은 중세사회로의 이행을 의미하는 사회제도의 발전과 결부되었다. 이 시기에 중심을 차지하는 농지사의 현상과 고대말의 영주제는 별도의 논문에서 ("콜로나투스")에서 취급하고자 한다.

전술한 "농민 공동체"·"귀족 폴리스"·"관료제 도시 왕정"·"중장보병 폴리스"·"시민 폴리스"·"레이투르기아 군주정"의 각 유형이 간혹 순수하게 나뉘어져서 동시 또는 선후 관계로 존재한다고는 결코 진술될 수 없다. 이런 "이상형" 개념은 다만 이를 기준으로 하여 방향을 설정하여 개별국가를 분류하는 데 이바지할 것이다. 즉, 그 국가가 전체 혹은 특정한 개별의 관련에서, 한 시점에 저 개념 유형 중 하나나 다른 하나에 다소간 근접한가의 여부만을 알게 하는 것이다. 왜냐하면 실제의 국가체제는 본질상 자체의 특징을 보여주는 가장 중요한 요소에서도 그렇게 단순한 각 분류 체계를 비웃기 때문이다. 따라서 무엇보다도 역사에서 중요한 어떤 유형도 완

---

57) 기원전 9-7세기의 신아시리아 제국을 의미하며, 전성기에는 이란에서 이집트에 이르렀다.

전히 제자리를 찾지 못하고 있다. 즉, 호플리테스 결사처럼 군사를 목적으로 구성된 **농민층의 연대책임 자치단체**는, 필자의 의견에, 항상 고대에는 물론 이차의 것이지만, **도시** 제도를 부분으로 답습한 상태에서 중복해서 등장하였다.(고 이스라엘, 아이톨리아, 삼니움인)-

앞서서 언급한 분류는, 술어의 효용 말고도 **다음의 효용**을 지닐 수 있다. 즉, 역사 사료의 시작이라는 우연이 우리로 하여금 각 고대 민족을 만나게 하는 발전 단계들이 얼마나 근본으로 다른가를 현재 우리로 하여금 명심하게 한다. 우리가 가장 오래 전까지 거슬러 올라갈 수 있는 사료가 흘러나오기 시작할 때, 메소포타미아 및 이집트 국가의 체제는 이미 **도시의** 혹은 (이집트처럼) **도시에 준하는** 발전을 자체의 배후에 수천 년 간 지니고 있었다. 이것들은 이미 레이투르기아 왕국이었다. **확실히 인정되고 있는** 전승의 시기에 로마인들은 실제로 "시민폴리스"의 단계를 넘어섰다.58) 그리스인들과 관련해서는 "귀족 폴리스"의 단계만이 아니라 "성채 왕정"의 단계에 관하여도 다수의 매우 확실한 결론이 이루어질 수 있을 것이다. 켈트인과 관련해서는 불확실한 보고가 있지만 (여기에서는 다루지 않는다.), 그들은 발전의 처음 세 "단계"에 있음을 알 수 있다. 그러나 이점에서 더욱이 스파르타, 패권기의 아테네 민주정, 로마의 발전 과정은 역사상 가장 현저한 점에서 철저히 "유일무이"하다. 그리고 그것은 대체로 종종 개념으로 구분된 <72우> 저 상이한 "단계들"로부터 나오는 개별 특징들을 특수하게 성격을 지니는 구체화된 전체에 종종 결합시킨다.

마지막으로 특히 **신정정치** 세력과 세속-정치 세력 간의 공공연하거나 잠재하는 투쟁은 사회생활의 전체 구조에 영향을 끼쳤으며, 순수한 군사상의 구성 관계에 따라서 구분된 "유형들"과 교착된다. 거의 어디서나 원래부터 수장의 기능과 사제의 기능은 결합된다. 단지 일종의 기능전문화는 사제권의 완성 및 신정정치 발전과 더불어서 불가피한 것이 되었다. 사제 계층의 권력이 성립하는 근거는, 그들의 물질 점유가 기부나 수입에 중심을 두고 있다는 점과 신성모독의 결과에 대한 공포를 통해서 대중을 지배하였다는 것 이외에도, 모든 시원의 "지식"이 그들에게 장악되어 있었다

---

58) 시민 폴리스의 해체징표는 토지점유에 따르는 병역의무와 완전시민권의 관계가 단절되는 것이다. 이는 로마에서 적어도 기원전 3세기초에 실현되었다. 이 다음 단계의 단초가 바로 기원전 107년 마리우스의 병제개혁이다.

는 사실에서도 찾아 볼 수 있다. 이 사실로부터 다음의 2가지 사항이 도출된다.

1. 보통 그들의 법 지식은, 법이 편찬되지 않는 한, 사제 계층을 점유하고 있는 귀족 씨족들에게 언제나 견고한 권력을 정립할 수 있게 하였다.

2. 특히 **관료제**로 통치되는 왕정 국가에서 왕의 관리들을 사용하기 위한 전제조건이었던 모든 **교양**을 획득할 수 있는 유일한 방법은 사제들의 지도였다.

오리엔트의 사제층은 교육을 장악하기 위해서 노력하였다. 그래서 그들은 이집트의 "신왕국" 시대에 교양의 소재지로서 세속의 관리로 재직하면서 세속의 "학식"을 대변하였다. -관료제 왕국에서 군사 귀족 및 왕의 세력과 신전 사제층의 투쟁, 그리스의 귀족 국가 내에서 비귀족 시민이 귀족출신 사제의 법률 독점에 대하여 벌인 투쟁은 -비록 매우 상이한 전선(戰線) 상태이지만- 고대 초기에 침투하였으며, 아울러 물질문화 발전에 영향을 끼친다. 세속화와 (정통성을 추구하는 찬탈자들을 통하여) 복고가 반복된다. 이런 관점에서 동양과 서양의 문화 사이에 중요한 차이점에 관해서는 이하에서 더 탐구해보기로 한다.

본고에서 알려져 있는 **모든** 농지 제도의 분류나 역사의 탐구가 이루어질 수는 없으므로, 필자는 단지 **역사상** 가장 중요한 국가들의 농지사에 관해서 알려진 것들에 대한 윤곽을 그려보고자 한다. 오늘날 이런 연구는 -"신판(新版)"의 책무가 중요한 게 아니라- 무조건 전문가에게 위임되어야 한다는 점이 분명히 강조되어야 할 것이다. 왜냐하면 최근 십여 년 간 발표된 자료는, 그 범위 면에서 보거나 문화사에 관련된 사료 전체를 <73좌> 장악해야 한다는 요구에서 보아도, 전문으로 (즉, 문헌학·고고학으로) 교육받지 않은 작업자의 능력을 **비웃기** 때문이다.

II. 주요 고대문화 지역의 농업사

[1] 메소포타미아

 아시아의 오리엔트에 관련하여, 설형문자 연구의 놀라운 수행을 분명히 드러내는 사료가 이제까지 그리고 "함무라비 법전"[1])의 발견 이후에도 번역된 기존의 원문 연구로 그리고 그밖에 간접의 창작물로 지시되는 것이 경제생활의 분석을 하는 데 확실한 성과를 언급할 수 있을 정도의 형편에 있지는 않다. 솔직히 말하건대 법으로 그리고 사회사로 취급하는 데에 가장 중요한 자료들은 의미상으로 보아 흔히 불확실하다. 또 구약성서의 기록을 적용하는 경우에도, 이집트 탈출 이후의 "국가소설"-작품은[2]) 가장 특징인 제도와 관련하여 사실 상황을 윤색하는 것을 어디에서 중단하는가에 관한 의문은 벨하우젠, 에두아르트 마이어, 구테, 예레미아스, 빙클러, 가장 젊은 아달베르트 메르크스의 작업이 있었음에도 여전히 매우 애매하다. 따라서 다음에 이어지는 어쩔 수 없는 단편의 언급들은 유보 조건을 달고서야 이루어질 수 있을 것이다.
 메소포타미아에 수립된 문명국들에는 온갖 가축의 사육과 더불어서 농업은 매우 일찍부터 -특히 바빌로니아에서- 매우 집약하는 채원경작으로 발전하였다. 곡물과 더불어서 이를테면 대추야자 밭이 모든 두드러진 재산의 한결같은 구성요소로 등장하며, 깨가 주요 필수품으로 등장한다. 게다가 문서에는 온갖 채소와 콩과류, 순무, 무, 오이, 콜로신트(박과), 양파, 마늘-이 품목은 엄청난 양(수천 단위)으로 이루어진 정기 인도 거래의 대상이다.-, 서양자초, 상치, 근대 속, 고수, 사프란, 히소프(꿀풀과의 약초), 백리향, 나무딸기 등이 있다. 이것들은 이름으로 보아 왕의 채원에서 재배되고 있었다. 반면에 삼림

---

1) 이 비문은 프랑스 고고학 팀이 수사Susa에서 1901/2년에 여러 조각 상태로 발견하였다. 이는 262개의 문단으로 구성되며, 함무라비 대에 작성되어, 기원전 12세기에 이곳에 옮겨졌다. 베버는 콜러와 파이저Kohler, Peiser, 『함무라비 법Hammurabi's Gesetz』 Band. 1, Leipzig, Eduard Pfeiffer, 1904. 의 번역을 기본으로 하고 있다. 이 책은 1923년
까지 6권이 간행된다. 베버 당시는 함무라비가 기원전 2250-2195년 간 재위한 것으로 보았으나 최근에는 기원전 18/17세기로 파악된다.
2) 베버는 고대 선승을 후내에 나오는 신정정치 유대 국가의 표상을 이집트 탈출 이후에 적용시키는 것을 지시한다.

은 없었다. 레바논에서는 아시리아의 왕이 건축용재를 지배한다. 비문들은 전승의 공과 더불어 북쪽의 산사면의 숲에 있는 사냥감에 관해서 특별히 보고한다. 가축(양과 소)의 사육은 함무라비 법전에서 특별한 역할을 수행한다. 그러나 왕 자신이 무엇보다 최대의 가축 보유자인 것이 분명하다. - 토지경작의 토대는 관개 시설이다. 새로운 거주지마다 일종의 수로 설비가 결부되어 있으며, 토지는 특수한 의미에서 **노동**의 결과물이다. 어떤 형태로든 여기에서 필수로 **공동 경영되는 수로 설비**는 상대로 보아 개인주의의 원시림 개간을 대신한다. 후자의 근거에서 이집트에서처럼(뒤를 보시오) 왕권을 강대하게 하는 경제 동기를 보아야 한다. 이미 가장 오래된 문명 중심지(수메르·아카드)에서 출토된 비문들에는 수로와 물대기의 문제로 가득하며, 북부 아시리아에는 이후에도 변화가 없다.3) 한편에서 모든 가능성이 있는 제방 및 수로의 건설 부역과, 다른 편에서는 왕의 <73우> 수많은 감시인들로 인해서 고대 도시왕정은 바로 **관료식 경영**으로 기울어지게 된다. 전쟁 중에 바벨과 아수르4) 왕들은 -이른바 최후의 광범한 약탈 국가의 왕들은- 무엇보다도 보통 하나를 지배한다. 즉 **복속민**들인데, 이들은 당시에 새 도시를 위해서 새 수로를 파야하며 그 도시에 시한부로 부역 및 과세의 특권을 가지고 정착하여, 그 결과 바로 왕의 수입 및 권력의 원천을 증대시킨다. 정복 시기에 군림하였던 아시리아의 왕들은 복속민들이 "**공납과 조세를 동일하게 아시리아인들에게 지불한다**"5)는 점을 강조한다. -그것들은 또한 그의 편에서는 왕의 **점유물**로서 의미를 지닌다. 그것은 원래의 것이 아니며 또한 나중에 완전하게 관철되지도 않는다. 도시 바벨은 아시리아의 왕에게 보내는 편지에서 왕의 선조들이 그들에게 나누어 준 것으로 여겨지는 특권에 근거한다. (이는 특정한 종류의 면제권으로 무역의 이해관계에서 매우 유리한 외국인의 권리다.) 아마도 바벨과 시파르6)의 "원로들"이 신전 건축에 관한 의논을 위해서 소집되

---

3) 베버는 투로 당인Thureau-Dangin, 『수메르와 아카디아 왕의 비문*Die Summerische und akkadische Königsinschriften*』Leipzig, J.C. Hinrichs'sche Buchhandlung, 1907.의 여러 페이지를 참조하였다. 이는 라가쉬Lagash 왕들의 비문인데, 기원전 25/4세기에 걸친다. 아시리아에 관해서는 마이스너와 로스트Meissner und Rost, 『산헤립의 건축비문*Bauinschriften Sanheribs*』, Leipzig, 1893, pp. 75-77을 참조한다.
4) 바벨Babel은 바빌로니아의 수도인데, 라틴어로 바빌론, 바빌로나, 희랍어로 바뷜론, 바빌로니아어로 바빌리, 히브리어로는 바벨로 불린다. 바그다드 남쪽 90 km 지점의 유프라테스 강 가에 있다. 아수르Assur는 아시리아 제국의 수도로 이라크의 티그리스강 서쪽 제방에 위치한다.
5) 이 인용은 사르곤 II 와 관련된다. 메낭Ménant, 『아시리아 왕의 연대기*Annales des rois d'Assyrie*』, Paris, 1874, p. 197에서 인용된다.
6) Sippar: 최초로 수메르에서 언급되는 고대도시. 바빌론 북쪽 60 km 지점에 위치한다. 현 지명은 텔 아부 하바흐이며, 구약성서 『열왕기하』 14.24에 '스발와임'(Sepharvaim)으로 나온다. 이는 두 시

는 일이 생겼을 것이다. 이는 아시리아 왕이 자신의 새 궁전을 지은 후에 아시리아인 중에서 "귀족과 시민"을 그곳에서 대접하는 것과 같다. 그러나 그것은 기본 성격을 더 이상 바꾸지 않는다.

  왕의 경제는 개인 경제 위에 군림하는 일종의 가계경제(오이코스)이다. 그것은

  1. 왕의 직영지 그리고 자신의 광범한 인신 점유 및 예속인 점유에서 -분명히 후대의 왕들이 그러하듯이 수메르의 왕은 자신의 목자를 지니고 있다- 그리고

  2. 복속민의 a) 부역과 b)현물 납세로 공급을 받는다. 몇몇 시기에 직영지에서 필요충족[이를테면 가축에 대한 자주(自主) 점유]과 공납이 어떻게 분할되었는지는 불분명하다. 농작물과 관련해서는 -아마도 가축과 대비하여 (적어도 초기에)- 복속민의 현물 납세가 압도한다. 마찬가지로 왕의 **노예** 점유와 **복속민** 부역의 관계는 불분명하다. 그러나 상당히 유동(流動)일 것이다. 그것은 다음과 같은 사정에 달려있다. 파라오들과 마찬가지로 이미 수메르·아카드 도시들의 왕은 부역의 정규화를 통해서 징발된 노동자들의 식품 및 음료 그리고 그들이 기대하는 현물을 끊임없이 하사하는 데에 관심을 지니고 있다. 왕은 매우 다양한 저장소(차고, 곡식 창고, 우사, 양념 창고, 보물 창고 등)와 작업장을 지니고 있다. 수메르의 왕은 금을 수입하도록 하였고 자신의 작업장에서 그것을 가공하여 화려한 그릇을 만들게 하였다. 돌은 떼 내어서 자기 소유 작업장에서 그 돌로 입상을 세웠으며, 무엇보다도 왕이 건축할 목적으로 자신의 임기에 모든 것을 준비하였다. 이를 위해서 목재가 광범위한 곳에서 수입된다. 분명하게도 왕의 성 주변에 부동산을 보유하면서 정착하여 부역에 책임을 지는 수공업자들이 있다. 이들은 여기에서 노동력으로서 존재하고 있다. 후에 아시리아 왕들은 자신의 거대 건축 수요를 위해서 전쟁 포로와 자신의 고향에서 부역 의무가 있는 수공업자를 더불어 이용하는데, 후자는 정교한 작업에 투입한다. 산헤립은 청동 모형에서 기술의 창안을 자랑하며 <74좌> 스스로 자신의 선조를 우습게 여겼다. 그들은 "자신들의 몰이해에서...모든 수공업자들이 신음하게 내버려 둔다."[7] 일종의 확실한 한계가 왕의 노예와 정치로 인해 부역 의무를 지고 있는 복속민 사이에 존재하는 것인지 분명하지는 않다. -

  3. 수메르의 왕은 "뱃사람과 선장"을 선발하여 그들을 신전에 바친다. 왕이 당시에 **자영 상업**을 스스로 경영하는 것을 부정하지 않았던 것으로 보인다. 왕이 그것을 원래부터 행하였다는 것은 의심의 여지가 없어 보인다. 그리고 외국인 수장과 "선물" 교

   파르라는 뜻이다.
7) 마이스너와 로스트, 앞의 책, p. 12f를 인용한다.

환이라는 불변 형태로 이 자영 상업은 거의 1000년 후에도 존재하고 있었다는 것이 알려져 있다. 확실하게도 이미 강어귀에서 중계무역의 독점은, 이집트 삼각주 지대처럼, 남방에 있는 도시 왕정 권력의 수립에서 가장 오래된 기반이다. 그것은 **그런 이유로 왕의 "오이코스"의 최고 대표자였다.** -

4. 이를테면 아시리아에서는 힘의 우위에 따라서 매년 치러진 약탈 전쟁의 **전리품**에서 나오는 물자가 왕의 금고로 흘러들어갔다.

가장 중요한 국가 권력 수단의 하나로서 이곳에서는 **신전 재보**가 특히 차관(借款)을 목적으로 하는 예비자금으로서, 전체 오리엔트 및 고전기 그리스와 마찬가지로, 기여해 왔다. 이 재보를 공급하고, 임시직무와 (특히 혼인)의무를 고정하는 것, 그리고 공인된 신의 독점에 유리하게 은둔 사제("주술")와 이교도를 소추하는 것은 이미 수메르·아카드 도시 왕들의 업무였다. 왕은 거대한 귀금속 및 현물 재고를 성립시킴으로써 또한 토지 점유를 통해서 확실히 신전 사제단의 수중에 있는 경제력을 보호하였다. 그것은 왕에게는 결국 위험한 것이 될 수 있으며 실제 광범하게 세속 봉토보유자와 관리들과 더불어서 거의 전부 다 왕권의 지배와 이 지배권의 획득을 둘러싼 변화무쌍한 이해다툼 속으로 들어갔다. 사제 가문은 권력을 가지고 있는 경우 상고 그리스의 도시 가문처럼 사회에서 처신한다. 함무라비 이전 시기 국지(局地)의 고대 도시 왕정은 한편으로 사제들을 통해서 이루어지는 "빈민"에 대한 과도한 부담 요구와 채무 그리고 점유물 약탈에 끊임없이 투쟁해야만 한다. 다른 한편으로 관리들은

1. 복속민의 부역 의무를 자신의 이익이 되도록 착취하는 것,

2. 부역 수행 시에 허용된 비용을 줄이는 일,

3. 그들의 생산물을 구매할 때에 가격을 통제하거나 "대인(大人)들"에게 저렴하게 팔도록 직접 (특히 가축에 대해) 강제하는 것을 막았다. 후자는 가격표의 고정을 통해서 이루어졌다. 수메르 왕은 스스로에 관해서 말하는 경우, 자신은 "자유를 수여하였고," "영원히 존립하는 노예상태를" 제거하였고, 그래서 다음과 같은 것만을 염두에 두었다고 한다.

1. 어떤 공공 부역의 경감이나 면제("X의 영역에 차후 더 이상 아무런 감시자도 없었다.")

2. 또한 경감이나 면제에 대한 권리를 개인이 착복하는 것을 제거하는 것, 그러나 무엇보다도 다시

3. 계속된 판결의 확고함을 통하여 "빈민"과 농민 및 소시민의 영업과 점유를 제멋대

로의 침탈로부터 보호하는 것이다. -후자가 어떤 특수한 의미를 지니는지 의심스러운 상태로 남는다. (뒤를 보시오) 이를테면 <74우> "대인들"의 (즉 관리와 세속의 또는 경우에 따라서 사제 씨족의 대점유자들의) 요구에 의한 압력, 다시 말해 국가에 또는 세속 혹은 종교 귀족에 **저당 잡혀 있는** (이를 "라이프아이게네"[8]라 한다.) 소점유자는 **현금**을 지불해야 한다는 점이 언급되고 있다. 경제 상황은 또한 완전히 "입법" 이전 시기 그리스와 상당히 유사하다. -사제층의 막강한 위치와 **관료식** 국가 조직은 뚜렷한 차이를 가져온다. - 왕은 -그리스의 "참주"들이 (적어도 옛 그리스에서) 그러하듯이- 농민과 소시민의 동정심을 확보하고자 시도한다. 그러나 관리들과의 모든 전투에서 왕은 관료**기구**를 필요로 한다. 그리고 사제와 벌이는 전투에도 불구하고, 왕에게 **정통성**이 없어서는 안 된다. 그것은 단지 (이집트에서는) 신격화를 통해서 또는 신성한 확증을 통해서 획득되어야 한다. 순수한 군사 왕은 정복 지역에 대해서 (아시리아의 경우) 사제의 통제에서 실제로 벗어나려고 노력한다. 오래된 "문명국"들은 그것을 더 어렵게 참아낸다. 신정정치가 아시리아 군사 국가처럼 광범위하게 각인되어 있는 바빌론에서 왕은 신의 봉신으로서 여겨진다. (매년 새로운 서임식!)

　우리가 볼 수 있는 한, 복속민의 **조세**에 속하는 것은 옛날부터 더 이상 전혀 확실히 구분되지 않는 곡물세 그리고, 후에는 법에 따른 등급과 토질 등급에 따라서 단계가 부여되었으며, 심지어는 매번 모든 기타 생산품으로 이루어지며, 분명히 매우 큰 액수의 현물세가 있다. -소작 계약은 그 지불에 대해서 정해진 것들을 유지하는 경향이 있다. [지적도(地籍圖)의 단편이 보존되어 있다.] 더 나아가 자유인에 대해서 아마 여성에 대해서 [아마도 원래부터 그랬을 것이다. 모든 비무장자에 대해서] 징수되는 인두세가 외관상 있다. 그와 더불어서 후에는 거래세가 발견되는데, 노예 및 토지의 거래에 대해서 그러하다. 국가에 대한 일종의 계약 파기에 따른 변상이 확인되는 곳에서 이것이야말로 더 오래전에는 왕에 대한 부역 수행이었던 것으로 보인다. 즉 부역 왕국의 잔여물로서 노동 형벌이다. 토지에 근거한 공공부역에 속하는 것은 또한 **전사들의 소집**이다. (페르시아 시기에는 대리를 통해서 충족된다.) 그러나 그밖에 이를테면 특수한 군사 국가인 아시리아에서, 경제상 매우 중요하고, 훈련되었으며, 공병 작업과 고된 간척 사업에 능력이 있는 **군사력**을 어떻게 창출하고 유지하는가는 (비록 비문의 과장이 제거되는 것이

---

8) Leibeigene: 단순히 예속인이라고 번역되는 이 단어의 원래 의미를 강조한다. Leib는 신체라는 뜻이고, eigen는 소유한나는 뜻에서 이 말이 원래 신체를 담보로 잡고 있다는 의미를 보여주고자 한 것으로 보인나.

모두 가능할지라도 -그밖에는 결코 그 자체로 추측되지 않는데-)전혀 명백하지 않다. 원칙에 의거한 모든 복속민의 병역의무는 -신전 소속 인원과 왕의 궁정, 목자 및 아마도 왕에 소속된 콜로누스를 제외하고- 함무라비의 문서에서 나온다. 단지 이 징집은 확실히 국민군으로서 가장 두드러진 경우에 적용이 가능할 것이다. 그것에 유프라테스 국가의 군사 확장이 의존하는 이 전차 전술은 분명하게도 **직업** 전사와 기사들을 필요로 한다. 그리고 더 규모가 큰 전쟁에서 <75좌> 적어도 온전히 수만을 헤아리는 보병은 -살마나사르(Salmanassar) 3세는 시리아에서 (약 4천 대의 전차를 지니고서) 약 7만 명으로 이루어지는 군대를, 그들의 구성원에게 지불하고, 대항시키고자 하였을 것이다.9)- 여러 세대 동안에 줄곧 매년 치러지는 전투에서, 게르만 군사력의 (바로 허구가 되어버린) 방식에 따라 자영하는 농민을 징집해서는 자연히 더 이상 창출되지 **않는다**. 군사상으로 **사용되고** 그 점에서 일종의 **국민** 군대는 왕의 권력에 위험하였을지도 모르며, 채원식의 경작은 국민 군대의 창출을 경제면에서 불가능하게 한다. 스스로 무장하는 호플리테스 계층은 처음부터 신정정치식 관료 도시국가에는 **없다**. 후에 일반화되는 **징집**은 초기에 속하기 어렵다. 오히려 왕은 전차, 창, 무장을 자신의 병기고에서 제공한다. 그가 아마도 군마를 어느 정도 언제나 자신의 가축 중에서 또는 징발을 통해서 조달하였을 것이다. 인정(人丁)에 관련해서 우리는 함무라비의 시기에 **둔전** 보유자로서, 왕의 "병사"를 발견한다. 그들에 근거해서 직업전사의 의무가 '공공봉사'로서 존재한다. 이로써 수봉자가 기타 복속민에 대해서 계속해서 우월한 계층을 구성했는지는 명백하지 않다. 그들에게 한번 낙인이 찍혀진다는 것은 (다이헤스)10) 물론 아마도 개인의 **채무** 예속과 용어상 동일시한 것에 근거할 것이다. 그래도 매 경우 호칭의 확인은 놀라운 일이다. 관련된 사료들이 사실상 왕에 속한 복무 의무자에게서 추출된다면(그는 위대한 군주에게 이용된다), 그것들은 -프랑크 식으로 말하자면- 왕의 "호위대 안에"11) 또는 "원정중에"12) 있

---

9) 기원전 853년 시리아의 카르카르(Quarquar)에서 일어난 반아시리아 진영에 대한 전투로, 북 이스라엘의 아합 왕도 반란군에 가담하였다.
10) Daiches, 「함무라비 법전의 해석Zur Erklärung des Hammurabi-Codex」, 『아시리아학 잡지Zeitschrift für Assyriologie』 1904-1905, p. 208, p. 220.
11) in truste: 살리법에 무장 종자로서 해석되는 집단으로 contubernium과 trustis 가 있는데 전자는 약탈을 후자는 호위대 역할을 한다. 이기영, 『고대에서 봉건제로의 이행』, 사회평론아카데미, 2017, p. 245-249 참조.
12) in hoste: 원래는 '적 속에'라는 뜻인데, 살리법Lex Salica, 26.1에 따르면 '주인 휘하에 있으면서 적 속에apud dominum in hoste' 즉 원정을 의미하며, 이들은 반 자유인이다. 인용에서 약간의 착오가 있다.

는 자들이 자신들의 친족법(상속법)으로부터 외국 출신자나 노예가 된 사람과 마찬가지로 구분된다는 사실에 대한 증거가 될 것이다. (가족은 피징집자가 허락되어 돌아오는 때에 상속권이 아니라 단지 점유권만을 준다.) 전사 봉토는 함무라비에 의해서 언제나 토지를 수봉하는 왕의 어부들과 더불어서 한 조항 속에 명명된다. "봉토"는 여전히, 대개 오리엔트에 그러하듯이 -라고스 왕조13)의 할당지에 이르기까지- 평민에 어울리게 소규모이다. 왜냐하면 무장은 확실히 매우 간단하며, 게다가 아마도 완전히 왕의 일이기 때문이다. 그들은 사투를 벌이는 경우 의무를 개인별로 수행해야 하였을 것이며, 그들에 대한 억압과 저항하는 점유권 확정은 국가 관리들에게 거의 감지되지 않는다. 그들은 또한 보루 쌓기 작업-이를테면 도시 건설-에 소집된다. (외국 영토의 병합은 대신에 그곳에서 그런 봉토 수급자로부터 "식민된" 사람들을 모은다.) 법정과 더불어서 왕은 가축을 그들에게 이용하도록 넘겨준다. 모든 것이 자연스럽게 처분 결정에 따라서 그러나 규칙에 따라서 상속이 가능하며 (아들이 쓸모 있는 경우) 과부와 고아에 대한 배려도 또한 있다. 3년간 군역 의무를 수행하지 않는 경우에는, 의무를 완수한다는 조건하에서 그것을 떠맡는 자의 몫이 된다. 비록 봉토 보유자가 이후 왕에게 개인으로 특별한 대가를 근거로 복무한다고 하더라도, 그는 전체의 공무원으로서도 여겨진다. 한 명의 사로잡힌 병사를 속량한 사람이 스스로 재산이 많지 않은 경우 <75우> 몸값을 치루기 위해서 자신이 소속한 도시의 신전 보고에 의존하는 것이 가능하다. 왕실 재보도 보조로 그것을 보증한다. - 이것들과 더불어서 토지를 임차한 병사들은 "완전히 자유로운" 상태가 아니므로 **무장** 비용에서 자유인과 동등하지 않다. 그러나 그들의 **노예** 점유에서 -분명히 자신들의 "혈통"의 관련에서- 특별히 보호받는, 왕의 "**직신**(直臣)"(파이저가 번역하듯이)14)이다. 그들은 명백히 궁정에서 왕의 확고한 규정에 따라 산다. 아시리아에서 정복된 도시들에는 수비 집단으로서 왕의 "기사와 환관"이 -역시 예속인들 옆에 왕에 완전히 소속된 종사들로서- 존재한다. 그리고 왕은 사로잡힌 자를 단순히 자신의 군대에 수천 명이나 병합시킨다. 다른 한편으로 도시에 **새로** 식민하는 경우 그들에 대해서 정해진 수의 병력을 "징발"한다. -그것은 오로지 정착자들을 통해서 소집령을 부과하는

---

13) 프톨레마이오스 왕조의 창시자인 프톨레마이오스 1세의 부친이다. 그래서 이 왕조의 파라오들을 라기데스Lagides라고 부른다.
14) Ministerialen: 직신은 원래 하층 예속민이었으나 사회 이동을 하여 기사 귀족으로 독일사회에 자리 잡는다. 11세기에 이들은 콘라트에 의해서 직신이라는 명칭을 받게 되었다. 솔거직신casati는 영주의 집안과 토지를 관리하고, 비솔거직신non-casati는 행정과 군사를 남낭하니 보수를 받는다. 콜러, 파이저, 1904, pp. 59-62.

것에 불과하다. **혹은** 그러나 병사 봉토에 상응하는 수를 추방하는 것을 의미할 수 있다. -군대 제도는 바로 용병대의 방향으로 변화한다. 둔전병 군대는 명백하게도 단지 예비 부대에 불과하다. 왜냐하면 아시리아의 병사들은 사르곤15) 시기에 이미 고용된 사람들이었으며, 평화 시에 그들에 대한 배려는 전시에 자신의 부대를 강화시켰던 왕에게 근심거리가 된다. 왜냐하면 그들은 (앞을 보시오) 자신들의 가족 유대관계에서 징집됨으로써 분리되고 이제 근심거리가 됨에 틀림없기 때문이다. 아르타크세르크세스16) 시기에도 징세의 경우 이를테면 "궁토(弓土)"17)는 "십일조 토지"와 구분된다. 병역의무자의 소집은 -원래 (앞을 보시오) 엄격하게 개인에게 부과된 봉건 의무인데- 후에 '공공봉사'로서 정해진 토지 점유에 결부되었으나, 마침내 왕이 조세를 부과하고 이 세입을 이 외국의 병사들에게 지불하자, 공공봉사에서 해방되었다. 그것은 발전이다. 얼마나 일찍이 그리고 얼마나 충분히 이것이 일어났는지는 바로 알 수는 없다. -마침내 마지막 아시리아 왕의 군대는 완전히 비국민이었으며, 또한 페르시아 시기의 바빌로니아식 궁수 부대는 왕의 창고에서 나오는 복장을 착용하고서 준비되었고, 경제상의 의미에서 전혀 "국민" 부대가 아니다.-

개인 **거래**에 관련한 이동의 자유는 이집트(뒤를 보시오)와 유사하게 초기에 왕에게 속하는 보통 자연경제상태의 오이코스를 통해서 차단된다. 그러나 이것이 속하는 시기는 쐐기문자 비문으로 된 개인 사료들이 제시되는 때로 상당히 뒤로 추적된다. 이미 함무라비 시기 전·후에 교역의 발전은 상대로 보아 특출하게 (그리고 보기에 점점 더) 자유로운 것이다. 신정정치 군주정은 사실 내부의 거래를 규제한다. 특히 우리가 함무라비의 법에서 그것을 발견하듯이, 가격표를 통해서 임금도 그렇게 규제한다. 그러나 사실상 상품의 교역은 원칙상 자유이다. 그것은 개념상으로 중개무역으로 훨씬 더 크게 성장한 바빌론에서 군사 국가인 아시리아보다 더 풍부하게 발생하였다. 양자의 구분을 시도하는 것 그리고 심지어 바빌론의 "최초" 왕조로부터 이슬람으로 개화하기까지 대부분의 근본 특징들에서 스스로 <76좌> **가장 유사한 것으로** 남아있으며 ("화폐경제"라는 표현이 단지 제한되어 적용되기 때문에) 주로 단지 교역 경제의 관철의 정도에서 (그리고 때에 따라서 다시 썰물이 물러가고) 우리에게 위축되는 상을 제시하는 발전 시기를 분리하는 것은 여기에서 무엇보다 불충분한 사료 문제와 마찬가지로 공간 문제로 인해

---

15) 사르곤 2세, 기원전 722년-705년 재위에 있었다.
16) 기원전 465-424/3년 재위.
17) Bogenland의 번역이다. 이 토지는 특별히 군역의 수행을 전제로 해서 수여되는 토지이다.

서 착수될 수 없다.-

　매우 애매하고 또 여기에서 전개할 수 없는 것은 고대의 인구구성의 문제이다. 그리스·로마식으로 얼마나 씨족이 분포되었는가? 이집트 식으로 얼마나 광범한 직업으로 구성되었는가? 양자는 서방에서는 종종 **결합되어** 나타나며 (이하를 보시오18)) 그에 따라서 또한 여기에서도 두 종류의 "지역구"가 생긴다. 고유한 의미의 "카스트"에 관해서 바빌론에서는 자연히 이집트보다 훨씬 적게 언급될 수 있다. 아마도 여기에서도 고 이집트와 마찬가지로 직업에 따른 **공공부역**이 조직의 토대가 되었을 가능성이 매우 높다. 그것은 (아마도 확고히 보장될) 직업 동료들에게 공동 분담물의 점유에 대한 권리도 주었을 가능성이 있다. 적어도 겉으로는 토지 매각에서 직물업자 동료에게는 **취소권**이 생긴다. 이 모든 것은 아직 불확실한 것으로 여겨진다.

　고대 부역 왕국의 전성기에 **토지**에 대한 **권리**는 단지 병사 토지의 경우만 아니라 보통 그와 연관된 공공 의무의 대가로서 명백하게 효력이 있다. 한 토지 조각에 대한 경작 부역의 수행은 고 바빌로니아의 법에서는 소유권의 증거로서 설명된다. "관직 봉토"는 분명히 단지 그 이유로 인해서 자신의 속박에 더 오래 **머물러 있다**. 왜냐하면 그들에게서 **개인** 점유자의 자격은 왕에게는 특히 중요하였기 때문이다. 그렇지만 그렇지 않은 토지 점유를 양도하는 경우, 공공으로나 사제에 의해서 용인되고 입증되는 것에서는 (시기상 이집트처럼) 원래 상속재산의 분할이 사제를 통해서 매우 빈번히 이루어진다는 점 이외에 아마도 더 이상 아무 것도 발견할 것이 없을 것이다. "마르크 동료"의 이웃 권리는 확실히 식별되지 않는다. 그 단체의 책임은 실제로 범죄의 경우 평화 보장의 형태로 성립한다. 그러나 ("고왕국"처럼) 조세와 부역을 위한 공동 책임이 있는지는 불확실하다. 많은 수메르의 왕들의 비문에서 등장하는 복속민이 지닌 법 지위의 변화가 가지는 의미가 (앞을 보시오) 농민의 **토지** 점유와 토지 영업(양어장과 가축만이 그렇게 불릴 수 있다)이 영주의 질곡에서의 해방으로 여겨지는지의 여부는 매우 의문의 여지가 있다. 신정정치 군주의 법 수여는 **전체**로서 개인 거래를 보장하는 결과를 지녔을 것이라는 점은 자명하다. 그러나 **토지**에 대한 질곡이 성립한다면, 그 질곡들은 주로 **공공봉사**와 관련한 것이 되었다. 그에 비해서 역사 시대에는 –관직 봉토에 관한 경우를 제외하고- 토지 거래에 대한 국가의 이해관계는 보통 위축되지 않는다. 획득된 토지점유를 자유롭게 양도할 수 있는 가능성은 함무라비 법전이 분명하게 전제로 하고 있다. 한편

---

18) 베버는 그리스의 무속인 쁼레와 형세단인 프라드리아, 로미의 지역구인 트리부스(tribus)에 관해서 생각하고 있는 것으로 보인다.

사료에 따르면 가족 공동체와 씨족을 위하여 **상속된** 토지점유는 다음과 같은 식으로 묶여져 있다. <76우> 즉 (명백하게 원래 가능하지는 않은) 양도는 각 권리자와 **양도자 자신**에게 토지 조각의 취득자에 의해서 납부된 **세금과 더불어** 가격을 변상하는 것에 대해서 일종의 취소권을 주었다. 보기에 이것은 취소위험을 제거한 위에서 맺어지는 특유한 계약 협정에 대한 관습법상의 각하(却下)이다. 그와 더불어 취소자들의 저주와 사료에 나오는 계약 불이행 벌금에 관해서 취급되어야 할 것이다. 사실상 마침내 모든 사유 토지는 자유로운 양도가 가능하고 자유로운 분할이 가능하게 되었다. 상속에서 현물의 분할은 -시기상 상속공동체와 더불어서- 남아있는 사료에서는 규칙이다. 경지공동체 현상은, 개념상으로는 주로 수확 후 밭이나 휴경지에 대한 방목권을 예외로 하고, 확인되지는 않는다. 이 양식에 관한 규정은 함무라비 법전에서 다루어진다.[19] 그밖에 토지 조각은 개인별로 경계가 지어지고 규칙에 따라서 (공개되어) 주위를 둘러싼다. 그리고 땅의 양도는 지역·도로·인접한 토지 조각에 따라서 이루어진 경계에 대한 상세한 보고와 더불어 성립된다. 그밖에도 크기는 부분으로, 그리고 규정에 따라서, 표면적에 따라서, 그때그때 보이는 대로, 파종(播種)에 따라서 제시된다. (또한 "농지 규모"에 따라서 구입도, 실제 크기가 전제된 내용과 차이나는 것은 보상한다는 의미에서 이루어진다.) 비문에 아시리아에서 신전을 짓는다는 목적으로 입증되는 수용(收用)은 아마도 왕의 왕토권[20]이라고 주장될 수 있는 것을 법으로 (그러나 필수는 아니게) 표출한 것이다. 적어도 왕은 자신이 점유로 정해진 것들을 갚았다고 **자랑**한다. 지하수로 설비를 통해서 새로 획득된 땅이 왕에 의해서 -아시리아에서는 경작되어야만 하는 종류를 (예를 들어 채원경작을 위해) 지정하면서- 수여되었다고 하는 점은 왕이 **모든** 토지에 대하여 가진 상급소유권을 주장하는 것임을 쉽게 알 수 있다. (그것은 아마도 바빌론에서는 일종의 신전 토지소유권의 형태를 받아들였을 것이다.) 외부에서 식민된 외국인에게 수여된 토지는 명백하게 일부는 새로 관개된 토지였으며, 일부는 또한 부역 봉토로서 이제까지 그 토지를 보유한 자는 대신에 밖으로 몰려나서 정착되었다. 토지와 예속인을 복무 중인 관리에게 수여하는 것, 왕이 토지를 선사하는 것, 조상의 점유지를 한 관리에게 다시 면세로 수여하는 것은 일찍이 바빌론처럼 아시리아에서도 발생한다. -그러나 규칙상 왕의 관리는 신전 관리와 마찬가지로 확실하게 왕의 보고와 조세로부터 나오는 현물 **급여**가 지정된다. 보통 영주·봉건 **국가** 제도로 발전하는 단초가 이루어질지라도, 완숙한

---

19) 개방 방목의 시기에 관련한 규정은 콜러, 파이저, p. 114에 나온다.
20) Bodenregal의 번역으로 주인 없는 토지는 왕의 것이라는 생각을 지시한다.

단계에 이른 것은 아니다. 국가는 중요성으로 보건대 **관료** 국가로서 무엇보다도 **신정정치**의 특질을 지니게 되었다. 그러나 물론 영주제 발전의 요소들이 엿보인다. 순수한 개인 토지의 예속상태가 **직접** 명백하게 제시되는 것은 아니라는 점은 확실하다. 그렇지만 함무라비의 서신에서 일종의 군역 면제자로서 인구 구성의 범주가 언급되는데, 그들은 아주 옳게도 (왕의) 토지에 얽매인 콜로누스로서의 의미를 지니게 된다. 개인 농장에 <77좌> 정착하고 있는 것으로 사료가 설명하는 "채원경작자" 혹은 "농민"이 혼인한 노예와는 다른 것인지의 여부, 그들이 아마도 "법으로" 경작지에 묶여, 특히 그들의 주인의 의지에 대해서 (국가 이익을 위해서도) 경작지에 구속된 반(半) 자유인으로 지시되는지도 불확실하다. **신전 소속 농민들**은 신전 토지의 임대 시에 완전히 가축처럼 단번에 함께 임대된다. 아사르하돈의 치세기에 나오는 한 비문은 더 나아가 일종의 개인 영주제를 왕이 재가하는 것을 지시하는데, 경계 설정에 관한 보고에 따르면 그것은 의심할 것도 없이 촌락 전체를 망라하였음에 틀림없다.21) 그리고 정복 국가들에서 이미 도시 왕정의 시기에 토지와 더불어서 봉건 방식으로 도시 전체를 수여하는 것, 후에는 -이미 설명한 바와 같이- 토지와 인신을 복무중인 관리에게 수여하는 것 그리고 또한 의심의 여지없이 영주 **"면제권들"**을 조성하는 것은 제국 왕의 편에서 세습되고, 때때로 갱신되는 특권의 힘에 인해서 발생하게 된다. 국가는 자체가 가진 신정·관료의 기본 성격과 더불어서 완전히 언제나 일종의 강력한 **봉건** 특성을 지녀왔다. 이는 마치 이미 발전된 "콜로나투스"에서 드러나는 것과 마찬가지이다.

가족 생활의 토대는 고대에 원래부터 공통이다. 즉 가족 공동체는 가부장 가족의 경제 공동체이며 사실상 상속 공동체가 자연히 빈번하게 형성됨에도 명백하게 대개 이미 소가족이다. 부인은 그녀가 속한 집안의 가장에 의해서 수여되며, 더 오래 전에는 단순히 팔린다. 계약은 원래 남편의 제멋대로의 권리(형벌권과 추방권)에 관한 규정들을 (추방시의 위약금) 작성한다. 첩, 특히 자매의 중복혼은 구약성서에서 유명한 "하녀"의 지위와 더불어서 발견된다.22) "적법한" 혼인의 유래는 다음과 같다. 원래 무제한인 남자의 자의에 대해 혼인에서 **혼수**를 제시한 여자를 **계약상으로** 보호하는 것과 그 자식의 상속권을 확보하는 것은 함무라비 법전으로부터도 분명히 확인할 수 있다. 그처럼 유산

---

21) Assarhaddon: 기원전 680~669년 재위한 아시리아 왕. 이 내용은 빙클러Winckler, 「바빌로니아-칼데아 봉건제Zum babylonisch-chaldäischen Feudalwesen」, 『고대 오리엔트 연구Altorientalische Forschungen』, I, pp. 497-503에 취급된 비문을 참조한 것이다.
22) 『창세기』 21.10 : "이 여종과 그 아들을 내쫓으라. 이 종의 아들은 내 아들 이삭과 함께 기업을 얻지 못하리라."

계급에서 우선 발생한 "적법한" 여자의 지위는 그 입법을 거의 오로지 윤리에 관한 것으로 일반화 하였다. 수메르의 왕(구데아)들은 다수의 남자들을 통해서 한 여자를 공유하여 획득하는 것을 금지하고 두려워할 만한 가혹함으로 (즉 여자의) 간통을 처벌한다. 일찍이 부녀자에 대해서 매우 적대하는 것은 함무라비 법이다. (부녀에 대한 이혼법, 추방의 경우 배상) 더 오래 전에 여자의 혼수는 보통 가재도구, 장신구, 옷 그리고 몇몇의 노예이며(여전히 탈무드가 지시하다시피, 부인들이 몸소 시중드는 것만 아니라 또한 그들에게서 남자에 시중드는 의무를 제거하기 위한 것이기도 하다),23) 후에는 심지어 (토지 점유자의 군사 의미가 제거됨으로써) 토지 조각도 발견된다. 그리고 신바빌로니아의 법에는 구매가격이 없지만 과부에 대한 배려가 있는 지참금 결혼이 정상인 것이다. 맏아들이, 몇 개의 근거에 따라서 보이는 것처럼, 원래 아버지의 사망 이후 분할 시에 특별한 지위와 특별한 몫을 지니는지의 여부는 미정인 상태임에 틀림없다. -이탈리아 중세기처럼 교역 경제가 발전하고 <77우> 개인이 상품을 획득하는 작동 공간이 확장되면서 원래의 강력한 가부장제 가족 재산이 가족 구성원의 조합 자본으로서 관찰되기 시작한다. '부권(父權)'을 방해하지 않고 또한 한 가자(家子)는 어떤 의미에서는 출자자로서 역할을 한다. 예를 들면, 입양된 자를 자신의 양친에게서 구입하는 경우에 양아버지의 재산에 대한 청구권은 계약에 따른 것이며, 특히 이혼의 경우에 확정된다. 입양 그 자체는 다시 말해서 자식의 권리를 대가로 한 구입은 노예 구매에 대비하여 원래 원시 형태로서 기능한다. 이 경우 가족 공동체는 자동으로 외국인의 노동력을 통해서 보충된다. 노예의 입양, 여자 노예와의 혼인 등은 가족 공동체 내에서 자유와 부자유 사이에 일종의 유동성을 주고 있다. -이로써 가족에 속한 자식들 간의 동일한 취급은 중세 교역 가문들에 있었던 '제조자'와 '도제'에 비견된다.24)- 노년대비 재산계약 -용익권을 유지하는 재산이전- 에서 점차 '자식들 간에' 유언과 관련한 규정이 발전한다.25)

　노예는 고 바빌로니아 시기에는 별로 다수가 아니다. -한 명에서 세 명의 노예를 지니는 것이 우세하다. 그러나 명백하게 교통의 증대와 더불어 노예의 수는 늘 증가하였

---

23) 미쉬나 계약 케투보트 Kᵉtubbōt 3.2.5.5.에 따르면, 부인이 가져온 노예의 수자에 따라서 시중의 의무가 차등되며, 4명의 노예를 가져온 경우 부인은 모든 인신상의 시중 의무에서 해방된다. 미쉬나는 반복하다라는 뜻으로 기원후 200년에 예후다가 편집한 문서이다. 6개의 내용으로 구성된다.
24) 14세기 피렌체의 상업회사들에서 이들은 상인의 보조인과 도제였다. 이탈리아어로는 각각 fattori, discepoli이다.
25) 베버가 로마법의 형태를 생각하고 한 말이다. 자식들 간에 부모의 유언 testamentum parentis inter liberos은 가부(家父)의 처분이 오로지 직계자손에게만 해당한다는 의미이다.

고, 페르시아 시기까지 그러하였다. 여기에서는 (러시아의 오브로크 소속민들처럼 그리고 완전히 다른 양식으로 서·남부 독일에서 18세기까지 있었던 "인신예속인"들처럼) 노예가 으레 화폐경제의 형태로 지대의 원천으로서 주인에 의해서 착취된다. 그리고 이 경우 우리는 그와 관련하여 노예의 특유재산, 모든 영업에 대한 노예의 참여, 노예 자신의 자유구매 그리고 더욱이 같은 주인을 향한 노예들 간의 보증 계약을 발견한다. 가내 노예들은 또한 후에도 -왕과 신전을 제외하고는- 많지는 않다. 치다꺼리를 위해서 4명의 노예면 충분한 시민 가계를 제시하는 것으로 보인다. 그러나 농장 노예와 공업 노예는 분명히 상당히 큰 폭을 지니는 하층으로 여겨지지는 않을 것이다.

왕의 직영지, 관리에게 임대된 토지, 심지어는 바빌로니아의 대규모 신전 영지 그리고 당시 바빌로니아에서 -아시리아보다 더 확실하게- 교역 귀족의 손에 점차 모아진 점유 토지는, 부분으로 임대되지 않는 한, 구매 노예와 그와 더불어 원래 "채원경작자" 또는 "농민"으로 불리는, 세습된 부자유인의 부역을 가지고 경영되었다. - 이 후자를 "콜로누스"의 지위로 보고 노예의 지위와 분별하려는 동기가 성립하는지는, 이야기하였듯이, 의문의 여지가 있다. 노예 **가족**은 흔히 구매 대상이다. 채무 노예는 바빌론에서는 계속 발전하며 그것이 실현되는 준비 상태(개인에 의한 담보 취득!)는 강력한 신용 발전의 토대이다. 여자와 어린이는 채무 예속에 들어간다. 그렇지만 함무라비 법전에 따르면 3년 후에는 자유롭게 된다. 재산을 가진 친척이 보증하면, 사람들은 채무 노예에게 제한된 자유 상태를 허용한다. 이는 담보로부터 빚에서 벗어나기 위한 임금 기회를 그에게 주기 위한 것이다. 우리가 사료로 접근할 수 있는 시기에 <78좌> 채무 노예들이 여전히 양(量)으로 중요한 토지결박 예속인의 범주를 얼마나 대변하는지 우리는 모른다. - 임시 노동력을 창출하는 원시 형태는 부양·의복·납조에 대해서 노예들과 집의 자식들이 (현물로 나중에는 현금으로) 제공하는 임대료이다. 그래서 특히 수확 노동자가 생긴다. 이로부터 자유로운 노동계약의 선구자로서 한 자유인의 임대계약이 "**그에 의해 스스로**" 발전하여 왔다. 단지 이 형태에서 임시 노동관계를 고정된 노예화로서 원래 취급하던 것이 드러날 뿐 아니라(=로마식으로 '악취행위에 들어간다') 스스로 세를 놓은 자가 원래 일종의 보호자를 -분명히 마침내 '자유를 부여하는 자'로서 여겨지는 사람을- 필요로 한다는 점에서도 그러하다. 자연히 이 기한부 자기 노예화는 매우 확실하게 채무 노예화일 수 있으며, 이미 역사 시대에 있을 법하다. 왜냐하면 이미 함무라비 시기에 **자유인** 노동이 농업에서 매우 널리 확산되기 때문이다. -사람들이 함무라비의 법이라는 그처럼 오래된 사료에서 얻는 인상은 다음과 같다. 즉 과일 재배와 야채 재배를 지향하며 소유자에 의해서 경영되는 소규모 경영과 더불어 또한 대규모 경영이 존재하는데, 그 소유자는 도시에 정착하고 있으며 부분으로 부자유한, 그렇지만 아마도 자유로운 경영 감독들과 (법이 그들의 신용을 형사상으로 확고히 한다) 자유로운, 흔히 일년간 임대되는 노동자와 더불어 그들의 점유를 활용한다. 이들의 임금은 노동자의 그것처럼 법이 물론 주인의 이익을 위해서 -"약자(여자, 채무예속인, 노예)의 보호"라는 신정정치 원리에 상응하여- 규제한다. 가축 점유는 특별하다. 가축의 임대는 임대율이 정해지고 규제된다. 심지어 (완전히 자치단체에 공동인 것으로 생각되므로) 토지 점유자에 대비해서 목자들의 의무도 그러하다. 역축의 저당은 함무라비 법전에서 금지된다. - 하여간 점유 분할과 경영 방식에 관한 사료에 따르면 다음과 같은 결론을 내릴 수 있다. 카토의 시기 로마 농업과 비교하면 그것들은 아마도 근본,

1. 함무라비에서 특별한 관개시설에 관한 관심의 등장을 통해서
2. 야채 농사의 다양한 발전을 통해서, 무엇보다도
3. 조직된 노예 노동의 발전이 미흡함으로

구분된다. 마지막은 한편에서는 노예 시장의 매우 큰 범람과 그리고 다른 한편에서는 로마의 전쟁이 개인 착취를 가능하게 한, 땅의 풍부함이 오리엔트에는 없었다는 점과 확실히 밀접한 관련을 지닌다. 노예 가격은 높지 않다. 그러나 노예의 수자는 겉으로 보기에 크지 않다. 왕은 토지와 전쟁에서 노획된 사람들은 징발한다. 사실상 파라오가 그렇듯이, 그는 획득된 가축, 포로, 정복된 토지를 일부 군대에 분할한다. 그러나 후자는 새로 정복된 신민이 왕을 위해 메소포타미아로 식민되는 동안에 보통 적의 땅에 수비대의 형태로, 또는 그렇지만 토지 수령자들은 수로 건설과 채원 경작이라는 부과된 책임을 떠맡아서 무엇보다도 왕의 세수입원으로서 역할을 하게 된다. <78우> 마찬가지로 포로와 그들의 소유는 **일차로** 그렇게 취급되었다. - 이는 공화정기 로마에 매우 대비되는데, 로마가 전쟁에서 포획한 토지와 사람들은 재빠르게 완전히 개인 토지세 계약자들, 황실 토지 임차인, (특히 재식농업 경영을 위한) 노예 구매자들의 투기 대상이 되었다. 제한되고 관개에 의존하는 메소포타미아의 토지 재고(在庫)는 그 자체로 노예제 대경영의 특성을 위해 (앞을 보시오) 적당한 기초가 아니었다. 따라서 스스로 경작하지 않는 바빌로니아의 귀족 편에서 점유 토지의 이용은 점차 소작 계약, 즉 (경감 요구를 배제한) 고정된 이자와 분익 소작을 포함하는 계약의 방향으로 발전한다. 여기에서 두 경우에 계약자가 토지에 대한 조심스러운 위탁의 **책임**을 지니게 된다고 하는 분명한 법 개념이 사라진다. 계약 기간은 사료의 증거에 따르면 대체로 상당히 짧아서 1~3년에 불

과하였다. -소작인은 특히 분익소작인인 경우 통상 의심의 여지없이 빈번하게도 당시에는 단지 수확에만 관심을 가지고 해약이 가능하지만, 대체로 채무를 통해서 사실상 작업에 묶여버린, 토지 점유자의 **노동** 기계이다. 이는 로마 제정 후기의 콜로누스와 현재에 이르기까지 지중해 여러 나라의 소작농과 마찬가지이다. 그의 전체 사정이 시간이 흐르면서 어떻게 변화하였는지 알려면 특수한 조사가 필요하다. 특히 명백하게도 화폐로 내는 계약이 점차 진전하는 것이 사료에서 두드러진다. -그러나 압도하는 것에 이르지는 않는다.- 마찬가지로 계약에 나오는 많은 결정 사항들은 분명하게도 다음과 같이 지시한다. 즉 메소포타미아에서 소작인은 보통 **도시**의 자본가로서 생각되어야 하는데, 그는 함께 구입된 토지를 새로 경작시키거나 이미 경작한 상태에 있는 것을 지대의 원천으로서 이용할 것이다.

수확 노동력의 필요에 대비해 임차료를 지불하고자 수단(이를테면 은)을 빌리는 것은 종자용으로서 곡물·대추야자열매 등을 임차하는 것과 더불어서 -두 경우에 수확에 따른 반환의 약속과 아울러- **생산물** 신용의 가장 오래된 사례를 제시한다. 그것은 이미 고바빌로니아의 시기에 대체로 항상, 수확의 경우 자가 **소비** 목적으로 발생하는 곡물의 임차시에 발생한다. **종자 곡물의 임대**는 특히 생산물 신용의 가장 오랜 형태이며 여전히 가축대여보다 더 오랜 것일 수도 있을 것이다. (하이니쉬)[26]

교역 현상은 주로 완전히 아시아의 오리엔트에서 실제로 적어도 이집트 나름의 문화 발전처럼 진전하였다. -이것은 바빌로니아 문화의 **도시** 성격과 **중개무역** 장소로서의 바빌론의 위치에 따른 귀결이다. 여기에서 교역 경제의 형태들이 특별히 자유롭게 전개되기에 이르렀음에 틀림없다. 바빌론과 그 법은 이미 전체 오리엔트에서 "자본주의"를 향한 발전의 담당자이다. 비록 토지에다 귀금속을 저장하는 것이 확실하게 완전히 **도입**되었더라도 그러하다. 왕권과 이를테면 신전은 그 자체로서 이 상태에서, 즉시 **조세**가 부역을 압도하자마자, 공공연히 경제상 매우 온전하게 존재하며 이로부터 교역경제 발전을 가로막지 <79좌> 않는다. 바빌로니아의 신정 정치가 그런 것으로서 원칙상 교역 법에서 **화폐**가 지니는 특수한 위치를 승인하는 데에 불리한 것으로 지시된다는 것은 -(아마도!) 이집트의 사제층처럼- 사실에 잘 부합하지 않는다. 그런 종류에 관하여 발견되는 것은 서양 국가들과의 비교를 넘어선다. 물론 이미 수메르의 왕들은 (앞을 보시오) 빌려준 돈에 관하여 특히 엄격한 규제를 신민에게 유리하도록 완화하고자 한다. 그러나 일

---

[26] 하이니쉬Hainisch, 『자본이자의 성립Entstehung des Kapitalzinses』, Leipzig, F. Deuticke, 1907, p. 8.

종의 세이삭테이아27)는 지시되지 않으며 가능하지도 않다. 채무법의 강도를 약화시키는 것은 함무라비 법전에서 '그가 할 수 있을 범위에서'28) 지불을 허락함으로써 개인의 계약에서 유사한 합의에 충분히 그리고 "화폐"를 고대 오리엔트 세계의 교역에 도입하는 기능에 대체로 상응한다. 페니키아의 상업은 그들의 전성기에 걸쳐서 (또한 카르타고에서는 4세기에 이르기까지) 근대 법의 의미에서 주화를 알지 못하고 있다. 우리는 바빌론에서 애초에 주화만 아니라 또한 내륙 거래에서 비록 **현물 교환의 기술**이 발전하였더라도, 규정에 따르고 효과가 큰 화폐 사용이 없었음을 발견한다. 화폐는 고 바빌로니아 왕국에서 여전히 일용품의 형태(고리)와 무게에 따라서 은이 가격재(價格財)로서 기능한다. 그러나 **주로** 본성상 상호 교환되는 재화에 대한 **가치 척도**로서 반면에 내륙에서 이루어지는 거래에서는 (이집트의 경우처럼) **효과가 있는** 교환 수단으로서 대체로 본성상 고르게 되지 않는 가치 구별을 위해서만 기능한다. 우선 나중에 그것은 일종의 주화 **형태**를 지닌다. -무엇보다도, 보다시피, 저명한 회사를 통해서 무게를 개인이 인증함으로써 이루어진다. 사료에는 "X라는 날인을 가진 1/5 세켈 조각"이 등장한다.29) -그리고 애초 이와 더불어서 점차 효과가 있는 가격재의 기능을 독점하기 시작한다. 고 바빌로니아 왕국에서 여전히 흔하게도 곡물에 대해서 대추야자 열매가, 토지에 대해서는 집들이 여기저기서 가격이 벌어지는 경우 은을 통해서 보상하여 교환된다. 그와 더불어서 가장 복잡한 교환 행위가 등장한다. 이 경우에는 단지 쌍방의 물품을 은으로 산정하여 교환을 가능하게 한다. 그래서 816세켈의 은을 지불하고 토지의 교환이 입증된다. 한 채의 수레에는 100세켈이, 6마리의 말에는 300이, 한 마리 나귀에는 130이, 나귀에 씌울 장구 한 벌에 대하여는 50이, 한 마리 소에 대해서는 80이, 기름과 의복 등에 대해서는 소량의 잔돈이 입증된다. 이제 현물 교역이라는 자체의 성격 때문에 이런 교역들을 위한 교환 장소와 보상 장소로서 **은행과 같은 부류의 기업**은 일찍이 없었다. "은행가"는 함무라비 법전에서 잘 언급되는 범주이다. 우리는 직업 상인을 통해서 현물 수입이 이용되는 것을 발견한다. 그들은 은 계정 옆에 곡물 계정, 대추야자 열매 계정 등을 기록한다. 더 나아가 현물상품 소지에 대한 위탁 증권, 즉 지참자에게 일종의 창고 증

---

27) Seisachthie: 그리스어 σεισάχθεια에서 유래한 독일어식 표기, 부담을 흔들다는 말로, 여러 가지 의미를 가지나 여기에서는 채무를 말소한다는 의미로 사용하고 있다.
28) in quo potuerit: 이 구절은 채무자에게 가능한 지불방식을, 즉 현금이나 기타로 지불하는 것을 의미한다.
29) 이것은 소위 카파도키아문서로 아시리아의 교역장소인 카룸 카네스Karum Kaneš에서 유래하며, 편집자인 파이저는 당시에 기원전 1300년경으로 보았으나, 현재는 기원전 20~18세기로 추정한다.

권을 가지고 이루어지는 매우 독특한 거래는 더 세밀한 분석을 필요로 하며 가치 있는 것인데, 아마도 원래 왕의 창고 수입 및 신전 수입의 관할이라는 형태를 빌렸을 것이다. - 신전들은 바빌론에서 최대 규모의 곡물 대부업자 및 화폐 대부업자이다. - 원래 왕의 창고, 왕실의 소속인들 <79우> (사료에서는 그렇게 나온다.) 그리고 국가의 다수 "대인"들과 더불어서 이 계속되는 수입원을 이루는 유일한 것들이다. 식민시 건설과 더불어 관련된 지방의 곡물 공납을 "쌓는 것"이 (대체로 한 신전에 소속된) 한 창고와 결부되어 있으므로, 그들의 위치는 개인들의 위치를 압도한다. 그러나 차후에 그들 옆에 있는 개인 "은행"-영업은 명백하게도 중요한 범위에 다다른다. -화폐경제의 거의 모든 주요 영업들이 -비록 대체로 이미 낡은 것이기는 하지만 - 본보기로 나타난다. 저 앞에서 설명한 현물 -곡물, 대추야자 열매, 벽돌 등-대부는 세켈로 대부하는 것(이 경우 아마도 종종 이 세켈은 단지 주어진 현물의 계약 가치만을 표시할 것이다)말고도 대부료와 더불어 이루어진다. 대부료는 곡물 대부의 경우 채무액의 1/3의 비율로 발생하며, 화폐 대부의 경우는 종종 더 낮은 비율인 1/5에 달한다. 담보가 있는데, 노예들의 경우와 토지거래 시에는 담보가 수익질(收益質) 계약으로서 (예를 들어, 임대 계약이 없는 주택 이용에 대해서 이자가 없는 화폐 대부처럼) 또 토지 저당권으로서 발견되지만, 아직 사후(事後) 저당권이라는 분명한 법의 발전은 없다. 이후 타인보다 먼저 이행(履行)을 구하는 명백한 채권자 권리의 제한 또는 담보로 잡힌 토지조각이 이미 다른 곳에서 부담을 질 수도 있다는 확인은 이 저당권이 대략 그리스의 그것에 때때로 상응한다는 점을 (아마도 페르시아 시기에 그랬다는 점을) 지시한다. 더 나아가 불연속인 자본주의 기업과 실로 특수하게 그 속에서 서양의 초기 중세를 지배했던 특징 있는 원시 형태가 -코멘다[30] 등장한다. 일부는 (비록 사회관계가 이를테면 토지개량 계약 시에는 거꾸로 상업에 따라서 형성되는 것이 가능할 지라도) 아마도 농촌 경제에서 유래할 것이다. 이미 언급된 분익 소작과 더불어서 배당(대체로 1/3)에 대해 또는 정해진 현물세나 현금 이자에 대해서 자작인(自作人)에게는

1. 신전의 편에서 지정된 토지의 대규모 임대,
2. 장기에 걸친 경작 계약과 더불어서 (헬레니즘 시기의 장기소작의 선구) 신개간지 코멘다가 있다. 코멘다 보유자는 –관계가 그렇게 보이듯이- 자신의 막사를 그 땅위에

---

30) Kommenda, Kommende: 여러가지 뜻이 있는데, 라틴어 commendare의탁하다에서 파생된 말로 흔히 위탁 상사라고 번역된다. 이 회사는 시한부로 해상무역에 종사하며 시한이 지나면 청산되는 회사 형태이다. 이 베버는 자신의 논문에서 이를 다룬 바 있다.

짓고는 수확을 먹고 사는데, 첫해에는 자신의 수요를 넘어서 수확한 것의 사전 이득을 제공하고, 후에는 수확물을 현물로 코멘다 성원과 함께 **분할**한다. 이를테면 함무라비 법전에 따르면 5년 후에 돌보기 위해서 떠맡은 토지가 있다. 이미 고대 바빌로니아의 법에 같은 현상으로서 물품 코멘다와 현금 코멘다가 **외국 무역**에서 자본 투자의 형태로 존재한다. 아마도 의미상으로는 불확실하지만 그러나 원칙상 중세기의 이슬람 및 제노바에 있는 것과 같은 성질의 규정을 지니고 있을 것이다. (유형을 이루는 제노바 인의 획득물에 대한 1/4 대신에[31]) 단지 이익에 대하여 위탁 액의 1/2 몫만이 있을 것이다.) 차후에는 또한 소매상 코멘다는 자본주의 **내륙** 기업의 형태로서 나타난다. 고대 메소포타미아에서 헬레니즘이 밀려오기 전 시기에 얼마나 광범하게 **조세청부**가 발전하였는지는 상세한 조사를 필요로 한다. 내가 보기에는 이제까지의 그것의 발생이 확실히 알려지지 <80좌> 않고 있다. 여전히 아르타크세르크세스 하에서 점유자가 대규모로 **현물세**를 선불로 회사를 통해서 납부하는 일이 있다. 그것은 반면에 조세부담자들의 저당권을 통해서 확보된다. 특히 이런 자본 간섭은 곡물(주로 밀가루)을 왕에게 공급해야 할 의무가 주어진 곳에서 귀결되는 것으로 보인다. 그러나 의무를 진 자는 맡겨진 토지를 이를테면 대추야자를 재배함으로써 관리한다. 채권자는 밀가루를 구입하며 그것을 왕에게 제공한다. 그것을 위해서 채무자로부터는 대추야자를 받고 이것을 매각한다. - 더욱이 (차후 페르시아 시기에) 대규모로 **폭리**를 취하는 자가 있는데, 이 경우에 임대인은 흔히 단지 충분한 담보 채권자였을 것이다.

　직업에는 함무라비 법전에 정해진 임금율에 종속되어 있는 "임금 작업자"와 더불어서 기록된 용어가 있다. -직조공, 재단사, 대장장이가 있었으며, 금장색도 예를 들어 **고객**에게서 원료를 측량하여 받는다. - "자비(自費) 작업자"로는 이를테면 염색직조공이 거기에 소속된 것으로 **보인다**. 다른 말로 가구 제조업자는 그 자체로서 자비작업자일 가능성이 높다. -그리고 차후에는 노예를 영업에 관련된 판매 상품의 형태로 이용하는 것이 있으나, 대체로 **노예를 이용한 대기업**이 아니라, 오히려 주인의 편에서 노예에게 위임된 특유재산에 대한 부자유한 코멘다로서 존재한다. 특히 공업 노동을 "기업 방식으로" 조직하는 형태로서 특수하게 신전소속 노예의 경우 "부자유 가내 공업"이 존재한다. 이들은 원료 그리고 흔히 장비를 분배한 채 가지고 있으면서 생산품을 인도한다. 가장 오래전 시기에 **왕에게 소속한** 부역 수공작업자는 이미 앞에서 진술하였다. 나중 (또한 페

---

31) 12세기 제노바의 관습에 의한 위탁투자 조합의 이익배분이다.

르시아의) 시기에 나오는 사료에서도 왕과 왕자들은 숙련된 수공 작업자를 **노예**로서 지니고 있다. (이들에게는 이를테면 개인들이 다른 노예를 도제 수업을 하도록 제공한다.) 개개인에게서 "자유인에 어울리는" 직업과 개인과 "시장"을 위한 노동이 공공봉사에 관련하여 얼마나 발전하였던 것인가는 사료에서는 유추할 수 없다. 변화들은 자연히 유동이었으며 왕의 공공봉사에 대한 수요로부터 수공 작업자의 수자는 전쟁에서 포로된 숙련된 수공작업자의 존재에 달려있었다. 언제든지 **부자유** 수공작업자는 외국인 노예들의 훈련사범으로 사료에 자주 등장한다. 수공작업자를 지대원으로서 이용하는 것은 (이를 만다투32)라고 하는데 "오브로크"의 의미와 같다) 명목상으로는 나중에는 관례였다. 노예 가격은 후대에도 노예가 숙련되지 **않**을 때에는 (그것은 수공업인 경우 흔히 몇 년간, 직조공인 겨우 5년이 걸린다) 낮았으며, **여자 노예들은** 가격이 더 높았다.

 소작료, 기업가의 자본이자, 대부자본 이자라는 원시의 겉모습과 더불어 -이자가 부과될 수 있는 공공 차입으로 이루어지는 근대 자본설비에 대하여 일종의 대체물로서- 교환 거래 그리고 담보 및 지참금 설정의 대상으로서 이미 고 바빌로니아 왕국에서 등장한 **관직자**의 (특히 신전 관리의) **녹봉**이 있다. 바빌론에는 이 녹봉들에서 일종의 정규 거래가 발전한다. 이 녹봉은 현물 급여의 형태를 지니고 있다. 이는 부분으로는 무료 식탁, 즉 <80우> 사제단의 공동 식사 시에 참여하는 것과 신전의 수입에서 나오는 "자유로운 숙박"에 대해서 관리들이 지닌 본래의 권리를, 아울러 부분으로는 원래 토지를 관리에게 수여하는 것을 대신한 것이다. 그리고 그것은 이제 스스로 더 넓게 **상속이 가능하고** 마침내 **양도할 수 있는** 현물세의 권리로 발전하였다. 우리는 신전을 위해서 여러 종류의 현물을 납세하도록 정해진 달의 날에 -이를테면 매달 30일에- 신전을 위해서 부담을 지는 경작지들을 사료에서 매우 빈번하게 발견한다. 그것은 종교 시설이었기 때문이든지 아니면 그들이 원래 신전지이고 신전에 의해서 그런 종류의 부담을 조건으로 임대되었기 때문일 것이다. 이로부터 그리고 달리, 신전의 현물 세입에서 나오는 취득물에서 고기·빵·맥주·의복 등의 인도로 성립되는 녹봉 수급자의 현물 급여가 지출된다. 이것은 이러한 것들에 의해서 일상으로 -예컨대 매월 15일과 30일마다의 수입에 대한 권리로- 표현되며 교역의 대상이 된다.

 우리는 이렇게 묘사되고 언제나 이미 매우 복잡한 거래 현상이 경제 구조에 대해서 가지는 영향력에 관하여 분명하고 확실한 형상을 지니고 있지 못하다. 이 거래가 기술

---

32) mandattu: 원문에는 만다쿠mandaku로 표기된 것을 고친나.

[1] 메소포타미아

로는 고도로 발전하였음에도, 가격형성은 바빌론에서 함무라비의 시기에 이르기까지처럼 왕과 신전의 창고가 지닌 압도하는 영향 아래, 당국에 의해서 직접 통제되지는 않았다. 아시리아에서는 아슈르바니팔[33] 왕 치하에 언급된 가축전리품을 고정된 가격에 아시리아인에게 양도하는 것은 별도로 하고, 사르곤 왕 치하에서 곡물 및 참깨를 왕의 창고에 저장하는 것은 물가 앙등에 대비한 정책으로 두 제품의 가격 규제를 위한 것이다. 가격 정책상으로 생긴 소비 위축은, 그것이 왕 못지않게 사회에서 대두하는 계층을 전혀 묵인하지 않으려는 노력에서 나오는 것이 아니라면, 또한 동일한 왕을 통해서 이루어진 "식사의 제한"으로 보인다. 그것은 왕의 창고가 신전 저장고 기능을 하게 되었던 것과 유사하게 그리고 의심의 여지없이 특정한 신전 이윤에 사실상 기여하며 -계획에 의한 것인지는 아직 결정되지 않는다- 개인 이윤을 규제하고 고착하는 데에 기여한다. 우리가 고 바빌로니아 법에, 여기에서는 가축 및 노예 매입의 위탁 영업처럼 대상무역에서도 그것이 이미 완전하게 발전하였는데, "이루어질 가격에 따라서" 매입 주문이 있는 것을 발견한다. 이것은 그처럼 경쟁 시장의 가격이 되기는 어렵다. 오히려 아마도 왕이나 신전에 속한 창고의 판매가격일 것이다. -

그중에서 20만 개의 쐐기문자로 작성된 문헌 중에서 **번역된** 단편은 매우 적고, 번역은 그처럼 매우 산재되어 있고 이미 중요한 사료에서 많은 것이 그처럼 논란의 여지가 있으므로 적어도 접근할 수 있는 것으로 된 자료에 입각하여 고유한 **발전**의 역사를 구성하려는 시도를 적어도 나는 감행할 수 없다.-

---

[33] Assurbanipal, Ashurbanipal: 신 아시리아 제국의 왕으로 기원전 668~627년(?)에 재위하였다.

[2] 이집트

a) 고왕국[1]

"국가에 의해서 공인된" 화폐가 등장하기[2] 수천년 전, 바빌로니아가 처음부터 "자본주의" 경제 형태들, 매우 엄한 형태의 개인 처벌 규정을 지니는 강력한 채무법 그리고 -후에- 완성된 화폐경제의 운반자로서 나타나는 데 비해서, <81쪽> 이집트는 옛 시기에 적어도 특수한 자연경제의 경제지역으로서 의미를 지닌다. 이것이 **내륙**의 경제 관계에 대해서 어떤 의미에서 적확한지는 말하기 어렵다. -왜냐하면 역사 지식보다 훨씬 더 오래 거슬러 올라가는 한, 아마도 파라오가 해외 무역을 영위하였을 것이기 때문이다. 파라오의 위치는 경제상 그런 점과 관련하여도 다른 왕에 미치지 못한다. "화폐"는 확실하게도 처음에는 **결여되어** 있다. 그에 비해서 이미 기원전 4천년에 거래, 토지 거래도 있다. 그리고 상속되는, 그리고 경우에 따라서 양도 가능한 **토지 소유권**이 이미 (또는 오히려 꼭) 제국의 통일 이전에 존재했다는 것과 파라오의 "오이코스"와 신전의 모든 것을 압도하는 의미는 애초 발전의 산물이라는 것이 거의 확실하게 보인다. 사료상의 증거에 따르면 자연스럽게 고왕국과 중왕국 시기에 그리고 신왕국 시기에 한층 더 왕실 경제와 신전 경제 사이의 관계가 주로 언급되고 있다. 사람들이 신전 점유의 범위에 관해서 매우 과장된 표상을 만들었다는 것은 이제 의심의 여지가 없어 보인다. 그러나 가장 오랜 역사 왕조의 시기에 개인의, 즉 봉토나 식민 토지를 형성하지 않는, 토지 소유권이 없었다는 것이, 사람들은 이를 믿는 습관이 있었는데, 하나의 실제였는지는 이제 더욱 더 의심스러운 것이 되었다. 불행하게도 많은 사료들이 그런 의미에서 상당히 제한되어 있다. 사료의 독해, 특히 민중 문자로 된 사료는 대단히 불확실하다. 특히 공이 많은 외젠 르비유는, 사람들은 그의 중요하지만 소득이 없는 잔소리가 많은 묘사에 관해서 흔히 참조하고 있는데, (혼인체결 사료를 범죄 사료와 바꾸는 등) 매우 심한 오류자로 지적된다.

기념물들은 이제 하나의 시대에 대하여 종결을 제시하기 시작하는데 (소위 "티니스" 왕조[3]) 그것은 멤피스로 거주지를 옮겨가는 것보다 앞서며, 성채 왕국 및 부역 왕국에

---

[1] 베버가 따르고 있는 에어만에 따르면, 고왕국은 4~6왕조에 해당되며, 시기상으로는 각각 기원전 2830년과 2530년에 시작하는 것으로 파악한다.
[2] 서양에서 최초의 주화 형태의 출현은 기원선 7세기 리디아에서 나온 것으로 본다.

서 저 엄청난 왕의 "오이코스"로 발전하는 과정 중에 있는 (약 4000년 전의) 국가를 지시한다. 오이코스는 "신왕국" 초기에 전성기에 도달한다.

사회 제도들은 소위 "고왕국"에서 다음 3 가지의 계기를 통해서 그 특수한 각인을 받는다.

1. 중대한 전쟁 위협과 팽창의 가능성이 없다.

2. 일찍이 매우 세련된 관료제에 입각한 관리 도구와 치수시설을 위해 인민을 부역으로 다 망라하여 유도하는 필요성이 존재 조건의 특징을 통해서 제시된다. 개인은 우선 국가 부역의 종사자이다. 그리고 파라오들이 명령을 내리고 "각 도시가 자신의 영역을 파악"하였음을 자랑할 때, 이것은 그 관련에서 출현하는 것처럼 관개 시설의 사정과 아울러 이에서 따라 나오는 요구와 부역에 관련된다.

3. 분명히 이와 관련되어 있는 가족명(家族名)의 부재 또는 다른 것으로서 그렇게 밀집된 (가족-개인) 제도로서의 "귀족씨족"은, 공동경제의 압박과 궁정 위계 관계의 압박하는 힘을 통해서 주어진 것이다. <81우> "대인"의 가문들은 사실상 영주 가문이다. 그러나 동시에 그리고 무엇보다도 그들은 공훈 귀족이며 이 **공훈** 귀족은 증가하는 파라오들의 세력 정립과 더불어서 점차 하층으로부터의 상승을 통해서 모집된다. -고왕국에서 관리 기구의 (상대적) 원심성은 고유한 군사 제도의 대수롭지 않은 발전에 상응한다. 파라오의 친위대와 신전의 경찰 부대 옆에는 통상 지방군이 있으며, 지방 수령4)이 당시에 힘이 없었던 베두인 집단에 대항해서 어쩌다 이루어지는 소집에 이들을 사용한다.

물을 빼고 넣는 시설, 수로, 양수 시설들은, 충분히 나일 강 수위의 움직임과 규제에 확고하게 매달려 있으며, 그로 인해서 처음부터 -즉 물의 통제가 시작된 이래로- 강하게 공동 경작에 의해서 영향을 받음에 틀림없는 한, 농장의 기본 설비이다. 애초 토지를 지역으로 분할하는 것은 확실하게도 물 공급과 생산을 위한 경제 제도와 밀접히 관련되어 있다. 그것은 후대에는 지역의 중심 도시에서 공공의 곡물 저장소를 언급하는데, 동일한 종류의 아시리아 제도와 마찬가지로 재정정책과 조세정책의 목적에 따른다. 따라서 노모스 장5)은 관개 시설에 관한 관심과 더불어서 우선은 부역의 할당, 이어서 왕의 토지 점유에서 나오는 수익에 관심을 기울이고 있었다. 왕의 이 점유가 옛날부터 매

---

3) 이집트의 1, 2왕조를 이렇게 부르는데, 왕의 출신지가 상 이집트의 티니스Thinis인 것에서 유래한다. 이는 기원전 4천년대에서 기원전 3천대 초기에 해당한다.
4) Gauvorstand: 베버는 이집트의 지방을 독일 중세에 있었던 가우로 번역한다.
5) Nomarchos: 이집트의 지방도시를 뜻하는 노모스nomos에 통치자를 의미하는 희랍어 archos를 합성한 말이다.

우 광대한 것임에는 의문의 여지가 없다. **차후에** 왕이 가진 왕토권은 이론상 다음에 설명할 근거에서 유래하였을 것이다. 그렇지만 이로부터 고 이집트 경제의 근본 형태로서 총생산에 관한 국가사회주의 형태의 사상에 이르기까지 여전히 넓은 길이 남아있다. -자연히 우리는 가장 오래된 사회 관계에 관해서는 거의 아는 것이 없다. 매우 단순한 농경도구들은 -황소가 끄는 갈고리 달린 쟁기, 써레 대신에 갈고리와 망치, 파종을 시작하기 위한 양과 돼지, 자르는 용도의 낫, 압착하기 위한 나귀나 소- 보리·밀·수수의 경작에 사용된다. 그와 더불어서 포도·야채·대추야자는 우선 아주 오랜 후에, 그리고 드물게 올리브 나무가 재배되며, 나일 습지에서 연(蓮)의 속대가 식용으로, 파피루스가 선박 건조에서 기록 매체에 이르기까지 매우 다양한 기술 목적을 위해서 획득된다. 파라오가 먹던 식료품의 단순함에 관해서는 디오도로스가 설명하고 있다. 인구의 대다수는 빵과 참기름을 먹고 산다. (이집트 인들이 **피마자 기름을** 가지고 빵을 구웠다고 주장되는 경우, 그들의 내장은 그것을 엄청나게 기대했을 것이다!) 말(馬)은 신왕국 이전에는 입증되지 않으며 분명히 시리아에서 수입된다. 낙타는 헬레니즘 시기에 확인되며 (일찍이 한 카메오에서), 나귀는 수송자로서 취급되며, 소·양·염소 및 다양한 영양류, 가금 중에는 특히 거위가 사육되었으며 빵반죽으로 살찌웠다. 후에 인구 밀도가 높아진 삼각주 습지는 일찍이 기름진 목장으로서 주기에 따른 대량의 가축몰이로 내륙의 가축 무리를 기르는 데에 기여한다. <82좌> 작은 범위의 늪과 습지는 애초부터 강을 거슬러 올라가면서 각 지역에 소속되었음에 틀림없다. 왜냐하면 가축 사육은 무시할 만한 것이 아니기 때문이다. (라고스 왕조 시기에 왕은 방목용 토지조각을 모두 경작에서 제외하도록 한다.) 돼지는 명백히 옛날부터 알려져 있었으며, 신왕국 시기에 비로소 상징으로서 가축 떼에 들어갔다. 목재는 특히 희귀하나 나일 강의 진흙을 이용한 벽돌 건축에서나 원래 선박 건조 시에도 결정짓는 역할을 수행하지 않는다. -경작은 옛날부터 짧은 시간이 소요되었다. 거름은 없이 지내며, 휴경지는 불필요하고, 윤작은 임의로 이루어진다. 그에 따라서 농업에서 노동 집약도는 파라오 시기에 적당한 정도였을 뿐이다. 한 사료에는 18왕조의 시기부터 노예 가정을 6 아루라(1과 2/3 헥타르) 정도의 경작지로 계산한 것으로 보인다. (리비아 셰숑크 왕조6) 시기에 나오는 사료에는 확실히 0.7 아루라로 계산하였고, 르비유의 계산에 따르면7) **채원인** 경우에는 부역을 위해서 4 아루라에 5명의 남자

---

6) Scheschonkiden: 셰숑크 또는 쇼셍크Shoshenq 왕조. 셰숑크 Cheschonq I세는 기원전 946-924년 통치하면서 이집트 22왕조의 두 번째 파라오로 군림한다. 그는 성서 『열왕기상』 11.40, 14.25에 시삭 Shishak으로 나온다. 이 이름을 따르는 파라오는 기원전 785년까지 이어진다.

로 산정된다.) 그에 비해서 카분 파피루스(12왕조)는 한 남자에 대해서 10 아루라(2.75 헥타르)로 계산한다. 위대한 노동 해방의 시기는 -동일하게 사람들은 이것과 아울러 후대의 것과 자연히 매우 다른 보고를 가지고 있다- 언제나 이집트 농업에 존재한다. 한편으로는 거대한 건축 부역의 수행과, 다른 한편으로는 시장을 위해서든 또는 창고를 위한 공공 부역으로서든 매우 광범위하게 공업과 관련된 부업을 파라오가 이용할 수 있다. 사람들은 아마도 이처럼 농업의 자연 조건에서 주어진 사정을 함께 연관하여 다음과 같이 기술할 수 있을 것이다. 즉 이집트에서 도시 건설의 형태로 공업과 농업을 분리하는 것은 다른 곳보다 훨씬 덜 이루어졌다는 점이다. 그밖에도 이것은 토지 지형의 모습에도 (지금처럼 당시에도) 그 근거를 지닌다. 하천은 유일한 거대 교역로로서 각 편에 위치한 토지의 길과 잘 연결되지 않는다. 그리고 더욱이 나라의 사회 구조 (단일한 부역 및 공공부역 제도, 뒤를 참조) 그리고 정치·군사 체제는(힉소스의 침입, 농민 전사 신분의 병사와 공공봉사자에 근거를 두고 있는 "신"왕국의 군사 제도에 이르기까지 지속된 "고"왕국의 평화) 또한 이와 관련해서 결정짓는 역할을 했다. 나라에 "아무런 도시"가 없었다는 사실은 그런 점에서 자연 다음과 같은 점에서만 옳다. 즉 자신의 요새와 더 거대한 거주지들에는, 고대 도시들, 심지어 메소포타미아의 도시들에 공통된 속성이 없었다. 즉 프톨레마이오스 시기와 같이 고 이집트 시기에도 나라 전체가 관리되었으며, 또 한 도시의 개인들에게는 **시민권**과 아울러 스스로 위축된 자치도시의 **행정 단체**들이 (3 군데의 그리스 계 도시들만 제외하고[8])) 결여되어 있었다고 하는 점에서 그러하다. -이 말이 **노예**들에 대하여 민족의 단어를 지니고 있는지는 확실하게 보이지 않는다. 비문에는 매우 빈번하게 전쟁 포로들, 도망 노예들, 구매 노예들에게 적용된 단어들(보쿠, 호누)이, 가장 세속적이거나 사제적인 관리들에게도 또한 적용되었다. (사제와 관계되는 점은 다음과 같은 점에서 <82우> 분명하게 회상될 것이다. 즉 이미 중왕국에서 "시간제 사제"[9])의 조직이 있었으며, 이들은 4개의 사제 필레로 나뉘어져서 **층**을 이루어서 교대로 제사를 맡아본다.- 차후에 상세히 설명될 파라오의 궁정 **부역자 "계층들"**에게 완전히 상응하는 것이다.) 이제까지 예를 들어 바이에의 연구[10])가 성공한 것은 아니지만 크게 표현해 보면, 완전히 동일하며 의심의 여지없이 부자유한 신분으로서 그들은

---

7) Revillout, 『이집트 법 개요*Précis du droit égyptien*』, Paris, 1902, 1, p. 38에 따르면 4 아루라의 채원에 20명의 남자, 즉 아루라당 5명으로 계산된다.
8) 알렉산드리아, 나우크라티스, 프톨레마이스를 의미한다.
9) 재속사제로 시기에 따라서만 경작노동을 행한다.
10) B. J. Baillet, 「노예의 이름들Les noms de l'esclave en égyptien」, *RT* 26, 1905, p. 1-4.

예속되어 있다. 어원으로든, 직업에 따르든, 그들이 유래한 신분에 따르든, 예외로 완전히 적게 이루어져 더욱 설명되어야 하는데도, 항상 부정확하게 추론된 구별들을 얼마큼 확실하게 분류해야 한다. 그것은 레이투르기아 국가의 본질이다. 어떤 이집트 인들은 "신"왕국에서는 충분히, 그리고 "고"왕국에서도 이미 그 맹아로서 우리가 직면하는데, 그것은 다음과 같이 표현된다. 즉 각 개인은 사회 유기체의 내부에서 그가 예상된 **기능**에 묶여있으며, 이로부터 원칙상 **각 사람**은 부자유인이다. 이미 가장 오래된 시기에 이 발전은 광범위하게 퍼졌으므로 이따금 **특권**을 받은 계층이 있으나, 그리스의 촌락 혹은 폴리스라는 의미에서 법상으로 **자유로운** 민족 단체는 전혀 존재하지 않는다. 그리고 원칙상 각 노예는 적어도 "서기"의 경력에 이르는 것이 가능한 경우, "배낭 속에 원수(元帥)의 지팡이를"11) 지니고 있었다. 자연히 구매 노예가 다수 생긴다. 그러나 노예 가격은 토지 가격과 비교하여 보다시피 신왕국 이래로 상승하였다. 노예는 한 사료에 보면 (리비아 왕조인12) 셰숑크 왕조시기에 자신이 경작하는 토지의 양과 거의 같은 비용이 든다. 다리우스 (1세) 하에서 노예의 값은 한 사료에 따르면 12배가 된다. 반면에 토지 가격은 더 오래된 사료에서보다 더 낮다. 이집트인들은 일시로 대규모의 약탈 전쟁을 하였으며 투트모시스와 아메노피스 왕조13)의 시기에 노예 공납이 발생한다. 그러나 그것들은 왕의 가내 수요를 위해서 개별로 정해졌다. 포로들에 관해서 전해진 수자는 -그것들이 믿을 만하다- 높지 않다. 이미 노예시장 및 저 상술된 노예·가격의 관련성은 -그것이 전형임에 틀림없다- 대기업에서 농업에 노예 노동을 개인으로 이용하는 것을 점차 어렵게 하였음에 틀림없다. 차후 토지 가격의 급격한 상승은 그런 것이 충분하게 이익이 나지 않도록 만들었다. 모든 부자유인은 통상 나름대로 가족을 지니고 있으며 단지 전쟁 포로인 경우에만 없었을 것이다. -"고왕국"에서 노예제의 기능은 **피호제도**를 간과하며 **콜로나투스**를 대신한다.

대개 사람들은 다음과 같이 주장한다. 즉 하(下) 이집트처럼 상(上) 이집트에서 파라오 체제는 개별 "지역 왕"14)을 굴복시킴으로써 그리고 그들이 봉건화 된 "노모스 장"으로 변화함으로써 (메소포타미아의 "파테시"15)식으로) 성립하였다. "성주(城主)"는 관직으로서 후대에도 보인다. 지역 지도자가 가진 예전의 자발성은 고왕국에서 -지시된 것처

---

11) 이 격언은 나폴레옹 1세가 만든 것으로 알려져 있다. "졸병도 원수가 될 수 있다"는 뜻이다.
12) 22왕조, 기원전 945~735년.
13) 18왕조, 에어만은 기원전 1530~1320년으로 보았다.
14) Gaukönige: 가우의 왕이라는 뜻이나.
15) patesi: 수메르어 'ensi'의 옛 독법이며, 도시 왕이니 도시 총독의 뜻이다.

럼- 특정한 "귀족" 가문을 통해서 성립한, 다수 사제의 독점에서 설명된다. 식탁 동료들의 종사제는 또한 여기에서도 봉건 귀족의 맹아가 되었다. 후에 <83좌> 완전히 혼합되어 "노예"를 위해서 사용된 단어인 "켐수"16)는 원래 자유로운 직신(直臣)을 의미하였다. (이로부터 그것은 사랑을 위한 "부역"17)에 적용된다.) 그러나 이집트에서 나일 강 통제를 위한 관료식 배려에 모든 사람들이 절대 의존한 덕에 종사제 관계는 사회 존재의 모든 영역에 간섭한다. 이미 변론술은 점차로 "주인 없는 사람은 없다"18)라는 문장을 유효하게 하였음에 틀림없다. "(보호하는-) 주인이 없는 사람은" 의지할 곳 없는 자로 간주된다. 나라의 전체 거주민은 일종의 피호민("아마크"19)) 위계 속으로 편성된다. 파라오의 통치는 이미 가장 오래된 시기에 "부역 국가"이다. 그 국가는 속성으로서 **채찍**을 가진다. 그리고 참으로 부역에 농민 묶기 그리고 이와 더불어서 토지에 묶는 것 그리고 그들의 부역 수행의 정도는 하 이집트 강어귀 지역이 처음부터 상 이집트지역보다 더 강하였으며, 가장 오래된 **상업**의 소재지가 있었던 그곳에서 그 기원을 지니고 있다고 보인다. (그리고 그것은 보편 발전도식에 상응하는 것일지도 모른다.) (한 눈에 보기에) 스네프루20) 왕의 시기 또는 피라미드 건설 이전에도 파라오에 소속된 일종의 "콜로누스"가 자신의 봉인을 가지고 등장하는데, 이로부터 왕에 속한 농민들의 예속화의 정도는 당시에 여전히 더욱 적었으며 애초 거대 건축의 시기(그래도 표현의 유려함-앞을 보시오-을 숙고해야 한다)와 더불어서 시작되었다는 결론을 내릴 수 있을 것이다. 원래 부역의무는 공식상 직업으로 분화되지는 않는다. 고왕국의 왕들은 병사, 선원 및 기타 복속민을, 12 왕조는 전사와 사제(司祭)도, 운송수행에 동원하였다. (멘투호텝은 널뚜껑을 나르기 위해서 3,000명을 동원하였다.)21) 나중에는 나라 전체에서 **농업** 노동자만의 소집도 발견된다.

하류 나일 지역의 **농민들**은 전부 파라오의 노동자로서 의미를 지니고 있는 것으로

---

16) chemsu: 원본에는 chamsu로 표시되어 있는 데 바로 잡는다.
17) Minne-Dienst: 여성을 위한 봉사라는 뜻으로 사랑을 구하는 행위를 일컫는다.
18) 'Nul homme sans maître'의 번역인데, "영주 없는 땅은 없다(nulle terre sans seigneur)"와 비교된다.
19) amach: 이집트어 imachu로, 피부양자라는 의미이다.
20) Snefru: 이집트 제 4왕조의 개창자로 기원전 2575~2465(?)년에 재위한다. 왕조의 중앙집권화에 이바지하였다.
21) Mentuhotep II: 재위는 기원전 2061~2010년이며, 51년간 11왕조를 통치하면서 이집트를 재통일한다. 중왕국 초대왕으로 간주된다. 이 보고는 브루크쉬Brugsch, 『이집트학Ägyptologie』, Leipzig, Verlag von Albert Heiz, 1897, p. 253에 나오며, 11왕조 시기인 기원전 3천년에서 2천년으로 넘어가는 전환기에 관한 것이다.

보인다. 그들은 왕에 속한 관리들의 통제 하에서 그들에게 지정된 토지를 경작하고, 그 생산물은 파라오의 지침에 따라서 처분된다. "콜로누스에 대한 평가자"는 이미 기원전 4천년대에 관직명이다. "레투"("사람들", 프톨레마이오스 시기에는 '라오이')22)는 농장을 지니고 파견된다. 그에 대해서 **상** 이집트에서는 당시에 봉건 관계가 확고하게 되었으며 "자유" 농민들, 즉 완전히 단지 오롯이 **조세**를 납부해야만 하는 자들이 우세하였다고 하는 점을 주장할 수 있다. 또한 수공업자에 관해서도 유사한 것이 병존한다. 후에도 파라오가 자신에게 부역의 의무를 진 채로 궁전 주변에 있는 도시 구역에 정착시켰던 자들 옆에 "자유로운" 마을과 도시 수공업자들이 (한 눈에) 발견된다. 그러나 법으로 이런 구분이 보장된 것은 아니었다. 이집트 임금노동자의 거대한 **실제** 이동성은 자신의 법 지위의 탈출구로서 의미를 지니지는 않았을 것이다. (예를 들어 러시아에서 예농 시기에 나타난 현상과 유사하다.) "노동자"는 관직 귀족이나 신전 귀족에 종속되지 않은 "인민" 전체에 대한 관례상 지시의 하나에 불과하다. 부역 의무는 확실하게도 보조의 위치에 있으면서 완전히 보편현상이었다. 처음부터 개인은 파라오의 지배 대상이며, 그와 그의 점유는 무엇보다도 "토지 대장의 번호"이다. 단체는 자신의 대표자의 중재를 통해서 <83우> 왕이 그들에게 지정한 의무를 수행할 것을 확고하게 보장한다. 이것은 명백하게도 원래의 상태이다. 따라서 이미 "고왕국"(이것은 11왕조에 관련된 베를린 소재의 신성문자 파피루스가 지시한다)은23) 후에 매우 중요하게 된 "개인의 것들"이라는 개념을 알고 있었다. 즉 각 사람은 일종의 "주거"를 지시할 수 있을 것이며, 그렇지만 자신이 "등록된" 단체가 있어서, 때때로 국가의 부역에 징발된다. 그렇지 않으면 그가 가진 것, 특히 그의 가족도 파라오에게 귀속된다. 파라오는 자연히 그에 대해서 마음 내키는 대로 처분한다. 차후에 부역은 이를테면 다음과 같이 규제되었다. 예를 들어서 각 사람은 2,000~2,500 제곱 엘레24)의 채소밭을 경작해야만 하였다. 그런 채원은 명백하게도 특히 자주 왕 자신의 통치에 있었다. 예속민의 조세는 곡물·가축·직물 기타 가내 생산품으로 이루어진다.

상속되는 "개인의" 토지 점유는 -즉 콜로누스의 지위처럼 사실일 뿐 아니라 여하튼 상속이 보증된 그러한 토지 점유는- **우세하게도 왕의 봉토에서 유래하는 것으로 보인**

---

22) retu는 이집트어로 rmṯ.w, remetschu로 베버는 희랍어의 라오이(λαοί 단수 라오스 λαός, 사람, 병사의 뜻)와 같은 의미로 보았다.
23) 샤바Chabas, 『논문모음 Oevres diverses』, p. 300에 나오는 파피루스를 지시한다. 주거지의 시기와 의미를 지시한다.
24) Quadratellen: 엘레는 0.57m이고, 제곱 엘레는 0.32㎡이다.

다. 왕의 봉토를 받은 사람의 농장의 경우 점유자의 출신·상속 보장이 비문에 새겨진다. 문서로 전해지는 전승된 왕의 새로운 허가물들은 주로 가옥과 채원(한 경우에 200 아루라와 12 조각에 이른다)25)이며, 노예와 때로는 콜로누스를 포함한다. 흔히 그것들은 대개 사제들와 노모스 장들의 "관직 부속물"이다. 그것들은 늘 토지 대장에 세심히 등록되고 과세된다. 그러나 일찍이 **가장 오래 전**("티니스의") 시점에 무덤방의 비문에는 (대략 기원전 4,000년전 므텐의 비문에서도 그러하다)26) **상속이 되며** 아울러 **분할가능한** 토지 점유가 나타난다. 왕의 허가와 더불어 그리고 특히 **봉토**("게르"='수혜자'27))로서의 **묘지를** (이는 이집트에서 처음부터 강력한 역할을 수행하였으며, 말하자면 일종의 '통상권'의 아래에 스스로 놓였다.) 아버지에서 아들로 이전하는 계약이 나타나며, 왕이 토지와 사람을 선사하는 것도 있다. 마지막으로 예를 들어 **부담의** 직함에 대해, 즉 특정되어 수행된 역에 대하여 관리의 보수로서 200 아루라의 양도와 매일 빵 100개로 이루어지는 은급 형태의 녹봉이 등장한다. 당시 개인의 거래에서 그것들의 처분이 가능하였는지는 아직 확실히 말할 수는 없다. 오히려 아마도 불가능하였을 것으로 보인다. ("판매"에 관해서는, 아무런 화폐가 없었으므로, 자연히 본래 아무 말도 할 수 없다.) 재산 목록(아미트-페르, 암파)28)은 농장 이전계약 시에 유언에 의한 처분의 대용물을 형성한다. 후에 그것은

1. 아버지로부터 아들에게
2. 남편에게서 아내에게
3. 형제에게서 형제에게

이전하는 경우 전문의 표현으로서 등장한다. 원칙에 입각한 토지 점유 처분은 반대로 명목상으로는 기원전 4천 년대에 이미 비문에서 입증된 종교 회사를 통해서 이루어지는 것으로 보인다. 그 경우에 **표현상으로는** (돌아가신 이의 "고인을 위한 연미사"를 위해서 –이 표현에 용서가 있기를-) 회사된 토지의 처분 불가능성이 확실하게 정해진다.

---

25) 원문에는 '12 조각으로'라고 되었으나, 이렇게 고쳐 읽는다. 베버가 참고한 Moret et Boulard, "Donations et fondations en droit égyptien," *Recueil des Travaux relatifs à la philologie et à l'archéologie égyptiennes et assyriennes*, 1907. pp. 65-68과 p. 73 이하에 따르면, 200 아루라의 획득과 12 개 국유지의 인가로 되어 있다.
26) 3왕조의 파라오 스노프루Snofru의 치세에 속한 고관, 므텐Mten의 비문을 지시한다. 현재에는 기원전 3000년 중엽직전으로 본다.
27) ger: 베버가 이렇게 읽은 것은 Moret et Boulard, p. 65에 의한 것인데, 이는 오류로 확인되며, 대신 grg, gereg=설립하다로 고쳐서 판독한다.
28) Amit-per: '집에 있는 것'이라는 뜻으로 재산목록을 의미한다. Ampa: Revillout가 사용한 표현이다.

즉 관련된 사제는 <84좌> "호누카"29)로서 점유권을 자신의 **자식들에게만** 물려주는 것이 가능하고 또한 지속하여 그리고 세습하여 그들의 기능에 묶여야만 한다. "영원한 어린이"라는 이름은 ("어린이"=로마의 아버지 권한 하에 있는 아이들처럼 자유로운 신분의 피지배 복속민) 공공봉사에 묶인 자를 위해서 등장한다. 그 회사 제도에서 이것은 법기술상 -왜냐하면 회사에 대한 근대 법의 개념은 결여되어 있기 때문에- 모레와 불라드가 충분히 지적한 바처럼, 조건을 갖춘 기증의 형태로 (이를테면 상속을 조건으로) 달성된다. 사회 제도의 전체 성격에 관해서는, 우선 비문에 의하면 사제 토지의 성립이 이미 저 가장 오래전 시기에, 더 나아가 후에(뒤를 보시오) 관직 **봉토**와 더불어 매우 의미 깊은 관직 **녹봉**의 존재가 밝혀진다. 사제 토지를 명사들(거대 수봉자)의 **사법** 관할에서 **면제하는** 것은 종교의 회사 제도에서 제시된다. (따라서 이 제도는 자연히 명사 계층의 구성원에서만 유래할 수 있는 것이다.) 아울러 간접으로 "대인"이라는 주인 지위의 존재는 기원전 4천 년대에 제시된다. 마찬가지로 사제 권력이 시작하는 방식이 분명해진다. 제 11왕조 하에서 물론 주인에게서 스스로 도망하는 농업 노동자는 파라오 자신에게 직접 호소하며, 마찬가지로 "신왕국"에서 차후에 도망한 노예에 대한 형사 재판권이 왕족에게서 다시 **국가**의 재판관들에 의해서 장악되는 것으로 나타난다. 단지 이미 고왕국기에는 왕권이 자신의 위치를 노모스 장들과 더불어서 나누었는데, 이들은 상 이집트에서 그들에 의해 통치되는 영역 내에서 사실상 왕조의 지위를 지니고 있었거나 아니면 자신이 그것을 스스로 탈취하였다. 이미 제 9왕조 하에서 기타 관리의 상속 또한 규칙을 이루었던 것으로 보인다. 많은 기능들은 여전히 훨씬 더 일찍이 "암파" 처분의 대상이다. -"관직 개념"의 가장 먼 범위에서, 관직을 유일하게 상속한 장자의 지위에 암파는 가족법상으로 보통 매우 유리하였음에 틀림없다. 그밖에도 가장 오랜 가족법은 아무것도 비정상인 것을 제시하지는 않는다. "모권"이 그리고 남계에서 상속권이 부재한 점에 관해서 이집트에서 제시한 증거가 거의 없다. 이미 가장 오래된 묘비명은 양측의 상속권을 제시한다. 비문에서 **단지** 모친만을 언급하는 경우는 드물지 않은데, 그것은 한편에서 그 자체로서 (관직을 물려받는 경우) 상속한 딸의 자격과 확실히 관련이 있으며, 그러나 더 나아가 부인 가문이 중혼의 결과에 반대하는 반발과 관련이 있다. 그것은 신부의 지위를 "본부인(本夫人)", "대부인(大夫人)"으로서 그리고 그녀의 자식을 유일한 또는 보장된 범위에서 상속권이 있는 자로서 계약상으로 확고하게 보장하려는 필요가 초

---

29) honu-ka: 이집트어로 헤무카hemu-ka로, 장례집전 사제를 지시한다. 이런 기관에 소속된 토지는 처분이 불가하다.

래한 것이다. 그처럼 (모친만을 언급하는 경우는) 결국 동등성의 문제와 관련된 것이다. "Y로부터 (이렇게!) 나온 X의 아들"은 올바른 세습명이다. 이후에 여자의 유리한 법 지위는 이집트 민족의 탈군사화와 관련한 실태가 계속해서 발전한 결과이다. (현실상의 지위는 역사상 매우 약했고 분명히 계층에 따라서 매우 상이했다. "내가 처(妻)다"라는 말은 정치의 **굴복** 형태이다.)30) <84우> 개인 상속권이 대체로 성립한 곳에서는 여자가 남자와 동등하게 등장하며, 사료가 제시하는 한에서 프톨레마이오스의 시기에 이르기까지 법 행위능력에서 동등하다. 이미 기원전 4천 년대에 남자는 여자에게, 자신의 자식에게 자신의 뜻에 따라서 분할하기 위한 재산을 맡기며 그리고 (므텐의 비문에는) 모친의 "아미트-페르"를 통해서 아들이 토지를 보유한다. 빈번히 일어나는 자매혼은 분명하게 -"아래"처럼 "위에서"- 재산이 세분화되는 것을 완화시키는 데 기여한다. (파라오의 가계에는 혈통의 순수함도 유지하고 있다.) 고왕국 시기에 (하 이집트) 가족 묘지에 있는 토지 점유 명단의 복잡성은 세대들을 통해서 추구되고 있으며, 충분한 동족혼과 더불어서 마련된 혼인 정책을 통해서 토지 점유의 누적이 어느 정도로 관철될 수 있었는지를 명백하게 보여준다(『성서고고학회 발표문집』 XVII, p. 244).31) 다량의 (그리고 명백히 여기저기 산재하는) 농장 점유가 덩어리지는 현상이 보이는데, 그것은 주로 상속을 통해서 (또한 부인 계보로도) 그리고 아들에게 재산을 이전함으로써 임자가 바뀌지만 다른 분명치 않은 근거로부터도 -당시에는 아주 보통인 봉토나 왕의 선물로부터- 증대한다. 그것은 가장 오래전 시기에 **콜로누스**를 부려서 경영되었으며, 그들 중에서 각 농장의 대표자들은 농장 주인의 무덤에 묘사되어 있다. 그 경영은 (부자유 콜로누스 계약과 더불어) 부역 농장-경영인 것으로 보인다.

거의 모든 것이 개별로는 매우 불확실한 것으로 보인다. 분명한 것은 단지 왕의 직영지와 콜로누스, 전체 지역들에 있는 그의 재산·곡물·축사와 병기고가 국가의 경제 골격을 이룬다고 하는 점이다. 그러나 아울러 확실하게 봉건의 특질이 증가하고 있다.

---

30) 이에 관한 증거는 없다. 헤로도토스, 『역사』 2.102.5에 따르면, 싸우지 않고 굴복한 적의 비겁함을 부녀자로 상징하는 것이 나온다. 이것이 이집트의 전승에서 여자를 보는 관점이라고 말할 수는 없다.
31) 여기에 실린 논문은 Margaret Murray, "Descent of Property in the early periods of Egyptian history", pp. 240-245이다. 1895에 발표된 그녀의 처음 논문이다.

b) 중왕국32)

왕의 지역대표들(노모스 장들)은 직영지와 왕의 창고에서 나오는 현물급여를 수여받는다. 그것들은 자유 토지의 수입과 관리의 토지 점유들과는 법으로 명백하게 분리된다. 그들은 -(개인 장원의 고대 중심지인) 테바이 지역의 재통일로부터 발생한 분리주의 무정부 시기 이후에- "중왕국"(기원전 3천년대와 2년대의 전환기에 있었던 제 12·13왕조)에서 완전히 정상의 방식으로 사실상 상속되는 봉건 귀족으로 발전하게 된다. 마찬가지로 신전은 토지와 인신 복합체를 소유했다. 거대하며 관료식으로 국가의 모범을 따라서 서기 등을 갖추고 운영되는 영주제를 형성하는 것은 바로 사회에서 전능한 노모스장귀족의 소유토지이다. 이것은 그들이 관리해야만 하는 신전 및 왕의 농장들에서 나오는 이자 배당 및 급여와 나란히 재산세 납부의무를 진 농민들과 군사 훈련을 받으면서 부자유한 직업으로 -농장의 목수, 가구장, 도공, 대장장이가 있다- 인해서 구분되는 노동자들과 아울러 거대한, 수천 두 단위로 계산되는 가축 무리33)를 지닌 수많은 촌락으로 구성된다. 농장 저장소에서 -영주나 왕에 소속된 창고- 종자 곡물이 농민들에게 지급된다. 이 저장소에 수확물 및 수확물의 일부가 건네진다. 항상 존재하는 것은 당시에 "우푸트"34)라는 체제이다. <85좌> 그것은 부역의무가 있는 정수(丁數)의 확정[로마제정 시기의 말로 "평민 작정(作丁)"]35)을 목적으로 개인의 가계 상태를 작성한 것이다. 그것은 원칙에 따라서 전국에 확산되었던 것으로 보인다. 완전히 통일된 부역 규정이 생겼는지의 여부는 확실히 말할 수는 없다. "아후이트"36) 즉 부역에서 벗어난 것은 각 촌락에서 의무자들에 관해 왕의 집사가 내린 지침에 따라서 작업하는 것이다. 여기에서 서기는 부역에서 해방된 자이다. 궁궐에서 그리고 대규모의 창고에서 벽을 두르지 않은 작업장들이 있다. 이것들은 때때로 완전히 노동자 병영들이기도 하다. 부역 의무자는 5명에서 10명으로 이루어지는 반(班)으로 나누어지며 부역 의무는 계층에 따라서 점점

---

32) 에어만Erman, 『고대 이집트와 이집트의 생활Ägypten und ägyptisches Leben im Altertum』, Band 1, Tübingen, Laupp'sche Buchhandlung, p. 63에 의하면, 기원전 2130년에 시작하는 12왕조와 기원전 1930년경에 시작하는 13왕조의 시기로 정해진다.
33) 에어만에 따르면, 왕의 궁정에 한 지역장의 조세로서 25년간 3000두의 소가 납부된다.
34) uput: 이집트어 uput로 발음하며, 재산목록, 지불이라는 뜻이다.
35) capitatio plebeja: 이 의미에 관해서는 Macmullen, *Roman Government's Response to Crisis*, 1970, pp. 144-6. 에 보면, 세금이 아니라 담세력으로서 몇 개의 인두가 하나의 단위를 이룬다. 이점에서 우리의 전통용어인 丁, 作丁制와 같은 의미로 보아 이렇게 번역한다. 번역에 관해서는 맥멀런의 같은 책, 김창성 역, 『로마제국의 위기』 한길사, 2012, p. 373의 해제를 참고하시오.
36) ahuit: 이집트어로 ꜥh.t(ahet). '경작지', '부역의무가 없는'의 뜻이다.

증대하여, 일반 계층에는 축제일을 빼고 2달 간 지속한 것으로 보인다. 한편 소택지나 불모지에 있는 공유지는 노동자에게 10 아루라씩 (8과 1/2은 불모지이고 1과 1/2은 소택지) 분할되었을 때, 그것은 부역 의무자의 콜로누스 봉토인 것으로 추정된다. 거대 영주들은 본질상 파라오와 완전히 비슷하게 경영하였다. 최상의 토지 위에서 이루어진 자기 소유를 경영하는 것, 그리고 노동이나 고정된 조세를 대가로 인신예속 농민들에게 나쁜 토지를 수여하는 것이 병존하고 있었으며, 겉으로 보아 명백하게 분리되지는 않는다. 농민들은 분명히 단지 국가부역 종사자로부터 (일부) 영주를 위한 부역 종사자가 되었다. 인신예속의 상태에 있으면서 개인으로는 자유로운 그러나 경작지에 묶인 농민들을 분류하는 것이 언제나 가능한지 그리고 실제 의미가 있는지의 여부는 단정할 수 없는 것으로 보인다. 아마도 몇 개의 유사하게 (그러나 완전히 상세하지는 않게) 관철될 수 있는, 적어도 24개 이름의 구분은 (앞을 보시오) 직업의 전문화 없이 **보통 개인의 예속 상태를 표현**한다. 피호민들이 주인에게 **개인별로** 의존하여 그의 (사실이든 이상이든) **가정** 내에서 이용된 것인지(쉠수, 보쿠, 소드무, 케리도트, 아무, 케투) 아니면 **토지**에 묶인 것인지에 (바이예에 따르면 호누, 메라티우, 네시티우, 사티우, 시디우, 삼도투, 우후이티우)37) 따라서만 구분될 수 있는 것으로 보인다. 경우에 따라서 **농민**이 반항을 계속하는 경우 최하층, 즉 아와티누(단순히 농촌 부역 **노동자**38))로 옮기는 위협을 당한다. 국가에 대한 관계도 다음과 같이 고정된다. 즉 토지를 점유하거나 하나의 공업을 영위하는 각 사람은 그에서 부과되는 자신의 조세에 대한 의무를 지고 있다. 농민은 토지세를, 수공업자는 면허 및 영업세를 자신이 영위하는 공업의 생산물 형태로 지불해야 한다. 자신의 **조세**를 납부할 능력이 없는 자는 가족과 더불어서 파라오의 채무 노예가 되며, 관헌의 지시에 따라서 당장 **부역을** 행한다. 그러나 이런 구분에도 불구하고, 더불어 남는 것은 모든 조세 의무자들은 노동자로서 비자립(非自立)일 뿐만 아니라 이와 같이 통제되고 매질을 당하며 사회의 냉대를 받는다는 것이다. 이처럼 직업 군인으로 등장한, 왕의 종사들에게는 아마도 봉신의 종사들이 대응할 것이다. 이들을 위해서 신전은 자신의 토지 그리고 수수료와 행사 진행비를 가져오는 개별 기능들이 녹봉으

---

37) 이 단어의 바른 표기와 뜻은 다음과 같다. 쉠수schemsu=종사, 보쿠boku=baku로 표기, 하인, 소드무 sodmu=sedschmu로 표기, 머슴, 케리도트keri-dot=cheri-a, 부하, 아무amu=aamu, 아시아사람, 시리아 노예, 케투ketu=chet, 집단, 호누honu=hemu로 표기, 노예, 메라티우meratiu=meru, 예속인, 네시티우 nesitiu=nedsched, 복속민, 사티우satiu=setschu, 파종인, 시디우sidiu=semdet, 부하, 삼도투samdotu= semdet, 부하, 우후이티우uhuitiu=ahutiu, 경작자.
38) 이집트어로 유아이트juait로 읽으며, 현재의 연구에 따르면 수비병 부대를 의미한다.

로 특히 개별 <85우> 사제에게 수여되도록 확실하게 정했다. 또 –자발이든 비자발이든- 그 토지가 다른 영주들에게 수여되었는데, 이 경우 그들은 그들 편에서 신전소속 콜로누스의 주인이 되었다.

c) 신왕국[39]

우리는 본래 원칙상 새로운 제도들의 도입은 전혀 일어나지 않았으나, 장기간에 걸친 베두인 족의 지배 이후에 이집트가 다시 역사의 전면에 등장하면서 한 방향으로 향한 고대의 발전이 계속된 것을 발견한다. 이제 결과로 그것은 조직된 통일 부역 국가가 되었다. 여기에는 파라오와 더불어 거의 오로지 신전이 영주로서 계속 존재하며, 그 국가는 프톨레마이오스 시기의 관료제 레이투르기아 국가로 아마도 거의 점차 변신할 것이다.

제 18왕조에서 "목동 왕"[40]이라는 외국인 지배 체제에 대항하여 벌인 전투와 더불어서 기원전 2천 년대 중엽 경에 성립한 "신왕국"은, 일종의 **민족** 국가인 한, 즉 람세스 왕조[41] 이후 시기까지 "중왕국"에 매우 유사한 관계에 있었다. 마치 중심지를 키예프에 두고서 타르타르 인의 지배에서 해방된 이후[42] 몽골 지배 이전 신분제로 구성된 국가 제도에 이르기까지 모스크바 대공(大公)의 러시아와 같다. 봉건 형체, 봉토 귀족 그리고 모든 또는 대부분 그 영주 계층이 사라진다. 토지의 대부분은 왕의 손에 있다. 항상 그러나 여전히 전체 영역의 적은 부분만을 포괄하는 다른 조각이 희사를 통해서 신전 귀족층의 손에 집적된다. 다른 한편으로 거대한 군사 팽창과 더불어서 대량의 전쟁 포로가 유입된다. 그것으로 인해서 "왕의[43] 창고가 가득 찬다."[44] 또한 이제 왕은 복무한 관리들에게 토지-대체로 거대한 면적-와 몇 명의 노예를 수여한다. 왕령지의 일부는 국고

---

39) 에어만에 따르면, 18~20왕조, 기원전 1,530~1,050년에 해당한다.
40) Hirtenkönige: 이는 힉소스Hyksos란 이름을 그리스어로 잘못 번역한 데에서 나온 말이며, 원래는 외국땅의 지배자라는 뜻으로, 서남아시아에서 유래한 것으로 추정하며, 중왕국과 신왕국 사이에 이집트를 지배하였다.
41) Ramessiden: 람세스라는 공통명을 쓰는 왕조를 지시한다. 대략 기원전 1292~1070년이며 19, 20 왕조에 해당한다.
42) 15세기 후반에 러시아는 타르타르인에게서 해방되며, 키에프 왕국은 9~13세기에 유지된다.
43) 원문에는 전쟁(Krieges)으로 표시되었으나 이렇게 고쳐서 읽는다.
44) 이는 Spielberg, *Bauinschrift Amenophis*, III, p. 44, 6행 이하 "전하가 약탈한 모든 나라의 지도자들의 자녀로 이루어진 남녀노예로 가득하다"에서 인용하였다.

직영지로서 지정되며, 왕의 가계를 위해서 경영된다. 또한 일찍이 『창세기』의 결론에서 그리고 그리스의 전승에서 왕이 농민들에게 수확의 부분을 대가로 하여 전체 (신전에 전유되지 않은) 나머지 토지도 넘겨준 것으로 믿어진다. 오늘날 알려져 있기는 이집트의 토지세는 할당제에 따라서가 아니라 고정세로서 징수되었다. 단지 콜로누스만이 분익 소작료를 지불한다. -늦어도 람세스 왕조 치하에서, 아마도 아시아 지역 왕에 의한 부역 봉토의 예를 따른 것이겠는데, 토지에 고착된 공공봉사의 형태로 조직된 **군대**에 토지를 분배하는 유명한 사례가 등장한다.

신전 및 전사의 토지 점유는 매우 지속되어 단지 기능에 묶여있는 자에게, 이를 위해서 그밖의 사람들이 지는 일반 부담에서 해방되는, 고유한 권리이다. 고왕국의 지배자는 **신전** 영역에 복무하는 관리에 줄 봉토를 지정하는 일이 발생한다. -이제부터는 완전히 확실하게 점점 불가능하게 되었다. (내 생각에 그것에 대한 자료는 물론 상세히 알려져 있지 않다.) 후에는 (아래 참조) 언제나 세속화의 추구가 심각한 투쟁을 초래한 것이 명백한 선례이다. 수여된 마키모이[45]의 토지조각은 대규모이다. -헤로도토스의 시기에 아마도 3과 1/3 헥타르였을 것이다.- 경무장은 <86좌> 무장 시에 아무런 요구 조건을 설정하지 않으며, 이 "전사 카스트"의 구성원은 헬레니즘 시기의 봉건 군대가 추첨지 보유자로 이루어진 것과 마찬가지로 시민의 영업에 참여하였다. 그들의 토지는 소작되었고 매우 다양한 사정 하에 있었다. -이제

1. 왕의 호위대와 모집된 군인
2. 이어서 정착한 "마"(전사)[46]
3. 결국은 임시로 소집되어 무장한, 파라오의 콜로누스로 이들은 정착한 전사로 연령에 따라서 장년과 청년으로 구분된다. 이어서
4. 신전 군인은 신전 소속 콜로누스로 편성되며, 마지막으로
5. 지역 군인(국민군)이 병존한다. 군대는 또한 본질상 예속인 군대이다. 왕의 수병(水兵)은 그들이 외국인이었으므로, 아마도 (앞을 보시오) 아시리아의 정주한 병사들처럼 일단 화인(火印)이 찍혔을 것이다. -

전체 **행정**은 왕의 경우나 신전의 경우에 마찬가지로 대체로 인신예속인 서기를 통해서 관료식으로 이루어지며, 초기의 세습하는 노모스 장인 귀족을 통해서 더 이상 이루

---

45) μάχιμοι: '전투에 적합한'이라는 의미로 전사라고 번역되는데, 종자나 수행상인과는 구별된다. 이집트에서는 전사 카스트를 지시한다.
46) ma: 정착한 리비아의 용병대를 지시한다. 이들은 그리스어로 마키모이 즉 전사로 번역되었다.

어지지 않는다. 수자상으로 그리고 의미와 폐쇄라는 면에서 사제단은 증가한다. 그들은 고왕국에서 일종의 자주(自主) 직업으로서 단지 외부에 존재하였다. 중왕국에서는 이미 주로 세습에 따라서 모집된다. 신왕국에서 사제단은 지역구47)로 편성되며, 서기로서의 신분은 (구체화된 관직은 아니다) 적합한 경우에는 자식에게 넘어간다. 비록 지역구들이 겉으로는 결코 폐쇄된 것이 아니라 예외로 또한 외부로부터 모집되는 것처럼 보일 때(다른 계층과의 혼인이 존재하며, 어떤 "카스트"의 표지도 결여되어 있다), 사제단은 이제 독립이고 관료층의 후예를 교육하는 것을 선도하고, 그들과는 흔히 친척 관계로 그리고 기능 중첩을 통해서 밀접하게 묶여서 큰 영향력을 지닌 하나의 신분으로 발전해 간다. 이 신분은 그들의 힘에서 스스로 해방하려는 파라오들의 시도를 무위로 돌아가게 하는 법을 알고 있다. 왜냐하면 독립 세속의 봉건 귀족이라는 균형추가 당시에 거의 완전히 없었기 때문이다. 대규모의 인간 무리와 그에 상응하는 토지와 가축을 (수자는 수십만에 달한다) 포괄하는 신전의 점유는 람세스 3세 치하에서 발견된다. 그와 더불어서 (직물 제품 등에 대한) 조세가 있다. 신전의 "하얀 집"48)은 중앙 행정청이다. 그 집에는 자신의 콜로누스가 행하는 밭일에 대한 감시를 위해서 감독관이 있다. 한 거대 신전의 "최초의 예언자"는 "인신예속인의 자손에 대한 배려"로 유명하다. 이미 고대에, 이를테면 테바이에 있는 암몬 신전의 부(富)는 전 세계에서 전대미문의 것으로 간주되었다. 에어만이 지시한 바에 따르면, 특히 토지 점유의 범위가 그리스인들에 의해서 과대평가되기는 하지만, 이는 확실히 타당하다.49) 흔히 전리품의 3/4~4/5가 신들에게 간다. 신전토지는 (의심의 여지없이 왕의 토지 및 기타 여분의 토지와 마찬가지로) 측량되어서 소택지와 황무지, 쟁기질하는 토지와 채원 그리고 괭이질하는 토지로 분류된다. 왕에 이어서 신전들은 대부분의 수공업자를 -토지에 결박된 이주자로서- 차지하며, 자신의 배로 해외무역을 영위한다. (비문에 상세하게 시간 순으로 신전의 직무를 수행하는 것으로 발견되는 사람들은 완전히 자원자들이며 결코 임금을 받는 노동력이 아니다. 물론 <86우> 파라오에 대한 복무 중에 자유로운 임금 노동자도 현물로 임금을 받는 일이 발생하는 것으로 보인다. -비록 그리피트가 주석한 두 장의 구로브 파피루스에 관한

---

47) phyle: 그리스 폴리스의 지역구 흔히 '부족'으로 번역된다. 이는 물론 행정 구역의 의미이다.
48) 보물창고나 행정중심을 지시한다.
49) A. Erman, "Zur Erklärung des Papyrus Harris," *Sitzungsberichte der Königlich preussischen Akademie der Wissenschaften*, 21, 1903, p. 472을 베버가 참고하였다. 여기에서는 람세스 3세 시기에 아문 신전은 이집트 농경지의 1/10을 가지고 있었나. 그렇지만 그리스 문헌은 참조하지 않았다. 테바이의 재부에 관해서는 일리아스 9.381-4, 파우사니아스 1.9.3에 제시되어 있다.

의미는 의심스러운데, 그중에 한 장에서 번역은 확실히 오류이다. 한 마리의 **황소**가 다른 것들과 더불어서 주부의 총 24일간의50) 일에 대한 보수라고 하는 것은 여전히 가능하지 않다.) - 이미 고대 이집트 프톨레마이오스 왕조에서 고유의 추첨지에 예속된 고위 사제들이 관습상 매년 모이는 대규모의 회합이 존재하였는지의 여부는 사료 상으로는 입증되지 않는다. 아마도 그 발전은 (유대인의 산헤드린의 경우처럼) 한편으로는 신정정치에 의존하고자 했던 외국인 지배의 산물이며 다른 면으로는 경우에 따라서 그들에 대한 저항 조직이기도 할 것이다. 파라오의 시기에 파라오는 **형식상 사제들의 봉주(封主)**이며, 후에도 그는 (프톨레마이오스 시기에 그렇게) 승인서를 주어야만 했다.

왕의 가계는 자체로 수많은 관리를 거느리고, 스스로의 (즉 궁정 및 국가의) 필요를 원칙상 현물로써 충족한다. 왕령지·신전·창고 및 건축행정 각각은 군사로 조직된 부역 노동자들로 이루어진 자체의 참모가 있다. 그들에게 왕의 저장물에 관한 계산이 제시된다. -또는 기근으로 인한 노동 중지 그리고 제시되지 않은 계산이 제시하는 바처럼 착복되기도 한다. 스피겔베르크는 멤피스에 있는 궁정 창고의 계산서를 편집하였다. 여기에는 제빵사에게 밀가루를 공급한 것이 기재되어 있다. 이들은 분명히 부자유한 가내공업의 상태에 있었다. 왜냐하면 손실분을 고려하여 상응하는 제빵사의 납부를 (특히 3개월에 10만개의 군용 빵에 대해서 매일 종류별로 480개로) 확정하기 때문이다.51) 마찬가지로 선박 건조용 목재에 관해서, (용병 지도자용) 가죽에 관해서, 흑인 노예를 입힐 의복에 관해서 그리고 "대인"에 봉사하는 흑인 노예에 관해서 기장된다. 파라오는 적당한 곡물 창고들에서 타작을 하도록 하는데, 그것은 그가 현물의 십일조에서 얻은 것이거나 아니면 부역에 맡겨진 농토에서 수확한 것이다. 노동자는 창고에서 나오는 빵에 친숙해진다. 여기에서 또한 자기 경영이 있다. 그렇지만 흉작의 경우에는 노동자나 농민 모두 -오늘날의 러시아 그리고 메소포타미아처럼- 창고에서 보낸 곡물을 수령하는데, 심지어 종자 곡물도 그러하다. 그리고 건설에 동원된 파라오의 노동자들이 노예로 간주되었는지 아니면 그들이나 그 일부가 주로 국가의 부역 의무에 동원되었는지는 확실히 정해진 것은 아닐 것이다. 부녀자와 아이들을 거느리고 있는 "노동자들"은 상당히

---

50) 베버는 Griffith, *The Petrie Papyri: hieratic papyri from Kahun and Gurob; principally of the Middle Kingdom*, 1: Text, London, 1897, p. 93이하에 있는 "Papyri Gurob" 2.1-2를 인용한다. 그런데 원문에는 24라고 말하지 않고 있으며, 2명 주부가 한 17일 또는 7일 그리고 4일의 고용살이에 관해서 말하고 있다.

51) Spiegelberg, *Rechnungen aus der Zeit Setis* 1, pp. 10-13. 10만개 이상 공급하는 것이 4개월간 지속된다.

광범위한 인구 층인데, 다른 층과 마찬가지로 또한 문자를 아는 경우가 드물지 않았다. 그들은 단지 장기간 지정된 조세의 부담이 있는 토지의 결여 혹은 더 열악한 환경을 통해서만 농부들과 구별될 수 있었을 것이다. 분명 왕립 "작업장"은 우선 저장소인데, 이곳에 인도된 것은 농민에게 부과되어 (앞에서 설명한 이집트 농업의 성격으로 인해서 수월하게 된) 공업 부업으로서 가내 공업이나 "부자유한 가내 노동"으로 생산된 제품이었다. 그에 비해서 민족 왕조들의 시기에 그것이 수공업자와 <87좌> 농민의 **법** 지위와 더불어서 어떻게 보였는지는 개념상으로 완전히 확정되지 않았다. 페르시아의 시기 이전 마지막 왕조들 하에서 나중의 사정은 이 자리에서 아무 것도 결정해주지 않는다. 왜냐하면 그 사이에 영토에 대한 아시리아의 지배가 진행되었고, 이미 일찍이 이단자 아메노피스 4세[52]와 암몬 사제들 간의 투쟁은 전통의 심각한 동요를 초래했을지도 모르기 때문이다. -왕가 유지의 필요는 (확대된 단어의 의미에서) 부역을 통해서 그리고 전체 인민의 조세를 통해서 공급된다. 우리가 때로 소위 토지 **점유**의 재조직에 관해서 들을 때, 의심의 여지없이 **부담** 제도의 재조직이 관건이다. 왕은 반복하여 다음과 같이 명령한다. 즉 관리들은 부역 수행을 위해서 노동 분담을 "바로 각 사람의 수공에 따라서" 행해야 하거나, 한 지역구의 **전체** 인구의 "등급화"와 그들의 "인민 등급으로의 분할"을 떠맡아야 하였다.[53] 다시 말해 무엇보다도 **부역** 대장을 재빠르게 기록하는 것이다. 거대한 건축과 채석 작업을 위해서 옛날처럼 강력한 부역 원정대가 이루어졌다. 람세스 4세 하에서는 한때 9,268명이었는데 그중에 5,000명은 전사였고, 3,000명은 파라오의 콜로누스였다. 여기에서 "늙은 인민"과 "젊은 인민"이 나뉘어졌고, 군대와 마찬가지로 부역의 소집에서도 그러하다.[54] 또 군대가 외국인과 더불어서 뒤섞였는데, 이처럼 콜로누스 신분도 그러하다. 왕은 -이미 아멘호테프[55]가- 아시리아의 왕들과 동일하게 포로를 "자신의 복속민 하에 등록하도록" 한다.[56] 관계자 아래에서 그의 거대한 인간

---

52) Amenophis IV(기원전 1350-1334 재위): 18왕조의 왕으로 유일한 태양신 아텐을 섬기도록 하였다. 아크나톤, 아케나톤으로 알려져 있다.
53) Brugsch, *Ägyptologie*, p. 224 '각 사람을 각자의 수공에 따라서 배치', p. 298 '나는 인민의 등급에 질서를 가져왔다.'
54) 람세스 4세의 비문에는 이 내용이 나오지 않는다. Brugsch, *Ägyptologie*, p. 233을 실수로 이와 관련시켰을 가능성이 있다.
55) Amenhotep III: 재위기간은 기원전 1391-1353년 아니면 1388-1351년이다. 18 왕조에 해당하며 이집트 최전성기를 구가한다.
56) Brugsch, *Ägyptologie*, p. 240을 인용하고 있는데, 실제로 이것을 조직한 사람은 왕과 동명인 고관이다.

누더기들과 함께 상부 나일 강을 향해서 가는 금 채굴 원정대에 배치되는 것은 형벌로 간주되었다.-

토지대장 작성이 완수됨으로써, 토지 점유에 관련된 조세와 공공봉사를 수행하기 위해서 촌락 단체에 청구하는 대신에 직접 **개별** 가호에 직접 청구하는 것이 가능하게 되었다. "히르스"57)의 지위는, 그가 사실상, 르비유가 의도한 대로,58) 가족의 최고연장(장남, 형제 등이고 아마도 영주는 아닐 것이다)임에 틀림없을 때, 당시의 상속법 속에서 - 그는 재산 분할 시에 결정하러 참여하였다.- 관직 상속의 영향과 더불어서 (앞을 보시오) 부수되는 국고 이해관계에서도 의사를 표현할 수 있었을 것이다. (그래도 이것은 아직 매우 애매하다.) 신왕국 시작 시기에 (가족 밖에) 토지의 양도 가능성과 더불어서 옛 영주의 쇠퇴 이후에 그것이 어떻게 되었는지는 의심의 여지가 있어 보인다. 사실상 (신왕국 이전에 성립한) 흔히 인용된 "농민 설화"에는 자신의 집을 매각하기를 원하는 농민들이 나온다.59) 그러나 농민에 의한 **농경지점유**와 숙련된 수공 직업이 여기에서도 언제나 근본으로 공공봉사 및 조세의 상관관계로서 의미를 지닌다. 그에 상응하여 토지의 "상속 가능성"은, 파라오에 대해서 **제한된** 것이다. 그것은 이들 모두가 사제·전사·수봉자·관리·서기와 같이 특권이 부여된 자도 아니며, 무토지 예속인도 아닌 채, 직접 파라오 혹은 특권 계층을 위해 복무하는 상태에서 동원된 주민이 처한 상태에 상응한다. 사람들은 오랫동안 이집트에서 (이를테면 헤로도토스 덕분에) "카스트"가 있다고 믿어 왔다.60) <87우> 그렇지만 그 단어에 대한 러시아식 의미에서 직업의 "상속 가능성"은, 의무가 토지 또는 직업에 묶여 있는 한, "농사짓는" 주민이 언급된 공공봉사와 조세 의무**를** 사실상 상속하는 것뿐이다. 그것은 종교상의 "불순"이 하나의 직업과 연관되지 않은 한, 혼인의 결속이라는 의미에서나 직업의 조합 결속이라는 의미에서 결코 카스트 형성을 의미하지 않는다. 전사 "카스트"도 농민에게서 다음과 같이 형성된다. 그들에게는 소집에 기꺼이 나설 공공봉사가 부과된다. 이들은 의심의 여지없이 코사크 기병처럼61) 규

---

57) hir's: 이집트어로 heri로 읽으며, '최고인 자'라는 뜻이다.
58) 르비유, 『이집트 법 개요』 1, p. 267.
59) 왕의 관리 앞에서 말 잘하는 농민이 농민을 약탈한 그의 신하에 대해서 불리한 판결을 끌어내는 설화는 기원전 3천년대 말로 소급된다. 베버는 여기에서 Spiegelberg, *Rechnungen aus der Zeit Setis* 1, p. 61을 부정확하게 인용하고 있으며, 그 구절은 다르게, 즉 '자신의 집이 비어있기 때문에'로 읽어야 한다.
60) 헤로도토스, 2.164에는 이집트에 7개의 계층이 있는 것으로 소개한다.
61) Kasaken: 카사크는 러시아식 표시법이며, 이들은 20세기 초까지 인두세 면제와 같은 특권을 누리면 군사의무를 지고 있고, 내부의 조직을 갖춘 자유 전사 정착자이다.

칙에 따라서 훈련해야만 할 것이다. 그리고 직업에 들어가는 것은 줄곧 원칙상 **자유**였던 것으로 보인다. 그에 비해서 이집트에서 영업권에 관해서 상속된 것은 줄곧 조합의 "권리와 노동"이 아니라 오히려 아마도 특정한 종류의 지대수입일 것이다. 즉 토지, 봉록, 임시거나 의무에 따른 지대이다. 정치 관직의 상속 가능성은 신왕국에서 순수 관료로의 "진출"에 대해서 완전히 후퇴되었다. 심지어는 람세스 왕조 하에서는 (앞을 보시오) 사제 신분이 서기 행정으로 넘어가 버린다. 그럼에도 이 관료 기제 내에서 각 개인은 자신의 "위치"를 자연히 오늘날 모든 관리처럼 "배려"로서, 이를테면 위에 언급한 노동자 집단 중에서 "대인"의 지위를 ('작업장 감독자'라는 전형적 유형을) 주목하였다. 관리는 때때로 특히 "자신의 노동자 집단을 어느 누구에게서 취하지 않았음"을 자랑한다.62) 그러나 **법으로는** 자연스럽게 자유로운 판매가 가능한 것으로 간주된다. 그와 다른 것들이 남아 있다. 이를테면, 종교상으로 중요한 장례 복무에 연관된 다수의 기능자들이 (그래서 "시체를 다루는"63)직업이) 있다. 왜냐하면 이들은 매장 장소에 대한 처분에 묶여서 사실상 완전히 전유되고 예로부터 법으로도 상속 대상으로서 그리고 상속자들 가운데 처분 대상으로서 취급되었기 때문이다. 그래도 그들의 처분에는 적절한 지위의 수행에 관심을 가진 영주들(국가 또는 대체로 신전)의 합의가 필요하다. 왕 및 신전의 점유가 미치는 강력한 범위에 일반인의 정상 점유가 근거를 가진다. 일반인은 파라오나 신전의 토지(네테르 호테프64)) 위에 수봉자(受封者)나 콜로누스로서 정착한다. 이로부터 나오는 결과는 그들에게 있는 처분권들, 특히 상속 처분권이다. 그러나 개인에게 토지를 수여하는 것, 이를테면 사제에게 그렇게 하는 것은 이 두 거대 영주의 합의와 더불어서 가장 오래된 (티니스) 시기의 토지 양도계약에 대비된다. (그에 비해서 **정치** 관리 특히 고왕국 시기에 노모스 장이 누린 봉토 갱신65)과 일치한다.) 그에 대비해서 다른 토지의 양여 행위도 특수한 인가를 필요로 하는지는 적극 확실하게 지시되지는 **않으나**, 물론 -이를테면 신정 정치의 시기(람세스 왕조 말)에 대해서 그리고 가족 **밖으로의** 양도에 관련하여- 가능성이 있다. 또한 콜로누스의 가축 점유에 (그리고 완전

---

62) 이는 기원전 1,991~1,962년 12왕조에 속하는 세소스트리스1세 시기 아메넴헤트Amenemhet의 비문에서 다시 나온다.
63) 이말은 베버가 독자적으로 희랍어에서 번역한 것으로 보인다. 베버가 참고한 문헌에는 '장례식 헌주자Totenspendendarbringer'로 소개되어 있다.
64) neter hotep: 원문에는 nefer로 표기되었으나 바로 잡으며, 현재는 헤테프hetep-넷쉐르netscher라고 읽으며, 신의 선물, 신전재산, 신전지의 의미이다.
65) Lehensmuthung; 관리가 죽은 후 봉건관계를 갱신하는 것을 요구하는 Mutung의 옛 표현이다

히 있을 법한 노예 점유에) 대해서 영주의 합의가 있어야만 처분이 가능하게 되었을 것이다. 콜로누스 자신은 자연스럽게도 토지에 의무를 지고 있으나, 보다시피 <88좌> 국가의 재판관에 의해서 재판을 받게 된다. 토지에 대한 권리가 진실로 압도하듯 (토지점유와 결부된 수행을 위한) 의무였다는 것은, 가장 자연스럽게, 매우 뒤늦게 알아볼 수 있는 가족 제도의 흔적을 보여준다. 즉 국가 (또는 신전 또는 영주)에 대해서 최연장자가 (소위) 가족의 대표자로서 위치를 지닌다. 마찬가지로 그와 관련된 점유는 가족 점유로서 파악된다. 그러나 이것과 아울러서 때때로 (가계 목록에 따라서) 우세하지 않은 공동 경영, 그리고 그와 연관된 상속 요구 및 반환권이 있다. 사람들은 때로는 —신을 대변하고 따라서 저주할 수 있는 권리를 가진 특권화 된 신분의 경우- 저주 형태로, 때로는 상속 분할 시에 신의 입증을 요구함으로써, 그 효과에서 그런 권리들을 폐지하도록 노력하였고, 때로는 결국 계약서에 있는 대로 아이를 양육함으로써 그것들에 등을 돌렸다. 마찬가지로 분명하게도 각 가족 공동체에 대한 대여에 기초하는 현상이 있는데, 즉 (소규모 임차의 경우에도) 토지 임차인으로서 매우 자주 (일종의 대표자요 자신의 조합원인) 동료들이 등장한다. 마침내 아마도 토지 양도의 경우, 가격에 대한 언급을 꺼리는 것은 후대에도 있었을 것이다. 그것에서 원칙의 관점이 작용하는 한에서 토지에 대한 권리가 의무에 고착되어 있으므로, 선물 교환이 아니라 단지 가족 간 협상의 방식으로 그때그때의 용익권자를 교환할 수 있었다고 하는 것을 르비유는 바르게 추론할 수 있었다.[66] 그러나 교환 수단으로서 화폐의 특수한 지위를 인식하는 종교상의 근거들도 대립하고 있었던 것으로 보인다. 고왕국의 시대에는 화폐를 알지 못하였으며, 단지 토지에 대한 토지의 교환 또는 단순한 이전("선사")만을 허락한 종교상 허용된 계약서 양식의 정형화는 그 점에 관련되었을 것으로 보인다. 우선 아마시스[67]의 시기에 이미 중왕국의 민족 성격이 외국인 지배 체제를 통해서 변화하였을 때에야 비로소 그 사실이 확고해진다.

보다시피 람세스 왕조 시기 이후에 발전은 반대 방향으로 이루어진다. 그것은 아시아의 영향과 에티오피아의 영향이 때마다 교대하여 지배함으로써 제한된다. 정착한 용병대의 창출과 더불어서 한없는 옛날부터 발전하지 않은 민족기반 전투력이 분명 확인되는 위에, 그리고 파라오의 지배를 뒷받침하는 압도하는 외래족의 직업 전사단의 점증하는 중요성에 외국의 영향은 기반하고 있다. 힉소스의 지배 시기 아시아에서 유래한 전

---

66) 르비유, 『이집트 법 개요』, p. 231f. pp.235-237.
67) Amasis: 아흐모세 2세 Ahmose II로 불리는데, 26왕조의 5대왕으로 기원전 570-526년 재위한다.

쟁 기술-말과 전차-의 도입과 이어서 전개된 정복 전쟁은 직업 전사단의 창출을 유도하였다. 이어서 교대로 이루어진 외국의 지배는 다음과 같은 사태를 초래하였다. 즉 적어도 사실에 따르자면, 점점 더 오래될수록 더 많이, 외래의 병사와 왕의 외국인 노예는 사제단과 더불어서 아시리아의 지배[68] 이래로 결코 다시는 계속해서 자유를 얻지 못하게 되는 <88우> 지역의 지배에 참여하였다. 암몬 사제를 통한 지배권의 찬탈, 이어지는 아시리아 및 에티오피아의 왕조들, 그 사이에 보크코리스[69]의 찬탈, 그 다음에 아마시스 치하에 그리스의 영향, 나아가 페르시아의 지배 이후에 에티오피아·페르시아 및 그리스 인들에 의해서 호위된 토착 왕조들의 투쟁은 상 이집트와 하 이집트의 분리를 장기간 지속하게 하였는데, 라고스 왕조 치하에서야 비로소 안정된 정치 상태가 다시 등장하는 것이 가능하였다. 그들의 체제 하에 있는 토지가 묘사하는 각 유형은 교역 자유의 정도에 따라서 확실히 점차 이루어졌다. 이를테면 그리스 전승은 그리스의 "판관(判官)"[70]의 방식에 따르는 철저한 갱신이 보크코리스에서 기인하게 한다. 즉 결백의 맹세를 허용하는 것, 채무 노예를 제거하는 것,[71] 그리고 무엇보다도 토지를 자유롭게 양도하는 것이었다. 만약 이런 방식이, 르비유가 이것을 입증하고자 시도한 것처럼[72] 일부는 충분히 환상이라고 해도, 더 확실한 것으로 보이는 것은 교역 경제의 유행이 우선 아시아의 영향과 그 이후 신정 정치에 반대하는 하 이집트 참주 정치의 작품이었다고 하는 점이다. 그것들에 대해서 암몬 사제단의 신정 정치는 왕위를 찬탈한 에티오피아 인과 일부 에티오피아 인을 따라서 이주한 전사 카스트 위에서 보호를 받은 채 대립하였다. 보크코리스의 시기와 더불어서 대체로 민중문자에 의한 계약과 특히 토지 위탁계약이 시작된다. 또한 실제로 교역 특히 토지 권리의 변경, 즉 일종의 세속화가 일어났던 것으로 보인다. -그점에 부합하여 이제 보크코리스의 화형이 (신성한 토지 상급소유권을 대변하는) 암몬 사제의 승리한 당원들을 통한 신성모독으로 여겨진다.-

---

68) 하 이집트는 기원전 671년 아시리아의 아사르하돈Assarhaddon에 의해서 정복되었다.
69) Bokchoris, Bocchoris: 고대이집트어로눈 베케르네프Bekenrenef라고 함. 24왕조의 왕으로 사이스Sais에서 기원전 732-726년에 지배하였으나 북부 이집트에 국한되었다. 전승에 따르면 그는 현명한 판관이자 입법가로서 자유 이집트 인이 채무노예가 되는 것을 막았다. 이 조치는 후일 솔론에 영향을 주었다고 한다. 쿠쉬(누비아)의 왕 샤바카Shabaka에 의해서 생으로 화형에 처해졌다.
70) Aisymneten: 그리스어의 아이쉼네테스αἰσυμνήτης의 독일어 표기이다. 아이사αἰσά는 운이라는 뜻이고 므나μνα는 마음에 둔다라는 뜻이므로 운명을 마음에 두는 자라는 의미이다. 호메로스에서는 파이아키아 국에서 이들이 경연을 판정하며, 5세기 한 폴리스에서는 참주와 같은 의미로 쓰인다. 필자는 공동번역 성서에 따라서 판관으로 번역한다.
71) 베버는 디오도루스 1.79.를 지시한다.
72) 르비유, 『이집트 법 개요』 1, pp. 205-218.

어쨌든지 개인의 교역 현상은 이제 줄곧 증가한다. 파라오의 오이코스 경제의 중요성이 람세스 왕조에 이르기까지 항상 증가하게 되는데, 이것은 자연스럽게 고(古) 민족의 이집트에서는 교역 경제의 노동 분화에 근거한 경제 현상들의 여지를 매우 심하게 위축시켰다. 그렇다고 해서 그것이 전혀 없었다는 것은 아니다. - 그런 경제 현상들은 상대로 보아 최초의 왕국에서 오히려 수요 충족을 위해 완전한 신정 정치와 관료제의 시기보다 의미가 더 컸을 것이다. 그러나 외부, 이를테면 "신의 땅"과 "푼트"[73]-아라비아와 소말리아 해안-를 향한 상업은 시리아를 향한 것처럼 법으로 그리고 적어도 비중으로 보아 파라오의 수중에 사실상 존재하였고, 후에는 함대를 보유하고 있던 신전의 손에 장악되어 있었다. 그것은, 텔-엘-아마르나의 발굴에서 바빌론 왕과의 교신이 명백하게 지시하듯이,[74] 오랫동안 국가의 수장들 사이에서 선물 교환의 형태를 유지하였다. 외관상으로 가장 오래된 이집트 사료에는 토착 상인이 알려지고 있지 않다. 이어서 그들은 신전 예속인으로 등장한다. (그들의 명칭은 "비운다"는 말에서-즉 선박에서- 비롯한다.) 신왕국 시기에 그들은 대체로 외국인(셈족)이다. 더욱이 구리와 금이 지역 자체에서 획득되는 동안에는 애초 매우 드물고 따라서 이집트가 (신왕국의) 국제 교역에 이를 때까지 <89좌> 금보다 더 높게 평가된 은만 아니라 주석과 철은 -후자는 "신왕국" 이전에 청동에 완전히 뒤쳐졌다- 처음부터 수입되었음에 틀림없다. 신왕국 시기에는 선박, 수레, 무기, 그릇, 방향제, 가축, 물고기 등이 시리아와 바빌론으로부터 수입되었음을 알 수 있다. 수출품으로서 그것들에 균형을 맞춘 것은 특히 금이었고, 그러나 곧 아마포가 그렇게 되었다. 람세스 왕조 치하에서 개인의 선박 영업이 두드러지는 것으로 보인다. -같은 정도로 애초 수자와 수행의 의미에서 보면, 매우 우세한 파라오 노동자의 옆에 (완전히 사라져 버리지는 않은) "자유로운" 수공업자의 수도 다시 증가하면서 퍼진다. 고왕국에서는 고객 지향의 수공업자들이 문자대로 언급되며, 게다가 뷔허의 용어상 의미로 "임금작업자"의 곁에 "자비작업자"가 분명히 언급된다. 그처럼 고도로 발달한 고 이집트 수공예의 담당자가 얼마나 왕과 신전에 예속된 노동자이며 그리고 얼마나 그들이 "부자유 가내 공업"에서 노동하는 콜로누스인지 혹은 공공봉사의 의무를 진 자유 "수공업자"인지는 쉽게 결정지을 수 없다. 한 구역에서 각각의 수공업자는, 마치 촌락민에게 국고에 책임지는 지방관이 있듯이, 그들

---

73) Punt: 소말리랜드로 짐작되는 아프리카의 장소.
74) Tell-el-Amarna: 중왕국의 파라오 에크나톤의 거주지로, 1887년 아메노피스 3세와 그 아들 에크나톤이 나누었던 국제적인 서신의 문서고가 발굴되었다. 시기는 기원전 14세기 전반이다.

편에서는 자신들의 (보다시피 선발된) 조합장이 있었다. 그는 분명히 원래 파라오 및 노모스 장의 부역에 출두하는 데 책임을 지고 있었다. 나중에 수공업자의 위치는 자신의 아래에 아무것도 동등한 것이 없는 존재임이 분명하다. 사람들은 "임금작업자"를 필요에 따라서 부역을 하도록 유도하였으며, 그들에게는 원재료를 (앞을 보시오) 제공하였다. 그러나 그와 더불어서 자신의 원재료를 스스로 생산하는 수공업자들은 두드러지는 것으로 보인다. 이를 위해서 **조세**는, 매우 다양하게 지불되는 것으로 파악되는, 수공품의 여러 제품 형태로 납부되었다. 원재료가 수입품이거나 생산품이 수출품인 한, 항상 가능성이 있는 것은 파라오·귀족·신전을 통해서 생산이 직접 이루어지는 것이다. 어떤 경우라도, 기념물들 속에서 수공업자의 대우는 보잘 것 없으며 그런 상태로 남는다. 직조, 특히 아마포 직조는 가장 탁월한 공업인데도 보기에는 유형상 부자유 직업의 의미를 지니고 있으며, 우선 파라오와 노모스 장 귀족이 가진 오이코스 그리고 무엇보다 신전에서 분명 직접 노예들의 손에 맡겨진다. -주민 대중이, 원래 왕도, 가죽 가리개를 옷으로 걸치고 있었으므로, 때로는 궁정과 관리들의 사치품 수요, 때로는 아마도 독점된 수출에 기여하는 제품이 긴요했다. 수요의 발전과 분화 특히 의복에 대한 필요는 완전히 명백하게도 "신왕국"에서 점점 밀접해지고 있었던 서남아시아, 특히 비빌론과의 관계가 낳은 결과이다.

개인에 의한 내륙-교환 거래는 중요도에 따르면 식재료 및 일용품 시장 거래이다. 어류, 야채, 샌들, 단순한 장신구가 전형으로 정규 시장물품인 것으로 믿어진다. 거래는 **현물**-교환 거래이다. 우선 신왕국에서 정해진 무게를 지닌 <89우> 구부러지는 구리 철사(우텐, 데벤)가 **가치 척도로서** 기능한다.[75] 이를 통해서 상호 교환되는 물품들이 **어림잡아 평가되기도** 하고 때로는 한 상품의 **초과하는** 가격이 그에 대해서 교환되는 것에 대해서 산정된다. 고왕국 노동자들의 손에 있는 물표식들은 자연히 "테세라이"[76] 즉 주인의 창고에 대한 지시들이다. 외국 무역에서는 귀금속 고리[77]가 역할을 하는데, 이는 바빌론에서도 등장한 것이다. "데벤"은 (바빌론에서 은-셰켈이 원래 그러한 것과 유사하게) 우선 가치척도였으며, 한결같이 관념상의 (실제 효과가 없는) 교환수단으로서 기능한다. 그밖에도 무게 단위로서 "우텐"의 위상은 가격단위 "우텐"에

---

75) uten, deben: 1893년에 Spiegelberg, *Lesung des Gewichtes*에서 우텐을 데벤으로 교정하였고, 구부러지는 구리 철사가 가치척도라고 하는 주장이 폐지되는데도 베버는 에어만의 구 견해를 고수하고 있다. 데벤은 91g이다.
76) tesserae: 돈이나 곡물을 받는 교환표를 뜻하는 tessera의 복수이다.
77) 금고리로 생각된다.

비해서 전혀 분명하지 않아 보인다. (예를 들어 이집트학 참고문헌 X, p. 164[78])을 참조하라.) 상품의 현물 거래는 고대 이래로 (증권거래소의 원시 선구자로서) 현물 지대 거래에 상응한다. 마찬가지로 자선시설의 목적을 위해서, 이를테면 장례식 및 기념식을 위해서 심지를 신전에 매년 공급하는 것에 대하여 토지조각이 수여된다. 이는 마치 관리들의 현물 급여와 다른 현물 지대에 대한 권리자들 간의 교환과 같다. 한 창고에서 받아야 할 일정량의 일상 배급은 – 일 년 급여의 1/360- 이를테면 정해진 빵 및 맥주의 분량 등등의 연간 공급에 대해서 교환된다. 우리는 바빌론에서 매우 유사한 것을 알고 있다.

민족 왕조의 붕괴 이후의 시기는, 이제 명백하게도 동시에 전체 정신·예술 문화가 신정정치로 전통에 묶여서 정형화 되는 반면에, 더 광범한 "화폐경제"의 진전을 초래한다. 비록 아직 히브리인의 이집트 탈출 이후 이집트는 거대한 "부역 가계"[79]이기는 하지만, 그럼에도 점차 부역은 조세에 유리하게 적어도 사실상 점점 더 후퇴하였음에 틀림없다. -아마도 다른 모든 것이 이와 관련되어 있을 것이다. 신전과 관리가 장악하고 있는 순수 노예의 수와 그들을 경작 노동에 부리는 것은 증가하는 것으로 보인다. 마찬가지로 정해진 부분의 농장 토지를 경작하고자 토지와 더불어서 임대되는 콜로누스를 이용하는 것으로 인해서 개인의 농장 경영은 빈번해지는 것으로 보인다. 아울러 로마 제정기에 등장한, "농지 부분"체제와 결부되는 것도 그러하다.[80] (이에 관해서는 아래 항목 "콜로나투스"를 보라.) 보크코리스의 혁명 격동 시기로부터 (앞을 보시오) 우선 다시 순수하게 개인의 -이를테면 신탁이나 왕을 통해서 이루어지는 확증이 결여된- 토지 양도 계약이 등장하는 것으로 보인다. 그래도 그것은 아직 **가족 간 법률 행위**이다. 프삼메티코스[81] 하에서는 이어서 사제단을 통해서 신전 토지의 (옛날의?) 양도가 1/10의 토지 소유권 변동 요금을 납부하는 것으로 보통 허용되었던 것으로 보인다. 이렇게 신전 토지

---

78) Chabas, *Oevres diverses*, 2, p. 164을 인용한 것이다.
79) Diensthaus를 번역한 것으로, 이 단어는 루터판 성서『출애굽기』13.3에 나온다. 한글로는 '종 되었던 집'으로 번역되었다.
80) partes agrariae: 라는 표현은 한 북아프리카 비문에서 나오는데, 베버는 이를 제정기 농장경영을 위해서 콜로누스가 노동을 수행하는 것을 의도하였다. 그렇지만 이것은 콜로누스에게 임대된 토지에 대한 할당세로 보아야 할 것이다.
81) Psammeticus I: 이집트 이름은 와히브레 프삼티크Wahibre Psamtik이며, 기원전 664~610년에 재위하였으며, 사이스에 근거를 두고 26왕조 개창한 인물이다. 기원전 664년 아시리아 왕 아루스바니팔을 총독으로 임명하였다. 이런 협조관계를 청산하고 프삼티크는 아시리아의 지배에서 이집트를 해방시킨다.

를 보유한 사람들은 스스로 일종의 영대차지인들로 바뀐다. 일시로 양도를 위해서 다시 등장하는 특별한 신의 결정은 늘 "입법자"로 알려진 아마시스82) 이래 최후로 줄어든다. 신전 토지에 대한 고대의 점유자 위계, 즉 신-신전 봉신 또는 봉신 사제-콜로누스는 다른 위계, 즉 신-영대차지인-콜로누스로 변한다. <90좌> 아마시스 치하에서 최초로 문서에 의한 소작 계약서가 발견된다.83) 그것은 일종의 용익 전대차계약이다. 이어서 -사료가 바르게 판독된 경우라면- 개인의 3분익 소작 그리고 특히 수익질(收益質) 소작이 등장한다. 콜로누스는 일방으로 (프레카리움의) 의무를 진 자로서 등장한다. 부동산을 **화폐** 지불에 대해서 양도하는 것도 이제 발견된다. 그래도 토지의 양도에 관한 사료에서는 가격이 기록되어 있지 않고 있으며, 이에 관해서 오히려 일종의 특별한 사료가 작성되어 있다. 현금 거래가 지배한다. 특히 소작과 관련하여 -언제나 판독의 정확성이 전제되어야 하는데(르비유!)- 집단 계약(2-15명)이 빈번한 점이 눈에 띈다. 많은 경우에 러시아어의 의미에서 "필요 계약"을 위한 하나의 계약 "소생산자 조합"이 아니라, 이것은 특별한 성격의 계약이며 또한 대규모 계약이었던 것으로 보인다. 그러나 이어서 토지는 자연스럽게도 작은 조각으로 재소작되었으며, 소작인 대중은 항상 영세 계약자로 남았다. 수확물 교체시기가 전혀 고려되지 않았으므로, 그 계약은 늘 그렇다고 볼 수는 없어도, 대개는 일 년 계약이 빈번하였다. 소작인은 모든 조세를 지불해야 하였으며 종자 곡물은 남겨놓았다. 신전 소작인이 지불해야 할 수확의 몫은 흔히 1/3에 달하였던 것으로 보인다.

그래도 분명 확실하게 일시로 -신뢰하고 읽혀지는 사료의 수가 충분하지 않은 경우- 이 시대에 대해서 이런 사정들은 확정될 수 없으며, 사실상 매우 오래 전유된 봉토와 선물과 더불어서 대인들의 손에 있는 개인 토지 점유의 의미와 분할도 마찬가지이다. 전체 토지를 왕, 사제, 전사에게로 삼분하는 것은 그리스 작가84)들이 주장하고 있듯이, 기껏해야 상황에 관한 일종의 과장이다. (에두아르트 마이어는 그것을 사실인 것으로 간주하는 것으로 보인다.)85) 대체로 토지의 절반은 전사들(마키모이)에게 속하였다는

---

82) Amasis: 아흐모세Ahmose 2세로 불림. 원래는 군대 장교였으나 키레네 정벌에 실패한 잔병들이 당시 파라오 아프리에스가 그리스인 군대로 권력을 강화시킨다고 의심하고 반란을 일으키자 이를 통해서 파라오가 기원전 570~526년에 통치한다. 아프리에스의 용병과 아마시스 토착군대의 대결에 관해서 헤로도토스, 2.169를 보시오.
83) 기원전 534년의 계약이다.
84) 디오도루스, 1.73.2-7.
85) Eduard Meyer, 『고대사Geschichte des Altertums』, I, Stuttgart und Berlin, 1909, pp. 565-7.

것은, 헤로도토스의 보고[86])에 따르면 계산상으로 받아들여짐에 틀림없기는 하지만, 신빙성이 전혀 없다. 신전의 점유가 람세스 3세 하에서 토지의 1/8을 넘지 않았고 최고로 1/5에 달하였고, 급격한 변화에, 때로는 세속화(아마시스)에 처하였다. 이후에는 람세스 왕조에서처럼 더 이상 중요하지 않은 것으로 실증된다. "대인들"에게 대여된 토지의 상당한 확대는 후대에 관해서도 의심될 여지가 없다. 그렇지만 왕은 최대 지주로 머물렀다. 인구의 다수를 형성하는 농민의 사실상 위치는 -그들이 "전사"나 그렇지 않으면 특권을 지닌 자들이 아닌 한- 더 후대의 펠라케[87])보다 전혀 나을 게 없었다. 고대의 작가들에게 이집트 농민은 언제나 일종의 프롤레타리아이며, 관료제 국가는 그에게 하나의 낯선 세력으로서, 이는 러시아의 농민이 자신들의 관료에게 대립하며, 얼마 안 되는 계약에 대해서 궁핍한 생을 이어가기 위해서 토지를 떠맡으며 조세 사취로 인해서 받아야 하는 채찍질에 대해서 오만불손한 것과 완전히 같은 것이다. 세련되면서 모든 것을 포괄하는 부역 및 조세 체계는 그리스인에게 "카스트 질서"로 보였는데, 사실상 그에게는 농민이 "소작인"이든 "소유자"이든 간에 마찬가지로 국가 기제에서 <90우> 어떤 다른 관계를 가능하게 할 수 없었다. 왜냐하면 이집트의 "조세수취"가 어떻게 형성되었는지 우리는 알고 있기 때문이다. 우선 관리들은 예기치 않게 도래하고, 부녀자들이 한탄하는 가운데, 온통 저주와 수색이 시작된다. 붙잡힌 조세 의무자는 발바닥 매질과 기타 고문 도구를 통해서 일종의 "신고"를 강요받는다. 그것은 (자신의 토지대장의 조세 할당량을 보증해야 하는) 관리들에게 충분하다. 그래서 "국가"는 (러시아 농민들에게 유사하게) 오리엔트 인들에게 맞선다. 오리엔트 인민의 뿌리 깊은 반(反)국가주의는 여기에 자신의 뿌리를 지니고 있는 반면, 바울로의 그리스도교는 이미 강한 순응을 의미한다.[88])

프톨레마이우스 시기의 이중언어 관행 즉 "자기의"(이디오티케) 그리고 "스스로 획득한"(이디오크테토스)[89]) 토지가 -프톨레마이오스에 이르기까지 전체 시기 동안에 지속된- 취소권의 위축 위에서 세습 재산으로 되돌아가는지는 완전히 결정된 것은 아니

---

86) 헤로도토스, 2.164-168.
87) Fellache: 시리아·아라비아·이집트의 경작 농민.
88) 당시의 논의에 따르면, 바울로가 노예제에 관해서 가지고 있었던 생각이 로마 국가제도에 순응하는 것을 의미한다고 보는 견해가 있었고, 더 나아가 바울로의 세계종교가 로마 국가를 법질서를 유지하는 세력으로서 보호하였다는 견해가 있었다. 후자의 견해는 베버가 1908년에 편집한 『사회과학과 사회정책을 위한 문서고』에 나오는 "사회학"에서 강조된다.
89) 두 희랍어는 각각 ἰδιωτική(개인에게 속한), ἰδιόκτητος(개인의 취득물)이다.

다. 아마도 프톨레마이오스의 최초 허용은 개인의 매매 토지를 전제로 하며, 이것이 새로운 것이었다는 것을 믿지 않을 정도로 근거가 부족한 것은 아니다. 후기 파라오 시기에 나오는 세습재산 목록은 소규모 소유권의 등장을 -이 경우 왕의 선사물에 대한 고래의 분할가능성이 그 자체로 배제되지 않는데- 지지한다. 그것은 흔히 세습 구성요소로서 "채원"을 열거한다.- 토지가 가족에 묶여진 것과 다혼(多昏)의 지속은 처(妻)에게는 자기 자신과 자신의 자녀의 위치를 계약에 입각하여 고정하는 것이 자연 매우 중요하게 하였다. 왜냐하면 당시에 성(性)의 영역에서는 사료의 지시에 따르면 이 후기 시대에 완전한 계약 자유와 이혼 자유가 성립하였기 때문이다. 재산공유 계약, 기증토지 계약, 고정 지대의 확정 특히 나중에 이슬람에서처럼 부녀를 위해 확정된 가계비는 특별히 실제 계약에 의해서 한 남자의 전 재산을 처의 자녀들에게 특히 장남에게 이양하는 것과 더불어서 존재한다. 이는 영어로는 '인테일 시스템'[90]과 같이 작동하였음에 틀림없다. 이집트 혼인에서 "수습(修習)"의 주장은 우화이다.[91] 프톨레마이오스 시기의 "미등록 혼인"[92]은 분명하게도 원래 일종의 "혼인계약"이 없는 즉, -로마의 "자유혼인"의 경우처럼, 남자를 통해서 값을 지불함으로써 자식에 대한 권리를 남자가 보유하는, 여자에 대한 수권[93]을 획득함이 없는 귀족씨족 관계이다.[94] -그밖에도 거의 모든 중요한 바빌로니아 법에 의한 계약, 이를테면 스스로 매각하여 입양되는 것도 발견된다. - 상속 재산 속에는 노예들이 가축, 가옥, 채원과 더불어 존재하며, 이들은 후대의 이집트에서도 왕, 사제, 관리에게 역시 별로 많지 않았다. 후기 파라오 시기의 농지 제도의 하나의 중요한 전체 상은, 모든 상세한 내용에도 불구하고, 당분간 우리가 지니고 있지 않다.

이집트는 우선 2가지의 제도를 지니고 있으며 후에는 다시 도달할 수 없는 완전성에 이르기까지 실현하였다.

  1. 공공봉사의 원리: 점유를 국가의 기능에, 점유자를 기능과 점유에 묶은 것. 그리고

  2. 관료제 행정.

---

90) entail system: 한사상속제, 신탁유증을 통해서 확정된 상속의 의미이다.
91) 이 가설은 원래 르비우가 제기하고 에어만도 가능한 것으로 생각하였으나, 나중에 알려진 문서를 통해서 입증되지 않았다.
92) ἄγραφος γάμος: 그렇지만 실제로 전해지는 사례에서 보면, 문서에 의한 협정이 언제나 동반되어야 한다.
93) manus: 손이라는 뜻에서 수권手權이라고 번역하나 여기서는 지아비의 권리인 부권夫權을 뜻한다.
94) 제정기 일반화된 "부수권" 혼인으로, 부인은 남편의 권리히게 있지 않고 친정아버지의 권한 하에 있으며, 자식은 남편의 부권에 속하는 형태이다.

두 원리는 고대 후기에 여기에서 세계를 정복하며, 이것들과 더불어서 <91좌> 그들의 상실되지 않은 그림자로서 피지배 인민의 "정치무관심 주의"를 지니는데, 이 생각은 줄곧 **국가소속**의 부정에서만 자신의 뿌리를 가지는 것은 아니다. 그러나 더욱이 가능성이 있는 것으로 보이는 것은 고대 노동조직의 가장 중요한 영업기술 제도들, 이를테면

 1. 훈련되고 병영에 있으며 부자유한 노동자(에르가스테리온)
 2. 부자유한 가내 노동,
 3. 콜로누스-부역 농장 그리고 그들의 상이한 결합이

다 같이 **이집트**에서 그 출발점을 가졌으며, 반면 개인 **기업이용**과 **자본 이용**의 형태는 주로 바빌론에서 그 기원을 가지는 것으로 보인다.

[3] 이스라엘

추방 이전[1] 이스라엘의 사정에 관하여 오히려 확실한 출처를 제시하는 것은 저 "입법들"의 문구뿐이다. 그것들은 의심의 여지없이 더 오랜 시기로 거슬러 올라가며 소위 신성함으로 인해서 전승의 사실에 대해 비교상 더 높은 정도의 신빙성을 제공한다. 단지 여기에서만 한 인민 자신의 입에서 **도시** 정착 이전의 한 시기부터 정치 권력과 사제 권력에 관한 보고가 이루어지는 것으로 보이기 때문에 그것에 의해서 제시된 상태에 대하여 잠시 살펴보는 것은 정당하다. 메르크스[2]가 새로운 묘사를 통해서 구체화해서 이 "율법"의 시기와 『신명기』 시기 간의 큰 문화 차이를 매우 강조하면서 인지하고 있다시피,[3] 사람들이 가장 오래된 "율법"(『출애굽기』 19장 이하)[4]에서 그것이 어떻게든 "원래" 상태, 즉 여전히 무엇보다도 도시의 그리고 화폐경제의 특질에서 자유로운 원시 농경민족의 법과 관련이 있다고 하는 주장은 확실하게도 전혀 유지될 수 없다. -언제나 그러하듯이- 가축이 부의 분화에서 가장 중요한 원천으로서 중요성이 크지만, 확실한 점 하나는 **역사상의 이스라엘인이 본래 유목 민족 또는 "베두인족"은 결코 아니었으며, 그들의 지배층도 아니었다**는 것이다.[91-1]

> [91-1] 특수한 베두인 법에 관해서는 내 생각에 사료상으로는 존재하는 것이 없다. 시나이의 종교 영감은 그 자체로서는 단지 야훼라는 오래된 산악 숭배가 시기상 이 가장 높은 산에 자신의 자리를 옮기는 것을 허락한 것을 지시할 뿐이다.]

낙타만 아니라 말도 없었으며, 초기 로마처럼, 황소는 무엇보다도 **역축**이다.[5] 가죽이 (이집트처럼) 최초의 의복 재료이다. 주식량으로서 곡물, 그와 더불어서 채소와 포도주가 처음부터 있었고, 기름도 마찬가지다. 매일 고기를 먹는 것은 자연스럽게 왕만이 할 수 있으며, 다른 사람들은 축제일에만 (그리고 그 후 헌물의 형태로서) 도살한다. 그러

---

1) 유다 왕국의 멸망기인 기원전 587년까지를 의미하는 것으로 보인다.
2) 메르크스는 베버와 같은 대학에 근무하던 동료교수로서, 이 3판 기고문이 간행되기 얼마 전 1907년 10월 15일에 『모세의 책들과 여호수아』를 간행하였다. 베버는 이 책에 의존한다.
3) 베버는 메르크스의 견해를 따르고 있다. (p. 35, pp. 44-48) 그리고 메르크스의 저서 p. 74에서 신명기는 기원전 7세기 전반으로 시기를 추정한다. 더 오래된 율법에 화폐경제가 존재하는가의 문제는 메르크스에 의해서 의도적으로 논쟁되었다. 같은 책 p. 28, 35, 48.
4) 이 기사는 『출애굽기』 19-24장에 나오는 내용으로 기원전 1000년 직전으로 메르크스가 추정하였는데, 현재의 연구로는 너무 이른 것으로 간주된다.
5) 로마의 토지면적 단위 유게룸(iugerum)은 소 한 겨리(iugum)가 하루갈이 하는 것을 말한다.

나 이를테면 치즈의 특별한 의미에 관해서 (그리스 초기처럼) 우리는 아무 것도 알지 못한다. 가축 점유는 다른 곳에서나 마찬가지로 여기에서 부자의 징표이고, 실제로 왕의 손에서 규모가 거대하다. 그 아래에 있는 양(羊)은 토지의 특성이라는 근거에서 모직 의류의 진전과 더불어 하나의 큰 역할을 수행한다. 토지 경작 (쟁기질, 시비법은 보다시피 별로 발전하지 않는다) 그리고 제빵술은 (손절구, 구이판은) 매우 원시상태이다. - 어쨌든 언급된 바에 따르면, 『신명기』에 대비하여 옛 법이 가축 점유에 대한 관계를 판단하는 더 큰 고려에도 불구하고, 히브리인은 <91우> 당시에 특히 가축을 키우는 인민으로 보이지는 않는다. (『창세기』 47장 3절6)은 이집트 인에 대해서 그 반대를 힘주어 강조한다.) 그러나 물론 왕이 등장하기 이전의 히브리인은 "저편"7)으로부터 즉 동부 요르단 땅에서 강을 넘어서 그리고 나서 더 나아가 산악 지대를 넘어서 나아갔으며 이제는 더 나아가 해변을 향하여 매우 이따금 교대하여 밀고나갔고 그들 편에서 곤궁에 처한 "산악족"이었으며, 그들은 산기슭의 생산물로서 "젖과 꿀"을 중요시한다. (그리스어의 의미에서) "판관"8) 즉 "모세"가 그들에게 "율법"을 줄 때, 그들은 최초로 하천이 흐르는 골짜기에서 거대한 가나안의 도시들을 정복하는 데 일부 성공한다. 그들의 힘은 중요도로 보아서 요셉 부족에 의해서 선점된 산악 계곡에 있으며, 그들은 -아이톨리아 인과 삼니움인과 같이- 평지로 쇄도하며 점차로 그것을 장악하게 된다. 여기에서 교대로 팔레스티나 및 기타 도시 왕정의 주권에 도달하며, 그들을 분쇄하고, 이 위에 동쪽으로부터 그들을 위협하는 사막 족을 제압하고 흔히 그들에게 공납의 의무를 부과한다. 그러나 이집트에서 한 파라오의 "종 되었던 집"의 부역 농민으로서 그들의 체류의 실체에 관한 질문은 완전히 도외시한 채(『출애굽기』 20장 2절, 이집트의 사정에 관한 매우 올바른 인식은 -요셉이라는 명칭 자체가 역사적이다9)- 이 부분의 저자 편에서는 충분히 확실하지만, 자연스럽게 그 지역 근처에는 그 자체로 아무 것도 입증해 주는 것이 없다), 오랫동안 그들의 출현 이전에 등장한 시리아 도시 문화의 영향은 의심의 여지가 없다. "율법"은 단지 정착하고 있으며 농경하는 민족을 전제로 할 뿐 아니라, 또한 집단

---

6) 요셉의 5 형제가 파라오에 대해서 자신과 선조를 양을 치는 목자로 지시한다.
7) 이 표현은 '히브리'라는 이름이 가진 뜻이다.
8) 이는 원래 상고기 그리스 폴리스에서 내적인 위기가 있을 때 전권을 위임받은 조정자와 입법자를 의미한다. 이 개념을 모세에 대해서 쓴 사람은 벨하우젠이다. (Wellhausen, 『이스라엘 역사입문 *Prolegomena zur Geschichte Israels*』, 6, Berlin, 1883, p. 341 이하)
9) 『출애굽기』 20.2에 이집트는 "종 되었던 집"으로 언급된다. 요셉의 이름에 관해서 베버는 이집트 땅에 대한 주인(『창세기』 45.8 "온 집의 주")의 의미를 결부시킨다.

점유에 관하여 어떤 흔적도 없다. 또한 적어도 통상 단지 가족 간의 교역 대상일 뿐일 때, 경지와 대지는 완전히 전유되어 있다. 아테네에서 확실하지는 않지만 적어도 불가능하지도 않았던 주장에 따르면, 최초에 드라콘이 제거했던 살인자에 대한 복수에 대한 주장은 "원시" 상태에 대한 증거가 결코 아니다. 마찬가지로 가축으로 배상액을 결정하는 것은 그리스와 로마의 역사 시대에 깊이 들어와 있었고, 귀금속의 절대 부족보다는 당시의 저장의 **변동**에 상응한다. 무조건 요구하는 데에 따라서 금으로 지불해야 하는 의무는, 수메르인에게서 그리고 함무라비 치하의 바빌론에서 마찬가지로 솔론 치하의 아테네에서 그리고 대체로 어떤 시기이든, 농민들에게 위험하며 원한을 사는 것이다. "법"은 독특한 방식으로 선한 옛 가장의 윤리 확정을 농민 채무자의 이해관계와 묶으려는 노력을 보여준다. 이것은 서양의 모든 "입법자들," 이를테면 잘레우코스, 카론다스, 피타코스 혹은 솔론에게 공통이다. 십계(十誡)는10) (순수하게 종교 관련이 아닌 의무에 대해서) 부모에 대한 효성, 외국인과 혼인에 대한 주의, 살인과 절도의 금지, 법 절차의 확실성 그리고 일상 거래에서 지켜야할 신의(메르크스가 표현한 것처럼-타인의 점유에 대한 모의를 하지 않기), 마지막으로 –가장 고유하고 가장 중요한- 안식일 휴식의 준수와 <92좌> 노동자·노예·가축에 대해 안식일 휴식의 승인을 명한다. 이 후자에 관한 "사회정책상의" 근거에서 규정들을 생각하는 것은, 비록 그 계명이 의심의 여지가 없다고 하더라도, 종교상의 동기는 널리 매우 공공연하게 강력한 세력을 입증하고 있으므로, 타당치 않을 지도 모른다. -그러나 반드시 그런 것은 아니다.- 오로지 채무 노예에게 도움이 되었다. 그러나 간결하게 십계 속에 미리 제시된 이 생각을 "법"과 관련하여 하나씩 논의해보면, 점유 및 권력 분화의 결과에 대해서 **공동의 자유를 보호하는** 것이 언제나 입법에서 가장 강력하게 등장하는 동기라는 점을 알 수 있다. 여기에 속하는 것은 무엇보다도11)

1. 이스라엘인으로서 채무 노예가 된 자들을 시기상으로 제한한 것,

2. 무법한 노예화에 대항하여 보호하는 것,

3. 노예(즉 주로 원문이 지시하는 대로 채무 노예)와 자유인의 혼인을 확실하게 인정하는 것,

4. 마찬가지로 여자에게 팔린 이스라엘 여인을 통상 구매된 여자 노예와 동일한 취급을 받지 않도록 보호하는 것,

---

10) 『출애굽기』 20.1-17.
11) 이하의 내용은 『출애굽기』 21-23장을 요약한 것이다.

5. 주인이 시키는 어렵고, 특히 죽을 수 있는 신체훼손에 대해서 (채무-)노예를 보호하는 것,

6. 가축을 통한 상해를 입지 않게 보호하는 것이다. -이와 관련해서 가축의 점유가 귀족 점유의 주요대상이기 때문에, 이것이 독일의 "야수의 해독"12)에 관한 논쟁의 대상이 되었다. (즉 가축에 대해서도 사람처럼 복수의 권리를 행사할 것이라는 점은 많은 고대의 법들에 공통이고 고대 로마의 손해배상 의무에서 나머지로서 고착되고 있다. 이때에 가축은 "동종의 본성에 반대하여" 손해를 끼치는 것이다.13) 근대인은 이미 반대의 것을 기대하므로 따라서 유대의 법은 근본에서 "더 근대적"이다.)-

7. 차압을 제한하는 것도 "농민 보호"이다(채무자의 복장의 자유). 그리고

8. 후에 "이자 금지"로까지 성장하는 권고는 거래상 채권법의 힘을 동족에게 행사하는 것을 허락하지 않는다.

9. 살해 및 피에 대한 권리의 규제와 형사상의, 즉 복수권의 기본 원리는 여기에서는 어쨌건 모든 고대 "입법들"에서와 마찬가지로 자연스럽게 이 범주 하에 속한다. 즉 분화되는 교역 경제로 인해서 성장하는 부유한 평의회 귀족의 관습에 따른 권력 남용에 대항하여 공동의 자유를 보호한다는 범주이다. -그러나 여기에서 겉보기에는 재판을 위해서 확정된 법정이 있어서 **지속해서 통제**되는 것을 전제로 하지는 않는다.- 법의 굴곡이 (표현상으로는) 가난한 자들을 위해서도 부자를 위해서도 제시한 법조문들은, 고대의 대부분 "입법자들"의 경우처럼, 입법자가 계급 대립을 **중재** 간섭을 통해서 없애고자 하는 상태에 상응하였다. 그러나 분명하게 강력한 권고는 이스라엘 인 거주지 근처에 그리고 때로는 가로질러서 다니는 거류외인에게14) 상업 거래를 억압하지 말 것을 지시한다. 자명하게도 귀금속 화폐도 어떻게 그 자체로부터 나오는지 법에 매우 잘 알려져 있다. 화폐가 그 법조문 안에서 작은 역할을 수행하고 있다는 점은 우선 교역 기술에 놓여 있으며, 그로부터 나오는 법에 입각한 화폐 취급이 고대 오리엔트에 기반을 두고 있다. 그와 더불어서 아주 옳게도 완전히 자연경제의 농민층 전통을 **유지하는** 데에서

---

12) Wildschaden: 이 말은 사냥으로 인해서 야수가 피해를 입힌 것을 말한다. 이를 위해서는 사냥 권리자가 원칙상 보상책임이 있다. 이는 프로이센에서 1891년에 새로운 법 규정이 되었고, 1900년에는 시민법전에 수록된다.
13) contra naturam sui generis: 로마의 12표법에는 가축을 넘길 것인가 아니면 금액을 변제할 것인가를 가축의 채무부담 조건에 따라서 선택하도록 하고 있다. 이 경우는 물론 본성에 반한 경우이다. 이 원칙은 로마법에서 중세로 차용된 것이다.
14) 여기에서는 그리스의 메토이코이의 개념이 적용되었다.

법 제정의 <92우> "사회정책" 측면이 놓여 있을 수 있다. **농지는 제 7년째 되는 해에 경작하지 않도록** 하는 계명이 그런 형태로서 진지하게 고려된 율법에 속하였는지는, 사실상 성격에 따라서 보아, 문제의 여지가 있다. 이 "안식년"은 가장 오래된 상태(『출애굽기』 23장 10-11절)에서 "가난한 자"를 -여기서는 즉 토지가 없는 자를- 위한 지시로서 제시되고 있다. 이 해에는 가난한 사람들이 농지의 열매를 먹을 수 있음에 틀림없을 것이다. 단지 그 지시를 우리에게 오늘날 제시된 형태의 유토피아 성격으로 치장하고 농업기술이든 사회정책이든 (아마 원래 담보 점유자에 대해서 -바빌론에서 매우 흔히 그리고 아테네에서 분명하게15)- 담보 토지조각 위에서 콜로누스로서 정착하고 있는 채무자들에게 유리하게 전개되거나 또는 보통 계약 반송 등으로서) 이치에 맞게 설명하려는 모든 시도는 경솔한 것으로 보인다. 왜냐하면 **종교상으로** 동기가 부여된 "씨뿌리기"에 대한 금지는 후자와 같은 종류의 의미 부여에 반대하기 때문이다. 후대의 신학상 의미 부여자들의 삽입구가 중요한 것이 아니라면, 문화상으로 우리에게 이 결정들을 실행하는 것은 솔직히 아무 것도 없다. 한편 거꾸로 한참 후에 정리된 모세 5경의 한 부분에 속하는 소위 "요벨의 해"16)는 우선 영리추구에 반대하는 **담보** 점유의 [이는 대체로 토지의 **사실상** -부득이한- 양도의 고(古) 형태의 하나를 묘사한다.] 최대 기간을 정하고 그 이후에는 채무가 토지의 소득으로부터 말살되도록 하는 기한 설정으로서 경제상 오히려 매우 분명한 것일지는 모르나 유명한 "회색 이론"으로 남는다. 사람들이 학문상으로 "소화되지 않는" 부분을 제외한다면, 보다시피 모든 나머지 결정들은 그것들의 기본 원리 안에서 신분 전쟁의 조정을 위해서 서양에서 제시된 많은 입법과 완전히 유사한 성격을 지니고 있다. 사람들이 순수하게 그것들을 그 자체로 주목하는 경우, 그 법들이 후자처럼 **도시** "귀족씨족"으로 인해서 농민이 채무 예속화되는 결과를 조정하기 위해서 허용되었다고 믿을 수 있을 것이다. -그리고 이어서 필요한 용량의 환상을 가지고 가나안의 (이를테면 시켐에서 매우 오랫동안 유지되고 있는) 도시 귀족이 혈통 귀족을 의미하고, 이스라엘 인들이 봉기하자, 성직자들에 의해서 조직된 평민을 의미할 수 있다. 후자는 "율법"에서 자신의 대헌장17)을 강제한다. 이점에서 그에 관해 아무 것도 진지한 이야기가 있을 수 없다. 오히려 추정이 가능한 것은 "율법"이 -자신의 순수한 종교

---

15) 아테네의 헥테모로이를 염두에 두고서 진술한 것이다.
16) Jobeljahr: 흔히 희년(禧年) 혹은 성년(聖年)으로 번역되어 있다.
17) 이 개념은 『신명기』 24장 10절에 나오는 차입금지를 의미히는데, 이를 마그나 카르타라고 언급한 곳은 메르크스, 인용된 책, p. 66면이다.

목적과 더불어서- 눈앞에 놓여있는 해안 도시로 들어갔던 명문가들을 통한 농민의 예속화를 향한 발전을 방해하고, 고래의 공동 자유를 유지하기를 원하였다는 점이다. 이 주장은 언제나 많은 기타 새롭게 제시된 가설18)보다는 덜 환상일지도 모르지만, 확실한 것은 아니다. 그런 투쟁에서 소위 판관 시기에 이스라엘 인들은 보병 전사였고, 그들의 적들은 기병이며 전차전을 벌이는 도시 왕정이라는 점은 가장 오래된 문헌자료인 드보라19)의 노래(『사사기』 5장)에서 분명히 나오고 있다. 또한 그들이 자신의 승리를 "대인"에 대한 공동 자유의 승리로서 주목하였는데 (이들은 그들의 굴복으로부터 자신을 위한 곡물세와 "알록달록하게 수놓은 옷을" 기대하였다.) 이는 아마도 스위스 인들이 <93좌> 기사들에 대하여 자신들의 전투를20) 한 것과 마찬가지이다. 이제 얼마나 오래 이 공동 자유가 "시골의" 것으로 불릴지는 사료로 보아 매우 의문시된다. 드보라의 노래는 또한 이스라엘 편에서는 (시스라21)에 대한 전쟁에 끌어들여지지 않고, 그로 인해서 노래에 저주를 받은) 하나의 도시22)와 그 "시민"을 인식하고 있다. 이것과 그밖에 다른 이스라엘의 "도시들이" 당시에 얼마나 자유로웠는지는 분명하지 않다. 판관 시기에 대한 전승에는 다수(30개)의 "촌락"을 "차지하고 있는" 명문가23)와 더욱이 도시에 정착하는 가나안 출신의, 그러나 이스라엘 인들과 인척이기도 한 귀족이 (세겜에서)24) 나타난다. 그리고 전체 판관 시기는 대체로 수자와 재산 또 노예보유 면에서 강력한 몇몇 귀족 씨족이 되풀이하는 일련의 찬탈이다. 이들은 자신의 콜로누스를 무장시키고 그들의 머리에서 팔레스티나 도시들과 사막 부족에 대항한 끊임없는 복수극에서 주도권을 잡는다. - 이는, 다른 본보기를 따르면, "집주" 이전에 해당함에 틀림없다. 그러나 매우 다른 방향 전환을 지시하는 상태이다.

---

18) 베버가 어떤 가설을 염두에 두었는지는 분명하지 않다. Bezinger, Immanuel, *Hebräische Archäologie*, 2, 1907, pp. 267-270에 따르면, 이 율법의 세속 부분은 우선 함무라비 법전의 반영이고, 법정 언어와 문서는 오랫동안 이스라엘에서는 바빌로니아식이었고 설형문자로 기록되었을 것이라고 간주된다.
19) 이스라엘의 여선견자며 판관으로서 기원전 12/11세기로 추정된다. 바락을 불러서 대 가나안인에 대한 전쟁을 하도록 하였으며,『사사기』5장에 전해지는 노래의 저자이다. 특히 베버는 22절과 28절에 주목한다.
20) 이 전투는 1386년 오스트리아의 공작 레오폴트 3세의 기사군에 대해서 자조의 조직을 갖춘 농민이 승리한 것을 말하다. 루체른 서북의 젬파흐Sempach에서 있었다.
21) Sisera: 드보라와 바락에 의해서 패배한, 가나안 지역 왕들의 연합의 대표자이다.
22) 메로스Meros라는 명칭의 도시인데, 어디인지는 밝혀지지 않고 있다.
23) 『사사기』 10.3-4에 나오는 길르앗 사람 야일을 말한다.
24) Sichem:『사사기』9장에 나오는 아비멜렉을 일컫는다. 세겜은 예루살렘에서 북쪽으로 45km 떨어져 있다.

팔레스티나 사람들에 대한 자유 전쟁은 이어서 왕정을 창출하였다. 사울이 소집한 부대는 애초 국민 부대이다. 그러나 인민의 왕정은 급격히 변화하였다. 팔레스티나인의 영웅들은 "어려서부터 용사"(골리앗, 『사무엘상』 17장 33절)인데, 전설에서 그들에 대한 다윗의 대결에서 영웅다움은 야훼가 함께하는, 훈련되지 않은 농민들 사이에서 찬양된다. -이런 이야기는 경향성이 없지 않은 것이다.25) 왜냐하면 더 많은 보고에 따르면, 왕을 따르는 장교들과 무기를 쓰는 데 익숙하고 장기간 유지되는 왕의 "종복"인 씨족으로 이루어지는 확고한 기간요원의 발전은 피할 수 없는 것26)이기 때문이다. 틀에 박힌 12 씨족 구성은 달의 교체에 따라서 왕과 군대를 위한 현물 부담의 할당이라는 목적에 기여한다. 그것들이 오래된 씨족연대에 연관될 가능성이 매우 높으며, 그리스의 전사 국가들이 그러하듯이, 그 자체로서는 동일한 의미를 지니는 인위로 만든 필레였을 것이다. 일찍이 다윗의 치하에서 그리고 바로 솔로몬 치하에서 왕국은 오리엔트 부역 국가의 특징을 지니기 시작하였다. 확정된 수도, 보물의 축적, 징병과 더불어서 외국인으로 이루어진 친위대, 건축물이 있다. 후자를 위해서 장인들은 초빙되지만 재료는 부역으로 동원하여 운반된다. 도시 영주와 전차를 가지고 하는 전술은 이제 이스라엘에 들어온다. 이는 (아합에 관한) 성서 그리고 아시리아 보고에서 지시하는 바와 같다. 항상 여전히 민족으로 이루어진 군대가 자신의 의미 속에서 생겨난다. 왕의 시기에 나오는 사후 보고들은 그 군대가 자기 무장과 게다가 넉넉한 토지 점유에 의존하고 있음을 지시한다. 므나헴의 공납과 "부자들"에 (로마식으로 '아시두이') 대한 할당에 관한 보고27)는 중요한 수자(6만?)의 무장 능력이 있고 의무도 있는 가계를 지시한다. 아시리아의 사료에 따르면28) 아합 왕은 2천 대의 전차와 1만 명의 병력을 야전에 배치한다. 사무엘이 이스라엘 사람들을 협박한 대로, 왕의 전사들에게 이스라엘 사람들의 비용으로 토지를 수여하는 것이(『사무엘상』 8장29)) 적어도 왕의 전차병을 위한 것으로서 생겼는지 아니면 이집트 인들과 도시 국가들의 관계가 낳은, 왕의 권력에 대한 악마의 상에 불과한

---

25) 『사무엘상』, 17.34-51의 내용을 지시한다.
26) 『사무엘상』, 8.14-15을 근거로 한다.
27) 『열왕기하』 15.19-20에 보면, 므나헴은 북이스라엘 16대 왕으로서 아시리아 왕의 환심을 사기 위해서 은 1,000 탈란톤을 주고, 대신 이를 각 부장에게 50 세겔씩 할당하고 있다. 이스라엘 탈란톤은 3,000 세겔이므로, 1,000×3,000÷50=60,000명에게 할당한 셈이 된다.
28) 이 자료는 마이어E. Meyer, 『고대사Geschichte des Altertums』 Stuttgart, 1884, 1, p. 393에 나온다. 이 전쟁은 기원전 853년 북시리아에 잇는 카르카르Qarqar에서 살마나사르Salmanassar 3세에 대해서 벌린 것이다.
29) 14절과 15설을 의미한다.

것인지-후자가 <93우> 더 가능성이 있어 보이지만- 결정할 수는 없다. 후속하는 시기의 역사는 군사 조직의 결과가 여기에서도 경제상 자기 부담과 무장 훈련에 능력이 있는 "명문"의 지배라고 하는 점을 언제나 전해준다. 이점은 이제 갑자기 등장하는 순수 혈통과 출신에 대한 관심, 영웅의 역사에 대한 관심의 성립, 족장의 전설과 무엇보다도 (뒤를 보시오) 『신명기』가 수많은 규정에서 알게 해준다. 무장 능력이 있으며 그 존재가 등재되어 있는 명문가에 속하지 않은 사람은 적어도 전혀 토지 점유가 없는 사람으로서, 법으로는 주변인으로서 간주된다. 또한 "부유한 이스라엘"에서 항상 되풀이되는 대로, 군대가 왕권을 마음대로 하는 것은 이 상태에 상응한다. 이것은 또한 고대 민족국가 "쇠락"의 원인이기도 하다. 왕권의 집중화와 "폴리스" 예루살렘에 대한 경배의 시작은 오리엔트 전체에서 아주 잘 알려져 있으며 거의 모든 국가 형성과 더불어서 고래의 군사 귀족과 사제 귀족들이 새로 만들어진 중앙 도시에서 전개되는 대립을 낳게 된다. 전자들은 자신의 고향에 있는 귀인에 대한 지방민의 오래된 숭배에 그리고 그와 동시에 자연스럽게 왕권을 군대 아래에 굴복시키는 것에 관심을 지닌 자들이다. 후자는 왕에게 "합법성"을 부여하며 더불어서 무엇보다도 자신의 편에서 지배하기 위해서 그리고 지방 종교를 근절하기 위해서 "복속민"의 노동력에 대한 권위에 의한 처분을 요구한다. 이런 대립은 실로 우선 이집트 식으로 무자비하게 복속민의 부역을 착취하였던 바로 솔로몬 -그는 사실상 자신의 아들30)과 마찬가지로 이집트 봉신이다- 직후에 명백하게 단절되었다. 오래된 이스라엘의 (부역 국가로의 발전을 거부하였던) 핵심혈통에 대한 "배반"31) 이후, 이제 "유대" 국가가 원래의 도시 왕정으로서 마침내 예루살렘으로 집중하였다. 때로는 이집트에 의존하다가, 나중에는 아시리아에 조공을 바치게 되는데, 점점 더 관료제 도시국가의 성격을 취하게 되는 것이 명백하다. 왕국의 국제 세력이 침하하고 메소포타미아 국가들의 야만 침략전쟁을 앞두고 근심하면서 종교 규율의 힘이 커지자, 기원전 622년에 요시야 왕의 지배 하에서 예루살렘에 있는 도시 사제단이 국가의 지배권을 획득하고 "모세의 법,"32) 즉 『신명기』를 부여하는 것이 가능하게 된다. 왕은 "유다"에서 "정통의" 지배자가 되는데, 다른 말로 하면 다윗의 자손으로서 간주되었음이 틀림없다. 그러나 이를 위해서는 그에게 "재보"와 기마 종사의 점유가 금지33)되며,

---

30) 솔로몬의 후계자로 남 유다왕국의 르호보암Rehabeam을 말한다.
31) 북이스라엘과 남 유다의 분리는 "배반Abfall"으로 여겨졌다.
32) 『역대하』 34.14-15.
33) 『신명기』 17.16-17.

또한 자신의 정통성이 예루살렘의 **사제단**을 통한 추첨 신탁의 조회와 연관되어 있다. 그곳에 있는 신전이 예배장소로서 독점하는 현상은 확고해지며, 지방 사제단은 "은퇴하도록 정해졌으며," 점차 도시 사제 명문족의 노복층으로 떨어진다. 동시에 이 강력한 정치상 권력 변화와 더불어서 국가 및 사회의 관계가 이제 재조정된다. 이 재조정은 옛 법의 시대와 대비해서 일종의 광범한 상태 변화가 야기됨을 지시한다. 십일조가 -신전 도시에 상당히 멀리 떨어진 이유로 해서- 돈으로 납부될 수 있었음이 틀림없으므로 그런 조정은 널리 퍼진 화폐경제를 <94쪽> 전제로 하며, 지방 사제의 계층 탈락은 중앙 신전에 유리하도록 지방에 세속 판관의 신설로 이어진다. 이것은 오리엔트에서는 확실하게 매우 독특한 상황이다. 그런 사정은 -대체로 오리엔트에서 아마도 그러하였을 것처럼- 판결하는 관료제가 시작되도록 충격을 주었다. 여기에서는 이미 (겉으로 보기에) 수메르 왕들의 시기에 설명된 행정 조직과 마찬가지로 관료화와 신정정치화는 손에 손을 잡고 간다. 지방에 있는 곡물창고의 "빈민을 위한 정책" 구상에서는 매 삼년마다 십일조의 연간 부과액을 처분하도록 규정되는데, 이 조치는 오리엔트의 신정정치-관료제 도시왕정의 유형에 동일하게 상응한다. 그러나 다른 면에서 보면 "이집트의 부역 가계", 다시 말해서 솔로몬처럼 파라오의 방식을 따라서 자신의 권력을 나름의 상업 그리고 복속민의 부역과 조세를 이용한 성채 건설과 창고 건설을 ("국고성, 병거성, 마병의 성" 『열왕기상』 9장 19절) 통해서 유지하는 왕정에 대한 부정(否定)이 등장한다. (이스라엘의 이집트 체류에 관한 옛 전승의 실체를 의심하는 사람은 이 사상체계, 예를 들어 사무엘에서 -『사무엘 상』 8장과 12장- 언급되고 있는 것처럼 -이미 옛 법에서- "이집트"가 주로 오리엔트 공공봉사 왕정의 억압에 대한 민중 저항의 **유형**을 오로지 제공했다고 주장할 것이다. 이 억압에서 사제들이 일찍이 판관 모세를 통해서 구원했는데, 구원받은 인민이 이제 다시 요청하게 된 억압이다. -자연히 여기에서 이 주장을 대변할 필요가 없다.) 『신명기』는 이미 옛 법처럼 그리고 대체로 신정정치의 입법처럼 가진 자들의 권력남용을 저지하는 보장을 증진시키려고 시도한다. 옛 법의 차압 제한, 즉 담보 취득을 위해서 채무자의 집에 들어가는 것은(『신명기』 24장 10절) 절대 금제로 되며, 가내용 맷돌의 차압이 금지되며, 아버지를 대신해서 그리고 거꾸로 형사 재판에서 자식들을 담보하는 오랜 관행은 제거되며,[34] 남자를 (이제 부녀자와 아이들을) 약탈하는 행위는 사형으로 위협받는다.[35] 임금은 당일에 지불하도록 하며,[36] 채무의 상환이 안식년에는 중

---

[34] 『신명기』 24.16.
[35] 『신명기』 24.7.

단된다. (메르크스는 『신명기』 15장 3절의 구절을 매우 정당하게 밝힌다.) 자기 매각을 통해서 예속상태로 전락한 자들을 제 7년에 해방시키는 것[37]을 명심시킨다. 마지막으로 그리고 무엇보다도 외국인과의 교역의 경우 이자 취득을 제한한다.[38] 하여간 이 조치의 실제 의미는 거류외인에 대하여 (그리고 아마도 바빌로니아의 예를 따르면, 신전에 대한) 활발한 이자 대부업의 잠정 축소일 가능성이 있다. (이미 『신명기』 15장 6절은 바람직한 결과로서, 유대인은 외국인에게 빌려줄지라도 외국인에게서 빌리지 않으리라는 점을 강조하므로, 이것은 가능성이 있다.) -『신명기』의 가족법 규정은 가족의 구성 그리고 사람들이 그것을 보는 관점도 파악되는 변동을 보여준다. 자녀의 효도 책임은[39] -단지 제멋대로의 살해를 제외하면서- <94우> 뚜렷이 강조된다. 그러나 오래된 가부장주의는 심하게 훼손된다. 율법의 시대에 혼인 대금(모하르)[40]을 가지고 얻은 부인은 -대금이 지불되지 않고 따라서 (모든 고대 법에서처럼) 자신의 씨족에 머무는 자와 대비하여- 남편이 구입한 동산 보유에 단순히 소속되며, 딸은 아버지의 거래품에 소속된다. 오직 정혼한 여자만이 이스라엘 여자로서 구매된 여자 노예처럼 교역대상으로서 취급받는 것에 대해서, 그리고 아들이 매각을 통해서 **장기간** 노예 노릇하는 것에 대해서 보호된다. 그에 비해서 사생아 그리고 "매춘녀의 자녀"는, 스스로 부친이 그들을 인정하는 경우, 상속에 참여하며, 부친은 자신의 물건을 제멋대로 자녀들 아래로 분할할 수 있었다.[41] 이것은 당시에 크게 변화하였다. 사실상 **규정으로서** 지참금을 확정한 것은 (지참금에 대한 **바빌론식** 명칭이 지시하는 바) 애초 출애굽 이후이며, 마찬가지로 과부 혼인(케투바=남편의 편에서는 양도증서)을 위한 확고한 원칙의 형성도 그러하다.[42] 그리고 상속에서 딸을 제외하는 것과 혼수 요구를 제한하는 것은 마찬가지로 오랫동안 -다른 곳에

---

36) 『신명기』 24.14-15.
37) 『신명기』 15.12.
38) 『신명기』 23.20.
39) 『신명기』 21.18-21에 성읍의 장로에게 먼저 말하도록 한다.
40) mohar: 19세기 중엽 만들어진 이 히브리어는 아랍어 mahr와 동족어이다. 이것은 고대 이스라엘과 오리엔트 유대인의 관습인데, 신랑은 신부나 장인에게 지불하면 이는 혼수감 장만과 신부의 재정독립을 위해서 사용되었다.
41) 이에 대한 예는 후처의 몸에서 난 자식들에게 아브라함이 증여한 것이다. 『창세기』 25.6. 같은 장 9절에서 이삭과 이스마엘이 아브라함의 장사를 같이 드리는 모습을 볼 수 있으며, 그밖에도 이집트 인 하갈의 아들 이스마엘을 공동상속자로 만들고 싶은 의도가 있었다. 『사사기』 11.1절과 2절에 입다Jephtha는 공동상속자가 될 수 있으므로 자신의 이복형제에 의해서 쫓겨난다.
42) Ketuba: 케투바는 원래 히브리어로 기록된 것이라는 뜻이며, 사망이나 이혼의 경우 남편이 부인에 대해서 지는 책임을 확정한 문서이다. (『미쉬나』, 3.2)

서처럼 이곳에서 인민의 병역 의무부담과 같이- 지속되었다. 그러나 언제나 가부장 부친의 의지는 줄어들었다. 부친은 장자에게 자신의 (두배의) 상속 분깃을 허용해야만 한다.43) 그는 어떤 "맘세르"(사생아 또는 허용되지 않은 잡혼에서 나온 아들)도 상속자로 만들 수 없다.44) 전체 오리엔트에서 원래 부친의 하렘을 아들에게 혼인시키는 것이 금지된다.45) -사실상 전후에 남편을 위해 제멋대로의- 이혼 형식은 규정된다. 이 (많은 다른) 규정에서 준비되는데 의심의 여지없이 다른 곳에서처럼 여기에서도 딸을 더 이상 순순한 교역대상으로 취급하지 않고 오히려 딸을 과부로 그리고 자식을 상속자로서 남편의 자의에 대해서 보호하려고 하는 부인의 씨족의 힘을 통해서, 부녀자의 위치의 진전은 유도된다. 이 현상은 **도시 정착 "명문가"**의 관점(『신명기』 22장 23절. 도시 영역에서 약혼파기에 따른 처벌가능성의 축소를 비교해 보라), 순수 혈통, 자녀의 위치에 대한 확고함에 대하여 증가하는 요구에 그리고 이와 더불어서 군사 이해관계에 관련된다. 일부다처는 -비록 양으로 제한되었을지라도- 자연히 잔존하였다. 그리고 육체의 혈연 유대를 그런 것으로서 주목하지 않는 가장 오래된 법의 입장은, 가부장 설화에서, 여주인에게는 지참금인 여자 노예의 자식에게 권리를 주는 것에 남아 있다. 그러나 이스마엘의 전설이 지시하는 바, -결정내리는 집단이 "시집가지 않은 여자의 아들을"46) 상속에서 배제할 것을 이스라엘에서 요구한다. 병적대장에 있으며 경제상으로 능력 있는 명문가의 지속을 위해서, 다른 곳에서와 마찬가지로, 이곳에서도 여자 상속인의 권리가 기여하며 아울러 시동생과 과부의 혼인도 그러하다. 무자식으로 죽은 자에게 그 미망인으로부터 "씨"를 "소생시키는 것"이 최근친의 권리와 의무이다.-47)

토지 점유는 자연히 부계친척의 회수권에 (후에는 선매권에) 묶여 있다. 그밖에 그것은 역사 시대에는 양도할 수 있고 저당으로 설정할 수 있다. <95좌> 상속된 재산의 매각이 수치스러운 것으로 또는 죄가 있는 것으로 간주되는 사실은 일반 발전 도식과 인민의 군사 성격에 상응한다. (아합과 나봇의 역사를 참조하시오. 『열왕기상』 21장)48) 가족토지의 경우 부계친척의 회수 의무는 분명히 이집트 탈출 이후에 생긴다. -왕정 시기에

---

43) 『신명기』 21.15-17.
44) Mamser: 이 히브리 단어 맘세르mamzer가 사생아인지는 논쟁의 여지가 있다. 『신명기』 23.2 참조.
45) 『신명기』 22.30.
46) 베버는 『창세기』 21.13을 참고하였으며, 이 경우 이스마엘을 지시한다.
47) 『창세기』 38.8에는 자위행위로 유명한 오난의 이야기가 나온다. 『신명기』 25.5.
48) 아합은 북왕국의 왕으로 기원전 871-852년에 재위한다. 나봇은 3절에서 조상으로부터 물려받은 땅을 팔 수 없다고 서절하고 죽임을 당한다.

도시 발전이 강화되면서 늘 수공업의 확실한 발전이 이루어진다. 『출애굽기』 31장 1절 이하에는 섬세한 성전 장식작업에 대한 관리를 이를 위해서 소환된 예술가 가족이 분명 세습하여 맡고 있는 것으로 여겨진다.49) 아울러 솔로몬 성전 건축을 위해 왕은 페니키아의 건축 장인을 초빙한다.50) -그와 대비하여 예루살렘이 파괴되는 때에는 군사상 중요한 대장장이와 목수가 "전사"로서, 즉 공공봉사의 의무를 진 자로서 [로마의 공인(工人) "파브리"처럼)]간주되고 아울러 그렇게 지속된다.51) 그밖에 발견되는 수공업자들은 (도시에서는 제빵사, 표백업자, 도공은) 수자상으로는 분명 매우 적다. 우선 이집트 탈출 이후 공업이 더 강하게 발전한다. 추측건대 왕정 시기에 도시 정주 명문가에 대한 농민들의 채무화가 약해지지 않고 더욱 되풀이되는 것으로 인해 대토지 점유의 발전이 매우 강하고, 이에 대항하여 선지자들이 잘 알려진 방식으로 의분을 참지 못한다. (『이사야』 5장 8절, 『미가』 2장 1절 이하)52) 탈무드 법의 기본 원칙, 즉 토지와 가나안 출신의 노예가 공증채무의 일차 담보대상이라는 점은 (거꾸로 후에는 유대인의 교역 채무가, 주지하듯이, 오로지 **동산**에만 전가된다) 채무화 형태로서 이행 담보가 (상고기 그리스에서처럼) 우세한 사정에서 나온 사후 울림이다. 이제 채무 노예화는 안식년 규정을 통해서 채권자에게는 가치를 상실하게 되었으므로, 아마도 당장은 **계약에 따라서**,53) 일차로 **토지**에 대해서 향하게 되고, 이로부터 탈무드의 법적 가설이 발전하게 되었을 것이다. (이하를 보시오)

대점유가 어떻게 경영되었는가는 정확하게 확정되지 못하고 있다. 아마도 탈무드에 나오는 "가나안 출신 노예"54)는 일종의 헤일로타이 아니면 피호민으로서 토지에 묶여 있었을 것이다. 고대 전승에서는 입법과 마찬가지로 노예 옆에는 고용된 임금노동자가 있음을 알려준다. 전자의 경우 부자유한 노동력의 독특한 역사 단계가 실현되는 경향을 여기에서도 지녔다. 그 단계는

1. 팔리거나 임대된 어린이
2. 채무예속인
3. 전쟁 포로와 구매 노예

---

49) 『출애굽기』 31.1-11.
50) 『열왕기상』 5.6.
51) 『열왕기하』 24.14과 16.
52) 이 두 구절에서는 농민과 가옥주에 대한 무자비한 착취를 저주하는 내용이 나온다.
53) ex contractu: 개인법 계약에 근거하여.
54) 『미쉬나』에서 노예는 비히브리 출신이므로 가나안 인으로 불린다.

4. 소작인 (소작의 단계는 애초 헬레니즘 시대에나 도달한다)

으로 이루어진다. 여전히 자가 수요와 그로 인해서 생기는 노예의 수는 별로 클 수 없을 것이다. 우리는 페니키아인들이 군대를 따라다니면서 물론 수출할 목적으로 포로를 구입한다55)고 듣는다. 노예제는 법으로만 아니라 실제로 잔존하며, 언제나 온건한 오리엔트식 세습 노예들도 있다. 구매 노예에 비해서 노예 아동에 더 큰 신뢰를 두는 것은 경험으로 얻은 교훈이다. 노예들은 흔히 규정에 따르면 가족을 지닌다. 입법의 경우 노예가 자신들에게 안식년에 제공된 해방을 분명히 거절하는 사례56)를 대비하고 있는데, 이는 더불어서 <95우> 자유로운 날품팔이꾼에 대한 수요가 적을 가능성 그리고 이들이 처한 별로 유리하지 않은 사정을 제시하는 것이다. 이집트 탈출 이전 시기의 "농지사"를 위한 자료는 전혀 존재하지 않는다. 왜냐하면 점유 관계 및 경영 관계가 우리에게 알려져 있지 않기 때문이다. 선지자들은 우선 종교지향이며, 둘째는 그들의 보편신의 활동무대로서 대외 정책에서 그리고 이 관점에서만 때때로 "사회정책의" 관심을 가지고 있으면서 화폐경제의 영향 아래에서 고대 폴리스 발전의 독특한 형상을 제시하며, 그 분화시키는 영향에 대항하여서는 (안식년, 이자 금지 등에 관한) 법조항의 무기력함이 충분히 입증된다. 에스겔의 "개혁안"57)은 출애굽 시기에 나오는 순수한 이상(理想)의 모습이다. 무장력을 가진 자들, 즉 도시에 정주하는 명문가의 소멸로 인해서 단지 농민과 포도원 경작자만이 돌아오게 되었으며, 에스라와 느헤미야 아래서 이루어진 소위 "회복"은 일종의 집주에 (아래 헬레니즘을 보시오) 토대를 둔 신정정치 도시국가의 새로운 구성이었다.

---

55) 『요엘』 3.6의 내용으로 '유다 자손과 예루살렘 자손들을 헬라 족속에게 팔아서'로 되어있다. 이 기록의 시기는 바빌론 유수 이후 대신에 기원전 9세기로 추정한다.
56) 『출애굽기』 21.2-6, 『신명기』 15.16-17.
57) 『에스겔』 40장-48장. 에스겔은 기원전 593년에 예언을 시작하여 571년까지 활동하였다. 이 부분에서는 환상의 형태로 미래의 종교 및 정치 개혁의 상을 그리고 있다

[4] 헬라스[1]

a) 고전기 이전 시기

전문 농경으로 발전하지 않았던 한, 그리스 인들의 농업은 다양한 집중도의 곡초 농법(이로부터 짝수의 소작기간)으로 스펠트밀과 보리, 밀을 재배하는 것이었다. 3포제 농업은 때에 따라서 등장하는 것으로 보인다. 윤작은 존재하지 않는다. 단지 콩과식물을 휴경지에 파종하는 일이 발생한다. 거름은 호메로스에게 알려져 있다. (녹비는 후대에 속한다.) 그렇지만 그밖에 농경의 기술은 상당히 원시 단계로 고정되어 있었으며 진보하지 못한다. (오랫동안 완전히 나무로 된) 갈고랑이 쟁기, 역축으로서 황소, 고랑에 씨를 뿌려 넣기, 곡물재배용 밭의 괭이질과 풀 뽑기, 수확도구로서 낫과 언제나 있는 타작판은 강한 노동 집약을 제한하였으며, 새로 개간된 토지는 더 이상 이용할 수 없었다. 그래서 곡물 경작의 경우 심지어 후대에 곡물 가격이 높은 경우에도 중심지를 자연경제식 생산에서 시장 생산으로 위상을 바꾸는 것이 어렵게 된다. 보다시피 우선 친(親) 농민 (아래 참조) 참주의 시기에[2] 농지 확정이 이루어짐으로써 가축 사육은 더욱 위축되기 시작한다. 우리는 서사시의 시대[3]에 하나의 식단을 발견한다. 거기에는 치즈, 밀크, 그리고 -잘 표시되어 있듯이 **귀족에게**- 육류가 강하게 전면에 등장한다. 그리고 양모와 가죽이 대중의 옷감으로 나타나고, 왕 및 귀족의 부유함을 이루는 주요요소로서 -귀금속과 이로써 그리고 청동으로 마련된 마구와 더불어- 가축 보유가 제시된다. 이를테면 염소, 양, 돼지, [밀크와 치즈가 주로 양과 염소에서 나오므로 노동을 목적으로] 소가 있다. 한편 말은 단지 군사 목적으로, 이와 더불어 넓은 평원에서는 <96좌> 개인 수송 및 스포츠를 목적으로 -에우보이아와 테살리아- 대규모로 사육되었다. 목자들은 왕의 가장

---

1) 목차에는 그리스Griechenland로, 본문 제목에서는 헬라스Hellas라고 표시되었으나, 헬라스로 통일한다. 전개된 내용은 상고기와 고전기이다.
2) 참주의 시기는 기원전 7~6세기에 해당된다. 이런 관점은 마이어,『고대사』2, p. 363에 나오는데, 이에 따르면 경작에 대비하여 가축 사육에 대한 근본적인 제한은 참주 이전 시기에는 없었다.
3) 오늘날은 이 시기를 기원전 8세기 후반으로 잡는데, 마이어는 기원전 10세기부터 7세기, 일부는 6세기 초까지 호메로스의 서사시가 성립된 시기로 잡는다. 마이어,『고대사』2, p. 393과 p. 592 참조.

귀한 하인이었다. 특히 이미 더 이른 시기에 **치수(治水)**의 의미는 여기서도 여러 가지가 있다. 그러나 그것은 관료제를 필요로 하지 않았다. 예를 들어 테게아와 만티네아 사이에서 천연 지하 배수구4)의 상호 폐색으로 인해 여기저기에 나타난 악취5)는 대체로 자연스럽게 영원한 것인데, 나일 강과 유프라테스 강에서 교란을 가져온 파국에는 결코 비교할 수 없다.

가족 공동체의 표준 형태로서 역사 시대에는 대체로 근본에서 셈족과 동일하게 부녀와 자녀를 대우하는 가부장 **소가족**이 성립한다. (남편의 부인 구매, 혼수 장만, 축출권이 있는데, 이것은 원래는 자유로운 것이었다가, 후에 적법한 권리를 통해서 그리고 "귀족씨족"에 -아래를 참조하시오- 살아있게 되는, 혈족 유대에 대한 생각을 통해서 제한된다. 유기하는 것, 살해하는 것 그리고 영업 목적으로 매각과 임대하여 사용하는 것을 통해서 이루어지는 자식에 대한 부친의 처분권은, 고르틴 법6)의 성립 시기에 이미 본질상 모두 근대화되었다.) 그에 비해서 왕과 귀족은 -양자는 원래 거의 동일하다. (뒤를 보시오) - 보통 그러하듯이 재산에 대하여 세습되는 공동 보유라는 이해관계에서 부계 씨족(게노스)에 토대를 둔, 대(大) 가족 **공동체**에서 살고 있다. 그와 관련해서 호메로스의 서사시는 **상속 공동체**와 더불어 (카론다스가 언급한 '같은 밥그릇을 나누는 자,'7) 아테네 법률 용어인 호모갈락테스8) -프리아모스 가문9)의 묘사가 알려져 있다), **상속재산 분할**을 알고 있다. 대귀족 가문 공동체의 법 구조는 도시들에서 후에 역사 발전 속에서, 이를테면 중세 이탈리아 도시들의 대가족 공동체와 유사하게 형성된다. 원래의 완전한 가족 공산주의는, 화폐

---

4) Katavothren: 희랍어로 καθαβόθρα로 표시된 것을 독일어로 옮긴 것으로, Ponor, sinkhole, Schwinde, gully등으로 알려져 있다. 카르스트 지표에 나타난 구멍으로 그곳에서는 물이 흐르거나 괴어 있으면서 지하 동굴을 넓힌다.
5) 투키디데스, 5.65.4에 두 지역 간의 치수문제와 관련한 분쟁을 기술하고 있다.
6) Gortyn은 크레타 섬의 주 도시이며, 이 도시에서 제정된 법은 기원전 5세기 후반으로 추정된다. 이 법을 실은 비문은 로마 시대 건축된 오데온의 일부가 된 채, 12표가 보존되어 내려온다. 이 법의 내용과 근대성에 관해서는 최자영, 『고대그리스법제사』, 대우학술총서 588, 2007, pp. 53-4를 참조하시오.
7) ὁμοσίπυοι: 이 표현은 아리스토텔레스, 『정치학』 1252 b 15에 나오는 표현이며, 입법가인 카론다스가 명명한 것이다. 같은 그릇sipye으로 먹는다는 뜻이다.
8) ὁμογάλακτες: 젖이 같다는 뜻으로 혈연을 통한 친척을 의미한다.
9) 『일리아스』 6.242-250에는 혼인한 아들과 며느리를 위한 방 50개와 혼인한 딸과 사위를 위한 12개의 방이 언급되어 있다.

경제가 들어오면서, 영업 결사로서의 관계를 파악하는 데에 자리를 내주게 된다. 지참금과 개인의 특별한 영업에서 나오는 자식의 특유재산, 지참물에 대한 부녀자의 소유권은 -오리엔트에서처럼 (그리고 로마와는 대조되어)- (예를 들어 고르틴의 법에서 그러하듯이) 점차 확립되었다. 중세 이탈리아-시칠리아의 법에서 그렇듯이 여기저기서 제기되는 의문은 아들이 이미 아버지의 생시에 자신의 몫을 요구할 수 있지 않았는가에 관한 것이다. (고르틴의 법은 상속 배제를 하고자 하는 부친에 대한 강제만을 분명히 결정하고 있다.) 재산은 심지어 점차로 가족 성원의 영리행위에서 비롯한 산물로서 드러나며 그리고 그와 더불어 <96우> 옛 가부장제의 토대가 붕괴한다.

혈족복수 의무를 통해서 이루어지는 개인의 보호에 대한 보증인들 그리고 그로 인하여 가족 공동체의 단절시에 이루어지는 보조상속인은 후대의 법에 "앙키스테이스",10) 근친으로 이루어지는 상이한 (대체로 외조카에 이르는) 포괄 범위이며 그것은 호메로스의 시에 이미 존재하고 있다. 이것은 옛날 상태에서 유래하며 줄곧 다른 민족의 혈족법의 실제에서 나오는 유사함에 상응할지도 모른다. (이것은 "이론"과 전혀 합치하지 않는다.) 그리고 경제상 강력한 이런 종류의 "씨족"이 별로 없었으므로, 모든 **무전자**(無田者)가 귀족의 피호민으로 전락하는 필연성이 제한되었다. "프라트리아"11)가 -후에는 필레의 하위 단위로서 행정 및 문화 기능을 지닌다- 원래도 마찬가지로 법으로 보장된 (혈족복수의) 기능을 가지고 있다는 점은 (역사 시대에 남겨진 것에 따르면) 확실한 것으로 보인다. 그러나 그것들이 실제로 "가장 오래된" -다시 말해서 그리스인의 순수 농촌 시기에 보통 지배하고 있던- 사회 공동체를 지시하는지의 여부는, 설령 그것을 입증할 수 있어 보이는 자료를 제시해도, 전에도 후에도 불확실하게 보임에 틀림없다. 역사 시대에 도시로 조직되지 않은 지역에 유사한 것들이 단지 조심스럽게 적용될 수 있을 것이다. (진군중인 여러 민족들 -예를 들어서 아리오비스투스12) 휘하의 수에비족- 그리

---

10) ἀγχιστεῖς: '가까운 친척'을 뜻한다. 후계자가 남지 않은 경우 재산분할의 문제와 관련한 규정을 말한다. 이에 관해서는 최자영, 『고대그리스법제사』, 대우학술총서 588, 2007, pp. 453-5을 참조하시오.
11) Phratria는 씨족genos보다 상위이며 부족으로 번역되는 필레Phyle보다 하위의 사회단위다. 그 말은 형제라는 어원에서 출발하여, 형제단이라고 번역하는 것이 일반이다. 그러나 이름과 달리 아무런 혈연관계를 상정한 것이 아니어서 의사 혈연단체로 인식한다.
12) Ariovistus: 수에비 족의 족장으로 기원전 58년 카이사르에게 패배하였다. 54년경에 사망한다. 여기

고 기타 민족들 중에서 우리에게 "가장 오래된" 게르만 인의 내부에서 이미 어떤 현격한 대조가 있었는지 사람들은 기억한다.) 물론 "프라트리아"는 의심할 여지없이 매우 오래된 것이다. 사람들은 단지 역사 시대에 언급된 프라트리아에서 때마다 벌어지는 공통의 잔치가 원래 유목민 무리가 지닌 **완전한 경제공동체**의 "잔여"라고 주장하지만은 않을 것이다. 반대로 일찍이 그것들은 (게르만의 "보호 길드"의 경우처럼[13]) 인위의 조합 형성을 위한 증상일 수도 있을 것이다. 식사의 공동성(경제 의미에서 "가정 공동체")은 "혈연"이 아니라 (예컨대 아랍인들에게도 분명히 알려져 있는) 상호 의무에 대한 가장 오래된 원천이다. 따라서 이것들은 **바로** (원래의) 임의 단체에 의해서 적어도 상징**으로** 사용되었음에 틀림없다. 이들은 일종의 발전 단계에 속하는데, 여기에서는 토지 점유자가 **전사** 공동체로서 조직되어서 그의 토지는 "창을 가지고 획득한"[14] 것으로서 의미를 지니고 있었다. 그에 상응하는 것이 후에 나타나는 (게르만 식으로 말하자면) 그들의 자식의 "무장화"[15]와 그에 따라서 그들의 상속 **능력**을 감시하는 기능이다. 특히 귀족 씨족에 대한 그리고 훨씬 더 중요한 옛 "농촌"에 대한 그들의 관계와 관련하여, 그들의 구성이 겪었던 변화에 관해 **귀족 단체와 비귀족 단체의 수용**을 그들에게 부과하였던 아테네의 법도 교훈을 주지 못하며, (4세기에 만들어진) 데모티온 법도, 마지막으로 카스트리오티스에 의해서 편집되고 쾨르테가 해석한 (4세기의) 프라트리아 목록도[16] 충분하지는 않다. 왜냐하면 당시에 프라트리아는 오랜 기간 <97쪽> 인위로 위로부터 규정된 단체들이었기 때문이다. (결정해 주는 것은 아마도 '농촌과 촌락'[17]에 대한 더 오래된 관계의 확정일 것이다.) 프라트리아도 강력한 정치 추이에서 나오는 분화의 산물일 것이다. 이 경우 처분을 위한 대지는 군사 보호를 필요로 한다. 그래서 본성이 고 경제에 관련된 방어 능력이 오로지 특별한 중요성을 지니게 되었다. 아마도 그것들

에서 게르만 부족간의 갈등이 드러난다. 카이사르, 『갈리아 전기』 4.1-3(수에비 족에 관해서), 6.21-24(게르만 일반)의 묘사가 있다.

13) Schutzgild: 타키투스, 『게르마니아』 22.2, 타키투스, 『역사』 4.14.2. 게르만 인의 연회와 결부된 상호간의 보호를 위해서 결의하는 것을 의미한다.

14) 베버는 그리스어인 도리알로토스δοριάλωτος(창으로 사로잡힌 자), 도리크테토스δορίκτητος(창으로 획득한)를 이처럼 번역하였다.

15) 타키투스, 『게르마니아』 13.1과 관련된다. 젊은이에게 무기를 주는 의식이 묘사되어 있다.

16) Körte, "Mitgliederverzeichnis einer attischen Phratrie," *Hermes*, 37, 1902, p. 582. 여기에 Kastriotis, 프라트리아 비문에 관한 지시가 있다.

17) κώμη, δῆμος; 둘 사이의 구분은 분명하지 않다. 클레이스테네스의 개혁 이래로 애초 자연촌락인 데모스는 500인 협의회 당번을 선출하는 투표구로서 행정구역의 외미를 가진다. 역자는 전자는 농촌, 후자는 촌락으로 번역한다.

은 소위 "도리스인의 유랑" 시기, 특히 정복되거나 탈취한 농촌 지역에 대한 자유로운 농민 일반의 관행에서 유래할 것이다.

모든 폴리스들에 공통인 것은 '부족'으로 나눈 것이다. -후에 이것은 일종의 국가의 행정-군사 조직이 되는데, 이 경우에 필레는 흔히 '형제단'들의 모임으로서 보인다. 부족은 여전히 새로 만들어진 폴리스 단계에 속하며, 통상 "집주"의 부수 현상이다. 이는 원래 근본 행정-군사 목적에 기여한다. 이제 "국가"로서 결합된 전사 신분의 부담을 계층별로 분리하고 변경하는 것을 가능하게 하는 것은 완전히 버금가는 것이다. 스찬토의 공식,18) 즉 3개의 도리스계 부족19)이 토지의 장소 연관 위에 근거한다는 것은 일종의 농지 정책상의 (토지 분할의) 목적을 이해할 수 있게 하는데, 이는 입증되고 있지는 않다. 자연히 떠오르는 것은 정복자들의 군대가 출발할 때에 부족에 따라서 편성되었는데, 이제 정복한 땅을 부족에 따라서 분할하고 이것을 추가로 분배하도록 넘겨주었다는 점이다. (이를테면 로도스의 경우처럼) 아울러 대두하는 것은 집주를 통해서 개략 같은 크기의 지역들이 대다수 하나의 "폴리스"가 되면서 이제 형성된 부족들은 단순히 도래 장소에 상응하여 나뉘어졌다는 것이다. 그러나 두 가지 중 어느 것도 사례에 맞지 않음에 틀림없다. 도리스족의 폴리스 형태들은 매우 특수한 군사 국가이므로 대체로 동일한 세 부족을 설치하였다. 다른 편으로 다채로운 다양성이 지배한다. 그러나 항상 단어의 전문 의미로 보아 부족으로 분할한다는 것은 하나의 민족이 늘 전쟁하는 상태에서 (뒤를 보시오) 존재하는 일종의 폴리스로서 형성되었음을 의미한다. (부족이라는 이름은 여러 가지로 달라질 수도 있을 것이다. 그러나 "독일어의 부족들(Stämme)"에 대한 전문 명칭은, 델포이에서 인보동맹20)의 용어 "에트노스"21)가 지시하듯이, 도시

---

18) E. Szanto, "Die griechischen Phylen," *SAW*, 144.5, 1902, p. 5.
19) 도리스 계통의 폴리스에는 3개의 필레명, 힐레이스Hylleis, 팜필리Pamphyli, 디마나타이Dymanatae가 공통으로 존재한다. 반면 이오니아 계에는 4개의 필레, 겔레온테스Geleontes, 호플리테스Hoplites, 아르가데이스Argadeis, 아이기코레이스Aigicoreis가 공통으로 존재한다. 흔히 이런 특성에서 필레가 폴리스의 형성보다 먼저라고 본다. 본고에서는 부족으로 옮긴다.
20) amphictiones: 라는 말에서 파생된 단어로, 이는 주위에 사는 사람들이라는 뜻으로 보통 신전과 그것을 유지하기 위해서 결성한 동맹을 지칭하는 일반 명사이다. 흔히 인보(隣保)동맹이라고 번역하는 같은 이름의 동맹은 12개의 부족을 포괄하며, 테르모필라이에 있는 데메테르 신전을 중심으로 결성되었다가 후에는 델포이에 있는 아폴론 신전 주변을 합쳤다. 나름의 내부 규약이 있었던 것으로 알려진다.
21) ἔθνος: 복수는 에트네ἔθνη. 폴리스와 대비되는 국가 형태이다. 이 명칭으로 표시된 단체는 폴리스에 비해 후진적으로 인식되며, 폴리스와 같은 집권화는 이루지 못한 것으로 알려져 있다. 다만 헬레니즘 시기에는 이들에 기반한 국가가 제국을 이룬다.

로 편성된 단체가 아니다.)22)

우리는 초기 "자유" 단체의 정치 및 사회 생활에 관해서 더 근접한 것을 알지 못한다. 다른 민족들을 비교한 이후에 주장할 수 있는 것은 가축 점유를 통해서 지시되는 가족에서 "주인"23)의 지위가, 전쟁에서의 공적을 통해서 그리고 분쟁 사례의 경우 정당한 판결을 통해서 신들에게 근접한 자로서 자신을 합리화하였던 것인데, 상속된다는 사실이다. 전리품의 더 큰 몫, 특수한 경우에 얻게 되는 선물, 중재재판 시에 양측에서 받는 선물은 수장의 수입을 이룬다. 전승이 "권리"-인식의 유일한 원천이므로 "최고연장자들"로 이루어진, 자연히 또한 바로 점유하고 있고 전쟁에서 특출한 명문가에 의해서 결정되는 위원회의 보좌는 그에게는 필요 없는 것이다. 그 자신의 권위는 필요에 따라서 바뀌며 이는 무엇보다도 외부의 전쟁 위협에 따라서 방향을 잡는다. <97우> - 신들에게 가장 가까운, 무엇보다도 제사 의식을 치루는 데 없어서는 안 되는, 이런 지방 수장 및 명문가들은 여기에서 **귀족**을 형성을 하는 데에 핵심이 된다. 그들의 범위에서 여느 곳과 마찬가지로 이곳에서 혈연의 유대란 조상의 피를 통해서 전해진 자격이라는 의미의 이념이 성립한다. -이 혈연을 통해서 묶여진 **귀족씨족**(게노스)은, 이미 설명한 것처럼, 오이코스(이는 씨족과 흔히 동의어로 간주되는 표현이다)에서 **점유**의 장악에서 경제상 두드러진 귀족 인사들로 이루어진 확대된 씨족이다.- 이 두 개의 제도는 그들에게는 공통된 인간 **구분**에 관한 것이다. (처음부터 **모든** 동포가 귀족씨족들에게 -적극 혹은 소극 참여자로서- 고려되었다는 생각은 오늘날에는 행정 목적을 위해서 인위로 만들어진 후대의 사정에 대한 반영으로서 인식하는 것이 매우 설득력을 가진다.) 귀족씨족이 일찍이 프라트리아에 대해 원래 정해진 관계를 가졌는가는 여부, 만약 그러하다면, 그들이 내부에서 다른, 기사가 아닌, 프라트리아 동료와 전쟁을 통해 혹은 그것이 없이 정해진 특권 그리고 어떤 것을 획득하였는지에 관해서는 오늘날 일반 견해에 도달하지 못한 것으로 보이고 오히려 그럴 가능성이 있는 것으로 보이지 않는다.24) - 그리고 매 경우 그에 관해서 단지 고고학의 훈련을 받은 전문가만이 판단을 내릴 수 있을 것이다.

주거지는 원래 **촌락** 단위이다. 장소는 확정되지 않는다. 고지 위에 있는 원형의 성벽

---

22) Aischines, *Oratio*, 2.116에는 가장 오래된 목록이 있는데, 여기에는 인보동맹을 이루는 12개의 에트노스 중에서 11개가 들어있다. 후에 티트만Tittmann이 돌로파스Dolopas를 첨가하였다.
23) ἄναξ: 이 단어는 주인, 왕, 지도자의 의미를 가진다.
24) 마이어,『고대사』2, p. 86 이하에서 주장한 내용이다. 다시 말하면, 귀족씨족은 처음에는 프라트리아 내에서 아무런 특별한 의미가 없다가, 이들에게 유리한 변화가 일어났고, 이후에 클레이스테네스가 귀족과 비귀족을 프라트리아 내에서 동등하게 하였다는 것이다

은 사람들과 가축에 대한 최후의 보호를 제공한다. 전사 공동체에 귀속된 것에 기초한 동료권의 토대로서 또 부속물로서 토지 점유를 파악하는 것은 후대에, 밖으로 '자신의 상속인'으로 인정하는 경우 (앞을 보시오) 프라트리아의 작용에서, 또한 고전기 법에서 소유권 분쟁의 내용에서도 분명해진다. 초기 로마의 소유권 절차법과 마찬가지로 고전기 그리스의 법은 토지 소유권과 상속 재산에 관한 일방의 청원 소송을 인정하지 않는다. 이것에 관해서는 개인의 공포된 권리와 의무에 관한 것과 마찬가지로 - 이것이 소송 절차가 가능한 대상인 한에서 (공공봉사, 명의권, 프라트리아에 대한 귀속)- 반대청구에 기초한 권한귀속 소송, 디아디카시아[25] 절차의 방법으로 상대로 보아 너 나은 권리에 따라서 (그리고 모든 경우 완전히 동일한 근거에서) 선결(先決)된다. 일방의 강제퇴거 소송은 (디케 엑술레스,[26] 이는 로마의 금령에는 판결상으로는 동일하지 않지만 기능에서는 가까운 관계이다.) 자력의 능력이 있는 특정 권리자들에만 소속된다. 그들의 권리는 판결, 국가에 의한 지정을 통해서 인정된 수행원과 (앞을 보시오) 담보 점유자로서의 자격을 통해서 (참조. 로마의 프레카리움) 분명하고도 유효하게 정해졌다. 그리고 그것은 결코 절대가 아니라 상대로 더 나은 권리에서 나오는 소송에 불과하다. (내가 주목한 바에 따르면, 라이스트[27]가 그리스 법에서 절대 소유권 소송이 없는 근거를 로마의 '시효취득'이 없는 것에서 매우 적확하게 찾고 있다.)

사람들은 고대 로마와 마찬가지로 원래 그리스의 **경지 제도**를 게르만의 후페 제도와 <98좌> 유사하다고 생각하지 않는다. 농지 경작에서 경지 공동체 요소가 역할을 수행하였는지는 우리에게 완전히 알려져 있지 않다. 물론 토지의 전유는 애초에 무조건 정해진 것일 수는 없다. 왜냐하면 호메로스 시기 정치 단체가 개인에 대해서 경지 지정과 관련해서 특히 독단으로 처분하였다는 점은 많은 보고가 지시하는 바이기 때문이다. -단지 벌써 여러 번 언급한 대로, 한 귀족씨족을 왕위에 올리는

---

25) διαδικασία: 판결이라는 의미이지만, 상속이나 특권에 관해서 소송하는 양편의 권리를 결정하는 사법절차이다.
26) δίκη ἐξούλης: 고소인의 정당한 점유권을 박탈하였기 때문에, 고소인의 정당한 점유에서 피고인을 몰아낼 것을 요구하는 소송을 지시한다. 이 소송은 부동의 물건에 적용되었으며, 국가가 고소인이 유죄판결 받은 자로부터 해당액을 각각 징구한다. 최자영, 『고대그리스법제사』, 대우학술총서 588, 2007, p. 584, p. 600을 참조하시오. 여기에서는 '축출 소송'이라는 번역어를 채택하고 있다.
27) G.Leist, 『사법체계에서 아테네 소유권분쟁 *Der attische Eigentumsstreit im System der Diadikasien*』, Jena, 1886.

경우 농경지로부터 "왕령지"(테메노스[28])를 분리한 것이 그러하다. 아테네의 촌락 공동체들(데모이, δῆμοι)은 기원전 4세기에도 매우 중요하고, 당시 소작을 통해서 이용하는 토지를 가지고 있었다. 확실하게 전부터 그들이 토지를 점유하고 있었다. 기원전 4세기 토지는 -어쨌든 원래는 공동지- 오히려 농지와 채원으로서 경작되었다. 그에 비해서 독일 촌락의 양식을 좇아 경지 강제를 지닌 농지 공동체를 위해서 도입된 소위 면허장은 (리즈웨이)[29] 결코 수긍할 수 없다. 가능성은 오리엔트와의 유사성을 고려하면 대체로 남부 유럽에서 쟁기의 양식 그리고 -그만큼 알려져 있는데- 노예제가 완전히 결여되어 있는 점에 따라서 반대로 결정된다. 추첨지[30]라는 표현은 **새로운** 정착이 이루어질 때에 농지분할의 "해결"에서 유래할 수 있을 것이다. - 그것은 **주기에 따라** 새로 분할하는 것을 결코 지시하지 않는다. 호메로스의 책에서 그것은 이중의 의미 즉,

 1. 수장이 자신의 가솔에게 (에우마이오스)[31] 지정한 토지 그리고
 2. 그런 것으로서 전사의 토지 할당

이라는 의미를 띠고 등장한다. - 영구 **방목지**의 의미는 호메로스에서 출현한다. 본래의 아마(亞麻)경작은 애초 투키디데스의 시기에, 마(麻)는 처음 플리니우스의 시기에 소아시아에서 확실히 입증되므로,[32] 의복의 필요를 위해서 양의 사육은 불가결하였다. -이로부터 처음 양모를 깎기 전에 그리고 처음 새끼를 낳기 전에 양을 도살하는 것을 금지하는 것에 관한 보고[33]가 나온다.- 그리고 이미 그것으로 인해서 역사 시대에도 비문에서 입증되는 공동 방목지들이 상당히 큰 범위로 이루어져 있는 것처럼, 대규모의 방목지가 미리 정해져 있을 것에 틀림없다. 마찬가지로 테오프라스토스 시기에도 (기원전 4세기말) 광산업과 선박 건조업의 발전에도 불구하고 울창한 삼림은 매우 현저하다. -

---

28) τέμενος: 왕이나 신전을 위해서 지정된 토지. 거주를 위해서 폐쇄된다.
29) 이는 Ridgeway, "Homeric Land System," *The Journal of Hellenic Studies*, 6, 1885, pp. 319-339.을 인용한 것이며, 원래는 Pöhlmann, "Feldgemeinschaft bei Homer," *Zeitschrift für Social- und wirtschaftsgeschichte*, Band 1, 1893, p. 12 등에 나온 내용이다.
30) κλῆρος: 추첨을 해서 할당했다고 하는 뜻으로 할당지라고도 번역된다.
31) Eumaios: 오디세우스의 돼지치기의 이름이다. 원래는 시리아 섬의 왕자였으나 팔려서 노예가 되었다. 『오디세이아』 14.63 이하. "집과 클레로스와 그렇게 많은 구혼자들이 탐하는 여자를"
32) 투키디데스, 4.26.8. '마의 씨 λίνου σπέρμα.' 플리니우스, 『지연사』 16.9(56)
33) Athenaios, 9.375B

고전 그리스에서 사회관계가 크게 폴리스 건설의 방향으로 움직여나간 것은, 어떤 모습으로든지, 바다에서 오리엔트 문화 요소의 도입을 통해서 그리고 해변 지역이 해상 교역에 연관됨으로써 개시되었다. 대부분의 경우와 마찬가지로 그리스 국가들에서도 개인의 법 지위는 군대에 참여함에 따라서 정해지므로, <98우> 주민들 간에 분명한 분화가 발생하였음에 틀림없다. 이를 야기한 것은

1. 인도에서 갈리아에 이르기까지 전체 고대 교역 지역을 정복한 **전차** 전술이 다소간 강력한 갑옷과 함께 도입된 것인데, 이는 **가진 재산**이 있고 체력 **훈련을 한** 전사를 요구하였으며

2. 이제 지배하게 된 **해변**의 성채 왕들이 교환 거래를 독점한 것이다.

미케네와 티린스 등지의 성곽은 공간 사정에 따라서 수자상으로 흔히 중요하지만 그러나 때로는 몇 푼의 돈을 받은 "동료"들과 더불어서 전차전을 수행하는 "왕들"의 거주지이다. 이들은 왕의 식탁에서 식사하며 마침내는 토지, 노예, 가축을 수여받는다. 우리는 아시리아와 페르시아의 군사 궁정 귀족, 마케도니아 왕들의 헤타이로이, 갈리아인의 솔두리34) 그리고 게르만 왕들의 "데겐"35)과 안트루스티오넨36)에서 이와 완전히 같은 것을 재발견한다. 성(城)은 수공업자와 소상인의 거주지가 둘러싼다. 비록 호메로스의 서사시에서는 경작하는 농촌 주민이 단지 '빈민'37)과 '오이케에스' 계층38)으로서 인식되지만, 그래도 전체 그리스에 대해서 보통 지주의 예속인으로 전제될 수는 없을 것이다. 오히려 농민층은 우선 단지 성주와 그 종사들의 군사 위세로 인해서 **정치** 영향권에 끌어들여졌으며 궁정 문화에 참여하는 것이 배제되었을 뿐이다. "인민"은 물론 -오디세이아가 (파이아키아인들을) 지시하듯이 - 주인들의 "과세"를 묵종해야 했고,39) 또한 전쟁에 동원될 때에 형식상으로 주인의

---

34) soldurii: 카이사르, 『갈리아전기』 3.22.1. 아퀴타니아의 지도자인 아디아툰누스Adiatunnus의 종사로 설명된다.
35) Degen: 전사라는 뜻.
36) Antrustionen: 라틴어로는 anstrustio. 보호를 뜻하는 게르만어 트루스티스trustis에서 유래한 말로 클로비스 왕의 종사들을 지시한다.
37) θῆτες: 빈민. 단수는 θής로, 노동자, 용병, 담보로 잡힌 하인을 지시하는데, 솔론의 재산평가제도 이후에는 4등급으로 200메딤노스 미만의 생산을 하는 자로 규정된다.
38) οἰκῆες: 마이어, 『고대사』 2, p. 332에서 테테스는 일용노동자로, 오이케에스는 인신예속인으로 집만 보유한 자로 설명한다. 고르틴에 있었던 오이케에스는 고유의 재산을 가지면서 자유인 여자와 혼인한다. 최자영, p. 319 참조.
39) 『오디세이아』, 13.13-15.

결정에 환호성을 통한 결정권을 지니고 있었을지라도, 자신의 의견을 표현하는 경우 (테르시테스40)) 악의로 비난받는다. 인민은 군사상 일종의 비전투수행원을 넘지 못하며, 이런 무기력으로 인해서 흔히 사실상 아마도 때때로 법으로도, 자신의 권리를 변호하는 것이 방해받아 피호관계로 들어가는 것을 강요받는다. 통상 점유 **상실** 그리고 그로 인한 무장 **상실**로 위축되었어도, 그들은 무장한 공동자유인에 대해서, 법으로 불필요할지라도, 그래도 언제나 도움이 될 수 있었다. 그러나 흔히 그 억압은 근본 더 가혹하였음에 틀림없다. 언제나 놀라운 성곽의 힘은 어쨌든 성채에 의해서 군사상 완전히 지배받은 농촌 주민의 부역을 강력하게 조임으로써 분명해질 수 있다. -경제상 이 위세는 본래 확실하게는 여기에서도 지배자가 해외 교역에 그처럼 참여한 것에 달렸다. <99좌> 성에 자리 잡은 부역부과 영주의 형성은 분명히 해변에서 내륙으로 나아갔다. 교역은 우선 일종의 독점 수동교역이었는데, 해변을 찾는 오리엔트인들로 인해서 점차 자영상업이 되었다. 그것에 부수하여 해상 원정을 이끌게 되었고 마침내는 유목민의 방식을 따라서 장시간 차지하여 식민 팽창을 도모하기에 이르렀다. 예를 들어 "미케네식의" 대장작업과 도공작업은, 애초 오리엔트에서 그러하듯이, 왕에게 장악되어 있었음은 의심의 여지가 없다. 그의 성채를 둘러싸고 정착한 부역인들은 그들을 위해서 그릇을 만들었다. -왜냐하면 후대에 흔히 인용된 키레네의 화병은 실피온41)의 무게를 재고 있는 그곳의 왕을 무역의 **통제자로서의** 기능이 아니라 **자영 상인**으로서 지시하고 있기 때문이다.99-1]

[99-1 후대에도 이 산물은 그곳에서 독점되었다.]

이 교환 거래로 인해서 엷은 지배층의 보고와 무덤은 금으로 채워질 수 있었으며, 그들은 마직으로 만든 동양의 옷, 즉 키톤42)을 입을 수 있었다. 자신의 필요품에서 그리고 무장 연습이 되어 있는 상태의, 평지의 대중에 대해서 자신의 생명을 유지

---

40) Thersites: 『일리아스』, 2.212-277에서 귀족 지도자들에게 그리스인들이 트로이에서 철수할 것을 주장하다가 오디세우스의 홀로 얻어맞는다. 테르시테스라는 이름은 불한당이라는 뜻이다.
41) 이 도기는 아르케실라오스 접시라고 부르는데, 키레네의 왕인 그의 모습을 묘사하고 있다. 실피온 silphion은 키레네의 가장 중요한 수출품으로 약용 및 식용 식물이다.
42) Chiton, 이 마직 옷은 페니키아에 유래한 것으로 보이며, 키톤이란 단어는 셈어에서 유래하는 것으로 파악된다.

한다는 점에서 그들의 동료가 분화되었다. "도시" 관계는 촌락에 상응한다. -"미케네 왕국"에서- 특히 광범위한 도시 건설이 존재하는데, 물론 언제나 오로지 한 상급 왕이 장악하고 있는 봉건 성채의 지배가 누적된 형태로서 그러하다. 아가멤논은 아킬레우스에게 그 (가장 중요한 공납원으로서) 주변 거주자의 괜찮은 가축의 수자를 지시하면서 일정 수자의 "도시들"에 관한 지배권과 더불어 봉토 수여를 제시한다. 피호민으로 명명된 무점유자들과 외국인들은, "봉건" 채무 노예화된 공동체에서 자유인을 형성하였다. 이들은 성채 귀족에 의해서 **개인으로** 예속된 인간 범주로서 "자본주의" 구성 성분이다. 여기에는 전리품으로서 그리고 점점 더 구입을 통해서 획득된 노예가 들어간다. 피호민은 더 오래 전 시기에 그리고 지속하여 성채를 차지하고 있는 토지 귀족에게서 채무 노예가 되며 후대에는 구매 노예가 된다. 그리고 해변에서는 그것이 우세하게 되었다."[99-2]

[99-2 분명히 그리스에서 구매 노예는 "피호민"과 구분되지는 않는다. 에우마이오스는 오디세우스에 의해서 구매되었으며[43] 그로부터 클레로스("프레카리움")의 할당을 기대하며 자신의 편에서도 한 명의 하인을 거느리고 있다.[44]]

이 초기 식민 활동은 언제나 봉건제와 무역의 결합을 통해서 드러나는 성격을 지닌다. 폴리스를 건설하는 토대로서 피지배 농민층이 명백히 필요한 한에서만, 그것은 "농경 식민"이다. -그러나 이것을 장악하고 있는 "귀족씨족"은, 모국의 수장들과 마찬가지로 <99우> 교역에서도 이익을 얻고자 의도하였다. 그에 대해서 에두아르트 마이어가 그 당시에 주장한 것처럼,[45] 소아시아 해변의 식민 활동이 (페니키아의 경우처럼) "거의 완전한" 재외 상관(商館) 식민화로서 실현되었을 가능성이 별로 없다. (카르타고처럼) 토착인에 대한 지대 납부에 관해서는 아무 것도 알려지지 않았으며, 오히려 모국처럼 일부 각 시민에게서 나온 것이 분명한 정복 귀족이 지배한다. 사람들은 가장 일찍이 (후대의) 코린토스에서 유래한 식민시들의 다수에서, 특히 과두들이 일종의 폴레테스[46]를 통해서 **공통의 계산으로** 내지와의 교역을 행

---

43) 『오디세이아』, 14.115-147.
44) 『오디세이아』, 14.62이하, 449-452.
45) 마이어, 『고대사』, 2, p. 218.
46) πωλητής: 말의 뜻은 판매자(Verkäufer)라는 뜻이다. 이들은 아테네 등지에서 조세 및 기타 세입을

한 에피담노스(기원전 627년에 건설)에서, 이 "재외 상관"의 성격을 찾을 수 있을 것이다. 그러나 이것은 보통 거의 들어맞지는 않는다.

그렇지만 물론 식민시 건설은 의심의 여지없이 수동교역이 능동교역으로, 나름의 선박 소유로, 외국 시장을 그리스 항해자를 통해 수색하는 것으로 이행하는 것과 관련되어 있다. 그리고 이와 더불어 그리스 문화가 지닌 고유성의 기초를 놓은 변형 과정에 속한다. 그리스 사회사를 결정짓는 전환은 전사의 도시 **분립주의**가 발전한 것과, 그와 더불어 "폴리스"의 독특한 유형이 발전하는 것이다. 이는 왕정이 도시 지배에 근거하여 관료식의 영역 군주정 내지 마침내 세계 군주정을 발전시킨, 오리엔트에서의 경과와는 대조된다. 빗나가는 오리엔트의 발전에 핵심은 것은, 의심의 여지없이, 말하자면 관개시설의 필요였다. (앞을 보시오) 전체 도시의 존재가 수로 건설, 하천 규제와 계속된 수자원 통제와 깊은 관련을 맺으면서 하나로 지도되는 관료제의 존재를 요구하였다. 그렇지만 그밖에도 생활에 대하여 미치는 종교 전통의 지배와 사제 정치의 정치 세력은 일단 발생한 생존 조건들의 불굴성에서 그리고 개인을 공동 경제에 강력하게 묶어놓은 것에서 비롯한다. 결국에 경작지에로의 속박은, 어떤 때는 아랍의, 어떤 때는 이란의 외국 지배자들을 통해서, 늘 되풀이된다. 이는 지속된 탈무장화와 탈국민화를 유발한다. 그래서 이 점에서 도시 왕정의 식탁동료 및 무장동료에게서 성장한 것은 순수하게 왕정식이고 관료주의식으로 구비된 채 식량을 공급받고 그로 인해서 이끌어지는 군대이다. 왕의 관료들은 보편이 되는 왕의 피호민에게서 언제나 출현하며, 더 넓게는 이 관료주의 창조의 투쟁으로부터 최초의 "세계 강국" 즉 아시리아의 지배가 등장한다. 거꾸로 그리스에서는 성채 왕정의 종사제가 수축된다. -우선 <100쪽> 정복하는 마케도니아 군주의 식탁동료는 정치 요소로서 다시 잔존한다. 이로써 지배자의 전체 지위는 내려앉고 하나의 발전이 이루어진다. 그 발전은 그 최후의 성과에서, "고전"기 초기에, 독립하며 스스로 자신을 무장하는 **농경 시민**의 손에 병역의무와 정치력을 가져다주었으며, 아울러 동시에 저 순수한 세속 문화가 성립하도록 한다. 그 문화가 그리스다움에 특징을 부여하며, **자본주의** 발전에서 오리엔트와는 상이한 인상을 준다. 이

청부하고, 공공건설 계약을 맺으며, 몰수된 재산을 매각하는 관리이다. 최자영, 2007에 따르면, 에피담노스에서는 경매관으로(p. 96), 아테네에서는 판매직관리(p. 524)로 번역되고 있어 참조하기 바란다.

변화의 시초와 대체로 그것들의 경과는 어둠 속에 싸여있으며 또한 그 유래와 결과는 개별 국가에서 매우 상이하다. 호메로스 시기, 도둑 손님에게 그의 왕비와 같이 매혹하는 보고를 지니고 있으며 말타기를 즐기는 라케다이몬의 왕들을, 기병이 하나도 없으며 귀금속을 보유하는 것이 배척되어야 할 것으로 간주되는, 즉 정해진 도시 성채가 없고, 왕들이 물려받은 군사 제도들을 침해하지 않는다는 맹세를 그들 편에서 하면, 군대에 의해서 선출된 행정 감독관들이 왕권을 훼손하지 않는다고 매년47) 맹세하는 제도를 지니고 있는 스파르타의 호플리테스 국가와 비교하는 경우, 사람들은 다음과 같은 점들을 의심할 수 없을 것이다.

  1. 여기에서는 군대와 왕의 타협을 통해서 언제든지 고의로 창출된 상태가 문제라고 하는 것,
  2. 이 변화는 한편에서 (청동제 투창과 화살 대신에) (철제!) 근접 무기를 지니고 (개인전투 대신에) **단체 훈련**을 받은 전투가 상승하고 다른 한편에서 왕의 "재보"가 지니는 정치상 중요성이 하강하는 것과 관련된다는 점이다. 오리엔트에서는 모든 군주들에게 심지어 페르시아 시대에도 "재보"를 위한 배려가 있다. 그 운명은 니벨룽겐 왕들의 경우와 완전히 동일하게 부각된다. 축적된 귀금속은 종사의 복무에 대한 보수를 지급하는 데에 그리고 필요한 경우 병사들을 모집하는 경우에 기여한다. 언제나 그들이 권력을 확립하는 데 특별한 **부분**의 토대가 바로 여기에 놓여 있다. 그리스 성채 왕정의 "재보"는 이제 오리엔트의 대국(大國)들에 관련되어 나온 산물이었다. 이 대국의 붕괴는 기원전 2천 년대 말경에 나타나는데, 이는 미케네 문화가 가라앉은 원인일 수도 있다는 점을 주장하는 것은 정당하다. 비록 아마도 달라진 지리 조건이 그리스에서 무한정하게 분립주의가 승리하는 데에 장기간에 걸쳐서 매우 충분하게 유리하였을 가능성이 확실하다고 해도, 그렇게 주장할 수 있다. <100우> 오리엔트의 화려함이 사라지는 데에서 왕의 경제 세력도 **절대** 하강한 것은 언제나 분명히 관찰된다. 왕의 피호민이 왕의 "관료"로 발전할 가능성이 이로써 일찍이 차단되었으며, 대국으로 발전할 수 있는 싹이 제거되었다. 그러나 **상대로** 고대 왕족의 몰락은 특히 중요하다. 왜냐하면 경제 지위에서 왕정에 경쟁하는 사회 계층이 그 사이에서 발전한 것이 틀림없기 때문이다. 이를테면 파라오의

---

47) 크세노폰,『라케다이몬인의 정체』15.7에서는 매달로 되어 있다.

군대를 위해서 사르디니아에 이르기까지 전체 지중해에서 모병된 외국 원정 용병대는 아마도 우선 그리스에서 자수성가하고 전사로서 훈련을 받은 계층을 이루었을 것인데, 이들은 사회에서 왕에게 예속되지 않고 바이킹식의 원정과 식민의 선점에서 적지 않은 역할을 수행하였을 것이다. 그러나 왕의 전투동료들도, 메로빙 왕국과 완전히 동일하게, 매우 빨리 토지를 지니게 되어 사실상 왕에게서 해방됨에 틀림없다. 왜냐하면 스스로 무장하는 전사들이 발전하면서 왕이 지닌 "재보"의 의미가 항상 더 작아지기 때문이다. 그리스의 성채 왕들 휘하의 영웅들이 약탈욕을 가지고 해외 모험을 하고자 선박 교통을 이용하기 시작하자, 왕이 그들의 호의에 의존하고 있었으므로, 그 영웅들은 -약탈물에서 후순위가 된 영웅의 "분노"48)는 전체 원정을 물에 놓을 수도 있었다- 왕을 능가하였다. 모험에 나선 성채 왕은 순수한 군대 왕이 된다. 왜냐하면 -오리엔트에서처럼- 군대와 그에 딸린 무장 및 군량 그리고 그와 더불어 분견대의 경제 토대를 단지 왕이 홀로 장악할 수 없기 때문이다. 그렇지만 한 명의 군대 왕과 군대 간에 항상 변하는 권력관계는 -자신의 군대에 대해서 권위·자의·예속·타협 사이에서 동요하는 아가멤논·알렉산드로스·초기의 계승자들·클로비스·초기의 메로빙 가문의 지위는 이 점에서 동일한 유형의 변형이다- 경제와 관련된 모든 것이 더 이상 왕의 "재보"와 식탁에 모이지 않게 되자마자, 그리스 세계에서 왕에게 불리하게 변화하였다. 그리고 그 의미는 능동무역과 전사의 해외 원정이 오리엔트와의 소극교역을 대신하게 되었다는 것이다. 왕의 개인 종사들은 미케네 국가에서 없을 수 없었지만, 이미 호메로스의 책에서 -그들은 언제나 외관상으로 줄곧 **동포** 중에서 출현한다- 강하게 퇴조하며, 타키투스가 설명한49) 게르만 지도자가 지닌 모험 특성의 방식에 따르는 "임시 종사"와 분리되지 않는다. <101쪽> 이제 왕의 곁에는 자신의 고유한 성채의 밖에 정주하는 봉토 보유자가 별도로 존재한다. 이는 같은 "도시"에 정착하고 있는 "귀족씨족" 가운데에 왕이 자신의 궁궐과 점유 토지를 지니고 있는 것과 마찬가지다. 이들은 자신의 비용으로 왕과 더불어 전쟁에 참여하고, 그로 인해서 그와 더불어 의논하고, 전리품을 나누고, "인민"을 정치로 지배하는 동참자로서 가치를 지닌다. 늙은 평의회 귀족의 의미는

---

48) 『일리아스』, 1.1; 318-347과 2.688-694에 나타난, 아킬레우스의 분노가 그것인데, 브리세이스를 아가멤논에게 빼앗긴 것에서 연유한다.
49) 타키투스, 『게르마니아』 13-14.

상승하고, 반면에 오리엔트에서는 감소하여 이를 관리와 사제들이 대신한다. 호메로스에게 "도시" 개념은, 시가(詩歌)들의 상이한 성립시기에 상응하여 유동(流動)하며, 옛 성채와 나중에 집주로 만들어지는 "폴리스" 사이에 위치한다. 시가에서 나오는 "고귀한 자들이" 보통 토지에 정착한 자로서 의미를 지니고 있었으며 도시 거주자들에 대립된다는 사실은, 내 생각에는, 에두아르트 마이어에 의해서 그와 관련하여 도출된 문구에서 나온 것이 아니다. (이는 일부 "평지"라는 의미에서가 아니라 "고향"이라는 의미에서 "토지"에 관해서 말하고 있다.50)) 그 상태는 오히려 다음과 같다. 즉 농업시대에 지역 수장들 중에서 많은 사람들과 기타 부유하게 된 가문이 토지 및 피호민을 거느린 귀족이 된다. '동등자로부터 나온 수장'이 (그로 인해서 미케네의 부역부과지배자는 위축되면서) "왕"으로 있지만, 기타에서는 서로 협조하는 상태에서, 그들은 "도시"에 정착하는데, 도시는 독점된 "정치"의 장소이다.51) 그들은 경작을 목적으로 토지, 목자, 토지를 대여받은 노예와 피호민을 구하는 습관이 있다. 왕 라이르테스52)가 그러하듯이, 장시간 토지로 (노년을 대비한 토지처럼) 되돌아가는 사람은 이로써 귀족다움에 대한 요구를 포기한다. 이 모든 고귀한 "귀족씨족"은 전리품 분배와 (의심의 여지없이) 무역 이익의 분배로부터 재화를 비축하면서, 이 점유물의 도움으로써 토지를 집적하였고 -이에 관해서는 후술- 아울러 자신의 피호민을 비전투 수행원이나 보병으로 소집할 수 있다. 왕은 이제 더 이상 이들보다 더 나은 게 없다. 이미 해상 무역에 주로 참여하는 해변 지역에서 왕의 권력이 가라앉고 있었을 때에, 처음으로 내륙 지역의 성격을 지니고 있었던 그곳에서도 역시 그러하였다. 여기에서 왕의 "재보"와 종사단의 발전은 따라서 처음부터 더 적었다. 내륙 종족의 전진인, 소위 "도리스인의 유랑"은 이 과정을 촉진하는 데에 기여한 것이 분명하다. 왜냐하면 사정에 따라서 그밖에도 그들의 정체성은 언제나 정치 공동체가 만들어 놓은 것이기 때문이다. -이를테면 스파르타의 경우인데, 여기에서 전사 신분은 "군역" 외에도 오로지 전쟁에서 지휘하기 위해서

---

50) 이 진술은 베버의 착오에서 비롯한 것으로 본다. 그가 참조한 마이어, 『고대사』 2, p. 333에는 귀족의 농촌 정주에 관한 예로 『오디세이아』, 2.22, 2.75-78, 2.127, 13.222에서 예를 들고 있는데, 베버는 마지막을 13.322와 교체하였고, 여기에서 가까운 13.219에 나오는 땅을 고향으로 보아야 한다고 지적하고 있는 것으로 보인다. 이 구절에 관해 마이어는 지시하지 않는다.
51) 베버는 정치가 도시에서 유래하였음을 Politik과 polis의 비교에서 제시한다.
52) 이타카의 왕으로 오디세우스의 아버지이다.

소집된 왕족이 지닌 명예의 특권을 인정한 것에 불과하다. 그리고 - <101우> 실상 자신의 폴리스에서만 아니라 세력에 따라서는 이웃에서도 그러하다. 후자의 경우 자신의 체제를 확정하기 위해서 무엇보다 오리엔트 성격의 "군주정"을 확립하려는 시도에 반대하고 전사 귀족신분을 위해서 (전사 신분이) 개입하였다.

그래서 에두아르트 마이어가 명명한 대로 성립한 "그리스 중세의 국가"[53]는, 비록 사람들이 스파르타를 나름의 고유한 종류로서 제외할지라도, 사회상으로 매우 상이한 인상을 지니고 있다. 그리스에 공통인 것은 바로 기사로 구성되는 사회가 나타난 것이다. 그들은 전사들이 즐기는 스포츠와 민족의 창 시합을 조직하며, 영웅 노래 그리고 후에는 무훈 노래를 위한 기반을 형성한다. 그 노래는 중세식으로 기사의 복수에 대한 "방법"을 정하려고 시도하며 (소위 발사무기를 금지하는 것을 협정하려는 시도가 있는데,[54] 이는 기본으로 깔려 있는 전쟁 기술의 발전을 위해서 충분히 독특한 것이다), 또 중세식으로 "영국 양반들, 먼저 하시지"[55]에 따라서 전투에서 예의를 행사한다. "겔프(교황파)"와 "기벨린(황제파)"의 식으로 (이를테면 "렐란티스 전쟁"[56]에서) 그들은 스스로 민족 간에 두 개의 입장으로 나누어지지만, 하나의 단체 내부에서도 끊임없는 씨족 복수로 나누어진다. -중세처럼 여기에서도 마침내 각 귀족씨족이 -"판관" 혹은 "참주"로서 (양자는 선명히 구분되지는 않는다)- "인민"과 더불어 연대를 통해서 지배자로 상승하게 된다. 그러나 인민과의 그러한 연맹의 가능성은 이탈리아와 같이 이곳에서도 자연스럽게 **동맹의 능력**이 있는 "인민"을 전제로 한다. 그리스에는 다음과 같은 주요 계기를 따르는 것으로 보이는 발전을 통해서 이것이 등장한다.

1. 철제의 근접 무기가 미케네 시기의 청동제의 던지기 창과 화살을 대신하고 - 그와 더불어서

2. (이미 호메로스에게 알려져 있는) **규율**과 밀집 전투 특히 밀집된 중무장 방진(方陣) 부대 형태로 이루어지는 보병전의 중요성이 증대되고 (브라시다스의 유명한

---

53) 마이어, 『고대사』 2, p. 249에 나오는 표현이다.
54) 스트라본, 10.1.12,448C에 따른 것이다.
55) 이 인용은 볼테르, 『루이 15세의 세기에 대한 관한 개요』 15장에서 알려진 퐁트뉘 전투(1745)에서 있었던 일화를 지시한다.
56) 이 전쟁은 기원전 7세기 에레트리아와 에우보이아 사이에 있는 렐란티스 평원을 둘러싸고 일어난 장기전인데, 이를 둘러싸고 2개의 신영으로 그리스가 나뉜다.

발언57)은 야만인의 전투 방식과 대조하여 규율을 그리스인들에게 귀속시킨다), -그 결과

3. 현재 정치로 확대되거나 미래에 그럴 저들 나라에서 (스파르타는 메세니아를 정복 - 아테네는 살라미스를 정복), 군사·정치 권력이 이 중무장 군대의 지휘자에게 옮겨지며 -

4. 마지막으로 그와 더불어 평행하게, "시민의 영업"이 발전하는데, 이는 경제상 완전 중무장을 할 수 있는 존재의 계층을 넓혀놓는다.

초기의 "성(城)"은 상인과 공업 종사자들로 둘러싸여 있다. 호메로스 시대는 <102좌> 이미 벽 쌓는 장인, 목수, 소목장, 달구지목수, 금장색, 청동장인, 뿔 세공인, 가죽 세공인, 도공이 알려져 있다. 이 모든 직업은 서사시의 후대 부분에만 나온다. 그러나 수공업자가 당시 그리스에서 **모두** 성채 귀족의 부자유 노동자였을 것이라는 점은, 초기 중세에 관해서 같은 견해58)를 예전에는 믿었지만, 이제는 반대로 단념한 것과 마찬가지로, 그리스 땅에서는 불가능하다. 그리고 그들이 —동아시아의 촌락 소속 수공업자 식으로- 여전히 더 이른 시기에 촌락의 피고용인 또는 폴리스가 발전하는 동안에는 폴리스의 노예였다는 주장을 전개하는 것도 역시 가능하지 않다. 과두의 상업이 공동경제로 조직된 에피담노스에서 최후의 소비도 유사한 결과를 보였을 것이며 같은 종류의 것이 자주 존재하였을 것이다. 그것은 규정으로서 입증되지는 않는다. 오리엔트의 견본과 완전히 똑같이 수공업자의 부역은, 미케네 국가에 알려져 있었던 것이 분명하다. 파라오와 메소포타미아 도시 왕과 마찬가지로 오래된 그리스 (충분한 재력을 지닌) 도시 지도자도 부역을 넘겨받는 것에 대비하여 수공업자를 성 주변에 배치하였을 것이다. 그러나 (추측할 수 있는) 왕의 오이코스 소속 수공업자들은 미케네 시기에 -그런 일이 일어나는 한에서- 미케네 문화의 근본이 침하함과 더불어서 (이미 기술이 돌아다는 것을 통해서 알 수 있듯이) 쇠퇴하였다. 후에도 공업을 상실한 도시들이 국가 노예로서 숙련된 노예를 수입하는 형태로 일종의 "중상주의"를 추구하였을지도 모른다. 그러나 가능성이 큰 것은 때때로 모든 "데미우르고이"59)가 원래 **국가** 고용이나 국가 노예라는 것 위에 의미

---

57) 투키디데스, 4.26.5-6에 나오는데, 기원전 423년에 해당한다.
58) 소위 장원법설인데, 베버 자신이 『로마 농지사』에서 그런 태도를 보여준다.
59) δημιουργός: 데미우르고스, 복수는 데미우르고이, δημιοεργοί. 앞의 데미는 데모스의 속격이므로 촌

가 부여되었던 현상들이 폴리스의 **군사** 조직에 속한다고 하는 점이다. 로마에서 "파브리fabri"와 같이 수공업자는 국가 수요품을 위해서 조직되었으며 공공봉사를 지고 있다는 것은 더 오랜 그리스 시기에도 빈번한 것으로 주장되고 있다. ("데미우르고스"라고 하는 표현은 옛날부터 매우 광범하게 독일말 "한트베르크"로서 각인되어 있는데, 그것은 불특정 다수를 위한 일에서 나오는 모든 **직업**, 그리고 의사, 가수, 점장이 등을 포함한다.)

성채 주변에 있는 평민의 이주지들은 방어시설을 만들지 않는다. 아테네가 역사 시대까지 여전히 그 상태로 남아있는 것처럼, 오리엔트에서 에그바타나60)도 마찬가지였다. 스파르타에서 왕의 성채는 완전히 "파괴되었고,"61) 폴리스는 개방된 진영이 되었다. 유일한 규칙은 폴리스가 하나의 요새를 지니고 있거나 오리엔트의 도시들처럼 요새화 되지만 하나의 동맹으로 결합된 <102우> 군대 동료가 처분하며 왕이 처분하지 않는 요새로 된다는 것이다. "집주"의 이러한 선례는 또한 전사 계층이 도시국가의 주인으로서 구성되는 것도 의미한다. 그것이 사실상 대부분의 경우에 일종의 효과 있는 집단 거주를 의미하였다는 점은 후대의 명백히 전승된 예를 보건대, 의심의 여지가 없다. 중세 이탈리아의 많은 도시들에서 토지 귀족이 그러하였듯이, 개별 성채는 파괴되고 (또는 정치 지배자의 처소로서는 포기되고) 귀족 씨족이 "공동체 화하였다." 그러나 무엇보다 그리스 국제법에 따르면 (이는 동맹을 맺지 않은 도시들 사이에 "영원한" 평화를 알지 못하며 아울러 영원에 대한 맹세가 가지는 종교상의 위험성을 우려하여 거절한다) 고대의 집주는 이 시기 이래로 정상 상태로 간주되는 **만성의 전쟁 상태**를 감당하기 위해서 필레와 그 하위 단위로 편성된 (앞을 보시오) **군대**의 창출을 의미한다. 집주는 반드시 모든 촌락 정착을 포기하는 것이 아니라, 오히려 또한 그리고 우선으로, 정치 중심으로서의 도시에 정착하는 것을 의미한다. 후대에 정규화 되는 상품 규제 및 기타의 무역 규제는 이와 연관되는데, 확실히 매우 일찍이 일어난다. 왜냐하면 도시는 정치 중심과 더불어서 경제 중심 즉 **시장**(市場)이 되기 때문이다. 파라오부터 로마 황제의 시기까

락에 소속되어 주민을 위해서 일하는 장인으로 이해된다.
60) Egbatana: Ekbatana라고 표기하는 게 일반인데, 메디아 왕국의 수도이다.
61) 이에 관한 보고는 없으며, 스파르타의 아그로폴리스에 관해서는 파우사니아스, 3.17.1을 참조하시오.

지 "시장"의 구성이 주권(主權)이다. 그리고 중세에서처럼 고대에서도 특정 도시만 아니라 **모든** 도시가 시장이다. 우리는 화폐주조가 없었어도 오리엔트에는 교환 기술이 발전하였음을 알게 된다. 그리스인들이 최초로 국가가 화폐를 주조하기 수백 년 전 페니키아 인들과 마찬가지로 능동무역을 추구한 민족이 되었다는 것은 분명하다. 그럼에도 그들이 그 다음에 **처음으로** 스스로 그 고안물을 이용하였다는 점은 의미가 없지 않은 것이다. 왜냐하면 언젠가 무역에서 페니키아인을 능가하는 그들의 우월성은 수백 년 앞서서 화폐를 사용한 것을 통해서 근본 더 높아졌다는 점에는 의심의 여지가 없기 때문이다. (카르타고의 화폐 주조는 애초 군사 조직, 즉 봉급을 받는 군대를 새로 만들려는 관심에서 시작한다. 이는 그들의 위대한 정복 시대를 유도한다. 오래된 근동에서 화폐 없이 이루어진 교환 기술은 페니키아의 재외 상관 식민에 상응한다.) 그러나 내부에서 일어난 **화폐경제** 발전은 그 결과와 더불어서 그리스에서도 (기원전 7세기) 화폐의 고안보다 더 오래되며, 그것을 통해서 강해졌을 뿐이다. 광범한 국제 교역과 더불어서 일찍이 집약의 <103좌> **국지** 시장이 출현하였다. "데미우르고스"는 자가 수요를 위한 가내 공업에서 ("자가 작업자"62) 로서) 또는 자신의 부역부과 영주를 위한 부역에서만 아니라, 공업 영역에서 (앞을 보시오) "인민을 위해서" 즉 자신의 고객이 될 모든 사람을 위해서 일하는 직업 수공업자로서, 뷔허의 용어에 따르면, "임금 노동자"63)가 여러 배로 늘고 전문화 된다. 능동무역 업자로서 해상 교역에 참여한 자들의 계층이 성장하면서, 오리엔트에서 오래 전부터 해왔고 그곳에서 넘겨받은 자본주의 형태의 교역이 넓어지게 되었다. 내지의 교역은 주화와 더불어 화폐경제의 수요 충족을 언제나 추진한다. 그리고 그럼에도 증가하는 **국지** 농업 경제에 의한 -농민에 의한- 판매 생산이라는 전제가 제시되어 있는데, "도시 경제"의 개별 구성요소도 존재한다. 물론 시작에서만 특히 봉건 특성과 혼합되어 있을 뿐이다. 폴리스는 방어 단체로서 –다시 말해 그들의 "함께 정착하는" 전사 귀족이 - 우선 그 전에서 성채 왕들이 그랬던 것과 동일하게 농촌을 완전히 지배한다. 단지 한편에서 농촌 경제의 판매 기회의 증진이, 다른 한편에서는 군사 기술의 변화가 경제상으로 중무장한 전사로서의 복무에 참여

---

62) αὐτουργός: 자기 손으로 스스로 일하는 사람이라는 뜻.
63) **Lohnwerker**: 타인의 재료공급에 따라서 일을 하고 노동을 제공하는 사람들이다. 주문자의 집에 거주하면서 노동하는 경우 다른 가족과 마찬가지로 음식을 제공받으며 임금은 차후 정산된다.

할 능력이 있는 토지 점유자의 범위를 넓혔다. 그리고 외부에서 오는 위협이 늘 있음으로, 자기 무장과 전사로서의 숙련을 경제면에서 감당할 수 있는 계층도 양성하지 않을 수 없다. 도시의 성격은 그런 점에서 군국주의의 민주화의 정도에 따라서 매우 상이한 상태에 머문다. 병역이 특히 기사 복무로 남아있는 곳에서는, 상대로 희박한 대영주 계층이 자연스럽다. 이들은 내지에서 -테살리아에서 그러하듯이- 주민을 강력한 예속 상태로 유지한다. 그리고 아티카에서도 기사가 군사상 어떤 중요성이 있는 한에서, 그들이 도시를 지배하였다. 그러나 역사 시대의 그리스처럼 줄곧 군사 기술의 발전의 중심점을 기율이 있고 보병으로서 중무장하여 대오를 갖추고 훈련을 쌓은 호플리테스에게 놓는 곳에서 –페르시아 전쟁 기에 기사는 완전히 사라졌다- 완전시민을 구성하는 씨족의 수자는 흔히 작아서, 수백이나 "수천"을 -즉 천 명의 최고부자를- 포괄한다. 평의원회를 구성하는 시민의 지위를 가진 사람의 수자는 여러 배로 할당되고 호선을 통해서 보충되었다. 아들은 이 경우에 -조합에서 장인의 아들과 마찬가지로- 진입하는데, 연장자가 젊은이보다 앞서서 들어간다. 그리고 조합처럼, 병역이 그것을 경제로 감당할 능력이 있는 정착한 시민의 자기 무장에 근거하고 있으므로, <103우> 이것은 자연 방어 단체의 **확대**와 더불어 경제 자격의 토대로서 조합 동료의 토지 점유에 투사된다. 헤시오도스의 부친은 키메에서 보이오티아로 왔으며 자신의 얼마 안 되는 재산을 해로를 통해서 벌었으며, 이어서 **토지 점유권을** 가진 농민으로서 헬리콘에 정착하였다.64) 점유와 인신의 **결합이 증대**하는 것을 알기 위해서는 사법(私法) 상 특히 **토지법** 상의 **거주이전** 자유의 상태를 후대 민주정치의 조합에 의거한 시민권 정책 및 토지 정책과 비교해야만 한다. 그리고 호메로스 시기 방랑하는 오래된 기사 신분의 공훈 귀족은 점차 지방의 폐쇄된 **폴리스** 귀족에게 밀려 사라진다.

우리는 그 시기에 상응하는 토지의 **연계성**을 발견한다. 역사 시대에도 매우 다양한 흔적을 통해보면, 그 구속성은 정치력을 찬탈한 전사 조합의 점유를 만들어낸다. -아리스토텔레스에 나오는 '최초의 추첨지' 또는 '옛날의 추첨지', '원래의 몫'65) – 우선 토지 점유에서 그리고 때때로 가축의 점유에서도 딸에 앞서는 아들의 우선

---

64) 헤시오도스, 『일과 날』 631-640. 부친의 이름은 알려지지 않는다.
65) πρῶτοι, παλαιοὶ κλῆροι, ἀρχαία μοῖρα· 아리스토텔레스, 『정치학』 1319a 11; 1266b 21, 단편 611,12 Rose에 나온다

권이 성립하며 오로지 혼수 준비의 의무로써만 그 권한이 억제될 뿐이다. 고르틴 법에 따르면, 아들은 정치권의 행사자로서 도시의 토지를 미리 차지한다. 아들이 없을 경우 대체로 상속 순서에 따라서 확실히 정해진 특정 부계 친척이 순차로 권리를 가지고 여자 상속인(에피클레로스)과의 혼인을 요청한다. 그는 일부 스스로 이미 이루어진 자신의 혼인을 청산하고 (유대의 레위 인처럼) 그에게 원래 확실하게 상응하는 의무가 -후에는 때때로 (예컨대 아테네에서) 복음서에 나오는 혼수 준비의 의무를 통해서 대체되는데- 조화를 이룬다. 상속받는 딸의 혼처를 정하고 이와 더불어서 '추첨지'를 수여하는 것은 군사상 중요하고 따라서 공공의 업무였다. 권리를 가진 친척이 없는 경우, 그 사안은 정무관의 (스파르타에서는 왕의) 직무였다. 추첨지는 신분에 맞는 전사의 몫을 유지하기 위한 것으로, 도리아계의 특수한 군사 국가에 언제나 있었다. 그러나 그 밖에서도 매우 빈번하게 분할되거나 양도되어 -예를 들어 기원전 7세기에 세워진 식민시 레우카스는 후대에까지[66] 그러한데- 아니면 두 가지의 관계에서 추첨지는 한정되었다. 이 군사 토지 점유권은 항상 그리스 공통의 토지권에 대립된다. 왜냐하면 호메로스와 헤시오도스의 시기에는 본래 균등 분할이 규정이기 때문이다. 연장자의 우선권은 알려지지 않았다. (저 먼 옛날 상태에 대한 어두운 기억들은 -최고 연장자가 가내 사제로서 정해진 가부장 지위를 가지게 되는 것- <104좌> 이리스가 제우스에 대항하여, 심지어 저 그리스 공통의 원칙을 회상하는 포세이돈에게 에리뉘스들이 더 나이가 많은 형제 편에 선 것을 지시하고 있다.[67]) 언제나 추첨지의 연계성은 실제로 정해진 단독상속 진행처럼 작동하며, 대가족 공동체의 공동 보유를 요구했음에 틀림없다. 다른 한편으로 그것은 적어도 스파르타에서 어린이의 제한과 아울러 일처다부의 결과를 초래하였다. (즉 한 부인을 공동으로 차지하는 것인데 – 에두아르트 마이어[68]가 생각한 대로 "더 오래된 상태의 잔여"인 것은 아니다) 유언은 아테네에서 애초 솔론의 시기부터 성립하며, 스파르타에서는 펠로폰네소스 전쟁 이래로[69] 있었는데, 이는 원래 근본

---

66) Leukas: 현재 지명은 Lefka로 부교로 그리스 본토와 연결되는 섬이다. 이곳이 호메로스에 나오는 오디세우스의 고향 이타카로 보기도 한다. 본문에서는 아리스토텔레스의 시기로 생각된다. 『정치학』 1266b 21-23.
67) 『일리아스』, 15.204.
68) 마이어, 『고대사』 2, p. 90.
69) 즉 4세기 초로 간주된다.

무장 능력이 있는 가문과 매장 의식을 유지하기 위해서 입양하는 목적에 기여하였다. 전사 몫의 연계성이 당시에 언제나 법에 의한 **구속으로서** 존재했는가의 여부는 미정 상태임에 틀림없다. 신분 예절의 사후 작용은 상속된 재산의 매각을 윤리 면에서 비난하는 것이 후대에 나타나는 것에서 확인할 수 있는데, (입증하는 데에) 이것으로 충분할 것이다. 언제나 추첨지를 매각하는 것은 제한되었다. 예를 들어서 엘리스[70]와 테바이(필롤라오스)[71]가 그러하고, 아르고스(페이돈)[72]에서는 할당이 동일하였다는 점이 언급된다.

전사 조합의 경제 토대는 개별 사례별로 매우 상이하게 보일 수 있다. 수많은 도리스계 군사 국가에서 특히 리파라 제도(諸島),[73] 크레타 무엇보다 **스파르타**처럼 그 토대가 **자연경제로** 형성된 곳에서, 그 토대는 매우 의미심장하게도 순수한 군사상의 관심 하에서 관철된다. 피지배 주민은 여기에서 국가 노예 및 국가 예속인의 상태에 처한 자로서 취급되며, 그들의 현물 기여로 전사의 부양이 이루어진다. 일부는 설명된 방식에 일치하여 공동경제로, 일부는 개인의 기여물에 따라서 정해지거나, 노예에 의해서 경작되는 토지가 지정되는 식으로 전사의 부양이 이루어진다. 그 토지는 그에게 상이한 규모로, 후에는 점차 상속을 통해서 전유된다. 새로운 할당 지정과 추가 몫의 분할은 역사 시대에서도 실행할 수 있는 것으로 간주되었고, 발생하는 것으로 보인다. 그것들은 자연히 결코 **토지** 분할이 아니라 거의 **지대원**의 분할이다. 군사 관점 특히 군국주의 인구 정책은 모든 세부사항을 결정한다. 상속자가 없는 경우 일부 입양 강제와 직접 혼인 강제가 발생하거나, 이스라엘처럼 제삼자에 의해서 "후사를 일깨우도록" 하는[74] 권리와 의무가 생긴다. 시민 군대의 조직이 완전히 관철되는 최고의 정점은 전사들의 카지노식 공통 점심식사, "공동식사" 혹은 "붕당"[75]에서 그리고 국가를 위해서 어린이를 유년 사관생

---

70) 아리스토텔레스, 『정치학』 1319a 12-14.
71) 아리스토텔레스, 『정치학』 1274b 1-5.
72) 이 문장은 베버의 오류이다. 아리스토텔레스, 『정치학』 1265b 12-16에 따르면, 아르고스의 페이돈에 대한 것이 아니라, 코린토스의 입법자 페이돈에 관련된다.
73) 이곳은 시칠리아와 이탈리아 사이의 섬들로 기원전 6세기 초에 정주가 이루어진다. 이곳에 대한 주 사료는 디오도로스, 5.9.4-5인데, 아무런 국가노예나 예속인이 없으며, 농민이자 전사가 교대하며 활동한 것으로 나타난다.
74) 『창세기』 38.8과 『마태복음』 22.24.
75) Hetairien: ἑταιρία, 이 표현은 크레타에 있었던 임시의 정치결사를 지시한다. 5세기 아테네에서는 반민주정치 결사를 의미하며, 이는 기원전 6세기 귀족의 붕당에서 유래한다. 고대 후기에는 직업

도식으로 전사로 집단 훈육하는 데에서 도달한다. 여기에는 또한 방어결사체(형제단)가 군국주의에 입각한 완전한 생활 공동체로 **상승하였는데**, 이는 가족 공동체를 희생한 것이다. 거기에 상응하는 것은 여기에서도 군 부대에 참여하는 것인데, <104우> 새로 태어나거나 방어 능력이 있는 연령에 도달한 아이의 운명에 대해서 결정을 짓는다. 이것이 "원래인" 것은 결코 아니다. ("원래인" 것은 아버지의 자의이다) 스파르타는 도시 군국주의의 자연경제 토대를 지니고 있으며 그 전사 조합은 특권을 지닌, 동무로서 동료의 동등성을 가지고 있다. 그들은 청년기부터 오로지 중장보병 전투를 수행하기 위한 훈련에 헌신해야 하며, 알려진 전투에 임전무퇴였다. 그렇지만 이 조합 정신은 국가에 대해서 자신의 한계를 만들어냈다. 행정 감독관직의 창설은 최후까지 때때로 다시 출현하는 무장권의 민주화를 통해서 국가의 정치 충격력을 증진시키고자 하는 왕권의 노력을 막고자 하였다. 사람들은 자연 경제와 전사 주민의 수요 상태를 교묘하게 보존함으로써 화폐경제에 의한 해체 과정에 저항하였다. 그 덕에 화폐 거래를 배제하고, 스파르타인의 추첨지를 고정하고 카지노 공동체를 유지하였다. 이것은 전사 추첨지의 수를 늘이는 것을 방해하였다. 그러나 (부녀자의 손에) 상속이 모아짐으로써 그리고 빈곤해짐으로써 그 수가 줄어드는 것을, 또한 외국에서의 화폐 이득에 비밀스럽게 참여하는 것을 막은 것이 아니다. 한편 반대로 그 공동체는 국가 제도의 모든 중요한 정치 행위를 가로막았으며, 잘 알려진 대로 편협하게 스파르타인의 존립을 지키게 하였다. 펠로폰네소스 전쟁 이후 맹주의 위치가 국가의 수요를 화폐경제로 충족시키는 방향으로 넘어가는 필요성으로 인해서 폐쇄된 전사 국가의 내부에 화폐 경제를 유지하며, 화폐 재산을 만들고, 지배층의 수요 상태를 변혁하였고, 아울러 최단 시간에 체제 전체의 경제 기초를 무효화하자, 그 공동체는 유지될 수 없었다.[76] 클레오메네스의 민주정 회복은 셀라시아[77]에서 그 새로운 분배와 함께 파괴되었다(기원전 222년).

　그리스 전통에 따르면 이제 자연경제에 기초가 놓인 스파르타의 군국주의는 동시대인에게 잘 알려져 있는 형태에서 완전히 유일한 입법의 산물이다. 그것은 자연히 별로 잘 들어맞지 않는다. 스파르타는 가장 오래된 귀결로 나타난 오래된 도시 지배의 극한 구성에 불과하다. 사실상 그 "유일함"은 다음에 있을 뿐이다. 즉 봉건 하부구조가 **명문**

　　단체로 라틴어의 콜레기움collegium에 상응한다.
76) 이 견해는 폴리비오스, 『역사』 6.49.9에서도 엿보인다.
77) Sellasia: 스파르타의 북쪽 지역으로 클레오메네스 3세가 마케도니아의 왕 안티고노스 도손에게 굴복하였다. 이로써 개혁이 중단되었다.

가를 통해서 아니라, **단지 훈육**을 통해 선발된 계층을 통해서 기여하였다는 점, 그리고 그렇게 만들어진 중장보병 전투의 거장들은 후자의 특성으로 인해서 자신의 **생활양식**에 따르면 대체로 "귀족"의 대립물이었다는 점이다. -

완전시민 카스트에 소속한다는 것이 중세에서 기사에 소속한 것과 마찬가지로, 언제나 끊임없는 직업상의 무장 훈련을 전제로 하고 (따라서 이것은 언제나 국가의 관심사였다), 이것은 적어도 군대의 중핵에게는 -기사이든 아니면 중장보병이든- 도시에 함께 거주하는 것을 전제로 한다. 스파르타의 "불굴성"과 심지어 나중에 테바이에서의 "신성한 부대"는 계속된 "트레이닝"의 산물이었다. 또한 엄격한 군국주의 단체에서 도시 거주 지역과 무장훈련을 <105좌> 포기한 자들은 "주변인," "시골뜨기"가 되는데, 이들은 정치에서 **계층 탈락**된다. 김나지온[78]에 참여하는 것과 정치상 완전시민권은 동행한다. 그러나 이제 우리가 스파르타와 크레타에서 역사 시대에 존재한 **자연경제**에 입각한 군국주의의 체계를 그 기본 특징에서만 **보편으로** 존재하는 통과 단계라고 간주할 권리를 가지고 있다는 점은 다른 측면으로 보면 완전히 불가능하다. 왜냐하면 그리스 도시 봉건제의 그렇게 광범한 민주화가 이루어져서 지배하는 전사 계층의 구성원이 단지 대략 8~12헥타르[79]의 점유에서 나오는 소득을 가지고 자신을 위해서 헤일로타이를 관리한다는 것은 존재하였을 수도 있었겠지만 다른 곳에서는 발견되지 않기 때문이며, 스파르타에서 토지의 증대와 시민 숫자의 상대 감소로 인해서 군사 세력이 언제나 위협을 받았기에 역사 시대에도 성격상 군사 제도의 관철에서 그 **철저함**은 아마 감소하지 않고 오히려 분명 **증가했기** 때문이다. 프리타네이온[80]에서 이루어지는 아테네식의 공공 식사 같은 제도는 -오래된 왕의 식사에 대한 대안- 자연히 스파르타의 공동식사가 그 특수한 군사 의미에서 (또는 어쨌거나 유사한 어떤 것이) 아테네에서 존재하였다는 것을 지시하지는 않는다. 우리는 헤시오도스에서 자유 농민에 대한 봉건 억압의 흔적을 찾지 못

---

78) γυμνάσιον: 벌거벗은 몸을 뜻하는 gymnós에서 파생된 단어로 경기에 출전하는 경쟁자들을 위한 트레이닝 세터를 의미한다. 오로지 성인남성만 참여한다.
79) 이 면적은 「고대농업사정」 2판에서 제시된 30~50모르겐을 헥타르로 고친 것이다. 베버는 마이어, 『고대사』 2, p. 297을 본 것으로 추정되는데, 여기에서는 30~40모르겐으로 기술되어 있다. 정확히 환산하면 먼저 수치는 7.5~12.5헥타르, 후자는 7.5~10헥타르가 된다. 여기에서 모르겐이 로마의 유게룸과 동가로 산정되고 있는데, 확인이 필요한 사항이다. 참고로 로마가 라틴 식민시를 건설할 때, 30~140유게라의 규모로 토지를 할당한 것과, 그라쿠스 형제가 농민에게 30유게라(7.5헥타르)를 할당한 것이 비교된다.
80) Πρυτανεῖον: 당번으로 근무하는 협의회 의원 Prytaneis가 집무하는 장소로 국가의 관리나 올림픽 우승자가 모이는 장소를 의미한다. 행정부 판정의 의미로 쓰인다.

한다. 그는 몇 명의 노예와 날품팔이와 함께 노동한다. 단지 재판의 오용, 법정에 설 수 있기 위해서 임시로 또는 장기간 부자의 **보호** 속에 들어가야 하는 불가피성, 그리고 채권은 언제나 송사의 대상이 된다. 이 마지막 사안은 결정짓는 것이다. 스파르타와 크레타 그리고 기타 국가처럼 정복에 기초한 봉건국가와 반대로, 농촌 주민의 노예화는, 그것이 따로 생기는 곳에서, 규칙처럼 **채무** 노예화이다. 그 사태와 동시에 초기에 (아테네에서 '펠라타이'81)가 그러하듯이) 언제나 분명하게 무전자(無田者)의 피호관계가 점점 더 후퇴한다.

도시에 정착한 전사 신분이 정치 권력을 차지하는 것은, 오리엔트의 군사 왕정의 지배가 그 자체로 이집트처럼 결국 부역 조직을 언제나 가질 수밖에 없었던 것과 마찬가지로, 농촌에 있는 확산된 헤일로타이 계층의 성립을 그만큼 덜 유도하였음에 **틀림없**다. 전체 농촌 주민의 "예속"은 펠로폰네소스에 있는 도리스의 국가, 스파르타·아르고스·시키온 밖에서 존재한다. 아울러 그것은 크레타에서, 역사 시대에는 테살리아·로크리스·비잔티온과 두 헤라클레아82)에서만 **확실하게** 증명된다. 그것은 기타 많은 장소에서도 등장하였던 것으로 보이지만, 그 지역의 법 규정에 관하여 확실한 것이 결정된 것은 아니다. 시키온과 아르고스에서 그 근원은 스타르타처럼 명백히도 정복이다. **또는** 도시 시민이 무장 훈련을 독점함으로 생긴 피호관계이다. (예속인들은 경무장병으로서 함께 나간다.) 여기에서 그리고 정복에 근거한 식민화 국가인 크레타·비잔티온과 두 헤라클레아에서 (여기에서 그들은 무장의무를 지고 있지 않다) 예속인들은 명백하게 부세를 짊어진 국가 예속인으로서의 의미를 지니며, 국가가 때로는 (폰투스에 있는 헤라클레아에서 그러하듯이) <105우> 복종 시에는 계약을 통해서 그들의 지위를 보장하였다. (그들은 헤일로타이와 무장 및 직접세납부 의무를 지고 있지만 개인으로는 자유로운 스파르타의 주변인과 같은 자들의 중간에 위치한다) 테살리아에서는 언제나 고유한 개인의 예속 신분 상태가 완화된 형태로 존재하였던 것으로 보인다. 테살리아와 크레타의 예속인들은 가족을 거느리고 소유를 향유할 수 있는 권리를 분명히 보장받았다. 전체 농촌 주민의 **폴리스**에 대한 복종 관계를 착취하는 것에 토대를 둔 이 국가 예속상태는 그리스 발전의 일반 통과단계가 아니라는 점이 가장 가능성이 높은 것으로 간주될 수 있을 것

---

81) πελάται: 이 단어는 보호받기 위해서 접근하는 자라는 뜻이다. 라틴어의 피호민인 cliens의 의미를 지닌다. 이는 아리스토텔레스, 『아테네인의 국제』 2.2에 나온다.
82) 폰토스에 있는 헤라클레아와 테살리아에 있는 헤라클레아 트라키니아Herakleia Trachinia를 의미한다.

이다. 도시 봉건제가 그런 류의 결과를 유도할 수 있는 것은 단지 국지에서 그리고 적어도 주로 정복지에서이다. 다른 한편으로 회소한 사료로 알 수 있듯이, 주민 중 **부분들의 예속이 보편 확대영역을 가졌다**는 점은 매우 진실일 듯하다. 대체로 귀족을 위한 납세원으로서 **피호관계**가 존재한다. 그에 비해서 오리엔트, 후대의 로마에 확실히 유사한 방식으로 "중세" 그리스에 있는 가장 오래된 도시국가에서 주로 구매 노예제가 대량으로 들어오기 전에, 도시 귀족은 자신의 인력을 경제를 위해서 확보하였다. 전이나 후에도 있었던 수확을 위해서 고용된 수확꾼들과 더불어서, 일부는 일 년 기한으로 고용된 노동자들이 특별히 귀족의 집에서 점점 더 많이 그리고 **채무 노예**가 국가 경영으로 관리되는 곳에서 상시로, 노동자의 주력부대를 이루고 있다. 채무 노예는, 크레타의 법이 지시하듯이, 계층탈락된 **자유인**으로서 개인 피호민과 정치상 복속된 자들-예속인-과는 **구별되어야** 한다. (그들에 관련한 법사학 논쟁에 관해서는 아래 아테네 항목을 보시오) 그들은 여기에서 대부분의 경우와 마찬가지로, **도시에 정주하는 "귀족씨족"의 지배**가 자리 잡고 구매 노예가 아직 대규모 현상이 아닌 한에서 독특한 방식으로 등장한다. 사람들은 **구매 노예의 사용**에 관해서 특히 경작 노동을 위해서 그렇게 하는 경우에 관해서 그리스 고대에도 상대로 별로 듣지 못한다. 그들을 대규모의 방목에 사용하는 것은 당시에는 독특한 것이 아님이 분명하다. 그리고 특히 이 시기에 주로, 하여간 독특한 현상으로서 고유한 "대(大)방목"이 빈번하게 나타날 가능성은 없다. 수확을 나타내는 그림에서[83] 여기에 주인은 손에 지팡이를 들고서 옆에 서있는데, 이는 단지 "향신"에 의한 방목의 존재만을 지시한다. 여기에서 주인은 그리스 땅에서도 함께 일하지는 않는다. 피티아가 한때 코린토스 사람들을 그들이 지닌 대규모의 노예 수자로 인해서 '일용양식을 세는 자'[84]라고 명명했을 때, 이것이 대규모 방목을 의미하는지는 의심의 여지가 있다. (후대 아테네의 경우를 보시오). 그리스 중세에서 언제나 전면에 나서는 것은 부자유하거나 절반만 자유로운 소작으로 이것은 바로 채무 노예에 속하거나 아니면 청산해야 할 담보를 지닌 채무자에게 속한다. 토지 점유의 두 계층 사이에서 채무를 지는 것, 즉 대규모 토지·가축·화폐 점유자들에 대한 농민의 경우인데, 이는 완전히 초기 고대에 독특한 것이며, 당시의 "사회" 갈등을 우리 독일인의 것과 매우 크게 구별해주고 있다. 즉 사람들은 독일의 융커를 **채권자**, 농민을 채무자로서 <106좌> 그리고 그들에게

---

[83] 아킬레우스의 방패에 나오는 장면을 말한다. 『일리아스』 18.550-557.
[84] κοινικομέτραι: 하루의 식량을 의미하는 코이닉스를 세는 자라는 의미이다. 아테나이오스 6.272B-C 에 나오다

완전히 옮겨가기 위해서는 융커를 도시에 거주하는 자로서 생각할 수 있어야 할 것이다. 농민의 농토 위에 놓인 저당(抵當) 표석과 대인의 농터에 있는 채무 노예는 서로 평행하게 간다. 마찬가지로 후에 바빌론에서 각 자본가가 도시 토지의 엄청난 규모를 처분하는 것이 보인다. 이로부터 그들이 그것을 소유하기 위해서가 아니라 이익 추구에 반대하는 저당을 설정하여 차지하고 있고, 그들의 채무자에게 빌려주었을 가능성이 있다. 아테네에 있던 '6분의 1의 사람'(헥테모리오이)[85]은 유사한 상태에 있게 된다. 그들의 1/6조는 이집트 소작인들의 1/3소작료보다 결코 낮지 않은 비율이다. 이집트에서 토질은 비교할 수 없을 정도로 비옥하였다. (이 문제에 관해서는 아래 아테네 항목을 보시오) 그리스 도시의 귀족씨족은 특히 해변 도시의 귀족들은 언제나 선박을 점유한 상태에 있어서, 흔히 -솔론처럼[86]- 직접 무역에 참여하였다. 그들은 주곡의 보유자였으므로, 흉작이 든 해마다 농민들에게 대부해 주는 자였다. 게다가 이에 **화폐** 제조가 등장한다. -엄밀하게 관찰하면, 초기에 상업의 의미가 작았다고 해도 자연경제에 머문 **환경**에서 교역에서 나오는 이익의 상대 효과를 저평가할 수는 없을 것이다. 귀족의 도시 정착은 경제상으로도 그들의 힘이다. ("시내거주민"[87]은 아테네 귀족인 에우파트리다이[88]를 뜻한다.)

한편으로 화폐 재산과 토지 재산의 증가는, 다른 한편으로 농민의 채무화는 이제 "귀족씨족 국가"의 위기를 초래하였다. 보병복무를 위해서 소집되는 한, 호메로스 시대의 "인민"은 전차전을 벌이는 귀족씨족에 의해서 마찬가지로 지배받으며, "수장들"에 관한 세게스테스[89]주장에 따르면 케루스키 족[90]처럼, 억제된다. 그러나 중장보병 군대의 중

---

85) ἐκτημόριοι: 단수는 헥테모리오스이ἐκτημόριος는 아리스토텔레스,『아테네인의 국제』 2.2와 플루타르코스,『솔론』 13.2에 나오는데, 이들은 솔론이전 아테네에서 발견되는 경작자 집단이다. 이들의 처지와 관련해서 논쟁이 있는데, 1/6을 지주에게 바친다는 의미로 보는 견해와 1/6만 받고 경작하는 자로 보는 견해가 있다. 양병우,「솔론의 개혁-세이삭테이아를 중심으로」『단국대대학원학술논총』 3, 1979, pp. 1-10 참조하시오 .
86) 플루타르코스,『솔론』 2.2.
87) ἀστοί: 시내를 뜻하는 ἄστυ에서 파생된 말로 아테네인들은 아테네 시를 이 명칭으로 불렀다.
88) Eupatridai: 아버지가 훌륭하다는 뜻으로 흔히 귀족을 뜻한다. 그러나 특정 씨족을 뜻하는 것으로 보기도 한다.
89) Segestes: 기원후 1세기에 친 로마의 태도를 지닌 게르만 귀족, 게르마니쿠스와 연대하였다. 이에 관해서는 타키투스,『연대기』 1.55.2에 나온다. 여기에서 귀족을 먼저 제압하면, 나머지는 반항하지 않을 것이라고 하는 말을 한다.
90) Cherusci: 독일 하노버 근처에 살았던 게르만 족으로 이들의 수장이 아르미니우스Arminius다. 그는 세게스테스와 대립하다가 기원후 9년 토이토부르크 전투에서 로마의 3개 군단을 전멸시킨다. 14년에 이들에 대해 게르마니쿠스가 진압작전을 벌였다.

요성이 증가하면서, 이것은 더 이상 전혀 가능하지 않았다. 특히 농민들의 채무예속화는 이제 국가의 방위 능력과 세력을 위협하였다. 그리고 화폐경제와 더불어 도입되는 영업의 분화는 졸부와 무토지 자유인 그리고 몰락한 귀족씨족을 만들어냈으며, 폴리스에 격렬한 대립을 끌어들였다. 어디에서나 –지세 부과의 규정에 상응하여- 가장 비옥한 토지는, 무엇보다 계곡 사이의 평지는 산중턱과 반대로 채무화와 매각으로 귀족의 점유가 된다. 단지 그 토지만이 경작자와 더불어서 지대수취자의 존재를 짊어진다. 따라서 그것은 귀족 경제에서 나오는 잉여로 획득된다. 이는 우리가 신용에 위임하는 경우, 양질의 토지를 우대하는 것과 마찬가지다. 그 점에서 귀족 폴리스는 산지로 침투하기가 그렇게 어려웠을 뿐 아니라, 그렇지 않아도 평지는 귀족의 거처이며("오목한 라케다이몬,"91) 메세이아·엘리스·테살리아·보이오티아·아테네 평원), '시골뜨기'는 산의 경사면에 거주한다. 그래서 농민 민주정과 귀족 지배는 지역으로 그처럼 (특히 분명하게 아테네에서) 나뉜다. 다른 한편으로 해변의 항구 지역에서 수출업 그리고 해상 선박교통의 발전과 더불어 점점 많은 수의 사람들이 -아테네에서 도공들이 그러하듯이- 정착한다. 그들은 자신의 토지에 정착한 자들과 농경에 관심을 지닌 자들의 <106우> 범위 밖에 있으면서, 그들의 경제 관심을 촉구하는 자에게 정치상으로 이용된다. 이 집단들과 계층탈락되고 채무 예속화된 자유인은 귀족 집단에 대항한 쿠데타가 그들에 의지할 수 있거나 아니면 그들 중 하나에 그렇게 할 수 있는 요소를 형성한다. 다른 한편으로 오래된 토지 정착 귀족씨족의 옆에 귀족에 예속하지 않고 소시민층에서 성장한 부유 계층이 등장한다. 자본주의 발전이 정착되기 이전 옛 시대에 '수공업자'로서 재부를 획득하는 것이 가능하였다고 하는 점은 아마도 기원전 581년 아테네에서 유명한 파벌 간 합의에서도 결정되었음에 틀림없다. 그것은 또한 2명의 "수공업자"에 아르콘으로서의 자격을 부여했으며,92) 이들은 그 이후 500메딤노스급이었다. 또한 적어도 500드라크마의 고정수입을 (당시에는 높은 액수였으나, 데모스테네스 시기에는 빈자의 수입이다93)) 가지고 있었음에 틀림없다. 사람들은 더 오래 전의 수공업자들 하에서 저 수공예 가문이 상속받은 영업 비밀을 가지고 있는 것으로 보이는 것을 기억해야만 한다. 그들은 원래 (신화에서 그러하듯이) 고도의 희귀품 감정을 알고 있었으며, 확실하게도 귀족의 방식을

---

91) 이 표현은 『일리아스』 2.581, 『오디세이아』 4.1에 나온다. 에우로타스 강의 계곡 평야를 말한다.
92) 아리스토텔레스, 『아테네인의 국제』 13.2. 귀족 5명, 농민 3인, 수공업자 2인에게 아르콘직을 수여하는 것으로 나온다.
93) 플루타르코스, 『솔론』 23.2.에는 1메딤노스가 1드라크마로 환산되고 있으며, 가치하락에 관해서는 (위)데모스테네스, 『연설』 42.22.를 참조하시오.

따라서 대가족 공동체에서 함께 살았으며 점유를 축적하였다. 처음으로 자본주의와 노예 노동이 예전의 대 가족 공동체의 몰락과 결부되어서 이 기초를 파괴하였다. (뒤를 보시오) (물론 주목해야 하는 것은 기원전 581년에 "수공업자들"로 이루어진 정치 당파에 귀족이나 토지점유신분에 속하는 상인이 확실히 포함되지는 않았다는 점이다.[106-1])

> [106-1 노(老) 데모스테네스는, 비록 보쿰의 주식을 점유한 자가 오두막집 만드는 기술에 관해서 알고 있는 것보다 그가 아마도 칼 제작에 관해서 더 알지 못했을지라도, 평생 "도검 제작공"[94]이라고 불린다. 그리고 그의 가문은 여러 세대 전부터 유복한 상인 가문이었다. 그는 (다른 사람들 하에서) 도검 제작공(노예)을 구비한 작업장을 지니고 있었다.] -

농촌에 대한 도시의 지배는 더 이상 유지될 수 없었다. 그곳에서는 점유하는 계층이 치열한 대립으로 스스로 갈라지기 시작했다. 자연히 이 격변이 이루어진 방식과 그것이 실현되는 규모는 매우 상이하다. 그래도 최초의 대개혁에서 고대 그리스는, 오리엔트의 "입법"과 같이, 무엇보다도 국가의 무장 능력에 대해 가지는 **정치** 관심 속에서 채무를 진 **농민**들과 하나의 타협에 도달하려는 노력이 우선이었다. 농민 급진주의는, 정치 권리의 박탈과 사회에서의 계층탈락 그리고 중무장 능력이 있는 토지 점유자의 경제상 위험으로 인해서, 귀족에게는 정치상으로 가장 무거운 위협이었다. 드라콘 법 그리고 그와 친근 관계가 있는 입법들은 참주들과 마찬가지로 다음의 결과를 끌어낸다. 즉 그 법들은 폴리스에서 농촌에 대한 반(半) 봉건의 압제하는 성채로서의 성격을 제거해버리고, 귀족들에게서 그들의 정치 특권을 벗겨버린다. 토지 점유자들은 자신들이 경제상으로 무장의 능력이 있는 한(드라콘 법에서는 '무장을 마련한 자들')[95] 시민이 되며, 시민의 공공 부담은 토지 점유자의 벌이에 따라서 (바로 아테네에서 그렇게) 단계화된다. 도시국가는 이제까지의 의미에 따르면, **토지 점유**가 그런 것으로서 <107좌> 정치 권리에 대하여 결정짓는 것이다. 도시는 또한 정식으로 농촌에 **종속된다**. 후대에 나오는 로마의 12표법처럼 "입법들은" 그리스에서 귀족이 아닌 자들의 토지 점유가 해방된다는 의미에서 농지의 각인을 그처럼 지니고 있다.

---

94) μαχαιροποιός: 플루타르코스, 『데모스테네스』 4.1.
95) ὅπλα παρεχόμενοι: 무장을 마련한 자들이라는 뜻이다. 이는 아리스토텔레스, 『아테네인의 국제』 4.2.에 나오는데, 여기에 나오는 재산 자격은 현재 기원전 7세기 초가 아니라 기원전 5세기 초의 상황을 보여주는 것으로 간주된다.

그 동기들 그리고 대개 수단들도 아마 수메르 왕들의 비문에서 그리고 가장 오래된 이스라엘의 법에서 이미 등장한 것들과 유사하였다. 경제상으로 무장 능력이 있는 농민 신분과 소시민 신분은, 군사상 더 이상 없어서는 안 되는 존재였으므로, (오리엔트의 소시민과 농민들처럼) 개인의 자력구제 행위의 ("복수권"이라고 말할 수 있을 것이다) 잔재, 순수하게 전통 및 편견과 더불어 이루어진 판결, 그리고 재판 피호관계를 법전 편찬과 시민 재판을 통해서 제거해 줄 것을 요구하였다. 그들은 개인의 채무 노예화를, 특히 그렇지만 화폐로 인한 채무의 억압과 그 작용, 즉 소규모 점유자가 점유계층에서 탈락하는 것을 채무 노예의 제거와 지대 축소 그리고 수수료 축소를 통해서 방지할 것을 요구하였다. -계층탈락한 자들의 **단호한** 대표자는 토지를 새로 분배할 것과 채무를 면제할 것을 요구하였다. 대부분의 토지가 **담보 설정**을 통해서 귀족의 손아귀에 장악되었으므로, 전자는 근본으로 후자의 더 날카로운 형태였을 뿐이다.[107-1]

[107-1 오로지 부담이 없는 점유인 "자유인의 재산"[96]은 아테네에서 시민 중에서 관련된 점유 계층에 자격을 부여하는 것으로서 간주된다.]

"판관들은" 타협하고자 시도하였다. 벌금액의 고정과 더불어서 채무 상태의 제거 혹은 완화를 통해 기존의 점유에 대한 침탈을 마비시키고 계층 분화의 원천을 중단시키려고 하는 노력이 유유히 전개된다. 가장 광범위하게는 솔론의 세이삭테이아라는 혁명적 규정-토지와 인신에 근거한 모든 담보채무의 면제-라는 혁명 규정에서 농민들에게 호의가 베풀어졌다. 외부로 처분된 아테네 채무예속인의 자유로운 매매와 밀접하게 관련되어서, 그 조치가 과거의 정치 의미 즉 이제부터는 국가의 군사력이 오로지 의존하고 있는 바, 호플리테스 군대의 유지에 상응한다. - 자연히 이 경향은 결코 단절되지 않고, 언제나 같은 정도로 작용한다. 무엇보다도 참주는, 자연스럽게 "탈락된" 계층에 우선 확고하게 의지했으나, 그래도 일차로 정치 찬탈이고 그런 것으로서 다양한 수단을 가지고 작동한다. 고(古) 그리스에서 신정정치의 특질은 의심의 여지가 없다. 신탁이 나중에 페르시아 인에 편에 있었던 것처럼, -완전히 오리엔트처럼- 참으로 오래된 귀족 사제 씨족이 있는 것이 아니라 갖가지의 예언자들이 "참주들과" 함께 나타난다. 시칠리아의 참주정은 다시 그 후대에 고 그리스에서 매우 빗나간 성역을 가지고 있다. 그러나 시칠리아에서 **더 오래된** 참주 세대의 정치 수단, 즉 전체 도시 단체와 더욱이 외국인 병사들을 자

96) οὐσία ἐλευθέρα: 아리스토텔레스, 『아테네인의 국제』 4.2.에 나온다.

신의 폴리스로 공동체화 하는 것은 오리엔트의 성격에 속하는 것인데, 고 그리스에서가 아니라 식민 토지에서 가능하였다. -단지 줄곧 실제 개혁과 <107우> "입법자들의" 개혁은 "참주들의" 것과 마찬가지로 이중의 관점을 제시할 뿐이다. "전체 아티카가 하나의 도시"97)라는 원칙이 의존하고 있는 농민과의 유대 관계는 이점을 정치로 표현하고 있다. 법의 확실성 그리고 귀족의 가부장-신성 법정에서 이루어지는 전통 재판이나 예단 판결에서 법의 독립은 법전 편찬과 더불어서 -그처럼 페이시스트라토스에 의해서- 순수한 관직에 의한 재판을 확정함으로써 촌락들에 (페이시스트라토스는 스스로 판결을 내리고자 촌락을 여행하였으며, 후에는 적어도 약식 소송을 위해서 순회하는 재판관인 '촌락 순회 재판관'98)이 발견된다) 제시되었다. 이점은 언제나 신명기의 입법에 유사하다. 우리는 참주인 페리안드로스, 테아게네스, 클레이스테네스, 페이시스트라토스의 경제정치의 조치 하에서, 잘레우코스와 솔론의 입법에서와 마찬가지로, 일정 수의 조치들을 발견하는데, 이런 조치들은 이 경향에 속한다. "사치"에 대한 엄격한 통제는 흔히 매우 영향력 있는 사치 금지로까지 가는데, 일부는 신분 관점에서 일부는 소시민의 관점에서 생활 수준의 차별을 시민 평등의 위협으로서 간주하여 이에 반대하는 방향으로 나간다. 노예 영업은 페리안드로스와 기타 국가들에서 금지되고 -포키스와 로크리스에서는 고전기까지 유지된다- 솔론을 통해서는 토지 집적의 축소가 시도되었는데, 이것은 경제상으로 점유가 뿌리부터 변화하는 것을 의도한다.99) 그러나 한편으로 채무 상태를 제거하고 토지 점유 시민들 간에 존재하는 차이들을 말살하는 것, 다른 한편으로 도시로 농민의 이주를 **금지**하는 것은100) 상관관계를 지닌다. 국가가 토지에 대한 결박을 통해서 농민층을 고정시키려고 하는 시도는 여러 번 이루어졌다. 그래서 도시에('시내를 위해'),101) 다시 말해서 귀족에게 파는 것을 금지한 것에서 그러하다. (잘레우코스가 하였듯이) 매각과 선매 및 중매 그리고 곡물수출을 빈번하게 금지한 것은 중세 도시 정책의 상응하는 조치, 즉 무위도식 및 구걸의 처벌과 동일한 범주에 속한다. 사람들은 이 독특하게 되풀이되는 -그리고 아마도 동일한 관계 속에 속하는 일련의- 조치들을 통해

---

97) 마이어, 『고대사』 2, p. 804를 인용한 것이다. 아티카는 아테네의 영토를 지칭하는 말이다. 이런 사정은 솔론의 개혁 이후를 지시한다.
98) δικαςταὶ κατὰ δήμους: 아리스토텔레스, 『아테네인의 국제』 16.5, 53.1에 나온다.
99) 아리스토텔레스, 『정치학』 1266 b 15-17에 따른 것이다.
100) 이런 지적은 마이어, 『고대사』 2, pp. 621-2에 나오는데, 큅셀로스와 페리안드로스에 관련되는 것으로 확인된다.
101) πρὸς τὸ ἄστυ: 아리스토텔레스, 『정치학』 1319 a 8-11.

서 소시민의 "부양"을 안정시키려고 노력한다.- 그러나 결국 의미가 있는 것은, 적어도 대규모 해양도시에서, 성공한 참주의 정책과 같은 입법가들의 규정이며, 근본으로 새롭고 **무엇보다도** 상업과 화폐보유에 토대를 둔, 특별히 도시에 거주하는 부자들이 구래의 씨족들과 협조한 것이다. 솔론의 입법은 아마도 (비록 브루노 카일의 주장102)이 아마도 절대로 설득력이 있는 것은 아닐지라도) 일찍이 계층에 소속되는 것을 현금으로 산정되는 수입에 기초하였을 것이며, 또한 **농민** 호플리테스 폴리스의 토지도 이미 포기하였을 것이다. <108좌> 또 영업에 종사하는 거류외인을 중상주의식으로 보호하는 것은 -후대의 민주정의 정책과 대조되게- 시민권에 들어가는 것을 쉽게 함으로써 아티카에서 토지 획득을 가능하게 하였으며 아울러 그들의 재산을 유지할 수 있던 것은 아테네에 유리하게 되었다. 그것은 화폐를 (그리고 그로 인해서 인간을) 지니고 있는 계층들의 연합을 고려하였음을 드러낸다. 기타 농산품의 수출을 금지하면서도 올리브유의 수출을 허용한 것은 고대의 **농지에** 입각한 (재식농업-) 중상주의에 상응한다. 농민들에 대한 우호는 또한 정치 목적을 위한 수단에 불과하다. -같은 특징이 페리안드로스가 농민들을 위해서 내린, 농민들이 도시에 거주하는 것을 혐오하도록 도시의 복장을 벗어버리도록 하는 엄명에서, 그리고 이미 언급한 농민 이주의 금지조치에서 드러난다.- 채무를 지고, 점유를 뺏기고 도시로 내몰린 농촌 주민을 동시에 로마처럼 **밖으로** 이끌어내려는 시도가 이루어졌다. 살라미스에 있는 아테네의 추첨지는 그들의 되찾기 강제와 소작 금지와 더불어서 -그러한 부담들은 정치상으로 동기가 주어진 식민시에서도 후에 등장하였으며, 그러나 이 후자는 전혀 예외가 아니다.- 직접으로 군사 목적과 더불어서 **또한** 주민의 부담 경감이라는 목적을 지니고 있었다. 분명히 참주들의 식민시 건설은 이런 목적을 지니고 있었다. 그것들은 "실업자 취업대책"으로서 내부로는 공공 건설에 상응한다. -사회에서 계층탈락된 시민층의 형성을 완화하기 위해서 식량을 안정화 하고 이로부터 영업 기회를 지나치게 손상함이 없이 무역을 규제하는 것은 이 시기에 독특한 표어이다.-

이로써 신분 투쟁은 테살리아·스파르타·아테네처럼 상대로 매우 "분명한" 유형만 아니라 자연스럽게 모든 잡다한 타협과 조합을 초래하기도 하였다. 이것들의 내용은 평야의 **사회 공동체**에 크게 영향을 주었다. 그러나 확실히 정해진 것은 별로 없다. "민주정치" 운동의 목적은 무엇보다도 다음과 같다. 확고하고 (확대된 것으로 생각된) 가족 공동체에 토지 결박에 토대를 둔 "귀족씨족"의 연관을 파괴하는 것 그리고 지방과 개인의 유

---

102) Bruno Keil, 『아리스토텔레스의 《아테네인의 국제》에 나오는 솔론의 국법 Die Solonische Verfassung in Aristoteles Verfassungsgeschichte Athens』, Berlin, 1892, pp. 68-72.

대 관계인 촌락과 '형제단'에 대한 그들의 막강한 영향을 파괴하는 것이다. 촌락(코메, 후에는 데모스)은 경제공동체로서 자연히 더욱 존속한다. 그렇지만 귀족씨족의 국가는 정치상 촌락을 무시하고, 귀족씨족은 촌락의 자리를 차지하고서, 의심의 여지없이 (독일의 기사 영주들처럼) 실제로 촌락 유대관계 밖에 머물며, 자신의 피호민·채무 노예나 소작인과 함께 흔히 나름의 '농촌들'을 창출하였다. 그러나 그들의 토지 점유는 한편 매우 빈번히 저당물 점유에서 나오는 것이므로, 그것은 중요한 토지 조각에 이르기까지 분산 점유에서 나온다. 따라서 농민들의 프로그램은 농장들을 촌락들로 "병합하는 것" 즉, 더 많은 촌락으로의 분산 점유를 막는 것이다. -형제단은 하위의 군대 결사, 즉 방어 단체로서의 군사 국가에서는 옛날부터 시민법과 토지 점유를 허용하는 것에 대한 지배권을 행사한다. 그리고 그것은 그들 편에서 완전히 귀족씨족의 지배 하에서 있었는데, 비록 귀족씨족만이 아니라 (여기에서 빌브란트[103])는 확실히 타당하다.) 모든 무장력을 갖춘 자들도 그런 권리를 포괄하고 있을지라도 그러하다. <108우> 따라서 농민들의 계획은 프라트리아의 민주화이거나 프라트리아가 지닌 권리를 제거하는 것이다. 호플리테스 신분에 대한 양보는 매우 다양하게 진전한다. 예를 들어서 엘리스에서는 기원전 471년의 집주가 있기까지 (뒤를 보시오) "폴리스"가 나타나지 않았다.[104] 기름진 "오목한 엘리스"의 귀족은 오로지 말을 기르는 시의회 귀족이었는데, 옛날과 마찬가지로 자신의 성채에 흩어져 정착하고 있으면서, 오직 올림피아의 성지 주변과 경제상 이점이 있는 축제극의 수행을 둘러싸고 모인다. 현저하게도 무역은 어느 시기에든 없었다. 그로 인해서 장기간에 걸쳐 신분의 융화가 별로 없었다. 호플리테스 군대와 더불어서 공통으로 귀족은 피사 인을 굴종시켰다. 로마의 혈통 귀족이 평민에게 하였듯이, 귀족은 촌락 성원 데모이에게 정복된 토지에 대한 몫을 허용하였으며, 피사 인들은 엘리스 국가에 직접세 납부의무를 진 채로 남는다. 아리스토텔레스에 의해서 설명된 바,[105] 농민 착취에 반대하는 방향인 채무 금지는 완전히 이 타협에 속한다. '촌락 성원들' 혹은 '농촌 성원들'은 공동체의 구성요소로 남는다. 국가나 형제단이 아닌 그들이 여기에서 토지 권리를 수여하는 존재이다. 다른 한편으로 옛날과 마찬가지로 기원전 471년까지 공공연히 주인의 항의 없이 호플리테스를 지휘하는 것이 가능하다. 여기에서는 심지어 '집주'가 발생하

---

103) Willbrandt, "Die politische und soziale Bedeutung der attischen Geschlechter vor Solon," *Philologus*, Supplbd. Ⅶ ,1899, p. 136-166.
104) 스트라본Strabon, 8.3.2.336C.
105) 아리스토텔레스, 『정치학』 1319 a 12-14.

지 않았으며 (상업 약화의 결과), 이것이 귀족 폴리스의 독특한 현상 즉
1. 농민의 채무화,
2. 토지 점유의 집적,
3. 행정 권리에서 촌락 성원들의 소멸,
4. 신귀족이

오랫동안 전혀 (또는 단지 거의) 나타나지 않은 원인이었다. (기원전 471년의 집주에 관해서는 뒤를 보시오.) 그에 비해서 서로 인접한 두 무역도시인 메가라와 아테네에서는 다르게 나타난다. - 아테네[108-1]와 메가라는 기타 해양 도시들처럼 농민의 채무화와 더불어 **조직상** 중요한 문제가 있다. 즉 무역의 발전과 더불어 집단으로 생긴 부유한 **새로운 귀족씨족**의 운명이다. 메가라에는 이 졸부들이 있다.

> [108-1 아테네 정치 체제의 문제에 관하여 더 상세하게 들어가는 것은 여기에서는 자연히 허용되지 않는다. 폰 빌라모비츠와 E. 마이어와 같은 뛰어난 학자들 간에 있는 날카로운 의견 차이, 동일한 연구자의 견해 자체가 자주 바뀌는 것, Br.카일·Fr.카우어·빌브란트의 연구는 언제나 하나를 지시하고 있다. 즉 여기에서 고전문헌학 훈련을 받은 파흐만 자신도, 아리스토텔레스와 관련된 것이 새로 발견됨에도, 종종 미망에 빠진다는 점이다. - 그만큼 더 우리가 달라진다.]

그들의 요구는 테오고니스[106]의 분노를 불러일으켰는데, 이들은 이전 시기 "구" 귀족과 마찬가지로 귀족의 양(羊)이 제공하는 양모로 (귀족들의 에르가스테리온에서) 만든 모직물의 (수출) 교역을 통해서 부유해졌다. 아테네에서 올리브 기름과 도기의 수출은 그들에게 큰 도움이 되었을 것이다. 두 지역에서 그들은 때때로 귀족에 대항하여 평야의 촌락과 함께 공동의 일, 즉 동등권을 확대시키고자 노력하였다. (메가라에서는 이와 반대로 테오고니스의 경고들이 향하였으며, 이 근거에서 메가라는 과두정으로 넘어갔을 것이다.) 그러나 원래 **채무를 진 농민들**은 언제나 "혁명적"이다. 메가라에서도 <109좌> 제한된 (그리고 독특한) 세이삭테이아, 즉 채권자에게 넘어간 이자의 반환은 농민들이 정치 혁명으로 가는 길 위에서 관철되었다. 이점에서 메가라에서도 강제 조치로 귀족이 일반인으로 "하강하는 것"이 "촌락들"에서 존재하였는지 우리는 알지 못한다. 그러나 그밖에 아테네인들을 통해서 이루어진 메가라 상업의 전멸은[107] 원래 민주정을 향해

---

106) Theogonis: 기원전 6세기경의 시인으로 신흥 부자들에 대해 전통 귀족의 윤리를 옹호하는 내용의 시를 전하였다.

더 이상 발전하는 것을 방해하였다.

아테네에서도 이 발전은 드문드문 실현되었을 뿐이며, 무엇보다도 **새로운 귀족씨족의 형성의 기초 위에서** 그렇게 된다. '가정의 신 제우스'와 '조상의 신 아폴론'108)에 대한 씨족의 숭배는 임기를 시작하는 아르콘들에게 지시된 것인데 (**장소의** 보고가 여기에서 요구된다. 그것은 아마도 독일 중세의 "**한트게말**"109)에 상응할 것이다), 이에 참여하는 것에 관한 질문이 클레이스테네스의 개혁 이후에 미국 대통령이 되기 위해서는 태생의 미국인이어야 한다는 조건보다 더 중요한 의미가 있는지의 여부는 불확실하다. 클레이스테네스가 모든 귀족과 모든 새 시민을 특정한 '촌락'에 **세습으로** 등재한 것은 그런 질문의 의미를 제거하는 데 기여한다. 즉 그는 "모든 아테네인을 귀족으로 만든다." 다시 말해서 그에 의해 모든 사람들이 즉시 자신의 "고향 단체"를110) 가졌다. 그 질문은 클레이스테네스의 앞 시기와 관련하여 자신의 성채에서 나와 집주되었던 시의회 귀족들이 (예를 들어 데켈레이아111)는 그러한 귀족씨족의 성채였다112)) 자기들 가운데서 아르콘들을 **선발한** 이래로 클레이스테네스의 개혁에 이르기까지 제도 개혁은 씨족 제도의 범위 안에서 움직였다는 것을 지시한다. 소위 "솔론의" 등급들은 솔론보다 더 오래된 것임이 매우 확실하다. 그것들은 시민의 요역 부담, 조세 부담, 그리고 병역의무 부담을 로마의 초기처럼 단계화 하는 데에 기여한다. 드라콘은 경제상으로 무장의 능력이 있는 모든 자들이, 솔론도 자영농의 재산 자격 아래에 위치하는 자들이 능동 시민권을 가지도록 허용하였다. 이점에서 관직에 나갈 수 있는 자격을 단지 저 등급 재산평가에 결부하였을 때, 옛 에우파트리다이라는 도시귀족('시내거주민')의 밖에 있는 시민들은, 예컨대 아르콘이 될 수 있기 위해서는, 언제나 기술상으로 새로운 귀족씨족('소 씨

---

107) 투키디데스, 1.67.4의 내용이다. 기원전 432년 페리클레스는 민회의 결의를 통해서 메가라인들이 아테네 시장과 아테네 해상동맹의 전체 항구에 출입하는 것을 금지한다.

108) Ζεὺς ἑρκεῖος: 제우스 헤르케이오스는 집안에서 존경받는 제우스, Ἀπόλλων πατρῷος: 아폴론 파트로스는 모든 아테네인의 공동 조상으로서 아버지로서의 아폴론이라는 뜻이다. 이들은 아테네 시민의 가정 신앙의 대상이었다. 이들의 숭배지가 어디 있는지 보고해야 한다. 아리스토텔레스,『아테네인의 국제』55.3 참조.

109) Hantgemal: Hantgemahl. 중세기에 양도불가한 토지를 지칭하는데, 여기에서 자유인은 자신의 출신과 성을 도출한다. 이 토지가 놓인 구역에 그에게 속하는 정주권이 있다.

110) 자신의 공공 과제를 충족하기 위해서 결부된 단체를 의미한다.

111) Dekeleia: Decelea라고도 하며, 아테네의 촌락인 데모스이며 교통의 요지이다. 스파르타와 특별한 관계이다.

112) 이 증명되지 않는 가설은 스트라본 7.391에 근거한다. 이에 따르면 데켈레이아는 아테네의 집주 이전에 이미 하나의 폴리스를 이루었다.

족'113))으로서 조직되어야 했다. - 솔론 직후에 이어지는, 물론 반쯤은 혁명적인 타협-두 명의 수공업자가 아르콘 직에 진출한 것은 (가부장 신 제우스의 제사에 참여가 그 요구조건이라는 점에서) 무조건 이것을 전제하기 때문이다. 그러나 귀족씨족에 소속한 것은 어떤 경우에도 클레이스테네스 이전에는 관직 자격으로서 **토지** 정착을 의미하였다. 왜냐하면 토지 점유가 없이 "귀족씨족"은 생각할 수 없기 때문이다. 그러나 엘리스에서 촌락이 그러했던 것처럼, 귀족에 의해서 지배된 형제단은 아테네에서는 사실상 매우 중요한 시민 명부의 관할권을 차지하고 있었다. 여전히 "촌락"은 결여되었는데, "나우크라리아"는114) 원래의 단체 연합을 의미하지 않고, 지역별로 부담을 나누는 것을 의미하였다. 올리브 농사와 도기 제작을 위한 수출정책과 상업을 위한 통화 개혁은 이제 곡물의 수출금지와 아울러서 분명하게도 <109우> 솔론의 개혁이 일차인 것, 즉 농민을 위한 정책이 결코 아니었다는 점을 지시한다.

구 귀족이 프라트리아에서 가진 위세는 솔론 이후에도 깨지지 않고 남아 있었다. 이로부터 채무화가, (사람들이 그것을 표현할 수 있다면) 농민에 대한 평지의115) (귀족과 새로운 지대수취자) 대립 그리고 내륙의 토지 소유자에 대한 해안 주민의 대립이라는 형태로 전개된, 지대납부 토지에 대한 지대면제 토지의 투쟁이 새로 시작되었다. 페이시스트라토스의 정책은 구 귀족씨족을 바닥에 던졌으며 농민들에 의존하였다. 귀족에 대한 그의 조치들은 (외부로는 몰수) 개별로 알려지지 않고 있다. (카우어는116) 이점에서 아마도 불확실한 토대 위에 입지한다.) **클레이스테네스**의 정책은 마침내 정치 세력 확보를 위해서 국가의 씨족에 의한 구성을 무효화하는 것과 결부하여 재산이 있는 새 시민들을 (거류외인과 아울러 피해방민도) 광범위하게 편입하고자 시도하였다. 한편 귀

---

113) gentes minores: 소 씨족이라고 번역되는데, 대 씨족 gentes maiores와 함께 로마의 혈통 귀족인 patricius를 형성한다. 둘 사이의 차이는 분명하지 않으나 로물루스 당시에 로마에 정주했던 씨족이 후자로, 툴루스 호스틸리우스 왕 시기에 정착한 알바 계통의 씨족을 소 씨족으로 분류하나 정확하지는 않다.
114) Naukrarien: ναυκραρία, 아테네에서 클레이스테네스가 데모스를 대신해서 각 부족을 12개로 나눈 행정구역이다. 이 말의 어원 nau는 배를 의미하며 한 척의 배를 짓기 위해 분담하는 단위로 이해되며, 다른 어원 naio는 거주한다는 뜻이므로 주민세와 관련이 있다.
115) 베버가 pedia(평지를 의미하는 pedion의 복수)라고 기술한 것은, 헤로도토스 1.59-64가 두 개의 파벌 즉 평야파(hoi ek pediou, hoi pediakoi)와 해안파(hoi paraloi, hoi parlioi)가 대립하고 있었다고 기술한 것에 연관되는 것으로 보인다. 페이시스트라토스는 제3의 파벌 산악파(hoi hyperakrioi, hoi diakrioi)를 만들어 지도자로 부상한다.
116) Cauer, 『메가라와 아테네의 당파 정치가 Parteien und Politiker in Megara und Athen』, Stuttgart, Kohlhammer, 1890, pp. 95 97.

족을 촌락에 편입하는 것, 그리고 다른 한편으로 비귀족들이 형제단으로 유입되도록 강제되었음에 틀림없다. 이 목적을 위해서 완전히 새로우면서 귀족씨족 단체를 고의로 잘라내는, 순수하게 지역에 따른 국가분할이 전제된다. 각 사람은 또한 도시민도 자신의 고유한 **지방** "**촌락**"을 보유하였으며, 그는 그곳에 **국법에 따라 장기간 그리고 세습으로** 소속된다. 이 "촌락들" 위에 국가의 기초를 놓는 것을, 인민 재판권과 도편추방에 대한 요구와 결부하여, 사람들이 당시에 "민주정"이라고 불렀다.117) 그것은 아직 어떤 의미로는 "인민 주권"과 같지는 않았다. 실제로 아레오파고스 회의는 귀족씨족이 스스로 구성한 회의체로서, 원래는 (아리스토텔레스에 의하면118)) 관직자들을 임명하였으나, 나중에는 거꾸로 그들 중에서 보충되는데, 예전에 자신들이 누렸던, 관리들 특히 입출심사를 통제하는 지위가 일부는 이미 클레이스테네스 이전에 박탈되었다. 당번 직무자로 이루어지는 선발된 위원회의 창설은 이미 귀족 지배의 시기로 소급된다.119) 그에 상응하는 로마 원로원처럼 아레오파고스 회의의 위상이 발전하는 것은 이미 그것으로 인해서 어려웠다. 그러나 아레오파고스 회는 여전히 민회의 위법한 (특히 **신에 관련되는 법을 위반**하는) 결의에 대한 무효 법정으로서 지속되고 있었다. 그리고 최초로 그것은 에피알테스와 페리클레스의 입법에 의해 희생된다. 이 상태는 급진 "민주정"이라는 최후 개념에 상응한다. 아테네에서 법의 변화가 정해진 격식에 결부되어 있으며 그리고 각 시민이 **위법인** 인민 결의에 대해서 무효 소송을 (인민 법정에서!) 제기할 수 있었으므로,120) "아테네의 민주정"은, 미연방의 민주정보다는 **못한** 것으로서,121) 영국의 의회가 누리는 주권에 상응한다. 그러나 아테네 민회의 주권은 그래도 **로마** 국법에 규정된 민회의 그것보다 근본으로 우위에 있다. 로마 국법에 따르면, **신에 관련된 법의 훼손은** 인민결의를 무효로 할 뿐 아니라 또한 **일반** 규정으로서 유효하지 않은 법규 그리고 개인에 관

---

117) 이말이 원래 민주정치democratia의 의미이다. 그러나 이 점에 관한 사료상의 증거는 없다. 민주정이라는 말은 기원전 460년대에 출현한다. 이 당시의 구호는 동등한 권리를 의미하는 '이세고리아'였다.
118) 아리스토텔레스, 『아테네인의 국제』 8.2.
119) 마이어, 『고대사』2, p. 354 이하에 따른 것이다. 마이어는 귀족지배의 시기에 "프리타네이온 평의회"가 존재하였고, 이것이 왕정 시기의 것이라고 파악한 반면, 아레오파고스는 새로 생긴 것으로 보았다.
120) 두 가지가 관련된다. 하나는 아테네의 법률장관 노모테타이nomothetai 위원회의 역할과 일종의 위헌소송paranomen graphe를 지시한다. 후자는 평의원회나 민회의 결의가 위법하지 않도록 에피알테스와 페리클레스의 시기에 도입된 것으로 보인다.
121) 베버는 미국헌법 5조를 생각한 것으로 보인다. 즉 헌법 수정의 경우 양원 2/3이상의 표결과 특히 법이 헌법에 일치하도록 조정하는 데 법원의 역할이 큰 것에 주목하였다.

련되는 처분의 제안도 위법이다. (12표법은 분명히 그리스 도편추방의 수용에 대해서 반대하고 있다.122)) 그리스 폴리스의 "주권"은 <110좌> 자기 시민의 재산에 대한 처분 방식에서도 드러난다. 여기에서 그리스에서 개인 소유권의 "청년기"에 해당하는 증상을 발견한, 폰 빌라모비츠의 견해123)와는 반대로 다음과 같은 점을 강조해야 한다. 즉 예를 들어서 시민의 토지 점유에 관한 폴리스의 처분은 실로 호메로스 시기에도 자명한 것이지만, 역사 시대에 그것은 감소하지 않고 오히려 헬레니즘의 시대에 이르기까지 더욱 증가한다는 점이다. (아르케시네124)의 채무 문서를 비교하고, 아래 "헬레니즘"을 보시오.) 마지막으로 토지 점유는 병영인 폴리스와 소집된 **군대**인 민회의 **군사** 성격에 근거를 두고 있다. 그것은 자연히 어떤 공산주의 원시 상태의 울림보다는 오히려 아마도 프로이센의 폴란드 법안125)과 관련이 있다.- 아테네의 **촌락**의 **제도화**라는 의미에서 "민주정"은 아테네로부터 나와서 이오니아어를 말하는 모든 해변 도시의 대부분과 몇 개의 도리스 도시들을(로도스를) 정복하였다.

"귀족"과 "서민"의 신분 구별과 혼합되고, "과두"와 "촌락" 사이에 **점유를 둘러싼** 대립은 이제 전체 "고전기의" 역사를 관통한다. 내정에서의 변화는 외정에서의 변화를 그 자체 안에서 초래하며, 그 반대로도 그러하였다. 자연히 그것은 현재의 의미로 "노동자 무산계급"과 바로 저 "노동을 고용하는" 대기업 사이의 대립이 아니다. 오히려 재산 규모와 (이는 바로 어떤 구조가 경제상 재산을 지시하는 것과 마찬가지다) 한편으로 채무 관계와의, 다른 한편으로 (고대의 의미에서는 자연히 "기사다운"가, 아닌가와 관련된) 생활 **방식**과의 대립이 그것이다. 이 후자의 관점이 특히 관련되는 것은 옛 귀족씨족의 재산이 지대점유였으며 (되풀이해서 상술하는 바) **상업**의 도움으로 축적되었다. (자연히 그점은 더 잘 이해되어야 한다. 모든 가문이 상업에 종사하거나 그것에 참여한 것은 아니다. 귀족에 대한 책임의 가장 오래된 근거는 물론 의심의 여지없이 '지역 장의 품위'이다. 그러나 유복한 자들에게 그것은 대체로 이와 같은 식으로 즉 자신의 선박 점유나 참여, 위탁 등을 통해서 형성된다.[110-1]

---

122) 12표법 9.1에 관련되며, 그 내용은 키케로, 『법률론』 3.4.11에 나온다. 바로 사인법(私人法) privilegia 을 제정하는 것을 금지하는 것이다.
123) Wilamowitz, 『아리스토텔레스와 아테네 *Aristoteles und Athen*』, Berlin, Weidmannsche Buchhandlung, 1893, 2, p. 47.
124) Arkesine: 아모르고스 섬에 있는 옛 도시이다.
125) 1907년 11월 26일 프로이센 국회에서 제안된 법으로 배상의 댓가로 수용된 포젠과 베스트프로이센에 독일 농민을 징책시기고자 폴란드인외 토지점유권을 수용하는 내용이다. 이 공용징수법은 1908년 3월 29일에 만들어지는데, 베버가 본 기고문을 집필하는 시기와 일치한다.

[110-1 소규모로 이루어지는 경제의 과정과 관련해서는 대체로 소위 "렐란티스 전쟁"[126]이 전형이다. 그 전쟁은 대규모 무역 도시들의 귀족들에 의해서 지휘되었으며 해상에서 이루어졌다. 그렇지만 목표와 승리의 대가는 열매가 많고, 지대를 제공하는 렐란토스 평원이다.]

그러나 그럼에도 옛 귀족씨족은 자연스럽게 새로운 씨족이 자신의 영역으로 들어오는 것을 화폐 획득을 불신함으로써 막고자 하였다. 더 후대에야 해상 도시들에서도 오로지 무역업(엠포리아) 그리고 그와 결부된 거대 해상무역의 영업이 존경받을 만한 것으로 여겨졌다. 원래 **토지귀족** 사회의 제도는 고유한 "영업," 즉 무조건 자연스럽게 이익을 얻을 목적으로 매매에 개인으로 참여하는 것 또는 게다가 개인으로 노동하는 것도 공식으로 완전히 배제하였다. **스파르타**에서 –군사 조직의 결과- 수공업자와 (대소) 상인들이 관직과 완전시민권에서 배제되었을 뿐만 아니라, <110우> 즉 이들이 주변인인데, 스파르타 시민에게는 자신의 노동을 통해서 신분에 반하는 영리를 획득하는 것이, 독일의 관리들과 마찬가지로, 직접 금지된다. 그러나 **다른 한편으로** 여기에서는 -이를테면 아테네 민주정과 매우 반대로- 불명예로 태어난 자, 또한 헤일로타이의 자식을 시민 신분이나 **완전시민** 신분으로 받아들일 가능성이 전혀 없는 것이다. 왜냐하면 국가가 지닌 순수한 군사 성격에 완전히 일치하여 전사를 육성하는 교육은 "스파르타 시민"의 신분 분리의 토대이지, 아마도 **혈통**이 그런 것은 아닐 것이기 때문이다. 전차전이 오랫동안 중심이 되어 왔던 **테바이**에서,[127] (왜냐하면 그가 자신의 생명을 담보로 하거나 아니면 청산하고자 자신의 점유를 매각하였기 때문에) 채무자는 아주 오래 전에 사회에서 계층 탈락된 자와 같은 의미를 지니는데, 사람들은 관직에 선출될 수 있기 위해서는 10년간 아고라에서 멀리 떨어져 있어야 하였다.[128] 아테네에서 사실 거꾸로 모든 관직이 (의심스럽지만 수석 장군[129]은 예외로 하여) 추첨을 통해서 차지하게 되면, 촌락은 공공봉사를 통해서 점유자의 비용으로 짐을 벗는다. - 그러나 향신-지대수취자가 자신의 노동으로 먹고사는 자들에 대비하여 지니는 차별은 "민주정"에도 불구하고 공공의 평가에서

---

126) lelantinische Krieg: 기원전 710-650년에 칼키스와 에레트리아 간에 일어난 전쟁이다. 이 전쟁으로 에우보이아의 두 도시는 몰락한다.
127) 이 엘리트 군대에 관해서는 디오도로스, 12.70.1(기원전 424년)
128) 아리스토텔레스, 『정치학』 1278 a 25 이하, 1321 a 28이하.
129) Protostrategen: 아테네에서 장군Strategoi 10인이 있는 것으로 알려져 있으나 이런 표현의 관직에 대한 증거는 없으며, 이들은 추첨이 아니라 선거로 선출되었다.

도 존재한다. 예컨대 병자를 변호하는 데모스테네스의 연설에서, 비록 그것이 '촌락'의 대표자들 앞에서 이루어지는 것인데도, 그런 차별이 분명하게 표현된다.130) -호플리테스 폴리스의 전사(戰士) 지대 수취자 신분이 결코 대영주 신분이 아니라 점유와 풍습에 따라서 바로 자의식(自意識) 발전의 시기에 단순히 그리고 "시민답게" 살도록 강요된 점은 그리스다움의 -또한 그리스 예술의- 근본 성격을 위해서 결정짓는 의미가 있다. 민족 경기는 체육장에서 나체를 인정하면서 이루어지는데, 이는 따르기는 어렵지만 스파르타에서 나온 것이다. -그런 것은 에트루리아나 로마나 오리엔트의 "대인"의 저택에서는 결코 발생하지 않았을 것이며, 그들의 품위에 어울리지 않았을 것이다. (예컨대, 에트루리아의 운동가는 전문가들의 견해에 의하면, 이미 그 외양으로도 **직업 선수**이며, 이들은 로마 후기처럼 돈을 받고 **구경꾼**인 주인 앞에 등장하였다.)

(로마처럼) 그리스에서 첫째로 귀족-폴리스의 분파주의로, 이어서 호플리테스 국가로 그리고 -가장 부유한 도시들에서- 나아가 급진 민주정으로 발전하는 것은 동방의 신정 정치와 대조되어 문화 발전에서 특히 "세속의" 성격에서도 구별된다. 이 구별은 언제나 일차로 신전의 경제 세력의 차이에 근거하지는 않는다. 왜냐하면 그리스에서도 그 세력은 때때로 대규모의 지주였으며, 델포이는 키라와 크리사131)의 영역을 신전에 가져다주었고, 이 영역을 그 이래로 경작자들에게 제공하였던 "신성전쟁"132)이후에 가장 큰 범위에 있게 되었기 때문이다. 마찬가지로 신전 **재보**는 그리스 땅에서도 오리엔트와 마찬가지로 유사한 기능을 다하였다. 신전들은 이집트와 마찬가지로 '수공업 공장들'을 차지하고 있었으며, 대부도 하였다. 신전들은 다른 한편으로 저축 은행이었다. <111좌> 신전에서는 법으로 인해 주인의 압류가 언제나 배제되어 노예의 특유재산이 확고해지기 때문에, 신전의 신을 통해서 노예의 환매가 아마도 신들이 노예의 저축 은행이었다는 점에서 분명해지는가? -자연히 자유에 대한 보장은 신을 통해서 일차로 함께 작동된다.) 신전들은 무엇보다도 고전기에 (나중에 헬레니즘기와는 달리) 실제 몇 개의 국가 **채권자**였고 국가의 전리품을 보관하는 장소였다. (펠로폰네소스 인들에 대한 그것의 의미는

---

130) 이 연설은 기원전 330년에 해당하며, 상대적으로 빈곤한 정적이었던 아이스키네스와 대조하여 자신의 행복을 제시한다. 데모스테네스,『연설』18, 257-262.
131) Kirrha, Krisa: 이 두 명칭은 한 도시의 이름이다. 몰락 이후에 델포이의 신전 소유로 된 지역의 경작이 금지되었다.
132) 기원선 6세기 초에 발발한 소위 1차 신성 전쟁으로 델포이의 성지를 둘러싸고 일어난 것인데, 델포이와 그 동맹의 승리로 끝났다.

투키디데스에서 페리클레스133)가 평가하였다.) 아테네의 재보 그리고 델포이와 올림피아의 재보는 그런 역할을 수행하여 왔다. (올림피아는 매우 늦은 시기까지도 그러하였다.) 또한 신정정치화가 줄어든 것은 미신에 접근하는 정도에서 종족 간에 있는 차이에 의하지 않는다. 이점에서 그리스인들은 그리고 충분히 로마인들도 적어도 예전의 (일반의 정치 평준화와 신성정치화 **이전의**) 오리엔트에 적어도 결코 뒤지지 않으며, 그 점에 대한 고려는 정치상으로 언제나 무조건 필요한 것이었다. 오히려 서양에서 교단의 단원이 수행하였던 완전히 상이한 역할은 구성이 고정되고 하나로 조직된 사제 **신분**이 없는 것과 그로 인해서 초래된 모든 결과(전문 사제 예비교육 그리고 자연스럽게 세속인의 종교 지도가 없는 것, 보통 전문화된 사제에 의한 금욕과 의례로 -**상대로!**- 사소한 장식에 이르기까지 통제하는 생활 규제가 없는 것, 그리고 이로부터 바로 유대인의 생활 규제와 같은 식으로 세속인을 위한 분파의 "순수"-금욕이 없는 것)에 서로 관련된다. 물론 성직자들의 지위는 여러 가지로 역사 시대에도 귀족씨족들에서 세습되고 있으며 (디오니소스 사제는 델포이에서 그러하였는데, 그에 비해서 아폴론 사제는 그렇지 않다) 가장 오래전 시기에는 사제 **귀족**의 존재가 확실한 것으로 보인다.134) 단지 그 규정은 "호플리테스 폴리스" 이전 오랫동안 그리고 이후에는 완전히 존재하지 않는다. (드문) 인민 선거에서 (자격이 있는 후보자들 중에서) 추첨에 의한 관직 보유의 원칙과 특히 지위를 파는 것은 매우 빈번하였다. 다른 직업과 아울러 사제직을 중임하는 것은 대체로 허용된다. 그런 직책 보유는 종신으로 생기지만 후에는 흔히 1년간만 지속된다. 흔히 그것은 확고하게도 순수한 영업 활동이었다. (신전의 올리브 농장이 불타면 그 직책을 보유하는 것이 어려웠다!135)) 그런 것으로서의 신분의 통일성, 교회를 형성하기 위한 단초 그리고 사제로서의 신분에 대한 감정이 모두 존재하지 않았다. 분파 신들의 치열한 경쟁만이 (중세에 그러하듯이) 이점을 설명해주는 것이 아니다. 오히려 그것은 순수하게 정치-세속의 관심을 가진 귀족씨족의 군사력 아래로 사제단이 정치상으로 굴복한 결과이다. 후에는 폴리스의 시민에게 굴복한 결과이기도 하다. 델포이는 일종의 델

---

133) 베버의 착오라고 보인다. 이는 투키디데스, 1.121.3.의 내용인데, 말하는 사람은 페리클레스가 아니라 코린토스 사람이다.
134) 델포이에는 아폴론 사제로 2명이 있고, 5명의 사제인 호시오스hosios가 디오니소스 사제로서 직책의 일부를 수행했다. 이들이 특정 귀족씨족에 세습되었을 것으로 보는 견해도 있다.
135) 터키에 있는 카리아의 스트라토네케이아Stratonikeia에 있는 제우스 신전에서 발견되어 기원후 3세기경으로 추정되는 한 비문에 나오는 내용이다. "올리브 농장에 일어난 전에 보지 못한 화재로 인해서 아무로 사제직을 떠맡지 않으려 했으므로…"

포이 출신 사제 씨족에 의해서 지배되지 않고, 오히려 하나의 폴리스136)에 의해서 지배된다. "신성 전쟁"의 동기는 물론 신전을 지배하는 폴리스가 순례자들에 대한 통행세를 통해서 그 지역을 이용하고자 하는 시도이다.137) 그 이래로 델포이는 여러 (원래) 농촌국가들(에트노스들)의 동맹인 '인보동맹'의 매우 민감한 통치 하에, 다시 말해서 점차 간섭하는 폴리스들의 점증하는 영향 하에 있게 된다. 후에도 그리스는 신정정치의 추세에 빠지지 않았고, 신비-황홀경의 흐름에도 빠지지 않았다. 여전히 사람들은 페르시아 전쟁을 <111우> -에두아르트 마이어가 그것을 영감이 풍부하게 하였던 것처럼- 저 흐름들과 (페르시아 인들은 다른 곳에서와 마찬가지로 여기에서 그 흐름에 연결되어 있었다) 그리스 문화의 "세속성" 사이에서 벌어진 결승전으로서 간주할 수 있다. 모든 참주들과 참주-후보자들은 신전 혹은 예언자들과 관련을 맺고 있다. (특히 유명한 것은 알크마이온 가문과 델포이의 관계이다.) 그러나 사제단의 세력은, 오리엔트처럼, 찬탈자들에게 합법성이라는 축성을 행할 만큼 충분하지는 않았으며, 이점에서 참주들을 좌절시켰다. 이런 세력 상실이야말로 (신들을 경외하지 않고 다루는) 호메로스 시대의 유산이다. 오리엔트에서 분명 언제나 동맹자들, 즉 왕의 관료나 신정정체 아래에 있던 군대 왕정의 전사 귀족씨족이 여기에서는 왕과 사제들을 장악한다. 그리고 사제들의 세력이 귀족에 봉사하도록 강요된 이제야말로 줄곧 그들에 대한, 무엇보다도 각 종교·전통의 정당성에 반대하는 데 관심이 있는 시민-농민으로 이루어진 호플리테스 신분의 승리는 모든 신정정치 흐름의 쇠퇴를 확언하였다. [한편 거꾸로 오리엔트에서는 신정정치가 바로 "소인(小人)" 대중을 자신 편으로 장악하고 있었다. 왜냐하면 왕의 의지와 큰 규모의 개인 점유에서 비롯하는 가장 현저한 결과에 대항하여 신정정치는 항상 그들의 뒷받침을 인정하고 있었기 때문이다.]

　법사학상으로 신전의 **점유들**은 아마도 -그렇게 보이듯이- 영대차지(永代借地)라는 제도가 그 오래된 형태로 (후대의 "엠피테우세"138)) 신전들에 의해서 나왔다는 사실로 인해 의미가 부여되었다. 도시 및 촌락에 있는 토지들은 더 오래 전에는 결코 영대임

---

136) 앞에 나온 크리사를 의미한다.
137) 스트라본, 9.3.4.418C.
138) Emphyteuse: Emphyteusis, 이 말은 그리스어 ἐμφυτεύω(뿌리를 박다)라는 말에서 파생된 것으로 토지 주인에게 조(租) vectigal를 바치는 조건으로 소유권자와 마찬가지의 권리를 누리는 것인데 그 기간이 매우 길어서 영대차지라고 번역한다. 그러니 차지인이 후사 없이 죽거나 납조하지 못하면 주인에게 되놀아간다. 로마 세징 초기에 만들어졌다.

대를 위한 동기가 부여되지 않았다. 그것들은 추첨지들을 후대를 위해서 지정하거나, 아니면 공동의 용익을 위해서 지정하는 데 기여하였다. 신전을 위한 두 개의 목적이 관찰되지 않았다. 단지 엘리스에만 복속된 피사 인의 일부를 영대소작의 상태가 되게 하였던 것으로 **보인다**. 파라오 시기의 이집트에서 신전농민들이 일부 영대차지인이 되었을 가능성이 있는 것처럼(그러나 분명히 어떤 확실성은 없다), 무엇보다도 기원전 5세기에 (올림피아의 한 비문에서) 영대차지가 입증되는 그리스에서 신전이 매우 강하게 영대임대자로서 참여한다는 것은 결코 우연이 아니다. 그것들과 더불어서 **고전기**에는 **자치 단체**의 공동지가 존재한다. 그에 비해서 영대 임대인으로서 **개인 점유자는 존재하지 않는다**. (자칭 몇몇의 사례는 불확실할 뿐 아니라 가능성이 전혀 없다.) 그 제도는 (미타이스139)가 무엇보다 분명하게 인식한 것처럼) 경제상으로 2중의 의미를 가지고 사용된다.

1. 규정에 따라서 상세히 정해진 경작(이를테면 올리브 나무나 포도 줄기를 심는) 의무를 지니면서 황무지를 영대소작인의 의무로 수여한다. 여기에는 영대소작은 단지 오리엔트와 그리스에서 경작 의무를 이행하지 않는 것이 권리 박탈의 명분을 주며, 그렇지 않으면 상속자 없이 죽은 경우에만 귀속이 이루어진다는 유보 조건을 지닌 채 흔히 등장하는 (다음 참조), 장기간에 걸친 그래서 영구적이 되기에 이르는 기간의 확장에 불과한 것이다. (고 바빌로니아의 법이 얼마나 원시의 방법으로 <112좌> 관개포기를 다루고 있었는가를 우리는 보았다.)

2. 영대소작은 "지대 매입"으로서 (이 사례는 미타이스가 게르만 인의 유사성을 따라서 정당하게 이름을 부여하고 있다) 신전에 의해서 (혹은 신전을 위해서) 구입하고 판매자에게 지대를 내는 조건으로 되돌려 준 **경작지**에서 일어난다. 이것은 신전에게 일종의 자본 투자이다. 그것은 토지를 판매자에게 지대를 목적으로 허용한 신전을 위해서 영업자본의 획득을 그리고 **그밖에도** 신전 토지로서 토지의 성격이 제공하는 법에 의한 확실성의 획득을 의미한다. 양도 가능의 문제는 계약 내용에 달려있는데, 때때로 그것은 금지된다. 티스베140)에서 나온 (매우 나중에 나온) 계약서에 양도 가능성이 자치단체의 시민에게만 허용되고 있다. 이것은 고대 그리스의 원칙에 상응한다.

---

139) Mitteis, 『고대 영대차지의 역사』, p. 7. 뒤의 전거는 p. 5이다.
140) Thisbe: Θίσβη, Thisbae, Thisbai로 표시되는 에우보이아의 한 도시로 스트라본은 해안에서 가까운 도시라고 묘사하였다. 『일리아스』의 군선 명단에 거명된다.

b) "고전"기 (특히 아테네)

영대차지는 이미 강조된 바와 같이 그리스에서도 임대인이라는 자연인의 편에서가 아니라 **오로지 법 인격** 그리고 실로 "공식" 인격의 편에서만 발생하였으며, 개인 거래에서는 (로마와 같이) 여기에서도 결코 가능하지 않았다. 이는 고전기 아티카에서 그리고 동일한 급진 민주정 구조를 지닌 모든 영역에서 고전기에 **결부된** 토지 점유의 유일한 현상이다. "시민 폴리스"를 향한 발전은 그 도달점에서 보통 토지의 완전한 거래 **자유**를 향한 발전과 동일하다. 아테네 및 그와 결부된 장소에서만 아니라 (동맹도시들에서 토지 구입과 토지 임대의 가능성은 아테네인에게는 동맹의 주요한 장점이다.) 스파르타와 테살리아 유형의 특수한 영주 국가를 제외한 다른 곳에서도, (토지 구입은) 고전기에 씨족의 회수 권리를 통해서 이루어지는 제한에서 전부 벗어난다. 그러나 호플리테스 국가는, 그 성립 시기에 방어력의 경제 토대를 유지하고자 새로 만든 제한들, 이를테면 추첨지의 매각을 완전히 금하는 것이나 토지 집적을 금지하는 것, 분할과 채무화를 제한하는 것을 유지해 왔던 것 등등을 장기간에 걸쳐서 고수하지 못하였다. (그리고 후에 사람들이 **봉급 받는** 군대로 넘어가는 곳에서는 자연 완전히 쇠퇴하였다.) 기원전 471년 이래로 집주화된 국가인 엘리스에서 일종의 당파 간 타협으로 인해서 추방된 귀족들이 고향으로 돌아오는 것을 허용하게 되었을 때(기원전 350년), 부가로 자신의 토지를 매각하는 것을 금지하는 것에서 면제되었다. -그런 금지는 그 자체로도 그리고 확실히 이미 매우 오래전부터 면제되어 있었던 것이다. 이러한 거래의 자유와 더불어서 토지 점유가 분화할 가능성이 자연스럽게 생성되는데, 여기에서는 스파르타도 벗어날 수 없었으며, 애초 자유로운 폴리스에서는 바로 다시 작동하고 있었던 것이다. 노예제의 금지 혹은 제한이 <112우> 옛 호플리테스 폴리스에서 별로 굳건히 유지되지 않을수록 이런 현상이 더 심해졌다. 따라서 우리는 헬레니즘의 시기에 이르기까지 진전하면서, 정규 현상으로서 구매 노예의 쇄도를 점점 더 광범한 지역에서 추적할 수 있을 것이다. 그래서 예를 들어 펠로폰네소스 전쟁 이후의 포키스[141]에서 (앞을 보시

---

141) Phocis: 델포이를 포함한 지역명인데, 고대에는 스파르타와 델포이를 둘러싼 경쟁을 벌여 아테네인들의 도움을 받아서 델포이를 탈환한다. 그러나 펠로폰네소스 전쟁시에는 스파르타의 동맹이 되고 델포이 관할권을 상실한다.

오) 그러하다. (당시에 주의를 끌만한 1,000명 노예의 수입이 한 번에 이루어졌는데, 이는 유명한 예이다.) 헬레니즘 시기에 아이톨리아 인들에게서도 마찬가지다. 그들은 스스로 정복하는 '귀족 국가'로서 군사상으로 구성되었으며 의심의 여지없이, 그들이 필연성 속에서 전도시켜 놓은 구성의 결과로 인해서 (구매 노예는) 경제상으로는 "없어도 괜찮은 것"이 되었다. -이제 우리가 이 교역 자유의 작용을 고대 그리스에서 표상하였던 것처럼, 그것이 특히 대토지 점유와 대노예 경영을 향한 로마의 발전 과정과 유사하게 경과해 나갔는지에 관한 질문이 제기될 것이다. 사료는, 비록 아티카와 같이 매우 잘 조명된 곳에 관련해서도, 오로지 간접 추론만을 허용한다. 우선 사람들은 옛날의 귀족 성채 밖에는 지방 예배당을 제외하고 토지 혹은 대체로 대규모의 건물에서의 "별장휴가"가 존재하지 않았음을 고려해야 한다. 적이 쳐들어 올 때는 노예, 가축 무리, 도구들만 아니라 또한 건물들도 ―즉 전원주택의 구성 요소들을- 도시로 옮겨졌다.142) 더욱이 정치에 참여하는 것은 부재 지주를 불가결한 것으로 동반한다. 게다가 특정 정도의 경작 노예를 보유하는 것과 더불어서 감시자들(에피트로포이)을 통한 관리가 직업 정치가에게는 필수이다. 마찬가지로 호플리테스에게는 그가 충분한 기술 수준에 도달했음에 틀림없을 때, 도시가 농촌을 향하여 "대(大)" 정책을 시행하자마자, 도시 정주나 아니면 훈련을 위해서 빈번하게 도시를 방문하는 것이 불가결했다. 아르고스가 이것을 하고자 주의를 기울였을 때, 최초의 것은 스파르타 시민과 더불어서 수용해야 하였던 1,000명의 "피선발자"143)로 이루어진 특수 훈련이었다. 마찬가지로 테바이에서도 "신성 부대"144)의 창설이 있었다. 다른 한편으로 아테네의 연설가들이 전제로 하는 관계는 해변 도시들에서 토지 점유를 기회 투자로 간주하였던 "자본가들"의 토지 점유가 언제나 여러모로 분산 점유이지 대토지 점유는 아니었음을 지시한다. 고전기에 자본가들의 이런 토지 점유는 옛날 귀족들의 점유와 달리 명백하게도 쉽사리 점유자를 교체하였다. (참조. 티마르코스)145) 일찍이 이것을 가능하게 하려는 필요에 부응

---

142) 투키디데스, 2.14.1.
143) 이들은 "에필렉토이epilektoi"라고 칭하는데, 이들에 관해서는 투키디데스, 5.67.2 참조.
144) 기원전 4세기에 만들어진 것으로 300명으로 구성되었다.
145) Timarchos: 마케도니아의 필리포스에게 평화사절로 다녀온 아이스키네의 지연전술에 대해서 데모스테네스와 함께 티마르코스는 반역 혐의로 기소연설을 하고 아이스키네스는 이를 변호한다. 아이스키네스,『연설집』1.96-101. 여기에서는 티마르코스가 아버지와 마찬가지로 가전된 토지를

하는 것이 교역 자유를 향한 발전이다. 아티카에서 토지와 대지는 기원전 5세기에 그리고 이후에 완전히 자유롭게 상속되며, 저당 설정이 되며, 적어도 합법의 아들이 없는 경우에는 무조건 유언에 의해서 처분 가능하였다. 그렇지 않으면 단지 유증의 형태로만 그렇게 하였다. <113좌> 그에 비해서 미상속 잔여분에 대한 권리는 법으로 (고르틴을 제외한 다른 곳에서) 존재하지 않았다. 리시아스의 문구로부터 상속된 재산과 획득된 재산 사이에서 일종의 법 차이가 존속한다고 추론하는 것은 부당하다.146) 그것은 당시에 아테네에서는 단지 유예의무, 즉 전자를 처분하지 않는 것에 불과하다. (아마도 기원전 4세기도 예컨대 테라에서는 달랐을 것이다.147)) 물론 만일 생시에 유산분할이 있는 경우, (구매된 것과 대비하여) 상속지는 아들에서 주는 것이 관행이었음이 분명하다. [이 후자의 관습은 그 근원에서 일본인들의 "인쿄"148)와 게르만 인에게서149) 상속 재산의 이전에 대한 암묵의 고지와 비견될 수 있을 것이다. 즉 더 이상 무장 능력이 없는 남자는 호플리테스 폴리스에서 자신의 추첨지를 아들에게 넘겨주고 노년대비 재산에 의존한다. 이와 더불어 그는 애초 군인 회의에서 자신의 투표권도 상실하며 그 대신 최고원로의 평의회에 앉는다.] 상속권에서 아들의 우선권은 폴리스의 전사 성격에 상응하여 존속한다. 상속권은 일족의 상속권으로 남계 씨족의 우선권이 부여된 것이다. 씨족의 보조 상속권은 존재하지 않으며, 또한 형제단의 상속권도 전혀 없다. (복수 의무와 상속권은 서로 무관하다.) 토지 점유에서 배제된 자들은 모든 비시민이며, 페리클레스 이래150) 또한 양친의 편에서 완전시민의 가문에서 나오지 않은 모든 자들이다. (또한 피해방민 혹은 거류외인에게서 나지 않은 자들이다.) 경제상 중요한 결과는 본래 중요한 근저당업에 대한 참여에서도 (그것은 일부는 되사기를 조건으로 한 매입이었고, 일부는 채권자의 '소유권 지명'을 포함한다) 모든 외국인과 거류외인은 배제되었다는 점이다. 이런 종류의 자본 투여도 또한 점유하는 완전시민들에게 머물러 있었다.

서슴없이 매각하는 모습과 매각된 토지도 다른 사람들이 팔고 사는 모습을 보여주고 있다.
146) Lysias: 아테네의 저명한 연설가, 기원전 445~380. 관련된 구절은 리시아스, 『연설』 19.37.
147) 테라Thera의 에픽테타Epikteta가 남긴 유언장의 내용으로, 오늘날은 기원전 2세기로 보며, 기원전 4세기로 본 것은 베버의 실수로 생각된다.
148) Inkyo: 隱居, 이것은 가장이 가권을 상속자에게 이전하도록 '노년을 위해서 남겨 놓은 지분을 취소'하는 것을 의미한다.
149) 타키투스, 『게르마니아』, 32.4. 징자기 이니라 용감한 자에게 암묵으로 상속이 이루어진다.
150) 기원전 451/0년에 제정된 시민권에 관한 법을 의미한다.

외국인을 위한 최초의 특권, 즉 저당권에 근거하여 국내에서 대출하는 것은 아테네에서는 데켈레이아 전쟁151)의 시기에 입증되며, 또한 필요의 산물이기도 하다. 그리고 외국인 채권자의 배제와 허용의 범위는 아테네인들이 소위 "2차 해상동맹"152)에서 동맹국 시민들에게 특별히 어떤 아테네인도 자신의 동맹국 속에서 토지를 사거나 아니면 저당에 입각하여 대출하는 것은 하지 않도록 확정하지 않을 수 없었던 데에서 나온다. 토지로 인한 이득은 심지어 공공 계약과 더불어서, 전과 마찬가지로, 후에도 특히 자본주의 영업이었다. 1차 아테네 해상동맹은, 의심의 여지없이, 동맹국 도시에서 부유한 아테네인들이 가진 일종의 저당-지주권을 의미해 왔다. 이것은 또한 토지 신용의 **형태**를 통해서 설명된다. 저당권의 형태는 '프라시스 에피 뤼세이'153) 즉 되사기를 보유하는 조건으로 채권자에게 토지를 매각하는 것 <113우> (법상으로 로마의 "피두키아"154)보다는 상응하는 독일법의 제도에 더 유사하게 형성된) -또는 독일어의 의미에서 휘포테크155)였다. 아직 고전기에 두 가지가 서로 기능하였고 그 외에도 (완전히 용어상으로도 담보와는 갈라지는) 아포티메마타156)(지참금 및 후견인 저당권)가 존재하였다. 나중에서야 본래의 담보가 완전하게 우세를 차지한다. 아마도 원래 오로지 공식 또는 공식에 준하는 책임만이 저당권을 통해서 점유 지정이 확실해질 수 있었을 가능성이 있다. (근원은 공공봉사 조직이다.) 여전히 기원전 4세기에도 아테네에서 대부시에 설치하는 저당석은 통상 '프라시스 에피 뤼세이'였음을 지시하지 담보가 아니었다. 담보가 (채무 구금에 반대한 법을 통해서 채무자의 인신을 분리한 이후에) 개인 채무예속화에서 성립되는 것이라는 점은 스찬토157)가 유명한 할리카르나소스 비문(*Bulletin*, Ⅳ, p. 295)158)에서

---

151) 펠로폰네소스 전쟁의 다른 이름. 이오니아-데켈레이아 전쟁이라고 한다.
152) 1차 해상동맹 100년 후인 기원전 377년에 결성된다. 이 역시 스파르타에 대항한 것으로 70개의 동맹이 모였다.
153) πρᾶσις ἐπὶ λύσει: 프라시스는 매각, 뤼시스는 되사기라는 말로 이것은 채무자가 담보의 일부를 채권자에게 팔고 빚을 청산하면 담보를 되사는 절차이다. 이는 채권자의 권리를 보호하기 위한 장치이다.
154) fiducia: 판매자가 일정한 조건을 이행하면 구매자가 재산을 되판다는 협약으로 이루어지는 로마의 판매계약이다.
155) Hypothek: 그리스어의 휘포테케ὑποθήκη에서 유래한 것으로 대부금에 대한 신용확보나 이행을 촉구할 목적으로 토지에 담보를 설정하는 것을 말한다. 이하 담보로 번역한다.
156) ἀποτιμήματα: 아포티메마의 복수로 담보나 담보물의 의미이다.
157) Szanto, "Hypothek und Scheinkauf im griechischen Rechte," *WS*, 9, 1897, p. 287.

추론하였을 것이다. 한편 그는 '프라시스 에피 뤼세이'가 (로마의 "피두키아"와 같이) 대부된 구입가로 단순하게 정해진 매각으로 이루어진다는 점에 동의하였다. 오로지 제한을 두고 그리고 사례별로 결과된 양도, 기한부의 채무예속, 영리추구에 반대하는 계약 등이 다르고 실로 서로 매우 상이하고 매우 오래되어 우리에게 알려진 옛 법이 행한 역할에 직면하여, 특히 그렇지 않으면 여전히 상당히 "원시" 상태에서 토지의 **채무화**가 행한 역할과 관련하여, 마지막으로 많은 그리스 국가들에서 담보와 더불어서 개인 채무예속의 존속을 볼 때에 (재치있게 상술된) 그 이론은 설득력이 있는 것으로 보이지 않는다. 그리고 그밖의 점에서는 교훈하는 상론에서 스보보다[159]가 그것에 부여하였던 변형 속으로 그 이론을 받아들일 필요가 전혀 없을 것이다. 오히려 가능성이 있는 것은 여기에서도 '프라시스 에피 뤼세이'가 매우 오래된 법인데, 채무자의 처자를 담보로 하는 것만큼이나 오래된 것이라는 점, 그것이 중세기에 그런 것처럼, 가장 오래된 토지담보권이라는 점, 관례상 (여기에서는 그렇지 않으면 매우 자주) 프레카리움이나 (특히 헥테모리오스로서) 소작으로 토지를 보유하는 채무자가 (무를 수 있는) 채권자의 소유권을 호로스[160](저당석)를 통해서 인정한 점이다. 비문상으로 호로스들은 애초 기원전 4세기부터 확실하게 (그러나 파악할 수 있게) 보존되며 단지 솔론만이 그것을 분명하게 설명한다. 채무자의 개인 예속화는 솔론을 통해서 금지되었으며, <114좌> 실로 자신의 신체에 입각한 신용으로서 '형벌에 의한 예속화'도 그러하다. 이런 예속화는 다른 곳에서는 허용되고 있었다. 저당권의 발전은 이 완화 절차의 자연스러운 존속이었을 뿐이며, 아테네나 다른 곳에서나 그러하다. 지불이 이루어지지 않는 경우 채권자 독자의 점유권행사(엠바테우시스)[161]를, 그리고 채권자에게 넘어간 토지를 비우지 않는 채무자에 대해서 '소유권설정 절차법'[162]을 적용하는 것은 이어서 저당 설정한 채무자

---

158) Haussiullier, "Inscription d'Halicarnasse," *Bulletin de correspondance Hellénistique,* IV, p. 295이다.
159) Swoboda, "Beiträge zur griechischen Rechtsgeschichte," *Zeitschrift der Savigny- Stiftung,* xxvi, 1905, pp. 224-230.
160) ὅρος: 복수는 호로이. 경계라는 뜻인데, 법률계약을 표시하는 돌이다. 솔론의 개혁기에 채무 말소의 일환으로 이 저당석을 제거한다.
161) ἐμβάτευσις: 이 용어는 채권자가 담보로 잡힌 토지를 직접 점유해 버리는 행위를 지칭하는 데, 이 용어가 법사료에는 나오지 않고, 대신 동사인 엠바테우에인ἐμβατεύειν(점취하다)이 사용된다. 최자영, 2007, p. 433, p. 465, p. 491 참고.
162) δίκη ἐξούλης: 담보 재산에서 **축출된** 자에 의해서 제기되는 축출에 반대하는 소송절차이다.

의 오래된 임시 위치의 잔재였을 것이다. '프라시스 에피 뤼세이'로부터 저당권으로 발전하면서, 처분에서 채권자의 합의가 원래 필수라는 점도 분명해진다. 이어서 점차로 원래 자연스럽게도 언제든지 사전 저당권자의 합의에 묶여있던 '휘페로카'[163)와 아울러 사후저당의 담보화도 발전하였다. - 토지 및 담보를 거래하는 것은 형식상으로 매우 도달하기 쉽다. 토지 대장은 (아리스토텔레스와 테오프라스토스에도 불구하고[164)) 오로지 개별화되어 존재하였다.[165) 테노스[166)에서도, 키오스에서 그렇게 보이는 것처럼, 저당권 등록부가 존재하였다. 그밖에도 대부분 -아테네의 법에서 그렇듯이- 단순한 계약도 양도를 위해서 충분하였다. 왜냐하면 아테네에서는 (이집트나 후기 로마와 대조되게) 아무런 법에 따른 저당이 존재하지 않았고, 데마르코스의 조세목록과 토지대장은 -실제로 나우시니코스의 재조직 이후로(377년)[167)- 토지의 매매에 관하여 고시하였다. 그밖에도 처분 이전에 청구자의 요청과 아울러 이의를 제기하는 공식의 게시가 여기에서 (흔히) 지시되었다. (다른 곳에서는 공식 포고의 의무나 공식 희생제의 의무가 발생한다.) 그래서 공간상으로 위축된 폴리스의 관계와 관련된 특수성과 공공성이 충분히 이루어졌다. 의문점은 이제 이런 거래의 자유와 거래의 확실성이 '촌락' 제도와 아울러 평야 지대의 사회 구성에, 특히 아티카에서 어떤 영향력을 행사하였는가에 관한 것이다.

토지 거래의 자유가 **처음**으로 솔론의 작품은 결코 아니다. 유언의 자유는 그에 의해서 새로이 입증된다.[168) 그밖에도 그는 아마도 약점을 없앤 것만큼이나 **새로이** 약점들(토지 집적의 금지)을 만들어내었을 것이다. 새롭게 여러 번 (퓌스텔 드 쿨랑주, 빌브란트) 대변된 가설, 즉 당시까지 존재하고 있어서 모든 토지 거래와 개별 개인소유권을 배제하였던, 아티카의 농지와 대지에 만연한 **귀족씨족** 소유를 솔론이 제거하였다고 하

---

163) Hyperocha: 담보중 청산액을 넘는 재산을 의미한다.
164) 아리스토텔레스, 『정치학』 1319 a 15 이하. 테오프라스토스, 단편 97.2.
165) 이는 부동산 거래의 공식 등록이 상대로 보아 광범위하게 이루어졌음을 시사하는 말로 보인다.
166) Tenos: 현지명은 Tinos이며, 에게해의 섬으로 샘이 많아 '휘드루사,' 뱀이 많아 '오피우사'라고 불리었다. 델로스 동맹의 일원이었다.
167) 이 해에 Nausinikos가 아르콘이 되었다. 그는 최초로 납세시민단인 심모리아symmoria를 구성한다.
168) 플루타르코스, 『솔론』 21.3.

는 것은 결코 신빙성이 없으며, 드라콘의 호플리테스의 재산 자격과 솔론에 의한 등급에 관한 전승과 더불어서 -이 등급제는 의심의 여지없이 솔론 **이전**에 이미 조세 및 병역 의무를 단계화하기 위해서 존재하였으며 일종의 **개인**의 경제 차별을 기존의 것으로서 전제한다- 그리고 모든 유사한 것들과 더불어서 반대에 직면한다. "귀족씨족"은 <114우> 고대에는 토지에 대한 개인소유권, 즉 교역 및 전리품 획득을 통한 분화의 결과물보다 언제나 훨씬 더 젊다. 저 이론이 그것을 전제로 하는 것과 같은 상태에 대한 더 확실한 보고는 결코 앞에 가로놓여 있지 않다. 빌브란트는 토지점유 거래의 제한에 관하여 상술하고 있다.169) 그의 주장은 **무장** 강화를 위해서 직면하게 되는 **입법자**의 한계를 먼 과거에 투사하는 것이다. 또 그가 '프라시스 에피 뤼세이'에 관하여 주장한 것은 "구매하는" 채권자는 소유권이 아니라 **무르는** 권리를 획득하였으나, 단지 **소득**에만이 아니라 (그것은 결코 존재하지 않는다) 심지어 **토지**에 대한 권리도 획득하였다는 것을 간과하고 있다. 마찬가지로 "헥테모리오이" 계층이 스파르타의 **헤일로타이** 식으로 "예속인"의 신분이었다고 하는 스보보다의 견해에170) 나는 확실히 찬성하지 않는다. (다른 한편으로 그들이 "청부노동자"일 수 있다는 점은 이미 언급되었다) 상속권에서 그들의 지위, 더욱이 그들의 토지예속, 권리 대변에 대한 그들의 요구, 그들의 부역 등등에 관하여 스보보다가 상술한 것은 가설이며 사실상 대기업의 존재가 의문시되는 한에서, 내 의견으로는 완전히 가능성이 없는 것이며, (로마의 경우 카를 요한네스 노이만171)이 그러하듯이) 우리의 스승인 게오르크 프리드리히 크나프의 작업172)으로 인해서 매혹된 저자가 이 빛나게 묘사된 **근대** 과정을 고대에 투사하였다는 것으로 인해서 야기되었다. 솔론이 예속인 제도를 "제거"하였다고 하는 것은 결코 전승되지 않고 있으며, 만약 그가 했더라면 그것은 분명 전해졌을 것이다. 그가 **소송** 의뢰인의 필요를 제거하였다는 점이 전승에서 배제되는 것은 완전히 타당하다. (그러나 솔론 이전에 평민의 **자유**가 존재하였던 것을 전제하는 것이 자연스럽다) "펠라타이," 토지가 없으며 그로 인해서 피호민의 상태에 있는 노동자들이 이제 완전한 소송 자격을 얻었다. (그러나 고대 사전들

---

169) Wilbrandt, "Die politische und soziale Bedeutung der attischen Geschlechter vor Solon," *Philologus*, 7, pp. 34-36.
170) 앞의 논문, p. 255-258.
171) Neumann, 『로마 공화국의 영주제: 농민해방과 세르비우스 체제의 성립*Die Grundherrschaft der Römischen Republik, Bauernbefreiung und die Entstehung der servianischen Verfassung*』, (빌헬름황제 생일기념강연) Straßbourg, 1900, p. 16.
172) Knapp, 『고 프로이센 영역에서 농민해방과 농업노동자의 출현*Die Bauernbefreiung und der Ursprung der Landarbeiter in den älteren Theilen Preußens*』, Duncker & Humblot, 1887.

에서 이미 열거된 견해가 주장하는 바처럼, 그들은 헥테모리오이와 동일하지는 않다) (내 생각에) 스보보다의 상술(詳述)에 잘 들어맞는 것으로서 가설을 통해 고찰되어도 좋은 점은 헥테모리오이가 (앞을 보시오) **담보** 채무자였고, 채권자가 그들의 토지를 점유 상태로 가지고 있었으며, 이 토지 위에서 그들을 분익 소작자로서 노동하도록 허락하였다고 하는 점이다. "육분의 일"에 대한 보통의 주인이 된다는 것은 법 규제에 의존하는 관점, 즉 채권자의 권리를 축소하는 것을 의미하는 규제일 수도 **있을지 모른다**. 솔론은 이 제도를 물론 제거하였다. 그가 전체 채무관련 법을 개혁하였고 기존에 있던 담보채무를 (아울러 또한 기존의 헥테모리오이 관계도) 폐기하였다는 점에서 그러하다. 왜냐하면 물론 그와 더불어서 관계의 지속이 중지되었기 때문이다. 또한 솔론이 관계와 관련을 맺게 하는 몇몇의 사료는(Pollux, VII, 151) 토지, "분익 토지"[173]가 이 운명(즉 담보 면제)과 더불어서 솔론의 법으로 파악되었지만 헥테모리오이의 **신분**은 그렇지 않다고 하는 점을 확정해준다.

이미 앞에서 언급한 솔론의 토지집적 제한이 어떤 형태를 <115좌> 지녔는지는 전해지지 않는다. 아리스토텔레스의 관련된 자료에서 나오는 문구(『정치학』 II, 4, 4)[174]에 따르면 그것은 직접 금지는 아니었다. (그에 의해서 존재하는 것으로 언급된 대로) 도시에서 먼 곳에 있는 토지를 시내거주민(즉 귀족)에게 판매하는 것을 전부 금지하는 것은[175] 아테네에서 평야파와 산악파 간의 당쟁[176]이 있었던 시기에 생각해볼 수 있을지도 모른다. 그러나 이후 페이시스트라토스에서 비롯하는 것으로 믿어진다. 그에 비해서 매우 가능성이 있어 보이는 것은 '촌락들' 위에 아테네의 행정 조직의 토대를 놓을 때에 자신이 속한 **촌락**의 밖에서 토지와 관련한 영업을 제한한 것이 클레이스테네스를 통해서 생겼다고 하는 점이다. 이는 아마도 **페이시스트라토스** 이래로 있었을 것인데, 그가 정권을 잡고 있던 동안에 솔론의 시기에 "소수에 의하여"[177] 장악된 토지 점유의 **세분화**가 이루어졌음에 틀

---

173) γῆ ἐπίμορτος: 지주의 몫을 모르테μορτή라고 하며, 이 땅은 소작되는 토지로 이해된다.
174) 이와 관련된 구절은 아리스토텔레스, 『정치학』 1266 b 14-18에 나온다.
175) 아리스토텔레스, 『정치학』 1319 a 8-11.에 근거한 구절이다. 주석은 도시거주자에게 판매를 금지하는 구절은 없다고 보아 베버의 실수를 지적한다.
176) 아리스토텔레스, 『아테네인의 국제』 13.4.
177) δι' ὀλίγων: 아리스토텔레스, 『아테네인의 국제』 4.5.

림없기 때문이다. 왜냐하면 기원전 4세기에도 아테네의 촌락들은 토지 대장을 기록하고 있었는데, 촌락에 소속하지 않는 각 사람의 토지 점유에 관해서 일종의 공과물을 징수하였기 때문이다. 이 "엥크테티콘"[178]은 자연스럽게 토지 담보에 대한 자본의 투자를 보이도록 제한하는 것이었다. 그밖에 그것은 평야 지대에서 강력한 지방 자치단체의 유대 관계가 존재함을 지시한다. 기원전 5세기 전체 그리고 펠로폰네소스 전쟁으로 인해 무서운 피해가 있었지만, 기원전 4세기에 아테네의 농촌 자치단체는, 비문이 보여주는 것처럼, 일종의 살아있는 통일체이다. (대략 22,000드라크마가 자본인지 아니면 연간 지불금인지는 확정되지 않았기 때문에 비록 그들의 재정 상태에 관한 의문이 플로테이아[179] 비문을 통해서 해명되지 않더라도 그러하다) "촌락"은 자신의 토지를 (게다가 경작지, 포도원 그리고 이어서 극장과 분명히 모든 종류의 가게를) 점유하고, 관리하고, (악시오네[180] 촌락은 40년의 기한으로) 소작을 준다. 촌락은 징병 구역이다. 병자는 자신의 촌락에서 한 명의 대체 병력을 군대에 세워도 좋다. 촌락은 최하 조세징수 구역이므로, 조세 선납에 책임이 있는 사람을 정한다. 마지막으로 협의회의 구성에 (추첨을 통해서) 참여한다. 당번제도인 프리타네이아와 관련된 사료는 해당되는 부족에 속한 모든 촌락의 참여를 밝혀주고 있으며, 사실상 비례대표의 원리가 기초를 이루고 있었던 것으로 보인다. 물론 여기에는 바로 촌락에 세습하여 소속한다는 원리가 페이시스트라토스 및 클레이스테네스 정책의 의도에 반작용하였다. 그 목적은 호플리테스의 능력이 있는 중산층 점유자들이 정치상으로 지배하는 것이고, 대 귀족씨족의 유대관계를 파괴하는 것이다. 이탈리아의 민주 자치단체에서 각 명사(名士)들이 일종의 조합이듯이, 이 목적에 부합하여 여기에서도 각 귀족이 하나의 촌락에 등재되며, 외부에 놓여있는 자신의 토지 점유에 특별세가 부과되었다. <115우> 비록 '호모갈락테스'(구귀족)가 오르게오네스[181](인위로 새 시민으로 이루어진 준

---

178) ἐγκτητικόν: 외국인에게 허용된 토지점유에 대해서 부과하는 점유세이다.
179) Plotheia: 아티카 북동부에 위치한 '촌락'의 이름으로 기원전 400년경 재정 내용을 담고 있는 비문이 나왔다.
180) Axione: 346/345년의 결정이다.
181) ὀργεῶνες: 이들은 친척이 아닌 영웅이나 하위 신들에게 제사지내기 위해서 모인 단체이다. 기원전 4세기 아티카에서 처음 영웅제사를 지내는 단체로 나오는데, 나중에는 이 단체에 드는 것이 성원의 입양과 관련된다.

귀족씨족)로서 자체 내에 받아들이고, 후에는 정착하지 않고 아무런 씨족 조직을 지니고 있지 않은 주민으로 자유롭게 형성된 시민결사인 티아소이182)를 받아들였을지라도, 형제단은 그 나머지와 관련해서 (알려지지 않고 있으며, 언제?) 필요하게 되었다.[115-1]

[115-1 거의 모든 개인이 여기에 참여하였다. 기원전 4세기 초에 나오는 앞서 설명된 20(!)개의 이름을 지닌 "형제단 명부"는 관련된 형제단의 성원을 모두 포괄한 게 아니라는 점은 완전히 인정해야 한다. 다른 한편으로 사람들은 사실 -시민법 포고 이후에- 각각의 새 시민은 '촌락,' 형제단(이에 관해서는 나중에 제한이 가해진다) 그리고 '부족'의 선택이 자유로웠다고 하는 점을 기억해야 한다. 그러나 시민 명부의 작성을 장악하고 있는 촌락으로부터 '부족'이 스스로 나왔다. 한편 오로지 재산, 특히 토지 점유를 '유언이 없이' 상속하기를 원하는 사람들에게만 형제단으로 형식상 수용되는 것이 중요하였으며, 이어서 데모티온 족의 문서가 지시하는 것처럼 분명하게도 이미 촌락으로 받아들임을 통해서 선결된 것은 결코 아니다. 또한 많은 시민들이 심지어는 대부분이 후에는 아무런 '형제단'에도 소속되지 않았다고 하는 점은 매우 가능성이 있다.]

그리고 한편 첫번째 데모티온 족 비문에 (기원전 4세기 초) 보면, 그 '형제단'에서 여전히 데켈레이에이스 족의 구 "오이코스"(에우파트리다이 씨족)가 옛 권리의 잔여로서 형제단의 가장 중요한 기능인 시민 명부의 기록에서 일종의 관리 대행을 주장하고 있는데 비해서, 두 번째 비문에서는 (기원전 4세기 중엽) 1차 재판에 의한 결정이 완전히 '티아소스'의 손에 놓여져 있으며 귀족의 간여는 없다. 형제단과 촌락은 민주화된다. 촌락들은 아테네가 그 최강의 세력을 구가하던 시기에 (기원전 480~460년) 강력한 호플리테스 군대를 조직하였으며, 그 전열에 **농민층**을 배치하였다. 에두아르트 마이어183)의 계산에 따라서 기원전 431년 아테네에 정착하고 있었던 (대략 2천~2천4백명인 500 메딤노스급과 기사들의 옆에) 대략 3만~3만 3천의 자영농 대부분이 (대략 2만의 빈민과 더불어) 농촌에 거주하였을 것이다. 그러나 토지는 정치상 더 이상 결정짓는 요소가 아니었다. 이제 촌락에 소속되는 것은 러시아의 농민들이 자신의 미르에 소속된 것과 유사하게 –개인의 거주 이전권을 위

---

182) θίασοι: 단수는 티아소스. 디오니소스를 추종하여 거리에서 행진하는 단체이다. 여기에서 파생되어 군중, 무리라는 뜻이 된다.
183) 마이어, 『고대사연구Forschungen zur alten Geschichte』, Halle, 1892, 2, p. 162, p. 179.

한 결과가 없었을 뿐- 상실할 것도 없고 거주지와 직업에 의존하지도 않았다. 개인은 그의 촌락에서 조세를 납부하도록 강요되었고, 그곳에서 언제나 체류하였다. 그렇지만 도시에 정착한 촌락 성원만이 정규로 민회에 참석할 위치에 있었다. 여기에서 '배 타는 대중'184)라는 환경 하에서 민주정치의 정책에서 알려져 있는 자신의 영향력을 행사할 수 있었다. 자연 다음의 것은 이에 반대하는 것이 아니다. <116좌> 즉 도시 의회에서 장군직에서 그리고 재정운영에서 명백하게 압도하여 점유자들이 의석을 차지하고 있었다. 그리고 비문을 통해서 알려진 대로 민회에서 제안자들의 현저한 부분이 점유자들이었다. 고대의 **직업** 정치가는 보통 "점유하고 있는" 사람임에 **틀림없다**. (또한 사회민주주의의 나이 많은 지도자들은 비록 오늘날 편집자나 서기의 직 등이 가능하지만, 상당히 현저한 정도로 점유자이다.) 그에 비해서 실제 중요하고도 독특한 것은, 보다시피, 재산가들이 더 많은 촌락의 **지방** 행정에서 행사하였던 역할이 점증하였던 점이다. 그리고 그와 관련된 것으로서 더욱 중요한 것은 촌락의 내부에서 **점유** 분할에 관한 의문이다. 저 강력한 영향에도 불구하고, 이 상태는 기원전 4세기에도 금권정치가 아닌 것으로 보인다. 기원전 5세기에 아테네 시민의 약 1/4이 토지점유를 하지 못하고 있었으며,185) 전체 시민의 과반수가 농촌에 거주하고 있었음에 틀림없다. 그 점에 관해서 진실한 것은 알려져 있지는 않다. 기존에 있는 토지 증여에서 우리는 다음과 같은 것을 인식할 수 있다. (우리의 개념에 따르면) 농민의 환경에서 농장은 이목을 끄는 선물로 간주되며, 50 헥타르 이상의 점유는 (물론 올리브 경작의 경우, 매우 현저한 크기이다) 전혀 존재하지 않았다는 점이다. 50 헥타르는 대략 50 메딤노스급 호구조사의 오래된 최소 자격에 상응하는 농장의 범위였을지도 모른다.[116-1]

[116-1 (거름을 준) 곡초 농법은 오늘날의 수확비(프로이센의 평균)에 따르면 보리를 500 메딤노스(총수확)를 수확하기 위해서 약 22 헥타르의 농지가 필요할 것이며, 아티카에서는 고대에는 분명히 2배 이상이 필요하였을 것이다. 그러나 그것은 고정 및 유동 수확을 종합하며 현금 계산에서는 1 메딤노스=1 드라크마의 비율이 산정시에 유지된다.]

---

184) ναυτικὸς ὄχλος: 건함 정책으로 인해서 빈민이 후일 수병으로 종사하면서 발언권을 가지게 된 것을 의미한다. 두키디데스, 『역사』, 7.72.
185) 이는 리시아스, 『연설』 34에 기초한 것이다. 시기는 기원전 403년이다.

알키비아데스와 같은 귀족은 불과 30 헥타르 정도만 상속받았다.186) 이미 키몬은 자신의 아버지 밀티아데스를 위한 50 탈란톤의 벌금을 토지 임대료가 아니라 자연스럽게 국제 **자본** 이득에서 지불하였다.187) 펠로폰네소스 전쟁에서 지도 정치가들은 한편으로는 보수이든 (니키아스) 아니면 급진이든 (클레온) 전혀 **토지** 점유자가 아니라 **노예** 점유자이며 (그러나 "제조업자"가 아니다. 뒤를 보시오), 후일 데모스테네스도 그렇다. 영대소작의 지위는 언제나 대체로 오로지 중간 농민 지위에 불과하며, 새로운 토지수여('영대차지')가 관건이 되는 경우에만 더 크다. 사람들은 -오리엔트·로마와 달리- 최고의 창조 발전의 시기에 생활 영위의 **그리고 바로** 그리스 문화의 "문화 담당자"가 지닌 위대한 **소박함**을 잊어서는 안 될 것이다. 그리스의 <116우> 문화는 **절대** 특히 **물질** 필요의 세련이라는 지반 위에서만 성립한 것이 아니다.

아테네의 호플리테스 방어력이 감소한 것은 전혀 의심할 여지가 없다. 이는 전사자들을 통해서 벌어진 엄청난 결손을 채울 수 없었던 것을 의미하는데, 그 이유는 근본으로 다음의 환경들에서 찾을 수 있다.

1. 토지 세분화 혹은 반대로 토지 집적으로 인해서 경제상 완전무장을 할 수 있는 자들의 **수자**가 감소한 것, -

2. 집약화가 증가되어 경작에 더 강하게 경제상으로 묶임으로써 경제 능력 있는 자들의 **자격**이 저하한 것- "훈련"의 감소.

이 근거들은 아테네의 경우 그런 경향이 어느 순간에 압도하게 되었는지는 확실하게 입증될 수는 없지만, **함께** 작용할 수 있었을 것이다. 준트발이 주목한 바,188) 촌락의 각 범주에 소속된 주민의 움직임은 비록 흥미롭기는 하나, [때마다 "트리티스"189)에 따라서 당번위원을 분배하는 자료에 따르면 기원전 4세기에 **내지(內地)** '촌락'들은 **정체** 상태이고, 해변 촌락들은 증가하고, 시내 촌락은 감소함을 보여준

---

186) 플라톤, 『알키비아데스』 1, 123C.
187) 헤로도토스, 6, 136.
188) Sundwall, 『데모스테네스 시기 아테네 사회-정치사를 위한 비문연구*Epigraphische beiträge zur sozial-politischen Geschichte Athens im Zeitalter des Demosthenes*』, Leipzig, 1906, p. 541.
189) Trittyen: 그리스어 τριττύες를 독일어로 표시한 것이다. 3분의 1이라는 뜻이며, 클레이스테네스가 아티카를 시내, 내지, 해변으로 3분하고 이것을 각각 10개의 트리티스로 나누었다. 총 30개의 트리티스를 각 지구별로 하나씩 결합하여 10개의 지연부족을 만든다.

다.] 거주지와 직업 특히 **농촌** 인구의 밀도에 관한 의문이 제기되는 한, 자연 더 많은 의미를 지닌 결과를 제시한다. **특히 도시들**과 그 직접 주변에서 나오는 가족들은 언제나 더 **빠르게** 사멸한다. 원래 급진주의를 촉발시켰던 **해변** 촌락의 증가는 아마도 해상교역에서 근무할 기회로 인해서 결혼 빈도가 높아진 결과일 것이다. 그러나 그것이 언제나 농민들의 증가는 아니었다. 내지 촌락 인구수의 안정은 그들의 소속원이 농민들로 머물러 있었다거나 아니면 오로지 농촌에만 거주하였다는 것을 지시하지는 않는다. 바로 시내 촌락의 위축이 특히 그 구성원을 강력하게 추첨지로 유인함으로써 초래되었다는 점은 별로 가능성이 없다. 일찍이 여기에서 노예제를 통해서 (같은 단어로 된 곳을 보시오) 자유 노동이 배양될 여지가 줄어들었던 것이 주목될 수 있을 것이다. 오로지 확실한 점은 당시에 수많은 내지 촌락에서 귀족씨족이 사실상 세습으로 주도권을 장악해 왔다는 점이며, 더 나아가 기원전 4세기말 이래로 촌락에서 그 생을 다하기 시작했다는 점뿐이다. 한편으로는 촌락 관리직의 매각, 다른 한편으로는 점유자들이 그것을 독점하는 것은 이미 기원전 4세기에 나란히 진행되며, 기원전 3세기에 촌락 문서기록이 중단되면서 농촌 중산층의 정치 및 사회의 의미가 줄어드는 현상이 설득력 있게 표현된다. 이것은 이제 전체로 <117좌> 헬레니즘 시기에 있던 재산권 변화의 결과이다. 고전기에는 그것에 반대해서 **노예 노동**이 농촌에서 어떤 환경을 수용하였는지 또는 **임대차**가 어떤 의미를 지니게 되었는지 말할 수 없을 것이다. 우선 후자와 관련해서 오리엔트와 대비하여 (일상 **사료**에 근거하여) 오로지 하나의 (훼손된) 순수한 개인 임대차 문서가 아테네에서 전해질 뿐이며, 그렇지 않으면 단지 공공 단체와 맺은 소작계약만이 그러하다. 아테네에서만 아니라 옛 그리스의 영역에서도 대체로 확실하게 **고정된** 소작이, 보다시피 그곳에서 오랜 시간동안 완전히 배후로 들어가 버린 분익소작에 대해서 확실히 우세할 뿐이다. (특히 자연히 아티카에서) 현물 및 혼합된 임대차에 대비해서 **현금** 임대차가 확실히 빈번하였다. 더욱이 고대의 높은 이율에 상응하여, 자본을 투자하는 비율은 우리의 개념에 상당히 큰 규모이다. (순수한 농촌 토지에 대한 임대차는 트리아에서 산정 가격의 8 %에 이르렀으며,190) 다른 경우에도 임대차 가격과 구입 가격의 관계는 고정될 수 없다. 왜냐하

---

190) Thria: Θρία, 아테네의 중요한 촌락으로 트리아 평야의 중심이다. 서쪽으로 침입하는 적의 공격을

면 토지 경작의 목적과는 다른 것이 가산되어있기 때문이다. 영대소작의 경우 늘 매우 많이 내려간 비율은 4 %이거나 그 이상인데 자연히 비교될 만하지는 않다.) 오리엔트와 로마의 경우와 비교해보면 임차인의 위치는 상대로 보아 유리한 것으로 드러난다. - 물론 그것은 우리가 기본으로 공공 토지의 임차를 예로서 알고 있기 때문에 나온 결과일 수 있을 것이다. 임대차의 만료 기한은, 그 명칭처럼, 오리엔트와 대조로 상대로 보아 길어서 5년 혹은 흔히는 10년이다. 그래도 기한이 없는 임대차도, 평생이거나 아니면 거꾸로 "맘대로" 발생한다. 임차인이 경작 **의무를 진 자**로서 의미를 지닌다는 것, 그 토지 설정은 -자연스럽게- 규정되었을 뿐 아니라 경우에 따라서는 **감시된다**는 점은 공공 임대차에서 저절로 이해된다. 후자가 개인 임대차에서 얼마나 발생하였는지는 그 점에 달려있다. - 결국 이미 언급된 것처럼 어떤 **규모**로 농촌에서 **노예** 노동이 이용되었는지는 의심스럽다.

그것은 여기에 전부 또는 "고전기"(기원전 5, 4세기) 노예 노동의 종류와 의미에 대한 질문에 대체로 놓여있음에 틀림없다. 초기의 계산에 대한 불건전한 허풍에 대해서, 이를테면 에두아르트 마이어의 영향 하에서,191) 강력한 반응이 일어났으며, 또한 그것은 고 그리스에 주목되는 한, 양(量)으로 확실하며 근본으로 정당하다. 그래도 질(質)로 공업에 종사하는 노예 노동에 관련해서 (노예-"공장"의 개념이 고수되는 한) 그 반응은 여전히 충분하게 일관된 것은 아니다. 이를테면 프랑코트의 책192) 결론에서 <117우> 노예제의 반작용이 자유 노동의 입장에서 때때로 의미심장하게 과소평가되기도 한다. 그러나 다른 한편으로 그 반응은 광범위하다. 이미 앞에서 그 점에 관해서 언급된 것에 몇 가지가 첨가될 것이다. -보기에 증대한 노예 점유는 고 그리스에서도, 내가 앞에서 주장하듯이 그런 정도로, 수요의 자기 갱신을 통해서 "오이코스"의 화폐경제 수요 충족을 그리고 이와 더불어 시장의 구매력을 약화시키지는 않았다. 그러나 이 작용이 완전히 결여되었던 것은 아니다. 그리고 이것은 특출한 의미를 지니고 있었다.

1. 페리클레스에 의해서 설명된 것인데, 그는 (정치의 근거에서) 자유로운 구입 및 수

받아야 했던 지역이다. 여기에서 해당되는 것은 주택을 제외한 토지이다. 관련 문구는 이사이오스Isaios, 『연설Oratio』, 11.42.
191) 마이어, 『고대노예제 Die Sklaverei im Altertum』 Vortrag, geh. in d. Gehestiftung zu Dresden am 15. Jan. 1898, Dresden, Zahn & Jaensch, 1898, pp. 35-37.
192) Francotte, 『고대 그리스 공업』 2, pp. 27-30.

공업자의 고용을 통해서라도 가능한 한 "집밖에서" 수요를 충족하려고 하였다.193) 이는 영주지배 하의 가내노예의 봉사를 위축시키는 활동에 대한 의미 있는 시사이다. 한 가계에서 노예 점유가 클수록 그것은 점점 더 많은 수의 전문화된 기능인을 가내에서 양육하였으며 최소한 대개 그에 상응하는 정도로 자유로운 "임금작업"을 배제하였다.

2. 노예의 의복 그리고 도시에서 그들의 식량은 물론 고대에 두드러진 정도로 구매되었다. (예를 들어 북아메리카의 남부국가들처럼)

노예들은 자신의 편에서는 자연스럽게 생활 영위에서 최소한의 필요에 국한되어 머물렀는데, 단지 이들 노예들의 경쟁만이 토지를 지니지 않은 노동자의 생활 유지와 구매력 그리고 그와 더불어 상품 시장의 발전에 영향을 주었음에 틀림없다. 고대에서 대중의 수요 상태에서 수공 제품에 대한 수요가 얼마나 불안정하였지는, 무엇보다도 아테네인들이 동맹 도시들에게 폰토스 지역에서의 흉작으로 인해서 할당금의 납부를 유예할 수밖에 없었던 기록에서 결정될 수 있다.194) 모든 것이 오로지 그때그때의 빵 값에 매우 의존하고 있다. 에렉테이온의 거대한 건물 비문은 고용된 자유노동자를 위해서 그리고 노예를 위해서 일당 1 드라크마의 동일 공정률을 제시하고 있으며, 기원전 4세기에는 (숙련된 노동자에 대해서 물론) 일당 2드라크마까지 발견된다. 한편 엘레우시스에서는 (기원전 4세기에) 신전에서 자신의 소유인 노예들에게 부양을 위해 계산한 돈이 불과 3 오볼로스였으며, 델포이에서는 기원전 338년에 청부업자에게 언제나 3 오볼로스의 식량이 계산되었다. 마지막으로 델로스의 경우 나중에도 부양을 위한 자기 비용은 단지 2 오볼로스에 달하였다. 오로지 생각해야 할 점은 아테네에서 기원전 5세기에 공공 노동인 경우에 품위 있는 임금을 지불하도록 한 것이 바로 민주정이라는 사실이다. 건축을 위해서 노예를 제공한 노예점유자에게 자유롭게 두드러진 이익을 가져다준 임금이야말로, 그들로부터 '아포포라'를 이끌어냈거나 아니면 임금을 댓가로 하여 그들을 임대한 결과이다. 그러나 자유 노동자에게는 그 임금이 그들이 자신의 가족을 거느리고 있을 경우, 하여간 아마도 심지어 넉넉하였을 것이다. 또한 그 지불금은 이미 그 자체로 노예 노동의 경쟁이, -그것이 일어나는 한에서- 프랑코트가 믿고 있듯이,195) 억압하

---

193) 플루타르코스, 『페리클레스』 16.3f.
194) 베버는 Wilamowitz, *Aus Kydathen*, Philologische Untersuchungen, 1. Heft., 1880, p. 18을 참조하였는데, 정작 빌라모비츠는 폰토스가 아니라 북쪽의 에게 해 지역을 언급하였다. 게다가 오늘날의 연구에 따르면 기원전 449/8년에 도시 명단의 공납표가 없는 것은 그 해의 흉작과는 무관한 것으로 밝혀지고 있나.
195) 프랑코트, 『고대 그리스 공업』 p. 27f.

지 않았다는 점을 지시하지는 않는다. (여기에서 더 자세한 설명은 불가능하다.) (농촌이 아닌!) 자유 노동자의 임금을 단순한 신체 유지를 현물로 (다른 경우에는 식량을) 보장하는 선으로 제한하는 것은 이집트와 오리엔트 식으로 그리스에서도 (기원전 282년 <118좌> -근본 화폐 경제가 발전한 시기에도- 델로스에서) 발생한다. 이는 임금 기준을 "생존에 필요한 최소"로 제한하는 경향을 보이는데, 고급 노동이 아닌 한, 여기에는 매우 시급한 노동수요 (특히 양질의 노동력에 대한 필요, 이를테면 숙련 노동자의 경우 거의 같은 시기에 2 드라크마를 받았지만, 미숙련자들은 단지 현물로 부양되었을 뿐인 것처럼) 또는 정치 원인이 작동하였다. 자유노동의 사회 탈계층화는 노예가 자유인과 함께 노동하는 것으로 인해서는 결코 없을 수 없었다. -에렉테이온[196])에는 시민, 거류외인, 노예가 뒤섞여서 청부 집단의 구성원이며 심지어 감독이 된다- 그리고 아리스타르코스가 아테네 시민의 복지 상태에 관해서 소크라테스가 말한 것을 회상하면서[197]) 대답한 것, 즉 그들은 이렇게 돈을 벌어서 야만인을 구입하였고 노동하도록 하였다는 말은 그 의미에서 충분히 있을 수 있다. -또한 가내 노예는 노동 노예와 마찬가지로 자유노동의 여지를 위축시켰다. 편협한 시민권 정책과 전체 고대 세계에서 되풀이되는, "고용주들의" 독점을 위한 노력을 고려하면, 전체 고전 시기에 공공의 노동을 토착의 수공업자들에게 수여하는 것을 축소시키도록 강요한 시도에 관해서는 전혀 아무 것도 알려져 있지 않다. -한편 참주와 입법자의 시기에는 (앞을 보시오) 노예를 한정하는 것이 알려져 있었다.- 이 사실은 오로지 당시에 기꺼이 자신의 책임으로 노동을 관리하는 자유인이 의심의 여지없이 노예제의 확산으로 인해서 처한 무기력 상태를 지시한다. 그밖에도 분명하게 그것은 또한 그런 제한의 **불가능성**도 지시한다. 그 이유는 오늘날의 의미로 충분한 수의 자유 "노동자층"이 **없었기** 때문이다. 시급한 노동 수요를 수반하는 대규모 국가 주문은 자유 수공업자와 노동자의 내부에서는 그리고 (일부는 시민권 정책 때문에!) 애초 시민층만의 내부에서는 대체로 그런 종류의 제한을 위해서 필요한 수의 노동력을 미리 찾지 못한다. 그것의 인기는 -흔히 종종 그런 일이 일어났던 것처럼 사람들이 아테네의 촌민을 우선 **수공업자**로 이루어진 인민으로 표상한다면 충분히[198])- 여전히 주목을 받도록 이끌 수 있는 데에 매우 근접했을 뿐이다. 주인들이 장기간에 걸친 견습 기간을 두려워한 것이 자연스러우므로, 분명하게 노예들은 특히 더 거친 노동 분

---

196) Erechtheion: 영웅 에렉테우스를 기리는 신전으로 기원전 420년 아테네 아크로폴리스에 세워졌다.
197) 크세노폰,『소크라테스의 회상』2.7.6.
198) 크세노폰,『소크라테스의 회상』3.7.6.

야로 돌진하였으며, -예컨대 제분업같이- 고대 전체에 걸쳐 자유인들이 대체로 매우 궁색한 시기에만 고용살이하는 업종이 있었다. 그러나 다른 한편으로 자유 수공업자가 해방되는 것은 애초 뒤늦게 이루어지며, 오로지 부분으로 가족 노동으로서의 성격에서 벗어날 뿐이고, 중세에 존재한 상응하는 구조의 성격에는 이르지 못하였다. "쉰에르고스"[199)라는 단어가 (또는 유사한 것이) 때때로 독일어의 "직인"[200)에 유사한 위치를 지시할 수 있다는 점을 무조건 배척해서는 안 된다. 사도 바울로(『사도행전』 18장 2절)가 자신의 수공업 동료인 아퀼라의 임금을 받는 관계에 있었는지는 불분명하다. 그리고 금장색인 데메트리오스가(같은 책, 19장 24절) 자신이 종사하는 수공업의 동료 외에도 <118우> 우상에 적대하는 그리스도교인에 대해서 동원한 사람들이 숭배 대상물의 생산에 관심이 있는 다른 분야의 독립 수공업자들을 의미하였을 가능성이 또한 있다. 늘 숙련되었으나 수단이 없는 상태에서 수공업자는 도구와 재료를 제공하는 타인의 **고용살이**를 해야 하는데, 이는 헬레니즘 시대에는 매우 가능성이 높다. 그러나 고전기에 모든 점을 고려해 볼 때에 가장 가능성이 있는 것은 우리가 "헤게몬"[201)으로서 (또는 유사한 것으로서) 지시하거나 또는 그렇게 간주되는 수공업자가 공동체에서 다른 사람들과 함께 노동하는 것을 발견하는 곳에서, 중요한 것이 바로 정규로 이를 위해 만들어진 결사라는 점이다. **도구**가 중요한 고가의 **귀중품**이 (즉 "자본"이) 아닌, 모든 (매우 압도하는) 경우에 그러하다. 흔히 의심이 남아있다. 예를 들어 동료는 홈파기의 경우 십장과 더불어서 에렉테이온에서 단체로 함께 노동하였으며 집단으로 지불받았는데, 일부는 십장의 노예이고, 일부는 (외관상으로) 다른 노예이며 (그에 의해서 임대된? 아니면 자신의 계산으로 노동하는?), 마지막은 자유 거류외인과 시민이다. 십장들 중에 하나는 자신이 노예이고 그 협업자의 하나는 자유인이므로, 일종의 "직인" 관계에 관해서는 아무런 말도 할 수 없다. 개별 집단의 상이한 액수가 지시하는 것으로 보이는 바(프랑코트) 그리고 아마도 십장이 더 고액의 지불을 받으면서, 노동자 집단은 전문가의 감독 하에 분명히 **건축** 과정에 따라서 배정된다. 그러나 무엇보다도 십장과 그 협업자의 관계는 부자유한 에르가스테리온의 내부에서도 발견되며 또한 일종의 부자유 생산동료조합의 형태로서 존재한다. 그래서 티마르코스의 작업장에서는 감독자가 주인에게 더 높은 액수의 '아포

---

199) συνεργός: 함께 일하는 자, 동료라는 뜻이다.
200) Gesellen: 고독일어의 방을 나누는 동료라는 의미의 gisello에서 파생된 말이다. 자신의 직업에서 인정받기 위해서는 시험을 통과해야 했으므로 그전까지는 회의소에 참여할 수 없었다. 그들은 숙련노동자로 긴주된다.
201) ήγεμών: 감독자라는 뜻이다. 아이스키네스, 『연설』 1.97에 나오는 표현이다.

포라'를 지불하는데, 마치 또한 분명히 단순하게 일종의 특수하게 고도로 숙련된 다른 부자유 노동자가 하듯이 한다. -생각할 수 있다면 이는 일종의 피해방민이다. - 그의 전문 영역은 작업장을 관리하는 것인데, 제삼자에 대해서는 십장처럼 처신하며 이로써 가외소득을 벌어들인다. 하나의 영업 내부조직에 관련한 이 성향은 언제나 탐구할 필요가 있었다. - 그러나 마찬가지로 중세의 조직과 비교하여 볼 때, 고대의 **자유 공업**은 "무정형"이었다는 점은 확고하다. 에르가스테리온에 관해서 우리에게 본질인 것은 이미 앞에서 언급하였다.

> [118-1 그러나 분명하게 ("서문"에서 일부러 지적한 공식화를 보완하고자) 결정된 것은 고정된 (돌로 만든) 작업 장소라는 의미에서 에르가스테리온도 자연스럽게 있었다는 것이다. 그것은 예컨대 영구임대차의 대상으로서202) 따로따로 계약서에 등장한다. 그것은 정돈된 "작업대"이다. -아마도 시장에서 우리의 "판매대"처럼- 그러나 아마도 후자가 "상관(商館)"이 아닌 것과 마찬가지로 자연히 "공장"은 아니다.]

여기에 첨부할 것은 다음과 같다. 주인은 자신의 노동 노예를 다음과 같은 점에서 이용할 수 있다.

a) 그들을 임대한다. -

b) 그들이 일하도록 시키며, 그들을 부양하며, "가격 작업"이 중요한 경우 원료, 도구, 의 조달 및 판매는 스스로 떠맡는다. -

c) 그들을 스스로 일하도록 하지만 그들에게 자신들의 생계 유지를 위해서 일종의 총액을 지불한다. (아우토시토이)203) -

d) 그들에게 <119좌> 그들의 **노동력**의 가치를 ("임금작업자"로서) 스스로 넘겨주고 그들에게서 일종의 고정된 지대(아포포라)가 지불되도록 한다. -

e) "자비 작업"인 경우에는 그들에게 가게, 원료, 도구를 그들의 특유재산에서 건네주고 아포포라를 지불하도록 한다. -

f) 마지막으로 티마르코스의 사례에서 일어난 것으로 보이는 것과 같은 (그러나 프랑코트가 주장하듯이204) 데모스테네스의 경우에는 없었던) 관계인데, 아포포라 관계를 주

---

202) 이와 관련된 비문은 페이라이에우스 항구에서 발견된 것으로 기원전 4세기로 추정된다. Dittenberger, *Sylloge*², Nr. 440.
203) αὐτόσιτοι: 스스로 먹거리를 해결하는 자라는 의미이다.
204) 프랑코트, 같은 책, I, p. 11, p. 20.

인이 가게·원료·작업장을 제공하는 것과 섞는 것이다.

자명하게도 각 형태의 이용 방식은 노예의 자기이해 관계를 움직이도록 하는 것이며, 노예 노동의 생산성의 발전을 위해서 -대형 건축의 경우에 자유 노동자에 뒤지는 것이 거의 없다- 훨씬 더 유리하며 또한 통상 주인에게도 더 벌이가 된다. 왜냐하면 이미 수익 계산이 복잡해진 상태에서는, 프랑코트가 그것을 정리하고자 시도했을 때,205) 신전에 있는 수많은 해방 기록은 주인이 그 노예자본의 특별히 빠른 소모를 염두에 두고 계산하였음을 보여준다. - 시장을 위하여 공업 노예 노동이 성립되는 것은 대체로, 그러나 특히 **자신이 감독하는** 에르가스테리온을 점유하는 것과 완전히 마찬가지로, 명백하게도 상인 **원료 수입업자**에 의해서 시작한다. (특히 데모스테네스의 경우 그것들 중 하나는 칼 손잡이와 목공예품에 상감할 상아이다.) 거꾸로 중세에 가내공업은 완성된 **제품이** 상인에 의해서 수출되면서 이루어진다. 데모스테네스의 경우 따라서 수입된 원료-상아-로부터 도검장색과 가구제작 에르가스테리온의 보기 드문 조합이 드러난다. 노(老) 데모스테네스는 원래 원료를 아마도 가공하지 않았을 것이며, 후에 그 중에서 일부 스스로 아마도 매번 "원하는 자에게"206) 매각하였을 것이다. 그러나 그가 남겨놓은 저장품은 그의 아들이 약 11,250 마르크207)의 가치로 산정한다. 이것은 전재산 62,000 마르크의 가치 중에서 약 32,000 마르크가 -그리고 실제 대부분이 은행에 그리고 해상투자에- 대부되었으며, 노동 노예들은 약 17,550 마르크가 되었음에 틀림없다. 한편 토지는 제외하고, 약 2,250 마르크로 산정된 주택이 있고, 그에 비해서 금괴, 세공한 보석과 기타 귀중품, 즉 저장된 것은 "자본"으로서 기능하지 않는 동산으로 18,000 마르크의 가치(두 개의 "공장"보다 더 많은 합계)를 지니고 있다.[119-1]

[119-1 나는 쉐퍼(Schäfer)의 추산을 취한다. 절대 수자가 문제거리이지만, 여기에서는 개별이 아니라 대략의 관계에 달려있다.]

재산의 특수한 상업 기원이 눈에 들어온다. 에르가스테리온은 상황에 따른 영업이다. 노예는 담보(프라시스 에피 뤼세이)로서, 아마도 상아 제작을 의뢰하였으나 지불하지 않은 고객에게 속하고 데모스테네스의 손에 이르렀을 것이다.208) 그러나 두 가지는 아

---

205) 프랑코트, 같은 책, I, pp. 13-21.
206) τῷ βουλομένῳ: 데모스테네스, 『연설』 27.4.
207) 여기서는 1 므나당 75마르크로 환산하고 있다. 이 경우 150 므나이다 관련된 구절은 데모스테네스, 『연설』 27.4; 9-10이다.

주 명백히 **상품**의 판매에 대한 준비 작업에 불과하다. 때때로 "직업들"의 결합은 완전히 우연이며, (그래서 티마르코스의 경우 무두장이와 자수장이 등의 직업을 동시에 지니고 있었다209)) <119우> 자본 투자로서 그때그때 임시 판매의 가능성을 통해서 제한된다. 그리고 **구매** 노예의 수자가 역사 시대에 '양육노예'인 오이코게네이스210)를 넘어선다는 것은 -앞에 있는 도입부에서 상술한 근거에서- 의심의 여지가 없다. 저 모든 관계는 이를테면 프랑코트가 완전히 연구하지는 못하였다. 그의 -매우 공로가 큰- 책은 비록 고대의 경제 **구조**에 관해서는 본래 광범하게만 설명하고 있기는 한데, 이미 뷔허 등이 언급한 것임에도, 외관상 역사가들에게 영향을 미친 최초의 것이다. 솔직히 이것들은 그러나 몇 개의 매우 좋은 개별 사전작업에도 불구하고, 여전히 체계 있는 분석이 매우 필요했다. 왜냐하면 바로 자본주의가 -사람들이 더 상세히 말할 수 있다면- 소규모 수공업에 대해서 노동 과정의 기술과 관리에서 아무런 진전을 포함하지 않는다는, 고대 공업 자본주의 발전의 이런 특성과 매우 밀접한 관련이 있기 때문이다. 사람들이 그것을 의심하고자 한다면, 당연히 -앞에서 한 언급을 보충하기 위해서 말해야 하겠는데- 더 오래전 시기부터 노동 해체와 노동 통합이 분명하게 있었고 노동 분업식의 협업은 작업의 내부에 있는 생산 과정에 여럿이 있었으며, 수많은 이집트와 폼페이의 벽 쌓는 사람들과 오래된 도기들이야말로 증거에 속할 것이다. 동일한 작업장에서 조합된 채 스스로 분화하는 기능들의 수자가 이점에서 크지 않으며, 더 중요한 것은 그 숫자가 **자본주의**의 공업 침투 시기에 증가된 것으로 파악되지 않는다는 점이다. "대규모 작업"을 향한, 다시 말해서 작업 내부에서는 분화를 향해서 그리고 합리로운 노동 절약을 위해서 거의 재단되지 않은 채 이루어진, 고대의 기술혁신들은 농업을 위한 것이었으며 서양 농업의 부업이었다. 여기에서는 자본이 (최초로 카르타고에서) **재식농업**을 창출하였다. (또한 전쟁 기술 그리고 일부는 군사-정치에 관심을 지니고 있고, **국가**에 의해서 주도되는 일부 **건축** 기술은 제외하고) 개인 영업을 위해서는 그런 종류가 결코 확정될 수 없다. 시장 사정이 불안하게 동요하고, 노예를 **유지하는** 가격이 그러하고, 재산이 불안정한 경우, 심지어 노예 점유자는 매번 자신의 노예 인원을 나누거나 아니면 달리 매각하는 상태에 있어야 하고 또 그렇게 되기를 원한다. 그는 **지대수취자**이지 기업가는 아니었다. 그러나 무엇보다도 정치에서 비롯하고, 노예를 통해서 한정된 방식의 **재산**

---

208) 데모스테네스, 『연설』 27.24-28.
209) 아이스키네스, 『연설』 1.97
210) οἰκογενεῖς: 집에서 태어난 양육노예이다.

분할에 의존하는 "필요상태"는 고대에 "가내공업"의 조직을 방해하였으므로, 그래서 "공장"이 침묵한다.

오늘날처럼 "내부 분업"과 성장하는 노동 도구를 가지고 기술상 대규모 작업을 창출하기 위해서 자본이 자신에게 봉사하는 학문을 거느리고 있다는 것은 과거에도 미래에도 장기에 걸쳐 유효하지는 않다. 그것은 순수하게 역사상 제한되며, 그런 것으로서 자본의 특성에서는 결코 도출될 수 없다. -자본은, 단순히 이익을 가장 편안히 얻을 수 있는 곳에서 그리고 그런 식으로, 이익을 추구한다. 그리고 그렇게 하기에 가장 편한 길은, 고대에는, <120좌> 기율이 잡히고 분업화된 거대한 작업 단위를 창출하기 위해서 노동 해체라는 새로운 방법을 창안해 내는 방식이 아니었다. 노예 노동은 기술상 그리고 "윤리상" 그것에 적합하지 않았으며, 재산 분할의 방식에서 그리고 고대의 필요사정의 발전에서 공업에 의한 대량 상품을 위한 확장된 시장을 창출할 수도 없었다. 공업 생산물의 교환이 증가하는 것이 고대의 자본주의 발전의 추이 속에서 농업의 (국가에 의해서 통제되지 않는 개인 교역, 즉 채원의) 생산과 광산의 생산물의 의심 없는 교환의 증가와 어떤 보조를 맞추고 있는지의 여부는 알려져 있다시피 매우 의심스럽다. 그러나 확실한 것은 "자본주의" 발전의 진전이 전체로서 영업의 경제·사회 상태를 드높인 것이 아니라 단지 자신의 오래된 토대를 허물었을 뿐이다. 초기의 폴리스에서 수공업자는 귀족인 주인에게는 완전히 태생이 다른 존재로 간주되었다. 그래도 이를테면 무기나 함선을 제작하는 한, 군사상 필수불가결하며, 수공예가인 한에서는 사회에서도 견딜만한 것으로 평가된다. 예를 들어 대장장이는 헤시오도스에 보면[211] 촌락에서 자신의 역할을 수행한다. 솔론[212]도 자신의 영업을, 경제상으로는 높은 수준이지만, 중간 아래로 명명한다. 그러나 수공업자의 가족 공동체가 상속받은 비밀 기술로 매우 부자가 되어서 최고의 관직자를 지향할 수 있던 시대가 화폐경제로 인해서 소가족을 향한 발전이 이루어지면서 종언을 고한다. 투자를 기대하는 자본은, 그것이 **무토지** 콜로누스를 창출해낸 것처럼, **부자유** 숙련 수공업자를 만들어낸다. 수공업자가 아니라 자본 점유자가 이제 존경받는 인물이다. 자본주의 시대에 숙련된 영업 노예는 -자본가를 위한 기회토대에 불과한데- 모든 점에서 공식 권리의 위치에서 벗어나 있으며 자유 소수공업자의 **옆에** 있다. 그러나 구매, 담보, 임대를 통해서 손에서 손으로 넘어가며, 여기에서 저기에서, 더 큰 단위 작업장으로 모인다. 민주정의 공사(公私) 형식법은 이 압력의 결과에 대항하

---

211) 헤시오도스, 『일들과 나날』 493.
212) Diehl, *Anthologia Lyrica Graeca*에 있는 Solon, Fr. 1.49 이하를 참조한 것으로 보임.

여 자유로운 "직업근성이 있는 자"-수공업자와 소매상-를 보호하지 않았으며, 그가 자본주의 영역으로 상승할 수 없는 동안에, 심지어 선량한 이익조차도 그러하였다. -그리고 그것은 노예 노동의 경쟁이 있는 경우, 당시에 단지 아주 예외로 그러하였을 뿐이다.- 점유자들은 자신의 편에서 **지대**에서 (농촌에서 나오거나 시내에서 나오는 것이며, 외국인, -개인 특권을 전제로 한- 거류외인과 피해방민이 토지로 이득을 누리는 것을 금지함으로써 "가족지주제"가 완전시민의 독점이 되게 하였다) 또는 이자에서 또는 마지막으로 **노예**로 인한 수익에서 자신의 이익을 이끌어냈다. 마찬가지로 **지대**의 발전은 **이자**와 **노예**로 인한 수익의 발전과 같이 **경제상**으로 한정되는 한에서는, 상업에 좌우된다. 지주는 토지의 다산성만으로 **결코** 일어설 수 없다. 정치 박해가 지역의 지도자를 지주로 변화시킨 곳(아니면 시민을 지주로 만든 스파르타)에서, 이것은 고대에 줄곧 상업에서 얻은, 특히 그리스에서는 <120우> 해상무역에서 나온 이익을 이용한 것이다. 개인 **노예** 점유의 발전은, 옛날 초기에 왕이 **지배하는** 부역-오이코스의 발전이 그러하듯이, 고전기에도 외부와의 교역에 관련되어 있다. 법으로 특권을 부여받은 수출업자와 수입업자의 지위, 특히 자신의 것을 위해서 그리고 실로 국가의 요구를 위한 것을 제외하고 **오로지** 근본으로 자신의 요구를 위해서 채무자를 유지하는 것, 그리고 무역관련 송사를 신속히 해결할 특별법원 관할구는 그것들을 수용한 지배층이 분수를 지키는 자들임을 보여준다. 재산 형성에서 해상무역이 지니는 이 우세한 의미는 -다시 강조하듯이- 그것의 양(量)을 제한하는 것에 관해 언급된 것을 반대하는 어떤 예시도 아니다. "문화 지역"의 협소함과 문화의 **해안** 성격에 관해서 그러나 또한 이 화폐 재산과 저 자본주의 교역이 "고전" 시기에는 전통주의라는 수풀에서 소위 "솎아내기"에 불과하였다는 점을 사람들은 생각해야만 한다. 왜냐하면 자본주의는 거의 완전히 직접 먼 과거의 잔재와 더불어서 자신의 교역 형태를 지닌 채 있기 때문이다. 바로 지리상 인접한 지역만 아니라, 도시의 **내부에서도** 그러하다. 예를 들어서, '에라노이'[213])는 -가입자 명부를 통해서 **궁핍한** 구성원에게 무이자의 대부를 공급한다- 여전히 전체 헬레니즘 시대를 통해서도 내내 기능하였으며 완전히 농민의 원시 "이웃돕기"가 지배하던 시기처럼, 고대 말기에 이르기까지 (로마의 "무툼"[214])과 마찬가지로) 매우 귀중한 역할을 하였다. (그리스도교의 관

---

213) ἔρανοι: 1. 아테네 시민이 빈자를 위해서나 국가의 필요시에 지불한 기여금이다. 2. 공동기금을 출자한 클럽 성원을 의미한다.
214) mutuum: 무이자 대차가 일차의 뜻이고, 여기에서 파생되어 '상호관계가 있는'(mutual)이라는 의미를 지니게 된다.

점도 이점과 관련이 있을 것이다.) '에라노이'가 기원상으로는 전혀 상호협동조합이 아니었다는 점은 입증되어 있다. "상호성"("무툼"이라는 라틴어가 잘 표현하고 있다)은 법에 의한 조합이 아니라 농민 및 소시민의 조야한 윤리이며, 그것은 "형제 사이에"215) 무상의 대여를 "네가 내게 하는 대로, 나도 네게"216) 그리고 거꾸로 라는 조건을 달고 요구하는 것이다.120-1]

[120-1 이 "윤리"는 매우 일찍 아티카에서 오래된 '부지게스의 저주들'217)에서 격식을 갖추어서 존재한다.]

고대에 이 하층민들 간에 결코 망각되지 않는 것은 이 가장 오래된 "경제 도덕"에 입각하여 (오리엔트에서) "파라오의 종노릇하는 집" 즉 관료처럼, 이자는 외국인의 권리이며 주인의 권리였다는 점이다. 이점에서 오늘날에도 러시아 농민은218) 여전히 고대의 지반 위에서 가장 순수하게 존재하고 있다.

이제 고전기에 아티카와 기타 옛 그리스 국가들에서 (점유의 집적이 분명한 스파르타는 제외하고) 평야로 광범위한 "자본주의 침투"가 기원전 5세기인지 아니면 -이것이 특별히 주장되는 것처럼- 기원전 4세기인지는 확실하게 결정할 수 없다. 그러나 그 사실은 이제 보편이고 마땅하게 별로 결정할 가능성이 없는 것으로 보인다. 헬레니즘 시기에는 완전히 달랐다. 이 후대에는 개인의 거대 재부(財富)가 성립되는 것을 볼 수 있는데, 그 소유자는 때때로 전체 도시를 <121좌> 대부 허가 시에 억압된 조건으로, 일종의 채무예속 상태로 유지하였다.219) (이는 고전기와 대조되는데, 이때에는 신전이 독특한 국가 채권자였다.) 그리고 더 많이 그러나 나중에 옛

---

215) unter Brüdern: 『레위기』 25.14에 나오는 표현으로 간주된다. "그의 형제를 속이지 말라."
216) 『잠언』, 24.29. "너는 그가 내게 행함같이 나도 그에게 행하여 그 행한 대로 갚겠다 말하지 말찌니라."
217) βουζύγειοι ἀραί: 부쥐게스는 '황소에 멍에를 거는 자'라는 뜻으로, 신화에 나오는 트리프톨레모스 Triptlomemos와 동일인이다. 그는 데메테르 여신에게서 농사법을 배워 그리스에 전파한다. 부쥐게스 가문은 사제 씨족으로 알려져 있으며, 그가 남긴 교훈으로는 "네 부모를 공경하라", "곡식으로 신을 공경하라", "동물을 아껴라"이다. 아테네에서 농지법을 위반한 자에게 주는 저주를 의미하는데, 위반자에게 물과 불을 주지 않고 길도 일러주지 않는다고 보는 견해도 있다.
218) 베버는 1905/6년에 러시아의 농민사정에 관해 2편의 논고를 발표한다.
219) 이 도시는 퀴클라데스의 섬인 아모르고스Amorgos에 있는 아르케시네로 짐작된다.

그리스와 특히 아테네가 일종의 "연금 폴리스"[220]로 성장하였다. 그것은 바이마르와 하이델베르크의 장점들과 언제나 동양에 대해 (그리고 후대에 로마에 대해서) 여전히 존재하는 "자유"를 통합한 것이다. 점점 더 빈번하게 외양으로 잘 살게 되고 또 그렇게 보이며, 그곳으로 은퇴한 사람들에게, 농지와 대지에 투자하는 것은 (결국 시민권을 획득한 후에) 바람직한 것으로 보였음에 틀림없다. 그들의 매우 더 큰 확실성은 이미 후기 고전기에 더 낮은 이자율(아마도 8%)[221]에서 표현되었다. 페이라이에우스 자유항에는 로도스에 대해서 정치로 강요된, 이어서 여전히 장기에 걸치고 사실상의 집산지 거래와 통과 무역의 독점이 있었는데, 이를 상실한 후에 아테네에게는 해상무역과 은행에 그리고 이어서 본래 "자본주의" 영업의 다른 종류에 대한 자본투자의 기회가 수축되었다. 아테네의 전성기는 거류외인의 재정 능력에 매우 크게 의존하고 있었는데, 해상주도권을 최종으로 상실한 이후에 (동맹전쟁)[222] 그들은 급격히 줄어들었다. 무역은 더 이상 아무런 기회를 제공하지 않았으며, 토지는 투자 대상으로 남아 있었다. 게다가 강력한 이주가 헬레니즘의 식민 지역에 가세하였다. 따라서 기원전 4세기에 그렇게 언급된 아테네의 '촌락'들이 기원전 3세기부터 침묵하기 시작하는데, 이는 놀랄 일이 아니다. 그 이유는 농산품에 대한 지역의 판매 기회가 줄어든 것과 -아마도- 소작인으로 노임을 대체하면서 토지를 흡수한 것 때문이다. 그에 비해서 기원전 5세기와 4세기에는 그런 방향으로의 토지 집적의 발전이 별로 가능하지 않다. 우리는 개인 식민자에 관해서 전혀 듣는 것이 없다. 이점에 관해서 당시에는 영업에서 노예 노동에 대한 이용율이 상당히 괜찮았는데, 다른 측면으로 노예 가격은 (아마도) 많은 제한 하에서 별로 낮은 상태는 아니다. (물론 데모스테네스의 시기에 한 필의 말은 때로는 두 명의 노예와 같았다.[223] -미국의 남부 주와 비교하면 매우 낮은 노예 가격이다. 그러나 고대에는 도제 비용과 위험 부담이 부가되므로, 그것은 단지 **중간** 가격에 불과하다. 그밖에

---

220) Pensionpolis: 이 빈정거리는 표현은 황제 빌헬름 1세에게서 비롯하는 것으로 간주된다. 좀바르트, 『근대자본주의』 2, p. 223에 나온다.
221) 본장 주 188 참고. Paul Guiraud, 『로마정복시까지 그리스 부동산 *La propriété foncière en Grèce jusqu'à la conquête romaine*』, Imprimerie nationale, 1893, p. 432.
222) 기원전 357~355년에 아테네와 그 동맹국간에 벌어진 전쟁이다.
223) 이사이오스, 『연설』 5.43에는 말의 가격이 3므나인데, 데모스테네스, 『연설』 34.4에는 노예가격이 1과 1/2므나이다.

도 한 시점에서 노예의 가격에서 나오는 단순한 결론은 매우 위험하다. 왜냐하면, 예를 들어 가격의 하락은 강력한 노예 소모의 **원인인 만큼** 노예의 필요가 줄어든 결과일 수 있기 때문이다.) 그렇게 거대한 노예 공급을 초래한 것은 <121우> 시칠리아, 카르타고 그리고 로마의 전쟁이다. 대체로 고 그리스에서 일어난 전쟁에서 단지 예외로만 나올 수 있는 것이므로, **농업 노예의 특히 현저한 증가**는 언제나 별 가능성이 없다. 데켈레이아 전쟁 중에 도망한 2만의 노예는 대부분이 수공업자이며[224] (여기에 가사 노예도 들어간다), 펠로폰네소스 전쟁 이후 그 풍부한 노예 공급의 시기는 적어도 아테네에서 우선 끝났음을 명백하게 지시한다. 데켈레이아 전쟁으로 인한 노예의 상실이 특히 **농업**의 손실과 같아 보이지는 **않았다**는 점은 크세노폰 자신의 유명한 재정안에 관한 의견[225]에서 결론지을 수 있을 것이다. 그의 "『외코노미』"[226]에서 -이는 분명히 특수한 아테네의 사정이 아니라 오히려 그리스 상품경제의 이상(理想)인 유형을 묘사한다. (그 자신의 영지는 펠로폰네소스에 있다.)- 다른 한편으로 도출되는 것은 자명하게도 농촌에서도 노예가 **보통의 노동력**이었다는 점이다. (기사영지를 인수한 프로이센 퇴직 장교와 마찬가지로, 경작 기술에 관해서 물론 더 이상 이해하지 못한) 크세노폰은 다른 노동에 관해서는 아무런 말도 하지 않으나, 경작 노예가 임대차되었다는 점은 분명하다. (부자유 혹은 아마도 해방된) '감시자들'은, 크세노폰에 따르면,[227] 이익 추구에 활기가 있게 되었음에 틀림없으며, 주인에 의해서 이익에 관심을 가지게 된 것이 분명하다. 사람들은 유능한 자를 위한 좋은 음식과 음료 그리고 더 좋은 옷을 통해서 노예들이 관심을 지니도록 촉구하였다.[228] (오이케타이[229]라는 표현에서와 마찬가지로 이로부터 그들은 **가족이 없는** 자로서 그리고 완전히 주인의 가정에 있는 것으로 관찰되

---

224) 투키디데스, 7.27.5에 나오는 기사로, 기원전 413년이다.
225) 크세노폰의 『세제에 관해』(포로이Poroi)로 생각되는데, 여기에서 그는 아테네 재정을 건전하게 만들기 위해서 다수의 국가소유 광산노예를 투입하자는 안을 제시한다. 기원전 355년의 사정을 잘 전하고 있다.
226) Ökonomie: 크세노폰이 저술한 소크라테스의 대화편으로『오이코노미코스Oikonomicos』를 지시한다.
227) 관련 내용은 크세노폰, 『오이코노미코스』 12.15 이하에서 나온다.
228) 크세노폰, 『오이코노미코스』 13.9 이하.
229) οἰκέται: 단수 오이케테스는 가사(家事) 노예로 지시되며 복수 오이케테스는 흔히 가족을 지시한다. 크세노폰, 『오이코노미코스』 7.37 이하.

어야 한다는 사실이 나온다.) 무엇보다 사람들은 스스로 가계의 형편을 걱정하였에 틀림없다. 이 후자가, 완전히 아마도 카토의 시기와 마찬가지로,230) 즉 임시 회계감사의 형태로만 발생하였을 것이라는 점은 크세노폰의 다른 설명에서 자명하다.231) 모든 것이 대체로 카토에서와 마찬가지로 소리를 내며, 단지 카토의 시기 로마 농장의 경우보다 사정은 분명히 **훨씬** 더 작고 더 단순할 뿐이다. 로마인들이 대규모 노예 경영에 관한 수많은 기술상의 표현을 (그래서 표현 "인스트루멘툼 보칼레"= "오르가논 엠프쉬콘"232)을 그리스인들에게서 빌려왔다는 사실은 고전기에 관해서 아무 것도 시사하는 것이 없다. 헬레니즘 시대의 시칠리아가 그 용어의 원천이었을 것이다. **고전기에** 단지 **키오스**(도매상, 그리스 최대의 재산인233) 올리브와 포도의 재배 지역)만이 **대규모 구매 노예를** 사용하고 (이미 기원전 7세기 이래로) 로마와 같이 노예 **봉기를** <122좌> 경험234)한 지역이다. 농촌에서 노예를 이용한 대규모 작업이 널리 확산되는 것은 아티카에는 있을 법하지 **않다**. 희극이 제시하듯이, 아티카에서 노예가 노동하였으며, **농민들도** 노동자로서 이들과 같이 가부장 방식으로 경작지에서 일하였다. -이것은 사실상 이미 군사상으로 상상하기 어렵다.[122-1]

[122-1 장기간에 걸친 해외 출정으로 인해서 그러하다. 그에 반해 펠로폰네소스 인의 군대는 추수하고자 귀향하였다.]

-여기에서 중요한 것은 큰 수자가 아니었다. 농업은 대체로 당시에 자본이 열망하는 투자 대상은 아니었다. 사람들은 (크세노폰,『오이코노미코스』서문) 흔히 충분하게 파멸을 초래한다고 농업에 대해서 죄를 뒤집어 씌었다. 개량을 목적으로 그리고 사후 재판매를 목적으로 얼마나 자주 투기목적의 토지 매입이 실제로 발생하였

---

230) 카토,『농업론』2.1-2
231) 크세노폰,『오이코노미코스』7.1-3; 11.15이하; 12.1-2. 4, 19-20; 21.10.
232) instrumentum vocale=ὄργανον ἔμψυχον: 이는 곧 "말하는 도구"="숨쉬는 도구"라는 뜻이다. 전자는 바로Varro,『농촌의 일』1.17.1에서 인용한 것이며, 후자는 아리스토텔레스,『니코마코스 윤리학』8.11.1161 b에 나오는데, 혼이 있는, 생명이 있는 등으로 번역할 수 있다.
233) 기원전 412/1년. 투키디데스, 8.45.4에 따른다.
234) 아테나이오스, 6.265D-266E에서 인용한 것으로 생각된다. 이 사건은 드리마코스Drimakos의 봉기인데, 베버는 근거 없이 기원전 600년경으로 추정하였으나, 실제는 기원전 3세기 전반에 있었던 사건이다. 투키디데스, 8.40.1-3은 기원전 412년의 노예반란을 지시한다.

는지는 미정인 상태로 남아있다. 크세노폰과 같은 반동보수주의자가 이런 식의 토지 투기를 추천하고 있는 것이야말로 당시 "상인의" 견해의 특징을 나타낸다.235) 당시 아티카에서는 올리브유를 제외한 모든 농업 제품의 수출을 금지하였는데, 이는 특히 토지 경작의 수익성에 강하게 압력을 미쳤음에 틀림없다. 아마도 기원전 6세기 이익충돌은 또한 "평야지대들"이 주는 이 혜택을 둘러싸고 전개되었을지도 모른다. 기원전 5세기 페이라이에우스로 집산을 강제하는 것과 시민이 가진 선매입 권리가 초래한 외국산 수입곡물은 곡물의 생산에 상대 압력을 항상 행사하였을 것이다. **가축**의 가격은 그리스에서 솔론부터 페르시아 전쟁 시기까지 대개 10~20배로(가축은 해상으로 수송될 수 없다), 곡물은 겉으로 보기에 3배 상승하였다. 이어서 기원전 6세기에 대비해서, 곡물은 기원전 5세기말까지 4배 상승하였다. -우선 인구 증가로 인해서, 이어서 전시의 불안으로도 인해서- 그렇지만 이로부터 아테네의 곡물 경작은 스팍테리아 전쟁과 데켈레이아 전쟁 시작까지의 기간에만236) 이익을 창출할 수 있었다. 그러나 **가축** 사육 중에서 특히 아티카에는 언제나 소규모 사육만이 중요하였다. (그리고 귀족 편에서는 말 사육이 그러하다.) 데켈레이아 전쟁 이후 호플리테스 신분의 몰락이 매우 철저했으므로, 그들의 실질 회복은 결코 일어나지 않았다. '촌락 순회 재판관'이 (앞을 보시오) 이제 다시 시내에 거주하는 재판관이 되었다. 이는 농민의 **사회·정치** 비중이 줄어들었음을 지시한다. **용병**의 의미는 증가하였다. -

우리가 **경작**에 관해서 알고 있는 것은 단지 데모스테네스에 따르면237) 기원전 355년 아티카는 폰토스 지역에 있는 레우콘238) 왕국에서만 4십만 메딤노스239)를 수입하였으며, 그에 비해서 <122우> 엘레우시스의 공납 회계에 따르면, 이번에는 329/8년에 약 4십만 메딤노스가 수입되며, 이중에 약 1/10이 밀이고 나머지는 보리라는

---

235) 크세노폰,『오이코노미코스』19.22-29.
236) Sphakteria: 스팍테리아는 메세니아의 필로스 건너편의 섬으로, 기원전 425년 스파르타의 군 400명이 아테네 군에게 패배한 곳이며, 펠로폰네소스 전쟁이 발발한 기원전 413년 이후로는 스파르타가 데켈레이아를 점거하였으므로 아테네는 아티카에 대한 통제력을 상실하였고 이 지역에 대한 경작이 불가능하게 된다.
237) 데모스테네스,『연설』20.34 이하.
238) Leukon: 기원전 389-349년 보스포로스 왕국의 가장 위대한 왕으로 간주된다. 아테네와 선린관계를 맺었나.
239) 메딤노스는 약 52리터로 계산된다.

점뿐이다. 사람들이 에두아르트 마이어의 계산240)을 받아들인다면 (그리고 기본 수자에 대해서 실증에 입각한 숙고가 전제되지 않으면, 그것은 매우 가설에 불과한데) 약 14,250 헥타르가 연간 파종지로 밝혀지고, 휴경지는 매년 곡물이 뿌려진 아테네 토지의 12 %이다. 토지 형태는 **단지** 그렇게 작은 단편으로는 아마 분명하지 않을 것이다. 그러나 델로스의 명단에 따르면, 기원전 4세기에 가격은 때때로 정체 상태에 머물렀다가 다시 연속하여 기원전 3세기 초까지 상승하였던 것으로 보인다. 따라서 고전기 아티카에 관련해서는 올리브 나무만이 **자본** 이용에 적합하였을 뿐이다. 그 경제 조직에 관해서 우리는 사료상으로는 아무런 정보가 없다. 로마식으로 노예를 지닌 나름의 체제인지 아니면 -가능성이 있는데- 근대 이탈리아식의 소작제이든지, 둘 다 가능성은 있다. 노예 노동만 알고 있는 크세노폰이 수목 재배에 관해서 특별히 자세하게 언급하고 있다는 점으로 보아241) 당시에 **전자**가 더 가능성이 있었을 것이다. -

요컨대 사람들은 고전기에 거대한 교역중심들의 옆에 있는 그리스 땅에 관해 생각하기를, 평지에서는 특히 채원농업이, 산기슭에서는 소규모 농민이, 펠로폰네소스의 하천계곡은 소규모 지주가 운반자이고, 엘리스는 "향신지배"242)라고 보았다. 반면에 테살리아는 라티푼디아와 예속과 군마사육의 지역이고, 보이오티아는 강력한 대농가경영의 땅이고, 북서부에서 농촌은 여전히 자연경제의 상태에 머물렀다고 보아야 한다. 기원전 4세기 전반에 그리고 마찬가지로 일찍이 기원전 5세기가 끝나는 때에, 전대미문의 몰수라는 형태로 토지점유의 불확실성을 초래한 것은, 오로지 스파르타의 짧은 독재기간만 수그러들었던, 혁명과 당파의 복구이다. 바로 이 점을 시기 변화와 관계없이 남아있는 것으로 사람들은 견지하고 있어야 한다. 농촌주민이 식민자로 변화시키면서 강하게 **도시**에 기반한 추첨제도(미틸레네)와243) 전체 귀족의 몰살과 피투성이의 복고244) 아래에서 이루어지는 토지의 새로운 분배가 병존

---

240) 마이어, 『고대사연구』, 2, p. 191.
241) 크세노폰, 『오이코노미코스』 19.1-19.
242) Squirearchy의 번역이이다. 토지에 정착한 유력한 토지점유자들의 지배를 지시한다.
243) 투키디데스, 3.50.2.에 따르면, 이것은 기원전 427년 아테네가 미틸레네를 정복하여, 정복된 땅을 3,000개의 추첨지로 나누어서, 이중 300개는 신전지로 배정하고, 나머지는 아테네인 식민자를 보내어서 각 추첨지를 차지하게 하고, 이를 레스보스인들이 경작하고 지대로 매년 각 추첨지당 2 므나를 바치도록 하였다.
244) 이것은 아르고스에 기원전 370년에 1,000명이 넘는 부자들이 참살된 것을 지시한다.

하고 있다. 고대 당파의 명칭인 "민주정"과 "과두정"은 이제 기원전 5세기 아테네와 스파르타 사이에서 전쟁이 일어나기 전에 지니고 있던 의미를 더 이상 가지지 못하였다. 테바이의 "민주정"은 농촌의 호플리테스 민주정이었다. 보이오티아가 정치 개입을 달성하자 **자유**를 추구하였는데, 이는 <123좌> 아테네의 농민과 그들의 "과두정의" 지도자들과 마찬가지였다. 한편 아테네의 급진 민주정은 **전쟁으로** 먹고 사는 **도시의** 계층을 대변하였다. -전쟁은 무토지 도시민에게 고액의 선원 임금을, 승리한 경우에는 새로운 공납을 가져온 바, 여기에서 공공 업무 수행에 대한 지불이 이루어진다. 아울러 도시의 가옥 점유자에게는 집세의 증가를 가져왔으며, 정복된 해외 지역에 자본 이용의 가능성이 확장되었다.- 그리고 단기간 스파르타의 "민주정"은 (셀라시아 이전)245) 전사로 이루어진 지대 수취자 민주정을 표현한다. 테살리아의 **지주(地主)** 과두정과 키오스의 **상인** 과두정은 경제 구조상 가장 대립된 것이다. 코린토스와 케르퀴라246)의 상인 과두정과 스파르타의 봉건 과두정도 마찬가지인데, 그럼에도 이들은 민주정에 반대하여 힘을 합쳤다. 고대의 모든 당파의 배치도에 매우 중요한 채권자-채무자의 관계는 그 사회의 위상에서 약간 변화하였다. 언제나 **채무자**는 (우리와 마찬가지로) "농지파"247)이다. 그러나 **채권자**는 초기에는 토지를 점유하며, 도시에 거주하며 전사인 **귀족**이며, 후대에는 **상인**과 **지대 수취자**이다. 그리고 나중에는 채무자 밑에 대점유자도 강력하게 드러난다. 그 대립은 유동하지만 언제나 감촉될 수 있다. 채무자를 배척하는 것 그리고 그것을 추구하는 것은 이제 특별히 융커의 이상(理想)이 되며, 더 이상 무장 능력이 있는 **농민층의** 정치-경제 요구가 아니다.

　전체 고전기 동안 그리고 또한 헬레니즘 시대에 폴리스 조직은 옛 그리스를 포괄하면서 자신의 계속된 승리를 구가하였다. 관청과 그리고 -가능한 한- 부유한 토지 점유자

---

245) Sellasia: 스파르타에서 기원전 227년 이래로 클레오메네스 3세의 개혁시기를 지시한다. 이 개혁은 기원전 222년 마케도니아와 스파르타 간의 셀라시아 전투로, 스파르타가 참패하고 왕 클레오메네스 3세가 이집트로 도주함으로써, 좌절되었다.
246) Kerkyra: 흔히 코르푸Corfu로 알려져 있으며, 이오니아 해에서 버금가는 섬으로, 기원전 5세기 아테네, 코린토스와 더불어 최대 해상강국이었다.
247) Agrarier: 베버가 살아있던 시기에 농민을 위한 경제 정책을 지지하였던 대변자들로, 프로이센의 대토지 점유자들이며, 비스마르크에 의해 조직되었고 극우 경향을 보여주었다.

를 도시에 집주시켰으며, 필레로 편성하고, 위원회로 조직하고, 인민의 대변기관으로서 민회 등을 만들어서 그렇게 하였다. 아이톨리아를 제외한 중부 그리스 지역 전체에서 폴리스 조직은 승리를 거두었으며, 흔히 옛 역사의 부족 명칭을 몰아내었다. (한편 폴리스 조직의 확고한 틀이, 일단 정해진 곳에서는, 매우 철저한 부정을 통해서도 근절되지 않았다. 백년간 외국에서 살아왔던 망명자 씨족은 귀환을 위한 적절한 기회가 제시되는 경우에, 바로 다시 자신이 속한 부족과 형제단의 명부에 편성될 수 있었을 것이다.) 이 점에서 새로 만들어진 폴리스들은 대략 클레이스테네스의 아테네 식으로 이루어진 국가 제도로, 때때로 순수한 **토지점유자**의 집주이다. 로도스의 집주는 기원전 408년에 생겼다. (군사상으로 아테네에 대한 두려움이 동기였다.) 이 섬에 최초로 정착하였을 때, 집주는 국지로 선정된 지역에 지정되었다, 이는 나름의 폴리스를 기초하였던, 3개의 도리스 계통의 군대 부족들이 하나의 도리스계 부족 국가로 통일되고 (부분으로) 함께 거주하게 되었음을 의미한다. 중부 그리스 산기슭에 소도시들이 성립한 것은 <123우> 대개 요새로서 농민들이 농경 시민으로서 함께 정주하여 이루어진다. 이는 그 사후영향에서, 예를 들어서 오늘날 내부 사람이 "도시" 밖에서 지속해서 **살고 있는** 사람을 **전혀** 알지 못하는 시칠리아의 외관을 결정지은 것과 마찬가지이다. 이런 식으로 –실효성 있는 공동 거주를 통해서- **대규모** 지역이 폴리스로 조직되는 곳에서는, 길게는 그 결과가 늘 부재 지주제와 콜로누스 경작이다. 그리고 실효성 있는 공동 거주는, 적어도 고전기에 중장보병 전술의 원리에 따라서, 군사 **훈련**을 관철할 수 있는 유일한 방법으로서 의미를 지닌다. 군사 그리고 경제의 관점은 이점에서 흔히 날카롭게 충돌하며 때때로 이를테면 펠로폰네소스의 산악 지대에서 타협을 강요한다. (여기에서는 명백히도 그 시기 아테네에 산악파의 지역에서 발생한 것과 같은 어려움이 발생한다.) 바로 군사 관점이 대체로 결정력을 갖는다는 점에서 그러하다. 아르카디아의 집주(만티네이아, 메갈로폴리스)248)는 엘리스와 (기원전 471년) 코스249)의 것과 마찬가지로 "민주정" 호플리테스 폴리스의 창출이었다. 단지 엘리스에서 향신들이 대체로 (비옥하고 잘 경작된) 토지 위에 거주하였으며, 한편 아르카디아에서는 스파르타가 주는 위협으로 인해서, 집주된 사람들을 위한 강제 주거지가 존재하였다. 코스에서는 엘리스와

---

248) Mantineia, Megalopolis: 만티네이아의 집주는 기원전 371년, 메갈로폴리스는 기원전 368/7년이다.
249) Kos: 터키 동부 해안에 있는 섬으로 민주정에 의한 집주는 기원전 366년이다. 동맹국 전쟁에서 아테네 편을 들었으나 카리아에게 진압된다. 호메로스의 시에도 나오며, 아리스토텔레스는 실크가 부녀자 작업장에서 생산된다고 전한다.

마찬가지로, '촌락들'이 (아테네에서 점차 민주화된 형제단과 마찬가지로) 무장 능력과 토지점유 능력 위에 근거하고 있었다. 집주의 목적은 **모든** 경우에 군대로 조직하는 것이었다. 그 결과 엘리스에서 정복 정책이 다시 성장한다. 그러나 엘리스 인들에 대한 군사측면의 평가는 독특하게 -때때로의 정치 성과에도 불구하고- 항상 매우 낮은 것으로 보인다. 이는 전체로 엄격한 폴리스 조직이 없었던 탓이다. 농촌은 심지어 당시에도 늘 농업 지역에 머물렀고, 대규모 상업은 없었다. -그에 비해서 아르카디아 인들은 그리스의 주요한 용병(傭兵)으로서 예전부터 군사상으로 매우 유용하였다.

　엘리스 그리고 또한 아르카디아에는 호플리테스 조직이 일부 사실이며, 일부는 단지 법에 의한 것에 불과하여 집주라는 옛 그리스 식으로 치장하였다. 그래서 이것은 최근의 고 그리스의 인민 군대에 기초한 강대국, 즉 아이톨리아 인들에게는 전혀 없었다. 그들은 '농촌'에서 살았으며, '농촌'에 머물렀다. -테르몬250)은 요새화된 지역으로, 대량의 약탈이 거듭되었으나, 해마다 열리는 장시가 있었고, 동맹의 관청과 군대 소집구의 지역 회의가 열렸지만 폴리스는 결코 아니었다. -또한 군사 조직과 그들에게 고전기에는 전혀 없었던 호플리테스 훈련을 -당시에는 그들은 경무장한 농민이었는데- 그들이 만들어 내었을 때도 그러하다. 귀족은 없었다. 왜냐하면 상업을 통한 분화가 없었기 때문이다. 이 군사 조직은 마케도니아의 시기에 바로 정복 정책을 유도하였으며, 이웃 지역을 편입하였다. 이는 부분으로는 군대 징집구 동맹으로 수용함으로써 이루어졌고, 부분으로는, 엘리스인들이 자신의 정복지를 그리고 스위스인들이 투르가우를 그렇게 한 것처럼251) 공납 의무가 있는 복속민으로서 다루었고, 도시에 수비대를 배치하였다. 그래도 우세하게 이것은 이행 상태로 보인다. 동맹으로 수용하는 것은 그 거대한 우세를 누리는 시기에 <124좌> 분명히 확장하기에 매우 용이하였으며, 폴리스들 특히 아테네의 민주정치 시민 조합의 태도에는 매우 대립되었다. 여기에서 호플리테스 전술과 도처에서 오래된 귀족씨족 폴리스들에서 일종의 머리 제거,252) 즉 농촌을 통해 도시의 지배가 되기를 원하였던 호플리테스 국가가 집주 없이도 관철되었다. 그 이유는 씨족귀족과 그로 인한 귀족씨족의 폴리스가 없었기 때문이다. 사람들은 의도를 가지고 폴리스가 계층

---

250) Thermon: Thermos라고 표기하며, 아이톨리아 동맹의 집회도시이다. 이곳에는 아폴론 테르미노스 신전이 있는데, 이 신전은 미케네 시대에서 상고기로 넘어가는 열주건축의 모습이 나타난다.
251) 1460년 투르가우Thurgau는 스위스 연방에 의해서 정복되어 공동 지배 즉 행정 구역으로 바뀌었다.
252) capitis deminutio: 로마법에서 개인이 가진 법 지위를 없애는 것을 의미하며 대maxima, 중media, 소minima의 구분이 있다.

분화된 결과를 지니고 성립하는 것을 회피하고자 하였으며, 이 기초 위에 문화는 없지만 힘이 충분한 국가 제도를 만들어왔다. 이미 페르세우스[253]의 시기에 아이톨리아에서는 점유자와 채무자 간의 날카로운 대립에 관해서 언급되고 있는데(리비우스, 32.38[254]), 이는 500년 전 아테네와 마찬가지이다. 테살리아는 두 번째로 큰 지역으로 이곳의 주변부만이 폴리스 조직에 의해서 영향을 받았을 뿐이다. 여기에서 시민 귀족은 자신의 세력에서 후대까지도 전혀 미동도 하지 않았다. - 그리스 민족의 국가를 형성하는 쇠사슬에서 가장 강력한 마디는 결국 -마케도니아- 필리포스의 시기까지 거의 호메로스 시기에 속한 유형의 성채 왕국이다. 왕의 헤타이로이들은[255] 그곳에서 후자와 마찬가지의 역할을 수행한다. 펠라[256]와 같은 "도시"들은 거주지이기도 한데, 페르세폴리스와 다른 어떤 것이 아닐 것이다. 호플리테스 전술의 도입(참조. 오피스에서 고참병에 대한 소위 알렉산드로스의 연설[257]), "정착화" 즉 토지 점유라는 기초 위에 호플리테스 군대를 확고하게 군사상으로 조직하는 것, 무분별한 계획에 의한 대량의 폴리스 건설과 식민자들의 공동 거주는 팽창을 미리 준비하였다. 여기에서도 정복은 군대 왕과 군대 사이에 저 오래된 관계를 다시 창출하였다. 그것은 (앞을 보시오) 왕정의 자리에 옛 귀족씨족 국가가 들어서는 것을 예비하였다. 군대는, 클로비스 하에서처럼, 왕과 마찬가지로 주권을 지니고 있었다. 군대 앞에서 왕의 가족은 -왕비인 올림피아가 그러하듯이- 권력을 쥐며, 왕은 장군이 대역죄를 저지른 경우 판결을 시도한다.[258] 규모만 매우 거대하였을 뿐이지 정복의 결과는 왕과 그 수하들에게, 사실상 오리엔트 왕정의 기초 위에 있었다. 그러나 고전 그리스 시기의 폴리스는 정치 조직의 토대임에 틀림없으며, 승리하는 마케도니아 인들이 오로지 그것만이 그럴 수 있을 것이라는 점을 오리엔트에서도 확고히 하였다. 그래서 마지막으로 그리스 토지 제도가 거대하게 확장되도록 하였다.

---

253) Perseus: 기원전 179-168년 마케도니아의 왕, 로마와 아이톨리아에 대해 전쟁을 벌인다.
254) 이 전거는 실수로 보인다. 본 전거는 기원전 198년의 기사로 라케다이몬인의 참주 나비스가 아르고스의 통치를 맡으면서, 채무를 말소하는 법(tabulae novae)을 제정하는 결의가 있었음을 보여준다. 베버가 지시하는 사항은 리비우스, 42.5.7(기원전 173년의 기사)에 나온다.
255) Hetairoi: 동료라는 뜻으로, 『일리아스』에도 나오는 명칭이며 마케도니아 왕의 군사력의 주력을 이루었다.
256) Pella: 마케도니아의 수도로 알렉산드로스의 출생지이다.
257) Opis: 오피스는 티그리스 강가에 있으며 바빌론 북쪽에 있는 곳으로, 알렉산드로스는 자신의 아버지 필리포스가 그들을 매우 귀중한 병사로 만들었노라고 설명한다. 기원전 324년의 기사이다. 아리아노스, 『아나바시스』 7.9.2.
258) 알렉산드로스가 군대 앞에서 기병대장인 필로타스를 재판한 사건(기원전 330년)에 관련하여 언급한 것으로 보인다.

[5] 헬레니즘

오리엔트에서 페르시아의 지배는 사회·경제 구조의 변화를 전혀 초래하지 않았다. 제국의 전 기간에, 다리우스가 태수들에게 부과하였던 공납이 불변하였다고 하는 것은, 신민에 대한 전제-신정정치의 지배와 더불어서, **지배** 민족의 주 거주지에 스위스 식으로 자유로운 농촌 방어 단체가 존속한 것과 옛 농업경제 제도가 유지된 것에 못지않게 독특하다. [-공납 예속인이기 때문에- 그러한 것으로서 채무자의 강등, 징병 의무의 담당자로서 스스로 경영하는 농민들, <124우>, 보다시피, 영주 신분이 없다는 점, 오히려 오로지 점유와 궁정-기사의 수업을 통해서 구분되며, 이로써 왕의 관리가 될 수 있고, 소속한 씨족의 대표를 통해서 왕의 회의에 참여할 자격을 갖춘 "귀족씨족", -『신명기』에서와 같이1)- 지역구 수장의 재판을 대신하여 왕에 의해서 임명된 재판관이 있다. 그러나 법전화(法典化)를 위한 아무런 단초도 없다.] 공납의 일부는 화폐로 일부는 현물로 이루어진다. 현금 공납은 [바빌로니아의 사례를 보면, 최고액수:은(銀) 1,000 탈란톤, 총액: 은 7,600 탈란톤=5천 3백 5십만 마르크인데, 여기에 현장에서 스스로 소비한 지불도 첨부되어야 한다] 아마도 화폐경제 발전의 척도를 제시하지는 않을 것이다. 제14 태수 관할구의 반(半) 불모 구역은 (이란의 고원에 위치하고 있는데) 거의 이집트와 같은 양을 산출한다. (에두아르트 마이어2)가 확실히 정당하게 주장한 것처럼, 광산 등등이 관련되어 있음에 틀림없다.) 현물 공납은 일부는 지방 수비대에 숙박과 기타 공급물을 제공하는 것으로 이루어지며, 일부는 도시가 -중세처럼- 지배자나 그 대표자가 체제 시에 그들을 부양하는 책임을 맡는 식으로 이루어지고, 일부는 고정된 공납으로 이루어진다. 마지막은 다양하게, 거대 "오이코스" 식으로, **사용 목적**에 상응하여 나누어지고 지방에 분배된다. 특정한 도시나 촌락들이 포도주를, 다른 곳이 왕의 식탁이나 정해진 가계에 쓸 밀가루를, 또는 왕비의 화장에 필요한 물품을 공급한다. 마찬가지로 -가장 중요한 것인데- 왕의 종사("왕의 식탁에서 식사하는" 페르시아 인), 관리 및 왕의 상비군에게 줄 녹봉이 대체로 할당된다. 그와 더불어서 (특히 메소포타미아에서 그러한데, 여기에서는 이것이 옛 지배자의 체제에 상응하지만, 자연히 여기에서만 그런 것은 아니다) 예비 소집군을 위해서 토지를 봉(封)으로 수여하는 경우가 발생한다. 그리고 고관을 위해서는

---

1) 『신명기』, 16.18. 모든 도시에 부족(Stämme)를 따라서 재판관Richter과 관리Amtleute를 두도록 하고 있다.
2) 마이어, 『고대사』 3, p. 84.

장원지배권과 여러 가지 내용의 **면제권** 이를테면, **가부장**의 재판권과 **영주**로서의 징병권리 및 의무와 더불어서 봉토 수여가 이루어진다. 이 봉건권은 매우 다양한 범위를 지니며, 무엇보다도 법의 성격을 지니며, 순수하게 개인으로 면제된 봉토 재산에서부터 대단히 크며 가부장으로서의 면제를 누리는 남작들에 이르기까지, 그리고 공납을 바칠 의무가 있으나, 그밖에 정치상 자치하는 봉토후작에 이르기도 한다. - 이 제도들은 그 흔적에서 이미 바빌로니아 왕국에서 발견되는 것들의 연속이며, 나중에, 가설로서, 헬레니즘 기 그리고 분명하게 로마 시기에 존재하는 개인 영주권의 선례가 된다. 후대에 나름 **정치**의 그리고 가부장의 면제권이 지닌 한계를 넘는 정부 차원의 권리는 페르시아 시기보다는 (겉보기에!) 점점 더 드물어진다는 것뿐이다. 자연스럽게 가부장으로서 그리고 정치에서의 **남작**도 어떤 도시 조직이 없이 내륙 지역에서 우세하게 확산된다. (그러나 그런 것만은 아니다. 영주 권한과 **마찬가지로** 정치 권한을 도시에 수여하는 일도 있다.) 그와 달리 단지 개인과 관련되고 콜로누스와 더불어 설정된 **영주권**은 도시문화 지역에서도 발견된다. <125좌> 세습 신민의 법 지위는 상세히 알지 못하고 있다. -페르시아 시기3) **고대**의 **토지**, 즉 메소포타미아·이집트·시리아의 농업사정에 관해서는 이제야 처음으로 발굴 성과와 민중문자로 작성된 파피루스가 장기간에 걸친 자료를 제공하기 시작한다. 바빌로니아의 사료에는 개인 토지 점유자의 대추야자 열매가 많이 공급된 것으로 나타나는데, 이로써 여기에 특히 재식농업이 (그리고 더욱이 토지조각이 공납으로서 **곡물 가루**를 납부해야 했으므로, 이제까지의 경작지에 **새롭게**) 발전해왔음을 추론할 수 있을 것이다. 페르시아의 대인이 지닌 농장을 (분명히 봉토거나 선물로 주어진 농장인데) 장기간에 걸쳐 (어떤 경우 60년) 임대하는 것은 궁정 출석에 관한 강력한 규정이 있어서 영주의 부재를 강요하였던 것을 시사한다. 개인 영주제와 더불어 더욱이 이것이 항상 왕의 승인으로 되돌아가므로, 그 근원으로서 왕의 직영지가 존재한다. 삼림, 채원, 목초, 경작에 관련된 직영지는 페르시아 이전 지배자의 점유를 떠맡고 몰수함으로써 성립한다. 왕의 가축 떼, 왕과 수장의 노예 점유, 그 아래에는 또한 숙련된 수공업자가 있어서 분명히 때를 따라서 개인 고객을 위해서 일하며, 그런 경우 개인 점유자들은 견습하도록 노예를 제공한다. 카롤링 왕조처럼 국유지는 행정관을 통해서 관리되었다. 국유지를 대규모로 임대하는 일은 없었던 것으로 보이며, 국가에 의한 조세청부도 마찬가지이다. 바빌로니아의 사료에는 다음과 같은 방식으로 자본이 조세납부에 간여하였는데

---

3) 기원전 6세기 후반(퀴로스 2세, 캄비세스)에서 4세기 후반(알렉산드로스 대왕)까지의 시기를 말한다.

이는 성격상으로 충분히 있을 수 있다. 즉 조세 **의무자에게** 현물 납세의 이행을 받아서는, 이를테면 왕에게 이행해야 할 밀가루를 구매하고, 다른 한편으로 그 토지에서 산출되는 대추야자 열매를 현금화 하기 위해서 수취하고 이 방식으로 현물세 체제가 가져다주는 제한을 토지의 상태에서 제거한다. -페르시아의 시기는 관련된 지역에 더욱 심한 정체기임을 겉으로 드러낸다. 바빌로니아의 수로 체계는 그 지배말기에 이르러 몰락하였으며 그리스 도시나 페니키아의 도시에서도 그들의 지배 아래 거대하게 연계되어 되어있는 이 국가 영토의 평화에도 **불구하고**, 그 도시들이 번성하였다는 말을 우리는 듣지 못하고 있다. 심지어 **언제나 정치** 팽창과 결부되어 있던 특히 저 오래된 "자본주의" 자극들도 없었다. 그리고 지방 태수의 현물조세 체제와 징발 체제의 압력 그리고 이 관점에서 도시도 포기할 수 있는 완전한 자의(恣意)야말로 강력한 방해물이었다. (이 점에 관해서 이를테면 느헤미야4)가 언급하고 있다.) 한편에 특수한 그리스식 이익 획득의 기회가 여기에서 아직 없었다.

개별 지역에 관해서는 말할 것이 별로 없다. 페르시아 시기 이집트의 경제사를 추론하기 위해서 원사료가, 판독과 번역에서, 현재로는 너무 불분명하다. 특히 르비유의 주장, 즉 페르시아 시기 "민족" 왕조의 혁명들이 새로운 법전을 편찬하게 하고, 이를테면 (거의 이전에 제거되지 않은) 가족의 선매권을 재생하도록 하였다고 하는 것5)은, 우선 가설로서 공중에 떠있다. <125우> 상세히 연구될 수 없는 한, 그 가설이 의존하는 "민중 시대기6)"가, 의미와 영향에 따르면, 그러하다. 물론 페르시아 왕들은 경우에 따라 교회 재산을 세속화 한 것으로 보인다. 그러나 사제의 일반 지위에 관련하여 아무 것도 확실하게 달라진 것은 없다. 그곳에서도 바빌로니아에서도 사회 제도와 법질서의 일반 유형은 원칙상 변화되지 않았다. 페르시아 국가 경제의 **정체성**(停滯性)은 외부와의 교역에도 상응하여 작동하였음에 틀림없다. 한 세기와 반세기 간7) 거의 완전하게 평화로운 거대한 지역에서 경제 발전은 뚜렷하게 머물러 있는 상태였다. (페르시아 만에서 무역도 전혀 없었고,8) 제국에 소속된 페니키아 및 -펠로폰네소스 전쟁 이

---

4) 『느헤미야』 5.1-18. 총독 느헤미야가 봉록을 받지 않는 모습을 보인다.
5) 르비유, 『이집트 법 개요』, p. 675.
6) demotische Chronik: 이런 용어는 르비유가 만든 것이며, 여기에는 신탁이 수집되어 있고, 기원전 4세기 이집트의 페르시아에 대한 독립투쟁의 시기와 프톨레마이오스 지배초기에 일어난 사건들의 의미가 기술되어 있다.
7) 이 기간은 페르시아 전쟁 말인 기원전 479년부터, 알렉산드로스 원정초인 기원전 334년까지의 기간을 지시하는 것으로 간주된다.
8) 알렉산드로스의 함대사령관이던 네아르코스Nearchos의 보고에 따르면, 페르시아에서 아라비아 해

래로- 그리스 해상도시9)의 발전도 별로 없었다.)-

기타 많은 지역처럼, 페르시아의 지배는 예루살렘에서도 정치상으로도 신정정치에 의존하고자 하였다. 페르시아 왕들의 유대인 총신(寵臣)들은 페르시아 왕들로부터

1. 예루살렘 귀환
2. 도시 성전을 위한 예배처의 독점을 위해서 성전과 도시의 성벽 신축, 그리고 -역사상 가장 큰 영향을 미친 것인데-
3. 야훼 숭배라는 고의례가 불가능했던 추방 상태에서, 모든 것을 억제한다는 의미에 도달한 정결의식과, 아울러 소위 "사제 법전"10)에 미리 규정되었으며 예루살렘 사제단의 권리를 뒷받침하는 훈령의 수여11)를 위한 허락을 받는다.

사제 신분은 추방 이전에는 원래 귀족씨족 단체의 밖에 있는 직업으로, 곧 세습직이 되었으며 정해진 조세로 살았다. 이제 그것은 십일조 권리를 지니고 형성되었으며12) 동시에 향신이 되었고, 특별한 '부족'으로 조직되었다. (레위 "부족", 이로부터 전승에는 다른 2지파가 요셉 지파로 합쳐진다.13)) 향신의 기초 위에서 -아마도 드라콘 이후와 솔론 이전의 아테네처럼 그리고 초기 로마 국가제도와 같은 식으로- 완전한 인민 공동체가 새로 형성되었다. 이스라엘의 "귀족씨족"은, 일부는 지역 일부는 개인의 시조명을 가지고 흔히 수천의 영혼을 포괄하였으나, 이제는 -그러나 이제부터 인위로 정치 목적을 위해서 새로 만들어진- 경제상으로 병역의무를 지닌 **토지 점유자**의 단체이다. 그 옆에는 (도처에서 그렇듯이) "조합" 즉 기능면에서 귀족씨족에 상응하는 특정 수공업자의 단체들이 존재했다. 추방 이래로 사람이 떠난 땅을 측량줄로 일부 새롭게 할당하는 것이 이루어지면서, "귀족씨족"은 분할되었으며, 이후에 느헤미야 치하에서 격식을 갖춘

변에 이르기까지 아무런 항해가 가능하지 않았다.
9) 소아시아에 있던 그리스계 해안도시를 지시하는 것으로 보인다.
10) Priesterkodex: 사제(제사장)문서라고도 불리고 P로 표기한다. 에두아르트 마이어, 『유대교의 성립: 역사연구Entstehung des Judentums: eine historische Untersuchung』, Halle, Olms Verlag, 1896, pp. 222-226에 나오는 내용으로, 그는 이 법이 기원전 5세기 바빌론 유수기에 시작된 것이며 나중에 첨가된 작품을 지시하는 것이 틀림없으므로, 이것이 모세오경에 그 주요근거의 하나로서 삽입되었다고 본다.
11) 여기에 나온 견해는 에두아르트 마이어, 『유대교의 성립』 p. 183을 베버가 인용한 것이다. 그에 따르면 바빌론에서 만들어진 법을 수여하는 것은 페르시아의 정책을 통해서만 설명되어야 한다. 이에 대해서 율리우스 벨하우젠Julius Wellhausen은 "율법"에 대한 엄격한 준수 의무는 유대인 내부의 발전에서 나온 결과로 보았다. (마이어, 같은 책, p. 70)
12) 『느헤미야』, 10.38.
13) 12이라는 수자를 보존하기 위해서 인접한 부족인 에브라임Ephraim과 마나세Manasse가 요셉 지파에 합쳐진다.

집주를 통해서 모든 귀족씨족들로부터 나온 동료의 (소위) 1/10이 그들의 대표자로서 공동으로 거주하는 것이, 폴리스에로의 강제거주와 더불어 규정된다.14) 자신의 토지점유를 상실하는 자는 단체에 소속하지 않는다는 원칙이 존속하고 있었으나 토지점유가 없는 자들이 속하는 "거류외인들은," 유대인의 신앙을 받아들이는 한, 법과 문헌에 의해서 고의로 친절하게 취급된다. 마침내 신정정치는 수립되었다. 속인 귀족씨족과 더불어서 도시 사제귀족이 병존한다. 그들에게는 "레위인들이" <126좌> 성전 관리자로서 하위에 편성된다. (전체 사제의 수자는 -인구의 1/7- 비정상으로 높다.) 이제 의식 관련 법규를 (할례, 안식일, 순혈계명) 준수하는 것이 인민공동체의 특징으로 여겨졌으므로, 오히려 고위 성직자는 형식상 국가의 우두머리가 되었으며, 사제씨족은 **경제**의 무게 중심을, 의심의 여지없이, 바빌로니아에 두고 있는 -우리는 이것을 수많은 사료에서 발견한다- 유대인 공동체 지도자였다. **정치상 헌법**은 오로지 **신성한** 중심을 유지한다는 목적에 이바지하였을 뿐이다. 그리스 도시들처럼, 애초 여기에서도 총독 관저에서 이루어지는, 귀족씨족 장들의 공동 식탁은 **국가** 통합의 상징으로서 도입된다.15) 한편으로 "농촌 거주민," 다시 말해 율법을 받아들임으로써 종교로 기초된 폴리스의 입회자가 아닌 모두와의 혼인은, 일찍이 익숙한 것이지만, 이스라엘 혈통이건 아니건 매한가지로, 제거되었다.16) 다른 한편으로 유대교가 당시 가문에 대해서 차별이 없다는 **선전**은 거류외인과 외국 출신의 농촌 사람들에게서 시작되었다. -우선 상당히 빈궁하게 생을 영위하는 국가의 농업 발전에 관해서 우리는 단지 간접으로 그리고 후대에서만, 탈무드의 법과 복음서를 통해서 무언가를 들을 수 있을 것이다. 그러나 그것은 많건 적건 고유한 것은 아니다. (몇 개의 언급은 뒤에서 더 보시오.)

마케도니아 군사 왕국의 "민족 전쟁"은, 그리스 세계 지배의 초석을 놓았는데, 경제 관련에서 오리엔트에 특별한 변화를 초래하였다. 우선 투르크스탄의 경계에 이르는 **내지**에 내부 여건으로부터 자율에 입각하고 그리스식 **폴리스**가 특별하게 팽창하였다. 반면 그때까지는 그리스 도시들 중에서 해변에서 하루 여정보다 더 멀리

---

14) 일부 경작지 재분할에 관한 기사는 『느헤미야』, 5.11-13에 묘사되어 있으며, 귀족씨족의 도입은 같은 곳, 10. 1-27에 소개되어 있으며, 측량줄(다림줄)에 관해서는 『아모스』, 7.7에 나오며, 10분의 1의 인구를 뽑는 것은 『느헤미야』, 11.1에 소개되고 있다.
15) 『느헤미야』, 5.17.
16) 『느헤미야』, 10.30.

격리되어 있었던 것은 별로 없었다. 이와 관련하여 화폐경제의 쇄도가 있다. 그래서 한 도시에 페르시아 왕이 체류하는 것은 무엇보다 (급양 의무 때문에) 공공 재정에 일종의 경제 부담이었는데, 마치 변화의 주요 성격으로서 전해진 것과 마찬가지로 헬레니즘 시기의 폴리스는 그가 그곳에 머무는 동안에 궁정에서 시중들었다.17) 국가 계약이 이제 동쪽을 향하여 확대되기 시작하였다. 우리는 아르타크세르크세스 하에서도 개인 자본이 채무자에게 간섭하였음을 알고 있으며, 아리스토텔레스, 『오이코노미카』33에서 이집트 노모스의 장이 현금 조세를 납부하기 위해서 세곡을 돈으로 바꾸어야 했으며 그로 인해서 곡물 수출의 해제를 요구하였다. 그렇게 하지 않으면 조세를 납부할 수 없었기 때문이라는 점을 지시하는 것으로 벨로흐가 해석하였을 때, 이는 지당하게 말한 것이다. 이제 국가가 -이집트에서 완전한 계획 하에- 현물세를 수급자에게 수여하기 시작한다. 그것은 수급자에게 판매액으로서 일종의 정액을 <126우> 보장해주는데, 이는 자신의 예산을 현금으로 잴 수 있도록 하기 위한 것이다. 페르시아 왕들의 거대한 "보고(寶庫)"는 최상의 군대와 그 지휘자 그리고 마케도니아 지휘자의 "종사들"에 대한 선물로서 배분되었으며 그래서 유통되었다. 셀레우코스 왕국은 페르시아 제국의 가장 고유한 연속인데, 외관으로는 더 이상 특별한 왕의 보고를 지니지 않았다. 그에 비해서 겉으로는 그의 공납에서 나오는 화폐 수입은 (인도를 제외하고) 페르시아 제국 전체의 그것을 넘어섰다. 이집트는 일종의 국고를 가지고 있었는데, 그것은 매우 크지만 확실하게 액수로는 절대로 믿을 수 없는 것으로 전해진 규모이다. (많은 역사가들이 환상의 수자를 믿고 있다.)18) 그리고 거기에 더하여 왕의 은행이 있다. 그것은 대부분의 헬레니즘 폴리스처럼 환전을 독점하였으며, 그 지점 은행과 더불어서 일반 지불 창구였다. 또한 도시의 화폐 주조도 도처에서 시작되었다. "제국 보증"의 "다레이코스" 금화가 아주 근본으로 축재와 사의 표시의 목적에 기여하였으며, 오로지 몇몇의 해변도시에서만 그리스식으로 주조하였다. 그러나 전체로 화폐 제도는 아마도 중국의 체

---

17) 이 주장은 드로이젠, 『헬레니즘의 역사 Geschichte des Hellenismus』 1, 1836, p. 295의 내용이다. 이 주장은 위(僞) 아리스토텔레스, 『오이코노미카』 2, 38, 1353 a 24-28에 근거한 것이다. 여기에서는 페르시아 식으로 대로에 있는 창고에 저장할 생필품을 지나가는 군대에게 더 이상 나누어주지 않고, 알렉산드로스 자신이 없는 동안에 돈을 받고 팔아야 했다는 내용이 나온다.
18) 예를 들어서 프톨레마이오스 2세 필라델포스가 740,000 탈란톤을 가진 것으로 제시한다. (Appianos, *Proemium*, 10)

제가 지니는 (유통 중에 무게가 줄어들어 "칭량하여" 사용되는 귀금속과 더불어서 소량의 명목 화폐가 존재하는) 법 수준에 머물렀을 것이다.

화폐 경제의 진전과 영향은, 빌켄 덕에 이제 특히 잘 알려져 있는 이집트 상태에서, 가장 명백하게 드러난다. 프톨레마이오스 조의 세입에 (표면상 다리우스 하에서 7백 탈란톤, 12만 아르타베[19])의 곡물 공납이며 -전승[20])에 따르면 이는 불변이다.-, 이른 바 프톨레마이오스 필라델포스 치하에서 1만 4천 8백 탈란톤, 120만[21]) 단위의 곡물이며, 1세기만에 심한 몰락을 겪은 후 6천 달란톤이 되는데, 이는 믿을 만하다) 대비하여 페르시아인에 대한 재산세의 차이는 자연히 (귀금속의 가치 하락은 도외시하고도) 상응하는 국가 세입의 증가로만 보이지는 않는다. 모든 사료에 따르면 **태수** 그리고 현지에 주둔한 군대를 위한 부담은 더욱 더 힘든 것이 되었으며, 페르시아의 궁정에는 오로지 전체 세입의 일부, 자연히 **현물세** 중에서 특히 더 **작은** 것이 떨어졌다. 그러나 전체 프톨레마이오스의 **현물**세수의 현금액은 단지 전체 세입의 1/40 정도에 불과하였다. 그래서 화폐경제는 강하게 앞으로 진전하였다. 그리고 -이에 관해서 빌켄[22])이 우선 지시하는 바- 기원전 3세기에 군대식량에서 가격상으로 현금대 현물의 비는 1:2로 억제되었는데, 이 비율은 기원전 2세기에 3.5:1로 오른다. 그러나 함대에서는 <127좌> 기원전 2세기말에 20:1이다. 고대 칼데아[23])에서 실제보다 더 형식상으로 구분된, 자연경제 영업 생활의 범주 즉 현물 대여, 현물 임금 등은 전체 프톨레마이오스 시기에도 (특히 -그러나 유일한 것이 아닌- 민중문자로 기록된 파피루스에) 존재한다. 개인 거래에서 현물 임대차는 로마 제정 시기까지 유지된 사료에서 우세하다. 그러나 끊임없이 기원전 3세기부터 기원후 2세기 중엽까지 화폐경제가 진전한다. 경영 서책 중에서 남아있는 단편에 따르면 한 편으로는 3세기에, 다른 한편으로는 베스파시아누스 시기까지 가계의 완전한 화폐경제를 지시한다. 시장에서 돈을 내고 구입하는 것, 돈을 받고 생산물을 판매하는

---

19) 1 아르타베는 1 메딤노스와 3 코이닉스(56리터에 해당), 1 메딤노스는 48 코이닉스이며, 코이닉스는 성인 1인의 하루식량이다.
20) 헤로도토스, 3.91.
21) 빌켄Wilcken, 『그리스 도편: 이집트 누비아 출토Griechische Ostraka aus Aegypten und Nubien』, Leipzig, 1899, 1, p. 411, p. 414에 나오는데, 1백 5십만으로 고쳐야 한다.
22) 빌켄, 같은 책, p. 669f.
23) chaldäischen: 그리스어로는 갈나이아Χαλδαίυ라고 표기하는데, 바빌로니아 남부 우르 근처의 그리스식 표현이다. 기원전 6세기에 바빌론 11왕조가 이어지는데, 이를 칼데아 왕조라고 부른다.

것, 돈으로 주는 일당, 개인 대금업이 특히 현금 조세와 현금으로 납세**등급을** 평가하는 것이 유행하였다. 현금 조세 중에서 국가독점 아래에 놓인 식물(참깨, 파두나무 등)을 제외하고, 오로지 **곡물** 조세는 거의 전체 현물세로 머물렀다. 모든 다른 식물은 거의 순수하게 현금으로 과세되었다. 마찬가지로 영업세도 그러한데, 이는 옛 파라오의 부역과 영업 제품에 대한 현물세를 대신하였다. 도처에서 –로마 제정기에 의무의 현금화의 과정을 전문용어로 부르는- "현금화"24)가 나타난다. 들어보지 못하고 가장 세련되기까지 발전한 프톨레마이오스 시기의 재정 체계에서는 창녀부터 수로변 주민에 이르기까지 모든 사람이 오로지 -그리스인들과 (각 신전에서 정해진 최대의 수효까지) 사제들과 '정착민'25)을 제외하고- 자신의 직업에 따라서 각 교역 행위 외에도 자신의 물건에 따라서 차등화된 **조세**를 납부해야만 한다. -이 체계는 람세스 국가부역 체계의 **부역** 대장, 토지 측량, 토지 평가가 잘 지속된 발전성에 의존한다. 그것에는 오로지 부담지우기, 즉 원칙상 그곳에서는 부역의 **일종**인데- (실제에 관해서는 앞을 보시오) 여기에서는 현금 조세로, 일종의 극단을 형성한다. 헬레니즘 시기에 국가의 **수요** 충족도 점차 **화폐경제**식이 되었으며 또 그렇게 될 수 있는데, 그 수요가 의존하는 경제 구조가 아주 화폐경제였거나 그렇게 변했기 때문이다.

그러나 새로 등장한 군주국의 **행정**은 순수하게 관료식이었으며 **점점** 더 관료화 되었다. 그리고 동시에 바로 화폐경제로 인해 국가 경제에서 **공공봉사**의 원리가 점점 강하게 등장하게 되었다. 즉 <127우> 재산이 있는 자들에 대한 국세 징수를 위해서 재산 보증을 항상 광범위하게 강요함으로써 국가세입을 확보하였고, 국가에 대해 **수행** 의무를 진 자들을 그들의 기능에 속박하였던 것이다. 그것과 관련하여 이집트는 고전 국가이다. 그러나 다른 방향으로도 도처에서 그 맹아가 지시된다. 국가 **노예**의 중요성은 아테네와 같은 자율 폴리스들에서도 상승하였다. 프로에이스포라26)와 심모리아27)에서 또한 '촌락'의 (앞을 보시오) 설치에서도

---

24) adaeratio: 기원후 3세기 화폐가 가치를 상실하자 현물로 수수하던 조세를 현금으로 대체하는 것을 말한다. 콘스탄티누스 황제 이래로 화폐로 납부가 바뀌면서 5세기로 이어진다.
25) κάτοικοι: 식민자로서 정착하는 것을 의미한다.
26) Proeisphora: 세금선납제로서 선납자가 먼저 지불하고, 납세자에게 징수하는 방식이다.
27) Symmoria: 전체 조세를 균분하여 할당받은 단체를 말한다.

아테네의 행정 조직은 게다가 500년 후 콘스탄티누스 시기에 자치 도시에 있는 "서민(庶民)"28)에 대한 관례화 된 방식의 조세 확보와 취급의 맹아를 지니고 있다. 마지막으로 -정복과 특히 **내륙** 팽창의 결과- 의심의 여지없이 오리엔트의 국가들이 폴리스 -조직과 더불어서 영주의 조직을 떠맡았는데, 형식이 아니라 실제에 따라서 그러하였다. 이미 이집트에서는 프톨레마이오스 치하에서 **개인 토지점유**의 (99년간) 영대소작이 몰락하는데, 이는 메소포타미아에서는 페르시아 시기에29) 보이는 것이다. 그것에 관련하여 (적어도 당시까지는) 고 그리스에서 하나의 사례도 알려지고 않고, 로마도 그러하다는 점은 사회 제도에서 **봉건** 요소가 더 강하게 두드러지고 있음을 인식하는 것이다. 모든 민족 유화 정책에도 불구하고 오리엔트의 대중은 그리스 군대에 대해서는 **복속민**이고, 그것은 사회의 여러 제도에서 표현되었다. 물론 (이집트를 제외하고) 헬레니즘 국가는 우선 열정으로 농촌을 도시로 조직하게 된다. 단지 도시들만이 그리스 문화의 담당자이며 -평야지대의 거주자들은 "에트노스들"의 상태이다- 바람직한 가치가 있는 그리스화가 한결같이 이루어진다. 한편에서는 그리스인들의 정착을 통해서, 일부는 고 그리스에서 온 새로운 이주자를 통해서, 그렇지만 일부는 실제 고참 제대병 가족을 통해서 그리스화가 이루어진다. 다른 한편으로는 이 식민자들과 그리스화된 구 귀족씨족을 일종의 "폴리스"로 구성함으로써 이루어졌다. 비문에 따르면, 원칙으로 자신의 토지점유가 국가에 대해서 어떤 급부를 제공했거나 오로지 법원칙에 따라서만 그렇게 할 수 있었던 각 사람은 -또한 모든 **개인들**은-, 비록 그들이 이 토지 점유를 (그 점유자를 위해서 치외법권을 지닌) 왕의 손에서 획득하였을지라도, 한 폴리스에 "귀속하도록" 하였음에 틀림없다는 점을 가리키는 것으로 보인다. 헬레니즘의 군주와 식민자들은 영주, 이를테면 특히 **신정정치** 조직을 완전히 몇 배나 더 의식하면서 공공연히 잘라버렸는데, 이는 신정정치를 향하여 페르시아 인들이 지니고 있던, 심지어 의식상 우호 태도에 완전히 대비된다. 이것은 교묘하게 드러난다. 마치 이집트에서 <128좌> -이미 직접 친(親) 이집트 시기를 이끌

---

28) Populus plebeius: plebeius가 평민으로 번역되는 plebs의 파생어로 미천한, 하층의 의미를 지니는 형용사이다. 도미티아누스 시기 아프리카에 있는 식민자들과 관련되어 있고, 본문에서는 자유인 도시 하층민을 지시힌다.
29) 기원전 429년, 60년간 소작에 관련된다.

었던 테바이 인들의 민족주의 폭동30) 이전에- 공식상 종교로는 매우 편협한 프톨레마이오스 왕조가 아르시노이의 신격화(기원전 265년)31)를 이용하여 공개로 거대자본을 선사하여 보상한 것에 대해서, 모든 채원 경작물에 대한 '신의 몫'32)(수확의 1/6)의 징수를 국가로부터 그리고 국가의 위치에서, 새로운 여신에 대한 수익을 지정하면서, 사제단에게 떠맡기려고 한 것과 같다. 그것은 피시디아의 안티오키아에서 일어난 집주에서 입증된다. 그밖에, 예를 들어서 카리아에 있는 스트라토니케이아33)에서 분명하다. 여기에서 오래된 농촌신전-인보동맹이 도시 건설을 통해서 바로 아주 부숴지고, 부속된 농촌의 규모에 따라서 도시들에게 신전 주위에 모여들었던 옛 지역 회의에 그들의 투표권이 분배된다. 이를테면 후대로부터 헤롯의 폴리스 건설이 일종의 신정정치 귀족씨족 폴리스, 즉 예루살렘에 대비한 평형추임을 기억해야 할 것이다. 그래서 요세푸스에 따르면, 이를테면 티베리아스에서는 새로운 정착자들에게 토지·주택·특권이 부여되었고, 그렇지만 그들에게는 강제거주지가 지정되었다.34) 그리고 세바스테35)에서도 그러하다. 이 그리스 도시들은 심지어 군사 도시이기도 했다. (세바스테는 한 유대 전쟁에서 3,000명의 병력을 배치하였다.) 왜냐하면 이들 도시는 외국인 속에 있으면서 헬레니즘 국가제도의 존재에 완전히 의존해 있었고, 계승국 및 아류국 군주의 가장 확고한 지지자였기 때문이다. 그러나 그외에도 그리스 폴리스는 납세력의 증진을 보장하였으며, 그리스 군주들은 독일에서 17/8세기에 영방 군주들과 마찬가지로 "중상주의자들"이다. -집주는 또한 이제 규칙에 따라 도시에, 즉 영업 생활에(그리고 주의하시오! 영업상으로 수익이 가능한 도시 관리의 삶에) 참여하는 계층을 위해

---

30) 나일 델타에서 기원전 217년 이래로 10년간, 기원전 206~186년에 남부지역에서 프톨레마이오스 지배에 대하여 이집트 인의 봉기가 일어났다.
31) Arsinoe: 프톨레마이오스 1세의 딸로, 기원전 316~270년에 살았던 이집트의 여 파라오로서 가장 넓은 해외영토를 거느렸다. 본문에 적힌 연대는 오늘날에는 기원전 263년으로 추정하며, 이런 부과가 결코 직접 신격화에 따른 것은 아니라고 본다.
32) ἀπόμοιρα: 신에게 바치도록 떼어놓은 몫이라는 뜻이다.
33) Stratoniceia: 셀레우코스 안티고노스 I가 왕비의 이름을 따서 지은 도시이다. 학자들은 왕비의 아들인 안티오코스 II가 세운 것으로 본다.
34) 요세푸스,『유대 고대사』18.38. 기원후 20년. 헤롯 안티파스가 게네사렛 호수가 서안에 세운 것이다.
35) Sebaste: 헤롯 대왕이 아우구스투스를 기념하여 지은 도시로 구 사마리아(현재 Nabius)를 새로 건설한 것이다. 요세푸스,『유대 전쟁사』1.403.

서 효과 있게 집단거주 시키는 것을 의미하였다. 그래서 이 시기에 이미 쿤36)은 다음과 같은 점을 세심하게 지적한다. 즉 카산드레이아37)의 집주 이후에는, 이제까지 이 폴리스의 부속촌락으로 지속되었던 도시인 멘데38)의 **포도주**가 더 이상 이 지역의 항구로 보내지지 않고 오히려 카산드레이아로 배송되었다. 집산(集散)에 대한 강제도 헬레니즘 시기의 폴리스에 속한다.

단 이미 일부 거대한 도시 영역은, 도시들이 그들의 사회 구성에서 고전기-그리스의 폴리스와는 매우 상이하게 되었으며, 흔히 대(大) 영주의 **법**으로 집주화된 복합만을 제시함에 틀림없음을 보여준다. 그렇지만 더 나아가 왕의 강압에 따른 왕령지 점유는 원칙상 완전히 **치외법권 상태**에 있다. 그와 더불어서 분명 개별 특권 구역 위에 성립하는 수많은 영주들이 존재하는데, 이들은 한 폴리스에 소속되는 것이 허용되지 않고, 특히 <128우> 폴리스 조직이 주로 관철되지 않은 지역에서 그러하다. 개인 영주 장원 위에 정착하고 있는 **콜로누스**의 농지 고착은 하나의 형식법을 통해서 확정되었다. 이는 물론 셀레우코스 왕국과 전체 초기 헬레니즘 시기에 관해서 입증되지 않으며 또한 가능성도 없는데, 그리스인 소작인이 고려되는 경우만이 아니라 (폴리스의 영역 밖에서는 드물다), 또한 보통 그리스계 주민에 대해서도 그러하다. **행정권**이 의문시되었던 곳, 국가에 대한 의무가 중요한, 다시 말해서, **군주**에 대한 의무가 관건이 되는 곳에서는 달랐다. 그 **국가** 사정에서는, 이집트의 복속민이 자신의 법 거주지에, 자연히 (자유 거주이전권에 대한 성과가 없이) 아테네인이 자신의 데모스에 묶인 것과 마찬가지로, 헬레니즘 시기의 복속민은 (프톨레마이오스식으로, '개인소유'이다 -의심의 여지없이 일찍이 알려진 이집트 제도를 떠맡음으로써-) 자신의 고향 단체에 묶였다. 여기에서 복속민은 납세하고, '에피크세노스'39)로서 체류하는 그의 거주 장소가 보내고자 할 때에 그는 추방될 수 있으며, 마지막으로 개인 공공봉사의 수행이 중요한 경우 국가는 그를 심지어 **도로 데리**

---

36) Kuhn, 『고대도시, 농촌제도와 집주의 형성 Über Die Entstehung der Staedte der Alten, Komenverfassung und Synoikismus』, Leipzig, Teubner, 1878, p. 328.
37) Kassandreia: 고대 마케도니아에서 가장 중요한 도시의 하나로, 팔레네 지협에 위치하는데, 기원전 316년에 카산드로스에 의해서 창설되고 그의 이름을 땄다.
38) Mende: 금은과 목재의 산지였으며, 포도주 생산으로 유명하다. 기원전 316년 이 도시 거주민들은 카산드로스에 의해서 카산드레이아로 상제 이주 딩힌다.
39) ἐπίξενος: 친밀한 사람이라는 뜻이다.

고 올 수 있다. 왜냐하면 고대에는 **보장된** 자유 거주이전이 오로지 그들이 분명한 계약이나 특권을 통해서 근거를 지닌 한에서나 존재하기 때문이다. 그밖에도 법원칙에 따르면, 국가에 대해서 개인은 유사한 방식으로 자신의 단체에 묶여 있었는데, 이는 오늘날 러시아 농민의 상태와 마찬가지이다. 왜냐하면 복속민을 고향 단체에 강제로 되돌아가게 하는 것은 공공 부담을 맡기기 위한 것인데, 이는 후대에 유명한 『누가복음』의 구절40)에서만 아니라 또한 이미 헬레니즘 국가들에서 모든 시기에 발견된다. 헬레니즘 국가는 특히 공공-법의 근거에서 나오는 부역 이행이 옛 오리엔트보다 덜 한 경우 그리고 그 수행이 방황을 통해서 **위협받는다고** 여겨진 곳에서, 의심의 여지없이 강제귀환의 조치를 취한다. 치외법권에 있는 왕령지에, 이제 그리고 치외법권에 있으면서 왕에 의해 인정된 영주 농장에서 (그런 것이 발생하였던 곳에서) 전통이나 일반 국유지소작 규정에 근거하는, 콜로누스의 **사법**(私法)상의 의무는 저 **행정법**의 의무와의 혼합에 대해서 거의 방어되지 못하였다. 이집트에서도 별로 그렇게 되지 못하였다. 이집트에서는 복속민의 매우 상이한 부역 의무가 파라오 시기의 유산이었다. 부역의무들은, 예컨대 5일간의 수로 부역의 형태를 지니고, 헬레니즘-프톨레마이오스의 사료에서 계속 존재하였다. 물론 교환경제의 추진은 도처에서 (이집트에서도, 앞을 보시오) 현물이나 현금지급을 통한 조세에 대해서 부역이 **상각될 수 있는** 경향을 보여주었다. 그러나 국가의 재정 이해가 문제되는 곳에서, 프톨레마이오스 2세는 일찍이 (공공연히) 국가의 기름 짜기 작업을 위해서 **형식상** 순수하게 **계약을** 통해 고용된 노동자를 줄이려는 의도가 전혀 없었다. 그런 부류의 조치는 심지어 일반 법규가 아니라 왕의 행정 명령에 의존하였다. 또한 사람들은 의심의 여지없이 필요한 경우 국유지 소속 콜로누스들을 마찬가지로 처분하였다. 안티오코스 2세 이래로 소아시아의 국유지 촌락을 그의 부인인 라오디케에게 매각한 사료는 (기원전 256년,41) 최초로 로스토프체프에 의해서 가치가 인정되었다) 거주자의 **사실상** 자유 이주권을 실제로 전제한다. 그러나 **법으로** 그들은 촌락에 묶여있고 –그것은 파울 마르틴 마이어42)의 의견에 **반대하여** 확정될 수도 있을 것이다– 자연히, 필요한 경우, 다시 데려올 수 있었다. 그러나 개인

<129좌>

---

40) 『누가복음』, 2.1-3.
41) 현재는 253년으로 본다. 당시 안티오코스는 라오디케와 별거하고 있었다.
42) P.M. Meyer, "Der Ursprung des Kolonats," *Beiträge zur Alten Geschichte (Klio)*, I, 1902, p. 424f.

치외법권 수혜자들도 완전히 마찬가지인데, 그들에게 언젠가 향촌 관리권이 허락되어 있을 경우, 그것은 그들의 후사들에게 계속 귀속하였다. 스네프루43)와 함무라비에서 탈무드에 이르기까지 오리엔트의 사법(私法)은 소작을 항상 **주인의 눈으로** 관찰하였으므로 소작인을, 항상 주인에게 고분고분하고, 우선 용익권만을 가진 게 아니라 또한 그것을 전혀 가지지 않은 채 경작 **의무를** 떠맡는 (무엇보다 그렇지만, 단지 분익소작인만 아닌) 사람으로서 본다. 그리고 왕이나 가산주(家産主)에 대한 이 의무를 공법에 따른 부역과 준별하고자 사람들이 항상 애쓴 것은 아니다. 이미 부역 의무를 진 파라오 **직영지** 콜로누스와 국가에 대한 부역을 수용한 그의 농민 "**복속민**"의 구별은 참으로 (앞을 보시오) 성격상 매우 문제가 많았다. 이것이 **토착인들에게는** "에트노스들"이며, 헬레니즘 시기에 아마도 원칙상 다른 어떤 것일 수 없을 것이다. 프톨레마이오스 왕조의 공식 용어는 소위 "세입법" 등에서 직영지의 "사람들"을 (같은 표현으로 소아시아의 콜로누스도 지시되며 "레투"44)와 "미리티우"45) 또는 파라오 시기의 유사한 표현에 상응한다) 그밖에 농촌에 있는 '농민'과 구별하고 있다. 후자는 형식상 "자유" 토지 경작자이며 -소유자 아니면 소작인인데, 왕실 소작인("바실리코이 게오르고이")46)이기도 하다- 전자는 그에 비해 세입법 등에서 왕의 <129우> 이집트 콜로누스이다. 그 용어가 장기간 고정되어 있었는지는 의문으로 남는다. 왜냐하면 파라오 시기처럼 **토착인으로서 점유하지 못한** (각각 법으로 무점유자로 간주되거나 또는 무점유자와 같은 위치에 있는) **촌락 주민으로** 이루어지는 대중이 **행정법상으로** 사실상 이 왕실 콜로누스와 동일하게 취급되었던 것으로 보이기 때문이다. (이 상태는 명백하게도 이집트의 사정에서 기인한다. 앞을 보시오.) '사람들은' 인두세를 지불한다. 그들은 자신의 '개인소유' 속에서 국가 목적을 위해서 그리고 단체를 위해서 부역 의무를 지고 있다. 오로지 헬레니즘 시기에 이 부역은 대체로 금납화되었으며, 이로써 **사실상의** (법으로는 임의의) 거주 이전의 자유가 주어졌다. 그들의 부역이 현물로 청구되어 받아들여지는 **때** -공적인

---

43) Snefru: 이집트 4왕조 초대 파라오이다.
44) 본역서, 원문 <83좌>를 보시오.
45) miritiu, 현재는 miratiou로 고쳐서 표시한다. 촌사람, 토지에 매인 사람, 시골사람 등의 의미로 이해된다.
46) βασιλικοί γεωργοί: 왕령지를 의미하는 바실리코이와 농부 경작자라는 의미의 게오르고이가 결합한 것이다. 이 표현을 베버는 왕실 소작인으로 해석한다.

부과가 매우 긴장을 야기하는 경우 혹은 현금이 부족한 위기의 시기에 (파울 마르틴 마이어47)가 애초 보았던 것처럼 기원전 2세기에 그러하였다)-, 그들은 다른 공공봉사(국가에 의한 강제 소작)에서 해방되었는데, 이는 농경에 위험을 초래하지 않기 위해서이다. (어느 범위까지는 왕령지의 '사람들이' 오로지 계약을 통해서 그 위에 정착하거나 -개인 농장에 그렇게 하는데, 더 후대의 법용어로는 '동의에 따른 식민자들'48)라고 불린다.129-1]

[129-1 반박되고 있다.]

- 단순히 **전통** 부담을 지불하였을 것이지만, 이는 이 시기에는 알려지지 않고 있다. 그러나 빌켄49)이 기원(후) 2세기 **국가** 농장을 관찰한 후에 입증한 대로, "동의에 의해서 경작하는 사람"50)의 위치는 아직까지는 더 상세히 정해지지 않고 있다. 전체로 그리스 인의 경우에는 계약이, "에트노스" 콜로누스51)의 경우 **전승**이 원래의 토대였다.)

분명하게 이제 이 현상은 (그 특징과 그 이상의 운명에 관해서는 "콜로누스" 항목에서 취급된다) 국가 기구를 위한 일원으로서 적합하다. 그 점에서 가장 이성에 맞게 조직된 헬레니즘 국가인 이집트는 옛 이집트의 사회 체제를 토대로 하여 그 현상에 도달하였다. 이미 제시된 대로 영주의 형태와 더불어 람세스 치세의 옛 부역 국가의 토대가 헬레니즘의 화폐경제에서 두드러지게 드러날 때, 다른 한편으로 이 화폐경제는 국가 재정제도의 형성이라는 방식을 통해서 다시 파괴되었다. 국가는 **봉급을 받는** 강력한 관료군과 언제나 적지 않은 상비군을 점차 **현금으로** 지불하여 유지하고 있었으며, 마찬가지로 비용이 드는 궁정과 (특히 이집트에서) 예배를 위한 보조금, 마침내 그리고 실제 위대한 정책, 즉 무엇보다도 **화폐**를 유지하고 있었다. 오늘날 독일처럼 그렇게 헬레니즘 시기에도 사실 **국가의 화폐경제 수요**

---

47) P.M. 마이어, 같은 논문, p. 410f.
48) homologi coloni: '동의에 의한 콜로누스들'이라는 뜻으로 계약에 따라서 콜로누스가 되었다는 의미이다. 이는 이집트 라오이를 라틴어식으로 『테오도시우스 법전』 11.24.6 pr에서 표시한 것이다.
49) Wilcken, 『그리스 도편』, p. 254, n. 1.
50) γεωργοῦντες ὁμόλογοι ἄνδρες: 48번 주의 설명에 사람이라는 뜻의 안드레스가 더해진 것이다.
51) ethnischen Kolonen: 향촌에 있는 이집트 콜로누스를 지시한다.

충족의 <130좌> 필요성은 다시 공동경제의 **속박**과 교역의 **배제**를 증가시키는 방향으로 전체 경제를 변화시키는 지렛대였다. 고대에 완숙한 "레이투르기아 국가"는 이 과정이 스스로 완성되는 형태였다. 더 상세한 설명은 여기 속하지 않는다. (농업사로 중요한 개별 사항은 "콜로나투스" 항목을 참조하시오.) 헬레니즘기의 모범 국가인 이집트에서 -셀레우코스 왕국은 더 느슨하게 조직되었고 그로 인해서 상대로 보아 더 빨리 쇠락하였다- 중요한 생산의 갈래들은 완전히 독점되어 있었던 점을 명심하는 것으로 충분하다. 그래서 이미 종종 언급된 것처럼, 기름제조(참깨, 파두나무, 호박에서- 올리브는 애초 나중에, 이를테면 로마 지배시기에 이집트에 확산되었다), 소금에 [프랑스의 염세(鹽稅)인 "갸벨르52)"에 해당하는 최소 배당의 강요와 더불어], 소다와 아마 (직물업에서 이집트의 사정에 관련하여) 또한 고운 베의 생산이 그러하였다. 따라서 유지(油脂) 식물의 열매와 (아마도) 아마는 경작 중에 강하게 통제되었으며, 구입을 독점하면서 수확물은 완전히 왕의 창고에 들어갔다. 기름의 판매에서 가격 결정은, 개별 도시와 구역의 '소매상들'53)이 그들의 지역에서 필요한 양을 공포하고 궁정이 자신의 필요를 먼저 밝히고 난 후에, 다양한 관점에 따라서 지극히 제멋대로 이루어졌다. 기름은 언제나 국가의 관리를 (뒤를 보시오) 통해서 규제되는 포도주와 더불어서 가장 중요한 소모품이었다. 그에 못지않게 은행업(일차로 환전업)이 독점되고 임대되었다. 이 독점은 더 앞으로 진전하여, 더 많은 -특히

1. "무거운" (즉, 원료에 묶인)
2. 대량소비의- 영업을 자신의 권역으로 끌어들였다. 로마 시기에 우리는 예를 들어 임대된 벽돌 제조 독점도 발견하는데, 이로써 기초수요 대상의 대부분이 -빵, 기름, 건축 재료, 의복- (일부는) - 사실상 **국가**의 손에 장악되었다.

게다가 **레이투르기아** 체제는 이제 옛 이집트 제도와 특히 그리스 제도를 복합한 형태로 등장하였다. 국가는 모든 공공 수행을 위해서 **재산**에 보증 의무가 있게 하려고 한다. 이것을 가능하게 하려고 완전히 일시거나 대수롭지 않은 것이 아닌 모든 재산을 등재하여, 그 점유자에게는 정해진 수의 포로이54)가 기재되고 -개략의

---

52) Gabelle: 세금을 뜻하는 이탈리아어의 가벨라gabella에서 파생된 프랑스 단어이다. 이는 1790년까지 징수되었는데, 18세 이상의 성인은 의무로 일정 양을 고정 금액으로 구입하게 강제한 것이다.
53) κάπηλοι: 특정 품목의 상인, 여관주인, 청부업자의 뜻이다.

금액은 후대 <130우> 디오클레티아누스 시기의 "카피타"55)에 원리상 동일하다- 그에 따라서 그의 관직 자격과 관직 의무가 관청을 통해서 확정된다. 이 체계는 촌락의 야경꾼(300 드라크마의 포로스)에까지 이른다. 이제 자본주의 재산 형성의 가장 중요한 근원인 공공청부 특히 조세징수 청부에는 이 공공봉사 체제가 엄습한다. (이것은 이미 로스토프체프가 기술하였다.) 진정한, 즉 충분하게 로마식 조세징수 청부업자는 관료제가 없어서 나오는 결과이다. 여기에서 이들의 자유 처분은 국가에 의한 조세징수에 대비된다. 국가는 최종으로 오로지 예산의 목적으로 확정된 최소한-현금 세입을 보장하는 것으로서 청부업자들을 필요로 하였으며, 잉여에 대한 지분 혹은 5~10%[130-1]의 "옵소니온"56)을 통해서 자신의 위험에 관련해서 보상해 준다.

[130-1 많은 세목이 여전히 논쟁중이다.]

청부업자가 일종의 총액에 대한 조세 징수액을 자신의 손에 쥐는 대신에, 징세 액수가 청부업자의 금고로 들어가는 게 아니라 오히려 국가의 창고나 금고에 직접 들어간다. 다른 한편으로 청부업자는 다른 수단이 없게 됨에 틀림없다. (아니면 부분으로만 그러하다.) 그는 상대로 매우 적은 "자본"을 필요로 하며 그와 그의 동료 사원 및 시민은 아마도 국가에 대해서 가치에 대한 보장이 될 수 있는 "재산"만을 가졌음에 틀림없다. 이 조세청부를 떠맡는 것은 이로부터 경제상 로마의 푸블리카니의 경우와 양(量)에서 다른 것이다. 그리고 그런 행위는, 점점 더 오래 점점 더 많은 것을 공공봉사로서 취급하며, 불리한 시기에는 일종의 무거운 공공봉사로서 여겨졌다는 것에 상응한다. 즉 공공 계약을 떠맡도록 직접 강제하는 것은 프톨레마이오스 시기 말경에 정규 현상으로 등장하였으며, (티투스 알렉산데르57)의 칙법은 그것이 참을 수 없게 된 상태를 지시한다) 마침내는 조세징수 청부에서 시작하여

---

54) πόροι: 단수는 포로스πόρος이다. 원래는 돈을 벌 수 있는 수단이라는 의미인데, 여기에서는 소득이라는 뜻으로, 100 드라크마 단위의 소득 계산을 의미한다. 빌켄, 『그리스 도편』 1, p. 508.
55) capita: 머리 카푸트caput의 복수로, 한 사람이 하나의 카푸트를 가지는 것이 아니라 일부만 가지며, 토지와 연계하는 특징이 있다. 우리 전통의 정(丁)의 개념과 비교된다.
56) opsonion: 그리스어 ὀψώνιον, 준비, 공급, 댓가, 지불금의 의미이다.
57) 이집트 총독인 티베리우스 율리우스 알렉산데르에 의해서 기원후 68년 고시된 비문이다.

국유지 청부에까지 확산된다. 여기에서 그들의 존재는 분명히 이 경우와 관련하여 회사 계약으로 계약자들을 통합한 것에서 완전히 정상 현상 등으로 입증된다. (이에 관해서는 "콜로나투스" 항목을 참고하시오.)

왕의 거대한 **국유지**로부터 국가 세입의 매우 중요한 부분이 흘러나온다. 처음 시기 왕조가 아직 확고하지 않은 한에서, 옛 직영지는 매우 큰 범위에 걸쳐서 일부는 화폐 조달 (안티오코스 1세가 도시 피타네[58]에 300 탈란톤으로 토지를 매각한 것) 혹은 허용된 별동대의 창출이나 장비를 마련하는 데에 기여하였음에 틀림없다. 필리포스와 알렉산드로스가 대규모로 토지를 하사한 것은 (잘 알려진 비문) <131좌> 카산드로스[59]가 입증한다. 그리고 거대한 토지 하사는 계승자들, 특히 1대 계승자들 하에서 발생하였다. 한 장군[60]은 안티오코스 1세에게서 약 600 헥타르의 토지를 받아서 유지하고 있었는데, 확실하게 이것은 특별히 큰 하사 토지는 결코 아니었다. 그러나 차후에 -여기에서도 가장 원칙에 맞게 이집트에서- 왕의 토지들은 신전 하사물과 (뒤를 보시오) 더불어 두 개의 목적에 기여하였다.

1. **병사들**에게 장기간 수여하는 데, 이는 시기마다 마련된 예비 토지를 가지고 채원을 보완하는 것이든지 징병 대장을 만들든지[131-1] 그리고 이로써 **화폐** 지불을 줄이는 것이다.

2. 근본으로 소작을 통해서 **지대**를 이끌어내는 것이다.

[131-1 아직 강하게 논쟁중이다.]

군사상으로 토지를 공급하는 것과 관련하여, 특히 파울 마르틴 마이어[61]가 강하게 주장하였던, 이집트에 대한 그들의 관계는 그러나 보다시피 최종으로 아직 분명하지는 않으므로, 그것을 여기에서 전면으로 다룰 수는 없다. **토지사** 측면을 간단히 보여주기 위해서는 단지 몇 마디의 언급으로도 충분할 것이다. 계승 왕국의 새

---

58) Pitane: 소아시아의 아이올리스 도시로 안티오코스 1세에게 380탈란톤을 지불함으로써 땅을 확장하였는데, 이곳은 후일 미틸레네와 분쟁을 겪는다. 본문 300은 380으로 정정해야 한다.
59) Kassandros: 마케도니아의 국왕(기원전 355~297년). 관련된 비문은 기원전 306~297년에 해당된다.
60) 이 인물은 아소스의 아리스토디키데스Aristodikides로, 기원전 274년의 일이다.
61) P.M. 마이어, 『이집트에서 프톨레마이오스와 로마의 군사제도*Das Heerwesen der Ptolemaer und Romer in Agypten*』, Leipzig, 1900을 참조했다.

폴리스에서 추첨지에 농지를 할당하는 것은, 가장 넓은 의미에서 **모두 다 군사 성격**에 속한 것으로 볼 수 있을 것이다. -왜냐하면 폴리스 건설은 요새 건설이기 때문이다. 그러나 형식상으로 여기에서는 종군 의무가 지배자에 대한 폴리스의 의무이며, 내부로 자치하는 폴리스에 대한 시민의 의무이다. 원래의 **병사들의 몫**에서는 달랐다. 페르가몬에서 12와 1/2 및 6과 1/4 헥타르(이중에서 1과 1/2 및 1과 1/4 헥타르는 포도원)의 토지 몫은 전사의 '추첨지들'이다. 의무는 구체화 된 토지 조각과 결부되어 있다. 의심의 여지없이 제대병의 직접 정착에서도 마찬가지인데, 이미 이는 알렉산드로스 이래로 명백하게 옛 오리엔트 제도의 원상 회복으로서 (앞을 보시오) 등장하며, (사실상) 마케도니아 군대 소집령의 대체물로서 세습 병사의 **신분**을 창출하였다. 현존하는 제도에 대한 연계는 특히 이집트에서 확산되었다. 여기에는 (로마 제정 말기와 유럽의 민족이동 시기처럼) 다음과 같은 것이 병존한다.

1. 병사들의 민가숙박(스타트모이)[62] 그리고
2. 추첨지들 위에 정착.

여기에서는 단지 후자만이 우리의 관심을 끈다. 추첨지에는 이집트 식으로 그들의 작은 몫을 지닌 채 고향에서 오직 필요한 경우에만 다시 소집되는 '전사들'이 (케르케오시리스[63])에서는 '헵타루오이 마키모이'[64]가 있는데, 이들은 1.8 헥타르를 지니며, 그와 더불어서 이집트 기사는 더 큰 몫을 지니고 있다), 다른 한편에는 마케도니아-그리스식 추첨지 보유자가 병존하였다. (예컨대 테프투니스[65] 파피루스들이 지시하는 것처럼, 그외에도 추첨지 보유자의 토지는 경찰에게 후에는 그때그때의 문관에게 제공되었다는 사실과 그리고 마찬가지로 다양한 군복무 의무를 지닌 토지수혜자 <131우> 상호간 즉, '예비군' 즉 '후손'에 대한 '현역군인'[66] -파울 마르틴 마이어와 라이나호를 통해서 이제 완전히 확정된 대로 옛 정복 군대의 특권화된

---

62) σταθμοί: 거처, 정박소라는 의미이다.
63) Kerkeosiris: 파이윰의 남부 촌락으로 이곳에서 기원전 2세기 거주민의 불만이 적힌 자료가 많이 발견되었다.
64) ἑπτάρουροι μάχιμοι: 헵타는 7이라는 뜻이고 아루라는 로마식으로는 유게라를 의미한다. 1유게라가 1/4헥타르이므로 이런 계산이 된다. 번역하자면 7 아루라의 전사로 할 수 있다.
65) Tebtunis: 기원전 1,800년부터 번성하던 지역으로, 프톨레마이오스와 로마 시기에는 테오도시오폴리스Theodosiopolis로 불렸다. 이곳에서 민중문자와 그리스어로 된 파피루스가 많이 발견되었고, 사제들의 집회에 관한 문서와 점성술 문서가 나왔다.
66) 현역군은 σύνταγμα 예비군은 ἐπίταγμα 후손은 ἐπίγονοι의 번역이다.

'후손'67)-, '추첨지 보유자,'68) '정착민'에 대한 관계 문제는 상당히 논쟁 중인데 대체로 모든 또한 중요한 단위들과 같이 여기에서는 제외되어 있다. "콜로나투스" 항목을 보시오. 이어지는 언급은 매우 논쟁되고 있다.) - 추첨지보유자들, 특히 '정착민' (이들은 그리스식 추첨지보유자에서 비롯하는 것으로 후대에는 일반 명칭이다) 또한 토지에 정착하고 있는 한에서 (교외에 있는 소지역으로 델타 지역에서 0.83 헥타르에 이르기까지 그 이하로 수여된다) 그들 중 무전자는, 가능한 곳에서, 그에게 속한 옛 (그리고 다시 말해서 범람하는) 경작지(스포리모스)69)가 아니라 왕의 처분권에 놓여져 있는 불모지(케르소스) 위에 훨씬 더 큰 몫이 지정되는 것으로 보인다. (케르케오시리스에서는 20에서 100아루라 대략 5.6-28 헥타르 사이의 편차가 있고, 그렇지 않으면 320 심지어는 500아루라에 이르기도 한다.) 소작 의무가 있는 습지가 추첨지 보유자에게 소작 의무가 없는 상태에서 수여된 경우, 이것은 토지 대장에서는 비정상 행위로 드러나며 소작 강제의 "손실"로서 기재된다. 그것은 통상 본래의 '왕실지' 즉 소작 의무가 부여된 왕령지로서, 한편으로는 '사유지', 다른 한편으로는 "면제 토지"로 나누어진다. 후자는 두 개의 범주 즉 '신전지'70)와 (뒤를 보시오) 추첨지로 이루어진다. 그렇지만 후자의 기능에 묶인 두 토지는 모든 조세에서 (개인 토지처럼 거의 없게) 완전히 자유로운 것은 아니다. 그들의 토지가 흔히 대개는 이제까지 황무지였으므로, 모든 종류의 추첨지 점유자의 조세는 더욱이 현저한 억압일 수 있었다. 비록 양식과 용도에 따라서 원래 한편으로는 인정 조세와 다른 한편으로는 군대 왕에게 속하는 임시세였다고 하더라도, 그것은 그들의 점유 포기를 유발할 수 있었다. 지불하지 않는 경우에, 사료가 지시하는 것처럼, 토지는 압류되며 그 부담을 떠맡는 다른 사람에게 수여된다. 이는 애초 의심의 여지없이 군대에 지원하지 않는 경우에 그랬을 것이다. -이것은 함무라비 시기 '역분전'(役分田)71)과 마찬가지이다. 추첨지 점유자는 점유를 무를 책임이 없다. 그는 토지를 임대할 수 있다. 그는 아마도 법에 따라서 그 토지를 매각할 수 있었을 것이지

---

67) P.M. 마이어, 『이집트에서 프톨레마이오스와 로마의 군사제도』, pp. 73-75. Reinach, 『이집트 수집 그리스어와 민중문자 파피루스Papyrus grecs et démotiques recueillis en Égypte』, Paris, 1905, p. 20f.
68) κληροῦχοι: 원문의 오류를 수정하여 고쳐서 읽는다.
69) σπόριμος: 씨를 뿌린, 파종에 적당한이라는 뜻이다. χέρσος: 건조한, 건조한 땅이라는 의미이다.
70) 왕실지=βασιλικὴ γῆ, 사유지=ἰδιόκτητος, 면세도지=γῆ ἐν ἀφέρει, 신전지=ἱερὰ γῆ.
71) Dienstlehen: Dienst는 봉사, 관위, 역무로 해석되며, lchen은 봉토로 보아 이런 번역을 택하였다.

만, 그가 관청의 승인을 받아서 타인을 위해서 물러나는 형식으로 이루어질 것이므로 원래는 그렇지 않았을 것이다. 그것이 상속시에는 자식들에게 넘어간다. 유언장은 3세기에 아직 등장하지는 않은 것으로 보인다. 그것은 아버지와 아들 간에 토지 분할(분명히 단지 노동과 이익의 분할)이다72). 토지의 세분화는 매우 드물었으며, (상속시에) 의심의 여지없이 <132좌> 관청의 합의에 근거해서 발생한다. 추첨지 점유자가 처음부터 경영의 방식에서 법상으로 자유로웠는가에 관해서는 확정되지 않았다. 사실상 관청의 간섭은 입증되지 않는 것으로 보인다. 실제 소작 계약서에 따르면 그런 것은 존재하지 않았던 것이 분명하다. -그는 으레 화폐 조세를 납부하였고 그밖에 군역도 수행하였다. 경작을 완전히 포기하거나 국세를 보장하기 위해서 정해진 최소한의 (그것에 대한 흔적은 『테프투니스 파피리』73)) 아래로 내려가는 경우에만 토지는 -모든 고대의 상속에서와 마찬가지로- 완전하게 되돌아간다. 고전기 그리스의 "정착민"은 추첨지 보유자들 중에서 귀족이다. 이들은 다른 경우에 '전사들'과 달리 순수하게 종족에 따라서 제한되지는 않았으며, 길게 혹은 짧게 프톨레마이오스의 일반 정책에 상응한다. 오히려 추첨지 보유자 신분 내에서 공로와 수행에 따라서 아래에서부터 상층으로 일종의 승진이 이루어진다. 이 경우 할당 몫이 계속해서 증대하며 '정착민' 계층으로 동시에 "진급"하면서 새로이 지정되는 일이 발생한다. 사람들이 그리스화 되었을 때는 물론 의심의 여지없이 단지 그 계층에 속할 수만 있었다. 이 '정착민'의 수는, 할당의 범위에 따라서 결론을 내려 보면, 결코 그다지 클 수는 없다. (또한 프톨레마이오스의 수많은 용병대에 비교하시오.) 추첨지는 자연히 토지 위에 완전히 동일한 크기로 분할되었고, 가장 강력하게는 왕이 물을 넣거나 뺌으로써 새로운 토지를 획득한 곳에서 그러하였다. (고 오리엔트-메소포타미아-의 방식에 따르자면 완전히 그러하다. 피정복인을 대량으로 식민하는 것은 바로 프톨레마이오스를 통해서도 완전히 옛 방식으로 발생하였다.) 예컨대 케르케오시리스의 순수한 새 경작 지역에는 그런 이유로 인해서 (촌락의 가계 토지 외에는) 개인 점유가 전혀 없으며 신전지도 거의 없다고 (5%) 할 수 있을 것이다.

---

72) 이 사례는 기원후 142년에 해당되며, Wessely, *Karanis und Soknopaiu Nesos: Studien zur Geschichte antiker Cultur- und Personenverhältnisse*, Wien, 1902, p. 25에 나온다.

73) *The Tebtunis papyri* vol. I, edited with translations and notes by Bernard P. Grenfell, Arthur S. Hunt and J. Gilbart Smyly, 1902, p. 555 이하로 짐작된다.

그에 비해서 약 4,700 아루라(1,300 헥타르)중에서 추첨지는 1,564 아루라로 거의 1/3이고, 나머지는 '왕실지'이다.

'정착민'은 이미 그들의 출현(기원전 2세기) 이래로 언제나 장단간에 일종의 특권화 된 계층으로서 의미를 지니고 있었고, 이 특권 위치는 그들의 추첨지 위에서 **사실상 개인 점유**의 발전 과정에 투사된다. 더욱이 참으로 특권화 된 개인 점유는 아울러 국가에 대한 -의심의 여지없이- 부역 의무와 마찬가지였다. 기원후 3세기에 그들은 아루라에 대해서 1 아르타베라는 특별히 낮은 액수를 지불하는 것으로 보인다. 이를 위해서 그들은 '선출 명부작성'[74] -징병 대장에 기록되어야 했다. 파울 마르틴 마이어[75]와 더불어 해석되어야 하되, 저 행위를 일차로 -종족으로 나눈- 조세 의무자를 확정하는 것으로 보았던 베셀리[76]의 견해에는 반대한다. 언제든지 '정착민' 신분은 로마 시기에 -그리고 언급하듯이 분명하게 이미 앞선 시기에- 종족상으로는 **무차별**이다.

<132우> 이집트의 '왕실지' 위에서, 왕의 직할지가 별로 표시되지 않음에 틀림없다. (직영지를 둘러싼 관계의 **사회** 의미에 관해서는 "콜로나투스" 항목을 보시오.) 왕토는 이미 "신왕국" 이래로 등재되어 측량되고 사각의 조각으로 분할되었다. 사료가 제시하는 바처럼, 경작 의무가 각 촌락에 대해서 상세하게 정해져 있고 통제되었다. 국유지는 파라오 시기 이래로 전체 토지에 대해서, 비록 때마다 매우 상이한 크기이기는 하지만, (그 방법에 관한 답변을 위한 더 확실한 근거는 현재로는 없다.), 할당된다. 그것은 임대되었으며, 실제 프톨레마이오스 시기에는 옛 이집트 시기와 마찬가지로 그리고 일부는 로마 제정과 대비하여 압도로 소규모 임차인에게 임대된다. 소작은 정률 임대가 아니라 오히려 정액 현물납 임대이며, 토질에 따라서 차등화 된다. 그리고 실제 조세는 **일차로 밀로 납부**하는 것이다. 기타 모든 농산물은 법으로 정해진 최고액에 이르기까지 현물로 징수되는데, 나머지는 정해진 비율에 따라서 (예컨대 보리:밀=3:5) 밀로 환산된다. 그래서 돌려짓기에 대한 사실상의 자유는 원하는 만큼의 밀을 보유하려는 국고와 조화에 이르게 된다. 그러나

---

74) ἐπίκρισις: 원래 결정이라는 뜻이다.
75) P.M. 마이어, 『이집트에서 프톨레마이오스와 로마의 군사제도』, pp. 109-126.
76) Wessely, "Die Epikrisis und das Ἰουδαίων τέδεσμα Unter Vespasian," *Studien zur Paleographie und Papyruskunde*, Leipsic, 1901, p. 728, n. 48.

이에 비해서 그와 달리 왕실지의 돌려짓기는, 관례상 밀에 대한 수요가 훨씬 더 우세하여 추첨지 보유자의 경우와는 자연히 구분된다. 추첨지 보유자들은 더욱 강력하게 자신의 수요를 위해서 경작하였다. 따라서 이를테면 콩과류가 두드러진 역할을 수행하는 동안에, 황실지의 생산은 수출을 통해서 이익을 가져오는 데에 기여하였다. 이집트는 으레 "곡창"이었다. 따라서 밀을 생산하는 것은 흔히 절반을 넘는 면적을 차지하며, 곡물을 재배하는 것은 전체로 통상 농지의 2/3를 차지하며, 마지막 1/3은 "휴한지"77)인데, 여기에는 포아풀과 식물과 편두류 등이 파종된다. 사람들은 1 아루라(28아르)에 1 아르타베의 종자를 뿌리는 것으로 계산하였다. 수확고는 한 경우에 20 단위로 올랐다. (오늘날의 평균은 12이다.) 정치·경제로 매우 중요한 곡물 생산을 확보하는 것은 파라오 시기부터 계승된 왕의 창고에 기여하며, 이로부터 (오늘날 러시아에서 그런 것처럼) 농민들에게 (국유지 소작인 그리고 현물세를 부담해야 하는 기타의 사람들에게) 종자 곡물이 임대된다. 그리고 전체 기구는 최저 단계인 촌락에서 기능하는 왕의 "곡물수집자"78)에게 의존하고 있다. 그는 경작과 수확을 감독하였으며, 심지어는 종자 곡물의 수여도 중매한다. 곡물은 감독 하에 촌락 앞의 마당에서 타작되고 <133쪽> 창고로 들여진다. 감독은 심지어 알렉산드리아로 수송하는 것을 관리하는데, 확실하게 독점으로 (강제) 동료 단체에서 그렇게 한다. 소작료율은, 사람들이 판단할 수 있는 한, 적당한 것으로서 개인 소작료율과 (뒤를 보시오) 비슷한 것으로 보인다. 그에 비해서 국유지 소작료의 감면은 명백하게 오로지 매우 위급한 사정(범람이 일어나지 않는 경우)에만 발생한다. -직영지의 토지 대장은 각 촌락에 관해서 지대를 내는 것과 지대를 장기간 혹은 일시 내지 않은 것들로 국유지가 구성되고 있음을 보여준다. 후자일 수 있는 경우는 그 토지가 "불모지"79) 즉 자연 혹은 정말 사실의 이유(경작하지 못함)로 해서 지대가 없거나, 아니면 그 토지가 '타협하에'80) 즉 감면 요구에 놓여있거나, 마지막으로 그것이 수여된 이유에서이다. 왜냐하면 '왕실지'의 -이미 언급한 대로 규정에 반하여 추첨지 보유자에게 수여된 경우를 제외하고- 각 구성 요소는 왕이 정한 목적에 이

---

77) ἀνάπαυμα: 쉼, 쉬는 자리라는 뜻이다.
78) σιτολόγος: 곡물을 뜻하는 σῖτος와 거둔다 계산한다는 뜻의 λέγω의 합성어이다.
79) ὑπόλογον: 공제한다는 뜻에서, 불모지라는 의미를 지닌다.
80) ἐν συγκρίσει: 타협, 비교 하에 있다는 의미이다.

바지할 수 있기 때문이다. 즉 신전이나 사제의 부양을 위한 보조금인 경우('급여로'는 이를 위한 표현으로 보인다.) 아니면 봉으로서 궁정의 신하에게 준 경우 ('선물로'81)는 이것을 의미함이 명백하다)인데, -이것은 전체 촌락에서 드물지 않게 동시에 그러하였다- 파라오의 행정 기술에서 확실하게 이 두 가지가 전수되었다. 나머지의 경우 왕토(王土)의 범주에 관련하여 여전히 합의되지 않은 논쟁이 진행되고 있다. 예를 들어서 그 토지가 "젖지 않은 땅"82) 즉 관개 시설이 된 불모지이고 '파종된 땅'83) 즉 범람지인지 -이것이 가능성이 있다- 아니면 오히려 전에 습지였다가 처음으로 물을 뺀 토지인지 -참으로 있을 법하지 않다!- 등에 관한 논쟁이 있다. 미타이스는 "세입지(歲入地)"84)가 영대소작지라고 주장하고 있다. 한편 다른 사람들이 그 주장에 반대하여 **촌락** 점유지의 소작인으로 의미를 부여하는 '국가 농민들'85)은 (이는 오류임이 틀림없다) 그와 반대로 보통의 정기 소작자임에 틀림없다. 이것과 마찬가지로 -언제나 영대소작의 등장은 **상속금**과 더불어 그가 해석한 사료(『법사학을 위한 자비니 재단 잡지-로마 부문』 22, p. 151 이하)86)에 의해서 확정되고 있다- 그것은 그래도 완전히 로마의 사정에 관하여 (뒤를 보시오) 상응하는 역추론을 허용하는 것이다. 영대소작은 다른 한편으로 자력에 의한 불모지 선점이 발생하였던 곳에서 생기며, 그 불모지는 당국에 의해서 이제 선점자에게 허용된다. **그렇지만** 동시에 개량과 경작의 **책임**이 그에게 부과된다.

프톨레마이오스 왕들이 신전에게 지대를 지정하고 마침내 토지를 하사한 것과 실로 그리스 것만큼이나 풍부한 이집트-인명부는 매우 의미심장하였다. -에드푸의 신전87)이 지닌 강력한 점유는 단번에 1과 1/2배 성장하였다- 그리고 그에 맞추어 <133우> '신전지'의 범위 또한 컸으며 특히 상 이집트에서 그러하였다. 여기에는 예

---

81) '급여로'=ἐν συντάξει. '선물로는'=ἐν δωρεᾷ.
82) γῆ ἄβροχος: 이는 나일 강이 범람할 때에 물이 도달하지 않는 땅이다. 그래서 인위적인 관개가 필요한 곳이다.
83) γῆ σπορίμη: 파종하는 땅이라는 뜻이다. 본장 주) 69 참조.
84) γῆ προσόδου: 국가가 지대를 수취하여 세입을 올리는 땅이라는 뜻이다.
85) γεωργοί δημόσιοι: 공공의 의미인 데모시오스가 붙어서 국가 농민들이라는 번역한다.
86) Mitteis, "Amherst Papyri Nr. 68," *Zeitschrift der Savigny-Stiftung für Rechtsgeschichte: Romanistische Abteilung*, 22, 1901, p. 157f를 참조한 것이다.
87) Edfu: 나일강 서안에 위치한 도시로, 이곳에 있는 신전은 헬레니즘기에 해당된다. 기원전 237-57년에 지어졌으며 호루스 신을 모시는데, 라틴어로는 아폴로노폴리스 마그나로 불린다. 벽에 남긴 비문은 언어, 종교, 신화에 관한 보고이며 건축과정이 잘 묘사되어 있다.

전부터 민족 사제단의 중심이 있었다. 물론 파라오 시기의 점유에 대비해서 신전 점유의 범위는 줄어들었다. 상 이집트에 있는 네 군데의 최남단 행정구 노모이에서도 경작 면적의 1/25이 '신전지'로서 직접 계산되는데, 오토[88]는 기원전 2세기에 대해서 그 면적을 1/10로 산정한다. 그러나 에드푸의 신전이 그곳에서 단지 18,300 아루라 이상을 차지하고 있었고, 그것과 몇 개의 다른 신전을 합치면 전체 21,400아루라(6,000 헥타르)이상의 대체로 비옥한 토지를 차지했다. 민중문자로 기록된 계약서에는 네테르 호테프,[89] 즉 (옛) 신전 토지가 개인 간 거래에서 발견되는 경우, 그로부터 프톨레마이오스의 세속화에 대한 추론이 아니라 오히려 일부는 그때그때의 자유의지에 따른 매각, 일부는 아마도 더 오래된 몰수에 대한 추론이 이루어져야 한다. 물론 '신의 몫'은 신이 된 아르시노이에게 유리하게 (손해에 대해서) 전유되었으며, 군주가 신으로 되는 것은 대체로 오리엔트에서는 신의 재산에 손댈 수 있는 수단이었다. 이렇게 해야 -"동료들 사이에서" 선례가 중요하므로- 항상 신성모독이라는 위험한 비난을 자신이 뒤집어쓰지 않을 수 있었다. 그렇지만 전체로 국가는 교회[90]의 세입에 대한 **행정**만을 직접 자신에게 끌어왔다. 농촌의 종교 회의는 이집트의 사제단으로 구성되어 존재했다. 그것들은 스스로, 겉으로 보기에 적어도 장시간은 아니지만, 원칙상 그리스를 혐오하는 민족주의의 지지대이다. 마지막 민족주의 부흥이 다시 테바이, 즉 신정정치의 옛 터요 가장 넓은 신전토지의 (앞을 보시오) 영역에서 그 중심을 찾았다는 것은 결코 우연이 아니다. -오래된 전통은 정형화되었지만 공세는 아니다. 성직자 신분에 들어가는 것은 공식으로 통제되었다. 사제들은 단지 적당하게만 교양이 있었으며, 이점에서 그들은 헬레니즘 사회의 영향을 받고 있었다. 이제 그들은 그리스의 사제와 구분되었는데, **통일된** 교회로서 그들의 조직을 제외하고, 애초 매우 강력한 정도의 "직업(아스케시스)"[91] 그리고 -그와 관련되는- 세속 직업 활동이 분명하게도 매우 **드물다는** 점을 보더라도 그러하

---

88) Otto, 『헬레니즘기 이집트의 사제와 신전: 헬레니즘 문화사 연구*Priester und Tempel im hellenistischen Ägypten: ein Beitrag zur Kulturgeschichte des Hellenismus*』, Leipzig, Walter Gustav Albrecht, 1905, I, p. 269f.
89) neter hotep: 원문에는 nefer로 되었으나, 주석에 따라서 이렇게 수정한다.
90) Kirche: 이집트의 종교 조직에 관해서 교회라는 표현을 쓴 것은 Otto, 『헬레니즘기 이집트의 사제와 신전』, 1, p. 262를 베버가 따른 것이다.
91) ἄσκησις: 훈련, 연습이라는 의미에서 생계수단, 직업이라는 의미를 가진다.

다. (그러나 완전히 없다는 것은 아니다.)

이집트-헬레니즘 교회는 -유대교의 회당과 더불어서- 여러가지 특수한 교회 조직 및 생활 형태에서만 아니라 또한 경제 태도에서도 그리스도교 교회에 영향을 주었다. 왜냐하면 비록 수도원 경영과 이집트의 신전 경영이 매우 유사하다는 사실이, 반드시 모든 것이 계승에 의한 것이 아니라 오히려 단순히 다른 이유에서 나온 <134좌> 동일한 사정의 성격에 상응하는 것일지라도, 그리스도교 초기에 수도원 경영은 이집트 이교와 매우 일치하므로,92) 전통을 계승한 것은 거의 의심의 여지가 없기 때문이다. 프톨레마이오스 시기의 신전 경영은 겉으로 보기에는 자신의 소득을 오로지 또는 주로 자신의 (소비 및 제사의) 필요에 사용하는 자연경제 오이코스에게서 나와 화폐경제 영업의 복합체로 성장한다. -그 시초는 의심의 여지없이 (앞을 보시오) 이미 민족-이집트의 시기로 소급된다. 신전은 현물로 들어오는 원료를 소비할 수 있도록 예전부터 분명하게 맷돌 그리고 아마도 때에 따라서 화덕을 보유하고 있다. 경우에 따라서 신전은 곡물을 추가로 구입하여 가루를 만들고 (헬리오폴리스) 아니면 자신의 맷돌을 충분히 이용하기 위해서 반대로 한다. 신전이 맷돌을 임대하는데 (소크노파이우 네소스),93) 왜냐하면 그것에 대한 사용법을 전혀 몰랐기 때문이다. (소크노파이우 네소스에서 연간 임대료는 120 드라크마이다.) 임금 작업으로 제분하였으며 제삼자를 위해서 빵을 구웠는지는 확인되지 않은 상태이다. 신전의 수많은 맥주 양조장에서 시장 생산이 이루어졌음은 의심의 여지가 없다. 그에 비해서 뷔소스94)는 오래전부터 파라오와 신전이 지닌 "오이코스"의 시장 생산품이었으며 이 오이코스들이 (아마도) 국가 독점으로 인해서 오로지 자가 수요를 위해서만 생산하였을 가능성이 있다. 분명히 독점이 도입되면서 여러 세입법들이 올리브유에 관련된 이런 사항을 정하였다. 파라오의 말기에 그리고 로마 시대에 올리브의 수요가 늘어나면서, 개인이 가진 올리브를 독점에서 벗어나 가공하는 것이 대두하였다. -신전은 더 나아가 예전부터 매우 다양한 건축 수공업자와 화공이

---

92) 이처럼 이집트 신전의 공업이 그리스도교의 수도원 공업의 전형으로서 간주하는 것은 Otto, 『헬레니즘기 이집트의 사제와 신전』, 1, p. 299 이하 참조.
93) Soknopaiu Nesos: 이집트 파이윰의 고대주거지로, 유적명은 디마이이고, 규모는 660m×350m이며, 그리스 로마시기에 전성기를 맞이한다.
94) Byssos: 가는 아마포를 짜는 실이다.

필요하였다. 사후에 입증되고 있는 대로 신전을 통해서 영업 허가세를 국가에 납부하는 것이 프톨레마이오스 시기의 신전이 그런 수공업자를, 오토의 주장처럼, 이익을 획득하기 위해서 부렸음을 의미하는지는 확실한 것으로 보이지 않는다. 그들이 자유인이었다면, 그들이 왜 스스로 시장에서 자신의 기량을 사용하지 못하였는가에 관해서 통찰할 수 없다. 오히려 그들은 신전 콜로누스였거나 (그렇다면 입증되고 있는 것처럼, 신전을 통한 영업 허가세의 징수는 분명했을 것이다. -그러나 신전 수공업자의 예속에 관한 증거는 없다.) 아니면 확실히 -그리고 이것은 가능성이 있는 것인데- 계약을 통해서 확정되고 오로지 신전의 수요를 위해서 참여한 자유인 건축 및 기타에 종사하는 수공업자였을 것이다. 그러하다면 신전이 영업 허가세를 국가에 선납하고 수공업자에게서 징수하였다는 것은 이해할 수 있다. 왜냐하면 이 경우는 다른 경우와 마찬가지로 (이점에서 오토가 옳다)95) 조세기술상 신전이 영업 보유자로서 간주되었던 것이기 때문이다. <134우> 그러나 신전을 위한 수공업자의 기량이 어떻게 해서 최종 결과로 판매 생산에 도움이 되는지에 관해서는 의문의 여지가 많다. 대체로 범위로 보거나 늘 기원으로 보면, 언제나 이것은 "오이코스"의 부속물이다. 이를테면 때에 따라서 생기는 표백 작업처럼 영업 목적을 위해서 마련한 내구 "설비들"은 신전이 자가 수요를 위해서만 아니라 이익을 얻기 위해서도 사용한다. 특히 올리브 압착기가 그러하다. 그리고 중개 무역업은 입증되지 않는 반면에, 예전부터 오리엔트의 모든 신전이 하는 것처럼 현물 담보에 대하여 대부를 한다. (이자율 6%는, 공공 임차가 낮은 것처럼, 고의로 상당히 낮은 것이다.) 이 모든 영업의 범위는 (한 소규모의 신전96)이 전체 현금 수입의 1/8인 1,295드라크마를 영업세로 국가에 납부한다) 오토가 순수하게 영업기술상 신전을 (왕의 독점 생산과 더불어서) 이집트의 최대 "산업"이라고 명명할 만한 것이었다. 그러나 시장 생산의 범위가 계속해서 문제이며, 결과로 (오토에 의한) "공장"의 개념은 확실하지 않으며, 게다가 고용된 수공업자(오토는 "노동자"라고 한다)97)의 계약 관계의 성격이 그 직업의 경제 조직의

---

95) Otto, 『헬레니즘기 이집트의 사제와 신전』, pp. 304-307.
96) 이것은 소크노파이우 네소스에 있는 악어신 소크노파이오스(Soknipaios) 신전의 기원후 3세기 사정을 지시한다.
97) Otto, 『헬레니즘기 이집트의 사제와 신전』 p. 294 n. 3.

성격만큼이나 의심된다. 신전에는 농업 대기업이 **없었음**이 분명하다. 신전지는 (아주 줄곧) 소작된다. 자가 소비를 초과하는 현물지대에서 나오는 잉여는 매각된다.

　강력한 왕의 "오이코스"와 사제들의 오이코스가 병존하는 것, '사람들을' 다루는 것 등, 이 모든 것은 그 자체에서 생성되므로 사람들은 여기에서도 근대 개념을 적용할 때 신중해야 할 것이다. -예를 들어서 분명히 헬레니즘 시대에 '신용장'을 사람들이 알고 있을 가능성이 있다. 이는 품위 있는 여행자에게는 필수이다. -그 시대에는 원래의 주문 약관이 없을 경우에는 지방 태수의 약관, 즉 **공공** 채무 증서를 위한 것이 있다.- 그 시대에 사람들이 환(換)을 알고 있었을 가능성은 없는 게 확실하지만, 비잔티움과 아랍인들이 완성시킨 발전의 단초는 존재하였을 것이 틀림없다. 그라덴비츠가 제시한 바처럼,[98] 그 시기에는 고도로 발전한 은행 지불 교역이 알려져 있었다. 마지막으로 특히 곡물에 대한 선물투기(先物投機)가 있었다. 그리고 우리는 이 시기에 매우 현저한 빈부격차를 발견한다. 이는 거액에 달하여 액수로는 수십만 마르크가 되며, 개별로 보면 수백만 마르크를 넘는 개인 재산도 있었다.[99] 이 규모는 로마 말기나 되서야 넘어설 정도이다. 그러나 예를 들어서 11세기와 12세기 제노바에서 나오는 사료와 <135좌> 13세기와 14세기 피렌체 상인의 장부를 볼 때마다, 화폐거래 기술의 우월함뿐만 아니라 고대에 비해 경제가 "**자본**"으로 훨씬 더 가득하였다는 점이 지시된다. 이를테면 중세에는 도시의 위기상황에서 무이자의 **강제** 차입을 통해서 점유 계층들에게 **부담**을 지우는 것에서부터 점유자의 편에서 이자 및 배당금을 수반하는 국가 채무에 대한 배당 증권을 발생하는 형태로 도시의 위기 상황을 이용해 먹는 것으로, 그리고 너 나아가 지대매입 형태의 공공차입으로까지 발전하였다. 헬레니즘 시대에는 재산세와 더불어 성채(람프사코스),[100] 지방 단체의 초지(오르코메노스),[101] 오로지 어쩌다 세관(크니도스)을[102] 한번은 전체

---

98) Gradenwitz, "Zwei Bankanweisungen aus den Berliner Papyri," *Archiv für Papyrusforschung und verwandte Gebiet*, 2, 1903, pp. 96-106을 지시하는 것으로 보인다.
99) 이 보고는 폴리비오스 21.26.14에 나오는 아이톨리아 인 알렉산드로스 이시오스Alexandor Isios의 재산이 200탈란톤인데, 이것은 당시에 1백 2십만 마르크로 환산된다. 플루타르코스, 『아기스』 9 에는 아기스 왕이 재산 600탈란톤을 희사하는 장면이 나온다.
100) Lampsacos. 헬레스폰트에 위치한 고대 그리스 도시이다.
101) Orchomenos: 서부 아르카디아의 오래된 도시유적지이다. 헬레니즘 시대에는 아르카디아 연맹을 거부하고 아이톨리아 편에 선다.

공공의 그리고 개인의 재산을 담보로 하여 차입하는 것, 그리고 그 외에도 도시의 개별 채권자에 대한 회계장의 (아르케시네) 인신 보증이 긴급 수단으로서 존재한다. 오로지 로마에서만 아마도 일종의 "주식회사"에, 겉으로는 아니지만, 실제로 유사한 발전을 향한 단초가 지시된다. 그렇지 않으면, 그것은 도처에 오로지 불완전한, 협상 가능한 배당을 지닌 합자회사이다. 토지 및 노예의 임대료에 투자되지 않은 자본은 이제 근본으로 상업 자본이다. 대규모의 중개무역이 이집트에서는 매우 중요하다. 인도양을 통과하는 수자는 (로마 시기에) 이미 서문에서 열거하였는데, 레우케 코메103)에서 25%의 가격 관세는 아라비아의 중개 무역을 딴 곳으로 가게 하였다. 테바이에 있는 한 상품 집하소의 관세 부과는 가격으로 거의 4 탈란톤이 된다. 알렉산드리아 인은 (빌켄104)의 해석에 의하면) 나라 전체의 거의 절반을 기여하였음에 틀림없다. 그러나 "대규모 공업"과 관련하여, 비록 확실히 양(量) 차이가 특별한 의미가 있다는 것이 의심의 여지가 없는 것으로 발견되지만, 원칙상 고전-그리스 시기와 다른 것이 없다. 예를 들어서 알렉산드리아 인과 관련해서 자신의 재산으로 연대 병력을 징집할 수 있는 사람들에 (역사가들은 "공장주"에 관하여 말한다) 관해서 우리에게 설명하는 경우, 그것은 그 자체로, 기원전 5세기의 전환기 경에 니케라토스의 아들 니키아스가 이미 (1,000명의 노예를) 지니고 있었던 것처럼,105) 노예 점유의 집적과 더불어서 아마도 토지 점유(무역에 번 돈의 투자)의 집적에 대한 증거에 불과한 것이지 "공장"에 대한 증거는 아닐 것이다. 보다시피, 알렉산드리아 인에 의해서 독점된 파피루스 가공에 관해서,106) 그와 관련된 에르가스테리온이 어떠한 영업 기술과 경제 성격을 지니고 있었는지는 아직 <135우> 연구되지 않고 있다. 문서상 에르가스테리온 즉, 어쩌면 부속된 도구를 갖춘 노동 작업장의 임대가 발생한다. 예를 들어서 소크노파이우 네소스에서 한 '올리브 압착기'107)

---

102) Knidos: 터키의 서남부에 위치하여 상업에 유리한 도시이다. 헬레니즘 시대 이곳에 의학교실이 있었다고도 한다.
103) Leuke Kome: 홍해 해변에 위치하며, 이 자료는 기원후 1세기에 해당된다.
104) Wilcken, 『그리스 도편』, p. 415f.
105) 이 기사는 크세노폰, *Peri poron*, 4.14에 나오는 것으로서 기원전 413년 이전, 아테네인 니키아스가 매일 1000오볼로스를 지불한다는 조건으로 라우레이온 은광에서 일할 노예 1,000명을 임대한다.
106) 이 판단은 파피루스 제조가 왕의 독점이었다는 일반의 생각에 대립된다.
107) 올리브 압착기=ἐλαιουργῖον. 기름 제조=ἐλαιουργία.

가 7개월 간 즉 "농번기"에 100드라크라로 임대되었을 때 (그것은 더 흔하고, 대체로 도구의 마모와 손상에 대한 보상으로 발생하는 것이다), 사람들은 차이점을 이해하기 위해서 근대 "공장"의 임대가 저 사료와 유사한 기한과 조건에 따라서 이루어졌는가에 관해서 한번 질문해야 한다. 그밖에 프톨레마이오스 시기에는 이 종류의 "고정 자본"이 왕의 점유나 신전의 점유에서도 다수였다. (개인에 의한 '기름 제조'는 나중에만 나오고, 기타 개인 에르가스테리온은 프톨레마이오스 시기에도 존재한 것으로 드러난다.) **숙련된 노동** 노예의 점유는 오로지 대도시(이집트에서는 알렉산드리아)에서만 상인의 손에서 의미가 있었다. 왜냐하면 이집트의 경우 으레 수많은 내륙 도시와 촌락에 이제 고갈된 것으로 나타나는데, 노예 점유는 드물었으며 (기원후 192년에 한 촌락에서 7%가 부역 의무를 지고 있었다) 그리고 주로 그것은 **가사** 노예에 국한되었다. 이것은 "중왕국" 이래로 형성되었고, 18왕조의 약탈 전쟁이 소멸된 이래로 그리고 전쟁 포로의 도입이 없어진 이래의 상태처럼 (앞을 보시오), 우선 이집트 사회구조가 지닌 역사 유산의 결과였다. 사료에는 노예점유자로서 등장하는 사람들이 특히 그리스인이지만, 그들만은 아니다. (후에는 로마인도 그렇다.) 물론 이는 다음의 사실과 다시 관련된다. 즉 겉으로 보기에 경제상 성장하는 모든 "시민" 요소는 사회 환경에 상응하여 이름과 언어에서 그리스인화 하였고— 반대로 몰락하는 요소는 흔히 이름과 거주지에서 이집트의 환경에 순응하였다. (따라서 이집트에서 그리스다움이 위축되는 것을 로마 시기부터 비잔티움 시기에 이르는 경제 몰락의 시기에 인식할 수 있다.) 무엇보다도 공급의 고갈로 인해서 노예의 가격은 심각한 말을 전해 준다. 옛 그리스에서 기원전 304년과 194년의 평화 조약에서 포로된 노예의 해방가격은 500 드라크마인데, 로마 시기에는 한 여자 노예가 (물론 항상 더 비싼 가격이 지불된다) 2,500드라크마의 비용이 든다. 임대하기 위해서 노예를 양육하고 교육하는 것은 임대수입을 올릴 수 있는 영업임에 틀림없으며 (서론에 인용된 아피아노스의 구절을 보시오) 그리고 바로 고 그리스의 경우처럼 발생한다. 그러나 사람들이 위험이 크다는 점을 다음과 같은 보고에서 인식한다. 예컨대 이집트의 한 계약서는 유모와 노예 아기의 양육에 관하여 작성한 것인데 <136좌> 노예 아기가 죽는 경우에 유모 자신의 아기를 대신하도록 한다. (노예 모는 -남성 노예보다 훨씬 더 드문데- 1. 일부는 창녀이고 2. 다른 사람들인데, 후자에게서 자신의 아이를 언제든지 뺏을 수 있었던 탓에, 아이의 양육에 대한 자기 관심이 이에 대한 유모의 경우보다 별로 더 크지 않게 드러난다. 아이들은 대체로 종교나 군사로나 경제상 더 중요한 점유로서 **가치가 매겨지는** 곳에서나 입법이 유사한 근거에서 간섭하는 곳에서, 고대 전체에서 단순히 거래 대상으로 확고하게 존속하였다. 물론 소시민 계층에는 내면에서 우러나는 가정 생활에 관한, 의심의 여지없는 증거가 때때로 있다.) 언제나 노예 영업은, 더군다나 노예를 이용한 **대규모** 영업은 이집트에서는 아마도 농업 경영을 제외하고는 전혀 아무런 역할을 수행하지 않았을 것이며, 비록 나름의 모든 결과를 지닌 개인의 형벌이 헬레니즘 시대의 법에서, 이를테면 미타이스108)가 지시하다시피, 존속하였음에도 불구하고, 채무 노예를 착취하는 형태로는 (사료가 지시하는 바처럼 바로 이집트에서도) 이루어지지 않았다. 수공업은 자유인이 행하는 전문화된 소규모 수공업이다. 도처에서 수공업자는 하나나 몇 명의 노예를 노예 점유자에게서 임대하거나 아니면 거꾸로 자신을 위해서 노예를 자신의 도제로 받아들인다. -오래 전부터 완전히 그러하다. 자유 노동을 지닌 "대기업"은 신전 영업의 경우에 발견되며, 이에 관해서 그리고 그 경제의 성격에 관해서는 앞에서 언급되었다. 확실하게 그 자체로서 가능성이 있는 것은 그들이 도처에 존재하였다는 점이다. 비잔티움 시기 상 이집트에서 면화 생산과 관련하여 수백명의 "자유인"으로 구성되며 단지 **현물로만** 급료를 받은 노동자를 거느리는 "영업"에 관해서 이야기되는 경우,109) 첫째의 질문은, 자세히 관찰해 보면 흔히 그저 그렇듯, 그들이 **가내** 영업을 (또는 단지 조세 납부만) 수행하는 소농이 아닌가 하는 것이다. 더 나아가 "자유"를 지닌 비숙련 노동자가 그 노동력의 이용에서 어떻게 존재하는가는 참으로 불확실하고, 앞에서 설명한 '필라델포스'110)의 규정의 관점에서 보면, 의문의 여지가 있다. 한 일의 분량에 따르는 고정 **임금**과 관련해서, 올리브 압착기는 한 드라크마를, 그리고 노동자는 두 드라크마를 받았기 때문에, 프톨레마이오스 행정의 사회 정책이 현저히 높은 수준이라고 그렌

---

108) Mittheis, 『로마 제국 동부 속주의 제국법과 인민법*Reichsrecht und Volksrecht in den Östlichen Provinzen des Römischen Kaiserreichs*』, Leipzig, 1891, p. 55.
109) 면화업에 관한 설명은 플리니우스, 『자연사』 19.1.14에 나오며 시기는 기원후 1세기이다. 그러나 베버가 언급하는 종류의 직업에 관해서는 직접 증거가 없는 듯하다.
110) philadelphos: 형제애라는 뜻이다.

펠이 보고자 하는데, 분명하게도 그에 관한 근거는 전혀 없다. 즉 각 노동자에 대한 1/3 배당은 기업가에게는 완전히 존경할 만한 "착취율"을 제시한다. 그밖에도 행정은 가장 자기 나름의 이해관련에서 노동자의 보수로 **전통**의 액수를 제시하고자 하였다. 이는 이미 고 이집트에서 매우 빈번한 노동의무자의 파업을 촉발하였는데, 그들의 불변하고 배척하는 <136우> 구호는 "우리에게 우리의 빵을 달라"111)였다. 자세히 말하자면 그것은 옛날부터 그들이 "일용할 빵"112)으로서 습관인 것이었다. "자유" 노동을 이용하는 기술과 경제의 성격과 방식에 관한 논구는 확실히 바람직한 것이겠지만, 쉬운 것은 아닐 것이다. 서론에서 언급되기를 "노동제공자의" "자본주의" 개념이 발전하는 것처럼 **보인다고** 할 때, 항상 이것은 이제 다음과 같은 점에서 해석되어야 한다. 즉 사료의 상태에 따르면, 심지어 **외견상**으로도 그것은 잠정 상태로 남는다는 것이다. '노동제공자'는 "기업가"가 아니라 **고객**으로서, 일종의 노동을 "허용하고" 단지 **예외로** 이를테면 "건축주"인 경우에는 (오늘날처럼) 일종의 "고용주"류의 지위에 이를 수 있는 사람이다. 그에 비해서 "계약자"는 바로 매우 큰 작업 시에 (공공의) 에르고라본113)("피고용인")이라는 호칭을 지니고 등장한다. 마찬가지로 우선 파피루스 사료를 더 광범위하게 이용하면, **영농**에서 대개는 개인 **대기업**이 얼마나 있으며 이 조건 하에서 프톨레마이오스 시기에 특히 또는 완전히 자유로운 계약 노동자들과 더불어 얼마나 그런 것이 존재하였는지를 가르쳐줄 수 있을 것이다. (로마의 사정과 관련해서는 "콜로나투스" 항목을 보시오.) 고전 그리스의 법은 대부금을 못 갚은 채무자에 대해서 사형(私刑) 그리고 특히 강제집행 문서를 도입하였는데, 그것은 고 이집트의 "산치sanch"문서에는 마치 다른 신정정치 법률과 마찬가지로 낯선 것이었다.114) 그러나 일리리아와 아시아를 (여기에서는 로마의 조세징수 청부경제의 결과인데, 뒤를 보시오) 제외하고, 이집트가 "오브아이라티"(채무 예속인)를 농업 노동자로서 이용할 줄 알고 있다는 바로의 보

---

111) 이 구호는 주기도문에 따른 것으로 보인다. 그러나 이런 형태의 전승은 없으며, 20왕조 시기의 파업은 주로 곡물분배에 관련되어 있다.
112) 『마태복음』 6.11, 『누가복음』 11.3에서 인용한 것이다.
113) ἐργολαβών: 작업을 완수하기 위해서 계약하는 사람, 고용되어 일하는 자라는 뜻이다.
114) 이집트어로 산치sanch는 생계라는 듯인데, 이는 기원전 4세기 이래로 전해진 혼인 계약이다. 여기에서는 신부가 가지고 온 총액 특히 이혼시에 남는 총액이 정해져 있다. 이는 이집트에서 시행된 그리스 법과 대비하여 '고 이집트식'이라고 지시된다.

고115)에서 양(量)으로 얼마나 그러하였는지에 관해서 우리는 아는 게 없다. (더 후대에 나오는 고유한 "콜로누스들을" 파울 마르틴 마이어는 그들과 동일시하고 있는데, **법으로는** 구별되어야 한다.) 예를 들어서, 수확 노동을 위해서 자유인으로서 일한 만큼 받은 노동자는 동시에 영업의 범위를 추정하게 하는 계약에서 발견되고 있다. 이를테면 54 아루라에 (곡식을) 파종하는 데 -얼마나 많은 휴경이 적용되었는지는 알 수 없다- 노동자는 아루라당 (분명하게 타작을 포함하여) 5/6 아르타베의 (자연히 타작된) 곡물 수확에 대해서, 물 그리고 마지막 날에는 (말하자면 "추수감사제를 위해") 맥주를 받는데, 곡식단은 주인이 (한 쌍의 소를 가지고) 스스로 모아야 한다. 그 영농은 아마도 25 헥타르의 규모일 것이다. 매번 더 큰 규모의 영농은 더 큰 규모의 토지 **점유**의 범위 뒤에 머문다. 왜냐하면 개인 간 임대 문서를 보면 **분할** 소작이 발생하였음을 알 수 있기 때문이다. 더욱 빈번하게 사실상 **대규모로** 위임된 개인의 토지 점유가 발생하는 것은 우선 분명히 로마 시기에 속한다. <137좌> 로마에서는 황제의 시여와 개인의 매입과 더불어 무엇보다도 로마의 속주 관리들에게 일상의 방식으로, 토지 점유는 어떤 경우 (황제 직할 속주임에도 **불구하고!**) 7,000 아루라에 이르기까지 집적되었다. 이집트식 **지주**의 고유한 유형은 언제나 소규모 소유자지만 이들은 주로 소작인으로 남아 있었다. 토지의 세분화는 흔히 강력하다. 예를 들어 4 조각의 토지를 상속받았는데, 1/2 아루라와 3과 1/2 아루라 사이의 면적으로 두 촌락에 (이것들 중에는 매각자의 출신지가 없다) 산재되어 있으며 거기에서도 다른 조각들로 분할되어 있었다. (『라이너 파피루스』 1, 428)116) 이 강력한 점유의 세분화 그리고 근본으로 작업의 강화에 상응하는 것은, 베셀리의 연구를 통해서 밝혀진 것처럼, 국세가 밀을 경작하도록 유도하는 압력에도 불구하고, 토지 경작이 지닌 특별한 다면성이다. 돌려짓기에 관해서 말하자면, 개량된 이포제나 삼포제 영농에 관해서는 순수한 채원 경작과 더불어서, 이미 앞에서 약간 언급하였다. 가축의 상태는 당시에 사소한 것은 아니었던 것으로 보인다. 낙타는 가축화되었고, 공공 부역 및 군수품 수송과 관련한 중요성으로 인해서 (노새 말고도 몇

---

115) 바로, 『농촌의 일에 관해서』 1.17.2. 오늘날은 obaerati(채무자들) 대신에 obaerarii(청산이 불가능한 채무자)로 읽는 것이 일반이다.

116) Papirus Rainer: 이는 베버가 베셀리, 『고문자와 파피루스학 연구*Studien zur Palaeographie und Papyruskunde*』 Leipzig, 1901, p. 61에 나오는, 미편집된 파피루스 번역을 토대로 삼고 있다.

몇의 수행 능력이 있는 운송용 동물이 그러하다) 낙타를 점유하고 있는 것은 -문서로 보면 개인 점유자나 약 5 마리까지 낙타를 보유한 중간 점유자가 나온다- 세심하게 대장에 기재되었다. 소농들이 소를 점유하는 일은 대체로 거의 없었다.

평야의 사회 **상태**에 관련하여, '농촌들'에서 토지 점유의 성격에 관하여 그리고 촌락들이 아마도 공동지로서 **경작지**도 지니고 있었는지에 관해 (배리117)에 의해서 간행된 파피루스에 의해서 추론되는 것처럼) 더 확실한 것은 없다. 그들이 짐을 나르는 동물을 가지고 있었고 (아마도 곡물 수송로 근접한 곳에서 가지고 있는 것이 **의무로 부과되었을** 것이다) 이를 임대하였다는 점은 사료가 제시하고 있다. (로마 시기 '농촌'의 운명에 관해서 "콜로나투스" 항목을 보시오.) 그밖에도 하층민에게는 대체로 공동체 경제에 (앞을 보시오) 대한 향수가 확고한 역할을 하였다. 단지 그들에게서만 아니다. 점유 소시민 계층도 경제상 특히 빈번하게 다수로 등장한다. 더 많은 사람들이 공통으로 대부를 하거나 아니면 (특히) 받으며, 흔히 매우 작아서 얼마 안 되는 퍼센트에 이르기까지 내려간 부분을 공동의 집들이 차지하며, 실로 개별로 더 많은 가구들에게서 1/10, 1/30 등을 차지한다. 그래서 지대를 가져도 그것이 필요한 점유를 앞서지 않는다. (또는 매번 그런 것만은 아니다.) 유사한 것들이 드물지 않게 발견되는 곳이 바로 (옛날부터 그러한데, 앞을 보시오) <137우> 임대의 경우인데, 조세징수 청부에서 소규모 임대에 이르기까지 그러하다. (예를 들어 **공유지** 임대를 위한 연합 계약이 있는데, 이에 관해서는 『암허스트 파피루스』, II, 94. 빌켄, 『파피루스 연구를 위한 문서고』, II. p. 131을 보시오.)118) 이들 수많은 공동체들은 경제상 (자연히 **자본**의 집적과 더불어) 분명하게도, 중세 초기의 많은 제도가 그러하듯이, **보험**의 목적에 이바지한다. 그들은, 채권자·임대자·점유자(예를 들어 화재 시에 가옥 점유자)의 이익을 분할하듯이, 채무자나 소작인의 공동 보증을 통해서 마찬가지로 위험을 분할한다. 그에 비해서 비록 그 범위가 흔히 오늘날 부모-자식의 공동체를 넘어서는 것이기는 하지만, **가족**은 공통으로 자신의 편에서

---

117) Barry, *Un Papyrus Grec: Petition Des Fermiers De Soknopaiou Nesos Au Stratege*, 1903, p. 200.
118) *Papiri Amherst*: 람세스 9세 하에서 일어난 무덤 절도에 관한 재연기록을 담고 있는 문서로 매장과 사후세계에 대한 관념을 보여주는 중요한 문서이다. 19세기 중엽에 구입되어 전해지는데, 암허스트 레오볼트 파피루스라고도 한다. Wilcken, "I. Die ägyptischen Beschneidungsurkunden," *Archiv für Papyrusforschung und verwandte Gebiete*, 2, 1903, pp. 4-12.

파라오의 시기 이래로 이미 비중으로 보아 소가족이다. 그리스인 가장들은, 마치 그들이 그리스 고전기의 씨족 후견에 오리엔트에서는 낯선 군국주의 폴리스라는 제도를 부여한 것과 마찬가지로, 변형을 가하였다. 그렇지 않았다면, '완전 혼인' (엥그라포스 가모스)119)과 '미등록 혼인'이 계속 병존할 것이다. (이집트의 경우는 앞을 보시오) '완전 혼인'은 혼인에 의한 동거의 경우에, 혼인에 따르는 신의, 자녀의 완전한 상속권을 의미하며, (사실혼에 의한 자녀의 상속은 완전한 권리를 지닌 자녀에 비해 후순위이다) 부인의 실제 혹은 허구의 지참금 및 죽은 남편이 지닌 재산의 상속과 합치되었다. 그밖에 사료상으로 혼인에 따르는 남자의 신의를 계약상으로 약정하는 것이 다시 늘어나는 그리스도의 시기에 이르기까지 성(性)의 계약 자유가 존재하였다. 여자에게 스스로 접근하는 자가 그 손을 잡았을 경우, 양육비를 지불할 때까지 여자의 가족이 그를 매질한다. (그렇게 여기에는 신성함이 부여된다.) '아버지를 모르는 자들'은120) 결코 사회로나 법으로 결코 손해를 보지 않는데, 이는 마치 성채 폴리스에서 이미 "조합"-근거에서 (그리스 본토의 경우를 보시오) 그런 것과 같다. 베셀리가 심혈을 기울여서 우리에게 전체 이집트 도시의 1/4로 구성해 준 주소록에서 우리는 다음의 사실을 본다. 즉 그들은 흔히 전체로 어지간하게 유복한 사람들이었다는 것이다. (바로 경제상으로 확고한 여자는 자연히 "자유" 연애를 "할" 수 있었다. 이는 **오로지 그들만이** 그 "혜택을 볼" 수 있는 것과 마찬가지다.) 전과 마찬가지로 후에도 빈번한 자매혼은 상속 분할을 막는 데에 이바지하였으며, 베를린 파피루스에는 이미 15세와 13세의 자매에게 그런 일이 발생하는 것이 기록되어 있다.121) 그리스의 유언장이 도입되었으며, 그와 더불어서 그렇지만 (다중혼에서 비롯하는) 이집트의 혼인 및 상속계약이 지속되었다.

사유지 소유권은 옛날부터 등재되었다. 로마 시기부터 -보다시피 프톨레마이오스 시기는 아니다- 그것에 저당을 지우는 것은 (5년마다의 개정과 아울러) 등기된다.

---

119) ἔγγραφος γάμος: 신고가 된 혼인, 정식혼의 의미이다. 베버는 Vollehe로 번역하였기에 이른 따른다.
120) ἀπάτορες: 아버지가 없는 자, 아버지를 모르고 태어난 자라는 뜻이다.
121) 이는 Wessley, *Karanis und Soknopaiu Nesos*, p. 22에 근거한 것인데, 25세와 13세의 자매에 대한 예만 나온다.

<138좌> 고 이집트와 아울러 프톨레마이오스 시기의 상태와 관련하여 독특한 것은 두 시기의 경우 언제나 다시 (프톨레마이오스 시기와 관련해서 최근 마스페로[122])에 의해서 주장된) 본래 개인 재산권이 존재하지 않았다는 테제가 설정된다는 점이다. 오로지 수많은 매각 및 저당과 관련한 문서들은 그 반대를 입증한다. 물론 저당권은 (만기시 채권자의 독자 점유 취득은) 매우 엄하였고 고전 그리스 시기에 최초로 완화되었는데, 이는 실제 소규모 재산 소유자의 상태를 매우 불안하게 만들었다. 많은 분야에서 더욱이 추첨지, 신전지, 왕령지가 거의 유일할 정도로 우월하였으므로, '농촌'은 이집트에서 토지 분할의 기본 단위로 남았으나, 오로지 촌락의 초지로 구성된다. (앞을 보시오) 그리고 무엇보다도 **조세의** 종류와 액수로 인해서 이점과 관련하여, 의심의 여지도 없이, 마스페로의 테제가 매우 분명하다. "소유권"은 예전부터 국가 의무를 수행한다는 **전제 조건**과 결부되어 있는데, '왕실지'와 추첨지 보유자의 토지에 관련된 다양한 점유 상태와는, **본래** 상속과 매각에서 국가의 간섭이 없다는 점만으로 **구별된다**. 그에 비해서 국가 소작인들에게는 사람들이 이 **권리** 구별에 입각하여 보는 경우, 경제상 순수히 **소규모** 소유자가 지닌 상태의 차이란 별로 대단하지 않았다. [바로 부담은 **성격** 면에서 동일한 형태(**고정된**) 부담으로 토지 구획의 '전품(田品)'에 따라서 그리고 (특히 동일하게) 그때그때에 소작 지대보다 단지 1/3 정도 낮았다. 그래서 으레 **특권화된** 토지만이 (특히 '정착민'의 토지가) 소작의 대상이 될 수 있었다.] 그에 비해서 개인 소작인은 으레 국가 소작인보다 더 부담이 높다. 프톨레마이오스 및 초기 로마 시기에는 문서에 따르면 분익 소작료가 수확의 1/2에서 2/3 사이를 오갔으며, 고정된 현물 소작료는 아루라당 3에서 7과 1/2 아르타베 사이였다. (이는 통상 종자의 3배에서 7½배이다.) -후에는 액수가 1~9 아르타베이다- 국세는 아루라당 6과 1/2 아르타베에 이르는 액수로 부과된다. 소작 대상은 2 아루라에서 36과 1/2 아루라(0.56 헥타르에서 10 헥타르) 사이이다. 소작 기간은 1년에서 4년 사이인데, 5년인 경우도 한 사례가 있으며, 이집트의 연간 소작에 비해서 이런 조건에서 소작인의 처지는 또한 참으로 약간 더 나았다. 분익 소작과 더불어 혼합 소작, 즉 현물 납부와 더불어서 **현금을 납부하는** 소작이 발생한

---

[122] Maspero, 『이집트 라고스 왕조의 새징 Les Finances de l'Egypte sous les Lagides』, Paris, 1905, p. 10.

다. 로마 시기에는 점점 현금 소작이 3세기의 거대한 전환기까지 증가하였다. 이런 변이와 나란히 가는 소작인 신분이 처한 일반 **상황**의 변화는, 어느 특정 정도로, 정선된 계약의 **형식서** <138우> 에서 추론할 수 있다. 이에 관해서는 바신스키[123])가 소중한 작업을 통해 분석하였다. 고 이집트의 전통은 **연간** 소작으로, 소작인에 대한 일방의 의무 부과이다. 프톨레마이오스와 초기 로마에서는 더 긴 소작 기한을 지닌 것과 병존하여서 소작인 일방의 소작료 제공이 엿보인다. 이것은, 이어서 받아들인 경우, 임대인을 통한 실행이 있거나 없거나 간에 계약으로서 유효하였다. 개인 수기문서의 교환, (또한 양편의 동등한 위치) 공증 서류 (마찬가지로) 그리고 "동의" (마찬가지로) 그와 더불어서 소작인의 "일방의 동의"도 진행되었다. 이것은 마지막으로 4세기부터 독점을 확보한다. 소작인은 이제 다시금 지주의 근본 "노동력"이며, 가장 분명하게는 비잔티움의 분익 소작에서 그러하다. 이는 아마도 독점 하에 원하는 대로 **지주**가 강제로 부과하는 현물-노동 계약이 될 것이다. (이 발전에 관해서는 "콜로나투스" 항목을 보시오.) 농촌 주민 중 하층민이 초기 프톨레마이오스 조와 이어 다시 초기 로마에서 받아들인 늘 참을만한 사정에서부터 몰락에 이르는 것은, 다른 누구보다도 슈바르트[124])에 의해서 편집된 베를린 그리스어 파피루스가 입증하는 것처럼, 아마도 3세기의 붕괴 **이전인** 마르쿠스 아우렐리우스의 치세에 시작할 것이다. '펠라케'가 수천 년 간 유지한 생활력을 고려하면, 오늘날 그렇게 좋은 평을 받고 있는 민족 몰락이라는 "생리학" 가설을, 완곡해서 말해, 호의로 받아들일 수 없고,[125]) 더욱이 쇠퇴하는 주민에게서 소작이 **증가하였기** 때문에, 보기에 단순하게 "공급과 수요"에서나 **또는** 지나버리고 마는 경기 침체에서가 아니라, 로마 제국 **사회** 제도의 작동에서 전체의 프로세스를 밝혀야 할 것이다.

비록 대강의 모습을 그린 것이기도 하고 하나하나 꼼꼼하게 할 수 없는 불가피성이 있기는 하나, 자신의 행정 기술과 경제에서 가장 "합리화된" 헬레니즘 국가에 대한 이 관찰에 따르면, 근대의 의미에서 "자본주의"에 관해서는 단지 제한된 정도

---

123) Waszyński, 『토지임차: 농업사에 관한 파피루스 연구 *Bodenpacht: agrargeschichtliche Papyrusstudien*』, I, B.G. Teubner, 1905, pp. 11-46.
124) Schubart ed., *Berliner griechische Urkunden*, Band, 3, 1903, p. 225 이하, Nr. 902-903으로 보인다.
125) 이는 인구 감소의 원인이 아루렐리우스 치하에서 있었던 페스트 때문이라는 빌켄의 주장을 비웃는 것이다.

로 언급할 수 있을 뿐이다. 그리고 **국가** 경제 특히 재정 경제는 개인의 "자본"이 자신의 영역에서 이익을 누릴 여지를 매우 강하게 억제하였으므로, 바로 자본주의에 대한 "억압"에 관해서 말해도 좋을 것이다. 그러나 신전 경제는 당시에 중세 수도원 경제처럼 –오히려 확장 영역을 제거하였으므로- 거의 "자본주의"의 운반자가 아니다. **화폐** 경제와 관련되지만 줄곧 소시민·소농·소수공업자와 관련된 토대, 이와 더불어서 중간 **규모의 상업** (그러나 이 경우 도처에 존재하고 있는 **내륙** 관세청이 지니는 의미에 관해서 적게 평가해서는 안 된다.) 그리고 <139좌> 무엇보다도 국가에 대한 '공공봉사,' 국가 독점주의와 국가 규제는 전체로 "근대"와는 경제·**사회상으로** 완전히 다른 형태이다. - 사람들은 터키의 콘스탄티노폴리스를 일종의 "근대" 도시로 부르고자 하는 경우도 있을 수 있다. 참으로 헬레니즘은 "화폐경제"와 "자본주의 경제"가 얼마나 동일한 것이 아닌지를 예시하는 데에 적합하다. 무엇보다도 화폐를 주조하기 이전 시기 카르타고는, 사실상 "동괴"를 쓰던 시기의 로마 자체도 "라고스 왕조의 민족 경제"보다 더 강한 "자본주의" 형태였다.

헬레니즘 시기의 거대한 아시아 지역에 관하여, 이집트와 같이, 분명한 상은 결코 얻을 수 없다. 이미 시민법에 관한 사료들은 그것을 거의 완전히 금지하고 있다. 미타이스126)는 소위 『시리아-로마의 법률서』가 옛 오리엔트가 아니라 헬레니즘 시기의 법 요소들을 로마의 것과 혼합하였다는 것을 최종으로 증명하였다. 농지사의 목적과 관련하여 그것이 지니고 있는 소수의 자료에 관한 언급은 소아시아에서 영주의 상태에 관한 것만큼이나 다른 관계에 관련하여 ("콜로나투스" 항목) 좋은 편이다. 전해진 **바빌로니아** 경제 상태의 지속성은, 페르시아127)와 셀레우코스 왕조의 지배를128) 통해서 그 옛날의 특성이 파괴된 것이 별로 없으며, 헬레니즘의 특질에도 불구하고 매우 특수한 바르바로이의 체제였던 파르타이의 지배를 통해서129) 비로소 전체로는 좁혀졌으나, 이슬람의 시

---

126) Mitteis, 『로마 제국 동부 속주의 제국법과 인민법』 p. 10, pp. 30-33 등을 참조하였으며, 이 보고는 Sachau und Bruns, *Syrisch-römisches Rechtsbuch aus dem 5. Jahrhundert*, Lebzig, F.A.Brockhaus, 1880에 근거하고 있다. 이 책은 다음에 나오는 『시리아-로마의 법률서』의 번역이다. 이것은 출처 미상으로 4-6세기에 동로마제국에 확산된 사찰법이다. 원래 그리스어로 된 것인데, 시리아어로 번역되어 개인이 소장한 수집이다.
127) 바빌로니아에 대한 페르시아의 지배시기는 기원전 538~331년 지속된다.
128) 알렉산드로스 대왕 사후 기원전 321년 셀레우코스 1세기 바빌로니아의 태수가 되었고 기원전 312년에는 지배권을 확보하였다.

기130)에 이르기까지는 원칙상 변화가 없이 유지되어 왔다.

셀레우코스 왕국은 영토의 폐쇄성이나 이집트식의 엄격한 행정을 가지고 있지 않았다. 그 왕국은 완전히 상이한 성격을 지닌 경제 영역을 자신의 내부에 포괄하였다. 이로써 쇠락의 씨를 지니고 있었다. 예루살렘에서 헬레니즘을 강제로 부과하고자 하는 시도가131) 실패하였다는 사실은 자체로 최종의 것을 표시하지 않는다. 프톨레마이오스 왕조는 같은 종류의 시도를 이집트 종교에 대해서 전혀 감행하지 않았던 것이다. 그렇지만 "마카베오"132)라는 사제씨족이 세속의 자치를 강행하고자 원했다고 하는 것은 제국의 절망스러운 해체를 지시한다. 그들이 만든 국가는 순수하게 세속의 참주제로 변하기 시작하였는데, 산헤드린,133) 장로회, 씨족으로 조직된 사제 귀족인 사두개 인과134) 후대의 마카베오가 벌인 투쟁을, 그리고 더 넓게는 **귀족 신정정치의 원리와 소시민이 자신의 편에 가지고 있었던, "분리된 자들"**(바리새 인)135)의 직업 신학을 통한 생활규율 간의 투쟁을 추적하는 것은 여기서 다룰 것은 아니다. 농촌 주민의 경우, 단 **하나**(도나투스파)136)만 제외하고, 그처럼 청교도사상을 운반하는 자가 어디에서도 전혀 아니었는데, 이들은 바리새 인들에게는 순수하지 않은 자들로 간주되었다. -탈무드 법은 (적어도 『미쉬나』137)에서) 상업 민족138)이 **되기** 시작한 민족의 법이다. 매우 효과 있는 방식으로 농경의 확실성과 놀라움을 찬양하는139) 고대 전승의 대변자들에게 이미 하나하나 성격

---

129) 이 시기는 기원전 140년경에 시작된다.
130) 바빌로니아에 대한 이슬람의 정복은 637년에 이루어진다.
131) 기원전 167년 셀레우코스 조의 안티오코스 4세가 유대 지역에 대해 취한 조치를 의미한다.
132) 마카베오, 마카비, 마카베 등으로 표시된다. 히브리어로는 예후다흐 하마카비로 발음하며, 유다 '망치'라는 뜻이다. 그는 제사장인 아버지 마타이아Mattathia와 함께 셀레우코스 조에 대항하여 독립을 얻었다.
133) Sanhedrin: 23명 혹은 71명의 랍비로 형성되는 최고의 유대의 권위기구로 고대 이스라엘의 모든 도시에 설치된다.
134) 이들은 『사무엘하』 15.24-29에 나오는 사독Sadok이라는 제사장에서 파생된 호칭이다. 이들은 마카베오 시기 영향력 있는 사제 가문으로서 왕 곁에 등장한다.
135) 히브리어에서 분리한다는 뜻을 가진 prš에서 파생된 말로, 기원전 130년대 이후로 종교집단을 형성하였으며, 이들은 구약의 법인 토라와 더불어서 해석을 통해 그것을 생활에 적용하는 데에 전념하였다.
136) 313년 카르타고의 주교로 선출된 도나투스를 추종하는 무리들을 지시한다. 이들은 배교자에 의한 위임을 무효라고 주장하여 종교적으로 엄격한 입장에 선다. 이들은 마치 청교도적인 순교자의 윤리에 상응하는 것으로 보이며, 농촌에 중심점이 있다. 이들에 반대의 입장에 선 자가 아우구스티누스이다.
137) 탈무드 1권에 해당하며 비성문법을 집성한 것으로, 기원후 200년경에 편집되었는데, 6개의 법규와 63편의 논설로 구성된다.
138) 이탈리아와 갈리아에서 민족 이동이 끝난 후에 비로소 유대인들이 '상업민족'으로서 등장한다.

상으로 보아 대립되는 표현들이 상충한다. 그 구성 요소들은 우선 <139우> 전문가의 분석이 필요한데, 그것들이 사실상, 신정정치의 시기로부터 나온 **옛** 랍비의 전통 또는 헬레니즘-로마의 속주라는 환경 또는 아마도 메소포타미아의 영향에서 얼마나 나온 것이지, 그리고 더 나아가 그것이 어떤 점에서 살아있는 법이며, 어디에서 순수하게 신정정치의 학교 지식을 묘사하고 있는지 탐구되어야만 한다. 이 학교 지식이 수많은 제도에서, 특히 가족법에 관련하여 놀랍게 보수 성격을 가질 수 있다는 점은 옳은 것이다. 옛 귀족씨족 국가에서 유래하는 칼리자 제도[형사취수(兄死娶嫂)의 회피]140)는 바로 얼마 전까지도 살아있는 법으로 남아있다. 그리고 이 혼인 지참금의 관습은 옛 오리엔트의 법에서 딸의 **상속권**이 없는 것과 결부되어서, 오늘에도 상업에 고용된 사람들의 투쟁과 존재에서 영향력을 행사하고 있다. (혼인의 경우 이른 자수성가를 유대인에게 가능하게 하였으며, 유대인 점원의 계층 의식과 유대감이 결여되어 있는 점과 아울러 그리스도교인의 유대인 배척 사상의 일부를 잘 밝혀준다.) 그러나 **농지법**은 순수하게 종파의 영향으로 인해서 그렇게 쉽게 도달할 수는 없다. 안식년과 '빈자를 위한 모퉁이'141) 등에 관련된 랍비의 숙고는 실생활에서는 아무런 실질 의미가 없는 논리의 행사에 불과하였다. 그에 비해서 탈무드의 기타 구성 요소들은 신정정치 시기 유효성을 지니고 살아있는 법에 연관된 것이 확실하다. 예를 들어서, 언제든지 『미쉬나』에서 알 수 있는 것은, 실제 비중으로 경작 노예가 중요하기는 해도, **가내** 노예와 더불어서 **고용된** 노동자를 기껏해야 **중간** 규모의 점유에서도 전제로 한다는 점이다. 실로 노동자가 신성하게 강행될 수 있는 청구권을 가지고 있지 않고, 오히려 "불평을 토로하는" (달리 말하면, 이집트식으로 파업하는) 권리만을 가졌음에 틀림없을 때에,142) 이 노동자를 위해서 -신정정치의 독특한 방식에 따라서- 법규에 부수하여 상세한 노동자 보호 원칙(시간초과 노동에 대한 보호, 신속한 임금지불의 확정, 음식료 제공에 관한 규정 제정, 과실을 수확하는 경우 함께 즐길 수 있는 권리 수여)이 발전하고 확정되었다. - 동시에 이는 "자유" 노동자의 완전한 예속성에 대한 증거이며, 아울러 무엇보다 관련된 지역의 옛 전승들에서 이

---

139) 이는 『미쉬나』의 첫째 세데르인 '파종'(제라임)에서 그런 경향을 보여준다.
140) Chaliza: 이는 『신명기』 25.5-10에 근거한 것으로, 증인 앞에서 형수를 거부하는 시동생의 신발을 미망인이 '벗김'(히브리어로 chᵃlīṣā) 의식을 통해서 양자가 의무에서 해방되도록 하는 제도이다.
141) Armenecke: 수확 시 일부를 남겨두어서 빈궁한 사람이 먹을 수 있도록 하는 제도를 말한다. 관련된 곳은 『레위기』 19.9-10, 『신명기』 24.19 등이다.
142) 『출애굽기』 16.2에 나오는 불평이 이집트식의 파업과 연관된 것은 언어로 그러한 것이며, 사실상 최후의 수단이라고 보아야 한다.

규정이 나온 시기의 사회 평화를 위해서 지시되고 있다. 마찬가지로 탈무드에서는 소작이 다루어지고 있으며143) 사실 그 소작은 "이웃 사람의 지배 하에" 있는 것이다. (이 의미는 동포라는 뜻으로, 영주의 권리나 외국인의 권리를 상호간에 행사하지 않을 것이다.) 소작인(메카벨)은 분익소작인("아리스")으로 수확의 1/2, 1/3, 1/4을 지대로 내거나 아니면 "코케르" 즉 고정된 현물 및 (분명히 더 드물게) 화폐를 납부하는 소작인이다. 또한 여기에서도 소작인은 우선 의무자로서 관측된다. 그는 토지에서 제초작업을 해야 하고, 계약에 따라서 경작하며, 여기에는 콩과류 대신에 곡물을 파종하는 것은 허용되지만 반대는 안 된다. (이는 이집트의 사정을 생각나게 한다. 팔레스티나에서도 밀이 주곡이었고 마찬가지로 궁핍을 대비한 정책에 의한 것과 마찬가지로 수출품으로서도 중요하였다.) 분익 소작과 결부되어 탈무드에는 땅에 나무를 심는 일을 떠맡았던 도급 노동자의 지위에 관해서도 다루어지고 있다. <140좌> 여기에서도 특수하게 **그리스식** 제도로서 알려진 '영대차지'는 존재하지 않으며, 또한 고 바빌로니아 법에서도 다른 형태로의 식목, 즉 위임을 통한 식목이 분명 관례였다. 왜냐하면 우선 이미 경작된 토지에 **야자수**를 식목하였지, 영대차지의 경우처럼 신개간지나 황무지에 **올리브 나무**를 심는 것은 아니었기 때문이다. (이슬람교에서는 후에 대추야자 나무를 심기 위해서 허용된 직업형태와 관련한 완전한 법 교리를 만들었다. 고대에 농장은 "자본주의의 부당성"이 있을 자리 중 하나이다.) 탈무드에는 토지 매각에 대한 제한이 전혀 없으며, 동산 상속권에 비해 부동산 상속권에는 아무런 차이가 없다. 법에 나오는 낡은 매각 기한 그리고 땅이 야훼의 것이며 사람들이 그것을 거래의 대상으로 만들어서는 안 된다144)고 하는 회상이 『예레미야』145)를 통해서 제거된 것으로 간주된다. 아직 20년이 안된 **상속 토지**는 매각되어서는 안 된다. 그것은 대체로 –귀족씨족 국가에서 나오는 반향이다- 신에게는 만족스러운 것이 아닌 것으로, 인간에게는 행운이 되는 경우가 별로 없는 것으로 간주된다. 하여간 신뢰에 맡겨진 토지 윤리의 형태가 탈무드의 시기에는 존재하지 않았다. 토지 양도는 충분한 대가를 현금으로 지불하거나, 문서로 계약하거나 아니면 점유를 지정하여 이루어질 수 있다. -정상인 것은 현금 매입이다. 구입 가격이 신용대부된 채무 구매로서 명시되어 유예되지 않는 한, 가격을 지불하지 않은 경우 '할당된 부분에 비례한'

---

143) Mekabbel, aris, choker: 베버가 Dembitz, *Landlord and Tenant*, p. 613에 따른 것이며, 이에 가장 근사한 증거는 『미쉬나』 4.2.9에 나온다.
144) 『레위기』 25.23-34. 특히 23절 '토지는 다 내 것임이라'가 관련된다.
145) 『예레미야』 32.44.

양여가 "파행법률 행위"로 된다. (이집트의 선례를 따라서 **현금** 채무의 전개를 저지하기 위한 신정정치의 영향이다.) 이것은 채무 증서의 발행과 더불어 (독일의 "외투잡기" 식으로146)) 허구의 교환을 통해서 발생한다. 토지와 노예는 아무런 시장 가격을 지니고 있지 않다. -그것은 구매 노예가 별로 발전되지 않은 판정의 지표이다.- 그래서 그것들에는 시장법에 예속된 매매물 반환법(오나아흐147))이 (1/6을 속이는 경우) '막대한 손해로'148) 말미암아 **전혀** 적용되지 않는다. **외상으로** 토지를 매각하는 것은 허용되어 있다. (이는 명백히 영리추구에 반대한 것으로서 기능한다.) 담보라는 형태의 저당 설정은 (그 이름은 이포테케, 아포테케인데 그 개념이 헬레니즘 시대에서 나온 것임을 보여준다) 탈무드에서는 단지 지나가는 것으로만 언급되고 있다. 왜냐하면 토지와 가나안 출신 노예에 대한 **법정** 담보라는 제도는 모든 2인의 증인 앞에서 글로 작성된 봉인계약서(쉐타르 코브149))와 관련하여, 그것이 없어도 되게 만들기 때문이다. (법정 담보 기원에 관해서는 앞을 보시오. 또 초기 중세의 상세한 사료가 비교된다.) (유대인 법학자들에 따르면) **오로지** 토지와 노예만이 저당으로서 보증한다. 왜냐하면 다른 대상의 경우 제삼자에 대해서 저당설정 행위는 알려지지 않았기 때문이다. (노예는 자신이 저당 잡혀 있다고 말할 수 있다. 그런데 토지 등기부와 저당 등기부는 존재하지 않는다.) 유대 법학자들의 법은 제삼자에 대한 법정 담보가 채무를 승인하는 시점에서부터 작용하게 한다. 그것은 토지 거래를 강하게 제한하였음에 틀림없다. 보증을 토지와 경작 노예에 국한한 결과, 유증이 동산으로 이루어지는 **상속**은 보증력이 없게 되었다. <140우> 채무법은 대체로 이상하게 관대하다. 실제로 채무자에게 1달간의 식량, 의복, 침대, 1년간의 침구, 그리고 모든 수공업 도구는 저당에서 제외된다. 물론 서약한 채무는 아무런 저당 제한이 없으며, 분명하게 이는 상업화를 시작하는 일종의 개혁이다.

리비트150)(이익과 이자)에 관한 종교 결의론과 마찬가지로 그런 결정은 거래에 대한, 특히 채무법에 관한 옛 신정정치의 속박이 지니고 있는 깊은 영향을 제시한다. 그밖에 탈무드의 전체 성격은, 가능한 곳에서, 헬레니즘 시기의 사회 제도의 분석으로서 매우

---

146) Mantelgriff: 유대인의 관습으로 악수나 맹세의식보다 더 확실한 보증의 방식이다. 계약자가 한편이 외투나 상의의 한 자락을 내밀면 다른 편이 그것을 잡음으로써 계약이 성립된다.
147) ona'ah: 히브리어로 부당이득이라는 뜻이다.
148) 할당된 부분에 비례한=pro parte quota, 파행법률 행위=negotium claudicans, 막대한 손해로=laesio enormis.
149) schetar chob: 히브리어로 채무에 대한 증서라는 뜻이다.
150) Ribbith: 히브리어 ribīt에서 유래한 것으로 지대, 이자라는 뜻이다.

명백하게 다음의 한 가지 사실을 지시한다. 즉 오리엔트-헬레니즘 세계에서 "사회 문제" 혹은 "사회 운동"은 우리가 이 단어와 결부할 수 있는 의미에서는 존재하지 않는다는 것이다. 그래서 그곳에서는 그런 어떤 것이 일어날 여지가 없었으며 그럴 수도 없다. "사회 문제"는 매우 주관으로 느끼는 것이라, 고대에는 자유 폴리스 시민의 정치 문제 혹은 시민 간의 평등의 위협, 즉 채무화와 점유 상실로써 계층에서 탈락하는 것이다. 관료 국가 그리고 이어서 세계 제국이 시민의 자유를 침탈하는 곳에서, 폴리스 시민은 "신민"의 범위로 들어갔다. 왜냐하면 대체로 노동자는 빵이 부족한 경우 자신이 가진 전통의 "일용할 양식"을 달라고 외쳤으며, 소작인은 지주의 압제 하에서 신음하고, 모든 사람들이 조세와 조세징수 청부업자의 억압에 있었기 때문이다. -그러나 개인들이 지닌 이 곤궁함이 사회를 개조해야만 해결되는 "사회 문제"로서 지각되지는 않는다. 그들은, 한 때 그리스 폴리스에서 그랬던 것처럼, 미래 국가의 바람직한 구성도, (플라톤)151) 이상(理想)인 과거 건설자(리쿠르고스)152)도 소생시키지 않고, 오히려 그 이래로 오리엔트에서 피지배민에게 고유하였던 일반의 정치무관심주의로 넘어간다. 충분히 고전기 후기, 제정 로마 초기와 같은 시기에 소농민과 소시민의 경제 사정이 전체로 보아 전에 비해 견딜만하고 더 확실하였는데, "사회 문제"에 관한 언급은 세계사에서만 아니라 이 시기에도 없다. 예를 들어서 그리스도교를 "사회" 원인에서 도출하거나 고대 "사회주의" 운동의 전달자로서 설정하려는 시도가 이루어진다면, 이는 왜곡된 것일 뿐 아니라 완전히 모순이기도 하다. 트뢸취가 (『사회과학을 위한 문서고』 권 25)153) 타당하게 주장한 것처럼, 국가에 대한 극단의 무관심 표현인 - "카이사르의 것은 카이사르에게 바치라"154)는 말에서 국가에 대한 적극-윤리 관계의 명령을 발견하는 것은 거꾸로 어리석은 것이다. 한편으로는 민족-신정정치 유대인 국가에 대한 사상의 이완, 다른 한편으로는 (고대의 의미로) "사회" 문제의 부재는 대체로 신봉자들에게 그리스도교가 "가능한" 바로 근본 조건이었다. 실제로 로마 지배가 세상의 종말까지 지속될 것이라는 믿음과 <141좌> 또한 "사회 개혁자의" 일에 관한 무감각, 모든 "계급투쟁"의 회피는 그리스도교식이고, 순수하게 윤리에 입각하여 자애롭고 세상과 동떨어진 "이웃 사랑"이 생기는 기반이었다.

---

151) 『폴리테이아』와 『법률』을 지시한다.
152) Lykurg: 스파르타의 전설상의 입법자로 레트라라는 법을 반포하여 새로운 체제를 만들어 스파르타의 갈등을 막았다.
153) Tröltsch, "Die Soziallehren der christlichen Kirchen I," *Archiv für Sozialwissenschaft*, 26, 1908. pp. 1-25.
154) 『마태복음』 22.21, 『마가복음』 12.17, 『누가복음』 20.25.

[6] 로마

a) 도시국가

이탈리아 그리고 특히 에트루리아의 시초에 관해서 밀고 들어가는 것은 여기에서는, 나에게 가능성이 없다면, 무의미한 일이다. 에트루리아 인에 관련해서 헬비히[1])의 모든 성과들이 (약 8,000개의 비문이 전혀 해독되지 않는 한) 해결이 가능하지 않은 채, 고고학자들에 의해서 머리로 서게 된다. 매우 날카롭고 지각 있는 근거에 밑받침되고 푸르트뱅글러, 모데스토프, 스쿠취[2]) 등에 의해서 대변되고 있는 가설, 즉 그들이 동지중해 지역에서 나와 이주하여 바다로 나아갔다는 주장은, 노르만인들이 고향인 시칠리아[3])에서 파생하였다는 주장처럼, 국외자들을 점점 다시 끌어들인다. 왜냐하면 동지중해에서 이집트 인에게 "투르스카"[4])가 한 것처럼, 마찬가지로 그곳에서 그들은 정착하였으며 해전을 치룬 것이 (그것은 그래도 그리스인들이 코르시카에 이르기까지 그리고 그것을 넘어서까지 해왔던 것이다[5])) 명백하기 때문이다. 특수한 에트루리아의 폴리스 문화가 타르퀴니와 카이레 주변 지역에서 내륙으로 비약하여 쇄도하였다는 것은 일반 틀에 상응한다. 그것은 여느 때와 마찬가지로 상업의 결과일 수 있으며, 어떤 연구자도 이의를 제기하지 않는 그리스의 영향일 수 있다. 이 점에서 가장 강한 근거는 오로지 전문가만이 통찰할 수 있는 영역에 있다. [장점관(腸占官)[6])이 바빌로니아에서 나타난 것과 동일

---

1) Helbig, 『포 강 평야의 이탈리아인Die Italiker in der Poebene』, Leipzig, 1879, p. 100. 헬비히는 에트루리아 인들이 북쪽으로부터 육상으로 아펜니노 반도에 이주했다는 설을 대변한다.
2) Furtwängler, 『고대의 보석: 고전 고대 석재가공의 역사Die antiken Gemmen: Geschichte der Steinschneidekunst im Klassischen Altertum』, 3, Leipzig und Berlin, 1900, p. 133. Modestov, 『로마사 입문: 선사의 민속지, 로마 이전시기 문명의 영향, 로마의 시작Introduction à l'Histoire romaine: l'ethnologie préhistorique; les influences civilisatrices à l'époque préromaine et les commencements de Rome』, tr. by M.Delines, Reinach, 1907. G.Körte-F.Skutsch, "Etrusker," RE, coll. 730-806.
3) 노르만인이 시칠리아를 정복한 것은 11세기이다.
4) Turscha: 기원전 13세기말에서 기원전 12세기 초에 이집트로 쳐들어온 바다 사람을 지칭하는 단어로, 카르나크에 있는 메네프타호의 비문에 'Trš'로 표시되어 있다. 이 이름은 분명히 에트루리아 인에 해당되는 것으로 여겨진다.
5) 기원전 540년 코르시카의 도시 알랄리아 앞에서 에트루리아 인과 카르타고인들의 연합세력과 그리스인들 사이에 벌어진 해상 전투에서 한 역할을 지시한다.
6) Haruspices: 이는 에트루리아어로 신에게 문의하기 위해서 바친 짐승의 내장을 보고 점을 치는 사람을 의미한다. 특히 간이 중요하였는데, 이는 소우주로 생각되었기에, 이것을 관찰하면 세상을 볼 수 있다고 여겼다. 애초 이늘은 에트루리아 사회에서는 귀족이었으니, 로마에서는 불신되었다. 중요한 이상이 발견되면, 이를 보고받은 원로원은 로마의 시제들이 희생제를 치루도록 하였다 총

하다는 점과 에트루리아의 옛 전승 자체가 -이는 묘제보다 더 중요한 것이다- 그 점을 뒷받침하는 데 비중이 가장 큰 논거이다. 한편 그들이 서쪽에서 **곧바로** 문화 운반자로서 등장하였음에 틀림없으나, 그들의 문자를 **그리스인에게서** 빌어온 반면에, 에트루리아 인과 친척인 민족이나 그들의 문화 잔재에 관련한 **어떤 흔적**이 동쪽에 존재하지 않는 것은 그점에 반대하는 **가장 강력한** 근거이다.] 강하게 귀족으로, 즉 씨족으로 또 계통수에 따라 편재되고 폐쇄된 신정정치의 에트루리아 귀족 국가는 로마인들에게 실로 많은 것, 즉 그들 나름의 생각에 따르면, 농지 분배의 기술, 아마도 피호제도의 발전, 마지막으로 정무관의 권위 있는 지위를(그리고 가장의? -에트루리아에서는 모계의 이름이 지배한다7)), 로마가 (그 이름은 옛 부족 명, 즉 티티에스, 람네스, 루케레스와 마찬가지로 이제 에트루리아에서 비롯한 것으로서 해석된다) 에트루리아 계통의 왕들에게 지배되는 도시였을 때에, 가져다주었다. - 그러나 얼마나 그런가? 그것은 언제나 그런 것처럼 매우 논쟁 중이다. 늘 **에트루리아 인**은 **호플리테스** 폴리스로 발전하였고,8) 반대로 **사벨리 인**9)은 농민 국가에서 **도시** 국가로의 발전에 가담하지 않았으며, 그 이유로 인해서 두 세력은 로마의 호플리테스의 군율 하에 놓이게 된다.-

왕정 시기와 왕정의 성격에 관해서 추측하는 것은 나의 관심사가 아니다. "켈레레스"10)가 [이 단어는 말을 뜻하는 켈레스(κέλης)에서 나온다] 왕의 옛 종사였는지("강도"에 관한 전설11)에 상응한다 -앞을 보시오- 다른 비유), 더욱이 백인대에서 "공인(工人)"12)의 지위가 (여기에서 공인이 제 1 재산 등급에서 유래하고 <141우> - 다른 견해에 따르면 제 2등급에서- 유래한다) 왕에 의해서 정착한 데미우르고이 씨족의 군사 레이투르기아에서 기인하는지 아니면 애초 중장보병 군대를 토대로 한 국가의 새로운 제도의 산

독과 장군이 이들을 동행시키기도 하였다. 공화정 말에는 60명의 성원으로 이루어지는 조합을 결성하였고, 기원후 47년에는 클로디우스 황제가 재조직하였다.
7) 모친에 따르는 혈통에 관한 보고는 부친의 이름과 결부되어서만 나타난다.
8) 중갑병은 에트루리아 군대의 중핵을 이루었다. 어떤 문헌에 따르면 로마인들이 호플리테스 방진을 에트루리아 인에게서 받아들였다고 한다.
9) Sabellier: 사비니의 이웃이나, 보통 사비니인들로 간주된다.
10) celeres: 초기 로마의 귀족을 지칭한다. 왕의 호위대 역할을 하였다.
11) 본문 <69좌> 참조.
12) fabri: faber의 복수로 흔히 노동자 장인으로 번역되나, 군대에서 별도의 백인대를 구성하고 공병대의 역할을 수행한다. 몸젠, 『로마국법』 3-1, p. 293과 n. 1에 따르면, 이 공인은 목공과 철공으로 나뉜다. 전자는 리비우스와 키케로에 따르면 1등급과 같이 투표하고, 디오니시오스에 따르면 2등급과 같이 하며, 후자는 키케로와 디오니시오스에 따르면 2등급에서, 리비우스에 따르면 1등급에서 투표한다.

물인지의 여부는 저절로 다만 결정되지 않았을 뿐이다.

"자유" 로마 폴리스에서 토지 제도 발달의 초기는 암흑으로 싸여있다. 우리는 초기의 봉건 도시국가에서 오로지 완전한 권리를 지닌 귀족씨족이, 고전 그리스 도시들에서 씨족 지배와 유사한 경제 토대에 의존하고 있었다고 하는 점을 알 수 있을 것이다. 즉 한편에서는 가축과 노예의 점유, 다른 편에서는 중계 무역의 독점이 있었을 것이다. 이미 세르비우스 왕[13] 이전의 성벽, 최초로 바로 "세르비우스" 성벽은 (기원전 4세기부터 나오는 것인데) 당시 로마 농촌 지역에 대해서 아무런 관계도 없는 지역을 포괄하고 있다. 오로지 로마는 초기에 소극교역의 장에서는 이렇다 할 만한 범위로 드러나지는 않는다. 그리스·페니키아·카르타고의 상품의 공급 그리고 교환된 노예와 원료의 유출이 외국에서 온 상인의 손에 장악되어 있었다. 일찍이 광범위한 지중해 해상 교역에 휩쓸려 들어갔을 때에, 이 도시에는 오랫동안, 함대가 그러하듯,[14] 귀금속 채굴이 부재하였다. 평야를 지배하는 봉건 도시국가는 - 분명하게 근본 특징에서 그리스와 같은 현상을 군사-정치상으로 지향하는 방향에서 매우 동일하며, 오로지 **규율**의 관철 능력이 엄청난 점과 **정무관**의 권력으로 인해서 특수하게 되었을 뿐이다- 그 **농업** 토대에서 그리스와 마찬가지로 대체로 우리에게 애매하다.

카를 요한네스 노이만[15]은 우아하게 작성된 연구서에서, 12표법 이전 시기 (혹은 기원전 457년)[16] 전체 "평민"을 근대의 세습 신민에 유사한 것으로서 파악하였는데, 나에게는 그 자체로 역사상의 가능성을 가지는 것으로 여겨진다. 노이만은 자신의 논지 구성을 위해서 연대기를 매우 자유롭게 임의로 다루고 있음에 틀림없다. 사람들이 하여튼

---

13) Servius: 재위 기원전 578-535년, 로마의 제 6대 왕으로 로마의 제도를 만들고 성을 건설했다고 하나 이는 부인되고 있다. 단 라틴동맹과 로마의 관계를 맺게 한 공헌은 인정되고 있다. 현재 로마 시내에 남아 있는 세르비우스 성벽에 관한 설명에 따르면, 석재는 베이Veii 근처에 있는 Grotto Oscura 동굴에서 채취한 것이며, 기원전 396년과 380년 사이로 추정된다. 그러나 리비우스, 6.31.1 (기원전 377년)에 따르면 볼스키인의 침입에 대비해서 잘라진 돌을 가지고 성벽을 재건축한 것을 알 수 있다.
14) 1차 포이니 전쟁 기간 중인 기원전 261년 최초로 대규모 함대가 조직된 것을 의미한다. 로마 나름의 은광채굴은 기원전 4세기말 이래로 발전한다.
15) K.J. Neumann, 『로마 공화국의 영주제』, p. 16.
16) 이 시기에 호민관의 수자가 2에서 10으로 증가한다. 리비우스, 3.30.5-7

어떤 추측을 로마의 초기에 관해서 표현할 때, 이제 그것은 사실상 피할 수 없는 것이다. 천재-허무주의의 에토레 파이스가 가한 비판에서 최후의 결론을 이끌어 내고자 하는 자는, 역사의 연속성으로서 로마 민족의 존재의 시초를 기원전 5세기 후반으로 옮기고, 12표법을 기원전 2세기의 거짓이라고 주장할 것이고, 역사 위조의 시작이 대체로 기원전 3세기를 앞질러 가지는 않게 할 것이며, 더 오래된 로마사의 모든 문제가 저절로 해결된다. 이어서 적어도 그 시도가 완전히 회피되지 않는 경우, 전승에 관한 정보를 가능하면 최대한 보존하면서 <142좌> 모든 유보조건 하에서 그리고 독자로 하여금 깊은 회의에 빠지게 하면서, 몇몇 그 발전상의 특징을 재구성할 것이다. [나는 파이스의 입장에 관한 판단을 내 것이라고 주제넘게 말하지는 않겠다. 한 가지만 언급하고자 한다. 그렇게 수많은 사례와 관련해서 씨족 전설들, 후대에 일어난 '농지 투쟁'에 대한 경향성 있는 투사(投射) 그리고 초기에 일어난 사회 대립 등 역시 증명된다. -단지 "복제"[17] 즉, - 같은 대립의 되풀이 - 파이스는 이런 점들을 혐의의 근거로서 종종 조작하는데, 그 자체로서는 아무 것도 입증하는 것이 없다. 이를테면 후대 그리스의 농지를 둘러싼 투쟁[18]은 사실상 다른 점을 지닌 고전 그리스 초기에 있던 전선(戰線)의 되풀이이다. 그것은 고대의 본질이다.] 파이스의 입장에서 나와서 노이만과 논쟁하는 것은 자연히 아무런 의미가 없다. - 그러나 누군가 거꾸로 그 원칙에 따라서 전승을 보존하는 데 될 수 있는 대로 해를 가한다면, -노이만이 그것을 틀림없이 하는 것처럼- 그의 주장은 수용될 수 없다. 왜냐하면, 그것은 전승을 바르게 이해하도록 해주는 평민의 위치와 일치하는 것이 아니기 때문이다.[142-1]

> [142-1 이렇다고 해서 노이만이 자신의 가설에서 제시한 것 모두 다 오류라는 것은 결코 아니다. 실제로 기원전 457년에 국가에서 중갑보병대의 지위에서 중요한 변화가 이루어졌는지에 관한 판단을 내가 내린 것은 아니다. 나는 오로지 "영주제의 지양"만을 믿는 것은 아니다. 농촌 지역구가 그 성립 이래로 중요한 법상의 변모를 겪었는지는 늘 확실하게 정해지지 않고 있다. (디오니시오스, 4.14에 관련하여 뒤를 보시오.)].

전승에서 "평민"은 결코 헤일로타이가 아니며, 오히려 -적어도 내가 보기에는 (상세한

---

17) duplicazioni: Pais, 『로마사 Storia di roma』, Torino, 1898, 1.1, pp. 115-121에서 주장한 것으로, 후대의 역사서술을 통해서 옛 로마 역사에서 일어난 사건을 복제하는 태도를 일컫는다.
18) 이를테면 스파르타에서 아기스 4세(재위 기원전 244~241년)와 클레오메네스(기원전 235~222년) 치하에서 있었던 논쟁을 들 수 있다.

것은 뒤를 보시오)- 고전 그리스기의 의미에서 '아그로이코이'[19]인 것이 완전히 분명하다. -이로써 구 귀족씨족이 평민과 완전히 구별되는 보호예속인('피호민')[20]을 공납원으로 착취하는 것이 가능한 것으로서 논의되어서는 안 된다. (이점에 관해서는 아래에서 다룬다.) 고대의 모든 도시 귀족과 마찬가지로 로마의 귀족이 일종의 "영주"라는 사실은 예전부터 알려져 있었다.[142-2]

> [142-2 이 경우 "영주"의 개념이 언제나 매우 널리 확대되어 해석되는 것이라는 유보 조건을 달아야 한다. 영주가 그에게 경작지를 수여해야만 한다는 의미에서 로마의 피호민이 "경작지에 구속"되었는지는 더욱 의심스럽다. 채무예속인은 아니었다. -스파르타의 헤일로타이에게 (그리고 유사한 "예속인"에게) 주인은 토지 외에 다른 것을 판매하지 않았을 것이다. 주인은 로마의 처형 채무자에게 (12표법 이후의 시기에) 토지를 제외하고 판매해야 하였다. 주인은 "채무구금자"[21](계약에 의한 채무예속인)로 하여금 다시 노동하여 채무를 갚도록 해야만 한다. 다시 다른 위상에서 아버지에 의해서 임대되거나 매각된 자식은 (악취에 놓인 인신)[22] 더 오래 전에 확실하게 (바빌론에서 그러하듯이) 대점유자의 노동력을 소집하는 데에 적지 않은 의미를 지니고 있었다. 로마 귀족과 관련해서 "영주"라는 개념을 법으로 가득 채울 수 있었던 충분한 근거가 있다고 하더라도, 아주 단순한 표상을 전혀 형성할 수 없다.].

그 뿐만이 아니라 -이는 새로운 주장인데- 영주는 **평민**이다. 평민이 장원을 경영하는 부역 농민으로 <142우> 프로이센의 라시텐[23]처럼 귀족의 토지를 경작하는 것은 전혀 아니다. 이제 노이만도 후자와 같은 것은 주장하지 않는다. 그러나 평민이 피호민이 되어야 했으나, 피호민은 12표법을 통해서 어쩌면 -노이만이 주장하듯이- 제거된 것이 아니라 오히려 뒷받침되었으므로, 사람들은 평민 그리고 그와 동일시되는 피호민을 (이를테면 아타 클라우수스[24])의 피호민, 이에 관해서는 뒤를 보시오) 헤일로타이나 농노로서 생각

---

19) ἄγροικοι: 자영 소농의 의미로 사용된다.
20) clientes: 피호민은 자유인이며, 피해방민은 전 주인의 사실상 피호민이 된다. 보호자인 파트로누스는 음식과 돈을 제공하고 피호민에게서는 정치상의 지지와 도움을 주어야 한다. 둘 사이는 신의에 의해 유지된다.
21) nexus: 신체저당계약, 채무로 인한 구금을 의미한다.
22) personae in macipio: 자유인으로서 악취를 통해서 타인에게 넘겨진 사람을 의미한다.
23) Lassiten: 1807년 이전의 프로이센 농민으로, 등본 보유농이지만 용익권만 누릴 수 있었다.
24) Atta Clausus: 리비우스는 Attius Clausus, 수에토니우스는 Atta Claudius, 할리카르나소스의 디오니시우스는 Titus Claudius로 명명한다. 기원전 505년 로마가 사비니에게 전쟁을 걸자, 평화를 주장한 그는 피호민을 데리고 로마로 와서 혈통 귀속으로 인정받는다. 그는 로미 클라우디우스 씨족의 개조로서 기원전 495년에 콘술을 역임한다.

해야만 했었다. 오로지 그러한 예속민들이 스스로 무장을 갖추고 훈련을 받은 중갑보병대를 제공하는 것이 아니며, **중갑보병대로서** 평민들이 점차 군사상 불가결한 존재가 되면서 자신들의 성공에 도달하였다. 예속민은 결코 채무 노예가 되지 않는다. (반대의 경우는 발생하는 반면) -그러나 채무 노예화는 재산이 없는 평민의 독특한 운명이다. 평민을 함께 둘러싸고 있으며, 전승25)에 의하면, 공화정26)보다 더 오래되며 콘술 직책만큼이나 오래된 **군대 조직**이, 자유롭지만 귀족이 아닌 토지 점유자들과 중산층 평민을 전제로 한다는 점은 이미 에두아르트 마이어27)가 강조했다. 평야지대 내에서 많은 (모두는 아니지만 아테네와 대비하면 **소수로 16명의 개인**) 귀족 씨족이 지배하는 위치는 분명히 일부 정치 제약을 받았다. 병합되었지만 그들은 심지어 (일부는) 한때에 '지역 지도자'이며 성채 점유자였었다. 그러나 로마에서나 절대 다수의 고전 그리스 도시들에서나, 평지는 일찍이 폐쇄된 영주 신분의 빈틈없는 복합체 또는 농장 경영이 아니었다. (많은 다른 의견에 따르면) 후대에도 오래 전에 사라져버린 농촌 형태의 자치 중에서 잔존하고 있는 모든 것, 그리고 더욱이 평민의 **원래 일반 "예속성"**을 불가능하게 만드는 데 충분한 모든 것이 **그점에 반대**한다. 신분들 간에 이루어진 혼인에 관한 논쟁을 보고 놀라는 사람은 『신의 계보』에서도 여자 시민과 혼인하는 것을 수치스럽게 여기고 있으며 또 신사들이 씨족의 발전 이후에 (뒤를 보시오) 심지어 **점유**를 모으기 위해서 여자 상속인을 **스스로** 데리고 있는 데 관심을 지니고 있었다는 점을 생각해보도록 하라. 왜냐하면 얽힌 전설들은28) 평민과의 통혼을 제거한 것을 십인 위원이 **이루어놓은** 최초의 업적으로 만들고 있기 때문이다. 그리고 여기에서도 후에 제시되는 혼인 제한의 생성이 얼마나 가능한 것인지 통찰하기 위해서는 (민주정 하에 있는 아테네에서 완전히 동일한 근거에서 그런 것처럼, 언급된 경제 고찰에서부터 이 경우 귀족에게) **가장 오랜 법 도처에** 아버지의 자의가 처, 첩, 비에서 난 아이의 합법성에 대하여 결정하고 있다는 점을 상기하는 게 좋을 것이다. 그리스에서 입증되는 것처럼, 가문의 동등성이라는 기본 원칙은 로마에서도 분명히 처음에는 **버금가는** 것이다. (오리엔트에는 존재하지 않았던, 시민권이 지닌 정치상의 조합 이익도 그리스와 이탈리아에서 폴리스가 **단혼제의** 운반자가 되도록 하였던 바로 그것이다.) - 그러나 무엇보다도 19세기와 그에 선행하는

---

25) 세르비우스 왕의 시기에 군대조직이 이루어졌다는 전승을 말한다.
26) 기원전 509년.
27) 마이어, 『고대사』 5, p. 141.
28) 이는 키케로, 『국가론』 2.37.63의 보고를 비웃는 것이다.

상태에서 게오르크 프리드리히 크나프29)를 통해서 우리에게 매우 친숙해진 "농민 해방"의 경과를 이끌어내는 것은 모두 <143좌> 이 문제 속에 더불어 있다. 카를 요한네스 노이만은 당연히 (심지어 프리드리히 카우어30)와 스보보다31)처럼) 크나프의 유명한 기술에 영향을 받았다. (비슷하게 나는 내 편에서 마이첸32)의 범주를 그때그때 부당하게 일반화시켰다.) 더 오래 전에 도시가 두텁게 두르고 있는 캄파니아와 같이 이미 선사시대에 관개 시설을 구비한 지역의 사정은 ["라이벌"에 관한 오늘날의 의미는 바로 수로(水路) 작업에서 나온다]33) 독일 동부의 장원이 기원하는 곡물 수출지역과 유사한 점을 배제한다. 그리고 이 장원이 편입되어 있으며, 농민과 관련되는 후페 제도의 방식은 토지 경작기술과 역사를 근거로 할 때 고대에는 가능하지 않았다. (고전기 그리스 및 오리엔트와 마찬가지로) 로마의 초기에 -역사 시대에도 고전 그리스 폴리스와 마찬가지로- 원래 농민의 정치 단체가 자신의 동료가 지닌 후페에 대해서 매우 높은 처분권을 스스로 지니고, 경우에 따라서 행사하였다는 의미에서, 사람들이 경지 공동체를 알고 있었다는 것은 별 문제가 없을 것이다. 모든 것을 비교해보면, 매 경우 그들이 **방어 결사**로서 스스로를 인정하는 곳에서 경지 공동체가 생긴다. 후세대는 바로 토지에 관심을 가져야 하며, 그렇게 하지 않으면 자신의 운명이 결정된다. 만약 그가 먼 곳에서 토지를 정복하러 나가지 않으면, **도시국가에서 쿠리아회는** 어느 아들이 후페를 물려받을 것이며 "프롤레스"34) 중 어느 부분이 토지가 없는 자-프롤레타리-로 남을 것인지에 관한 아버지의 제안을 결정하였다. 우리는 이 문제가 이전에 **파구스**35)에서 어떻게 해결되었는지 알 수 있는 가능성이 없을 것이다. 그러나 토지의 새로운 분할은 확실히 가능하였으며 발생하였다. 그리고 -그리스 고전기 프라트리아에서 그렇듯이- 옛 '지역지도자' 씨

---

29) G.F. Knapp, 『고 프로이센 영역에서 농민해방과 농업노동자의 출현』을 참조하였다.
30) Fr. Cauer, *Parteien und Politiker in Megara und Athen*, Stuttgart, Kolhammer, 1890, pp. 67-69.
31) Swoboda, 4장 역주 19의 논문, p. 253.
32) Meitzen: (1822-1910) 프로이센의 농업지리학자, 베를린 대학 명예교수를 지냈으며, 그는 농촌 풍경의 잔재가 진단하는 잠재력을 가진다고 보았다. 베버는 그의 『로마 농지사』 첫 페이지에서 마이첸에게 사의와 존경을 표한다.
33) rivalis: 이에 관해서는 『학설휘찬』 43.21.1.26, 그리고 3.5가 관련된다. 여기서는 수로에 관한 분쟁이 다루어진다. 여기에서 경쟁자라는 의미의 라이벌이 유래한다.
34) proles: 자식들이라는 뜻. proletarii: 센서스 조사 시에 토지 재산이 없고 단지 자식만이 있음을 신고하는 자라는 뜻에서 '무산자'라는 의미의 프롤레타리아로 전용된다.
35) pagus: 지방의 최소 행정단위로, 성채와 구별되며, 자치도시인 무니키피움이 발전하기 전까지 개인과 국가를 연결하는 유일한 지역난위였다. 시골이라는 의미와 관련하여 pagan 여기에서 파생된다.

족, 후에는 귀족씨족이 권력 상태에 따라서 농민들의 경지 관계에 강력하게 간여할 수도 있었을 것이며, 반대로 그들의 편에서 농민 공동체의 처분으로부터 자신의 점유를 빼내었다는 점도 역시 가능하다. (따라서 플리니우스에 의해서 전해진 12표법에 나오는 언어 습관이 있는데, 그것은 빌라-즉 영주관-를 '채원'에 둘러싸이고 분리될 수 없는 상속 토지인 '세습지'36)에 결부시킨다. 플리니우스, 『자연사』 19.4.50³⁷)) 때마다 경지 연대의 간섭을 제거한다는 것은 모든 전유된 토지를 "채원" 토지와 "소유권"의 대상으로 변모시키는 것이다. -농지 문제와 연관되는 한에서 그것은 12표법을 통해서 법 관계가 재편된다는 의미일 수 있다. 오로지 그것은 중세와 근대의 장원에서 있던 것과는 완전히 다른 관계이다. -채무를 지게 되어 나타나는 독특한 "인신구속"(뒤를 보시오)에서 우리가 직면하는 장원 예농은 피호민과 항상 구별되어야 한다.[143-1]

[143-1 앞의 주를 보시오.]

후자는, 여기에서 -이스라엘과 도처에서 그렇듯이- 아직 상론해야 하듯이, 토지가 없는 자를 한 수장이나 토지를 점유하고 있는 동족의 보호 아래에 넘겨줌으로써 성립한다. 확실하게 권리 찾기에 참여할 수 없는 수동시민(농민) 각자를 위해서 -헤시오도스의 언급³⁸)을 비교하시오- "청을 들어주는" 유력자가 절차에 맞추어 보호하는 것에 <143우> 호소할 필요가 있을 것이다. 그러나 이를 통해서 그는 결코 부역 노예가 되지는 않는다. (오히려 로마의 후기에 "자유" 피호민은 초기의 이런 관계에 연결될 수도 있을 것이다. 이 자유 의지에 따르는 보호제도는 어느 시대나 존속한다.) 피호민과 "평민" 간의 대립은 사료에서 매우 분명하게 드러난다. 예컨대 오베르치너³⁹)는 평민 중에서 하층이지만 이탈리아인이 아닌 도시 거주민을 관찰하였는데, 그것과 반대로 그는 피호민을 귀족과 함께 이주한 이탈리아 인⁴⁰)으로 간주한다. 그러나 저 유혹하는 오베르치너의 주장은 (이를 찬성하는 것으로서 다른 많은 것 중에서 자명한 강력한 증빙, 즉 통혼⁴¹)의 부재-

---

36) heredium: 상속인을 뜻하는 헤레스heres에서 파생된 말로 상속지라 번역할 수 있다. 통상 로마 시민 각자에게 수여한 2 유게라의 토지를 말한다. 이는 세습재산이었다.
37) 플리니우스의 이 구절에 따르면 12표법에서 빌라는 항상 '채원'(hortus)으로 지시되고, 채원은 '헤레디움'으로 지시된다.
38) 헤시오도스, 『일과 날』 38 이하로 추정된다.
39) Oberziner, 『로마 평민의 기원Origine della plebe romana』, Leipzig, Brokhaus, 1901, p. 158에서는 '리구리아' 혹은 '시칠리아' 주민을 의미한다.
40) 라틴 인을 의미한다.

이에 관해서는 앞을 보시오-, 12표법에서 입증되는 매장법42)의 이중성 등이 인용된다) 그 편에서 이제 기껏해야 평민과 피호민의 **동일성**이라는 점에서 옛 **전승**의 증언과 일치될 것이다. 또한 **다음**으로 사람들이 계획에 따라서 평민을 피호민으로서 보호자 아래에 (그리고 보편으로) 분배하는 것을 -헤일로타이나 크레타의 '오이케에스'43)와 같은 식으로- 주장하는 것처럼 보이는 몇 개의 (후대에 나오는) 사료 문구를 믿을 때도 그러하다. 그러나 바로 이 문구들은 분명하게도 재구성된 것들이고 언제나 농민을 **국가** 피호민으로 (헤일로타이 식으로) 다루는 것은 **개별** 농장경영에서 그들의 관계에 적합하지는 않을 것이다. 스파르타 시민은 **지대 수취자**이지 결코 영주는 아니다. 그리고 바로 그 증거는 그 분급이 분명하게도 낮은 권리를 지닌 채 (분명하게도 **법** 절차에서) 손해를 보는 **시민**에 대한 **보호** 대책임을 제시하고 있다. (이점에 관련하여 여기에서 보호자의 **선발**은 관련된 사료문구로 보면 분명하게 **자유로운 것**으로 제시된다. -몸젠, 『로마국법』 III. 1판, p. 63, n. 4에서 이를 보시오.) -사료의 상태에 따라서만이 아니라, 실제 가능성에 따라서**도** 12표법과 이어지는 입법이 참으로 **농지**의 영역에서 씨족에 대항한 농민의 성공을 의미한다. 그러나 이는 "영주-농민 관계"의 해체가 **아니라** 오히려 후대에 독특하게 나타나는 대로 "빌라"에서 **독립** 거주하는 것에 유리하도록 옛날의 **지역** 연대를 파괴하는 것을 의미한다. (이 실제 의미는 뒤를 보시오.)

촌락은, 나중에는 로마의 행정에 완전히 낯선 개념이지만, 고대 이전에는 거주의 토대였다.

참으로 **촌락** 거주의 기원은 논쟁되고 있으며, **게르만**(과 그리스)과는 반대로 이탈리아의 촌락 거주는 '장원식' 거주일 것이라고 주장된다. (많은 고고학자들에게서 항상 나타나는 형식, 즉 장원민과 지중해 민족에 대비하여 게르만 인이 촌락 거주민이라는 것은 독일인의 거주지에 대한 완전한 무지와 타키투스44)가 수사학으로 적용한 것에 관한 오

---

41) conubium: 귀족과 평민이 혼인하는 것을 지시한다.
42) 12표법 10.1에는 매장과 화장의 방식이 소개되어 있다. 시내에서는 시신을 태우거나 묻지 말 것을 규정하고 있는 점에서 유추할 수 있다. Crawford, *Roman Statutes*, University of London, II, 1996, p. 704.
43) Ϝοικέες: οἰκῆες 대신에 마이어, 『고대사』 2, p. 275에 표시된 것이다. 본역서 원문 <96우>를 참고하시오.
44) 『게르마니아』 16.1에서는 게르만 인을 '서로 붙어있는 거주지'를 가지지 않은 자로 묘사한다.

해에 기인한다.) 이에 찬성하는 증거는 전혀 없거나 아니면 가능성만이 있을 뿐인데, 그에 반대하는 것은 그리스의 유사한 사례, 기타 이탈리아인들의 사정 그리고 선사 시대의 주거지이다. 그래서 예를 들어 슐텐45)도 믿고 있듯이, 독립 장원, 즉 "빌라"는 이탈리아 특히 로마가 발전하는 시초에 존재했다. 토지를 "농장들," 즉 원리상 "연속된 점유"(인접한 점유)46)로 분배하는 것은 <144좌> 바로 근대식이고 로마식인 것이며, 토지측량가의 표시가 지시하듯이, 거주의 개인주의를 위해서 옛날의 경지 상태를 파괴하는 것을 포함한다. "빌라"는 농민에게서가 아니라 봉건 성주에게서 유래한다. 가치가 충분한 슐텐의 연구에 따르면 어떻게 해서 로마의 "토지할당"47)이 예전의 농촌 단체와 촌락을 하나도 남김없이 철저하게 파괴하였는가를 파악할 수 있다. 아테네(및 기타)와 같은 그리스 도시국가는 '촌락'들을 구성 요소로 이용할 수 있었다. 로마의 관행은 이를 철저히 배격한다. 식민시에서 할당하는 경우 경지는 "파구스들"을 무시하고 결국 중간을 가로지른다. 그래서 식량 구휼표48)에 의하면 플라켄티아와 벨레이야의 경지가 그러하다. 그 개념을 경찰처럼 적용함으로써, 즉 도시의 구역에 "비쿠스"49)의 개념, 의무를 수행하는 도시에 속한 농촌관할의 하부 구역 분배를 위해 "파구스"의 개념을 적용함으로써, 전통의 확고함이 모두 지워진 것이 분명하다. 그러나 후대의 법에 따르면 파구스와 같이 비쿠스도 토지 구획을 점유하고 자신의 처지에 관해서 독자 결정을 내리며 소송을 할 수 있는 법인으로서 간주되지만, 사료는 오로지 "파구스"만이 "지역 단체"라는 점을 제시하고 있다. 항상 비쿠스는 일종의 폐쇄된 거주지이며, 그러한 것으로서 도시 이전의 시기에 파구스의 중심점이거나 아니면 모든 고대 주거지에서 발생하듯이 파구스에 있는 여러 촌락들 중에서 하나이다. 페스투스50)에 따르면 비쿠스는 시장터이다. -

---

45) Schulten, "XXXIII. Die Landgemeinden im römischen Reich," *Philologus*, 53, 1894, p. 629f.
46) continuae possessiones: Hyginus, *De generibus controversiorum*, p. 130, 7 Lachman에서 인용하고 있다.
47) assignatio: adsignatio. 그라쿠스의 농지개혁처럼 토지를 시민에게 일정하게 분배하는 것을 의미한다.
48) Alimentartafeln: 벨레이아Veleia의 경우, 『라틴비문집성CIL』 XI, 1147에 나오는데, 여기에서는 트라야누스 황제 치하에서 주민에 대한 식량공급을 신분, 연령, 성별로 나누어서 구분하고 있다. 플라켄티아(Piacenza)는 기원전 218년 군사 식민시로 건설되었고 6,000명이 토지를 받아 정착한다. 기원전 180년에는 아이밀리우스 로Via Aemilia가 건설되어 해변과 연결되어 발전한다.
49) vicus: 어원은 집을 의미하는 weik로, 집들이 늘어서 있는 거리, 동네, 시의 부분, 마을이라는 뜻인데 자치권은 없다. 아우구스투스는 로마 시를 14개의 구(regio)와 265개의 동(vicus)으로 행정구획을 나누었다. 참고로 2019년 5월 현재 서울은 25개 자치구와 424개 행정동으로 구분되어 있다.
50) Festus, 『단어의 뜻De verborum significatu』, p. 371 (Mueller ed.)에는 이곳에 거래를 위해서 장이 (9일장) 열리는 것으로 나온다.

이제 "파구스"가 한 때에 그리스 고전기의 '촌락'의 역할을 하였다는 점은 나에게 매우 큰 가능성이 있는 것으로 보인다. 로마식 의미에서 "도시"와 "촌락" 간의 대립은, 슐텐51)의 묘사로 알 수 있듯이, 우리에게 전해진 모든 사료의 어려움이 만들어낸 것이다.- 이 대립은 후대에 나오는 경지 제도의 ("촌락 제도"와는 상반되는) 성격을 통해서 조건 지어진다. (뒤를 보시오) 이미 이로부터 추론되는 것은, 다시금 슐텐이 정당하게 도출하고 있듯이 -몸젠52)이 믿었던 것처럼- 역사 시대에 소유권에 대한 증거 보유에 파구스가 참여할 수 없었고 특히 주 기능 즉, 파구스의 정결제53)[순수하게 종교의, 축사(逐邪) 행위]가 그것을 창출하는 것과 아무런 관계가 없었다는 점이다. 후대에 나오는 파구스를 지명하는 권력은 언제나, 잘 알려져 있듯이, 단지 종교풍이다. 플리니우스54)에 의해서 전해진, 부녀자의 헤어스타일에 대한 이교(理敎)의 명령은 분명히 미신에 의해서 동기가 주어진 것이다. 파구스가 사회 제도에서 더욱 의미가 컸던 더 오래 전 상황에 비해서, 한때 존재하였던 의례를 제거하기에 앞서 두려움을 통해서 보존된 나머지 것들의 성격을 이 영역으로 국한하는 것은 스스로 이해될 만하며, 또한 '지역구'를 통해 공공 도로55)를 확실하게 점유한 것과 시장을 개설하는 권리를 원래부터 확실히 점유하고 있던 점에 의해서 충분히 드러난다.56)

촌락의 공동지는 후대의 "공동방목지"57)에서 여전히 비록 거의 남은 흔적이 없기는 하지만 감지할 만하다. 방목권은 여기에서 <144우> 원래 일종의 "유스"(키케로58)) 즉, 동료의 개별 권리이다. 이와 더불어서 공유지가 존재하는데, 이는 후에

---

51) Shulten, 앞 논문, p. 656. p. 636.
52) 몸젠, 앞의 책, 3-1, p. 118.
53) lustratio: 라틴어 5년을 의미하는 lustratio에서 파생한 것이다. 로마에서 공공 도급을 맡은 기간이 5년이고 이에 따라서 호구조사관 선출도 5년마다 이루어진다. 이때마다 정결제가 이루어진다. 전쟁에 나가는 경우도 정결제를 올린다.
54) 플리니우스, 『자연사』 28.2(5).28에 나오는 것을 인용하였으며, Schulten, 앞 논문, p. 641을 참조한 것이다. 하지만 여기서 원문에 대한 명백한 오해가 있다. 문제가 되는 것은 여인의 머리 장식이 아니라, 물레를 돌리는 것을 금지하거나 아니면 길로 보이게 그것을 이동하는 것인데, 이는 곡식의 성장에 방해되기 때문이다.
55) 원문에는 Wagen이라고 되어 있으나 Wegen 으로 고쳐서 읽는다.
56) Schulten, 앞 논문, p. 641에는 파구스들이 공공 도로를 유지하는 것과 아울러 지역구(Gau)의 귀족들이 시장에 대하여 감독하는 것에 관해서만 언급한다.
57) ager compascuus: ager는 땅 토지 농지라는 뜻이고, compascuus는 compascare 즉 같이 먹이다라는 뜻과 합성된 것이다.
58) ius: 묶어주는 것이라는 의미에서 권리, 법, 징의의 의미로 쓰인다. lex가 실정법을 지시한다면 유

정복되고, 원래는 분명히 -이유 없이 의심되는 점이다- 쓸모없지는 않으나 버려진 땅이다. 게르만의 초기에서 그러하듯이, 분명히 이 "공동의 마르크"에는 부족 동료 각각에게 개간의 권리가 귀속되어 있었으며, 그는 쟁기를 가지고 경작하는 동안 그러한 "선점지"59) 점유에서 보호되었다. 분할하여 개인의 권리가 되거나 소작을 통해서 재정상 이용하고자 결정되지 않는 한, 이 오래된 "선점(先占)"의 권리는, 이제 변형된 형태로, 호플리테스 국가에 의해 후대에 정복되어 이미 경작하여 곡물을 생산하는 경작지에 확대되었다. 여기에서 통제된 형태의 선점이 미리 보였다는 점 - 아마도 미국에서 거주하도록 인디안 구역을 개발하는 경우처럼- 그리고 국가에 대한 보상으로서 일정 비율의 수확이 징수되었거나 아니면 징수되어야 한다는 점 - 이 모든 것은 여기에서도 사실상 거대한 정복지로 "이주(移住)"권이 확산된 것이라는 점에서 **변화시킨 것이 아무 것도 없다**. 즉 "선점한다"는 것은 용어상으로도 결정짓는 것이지, 그 경과를 정무관이 통제하는 것은 아니다.

이제 농민들이 자신의 손으로 하는 노동으로 살았던 옛날에 거주지의 내부 사정이 어떠하였는지는 자세히 알 수 없다. 우선 더 후대의 의미에서 개별이며 완전 **자유롭게 상속되고 매각되는 토지소유권은 전혀 없었다**. 그래도 어떤 형태든지 경작지가 가족에 묶인 상태는 여기에서도 존재하였으며, 다른 곳에서처럼 이곳에서도 귀족의 점유시에는 자명한 것이다. 그러나 농민들의 경우에도 비록 약화된 형식이기는 하나 확실히 그러하다. 그것에 관련한 **확실한 흔적들은 발견되지 않는다**. 금치산선고 형식 중에서 '**아버지와 할아버지의 재산**'의 탕진에 관한 인용60)은, 모두 군사와 관련해서 정해진 권리들에 공통인 것으로, 세습 토지를 매각하는 것에 대해서 매우 비난하는 것을 의미한다. 그러나 그것은 원래 양도 가능성과 관련하여 양자의 법상 분리에 대해서 확실한 지시를 하는 것이 아니다. 아마도 발전은 원칙으로 그리스와 다르지 않았을 것이며 언제나 (원칙에서) 상속되고 매각되는 토지 점유도 여기에서 **우리가 접근할 수 있는 역사의 처음에 존재할 것이다**. 로물루스가

스는 관념을 지시한다. 키케로, 『토피카』 12. "ius est compascere".
59) ager occupatorius: 승리한 사람들이 원주민을 몰아내고 차지한 농지라는 의미이다. *Rei Agrariae Auctores*, p. 45, (ed. Goes.) 이 토지는 Ager Arcifinius(경계지)라고도 불리우나, 같은 것이 아니다. 그 안에 있는 공유지를 선점지라고 한다.
60) bona paterna avitaque: Paulus, *Sententiae*, 3.4a.7.

유일하게 상속이 가능한 (매각이 가능하다는 것은 아니다) 2유게라의 '세습지'를 지정하였다는 전설은 이를 입증하는 증거가 아니다. 왜냐하면 이것이 초기의 완전한 농민 점유가 아니라는 점이 분명하기 때문이다. 그러나 이점에서 다른 면으로 -에두아르트 마이어[61]가 의도하였듯이- 날품팔이꾼의 토지로 생각될 가능성은 없다. 오히려 '세습지'는 일종의 "채원" 즉 일종의 "부르트,"[62] 개별 경작을 위해서 <145좌> 소가족이 세습하여 전유하지만 가족 밖으로 매각하는 경우에는 **공공**의 이유에서 제한된 '채원 토지'이다. 해석을 위해서는 세 가지의 가능성이 열려있다.

첫째로 집주식으로 **도시의 토대를 놓은 경우** 또는 정무관이 도시를 창설한 경우, **도시에 거주하는 평민** 즉 수공업자, 소상인 등이 보유한 것인데, 이 토지는 씨족에 속하지 않으며, 사람들이 사용하였던 것이고, 분명히 당시에도 중세 독일에 있었던 많은 도시 건설의 경우와 마찬가지로 가지기를 원하였던, 1) 채원 그리고 2) 공동 경작지에 대한 가축방목권이었으나, 반면 농민 후페는 결코 아니다. 이어서 같은 경우가 이 초기 시민 식민시에서 있었을 것인데, 그것은 농지 정책이 아니라 수비를 목적으로 로마인을 해안지역에 정착시키려고 (해안 식민시) 하였던 것이다.[63] 이를 통해 해안 지대는 로마의 무역 독점을 위해서 확보되어야만 한다. 이곳에서는 (아테네에서 솔론이 살라미스에 추첨지 보유자를 할당한 것처럼) 식민자들이 거주강제에 따라야 한다. 바로 이곳에서 "2유게라"[64]의 지정이 (하나의 의심의 여지없는 사례인 앙크수르에서)[65] 발견되며, 식민자는 그런 사람으로서 자명하게 방목권을 누린다. (그밖에도 그에게 여전히 다른 수입이 제공되었을 것이라는 점은, 내가 앞에서 주장하듯이, 오리엔트 및 헬레니즘 시기의 사정을 고려하면[66] 더 이상 가능성이 없는 것으로 보인다. 그리고 내 의견으로는, 게르만 정주의 방식에 따르는 경지공동체에 관련한 생각을, 전체 고대에 대해서 그런 것처럼, 로마에 대해서 완전히 포기해야 한다.) 따라서 2 유게라는 새로 창설한 도시유대 관계에 사람들이 받

---

61) 마이어, 『고대사』 2, p. 519.
62) Wurth: 이는 농장터나 채원으로 경지강제에서 벗어난 토지로 개인이 보유한 것이다.
63) coloniae maritimae: 해안 식민시 건설은 기원전 4-2세기에 이루어진다.
64) bina iugera: bina는 2라는 뜻이다. 0.5헥타르에 해당된다.
65) Anxur: 리비우스, 8.21.11 기원전 328년의 기사. "그 해에 300명이 식민시로 파견되었으며, 2 유게라의 농지를 받았다."
66) 메소포타미아는 원문 <75좌>, 이집트는 <85좌> <86우>, 헬레니즘 시기는 <131좌-우>를 참고하시오.

아들인 모든 자유 평민의 몫이었을 것이다.

두번째 가능성은 (첫번째와 결부될 수 있는데) 다음과 같다. 2 유게라는 보병대의 몫이다. 혹은 더 정당하게는 계산 단위 그 자체이다. 2차 포이니 전쟁 말에 스페인과 아프리카를 원정한 고참병에게 그들이 수년간 복무하였을 때, 여러 배의 2 유게라를 주는 것으로 판결된다. (토지 할당에서 홀수의 수자는 물론 "연대기"에서 나타난다. 그러나 이미 100×2 유게라에 대한 이름 "켄투리아"[67])는 정상 단위가 2 모르겐이었다는 점을 지시한다.)[68]

세번째 가능성은 다음과 같다. 안티움에 대한 고지를 보면,[69] 식민시 지역의 확보를 위해서 옛날에 정착한 완전시민은 2 유게라와는 아주 다르게 공급받았을 가능성이 있다. 고지에 따르면 그곳에서 항복 이후에 적대하는 주민들이 식민자들의 분익 농민(헤일로타이)이 되었을 것이다. 여기에서도 2 유게라는 도시에 <145우> -미틸리네처럼- 집약된, 추첨지 보유자 신분이 지닌 도시 몫이었을 것이다. 추첨지 보유자는 자연히 수공업자나 소상인이 아니었으며(가설 1) 오히려 전사였고 농민이 아니라 도시에 정주한 영주였음에 틀림없다.- 우리가 오늘날 평민이든 귀족이든 저 도시 정주자들에 반대해서, 농민 가족이 경지에 대한 권리를 보유하고 있다고 어떻게 생각하게 되었는지는 전혀 모를 일이다. 마찬가지로 어떤 봉건 권리부여가 아마도 그 위에 있었을 것이다. 이점은 로마 자체에 대해서도 유효하다.

로마의 시민은, 그리스에서 '부족'과 '형제단'으로 나뉘어져 있듯이, 역사 시대에 트리부스와 쿠리아로 나뉘어져 있다. 여기에서도 '씨족'은 (오랫동안 논쟁점이다) 귀족에 국한되었다. 씨족은 "원시"가 아니라, 분화를 통해서 즉 가축·귀금속·토지 점유·채무노예 점유와 그에 입각하여 기사로서의 생활과 전사로서의 훈련을 통해서 생성된 형태이다. 확실하게 씨족 만들기는 (다시 말해서 점유물에 대한 공동보유, 혈연에 대한 존중 그리고 이에서 부수되는 것) 여기에서도 옛 수장 가문에서 우선

---

67) centuria: 100이라는 뜻에서, 100을 단위로 한 부대나 토지(200유게라)를 지칭한다. 이하 부대를 지시할 때는 백인대로 번역한다.
68) 리비우스, 31.49.5 기원전 200년의 기사. 히스파니아와 아프리카에서 복무한 연수만큼 비례하여 1년에 2 유게라씩 농지를 받도록 포고한다.
69) Antium: 현지명 Anzio, 기원전 468년 이곳을 점령한 로마는 식민시 건설 3인 위원을 파견한다. 디오니시오스 할리카르나센시스, 9.60.2. 안티움 주민은 본인이 할당받은 농지는 물론이고, 식민자들에게 분배한 농지도 경작하고 여기에서 일정몫(moirais)을 식민자에게 납부하도록 하였으며, 토지가 없는 자는 추방된다.

시작하였다. 이들은 그리스의 경우처럼 성주(城主)로 발전하였다. 성채 귀족을 집주하는 것은 로마 초기 전체의 정치 업적이다. 그러한 편입은 자발로 이루어질 수 있었거나 -가장 유명한 사례는 아타 클라우수스의 씨족을 클라우디우스 가문으로서 씨족 연대 속으로 받아들이고, 그와 그의 "피호민"을 위한 경작지를 지정한 것이다 - 아니면 마지막으로 그들의 성채를 "깸"으로써 강제로 이루어질 수 있었다. 따라서 분명한 것은 16개의 구 농촌 트리부스가 씨족 이름을 가지고 있다는 점이다. 그리고 자연히 이것은 여기에서도

1) 관련된 지역의 전부 또는 대부분 토지가 영주인 씨족들에 속하였다-그렇다면 귀족 씨족의 대다수는 바로 토지가 **없는** 상태에 있었을 것이다-는 것이 아니라는 점을 지시하거나, 아니면

2) '씨족'이 원래 모든 자유인에 공통되는 제도였다는 것도 아니라는 점을 지시한다.

-오히려 로마의 전승70)은 그 자체로서, 옛날부터 후대에 이르기까지 (뒤를 보시오) 농촌 트리부스들에서 분할이 이루어진 것처럼, 도시 문 밖에 있는 토지들이 장기간 **파구스**들로 분할되어 있었다고 하는 점을 지시한다. 씨족 지배의 완전한 개화기에, 그리스에서 특수한 귀족 폴리스들의 경우와 마찬가지로, **정치상으로** 평지가 권리를 박탈당하였다. 그리고 로마에서도 (그리고 여기에서는 다수의 그리스 고전기 국가들의 경우보다 더 강력하게) 귀족 씨족은 경작지 점유자였으나, 도시에 정주하는 씨족이다. 팽창기에 로마의 대군을 이루는 병사들은 **농민**이었으나 그들의 장교는 항상 **도시민**이었다. 고전기 그리스에서 귀족씨족이 거의 항상 인민과는 **다른** 수호 신성을 지니고 있는 것처럼 (에두아르트 마이어71)에 의해서 최초로 날카롭게 지적된 것이다) 씨족들의 제사들은 신성한72) 개인 제례이다. 즉 씨족은 원칙상 "국가에서 벗어난" 형태이며, 또한 국가의 "부분"이 결코 아니다. 그에 비해서 쿠리아들에서 지내는 공동의 제사는 공공 제례이다. 심지어 쿠리아들은 공공으로 인정된 보증 구역이다. 쿠리아들은 (이미 고대에) 대체로 그리스의

---

70) 몸젠, 『로마국법』 3-1, pp. 116-119에서 도시 구역에 대비하여 파구스를 경작 구역으로 상세히 묘사하고 있다.
71) 마이어, 『고대사』 2, p. 308f.
72) sacra: 신성한 것들이라는 뜻으로 신성한 물건을 나타내거나, 제례를 일컫는다.

'형제단'과 동일시된다. 전문가들의 고백에 따르면, 후자와 마찬가지로 그 기원은 알지 못하고 있다. 역사 시대에 관련하여 확실한 것은 오로지 쿠리아가 유언과 양자 입적(또한 방어 단체와 아울러 토지 점유를 승인하는 것)을 대신 통제하였다는 점과 새로 선출된 최고 정무관에게 군사 직책을 넘겨주는 것을 비준하였다는 것뿐이다. 가능성이 있는 것이라면 쿠리아가 원래 군대편성 시에 징병 기구를 만들었을 것이라는 점이다. 이로써 '형제단'과 비슷한 점은 그대로 단지 부분으로만 존재하였을 것이다. -다른 부분으로 쿠리아들은 '부족'에 비견되어야 할 것이다. 그리스 고전기 '형제단'에 비하여, 쿠리아는 아무런 단체 성격을 가지지도 않으며 또한 아무런 법의 수행 능력도 없다. 이들은 단지 제사 및 행정 단위에 불과하다. 그러나 이로부터 보건대 그리스에서 '형제단'을 "시원(始原)"으로 간주하는 자는 이 옛 '형제단'이 아니라 후대에 나오는 집주자 인위의 형성물을 역사의 산물인 쿠리아와 같은 것으로 볼 지도 모른다. 후자는 자기 편에서는 바로 일종의 특수한 **도시국가**의 형성물이다. (트리부스와 반대로 코미티움[73])에서 개회된다. 등등) 쿠리아들은 라틴계 도시들에 공통이다. (반면 로마의 시민 식민시들이 그것을 알고 있었는지가 의문이다.) -각각 하위 분파로서 씨족을 지닌 10개의 쿠리아로 이루어진 세 개의 옛 트리부스는 자연히 국가 필요의 배분을 위한 창안물이며, 아마도 이 구도에서 **전체** 시민을 쿠리아와 (인위의) 씨족들로 통합한 귀족-평민 국가를 최초로 창설한 것일지도 모른다. 역사 시대에 쿠리아들에게 별도의 그리고 폐쇄된 토지 표지가 귀속되었을 때, 늘 의문이 생기는 점은 얼마나 이 지방화가 원래 '부족'으로 편성한 것의 산물인지, 또는 (가능성이 있는데) 후대에 쿠리아 밑으로 그 영역을 새로 분할한 것인지,[74] 아니면 대체로 신설된 라틴 식민시에서만 (그리스에서 식민시에 만들어진 '부족'의 경우처럼) 존재하고 있었는지에 관한 것이다.

로마 국가 제도는 처음부터 **하나의** 방향에서, 그 구성원에 대한 국가의 태도

---

73) comitium: 귀족과 평민이 함께 모인다는 뜻으로 트리부스 회, 켄투리아 회, 쿠리아 회에서 공청으로 사용되며, 장소의 개념으로는 포룸 로마눔의 끝자락에 위치한 곳이다. 반대로 평민의 모임은 콘킬리움concilium이라고 칭했으며 군신의 광장 등에서 열렸다.
74) 이 견해는 몸젠, 『로마국법』 3-1, p. 94에 나오는 내용인데, 쿠리아가 지역분할이라는 점이 귀족씨족이 원래 폐쇄된 경작지를 가지고 있었던 데에서 입증된다고 몸젠은 보았다.

에서 그리스 고전기의 폴리스와는 **구별된다**. 즉 **가족법**을 다루는 경우 그러하다. <146우> 그리스 고전기 폴리스(예를 들어 아테네)의 경우 정치상 방어 능력을 가지는 것과 가자(家子)의 개인법상 처리 능력이 하나로 합쳐진다. -로마 국가의 경우 두 가지는 서로 무관하다. 아버지가 살아 있는 한, 아들이 가권(家權)의 대상인 것처럼, 시민은 병사로서 관권(官權)의 대상이다. 국가는 가계의 팽창에 정지를 가하며, 가장권("도미니움"[75]))은 부인·자녀·노예·가축[가속(家屬)과 재산][76][146-1]을 동일하게 절대로 제한 없이 장악하는데, 이는 절대 소유권 개념의 맹아(萌芽)이다.

[146-1 "가속"이 "재산"에 대해서 가지는 관계[77]는 여기에서는 논하지 않는다. 이에 관해서는 최근에 나온 미타이스, 『로마의 개인법』[78] p. 81 이하를 보시오.]

이 뿌리깊은 가장의 가족법이 "씨족" 조직에서 유래하였다는 점 -왜냐하면 "아버지"의 지위는 고대 국가의 조직에서, 전승이 묘사하는 것처럼, 씨족장과 같은 것이며, 이는 가족에서 '가부'(家父)와 동일한 것이기 때문이다[79]- 그리고 그 점이 원래 점유의 결합에 기여하였다는, 즉 강한 귀족 조직에서 대가족이 법 구조의 정상(正常) 형태로서 점유 결합에서 토대가 되었다는 점은 전혀 의심의 여지가 없다. 씨족장의 지위가 어떻게 해서 공법에서 그리고 피호민에 대해서 (뒤를 보시오) 수여되었는지 –상속 명령 혹은 선발?- 질문하는 것은 사료의 상태로 보아 쓸모없는 일이다. 대가족이라는 개체가 갈라지는 것은 법의 역사에서 '가부'의 죽음과 더불어서 발생하는데, 그것이 원래의 씨족법이 아니라 새 씨족장이 옛 씨족장을 대신하는 점이라는 것이 자명하다. **보호자권**을 상속시키는 데 후대에 공동 상속권으로 이루어지는 변형은, 그것이 어쨌든 폐쇄된 씨족의 옛 질서로 되돌아갈지라도, 불확실한 사료이다. -가족 유대를 이처럼 엄격하게 권위(權威)로 조직한 것은 이제 로마의

---

75) dominium: 이는 절대 소유권이라고 번역되나, 베버는 이 말이 집을 뜻하는 도무스domus에서 파생된 것임을 보여주고 있다.
76) familia pecuniaque: 가족과 돈이라는 뜻이다.
77) 미타이스의 인용에 따르면 가속은 악취가 가능이나, 돈은 악취가 불가능한 재산으로 취급된다.
78) Mitteis, *Römisches Privatrecht bis auf die Zeit Diokletians* (1. Grundbegriffe und Lehre von den Juristischen Personen), Leipzig, 1908.
79) 이는 몸젠, 『로마국법』 3-1, p. 13, n. 1에 의거한 것이다.

국가 제도에서 분명히 **봉건** 구성 요소의 원천이 되었으며, 그것은 국가가 완전히 지속하는 동안에 국가의 특성을 광범위하게 함께 결정해 왔다.

로마의 사회 제도가 그 (우리가 도달할 수 있는) 초기와 후대에 그리스 고전기 도시국가에서 결코 없지 않았으나, 그곳에서 이미 일찍이 그러나 충분하게 민주정 시기로 멀리 소급되는 요소가 비할 바 없이 더 강력한 형태로 발전하였다. 즉 그것은 봉건 **피호제도**이다. 가족법에 의탁하는 것은, 피호민에게 토지를 할당하는 것을 '가자'(家子)에게 할당하는 것과 오래 전에 동일시한 것에서, 분명하게 지시된다. <147좌> 그것은 여기 주어진 공간 내에서 이 제도에 아마도 더욱 가깝게 접근한 것이 옛 상태에 관해 매우 많은 오해를 불러 일으켰다. 고대에는 (그리고 자연스럽게 고대만이 아니라) **도처에서** 원래 토지가 없는 자, **즉 사실상 공동체의 토지** 점유에 참여하지 못한 자는 또한 권리도 없다. 이집트에서 왕은 "거주지 없는 자"를 소환하는데, 그들은 자신이 가진 것을 자신의 노새에 부려 농장 점유자에게서 농장 점유자로 끌고 다니면서 자신의 노동력을 판매한다. 옛 이스라엘에서는 그들은 거류외인의 원형이며, 그리스에서는 "빈민"과 "펠라타이"를 형성한다. 로마에서 그들은 –귀족씨족 국가의 시기에- 자신을 떠맡을 준비된 부유한 "아버지"(씨족장)나 또는 (왕정시기에 관해서 전해진 대로) 왕이 가진 보호자의 지위 아래로 "헌신(獻身)"80)함으로써 생긴다. 이를 통해서 그리고 보호자의 "수용"을 통해서 성립한 관계는 한편으로는 노예제와, 다른 한편으로는 봉신제와 구별되며, 옛 이집트의 "아마크" 관계와 매우 유사하다. 상호 관계는 전통에서 비롯하며 특별히 확고한 예절 규범을 통해서 규제된다. 그러나 그것은 그 종교 성격 때문에 시민-세속의 (독일어식 표현으로) "영방법"81)은 낯선 것이며, 그것에 의해 적용될 수 없다. 그러나 그렇다 해도, 그것은 높은 실천의 의미를 지니고 있으므로 자신의 존재 속에서 단순히 무시될 수 없다. 아버지를 구타한 아들이 저주받는 것과 같이,82) 12표법에서는 피호민에게 신의를 지키지 못하는 ("만약 피호민에게 사기치면"83)) 보호자를 저주한다. 두 가지의 경

---

80) applicatio: 기울인다는 뜻인데, 보호자와 피호민의 관계를 일컫는 용어이다.
81) Landrecht: 영방법이라고 번역하는데, 봉건법이나 도시법과는 다른 보편 적용을 특징으로 한다.
82) 이는 세르비우스 툴리우스 왕이 제정한 법이다. 이 경우 'sacer esto'라고 규정되는데, 이는 '제물이 되도록 한다'는 뜻으로 죽인다는 의미를 담고 있다. Bruns, *Fontes*⁵, p. 14 참조. 이 같은 처벌을 받도록 하는 경우는 이 경우 말고도, 다음에 나오는 피호민에 관한 기만행위, 경계표석을 옮겼을 경우, 호민관을 폭행한 경우, 참주가 되고자 한 경우이다. Crawford ed., *Roman Statutes*, vol. 2, p. 690 참조.
83) "si clienti fraudem fecerit": 12표법, 8.21이다. 이에 관해서는 의심스러운 면도 있다.

우에는 국가가 임명한 재판관이 전혀 없었다. 세계를 지배하던 시기에 민주정치의 반환법84)에도 두 사람 사이에서 피호관계라는 사실 즉 "신의(信義) 상태에 있다"85)는 점이 존재하는가의 여부를 고려하고 있다. (그리고 『칙법휘찬』에 나오는 노예 법에도 노예 병영의 해체 시기에 "주인의 신의에 있다"86)라는 표현은 방향을 잃고 있으며, 분명히 여기에서 옛날의 피호관계에 대한 어떤 **직접** 형태의 여운이 없는 게 분명하다.) "신의"는 완전히 중세와 마찬가지로 피호민에 대한 주인의 관계를 지배하였다. -그러나 한편 중세에서 (일본에서도) **봉신**의 신의가 특히 찬양되고, 윤리상 좋은 평가를 받고, 봉건법에 의해서 엄격히 훈육되었다. **왜냐하면** 봉신은 자신이 스스로 서며, 스스로 무장하고, **사실상** 자신의 복지를 위해서 주군에게서 점점 독립하는 기사 혹은 심지어 후작이기도 하지만, 그에게는 자신을 주군에게 의탁하려는 시도가 항상 가까이 있었기 때문이다. -반면 고대 로마에서는 주인의 "신의"를 특별히 다루고 있다. 왜냐하면 역사 시대에 피호민은, 메소포타미아 왕들로부터 관직이나 역을 수행하는 조건으로 봉토를 보유하는 자들이나 파라오와 프톨레마이오스 왕조의 '전사'들, 그리고 "콜로누스"와 같이, 일종의 소인(小人)으로, 이를테면 평민의 권리를 누리는 봉토 보유자이다. 이들은 주인이 없어서는 아무 것도 아니며, 주인에 반대해서 전혀 아무것도 아니다. **양측**의 "신의"를 "왕법(王法)"87)에서 강조하는 것이 원래 봉신제에 가까워지는 것과 아마도 최초로 호플리테스 국가에서 "피호민"의 지위가 추락하는 것을 지시하는지의 여부는 자연히 미정인 상태로 <147우> 머물고 있다. 피호민은 주인에게 존중(원래는 "순종")을 바쳐야 하며, 특별히 곤궁에 처한 경우에는 경제상으로 도와주어야 하며, 그런 경우에 속하는 것은 딸의 혼수 마련, 공공 의무, 마지막으로 포로에서 석방되는 것이다. (고대에 관하여 중요한 사례는 다음과 같다. 회상해 보면, 함무라비 법은 봉토소지자로 그를 다루며, 아테네에서는 기여하는 경우 -'에라노이'- 포로교환을 위한 반환청구라는 특별절차들이88) 확고히

---

84) 부당취득재물에 대한 반환을 규정한 것으로 해외 속주에 파견된 총독이나 그 측근에 대해서 적용되었던 법이다.
85) "in fide esse": 이는 몸젠에 의해서 아킬리우스 법으로 인정된 123/22년의 법 11행과 33행에 나온다.
86) "in fide domini esse":『학설휘찬』 33.7.20.1. 스카이볼라의 답변, 노예의 경작에 관해, "만약 주인의 신의에 따라서 fide dominica가 아니라 봉급을 받고 농지를 경작했으면, 빚지지 않은 것이다."
87) lex regia: 로마의 왕들이 제정하였다는 법인데, 작가에 따라서 로물루스나 2대왕 누마 등이 제정한 것으로 알려져 있으나 전거가 의심되기도 한다.
88) 이런 베버의 확인이 어디에 근거하는 것인지 불명확히다. 그런 특별절차는 알려져 있지 않기 때문이다.

유지되고 있었다.) 피호민은 자신의 편에서 주인에게서 그것에 대해서 다음과 같은 것을 요구한다.

1. 경제로 어려운 경우에 도움.
2. 보호, 특히 법정에 의한 소추에 대해서 보호.

"영방법"이 피호민을 거주외인, 즉 외국인으로서 취급하는 한,[89] 주인은 그를 **법상으로** 그리고 후에는 충분히 빈번하게 **사실상으로** 마음대로 처벌할 수 없었다. 그러나 어떤 성격이든 관계없이, 보호자와 피호민 사이에서 벌어지는 법정 소송은 모든 **형사 소송도** 봉건 관계로부터 역사의 법에서 그들 간에 존재하는 신의관계를 통해서 **배제되며** (원래 자연스럽게 **모든** 소송이 그렇다) 마찬가지로 한편이 다른 편에게 불리하게 증언하는 것은 허용되지 않는다. 그밖에도 특히 피호관계의 상속상태가 원래 (아마) 완전히 주인이나 또는 그의 '씨족'에게 귀속되어 있어서 -그것과 연관되어- 씨족의 봉토 수령자 신분의 집단에서 나오는 합의가 없어서는 피호민의 여자 친척이 '시집갈'(에누베레)[90] 수 없었을 것이라는 점에서 주인과 피호민 간의 봉건유대는 유효한 것으로 드러난다.

주인에게 피호 제도가 지니는 실제 의미는 다양한 방향으로 제시될 수 있을 것이다.

1. 피호민은 기부금[91] 의무, 토지의 귀속권 그리고 최종으로 혼인 승낙료를 통한 임시 수입원이었다. 그들을 정규 지대원으로 영업상 이용하는 것은 **후에는** 올바르지 않은 것으로서 간주되었다. 그에게 항상 그러했는지는, (특히 피호 제도는 -같은 것을 보시오- 그들의 전체 성격을 후에 **변화시켰다**) 자연히 불확실하며, 그 반대가 그 자체로서 가능성이 있다. -

2. 피호민이 원래 주인의 장원에서 경제 노동력이어야만 했는지의 여부도 그에 못지 않게 (동일한 근거에서) 결정할 수 없다. 후대에 나오는 **피해방** 피호민과의 비교는 이루어질 수 없을 것이다. 왜냐하면 이 -경제상 과실이 있는- 제도는 옛 피호 제도에서 가장 중요한 것, 즉 매우 심하게 평가되는 **보호자의 신의 의무가 없는** 것으로 보이기 때문이다.

피호 제도의 **농지관련** 의미에 따라 전자의 질문에 더 넓은 질문이 연계된다. "프레카리움" 제도가 피호관계 법에서 기인하는 것으로서, 더 낫게 말하자면, 피호관계법에 따

---

[89] 시민에게만 적용되는 시민법ius civile에 대비하여 '영방에' 외국인들도 포함되는 이 독일법의 개념을 가지고서 베버는 피호민에게 적용하고 있다.
[90] enubere: 여자가 혼인으로 자신의 집을 떠나는 것을 의미하는 라틴어 단어이다.
[91] Beisteur: 보호자가 특별한 용도로 쓰도록 기여하는 것을 의미한다.

른 토지수여의 "영방법" 측면으로서 언급될 가능성이 가장 크다. "간청,"92) 즉 시민 법정이 인정하는 계약이 없이 이루어지는 점유가 있다. 이 경우 제삼자에 대해서 '프레카리움 수혜자'의 점유보호의 의미를 가지는 반면 주인에 대한 그의 점유는 존재하지 않는 것으로 간주되므로, 주인은 그를 언제나 자신의 힘으로 내쫓을 수 있다. -프레카리움은 봉건법과 영방법 간의 관계에서 파생되는 문제에 대한 매우 독특한 해결이므로 (제삼자에 대해서 프레카리움 보유자 나름으로 점유를 보호하는 것은 <148좌> 나중에 "영방법에 따른" 콜로누스에게는 -뒤를 보시오- 없는 것이다.) 여기에서는 비록 "아버지들"(도시 귀족으로 이루어지는 씨족장)이 점유가 없는 자들("더 낮은 계층의 사람들"93))에게 토지를 할당해 ('할당하다'는 기술상 "봉건법의" 표현이다) 주어야 하는 책임을 지고 있다는 점에서 자신의 이름을 가졌던 것은, 분명히 전해지는 않을지라도,94) 아무런 의심의 여지가 없었던 것이다. 이것은 이를테면 클라우디우스 가문의 전설에서 달성된다. (그들의 역사상 씨앗은 미정인 상태이다.) 즉 아타 클라우스는 일종의 '지역구 지도자' 또는 -가능성이 있는데- 사비니 지역(그의 거주지 레길룸95)은 지형학으로 확고부동한 곳이 아니다. 그곳은 기사 성채였지 폴리스는 아니었다)의 성주로서, "왕들이 축출된 후" 6년96)에 자신의 종사들과 함께 자유 의지에 따라 로마로 와서 "공동체가 되는 것"(집주하는 것)이 가능하였을 것이다. 그가 자신의 피호민을 지니고 (그들의 수자는 웃음거리가 되도록 과장되고 있기에, 사람들은 테베로네 지역97)에 있는 토지만을 표상하면 된다) 로마로 이주하자, 그는 자신의 몫으로 25 유게라를 받았고 자신의 피호민에게는 각각 2 유게라씩 준다. 2 유게라로는 (자연경제상!) 한 가족이 (단지 순수하게 실제로) 살지 못하며, 그렇게 살 수 있는 곳이 없다. 그 땅은 바로 한 사람의 식량에나 충분할 것이다. 또한 그 보고를 가지고 무언가 시작하기 위해서는 그것이 '전답이 없이 농가만 가진 자의 처지'이며, 사람들은 피호민 가족이 그것과 아울러 부양의 대가로 농장에서 25 유게라의 "면세지" 즉 향신의 "농장"을 경작하도록 부역을 수행하였을 것이라는 점

---

92) Bitteweiser: 이말은 라틴어 precarium을 베버가 독일어식으로 그대로 번역한 것이다.
93) tenuiores: 얇은, 가난한을 의미하는 tenuis의 비교급 복수 형태이다.
94) 이는 Festus, p. 246(Mueller)에서 전해지는데, 원로원의원이 아버지라고 불린 것은 경작지를(agrorum partes) 자식에게 나누어 주듯이 점유토지가 없는 자들에게(tenuiores) 주었기 때문이라고 한다. 이 점과 관련해서 베버는 몸젠, 『로마 국법』 3-1, p. 83과 각주 2를 인용한 것이다.
95) Regillum: 아타 클라우스의 본래 거주 도시이다.
96) post reges exactos: 기원전 504년이며, 이 인용은 수에토니우스, 『티베리우스』 1.1이다.
97) 5,000명으로 소개된다. Teverone. 디베리스 강의 지류로, 고대에는 아니오Anio라고 불리었으며 티볼리에서 폭포를 이룬다.

을 받아들여만 한다. 그런 종류의 관계가 **불가능하다**고 누가 주장할 것인가? 그리고 또 사람들이 게르만의 부역에 관한 가장 오래된 원천, 즉 자유의지에 따라서, 단지 윤리상으로만 명령을 받고, 노동이 절박할 때(수확 등)에 주인에게 **이웃**의 도움을 생각하는 경우라도, 피호민에게서 "**임시고용 노동**"을 기대하는 것이야말로 가장 가능성이 높은 것으로 인정할 것이다. 적어도 자연히 저 후대의 보고에서 저 가장 오래된 클라우디우스의 농장의 규모와 분할 방식에 관해서 여기에서는 아무것도 입증될 수 없다는 것이 확실하다. 그리고 피호민의 **정규** 노동을 가지고 이루어지는 "농장 경영"에 대한 생각은 주인이 피호민을 **특히 경제상**으로 이용할 가능성이 없다고 하는 것과 상충한다. 토지점유자의 **노동력**으로는 만키피아(구입된 아이들과 노예들)⁹⁸⁾와 더불어 "채무 인신구속자들"이 입증된다. 그러나 이들은 피호민들과는 선명히 구별되는 게 자연스럽다. 후자와 관련해서 그 자체로 **가능성이 더 있는** 것은 대체로 **지속하여** 경제 작업을 하는 것과 할당세를 바치는 관계일 것이다. 플루타르코스의 한 언급⁹⁹⁾에서 스파르타 시민과 헤일로타이 간에 상호 신의를 위한 의무를 요구하는 "리쿠르고스의" 규정을 암시하는 것이 읽어진다. 또한 다른 그리스 고전기 "예속인" 이를테면 크레타의 '오이케에스'와 피호민을 동일시하는 것은 개념상 근사한 것으로 보인다.¹⁴⁸⁻¹⁾

[148-1 사회상으로 로마 국가는 예전부터 스파르타 국가와는 완전히 달랐다는 점을 상기해야 할 뿐이다. 귀족 "씨족"은 단지 훈육에 기반한 스파르타 시민에는 없다.]

왜냐하면 스파르타 및 크레타의 예속인은 전통으로 <148우> 고정된 **조**(租)와 (헤일로타이는 수확의 1/2) 더불어서 심지어는 순수하게 인신 부역을 수행해야 하였으나, 그는 "농장 경영"에서 경제상 착취된 노동력은 아니었기 때문이다. 고대에 언제나 피호민과 비교되는 (그리고 그의 편에서 **부당하게**도 '헥테모리오스'와 같은 것으로 여겨지는) 아테네의 '펠라테스'는 점유한 게 없으며 그 이유로 해서 토지점유자를 통해서 이루어지는 법에 의한 보호를 필요로 하는 (옛 유대식 단어의 뜻으로) "거류외인"이다. 이제 모든 것이 그러하듯이, 언제나 로마의 **피호민**에게는 **주로** 앞에서 언급한 다른 방식의, 주인에 대한 직접이 아닌 경제 의무와 특히 호메로스 식으로 기병전이 벌어질 때 **전쟁**에

---

98) mancipia: 손을 뜻하는 manus와 잡는다는 뜻의 cipere의 합성어로 흔히 악취(握取)로 번역되며, 그 권한으로 사들인 노예를 지칭하기도 한다.
99) 플루타르코스, 『라코니아의 제도』 41(239 D-E)로 생각된다.

종군하는 것에 대한 압력이 고전 그리스의 예속인보다 더 높은 정도로 가해졌다. 이점에서 그들은 종사와 헤일로타이의 중간에 존재한다. 카롤링 시기 소집령이 내려지면 '연장자'가 자신의 사람들을 이끌고 출동하고, 다른 편으로 스파르타 시민, 주로 고전 그리스식 완전 중무장병이, 원정시 시중할 헤일로타이나 노예가 필요하였을 때, 선명한 대비가 있으며, 중세 기사의 "종자"[100]는 아마도 그들 사이에서 중간을 차지할 것이다. 전쟁에 나간 고대의 피호민이 이 "종자"에게 (사람들이 지니고 있는 매우 불분명한 인상에 따르면) 매우 가까웠던 것으로, 동료 신분으로서 주군을 돕는 호메로스 시기의 "마부"[101]보다 훨씬 더 가까운 자로 보인다. 고대에 기사에 의해 처러지는 개별 전투가 영웅의 최고 목표로서 "명예로운 전리품"[102]을 설정한 채 작전을 지배하는 한, 로마 그리고 심지어 마찬가지로 에트루리아와 사비니의 귀족이 (원래) 자신의 피호민들을 이끌고 전장에 나갔을 뿐 아니라, 파비우스 가문이 베이[103]에 대해서 하였듯이, 씨족이 심지어 자신의 위험을 무릅쓰고 복수를 감행하는 데 자신의 피호민과 더불어 출정한다. 봉신과 비교하여 피호민들이 지니는 완전한 의존성은 (기사의 종자처럼) 그들이 주인에 의해서 무장된다는 점에서 근거를 지닌다. 야전 사령관의 경우 이 관계는 적어도 그라쿠스 형제의 시기에 이르기까지 지속되었다. 스키피오[104]는 누만티아에 대한 원정에서 (기원전 134년) 여전히 자신의 피호민을 부른다. (이어서 내란기에는 이미 "콜로누스들"이 유사한 역할을 수행하였다.)

"클라시스,"[105] 즉 중갑병 부대의 승리와 더불어 피호민의 군사 의미는 위축되고 그

---

100) Knappe: 기병대에서 함께 싸우는 자로 장래 기사가 된다.
101) 『일리아스』 12.110 이하, 23.272-282에는 2륜 마차 몰이꾼이 전사의 동료나 친구로서 등장하며, 5.580과 8.119에는 하인으로서 등장한다.
102) spolia opima의 번역으로, 로마의 야전 장군이 적장에 대해서 승리하여 얻은 전리품으로 신들에게 봉납한 것을 말한다.
103) Veii: 로마 북쪽의 에투루리아 계 도시이다. 이 도시와 로마의 사이가 나빴고, 베이 인에 대한 전투를 파비우스 가문이 감당하기로 하고 원로원의 허락을 받는다. 기원전 472년 파비우스 가문이 자신의 피호민 300명을 이끌고 크레메라Cremera전투에서 한 사람만 제외하고 가족 전원이 몰사한다. 기원전 406-396년 베이는 정복당하고 이때에 군인 급여를 주기 위한 전쟁세 tributum이 신설된다.
104) Scipio Aemilianus: 흔히 소 스키피오라고 불리는 인물이다. 스키피오 가문에 입양되어, 기원전 134년 누만티아 전쟁에서 성공을 거두었다. 아프리카누스라는 존호를 받는데, 그라쿠스 형제의 매부가 된다.
105) classis: 등급이라는 뜻으로 재산에 따르는 시민의 구분을 의미하며 동시에 군대의 편성을 뜻한나. 처음에는 1등급, 완전무장한 보병민을 의미한다. 나중에는 5등급으로 세분된다. 이하 등급으로 옮긴다.

들의 경제 행위가 구매 노예들과 순수하게 계약에 의한 분익 소작을 통해서 중요성을 상실하였을 때, 아마도 예전부터 이 "예속"과 더불어 존재해 왔었을 **자유로운** 피호관계가 정치상의 중요성을 획득하였다. 그 피호관계는 전혀 봉건**법**에 의한 것이 아니라 옛 피호관계의 **형태**를 빌려온 제도이다. 그 제도는 근원상 의심의 여지없이 소송 보좌에서 영향력 있는 사람들에게서 유래하며 따라서 결코 귀족이나 해방자에 국한되지 않는다. 재력이 있는 사람의 식탁 동료가 되기 위해서만이 아니라, 또한 법정 내외에서 그의 조력이 차지하는 비중 때문에도, 언제나 다수의 가족이 **관직** 귀족씨족에 대한 피호관계 속으로 들어갔으며 <149좌> 이 관계가 세습으로 번식하였으므로, 피호관계의 해소 근거로 간주되고 이 관계를 제거하는 상아 관직에106) 이를 때까지는 비록 부유해지더라도 그 관계에 머물러 있다. 기원전 2세기와 1세기에 그런 관계는 그 자체로서 "피호민"에게 어떤 오명도 초래하지 않았다. 그러하였다는 점은 바로 다음과 같은 사정에서 나온다. 즉 나라가 세계지배 지위를 가지게 되면서, 외국의 귀족·군주 그리고 우호관계를 체결한 국가가 로마 귀족 가문에 대해서 "피호관계"로서 파악되는 재판보호 관계로 들어왔던 것이다. 한편 오래된 피호관계는 **경제상** 변형되어 보호자에 대한 피해방 노예의 지위로 지속되는데, 이는 파이키나 히스팔라107)에 대한 원로원 의결이 매우 분명하게 지시하는 바이다. (허가 1. 귀부인의 복장108) 2. 자기 씨족을 떠나서 시집갈 권리 3. 자유인의 명예에 훼손이 없이 그 자유인과 혼인) 당시에 있었던 **자유인** 피호관계는 신분 윤리로 인해서 경제 소득 증대에서 피호민을 **배제하고** 있는 것과 **대비하여**, 알려져 있듯이 이 피호관계는 경제에 매우 높은 정도로 기여하였다.

　모든 다양한 형태의 인신 의존, 즉 외국인과 내국인의 자유인 피호관계, 피해방민 피호관계, 마지막으로 노예제가 공화정 **후기**에 로마의 관직 귀족이 수립되는 기반을 형성한다. 그것은 모든 역사에서 어떤 귀족도 다시는 얻지 못한 것이다. 고전 그리스의 귀

---

106) Kurulisches Amt: 상아의자에 앉는 관직이라는 뜻으로 최고관직인 통령, 법무관, 귀족관리관이 이에 해당한다.
107) Faecina Hispala: 파이키나 히스팔라는 여자 피해방민으로서 이탈리아에 바쿠스 축전의 불법을 폭로하는 데에 기여하였고 이로 인해서 로마 정부로부터 일련의 보답을 받았다. 이는 리비우스, 39.19.4-6(기원전 186년)에 나오는 내용이다.
108) Matronentracht: matrona stola를 지칭하는데, 이는 귀부인이 입을 수 있는 복장으로 자색 띠를 두른 것이며, 이를 입을 수 있는 권리를 의미한다. 이 구절은 Voigt, "Über die Clientel und Libertinität," *Bericht Sachs. Ges.*, 30, 1878, p. 160에서 리비우스, 39.19.5를 'vestis institae uso'(테두리 달린 옷의 착용)라고 읽었던 데에서 나온다. 이전에는 단순히 'datio deminutio'(재산에 대한 자유 처분)이라고 읽었는데, 몸젠, 『로마국법』 3-1, p. 20 이하와 p. 21, 주 1은 이를 따랐다. Loeb 판도 옛날 방식으로 읽었다.

족은 크기가 더 작았고 시민과 그들의 기호에 더 크게 의존하였기 때문에 그러지 못하였다. (뤼산드로스, 알키비아데스) 그러나 18세기 영국의 경우도 마찬가지였다. (상아 관직을 통해서 "동배(同輩)가 임명되었기" 때문에 그밖에도 구조면에서 로마의 관직 귀족은 영국의 귀족에 유사하다.) 왜냐하면 전체 국가들에 대하여 완전히 인물에 의해서 채색된 개개 가문의 보호관계를, 이를테면 스파르타와 페르가몬이 자유 의지에 따라서 클로디우스 씨족의 피호관계에 들어간 것이라든지, 정복된 도시와 인민에 대해서 승리한 사령관의 보호관계를 강제로 부여한 것을 영국의 법과 영국의 신분 윤리에서는 공식 제도로 인정하지 않았기 때문이다. 그로 인해서 로마의 국가제도는 항상 반(半) 봉건 형태로 머물러 있었다. 왜냐하면 민회들의 "민주정치의" 결의가 대관직 귀족씨족이 지닌 힘의 토대를 동요시킬 수 없었기 때문이다. 전승은 거대한 계급투쟁이 전개되던 기원전 2세기와 1세기에 관직 귀족이 지배자의 위치를 정립하는 데에 피호민이 지니는 정치 의미의 형성을 초기 로마로 그리고 귀족과 평민의 투쟁으로 투사하여, 사실 두 개가 서로 대립하고 배척하는 형태로 나타낸다.

1. 모든 평민은 옛 도시귀족의 **피호민**으로서 드러나며, 원래 "피호민"과 "평민"은 같은 것이다.-

2. 거꾸로 귀족이 평민에 대해서 누리는 세력은 민회들에서 자신의 피호민이 지닌 투표권에 의존하고 있다.

이들 전승 중에서 어느 것도 옳지 않을지 모른다. 그러나 두 번째 형태에 일말의 진실이 있을 수 있는 반면에 -알려지지 않았으므로, 어느 시기에, 어떻게 그리고 언제 피호민이 시민의 투표단에 들어올 수 있었는지 알지 못할 뿐이다- 첫 번째의 형태는 **전혀** 적확할 수 없을 것이다. 이미 전에 알려진 <149우> 다른 모든 난점이 간과되었다. 기원전 495년 아피우스 클라우디우스를 따라서 이방에서 로마로 온 (그리고 그에 의해서 각각 2 유게라의 토지를 지니고 자신의 농장에 정주한) 것이 틀림없는 동일한 피호민들이, 거의 그 직후에, 유사한 처지에 있는 다른 피호민들과 함께 **호민관**이라는 **혁명적인** 관직권력을 신설하는 것을 반드시 강행했겠는가? 피호민들의 상속권은 토지 귀속권에 비해서 열세인 것인데, 그래도 중갑병 부대의 "등급"을 위해서 스스로 무장할 능력을 지니고 있었음에 틀림없는가? 이 모든 것에 관해서는 아무런 답이 있을 수 없다. 가능성이 있는 것은 후대에 평민 씨족의 일부가 귀족 씨족과 동일한 이름을 오래된 피호관계에서 이끌어내었을 것이라는 점이다. 그러나 로마에서 유래한 수많은 평민 씨족 모두에 내해서 동일한 이름을 기진 귀족외 동일 씨족이 존재한다는 점에 동의하는 것은 아무 것도 없다. 피호관계에서 **자유** 평민이 이미 기원전 5세기에 (전승이 그들을 묘사하는 대로)109) 사례를 통해서 주장되므로, 사람들은 평민의 일부에 대해서 피호관계가 폐지되었음을 밝히려는 자포자기의 시도를 해왔다. 보호자 씨족의 "단절"과 더불어, - 마치 사람들이 추방된 왕의 사실상 "피호관계"(군사 종사관계)가 도시로 들어오게 허용할 수 있었던 것처럼- 특히 왕의 피호민이 그 공백을 메우는 데 기여하였음에 틀림없을 것이다. 그래도 옛 평민에 대한 "왕의 피호관계"에는 일말의 진실이 있을 수 있다. 평민의 **일부**는 간명하게 '데미우르고이'로 구성되며 **이들은** 도시 초기에 물론 그러한 존재로서 왕에게 '공공봉사'의 의무를 지니고 정주하고 있었고 그의 보호를 받고 있었다. 그리고 또한 왕은 귀족과 싸우면서, 그리스의 "참주"와 같이, 때로 농민들을 이들에 대항하도록 조종하였으며, 또 호민관 제도는 -일종의 소극(消極) 참주이다- 일부 도시 귀족이 왕정의 붕괴 이후 오래되지 않아 자신의 체제를 유지하고 농민들과 소시민의 타협을 통해서 "참주"가 다시 등장하지 않도록 값을 치루고 이루어진 일종의 양보일 가능성이 매우 높다. 사람들은 호민관들의 보호가 정치 권리가 없는 시민을 위해서 일종의 법정(法定) 보호제를 나타낸다고 여러 번 밝혀왔다. 그것은 씨족 성원과 그 피호민을 위한 씨족의 대체물을 의미하였다. 이점에서 호민관은 왕의 후계자가 될 수 있었을 것이다. -그러나 그들의 "보호제"는 왕의 "예속민"에 대한 봉건 혹은 영주의 지배와는 절대 다른 것이었을 것이다. 그래도 이것은 모두 필연 가설에 머문다. 오직 평민과 피호민, 평민 신분과 토지예속인 신분, 봉건 도시국가와 장원 영주제는 동시에 발생하는 것이 결코 아니라는 점만은 확고히 유지된다. 신분투쟁에서 -전승에 올바른 것이 있는 한- 귀족이 평민에 대항하여 으레 피호민에게서 지지대를 지니고 있었다. **도시에 있는** 평민은 (바로 그들의 존재는 특히 가장 오래된 4개의 트리부스, 즉 시내 트리부스를 통해서 확실하다) 대체로 토지예속인이 될 수 없었다. 농촌에는 피호민의 토지예속이 가능하다. (그러나 입증되는 것은 아니다.) '파가누스들'110)의 토지 예속은 후대의 모든 흔적에 따르면, 완전히 불가능하며 <150좌> 옛 호플리테스 군대(이것은 호민관보다 더 오래된 것이다)에서 불가능하다. (군대에서 피호민은 헤일로타이에, 평민은 '주변인'에 상응한다.) 옛 도시국가의 구조는 피호관계로 인해서도 평민을 정규 부대에서 배제하는 것으로 인해서도 "봉건"이었다. 그러나 "봉건제"는

---

109) 기원전 5-4세기 신분투쟁을 지시한다. 이는 적어도 부분적으로는 피호관계에서 자유롭고 귀족에 대해서 동원 가능한 평민의 존재를 전제한다.
110) pagani: 파구스 거주자, 즉 촌에 거주하는 사람이다. 단수는 파가누스이다.

"장원 영주제"와 동일한 것이 아니다. 귀족층의 토지점유를 위해서는, 다른 곳과 같이, 임차되고 담보로서 보유하고 있는 농민의 자식("악취에 놓인 인신") 즉 **채무 노예**와 더불어 (점점) 전쟁 포로와 구매 노예가 노동력이 되며, 아마도 초기에는 임시 조력으로서 프레카리움을 지닌 피호민이 노동력이 되었을 것이다.

로마가 아피우스 클라우디우스와 같이 집주하는 성주(城主)에 대해서 가지고 있던 유인력은 당시에 비교해서 소규모를 포괄하고 있던 로마의 경작지 지분에 대한 소원에 있는 게 아니다. 그리고 클라우디우스 씨족이 누린 후대의 영광은 저 토지 할당에 의존하지 않았다. 오히려 양자는 자신의 공통 지반을 로마가 중개 무역지였다는 점에 두고 있었다. 여기에서 사람들은 자신의 노예, 대부금에 대한 이자, 상업에 참여하는 것 등으로써 부유해질 수 있었다. 애초 평민의 승리와 손에 손을 잡고 진행된 대륙으로의 확장은 그점을 변화시켰다. (이하를 보시오.) 아타 클라우수스에 관한 저 보고들은 사람들이 고대에 옛 로마 귀족의 "장원"을 얼마나 작은 것으로 표상하였는지를 분명하게 하는 데에 기여할 수 있을 뿐이다. 게다가 **다음과 같은 점**에서 옛 전승은 정당성을 가지고 있을 수 있겠다. 16개의 씨족에 따라서 명명된 농촌 트리부스가 기원전 5세기 중반에 성립되었음이 틀림없는 한, (뒤를 보시오) 전승에서 끌어낼 수 있는 당시 로마 농지의 범위(5만~6만 헥타르)[111]에 따르면 트리부스 각각은 약 3,200~3,500 헥타르의 면적을 포괄하였다. -이는 완전히 수용가능한 수자일 것이다. 로마 국토의 전체 면적 중에서 생산이 가능한 면적을 최대로 30,000 헥타르라고 볼 때, (뒤를 보시오) 옛 전승에 나오는 300명의 원로원 씨족 각각에게, 여기에 방목권을 더하여 그들이 전체 로마 토지를 점유하고 있는 한, 약 100 헥타르를 넘는 점유가 있었을 것이다. 우리에게 이것은 독일 동부의 경우 대점유의 한계 크기로 보인다. 그러나 사람들은 아테네 귀족의 직영지와 토지 할당에 관해서 상기한다. (500 메딤노스급이 약 50 헥타르[112]이고, 알키비아데스가 상속받은 땅이 30 헥타르이다.) 그 수자로부터 시험 삼아서 한번 **대충** 따져보면, 도시 귀족이 **전체** 로마 토지를 점유하고 있어야 한다는 사실이 도출된다. 왜냐하면 그의 수입은

---

111) 로마 농지는 ager romanus의 번역어인데, 이 당시의 로마 농지에 관해서는 오래된 것이라는 의미를 지닌 antiquus를 붙여서 별도로 표시한다. 즉 "ager romanus antiquus"로 표기되며, 이 농지는 복점관Augur이 관할하는 신성한 개념으로 본래의 도시 영역으로 간주된다. 베버는 이를 구별하지 않고 농촌영역Landgebiet이라는 말로 대체함으로써 부주의하게 사용하고 있다. 본서 원문 <151> 주 1, <183> 주1을 읽을 때 주의할 필요가 있다. 이점에 관해서는 몸젠, 『로마국법』 3-1, p. 824 이하 참조.
112) 이 자료는 바이어, 『고대사』 2, p. 653, p. 656에 나오는 것을 베버가 인용하였다.

-고대의 모든 폴리스 귀족이 그러하듯이- 일부는 특별히 **도시의 기원**(상업)이기도 하고 일부는 **가축** 점유에 의존하기 때문이다. 후자를 위해서 옛 파구스들 내부에 거의 절반의 토지가 공동 방목지로 지정되어 사용될 수 있었을 것이다. **이차로** 귀족의 **자금력이** 증대한 결과, 여기에서도 토지 집적과 더불어서 파구스에 있는 자유인 농민의 채무 노예화의 경향이 생기게 된다. 이 채무 노예의 존재에는 내부 안전을 심각하게 위협하는 요소가 인정되는데, 이는 12표법의 조문이 지시하고 있다. 이에 따르면 형 집행 중에 <150우> 채권자의 채무 상태에 놓인 채무자들은 지불기한의 경과 후에 사형을 당하거나 아니면 외국으로 (티베리스 강을 넘어서)113) 매각**되어야 했다.** 한편 고전기 그리스의 채권자는 그들을 국내에서 노예로 보유할 수 있었다. 옛 귀족 점유가 (전통의 의미에서) 아마도 카토의 시기114)에 노예로 경영되는 농촌 장원(약 60 헥타르)보다 더 크거나 그만큼 클 수는 없었을 것이라고 하는 점은 문제 밖의 일이다. 오히려 우리는 **경작지 30 헥타르를 넘는** 어떤 것도 평균으로 정할 수 없을 것이다. 폴리비오스115) 및 카토116)가 (스펠트 밀로 환산한 **밀을** 가지고) 병사들과 노예에 관련하여 제시하고 있는 일당에 근거하여 스펠트 밀을 파종한 30 헥타르의 캄파니아 토지를 가지고서는, 수확이 좋은 경우 그리고 수확 능력이 잘 구비되어 있는 경우에 **언제나 60명의 성인**117) 또는 대략 20개의 (소-)가족이 필요한 **빵을** 자연경제로 획득할 수 있었다. 여기에 더해야 하는 것으로는 우유, 치즈, 양모를 얻기 위해 필요한 **방목권** 그리고 난방, 건축, 도구에 필요한 것을 위한 삼림권이 있다. 로마의 "씨족"은 전통의 의미에서 그렇게 드러났을 수 있다. -언제나 씨족은 피호민이나 노예에 대한 자유인의 관계로 조직되었을 것이다. 그러면 대략 300개의 그러한 씨족들이 있는 경우 **경작지의** 약 1/3이 귀족의 **경작지** 점유로 되

---

113) trans Tiberim: 십이표법 3.5에 나온다. 이 규정은 겔레이우스, 『아테네의 밤』, 20.1.47에 유일하게 나오는데, 채무자를 사형시키는 것에 대한 대안으로 보인다. 그러나 인정하지 않은 학자들도 있다.
114) 이는 카토, 『농업에 관하여』 10.1에 나온다. 60헥타르는 올리브 경작에 해당한다. 반면 포도 농장은 25헥타르이다. 차전환, 「기원전 2세기전반 로마의 농장경영」『역사학보』 116, 1987, p. 74, p. 78을 보시오.
115) 폴리비오스, 6.39.13-14.에서는 병사에 대한 월지급 식량이 취급된다. 보병의 경우 밀 2/3 메딤노스, 기사의 경우 보리 7메딤노스와 밀 2메딤노스를 지급한다. 메딤노스는 시기에 따라서 매우 다른데, 보통 51리터로 보나 폴리비오스의 본문에서는 약 40리터의 건량을 의미한다.
116) 카토, 『농업에 관하여』 56, 노예의 경우에 따라서 일일 식량과 월 식량이 다루어진다. 노예에게는 겨울에는 밀 4모디우스씩, 여름에는 4.5모디우스씩 지급하고, 발을 묶인 자들은 겨울에는 4파운드의 빵, 포도 작업을 할 때에는 5파운드로 올리도록 한다.
117) 이는 성인 1인당 2 유게라 즉 1/2헥타르의 면적의 밀재배가 충분한 것에 근거한다.

었을 것이다. 나머지에 대해서는 수천 개, 즉 사람들이 근거하는 평균에 따르면 3천~5천 개의 소농 가족이 받아들여질 수 있었을 것이다. 그래도 이 수자는 사람들이 **압도하**는 농업 토대를 고려하는 한에서 절대 **최대치**일 것이다. 한 시기 로마가 자신의 "농지"에 국한되어 있었을 때 **자가 생산**으로써 부양해야 할 시민단은 확실히 이보다 **훨씬** 더 못하였을 것이다. 그렇다면 우리는 아마도 다음과 같이 계산할 수 있을 것이다. 즉 6~8인으로 구성되는 평민 신분의 농민 가족이 2,000인데, 이중에서 절반이 (언제나) 중무장병의 능력이 있으며 (아테네식으로 말하자면 "제우기타이"118)) 그리고 평균 30인으로 구성되는 귀족 씨족 공동체가 대략 100인데, 이들 아래에는 자연히 다양한 단계의 토지 면적과 인원수가 있었을 것이며, 이들 편에는 아마도 8개 가족으로 이루어지는 피호관계가 있어서, 전체로는 4~5인으로 구성되는 800 가족이 있었을 것이다. -아테네에서 최고 재산액 "500 메딤노스"는 한 가족의 **최소** 필요의 8~9배 정도에 불과할 뿐이라는 점을 상기하는 것이 좋을 것이다.- 합산하면 평균하여 22,000명이 **토지의 자가 생산**을 가지고 부양할 수 있는 인원이다. -그 이상은 어려울 것이다.- 우리는 그와 다르게 로마 농지의 **경작지** 이용 규모에 도달할 수도 있겠는데, 이는 분명 비(非) 역사일 것이다. (비록 산악의 특징을 지닌 아티카보다는 자연히 그 비율이 더 **높을지라도**, 전체 5만~6만 헥타르 중에서 **경작지** 면적은 약 15,000~18,000 헥타르보다 많을 수는 없었을 것이다. 또한 곡초 농법에서 매년 곡물 **파종** 면적은 약 15%이고, 나머지는 채원, 방목지, 삼림이었다.) 로마는 대체로 폴리스였던 이래로, 자신의 고유한 토지 경작의 생산물로 살아야만 하거나 아니면 그럴 수 있었던 것이 **아니므로**, 우리는 -농촌과 도시에서 <151좌> 로마 농지의 넓이에 근거하는 경우- 토지 경작으로 부양할 수 있는 사람의 수자를 정복이 시작되기 전 정체의 시기에 대해서도 2배 이상으로 할 수는 없다. 그리고 이점에서 그것은 **판매 생산**의 가능성을 자연스레 소농이 가진 농지의 가능한 수자를 높이는 것에 틀림없다. 주의해야 할 것인데, 사람들이 전승 또한 그것을 **수자로** 전환한 것에 토대를 두고 대체로 상황의 구성을 시도하는 한, 어떠하든지 의미를 지니는 유일한 것은 이 **순수한** 가설상의 수자뿐이다. 얼마나 유보 조건을 지니고 이 시도가 이루어질지는 위에서 언급하였는데, 즉 단지 **모든** 것이 불확실할 뿐이다.[151-1]

---

118) Zeugiten: 통상 자영농으로 번역함, 역축에 매는 멍에를 뜻하는 제우고스ζεῦγος에서 유래하여 한 겨리의 소를 가질 수 있는 농민이라는 뜻이다. 솔론의 법에는 200 메딤노스 이상의 생산자이다.

[151-1 "옛" 로마 농지가 어떤 의미에서 도시가 직접 지배하는 농촌 지역과 당시에 일치하였는지는 이미 가설이기 때문이다.]

평민은 처음부터 소농으로만 이루어진 것이 아니다. 평민은 의심할 것 없이 "문제"로서 존재하는 한, 적어도 당시의 척도로 보면 재산이 있었으며, 사실 도시와 농촌에서 부유한 사람들이 자신의 것에 대해 댓가를 지불하였고 바로 이들이 자신의 지도자를 세우게 되었다. 평민은 관직, 사제, 법 해석, 지휘권에서 배제되었지만 폐쇄된 씨족 유대에 예속된 시민은 아니었다. "신분투쟁"은 채권을 둘러싸고 (전승에 따르면 로마보다는 그리스에서 더 그러하다) 전개되는 한, 사회에 관한 것이다. 그밖에도 그것은 정치에 관한 것이다. 평민은 원래 완전히 씨족이 없었다. 왜냐하면 씨족은 그리스처럼 여기에서도 가족 공동체를 인위로 유지한 산물이기 때문이다. 그리고 원래의 인과관계는 다른 곳과 마찬가지로 이곳에서도 자연스럽다. 그들이 평민이어서 아무런 씨족을 가지지 않은 게 아니라 더 오래 전에 재산이 많은 대(大) 씨족의 권역으로 상승하지 못하여 "평민"이 되었다. 신분이 평등해진 후대에는 그들에게 씨족형성에, 아울러 쿠리아에, 보호자 신분에, 기타 향신 제도에 들어가는 것이 완전히 허용되었다. 평민이 지닌 가족 상속권에 대하여 봉건법으로 뒷받침되는 귀족 가족공동체가 지니는 씨족 상속권이라는 오래된 대비는 (귀족은 "씨족에 의하여" 상속하고, 평민은 "후손으로" 한다)119) 나중에 (해방 노예가 남긴 유산을 둘러싼) 귀족 클라우디우스 가문과 평민 클라우디우스 가문의 소송에서도 언급된다.120) 초기에 -왕정 시기로 넘어간 후에- 부유하게 된 신흥 귀족의 보충, 소위 "소(小) 씨족"이 뒤따랐던 것에 틀림없다. 그들은 혈통 귀족으로 간주되었다. 그렇게 한 목적은 분명하게도 귀족 군대의 배가였다. (소 씨족이 "후위 백인대"121)를 만들었다.) 그리고 <151우> 봉건 구조의 국가 힘은 대단히 커서 여기에서는 -아테네

---

119) 이는 키케로, 『연설가에 관해』 1.39.176에 나오는 표현이다. "같은 사람의 유산이 마르켈루스 사람들은 피해방민의 아들을 씨로 해서stirpe, 귀족 클라우디우스 집안 사람들은, 씨족을 통해서 gente..." 몸젠, 『로마국법』 3-1, p. 66, n. 1.
120) 이와 관련된 자료는 몸젠, 『로마국법』 3-1, p. 27, n. 2에 제시되어 있다.
121) centuriae posteriores: 이와 관련되는 기사는 리비우스, 1.36.7-8이다. 타르퀴누스 오만 왕이 원래 3개의 기병 백인대를 6개로 배가한 것을 의미하는데, 원래의 것을 priores, 나중의 것을 posterios라고 하였다. 역자는 전자를 전위, 후자를 후위로 옮겨본다. 기사 백인대의 증가에 관한 자세한 논증은 몸젠, 『로마국법』 3-1, p. 107, n. 3을 참고하시오.

에서 귀족씨족의 시조명이 **없는 것**이 특징인 비귀족 '형제단'의 동료인 '오르게오네스'와 달리- 아다시피 로마에서 **각** 자유 시민이 나름의 씨족명을 가졌으며 이와 더불어 (후대에) 한 쿠리아에 소속하였다. 그에 비해서 평민 대중이 정치상으로 완전 시민권으로 가입한 것은 쿠리아에 참여하는 것과 다른 어떤 것을 토대로 하여 이루어졌다. 그것 자체는 여기에서도 **군사** 발전의 결과이다. -그러나 그들의 가능성은 자연히 현저한 부분에서 (그리스처럼) **경제상**의 전제와도 관련되고 있었다. 도시 초기에 카르타고와 맺은 상업 계약으로122) 누리게 된 상업 독점 덕분에 부의 상태가 상승되자, 그렇게 작은 나름의 지역을 지니고 있던 도시에는 특이하게 큰, "세르비우스" 성벽이 드러난다. 확실하게 이 성벽은 기원전 4세기에 유래하는 것이다. -그러나 더 오래된, 성채와 아벤티눔을 배제한 성벽은 매우 중요한 시(市) 구역을 포괄하고 있다. "세르비우스가 만든" 성벽은 거대한 아테네의 영역을 완전히 감싼다. 기원전 4세기 초 -이때에 로마는 때때로 직접 "그리스 도시"라고 명명된다- 그 도시가 경제상으로 어떤 의미가 있었는가는, 갈리아인의 방화와 더불어, 고전 그리스 세계에 대한 인식이 지시하고, 그리고 갈리아인들에게 보상금을 내는 데 고전 그리스 도시(마실리아)가 기여하기 위해서 낸 찬조금이 더 분명하게 지시한다. 로마의 드러난 위치와 산악 주민(볼스키인, 삼니움인)의 압력은 훈련된 보병 전투의 완성을 이루게 하였으며, 전쟁에서 중갑병 방진의 핵심 역할을 기초하였다. 이 혁신이 로마만큼 현저한 곳은 없다. 로마 정무관의 거대한 권력 행사123)는 로마의 특성으로, 당연히 그리스인들을 경악하게 하였는데, 결국은 군사 규율에 근거하고 있다. 전설은 대오에서 벗어나서 성공한 기사식의 개인 전투가, 이미 그런 행위가 군기에 반하는 것으로서 사형을 내린다는 경고가 있었기에, 승리한 콘술의 아들에게서 생명을 빼앗았음을 전해준다.124) 피호민들이 예전에 지니고 있던 군사상의 중요성이 위축되는 것은 옛 기사전투의 몰락과 상호 관련된다. 군대는 "등급(팔랑크스)"이 되어 버린다. 모든 시민이 지닌 경제상 무장 능력을 이용하는 것이야말로 자기를 유지하기 위한 명령이 되었다. 드라콘의 제도와 같이, 시민들은 그에 따라

---

122) 이 조약은 폴리비오스, 3.22.1에 따르면 기원전 508년이다.
123) 이는 폴리비오스가 설명하고 있는 (6.11.12) 콘술의 권한에 기인한다.
124) 이 기사는 콘술 티투스 만리우스 도르과투스가 자신의 아들을 처형한 기원전 340년의 기사로서 키케로, 『최고선악론』 1.23과 리비우스, 8.7에 나온다.

서 자신이 "등급"에 속하는지 아니면 경제로 무장 능력이 없으므로, "등급 아래에"125) 서는지를 스스로 결정한다. (우리에게 전해진 것처럼 아테네식의 투표 조직에 따라서 전체 주민이 등급에 참여하는 것이 언제 토대가 놓였으며,126) <152좌> 그리고 그 조직이 스스로 무장하는 것에 대한 요구 단계에 근거하고 있는지의 여부는 이 점에 달려있다. 즉 여기에서는 언제나 기원전 3세기를 넘지 않는 백인대 편성에서 토지 점유의 **크기**들을 볼 수 없을 것이다. -이에 관해서는 뒤에서 더 폭넓게 논의하겠다.) 완전 중갑병 "등급"은 당시 원래(?) 군대가 편성된 2개 군단의 "대표자"(프라이토레스127))를 선발하는 경우, 시민 군대의 협조라는 결정짓는 승인을 그리고 현행법을 변경하는 경우에는 중갑병 군대에 묻는 것을 강제하였다. 여기에서 명령에 따라 그 군사 단위(백인대)로 편성된 군대의 "민회"가 "시작하고" ("디스케디테"128)) 머문다는 점, 특히 군대는 **침묵해야** 하고 지도하는 최고 사령관의 제안에 '예' 또는 '아니오'라고 집단으로 받아들이거나 거부해야만 하였다는 점은 로마의 민회를 그리스인들의 에클레시아129)와 엄격하게 구별해준다. 저 첫 걸음은 부유하고 사실상 분명히 다수이며 언제나 **도시**에 정주하는 평민가족들이 우선 공공업무에서 확실하게 협동함을 의미하였다. 기원전 5세기 중엽에서 기원전 3세기 초까지 국가가 내륙으로 강력하게 군사 **팽창**하는 동안 **농민**들이 정치상으로 상승하는 결과가 초래되었다. 그리고 다른 곳에서처럼 그것은 성과이자 한계 그 자체였다. 평민은 야니쿨룸130)으로 이탈 운동을 한 이후 기원전 287년에 이루어진 결실로 켄투리아 회가 그러하듯이, 자신들의 결의가 법으로서 국가를 구속하는 데에 이르

---

125) infra classem: Gellius, 6.13. 군무를 담당하기에 충분하지 않은 사람은 등급 아래에 놓인다는 의미인데, 이에 관해서는 몸젠, 『로마국법』 3-1, p. 262과 p. 66을 참조하고, 클라시스의 어원은 비(非) 그리스어인 칼라레calare에서 유래한 것으로 보인다. 이와 관련해서는 같은 곳, 주 1을 참조하시오. 최근에는 이 infra classem이 애초 로마에는 보병 1등급만이 있었다는 방증으로 인용된다.
126) 아리스토텔레스, 『아테네인의 국제』 4.2에 나온다. 이는 드라콘의 입법(기원전 621년)과 관련을 가지나 신빙성의 문제가 있다.
127) praetores: 통상 법무관으로 번역한다. Festus, p. 223(Mueller)에 따르면, 애초 콘술직은 이처럼 앞장선다는 의미를 가진 군 지휘관에서 유래한 관직이다. 몸젠, 『로마국법』 2-1, p. 74, n. 2를 참조하시오.
128) discedite: '진군하라'는 뜻이다. 이는 민회가 애초 군대조직임을 보여준다. 몸젠, 『로마국법』 3-1, p. 398, n. 5에 전거가 나온다.
129) Ekklesia: 통상 민회로 번역한다.
130) Janiculum: 티베리스강 우안이다. 이 언덕에 깃발이 올라가면 소집명령을 의미한다.

렀다. 삼니움인과의 전쟁131)을 주도하였던 "농민 군대"는 -형식상으로- 국가에서 지배권과 자신의 성원이 관직에 나갈 완전한 자격을 획득하였다. 이 투쟁에서 나타난 단계들은 본고에서는 별로 관심 사항이 아니며 단지 농업사에서 **중요한** 국면이 관심거리이다. 평민으로 구성된 **트리부스** 회가 높아지고 결국 지배함을 의미하는 것은 정치상의 결정권이다. 바로 사회사(社會史)에서 가장 중요한 법이 '평민 결의'132)인데, 호민관의 주도권이 여기에서 나온다. (후에 개별 연구에서도 또 몸젠에 의해서도 해결되지 않은 한 개혁은, 평민-귀족으로 이루어지는 켄투리아 투표 단체의 토대를 만들기 위해서 인민을 트리부스로 분할한 것이다.133) 그래서 그 이래로 켄투리아에서 단지 귀족이 함께 투표함으로써, 그리고 평민 트리부스 회에서 "평민과 함께 이끌기"134) 위해 **호민관들이** 누리는 배타의 권한을 통해, 두 종류의 민회가 구별된다.) 귀족 신분의 수자가 가지는 의미는 상대로 보아 적을 뿐 아니라 일견 완전히 쇠퇴하는 것이었다. <152우> 옛 도시의 귀족씨족의 수자는 공화정 말기에 이르러 20개 이하로 줄어들었는데, (많은 "후손"으로 나뉜다) 관직 명부와 연대기에서만 제시되는 이름의 수자는 그것의 약 3배 정도가 되는 것과 대비된다.135) (그리고 역사상 알려져 있는 아테네 귀족씨족명의 수자가136) 오히려 더 많다.)

어찌되었든 언제나 트리부스회137)에 참여하는 것은 "트리부스"에 달려있다. 이 트리부스들은 농민 민주정의 원리와 완전히 일치하여, **지방의** 구역이며, 이어서 **토지점유자의** 구역이다. 가장 오래된 4개의 "도시" 트리부스는 (옛) 성벽 내부에 있는 점유를 포괄하였으며, 이어서 더 추가된 16개의 농촌 트리부스는 옛날에 병합된 구

---

131) 각각 기원전 343~341년, 327~304년, 298~290년에 있었다.
132) Plebiszite, Plebiscitum: 평민회의 결의를 말한다. 이는 애초 법으로 인정되지 않았으나. 기원전 287년 호르텐시우스 법으로 평민 결의가 법으로 인정되었다. 물론 법원표시에서는 구분한다.
133) 지역구인 트리부스와 군대편제인 켄투리아가 어떻게 연관되는가에 관한 문제로 몸젠,『로마국법』 3-1, pp. 275-279에서 다루었으며, 현재까지도 논쟁된다. 허승일,『증보 로마공화정 연구』 서울대출판부, 1995, pp. 23-41에 자세히 소개되어 있다.
134) agere cum plebe: 이 경우는 호민관이 평민회를 소집하는 권리를 지시한다.
135) 이는 몸젠,『로마국법』 3-1, p. 12, n. 1에 기초한다. 아우구스투스 시기에 약 14개의 씨족이나 30개의 가문을 아우르는 귀족씨족이 있었고, 공화정 기에는 기껏해야 50~60개의 귀족씨족이 지시된다.
136) Toepffer,『아테네의 족보 Attische Genealogie』, Berlin, 1889, p. v, 58개의 아테네 귀족씨족이 나온다.
137) 원문은 Tributkomition라고 되어 있으나 Tributkomitien으로 고쳐 쓴다.

역의 토지점유를 포괄하였다. 이 후자의 트리부스는 그 안에 주거지를 가지고 있었던 저 옛날의 성채 귀족씨족에 따라서 줄곧 명명되었다. (당시에 -소위- 씨족 수자의 5%만이138) "영주"일 수 있었고, 가장 유명한 귀족의 씨족명 중 많은 이름이 없다는 점에서만이 아니라, 예컨대 귀족인 클라우디우스 가문이 후에 "자신의" 즉 그들에 따라서 명명된 트리부스에 전혀 속하지 않았다는 점에서도,139) 그들이 아마도 "씨족" 기원, 즉 모든 **장원영주**의 해체를 통해서 성립한 것이 아닐 것이라는 점이 드러난다. 집주화된 씨족들이 지닌 귀족씨족 성채에 있었고 그들의 이름을 가지고 있던 촌락들이 트리부스의 이름을 빌렸을 가능성이 있다.) 모든 로마 개인 소유권의 광범한 확장은 (곧 보시오) 우선 새로운 트리부스를, 나중에는 (전체 35개에 이르기까지)140) 옛 트리부스의 확대를 초래하였다. 왜냐하면 각 개인 토지는 한 트리부스에 소속해야만 했기 때문이다. 원래 그들의 **토지** 점유에 근거하여 무장 의무와 투표 권한을 지니는 시민들을 12표법에서는141) '아시두이'142)라고 부르며 (그것은 후에 단순히 '토지부자'와 같은 것으로 관용화된다), 토지에 정착하지 못한 자를 '프롤레타리'로 부른다. (즉 이 말은 자연히 아이를 낳는 자라는 뜻이 아니라 오히려 -이를테면 한 완전시민의- '아이'에게 속하며, 단지 -저 할아버지의- 아이로서 시민에 속한다는 뜻이다. 강조된 사상 연계 속에서, 정착한 귀족씨족에 속하지 않는 도시 주민을 "가증한 여인의 -즉 완전시민의 합법한 처로 간주되지 **않는** 첩의- 자식들"이라고 유대인이 표현하는 것을143) 참조하시오.) 트리부스 제도가 완성된 이후에 무장의무를 지고 있는 "트리부스 성원"에 대립하여 다른 부류, 즉 무장 복무 대신에 현금 조세를 지불하는 **점유자**로되 토지 점유자가 아닌 "아이라리144)"가 존

---

138) 쿠리아당 100개의 씨족으로 계산하여 300을 의미하는 것으로 생각된다.
139) 몸젠, 『로마국법』 3-1, p. 26, n. 1에 따른 것이다.
140) 기원전 241년에 이루어진다.
141) 12표법, 1.4와 1.10에 나온다.
142) adsidui: 이 표현은 12표법에도 나온다. 세르비우스 체제 이후 5개의 등급재산(100,000-12,500 아스)에 속하는 자이다. 앞 뒤에 나오는 loculetes, classici와 동의어로 간주된다. locuples: locus (장소) + pleo(채우다)의 합성어로 토지가 많다는 뜻이지만, 부의 종류에 관계없이 부자를 지칭한다.
143) 이에 관한 전거는 마이어, 『유대교의 성립』 p. 154이다.
144) aerarii: 단수는 aerarius. 국고를 뜻하는 aerarium에서 파생된 단어로 흔히 권리는 없고 납세의무만 지는 자로 본다. 그러나 의무만 진다는 것은 로마법의 원리에 맞지 않기에 다른 해석도 가능하다. 몸젠, 『로마국법』 2-1, p. 392와 3-1, p. 238을 참조하시오.

재한다. 이 대립쌍이 완전히 망라하는 것은 아니다. "프롤레타리우스"는 시민이며, 현재는 아무런 중무장에 합당한 **재산자격**을 가지고 있지 않고 특히 (심지어) 아무런 토지점유도 하고 있지 않으나, 언젠가는 <153좌> 그런 것들을 획득할 수 있는 사람이다. "아이라리우스"는 시민인데, 아무리 재산 평가액이 많아도, 정치상 중갑병 대우를 받지 못한다. -특히 (그러나 단지 그런 것만은 아닌데) 토지 점유에서 배제된 주민 계층에 속하기 때문이다. (예를 들어 도시국가 시기의 법에 따르면, 확실하게도 피해방민이다.145)) 왜냐하면 원래의 것은, 의심의 여지없이, 단지 시민만이 -그러나 프롤레타리도 아시두이처럼- 토지점유권을 획득할 수 있는 것처럼 (중세 도시에서 원래 줄곧 그러하였듯이) 오로지 **토지** 점유자만이 트리부스 성원이 될 수 있다는 것이다. 그러나 그것은 중무장 부대가 생긴 이래로 '등급'에 속하기 위해서 또한 -원래- 완전시민권에 속하기 위해서도, 오로지 토지 점유와 그 크기만이 결정지었음146)을 무조건 (나도 일찍이 때때로 그렇게 믿는 경향이 있었던 것처럼) 규정한 것은 아니다.[153-1]

> [153-1 옛 중세 도시들에서도 사실상 토지 점유는 대개 완전시민권에 대한 무조건의 요구사항이다. 그러나 시민의 의무를 위해서는 (고대에는 이것들에 법이 집착하고 있었다) 토지 점유의 크기만이 고려된 것이 아니다. 로마와 같은 상업 도시에서 이점은 별로 다르지 않았다.]

가장 오래된 호구 조사는 아주 공공연히 그 출발점을 바로 토지 점유에서 채택하지 않는다. (뒤를 보시오.) 고전 그리스의 상업 도시에서 그러하였듯이, 여기에서도 (아테네에서 필요시에는 거류외인에게도 기대된) 무장력을 완전히 이용할 필요성 때문에 수자와 부에서 증대하고 있는 비(非)정주자를 무장 복무로 그리고 완전시민권으로 이끌어 내기 위해서 발전이 이루어진다. 부유한 상인이 임대로 거주하였는지 아니면 토지 점유권을 가졌는지의 여부가 확실히 드물지 않게 우연한 것이며, 오랫동안 무장 의무에 대한 기준이 될 수는 없었다. 그러나 토지에 정주하지 **않은** 자를 끌어들이는 것을 실현하는 방식에서, 그리고 로마 국가는 시민단을 지

---

145) 몸젠, 『로마국법』 3-1, pp. 431-2에 따르면, 기원전 168년에서야 이들이 토지점유권을 가진다.
146) 이는 몸젠, 『로마국법』 3-1, p. 164와 p. 182의 내용이다.

방에서 편성하는 방식에서 (언제나 비교되는) 클레이스테네스의 방식에서 단호하게 빗나가며, 그 차이는 최종으로 로마의 국가 제도를 구성하는 토대에 대체로 의존하고 있다.

클레이스테네스가 행한 데모스 분할은 어디에 살고 있는지, 토지를 점유하고 있는지 그리고 어떤 직업을 영위하고 있는지에 상관없이 세습으로 개인을 자신의 데모스에 묶는다. 여기에서 그는 국가가 부과하는 의무와 관련되며, 여기에서 관직을 떠맡기 위한 추첨을 행사한다. 로마에서는 후대의 트리부스에서도 이런 경우가 없다. 겔리우스147)에 따르면, 스키피오는 아버지처럼 이미 아들이 다른 트리부스에서 투표를 한다는 것을, 다시 말해서 아버지가 물려준 점유를 처분하였음을 한탄하였다. (그래서 그 문장은 완전히 해석해야 한다.) 그 문제와 관련하여 결정짓는 것은 "농장," <153우> 즉 **토지** 점유의 장소가 그리고 도시 로마에 있는 비토지점유자의 경우 도시 구역에서 있는 거주지가, 다른 경우 즉 농촌의 비토지점유자의 경우 반대로 **호구조사관**의 판결이다. (소위) 세르비우스가 자신의 4개 도시 트리부스를 위해서 만들었던 원래의 상태는 -그러나 자연히 소위 "세르비우스 성벽"의 공간이 아니라 그보다 더 좁고 특히 옛 성채와 아벤티눔을 제외한 옛 도시를 수용하는- 다른 것이었다. 각 시민은 그곳에서 호구조사를 받고 일단 자신의 집이 있는 곳에서 바로 "정치 주소지"를 가졌다. 그러나 시민은 일단 정해진 주소를 변경하는 것("거주 구역을 바꾸는 것"148))이 가능하지 않았다. 다른 말로 하면 그는 자신의 거주 이전의 자유가 제한되었다는 의미가 아니라, 오히려 키다테나이온 데모스 사람과 파이아니아 데모스 사람이,149) 설령 때때로일지라도 머물 수 있는 곳에서, 같은 자로서 머물 수 있는 것처럼, 국가에게는 그가 법으로 이 트리부스의 소속원

---

147) 겔리우스, 『아테네의 밤』 5.19.16. 기원전 142년 호구조사관이었던 스키피오 아이밀리아누스의 연설에서 인용한 것이다. 입양한 아들이 같은 지역구에서 투표하므로 낳은 아들만큼이나 유리하다는 언급이 있다. 그런데 베버와 달리 몸젠, 『로마국법』 2-1, p. 365, n. 1에서는 아들을 아버지와 다른 지역구에 배정하는 것이 호구조사관의 이완된 관행(laxer Praxis)을 지시하는 것으로 파악한다.

148) μεταλμάνειν τὴν οἴκησιν: 디오니시우스 할리카르나센시스, 4.14.2로 몸젠, 『로마국법』 3-1, p. 182, n. 3에서 인용한 것으로 보인다. 그런데 원문에는 τὴν대신에 ἑτέραν으로 표기되어 있는데, 베버가 의도해서 고친 것으로 보인다.

149) Kydathenaer, Paianier: 기원전 508년 클레이스테네스 개혁 이후 10개의 지연 부족으로 나뉘고 여기에 139개의 '촌락'이 배속되었다. 기원전 307년 이후에는 두 개의 마케도니아 부족이 추가된다. (XI. Antigonis, XII, Demetrias) 키다테나이온 촌락과 파이아니아 촌락은 각각 XI 안티고니스 시대 트리티스와 내지 트리티스에 속하였다.

으로 간주된다는 의미이다. 또한 디오니시오스가 특징을 잘 드러내면서 그리고 정확하게 표현한 것처럼, 당시에 사람들은 도시 평민을 "촌락민들처럼"150) **호구조사하였다.** 이 표현에서 "파구스들"에 거주하는 **농촌** 주민이 당시와 유사하게 취급되었으므로, 처음 만들어진 4개의 트리부스는 -클레이스테네스의 경우처럼- '촌락'의 원리를 농촌에서 도시로 적용한 것을 의미하였다는 점이 유추되는 것으로 보인다. 그러나 이 (가능한!) 조직은 영토 확장의 시기에는 성취되지는 **않는다.** 왜냐하면 **농촌** 트리부스에 관련하여 유사한 것이 보고되고 있지 **않기** 때문이다. 가능하지만 분명 절대로 입증될 수 없는 것은 물론 우리에게 그렇게 완전히 간과된 "로마 중세"-다른 말로 하면 도시 귀족과 중갑병 군대 간의 **타협으로 이루어진** 국가-는 그리스 경우와 마찬가지로 후페 수자의 유지에 관심을 가지고서 매각을 제한하는 것을 알고 있었다. "푼두스"의 개념은 이제 그 자체에 "동료의 법"이라는 사상을 품고 있다. ("푼두스가 된다"151)는 이탈리아의 동맹법의 용어로 '법동료'가 된다는 말이다.) 소유권 반박 주장과 더불어 옛날의 소유권 분쟁은 고전 그리스의 디아디카시아에 상응하는 것인데, 언제나 기껏해야 그런 문제 제기에 불과한 것으로 간주된다. 이어서 "푼두스"는 그리스의 '추첨지'라는 옛 개념에 상응할 것이다. 조세 대장에는 후대의 시기까지 "푼두스들"을 단위로서 인식하고 있으며, 비록 여러 단위들이 병합되었을지라도 이들은 원래의 점유자를 따라서 시조명을 지니고 있다. 그것들이 존재하는 한, 그러한 매각 제한은 옛 씨족 권리와 도시 귀족의 옛 씨족 영주로서의 잔재가 아니라 거꾸로 바로 그리스에서 그리스인들이 그것을 명백히 표현하였듯이, (앞을 보시오) '시내 거주민'을 통한 매점에 **대항한** 것으로서 전사 후페의 보호였을 것이다. 저 법에 따른 장기거주와 관련이 있는 트리부스를 세르비우스의 체제에 소급하는 것은 그 점을 충분히 입증한다. 하여튼, 후에는 그런 제한에 관해서 아무런 언급이 없다. 자신의 토지점유 혹은 (그런 것이 없는 경우) 자신의 거주지를 도시 구역에서 **바꿀** 때에 시민은 자유롭게 한다. 그러나 호구조사관이 한 시민을 정치 혹은 윤리의 예법에 반하여 과오를 저지른 이유로 트리부스 성원의 수자에서 완전히 삭제하고, 또한 <154좌> 군대에서 내쫓고, '아이라리' 하에 놓거나, 아니면 복수의 트리부스에 토지 점유를 지닌 자 또는 토지 점유가 없는 구 시민 또는 신 시민(예를 들어 피해방민)을 평가

---

150) ὥσπερ κωμήτας: 촌락에서 호구조사를 하듯이라는 뜻이다.
151) fundus fieri: 베버, 『로마농업사』 1891, p. 81 이하에서 처음으로 이런 주장의 토대를 놓고자 하였나. 이는 로마의 통합을 토지 권리의 수용이라는 측면에서 조망하고 있어, 로마의 동맹 체제를 이해하는 데 핵심 요소이다.

에 따라서 트리부스에 **지정하는** 경우에 이들은 자유롭지 않다. 이런 지정이 따라야 하는 방식은 이제 경우에 따라서 격렬한 당쟁의 대상이 되었다. -전승의 상세한 내용이 전설이라도 상관없다.- 왜냐하면 농촌의 토지 점유가 **없는** 사람으로, 다수가 자연히 로마에 빈번히 **들르는** 실업가이지만 도시 로마 밖의 장소에 거주하게 된 자들이 민회에서 차지하는 비중은 그 점에 달려있었기 때문이다. 클레이스테네스가 제시한 (후대의 용례에 따르면) '개인재산'152)의 원리는 -확실히 창안자의 의도에 매우 반하여- 도시와 민회에 사실상 **참석하고 있는** '군중'의 지배권을 국민 총회153)에서 제한하였으며 예컨대 페리클레스와 같은 "데마고고스들의" 지배 토대를 놓았다. 호구조사관 아피우스 클라우디우스154)는 (전승에 따르면) 토지 점유가 없는 자들을 **모든 트리부스에 등재함**으로써 완전히 같은 것을 달성하고자 하였으며, **피해방민의 취급과 관련한** 문제에서 후대에는 여전히 유사한 논쟁점이 제시된다. 그리고 완전히 독특하게 모든 트리부스에 걸쳐 소시민에게 권리를 나누어주는 문제가 우선 로마를 위해 **함대를 만드는** 문제와 함께 부상하였으며, 아피우스 클라우디우스의 정무관직 하에서 프롤레타리, '카피테 켄시'155) 그리고 피해방민에 관련한 문제도 마찬가지인데, 나중에는 피해방민만이 문제시되었다. 로마가 포이니 전쟁의 시초에 아무런 함대도 지니고 있지 않았다는 점은 **아마도 내정(內政)**에 의해서도 결정되었을 것이다. 아피우스 클라우디우스 하에서 (전승에 따르면) "민주정" 폴리스를 향한 발전은 당시까지 특권을 누리고 토지를 점유하고 있던 트리부스 성원과 아울러 원로원의 저항에 직면하여 난파한다. **중요성**에 따라서 심지어 농촌 토지 점유에 근거한 중갑병 군대, 즉 귀족씨족과 토지에 정착한 농민들의 항의는 서로 결탁하여 장기간 비정착자들을 4개의 도시 트리부스로 축소하는 것을, 다시 말해서 민회, "중갑병 폴리스"의 지속 상태에서 그들이 지닌 무기력함을 강요하였다. **형식상으로** 이것은 클레이스테네스의 조직이 도달하고자 **원하였던** (그러나 할 수는 없었던) 것, 즉 민회에 대한 **농민의** 지배를 의미하였다. **사실상** 그것은 도시에 정주하면서 자신의 토지 규모로 인해서 투표 시 로마에 체류하는 것이 가능하였던 **농촌** 지대수취자 및 무엇보

---

152) ἰδία: 개인의 것들이라는 의미로 해석된다. 몸젠,『로마국법』 2-1, p. 402의 견해에 따르면, 고대에는 토지점유에서 트리부스를 생성하게 되는데, 부담을 균등하게 만들려면, 재산을 가진 사람을 재배정해야 한다. 이런 식으로 아테네의 부족도 재배정하다 보니 군중들이 아니라 부자인 사람들이 각 부족을 지배하게 되었다는 의미로 이해된다.
153) Volksversammlung: 켄투리아 회를 의미하는 표현이나, 여기서는 아테네 민회를 의미하는 것으로 생각된다.
154) 기원전 312년의 호구조사관이다.
155) capite censi: 호구조사시에 머리만 등록한 자라는 의미이다.

다 그와 더불어 원로원 씨족의 지배가 지속됨을 의미하였다.[154-1]

[154-1 이점과 관련하여 명사귀족156)은 가능한 한 옛날의 많은 농촌 트리부스를 (Arnenesis, Fabia, Horatia, Lemonia, Menenia, Pupinia, Romulia, Voltinia)157) 확장하지 않음으로써 일종의 "부패구rotten boroughs"를 만들었다.]

왜냐하면 "인민을 분리해 부르는 것"158)은 병영에 나가서 투표하는 것인데, 한번 발생한 이후에 금지되었기 때문이다. 또한 농촌 트리부스 성원 중에서 "빌라 우르바나"159)를 가지지 못한 자는 트리부스의 범위가 이탈리아 전체로 섣부르게 확장되어 나갔을 때에는 민회에서 영향력이 없었으며, 큰 문제(그라쿠스의 운동)가 <154우> 일어났을 경우 우리는 여전히 투표하고자 농촌의 중간 신분이 집단으로 몰려갔다고 듣는다. 에두아르트 마이어가 옛 평민의 농민 특징을 특성화 하기 위해서 트리부스 결의의 구속력에 관한 호르텐시우스 법과 동시에 시장이 열리는 날에도 (이때 농민들이 도시에 있다) 법이 포고되도록 하는 결정이 관철되었음을 지적한 것은 마땅하다. 이것은 (수단이 아니라) 목적으로 보아 아테네의 '농촌 순회 재판관'160)에 상응한다. (앞을 보시오) 그러나 민회를 위한 정치 효과는 순수한 토지 점유자와 마찬가지로 오로지 도시 주민, 즉 수공업자만이 직접 영향력을 행사하는 것을 단절한 것이다. 그러나 그 외에도 로마의 일차 대팽창기161)에 있었던 민회는 평소에는 지대 수취자에 의해서 지배되었는데, 이들은 오로지 농민들이 자신이 지닌 법의 힘을 일단 실제 행사할 가능성에 관해서 고려하는 것이 필요하였다. 원로원의원들이 상업에 참여하는 것이 금지되었다는 점에서(뒤를 보시오), 이 성격은 또한 지배하는 의회를 보존하기 위해서 추구되었다.

---

156) Nobilitas: 이 명칭은 기원전 287년 호르텐시우스 법 이래 혈통귀족과 평민에 관계없이 최고관직자가 배출되어 새로운 귀족층을 형성했고(patricio-plebian nobility) 이들을 명사 nobiles라고 부르던 것에서 이처럼 번역했다.
157) 몸젠, 『로마국법』 3-1, p. 187에서 인용하였다.
158) sevocare populum: 이는 리비우스, 7.16.8(기원전 357년)의 기사이며, 몸젠, 『로마국법』 3-1, p. 381과 n. 2를 따르고 있다. 호민관이 이를 위반하는 자를 사형에 처하도록 입법한다.
159) villa urbana: 시내식 저택이라는 뜻인데, 이곳에는 농장주가 머물기 위해서 도시 양식의 치장을 하였기 때문이다. 차전환, 「기원전 2세기후반 로마의 농장경영」 『역사학보』 116, 1987, p. 66, n. 26을 보시오.
160) δικασταὶ κατὰ κώμας: 농촌 순회 재판관이라는 뜻이다. <107우>에는 농촌κώμας 대신에 촌락δέμους를 사용한다.
161) 기원전 4세기 말부터 기원전 133년까지로 본다

카르타고와 맺은 (1차) 통상 조약이 (그것이 카르타고에서 기인하는 시점에 일어난 경우) -초기 고대의 모든 폴리스가 그러하듯이- 로마가 왕정 초에 **상업** 이해관계에 의해서 지배되었으며, 또 에트루리아 인처럼 확실하게 여기에서도 **매우 기본**으로 **상업**과 그것을 통해서 가능해진 재산 축적에서 고대 도시귀족의 경제 우세가 유래하는 반면, **농민 군대의 힘이 증가하는 것과 더불어서 내륙으로 팽창하는 것**, 즉 **토지** 획득에 대한 관심이 추진 요소가 된다. 이것은 **매우** 현저하여 1차 포이니 전쟁이 시작될 때, 국가는 대체로 -많은 것이 전설로 전해질 것이다- 수행 능력이 있는 전함 부대를 전혀 가지고 있지 못하였다. 반면에 다른 편에서는 식민시 건설 사업의 척도가 발전되었는데, 이는 어떤 다른 국가도, 애초 그렇게 작은 범위의 어떤 도시국가도 바로 역사에 다시는 전혀 제시하지 못할 것이다. 우선 이것은 고전 그리스의 도시들과 대조되는 로마의 지리 -자신의 강력한 **배후 지역**을 지닌- 상태, 즉 사벨리 산악 주민의 격렬한 쇄도에 대처할 필요와 관련이 있다. 위에서 묘사한 사회·정치 선례에서도, 그 출발점이 -그리스어로 말하자면- 여기서도 10인으로 구성되는 "판관" 위원회가 만든 작품인 호플리테스 폴리스가 팽창하는 시기 동안에 발전하였던 **토지 점유권**이라는 법-경제상의 구조에서도 그 점이 표현된다. -사람들은 이 입법 작업162)을 물론 오로지 <155좌> 사회제도를 형성하는 도중에 있는 한 단계로서 표상하고, 유일한 변화로 보지 않는 게 좋을 것이다. 사실상 모든 곳에서 그런 것처럼 이곳에서도 전통에 그리고 그것에 대한 사제-귀족의 의미 부여에 묶이는 대신 성문화되고, 확정되고, 이성에 맞게 해석되는 법의 창출은 더 나아가 특히 근본으로 사회제도를 형성하는 과정을 가속시키기 위한 강력한 진보였다. 법들이 전해지고 사회-경제상 중요한 한에서, 법의 물질 조건들은 흔히 그러하듯이 결코 일종의 폐쇄된 단위를 형성하지 않고 오히려 일종의 타협을 이룬다. '무산자 시민'은 스스로 자유롭게 자신의 보증인을 선발하되, 아시두이의 수자 밖에서도 그렇게 할 수 있다는 점,[155좌-1]

> [155좌-1 이로써 (솔론의 모범에 따라서) 중갑병 무장 능력이 없는 **시민**이 피호관계에 들어갈 확실히 빈번히 언급된 **근거**가 중지된다. 그러나 피호제 자체는 제도로서 존속한다. 앞을 보시오. 이 문장도 피호제의 보편성에 대해 반대 증거를 제시한다.]

---

162) 12표법을 지시하는 것으로 보면 기원전 450년에 해당한다.

보호자가 피호민에 대해서 신뢰를 깼다면 저주받는다는 점, 가자(家子)가 3번 팔린 이후에는 아버지를 통해서 해방된다는 점, 수권(手權)이 없는 혼인(이집트의 '미등록 혼인'에 상응한다)이 분명히 인정된다는 점은, 뒤를 돌아보지 않는 주인의 권리를 완화시키는 것을 의미하였다.163) 다른 한편으로 키케로는 (물론 여기에서 의심의 여지없이 전설에 입각한 2년차 임기의 10인 위원에 대한 전승이 인용되고 있다) 평민과의 정식혼인을 금지하는 것을 12표법 탓으로 돌리고 있다.164) 그리고 언제나 옛 채무법은 매우 엄한 상태에 머물렀으며, -설명하였듯이- 국내에서 채무자를 노예로서 취급하지 않도록 하고 있는 금령은 분명 정치상으로 채무 노예의 반란을 피하려는 의도에서 만들어졌는데, 그 법을 통해서 더욱 준엄해진다. 아마도 그 결과로 인해서 채무 노예들은 로마에서 "채무구금"의 형식을 받아들인다. 이것은 일종의 계약으로서, 채무자가 (미타이스165)가 지시하듯이) 개인 처형을 막기 위해서 "채무구금자"로서 채권자의 권한에 맡겨, 채권자를 위해서 부역하는 것이다. 개인 처형 그 자체는 애초 선서를 통해 충분한 재산이 있음을 맹세하는 채무자를 위한 -역시 오로지 점유자를 위한- 특별한 법166)을 통해서 폐지되었다. 수많은 이자관련법과 마찬가지로, 이것은 평민의 승리로서 -평민이 계급투쟁에서 "예속인"이 아니라 "채무자"로서 존재하고 있는 점을 표시하는 것으로- 간주되었으며, 아마도 그것은 자연히 평민이 피호제의 이완과 해체에 정치 관심을 가지고 있었다는 점을 배제하지 않을 것이다. -12표법 제정에서 그리고 이와 관련을 맺고 있으며 그에 <155우> 연계된 더 많은 입법 활동에서 농업사에 가장 중요한 국면은 토지점유를 위한 거래의 자유를 관철한 것이다. 전승에 따르면 12표법은 절대의 유언 자유와 마찬가지로 "악취"의 형식으로 행해지는 계약 협정 및 여기에서 "구두(口頭) 선언"167)을 통해서 계약대상에 귀속하는 모든 자격의 구속력을 명백하게 정하였다.168) -전승에 따르면169)- 토지점유를 위해서 현금거래라는 원칙이 확고하게 유지될 때 그것은 사

---

163) 관련된 12표법 인용처는, 1.4(프롤레타이이의 보증인), 8.21(피호민을 기만한 보호자), 4.2(아들이 3번 매각된 경우), 6.4(수권 하에 들어가지 않는 혼인)이다.
164) 키케로, 『국가론』 2.37.63에서 제시된다.
165) Mitteis, "Über das Nexum," ZRG RA, XXXV, 1901, pp. 104-110.
166) 기원전 326년에 제정된 포이텔리우스 법lex Poetelia이다.
167) nuncupatio: 증인 앞에서 구두로 엄격하게 선언하는 것이다. 이것은 정해진 법식(per aes et libram)에 따라야 하고, 유언자의 양노가 이렇게 된 경우 신의가 있는 자를 통해서 실행되어야 한다.
168) 해당되는 규정은 12표법, 5.3(재산 등에 대한 처분), 6.1(넥숨에 관한 규정)이다.

회법 시대에서 나오는 잔재로 보이는데, 물론 오리엔트의 유사한 것에 상응한다. 그러나 의미는 달리 해석될 수도 있다. 즉 그것을 통해 토지의 완전한 이전과 더불어 인신에 부과된 채무로서 오로지 신용대부된 가격을 분명하게 정하는 것만이 강제되었다. -아울러 특히 토지점유 관계와 관련하여서도 법 상태를 형식상 명확하게 하는 것 그리고 담보 방식으로 매입 채무를 토지에 부과하는 것을 제거하는 것도 그러하였다.[155우-1]

> [155우-1 이 매입채무에 대한 두려움에서 경제상으로 자연스럽게 교환매개물의 양이 동요하는 것과 또한 "화폐가치"가 동요하는 것이 혼란스러울 수 있을 것이다. 수메르의 비문에서는 판매하는 소인이 즉시 자신의 "좋은 화폐"를 가지는 것에 왕이 얼마나 깊이 관심을 가졌는가가 나온다. "인허된" 화폐가 생긴 이후 신용 매입의 위험으로서 무장약화에 대한 심사숙고가 분명해진다. (그런 조작은 고대에는 -표면상으로!- 이미 솔론 때에 비난을 받았다.)[170] "인허된" 화폐가 생기기 전에 이것은 자연히 발생할 수 없었다. 그러나 당시에 귀금속 (또는 구리) 공급의 불확실성은 가격이 순수 금속으로 정해지는 한, 유사한 효과를 내면서 작용할 수 있었다. -그러나 외상 구매를 통해서 완전시민권의 획득을 방해하고자 하는 의도도 배제된 것으로 보이지는 않는다. 프라이부르크 두루마리 문서 70항의 결정[171]이 유사한 것인데, 여기서는 그런 행위를 분명히 금지하고 있다. (나중에 b 절에서 토지권리의 효과를 논의할 때 검토해 보시오.)]

본래 토지에 대한 담보 부과는 12표법의 기제를 통해서 대체로 직접 배제된 것으로 보인다. 애초 그리스의 "휘포테크"가 나중에 수입된 것이라는 점을 그 이름이 입증하고 있다. 그러나 "피두키아," 다시 말해서 채무를 청산한 후에 형식 매각이 취소되어야 하는 협정은 –상환 담보- 후대에 발전 과정에서 애초 언제나 소송거리가 되었다. 원래 이 협정은 "신의"와 관련된 것이다. 그것은 호구조사관의 윤리 규정에서 -호구조사관이 상응하는 권력지위를 찬탈한 이후에- 언급된다. 후에는 아마도 원래 형식상의 소송법이 없었기 때문에라도 <156좌> 거래에서 성실과 신의에 대한 기타 유사한 위반과 같이 약정을 깨는 것은 오명을 초래하는 것으로 간주된다.

---

169) 12표법 7.11.(판매자가 현금을 받았을 경우 타 구매자에게 인도하지 못함)
170) 아리스토텔레스, 『아테네인의 국제』 6.2(솔론의 세이삭테이아에 관한 비난의 이유들), 플루타르코스, 『솔론』 15.7.(솔론 자신도 15탈란톤의 돈을 대여하고 이법의 영향으로 받지 못했다.)
171) Die Bestimmung im Freiburger Rodel 70. 로델은 라틴어로 rotulus 즉 두루마리에서 나온 것이며 도시영주가 부여한 권리와 자유를 증명하는 법원이다. 이것은 13세기에 나온 것이며, 이 조항은 Gotthein, Wirtschaftsgeschichte des Schwarwaldes, 1, p. 168, n. 2가 출처이다.

그래서 다시 상환 담보가 발생한다. 그러나 12표법의 시기와 관련하여 관계가 그렇게 놓여서 상환 담보는 여전히 등장하지 않았다는 점은, 모든 유사점에 따르면, 한 상업 국가에서 완전히 불가능한 것으로 나에게 보인다. 그것에 대한 (외관상의) 인식이 없다는 것은 여기에서는 아마도 (형벌 노예의 경우와 마찬가지로) 제거된 것을 의미한다. 즉 채무 노예와 토지 담보는 둘 다 전체 고대 초기의 사회정치와 관련된 고뇌로서, 사라져야만 한다. 토지와 그것을 차지하고 있는 자유 시민은 당시에 무장력의 근간이었고 -강제 공채로서 징수된 "재산세"의 형태로- 국가제도가 지닌 재정력의 근간이었다. 가장 오래된 "호구조사"는 고대 폴리스의 노동 부역과 견인 부역을 위해서 인신(평민 자유인, 피호민, 노예)과 역축을 등재하는 것이 분명하다. "악취물(握取物)"은 항상 이 호구조사 능력에 따라서 제한되고 있었다. 평민에 대한 부역 부과에 특히 4개의 도시 트리부스가 이바지하였다. 이로부터 "개인 재산"의 확정이 유래한다. (앞을 보시오.) 당시에 사실 언급된 것처럼 로마와 같이 거대한 상업 도시에서 토지는 시민의 재산평가에서 유일한 것이 아니라 가장 중요한 토대이다. 토지는 "악취물"의 범위에 들어가며, 트리부스 분할의 토대이다. 시민의 토지 점유는 언제나 넓이에 따라서 명백해야 한다. 그것은 더욱이 모든 종류의 부담과 한계를 통해서 분화되었을 것이다. -이로부터 담보를 부과하는 것은 억제되었다. 아테네에서 등급분할 시에 채무화된 점유는 고려되지 않도록 재산의 선언에 대한 법식이 마련되었다.[156-1]

[156-1 "자유인의 재산 οὐσία ἐλευθέρα"은 아테네에서 (앞을 보시오) 이를테면 중세 콘스탄츠172)에선 불변한 "빚이 아닌 재산 proprium non obligatum"에 상응한다.]

-그리고 점유는 각 점유자에게 도시 및 교외의 "채원"과 마찬가지로 자유롭게 이용하는 것이 가능하였음에 틀림없다. 이로부터 고대의 일치하는 전언에 따르면, 12표법은 무엇보다 도로법과 도로 유지 부담을 명백하게 설정하고173) 무조건의 접근 가능성을 확보하며 (동시에) 도로의 5보 폭 규정을 통해서(기술상으로는 헬레니즘 시기의 칼라스마174)에 상응한다) 토지의 분명한 간격을 마련한다. 도로 폭

---

172) 이런 표현이 있는 곳은 콘스탄츠가 아니라 프라이부르크이다.
173) 12표법, 7.6-7.직선로에서는 8촉, 모퉁이에서는 16촉을 규정한다.

은 취득 시효에 해당되지 않는다.175) 이것이 이미 도시 및 채원 법을 경작지에 전용하는 것이라면, 이 시기 동안에 아마도 12표법 자체를 통해서 로마의 개인 토지에 적용된 것은 우선 바로 경작지 분할의 방식일 것이다. <156우> 그 적용에는 나름의 원칙이 있다.

1. 공공 도로망의 관철
2. 각 '농장'을 폐쇄된 점유로 -개인 장원이지 촌락이 아니다- 집결하기
3. 측량을 통해서 점유를 명증하기 그리고 점유자의 모든 경작지 권리를 이 측량에 결부하기

-이것들은 옛 촌락 제도와 지역 제도가 파괴되고, 강력한 개인주의 토지권과 토지 경영이 수립되는 것을 의미하였다.

a) 완전히 전유되어 악취행위에 따르는 그리고 호구조사가 가능한 개인토지에 대한 고대 양전(量田)의 정상 형태는, 마찬가지로 논구되어야 하는 기술을 통해서 분할되고 국가에 의해서 할당된, "켄투리아에서 경계를 통해서 분할되고 할당된 농지"176)이다. 이 형태는 후에도 아주 독점은 아니지만, 이탈리아에서, 완전시민권을 지닌 식민시에서, 그리고 거대한 제대병 정착 지역에서, 언제나 우세한 것으로 드러난다. 양전은 '할당' 시마다 이루어진 것으로서 에트루리아의 선례에 이어지며, 일부는 아마도 그리스의 선례에 따를 것이다. 간단한 조준 도구를 사용하면서 "경계"로 이루어지는 좌표 체계를 통해 우선 경지를 직각의 조각들로 나눈다. 후자는 통상 -그러나 무조건 그렇지는 않다- 각 200유게라로 이루어진 정사각형이다. (이것을 켄투리아라고 한다. -그 이름은 옛 평민의 토지 몫의 기본 단위에 관련된다.) 그리스 도시들의 경우와 마찬가지로 로마의 경지에서 이 좌표 체계는 4개의 방위에 따라서 방향을 지니는데, 북-남(北-南)으로 가는 경계들을 카르디네스,177) 서-동(西-東)으로 가는 경계들을 데키마니178)라고 칭해진다. 각 정사각형은 좌표 체계의 중간점에 대한 그 위치에 따라서 번호가 붙여진 경계로부터

---

174) χάλασμα: 간격이라는 뜻으로, 경작지 사이에 경작하지 않은 이동로를 의미한다.
175) 베버는 12표법, 7.4를 인용한다. 여기에는 5보 이내에서는 사용 취득이 없도록 한다. 키케로, 『법률론』 1.21.55.
176) ager divisus et assignatus per limites in centuriis: 전형적인 농지 분배 양식이다. 이하의 논의는 베버의 『로마농지사』 pp. 107-111의 내용이다.
177) cardines: 단수는 카르도cardo, 역자는 남북간선로로 번역한다.
178) decimani: 단수는 데키마누스decimanus, 역자는 동서간선로로 번역한다.

지시되고 그 모퉁이에 공식적으로 정해진 테르미니179)를 통해서 표시된다. 매 다섯번째 경계는 사전에 기술된 폭의 공공 도로로서 개방된다. 나머지 경계("경계선들"180))는 적어도 더 후대에는 반드시 공공 도로는 아니었으며 없어질 수도 있다. 경계들은 토지의 한계를 묘사하려는 목적을 지니고 있지 **않으며**, 할당된 몫은 오히려 다수의 켄투리아를 관통할 수 있을 것이며, 이것도 이루어진다. 선례를 따라서 경지대장(포르마)181)이 그려지며, 여기에는 경지 한계와 켄투리아가 나타난다. 각 켄투리아에는 몫을 수령한 사람의 이름과 해당 켄투리아에서 할당되어 받은 유게라의 수자가 기재된다("아시그나티오"). 반면에 ―비록 제정 초이기는 하지만 아라우시오182)의 대장이 제시하듯이 (슐텐183)이 바르게 강조하듯 이는 **조세** 대장이지 **경지** 대장이 아닌 것이 확실하지만, 명백하게 경지 대장을 모사하였다)- 경지대장에는 각 몫의 **구획**이 포함되지 **않는다**. 더욱이 각 토지의 경계는 공식으로 표석을 세워 표시하지는 않았다. 따라서 공공의 보장 하에 놓인 것은 오로지 각 켄투리아의 내부에 있는 경지 **규모**('모두스 아그리')184)뿐이다. 이에 따라서 악취행위는 일종의 양도 형태인데, 이것은 토지와 대지의 경우 점유의 전통이 없이 소유권으로 이행하게 한다. 그것에 상응하는 것은 양전가(量田家)가 전하고 있는 소송절차이다. ('규모에 관한 논쟁') <157좌> 이것을 통해서 누군가 자신에게 각각 자신의 (언제나 상속 증명, 유언 혹은 악취의 근거를 통해서) 입증된 구법에 따르는 규모로 경지 대장에 근거하여 복구할 것을 요구한다. 법의 의미에서 청구의 대상은 ―레프닝제도의 경우처럼185) 독일의 경작지에서 그런 한- 여기에서는 특정한 한계를 지닌 토지 구획이 아니라, 경작지 할당이다. 양전가들은 '장소에 관한 논쟁'을 보완 절차로서 제시한다. 이를 통해서 점유 **상태**가 회복되며 사실 이렇게 하는 것은 점유 **금지령**과 일치한다.186) 애초 설명한 소송이 후대에 효력을 상실하는 것은 평지의 사용 취득이 유행함으로써

---

179) termini: 단수는 테르미누스terminus, 경계를 나타내는 지표석을 의미한다. 그리스어 경계 τέρμα에서 파생된다.
180) linearii: linearius의 복수이며, 경계선을 뜻한다. 줄, 선을 의미하는 linea에서 파생되었다.
181) forma: 서식, 지도, 양식 등으로 번역될 수 있다.
182) Arausio: 기원전 105년 로마의 2개의 군단이 대패한 곳이고 후에 마리우스가 킴브리인을 진압 평정한 지역이다. 현재 프랑스의 오랑주이다.
183) Schulten, "Vom antiken Cataster," *Hermes*, XXXXI, 1906, pp. 37-39.
184) modus agri: 보통 modus를 양식으로 번역하나, 로마 농지사에서는 농지의 규모라고 번역한다.
185) Reebningverfahren: 덴마크 특히 슐리스비히 홀스타인 지역에서 새로 토지를 할당하는 경우 사용된 제도이다. 베버, 『로마농지사』 1891, p. 75, n. 51에 이에 관해서 자세히 논의하고 있다.
186) 이는 Frontinus, p.44, 8행(Lachmann)을 인용한 것이며, 베버, 『로마농지사』 p. 76, n. 52에서 다루고 있다. 후자에서는 상소에 관한 논쟁을 세기한 것이 금령과 일치하는 것으로 파악된다.

분명해진다. 여기에서 규모 규제는 중지되어야만 하였을 것이다. 이제 토지 사용취득이 평지의 획득 방식으로 형성되는 것은 아주 최근의 자료에 속하므로, 더 오래 전 시기에 관련해서는 전체로 (원래 아마도 분할할 수 없는) "푼두스"에 대한 청구(빈디카티오 푼디)[187]를 제외하고, 우선 오로지 두 가지 법 조치 즉,

  1) 법으로 보장된 크기 요구라는 척도에 따른 경지 규제에 관한 조치와

  2) 작년도 경작의 범위에서 강취와 도적질에 대해서 사실상 점유 상태(로쿠스[188])를 지켜주는 보호 금령이 대립하고 있다는 점이 가장 가능한 것으로 간주되어야 하기 때문이다.

이 가설의 방향이 전제되면, "퀴리스들의"[189] 소유권은 경작지에서 원래 법으로 한계를 정한 평지가 아니라, 정해진 경작지 넓이를 지시할 것이다. 한계를 정한 평지는 법으로 "점유"의 대상이었을 것이다. 두 가지는 법상으로 다양한 종류의 대상들을 지시한다. 이로부터 로마법에서는 소유권 소송과 점유권 소송을 선명하게 나누는데, 후에 소유권이 "전품(田品)에 따른" 평지 소유권으로 변하면서 이것은 이해할 수 없는 것으로 보인다. 이로써 로마의 경지 제도의 원래 상태를 조명하는 빛이 너무 희미하여 더 이상의 추론은 가능하지 않다. 차후에 평지의 사용 취득은 옛 경지 체제에 구멍을 뚫었다. 정규로 할당되지 않은 토지를 '사유지(私有地)'의 범주에 대량으로 받아들임으로써 (예컨대 기원전 111년 농지법에 있는 매우 강력한 조치에서) 그리고 동맹국 전쟁[190] 이후 완전히 비로마인 단체 전체를 새로 심사하지 않은 채, "무니키피아"[191]로서 시민 유대 속에 수용함으로써 그 제도는 완전히 낡아버렸다. 이 선례는 제국 사회의 그리고 (자치 도시들의 경우) 국법의 성격을 근본으로 개조하는 것인데, 아마도 개인법 영역에서도 특히 소유권 소송의 전문 기술에서 심대한 변화를 (최후로는 반대 주장의 제거도) 유도하였을 것이다. -

  묘사된 방식으로 측량된 경지의 경제 특성은 한편으로는 공공으로 보장된 도로망에,

---

187) vindicatio fundi: 소유권회수 소송.
188) locus: 장소, 위치, 시간의 의미이다.
189) ius quiritium: quiritium은 quiris(로마시민 개인)의 복수 소유격이다. 어원은 사비니 인의 신 퀴리누스에서 찾을 수 있으며, 애초 사비니 인의 호칭이 로마시민의 호칭이 되었음을 보여준다. 다른 어원은 'co-iurites,' 즉 권리를 같이 누리는 자라는 뜻에서 찾을 수 있는데, 이는 혈통귀족 가문의 동등한 권리를 의미한다.
190) 기원전 91~88년에 발발하였다.
191) Municipia: 단수는 municipium으로 자치도시로 번역한다. 어원은 munus를 떠맡는다는 것에서 나온다.

다른 한편으로는 거주민에게 근본으로 폐쇄된 지역(연속된 점유들)192)을 할당하는 점에 있다. 그밖에 사료는 <157우> 단체 설립이냐 아니면 단순히 제대병이나 기타 수득자에게 토지를 할당하는 것이냐에 따라서 식민시별 할당과 개인별 할당을 구분하고 있다. 후자의 경우에 사람들은 단순히 켄투리아를 동일한 조각으로 분쇄하여 몫을 만들었으며, 신고한 구매 신청인인지, 아니면 법의 권한에 따라서 마련하게 된 구매 신청인지를 나누었다. 그에 비해서 식민시별 할당에서 식민자들의 동일한 지위는 필수 불가결하였고 - 내 의견으로는 몸젠의 의심에 반하여 확고한 것인데- 오로지 하나, 매우 단순할지라도, 분할 면적의 전품 그리고 항상 몫을 포기함으로써 이루어지는 (아마도 단순히 상이하게 여러 배의 2 유게라를 차지하는) 불일치한 크기를 통해서만이 그 상태가 이루어질 수 있을 것이다. (크리미아에 있는 고전 그리스의 식민시에서 겉보기에 "켄투리아"에 상응하는 정사각형의 "헤카토뤼고이"193)가 상이한 크기로 만들어진 것으로 보인다. 카일이 주장한 것처럼, 이것은 처음부터, 상이한 전품으로 인해서 그러하였다.) 사료의 보고에 따르면 이제까지 해온 점유를 변경, 다시 말해서 옛 점유자들의 협동으로 (아니면 이런 일이 일어나는 때 혼자의 참여로) 한 경지를 새로 할당하는 일이 발생할 때, 경우는 동일하였다. 그런 후에 "전품에 비례한 규모"194)로 분할되었다. 로마의 권리를 가진 식민시(로마 시민 식민시)로 변화하는 것은, 비록 후대에 그것이 명목에 지나지 않고 더 이상 필요한 것이 아니게 될지라도, 원래의 생각에 따르면 일종의 합병이었을 것이다. 분명 그 점에서 많은 것들이 가설로 남는다. 그러나 (이점에 관해서 새롭게 투텡Toutain이 매우 올바르게 지시하였다) 완전히 근거가 없어 의심스러운 증거에 따르면,195) 여전히 하드리아누스 치세에도 한편으로는 로마의 시민 식민시들에서 (로마의 배분이 없던 라틴 동맹에 속하는 공통의 옛 식민시들과 그들의 식민자들을 포함하여 로마에서 유래하는 라틴인도 로마인이 되지 않았다) 다른 한편에서는 자치도시에서 (자치도시는 "나름의 법을 가지고"196) 산다) 개인 권리의 차이가 존속했을 때, 이런 차이는 단지 토지의

---

192) continuae possessiones: Hyginus, p.130, 7행 Lachmann에서 인용하였다.
193) ἑκατόρυγοι: 100을 의미하는 hekaton과 6족, 약 2미터를 의미하는 orygia의 합성어이다. 한 변을 200미터로 하면 4 헥타르의 면적으로 16유게라에 해당한다. Keil, "κατώρυγος," *Hermes*, 38, 1903, p. 143.
194) modus pro modo secundum bonitatem: Siculus Flaccus, p.155, 19 Lachmann에서 인용하였다.
195) 겔리우스, 『아테네의 밤』 16, 13, 4-6.여기에서는 하드리아누스의 연설이 나오는데, 이 연설에 따르면 스페인에 있었던 이탈리카 주민과 프라이네스테 주민이 식민시 권리 대신 자치도시 권리를 요구하였다고 한다. 이에 관해 겔리우스는 오류의 가능성을 제기한다. 이에 관해 몸젠, 『로마 국법』 3-1, p. 796, n. 3에서 비판하길, 애초 무니켑스는 로마시민이 아니었다고 주장한다.

권리에서 발견될 뿐이다. 이점에서 당시 ("콜로나투스" 항목을 보시오) 그 차이는 후대에 나오는 "이탈리아 권리"197)의 개념이 공화정 시기의 차별에 관련되는 것과 같이 설정될 수 있다. 공화정 시기에는 "재산을 조사하는 데 속하는 것"198)은 결과로 국가에서 임차하는 경우 담보로서 기여할 가능성이 이해관계의 전면에 대두함으로써, "최상의 권리를 가진 개인의 것이 되도록 하라"199)는 말과 더불어 법에는 분명히 그것이 정해졌다. [이것은 호구조사관의 조세대장 작성의 또한 옛 로마 경작지에 사유(私有)의 할당과 대장 작성이 이루어지는 등록의 기초가 되므로 매우 필수일 수 있었다. (그래도 자연히 이것은 단지 가설에 불과하다.)]

통상 로마의 '사유지'를 측량하는 데 사용하는 격식과 더불어 양전가의 격식이 존재한다. 그들의 생각에 따르면, 그것은 원래 더 작은 권리를 지닌 토지를 측량하려고 정해졌다.

a) '로마 인민의 공유지'200)가 선점을 위해서 공개되지 않고 기획 임대되는 한, <158좌> 그것은 호구조사관의 행정 활동의 대상이었다. 통상 그것은 대장에 등재되어야 했으며, 또한 여러 경우에 그러하였다. 마찬가지로 영대 소작권으로 또는 부역(도로관리부역)에 대해서 이루어진 할당들은 그리고 분할되어 조세 의무가 있는 속주 토지들은 통상 경지 대장에 기록되며, '분할지'에 대한 의무 부과가 그와 같은 것으로서 붙어있는 한, 경지 대장에는 그 장소와 형태에 관하여 정보를 제공해야만 하였다. 이 경우 분명히 사람들은 "스캄눔과 스트리가들을 통한"201) 측량법을 적용하였다. 그것은 (-내 비판자들에 의해서는 으레 무시되는 -사료의 분명한 증거에 따르면) 단지 겉으로 직사각형 형태로 형성된 분할지를 통해서 켄투리아화 된 것과 구분될 뿐만 아니라 (여기에서는 이 직사

---

196) suis legibus (uti): 자치를 의미하는 표현이다.
197) ius Italicum: 황제가 제국 내의 도시들에 부여한 특권으로, 이 권한을 받은 도시는 로마인과 같은 상거래를 할 수 있고 각종 세금과 부역에서 면제된다.
198) censei censendo esse: 키케로,『플라쿠스를 위한 연설』 32.80, 페스투스, p. 58(Mueller)를 인용한 것인데, 이를 베버,『로마농지사』 p. 131, n. 12에서 다루고 있다. 그 내용은 키케로가 아시아의 아폴로니아에 가지고 있던 토지의 점유권이 호구조사 대상이 아닌가를 묻는 것이다.
199) optimo iure privatus esto: 기원전 111년 농지법의 27행이다.
200) ager publicus populi Romani: 국유지에 대한 표현이다. ager privatus: 개인 소유지.
201) per scamna et strigas: 베버,『로마농지사』 p. 14에, 스캄눔과 스트리가를 설명한다. 우선 켄투리아를 통한 구획이 정사각형인데 비해서, 전자는 직사각형이며, 남북 방향으로 긴 것이 스캄나(단수 스캄눔), 동서 방향으로 긴 것이 스트리가(복수 스트리가이)이다. 이런 식의 공유지 측량은 조세 부과의 대상이라는 것이 베버의 논지이다. 반면에 켄투리아 구획은 그런 관심에서 벗어난다. 같은 책, p. 29.

각형의 형태가 항상 등장한다), 그것이 "점유자들의 가장 근접한 엄격함을 통해서"202) 이루어지는 측량이라는 점을 통해서 그 실제 의미에서도 마찬가지다.[158-1]

> [158-1 몸젠의 해석 (*Hermes* 27, p. 82)은 (Balbus, p. 68이 켄투리아화에 관해서 언급하고 있으므로) 전혀 유지할 수 없다. "엄격함Rigor"은 그 자체로 직선이며, 히기누스203) p. 3에는 직선으로 된 점유한계로서, 경계Limes는 아니다.]

즉 그것은 그러한 측량과 대장 작성인데, 여기에서는 점유 한계가 경지 대장 위에서 표현되기에 이른다. 조세 의무가 부과된 토지의 경우, 여기에 국가는 개별 분할지의 확인 가능성에 관심을 가지고 있으며 또한 개별의 한계를 정한 분할지에 대해 부과되어 있으므로, 대장은 반드시 있어야만 하였다. 대체로 다음의 경우는 그런 것이 없었다. 즉
 1) 아무런 조세가 토지에 부과되지 않거나
 2) 또한 (가이우스 그라쿠스 이래로) 조세가 부여된 식민시 점유가 알려진 후대에 그러하다.
후자의 경우 그러한 것으로서 '농지 규모'가 과세의 대상이 되었지, 분할지가 그런 것은 아니다. 그래서 아라우시오에서는 단순히 '지대'가 (우리에게 유지되어 있는 켄투리아에서) 유게룸 당 1/2데나리우스로 매겨졌으므로,204) 일어난 것처럼, 대장 위에 있는 각 켄투리아에서 면제된 것, 과세된 유게라의 수자, 마지막으로 이 후자에 대한 세액이 기재되면 자연히 충분하였다. (사람들은 그런 경우에 -가장 오래된 것이 "트리엔타불라"205)와 "재무관의 농지"206)이다. 두 가지는 지불능력이 없거나 현금이 필요한 국가가 채권자 혹은 현금 지불자에게 인정세(認定稅)를 부과한 채 무를 수 있는 담보로서 제공한 토지이다.- 무엇보다 통상 "켄투리아들"로 경계 나누기가 아니라 다른 크기의 정사각형으로 측량하는 것을 적용했다. -확실히 이는 법의 격식과 양전가의 격식이 나란히 감을 입증하는 것이다. "과세된 사유지"207)의 경우에는 정상 격식이 적용되었다.) 완전히 다

---

202) per proximos possessorum rigores: 본문 각주에 따르면 점유자들이 선이 똑바로 그어지는 것에 표한 관심이다.
203) 이는 Frontinus를 잘못 표시한 것이다.
204) 베버, 『로마농지사』 pp. 279-281에서 취급되고 있다. 여기에선 토질에 따라서 조세가 부과되는 측면을 조사하고 있다. 유게룸당 1/2데나리우스는 Shulten, "Vom antiker Cataster," pp. 29-31에서 알려졌고, 베버는 이에 근거한다.
205) trientabula: 3이라는 수자와 연관된 것은 공채상환의 1/3을 토지로 대신하였다는 것에서 비롯한다.
206) ager quaestorius: 로마에서 재무를 담당하는 관리 quaestor가 관할하는 토지라는 뜻이다.
207) ager privatus vectigalisque: 원래 로마는 사유지에 과세가 없는 것이 원칙이다. 그러나 기원전 111

르면서 그리고 실로 "스캄나티오"208)의 원리에 상응하는 적용되어야 하는 경우는 바로 실제로 개별 분할지가 조세운반자로 취급되는 때이다. (구별하는 것은 파피루스에서 알려진 두 격식 사이에서 그런 것처럼 부분으로 나뉜 토지 임대, 즉 임대 분할지의 고정 수입이 아니다. -각 '아루라'의 고정 수입이다.) 두 가지 양전(量田) 격식을 적용하는 것은 후대에는 별로 이루어지지 않았으며, <158우> 선점을 무제한으로 개인 소유지로 인정함으로써 그리고 마침내 이탈리아 토지를 모두 트리부스의 경지 연대 속으로 수용함으로써 옛 경지 관계가 구멍나버린 후에 당시에 전자와 후자를 적용하는 것은 순수하게 기술의 계기로 인해서 함께 결정되었을지도 모른다. -옛날의 진정한 의미 차이는 나에게는 전이나 후에나 의문의 여지가 없다.

b) 마침내 양전과 대장기록의 마지막 형태, 즉 "모퉁이를 통해서 측량으로 포함된 농지"209) 즉 단지 외곽에 있는 경지 한계를 정하고 기록하는 것은 애초 후대의 팽창기에 속한다. 그리고 개인 것이 아닌 토지를 측량할 때 개별 토지에 대한 증거 확보에 대한 공공의 관심이 생기는 것이 아니라 단지 총경지의 범위에만 관심을 기울이는 경우 적용된다. 신전 재산의 경우 토지의 측량에서 그러한데, 그것은 기여금에 대해서 "스티펜디움의 납부의무가 있는" ("스티펜디움"-세금인 트리부툼에 대립하여210) 단체 혹은 영주들에 대해서 허용되거나 지정된다.-

c) 로마식의 양전 활동이 전혀 없는 토지는 "아르키피니우스 농지211)"이다. 특히 옛날부터 외국도시로 인정된 지역이다. (가장 오래된 예는 "가비 농지"212)이다.)

공화정 말기에 측량이 전혀 이루어지지 않은 그런 지역은 대규모로 시민단체에 속하게 되었다. 따라서 양전가들의 시기에 양전과 관련한 전품(田品)과 법에 따른 전품이 이미 매우 혼란한 상태에 들어가게 되었음을 전혀 놀라운 것이 아니다.

년 이후 점유된 토지를 점유자에게 소유로 전환하면서 과세하게 된 것이 이 범주에 속한다.
208) scamnatio: 스캄눔으로 구획하여 임대료를 징수한다는 뜻이다.
209) ager per extremitatem mensura comprehensus: 모퉁이만 파악하여 전체 규모만 파악된 농지로 이해된다.
210) stipendium: 트리부툼이 전비戰費의 조달을 목적으로 재산에 비례하여 부과된 일종의 공채로 파악되는 데 비해서, 스티펜디움은 병사의 식량을 조달할 목적으로 과세되는 재산세의 성격을 지닌다. 스티펜디움은 병사들에 대한 봉급의 의미로도 사용된다.
211) ager arcifinius: 어원은 '적을 방비하는 데에서ab arcendis hostibus'는 말에서 나왔는데, 군사 용도로 선점한 토지로 짐작되며, 이곳은 측량되지 않은 지역 전체를 의미한다.
212) ager Gabinus: 가비Gabii는 로마 근교의 지역으로 로마의 역사에 중요한 지역이다. 이 지역은 로마의 종교의식 특히 조점의식과 관련이 깊은 지역으로 이 지역의 농지는 정복된 지역인 외국인의 농지ager peregrinus이면서 특별한 대우를 받았다.

b) 로마의 팽창기

시민으로 이루어진 토지 점유자 군대의 상승과 아울러 서로 제약하면서 나란히 가는 것이 로마가 이탈리아로 팽창되는 것이다. -도시의 **존재**를 위해서 불가피한 것은 사벨리 인들과 켈트 인들이 라티움을 위협하는 것에213) 대한 반격이다. 훈련된 중갑병 군대는 에트루리아의 봉건 군대에 비해서도 산악주민의 순수한 농민 군대에 비해서도 그리고 켈트의 바르바로이에 대해서도 우세하였다. 기원전 4세기초 남부 에트루리아가 복속되었다. 그 세기의 후반기에는 라틴 도시동맹이 (기원전 338년) 로마의 헤게모니 하에 하나의 동맹국으로 변화한 채,214) 사벨리의 산악 주민에 대한 전쟁을 떠맡았다. 남부 이탈리아를 고수하려는 그리스의 시도가 분쇄된 후,215) 기원전 3세기에는 포 강 평야의 켈트인이 해롭지 않게 되었으며,216) 진압되었다. 이 모든 것은 거대한 식민시 건설 활동과 결부하여 완수되었다. 적어도 대체로 토지의 1/3은 적에게서 몰수되었으며, 때때로 전체 토지가 로마와 동맹국들의 주도 하에 배분되었다. 일부는 군대에 ("개별로") 수여되었고 아울러 트리부스 토지가 되는데, 수자상으로 트리부스는 (35개까지)217) 증가하며 이어서 크기에서 아주 거대해진다. 처음에는 약 3,000 헥타르에서 전체 국토에 이른다. 또 다른 부분은 무를 수 있다는 유보 조건을 달고 ("재무관의 농지") <159좌> 매각된다. -의심의 여지 없이 이는 조세를 다시 채우기 위해서 그리고 궁극으로는 강제 공채로 인식되는 "트리부툼"218)을 보상하기 위해서이다. 나머지는 직영지로 남는다. 이와 더불어서 정복된 지역에 체계에 따른 폴리스 건설이 존재한다. 내륙에서 식민하는 것은 우선 다음과 같은 동맹이다.219) 즉 식민시들은 자체의 행정과 나름의 토지법을 보유하고 라틴인의 권리를 지닌 도시들이다. 식민자로서 함께 파견된 로마인들은 고향의 시

---

213) 기원전 4세기까지 로마와 라티움 지방은 인접한 이웃의 공격에 시달렸고, 기원전 390-50년에는 특히 갈리아 인들의 침입을 받았다. 사벨리 인Sabelli은 기원전 450-420년에 캄파니아를 정복하였다. 통상 오스카어를 사용하는 사람들을 이런 명칭으로 불렀으며, 대표로 삼니움 인Samnites을 들 수 있는데, 이들은 사비니 인과는 다르다.
214) 이 해에 라틴 동맹이 해체되었고, 이때까지의 각 동맹국은 로마와 개별적으로 협정을 맺었다.
215) 피로스 전쟁(기원전 280-272년)을 의미한다.
216) 대체로 기원전 225-221년에 해당한다.
217) 이 수자는 기원전 241년에 도달한다.
218) 원문은 트리부투스 tributus이나 판행에 따라시 이렇게 표기힌다.
219) 기원선 338닌부터이다.

민권을 잃고, 그로 인해서 식민시에 묶인다. 그에 비해서 로마는 동맹의 교역 거점으로서 해안의 방어를 떠맡는다. 여기에 설치된 시민 식민시들은 단지 한정되어서만 자치를 누린다. **후대에 나오는** 로마의 시민 식민시들은 (원칙상) **전혀** 그렇지 않으며, 로마가 행정하였다. 그들의 토지는 로마의 토지이다. 식민자들은 로마 시민이며, 수비대로서 소집에서 자유로우나 (완전히 분명하게) 자신의 거주지에 묶여 있다. 우선 기원전 3세기에 수도의 비중이 증가하면서, 점차 라틴 식민시 건설이 쇠락하는 것과 더불어서 **내륙에 시민 식민시를 체계 있게 설치**하기 시작한다. 이런 건설은 2차 포이니 전쟁220) 이후에 늦은 개화를 보게 되며, 동시에 기원전 3세기의 2/3분기 이래로 동맹국의 식민시 건설이 느슨해지고 (아마도 거주 이전의 자유가 위축되었기 때문에) 그들의 법 상태는 악화된다. 동맹 식민시들에 있는 식민자들의 지위의 발전은, 동맹국의 권리가 (앞을 보시오) 변화하는 것과 마찬가지로 아테네 제국의 발전에 상응한다. 즉 중심 도시의 지배 상태가 상승하고, 동맹동료가 하락되고, 이에 비해서 추첨지 보유자들이 (특히 페리클레스 이래로) 중심 도시에 병합된다. 이제 로마 농민층의 후예, 즉 '무산자 시민'들이 이 토지할당과 식민시에서 토지를 마련할 수 있음을 발견한다. 토지를 얻기 위해서 중갑병 군대는 전쟁한다. 또한 이것은 (아테네와 관련해서 브레아를 식민화하고 여기에는 오로지 자영농과 빈민만을 허용하게 하는 민회의 결의221)가 분명히 지시하는 것처럼) 아테네의 추첨지 보유자들이 지닌 목적에 일치한다. 그러나 차이점이 있는데, -근대에 들어 영국과 미국 간에 차이가 있는 것처럼- 지리상 위치에 따르면 아테네는 오로지 분산 점유지만을 식민화할 수 있는 데 비해서, 로마는 긴밀한 대륙 지역을 그렇게 할 수 있었다. 주민이 점점 증대하는 것은 생활을 영위하는 활동의 장이 항상 확장하는 것에 의한다. (그래서 자연히 언제나 같은 경우에 그러하듯이 인과관계는 반대로 되는 것이 아니다.) 그러나 동시에 이처럼 토지가 크게 증대하는 것은 12표법에서 만들어진 로마의 거주 방식이 끊임없이 돌진한다는 의미를 지닌다. <159우> 옛날의 "파구스"는 로마의 경계구획에 의해서 찢어진다. (종교에 관한 지방 의례를 위해서) 그들의 자치가 생존하는 곳에서 그들의 법 규정은 이제 일종의 "토지보유에 따른

---

220) 기원전 218-201년 지속된다.
221) Brea: 브레아의 위치는 미정이며, 살로니키의 테르마이코스 만으로 추정한다. 식민화는 기원전 445년이다.

부담"으로서 여겨진다. '공동방목지'는 옛날의 공동지인데, 마찬가지로 그때그때마다 개별 농장에 소속하게 된다. "촌락"은 행정법을 위해서 존재하는 게 아니라 단지 따로따로 그 보충물로서만 존재한다. 농지 산재(散在)가 나타나는 곳에서, 그것은 토지 할당시에 제거된다. 도처에서 개별농장(빌라)이 일단 **귀족** 점유의 상징, 즉 승리자로서 남는다. 삼니움 산악 지대의 농민이 동맹국 전쟁에서 자신들이 지니고 있던 오래된 촌락이 자포자기식으로 일단 자유를 지킨 후에, 술라가 할당하고222) 이어서 삼두들이 가공할만하게 몰수하고 그들의 제대병에게 토지를 할당하자,223) 이때도 토지에 대한 경계 구획이 이루어짐으로써, 옛 거주지의 잔재가 갈기갈기 찢어지고 만다. 도시와 **도시의 토지법**은 도처에서 승리자로 남는다. 클레이스테네스가 모든 귀족을 **촌락**으로 밀어 넣음으로써 신분투쟁을 조정하였을 때, 로마는 반대의 길을 갔다. 즉 로마는 촌락을 파괴하고 모든 농민을 (이론상) "**토지 점유자**"로 만들었는데, 그때까지 귀족만이 그러했을 뿐이다. 언급되고 있는 것처럼, 클레이스테네스가 "모든 아테네인을 귀족으로" 만들었다고 사람들이 말하는 경우, 그것은 오히려 귀족을 농민으로 낙인찍은 그 개혁과는 본래 **사회·경제상으로** 전혀 들어맞지 않는다. -그에 비해서 그것은 **로마의** 팽창 시기에 생긴 토지법에는 매우 잘 들어맞는다.[159-1]

> [159-1 그리고 이미 앞에서 언급한 것처럼, 토지법에 관련해서만 아니라 예를 들면 씨족법에 관해서도 그러하다. 같은 이름을 지닌 귀족 씨족과 평민 씨족이 로마에서 병존하는 데 비해서, 가장 오래된 아테네 도시 귀족씨족은 자신들의 이름을 바꿨다. 왜냐하면 클레이스테네스 개혁을 통해 '촌락'이 같은 이름을 끌어갔기 때문이다.224) 이는 강제 민주화에 대항한 항의이다. 로마에서는 농지 개혁이 사실상 귀족권리의 신장을 의미하였지 귀족의 하락을 의미한 게 아니어서 그렇게 할 만한 동기가 존재하지 않았다.]

그러나 이 로마 토지법은 고전 그리스의 거대한 토지 분할과 많은 점에서 형식상 유사하지만, 의도와 작용에 따르면 대략 종류가 다른 것이다. 왜냐하면 그것은 토

---

222) 기원전 82년 술라의 제대병에게 토지를 할당한 것을 말한다.
223) 2차 삼두정 시기로 이탈리아에 대한 몰수는 기원전 42-40년에 옥타비아누스의 주도로 일어났다.
224) 아테네의 부타다이Butadai 가문의 경우를 말한다. 이 가문은 클레이스테네스가 부타다이 데모스를 만든 이후에 자신의 가족명을 '에데오부디다이Eteobutadai' 즉 '진정한 부디다이'로 변경하였다.

지의 자유로운 매각을 위축하는 것을 제거하고, 그리고 더 중요한 점인데, 노예 점유가 증대하는 것을 막고자 하는 목적을 위해서 일부러 만들어졌다. 이미 농지 제도에서 모든 공동 경제의 요소를 뿌리 채 제거하는 것, 이를테면 "도미니움"이라는 무제한의 지배 관계를 토지에 적용하는 것, 매우 평화로운 처분방식('악취행위')을 가지고 토지를 동산화하는 것, <160좌> 이로 인해서 토지의 양도가 없어도 되게 한 점, 절대로 없어서는 안 되는 도로법 및 수리법에 물권(物權)으로 작용하는 예속 상태를 제한한 것, 여기에 완전히 실제하는 유언장 작성의 자유, 그리고 트리부스에 소속하는 토대를 위해서 완전히 동산화 된 개인의 토지 점유, 그리고 그 크기에 따라서 호구조사를 통해서 정치상, 군사상으로 일정 기한 정해진 권리와 의무를 만드는 것, 이 모두는 단지 이렇게 법이 발전하는 데 따르는 절대 **경향성을 지닌** 성격을 지시할 뿐이다. 촌락을 국가의 세포로 낙인찍는 고전 그리스 민주정의 농지 정책과 대조하여 로마는 일종의 "아메리카" 성격을 지니고 있다. -반대일 수도 있다!- 이를테면 미국의 농민은 "촌락"도 알지 못하며, 모든 지리 조건을 걱정하지 않은 채 직각으로 산, 계곡, 숲, 언덕을 가로지르는 "분할선"225) 사이에 있는 **개별 농장**에서 거주하는 것처럼, -적어도 이상에 따르면- 로마의 농부는 자신의 "빌라"에 거주한다. 그러나 토지법의 그런 **경향**은 로마 토지의 날카로운 이분법에서, 즉 '사유지'이거나 '공유지'이거나에서 더욱 분명히 제시된다. 공동경제의 점유 형태는, 개인 '공동소유'의 구조226)가 지시하는 것처럼, 의식하면서 손해를 입었고, '공동방목지'는 (공동지) 사멸 상태에 놓이며, 마침내 '도시의 건설의 해로부터' 643년227)에 제정되어 비문에 새겨진 채 보존된 농지법에서 그것이 새로 생기게 하지 못하도록 하였다. 동일한 의도는 다음과 같은 경우 더욱 분명하다. 즉 사람들이 전유된 토지('사유지')에 넘겨지는 제한된 처분권과 전유되지 **않은** 토지를 법으로 취급하는 경우 생기는 대조점을 타협시키는 경우이다. 강제로, 도둑질하여 또는 부역이 부과된

---

225) 영어인 section lines의 번역이다. 이것은 미국에서 토지측량을 통해서 만들어진 경계인데, 1제곱 영국 마일(약 260 헥타르)의 범위이며, 통상 공공 도로를 형성하나, 촌락거주가 부재하다. 이는 로마의 경우와 비견된다.
226) condominium: 이는 확정된 부분을 정하고 난후 공동소유권을 말하는데, 독일법에서 부분이 없이 전부 공동체로 소유하는 것과는 다르다.
227) a.u.c: anno urbis conditae의 약자이며, 기원전 111년에 해당된다. 이 해에 제정된 농지법 25행이 해당된다.

토지를 수봉한 사람의 편에서 그때그때마다 **사실상의 '점유'** 상태에 (강제로, 은밀히, 임의로)228) 교란이 초래되는 것을 막고자 보호하는 민사 소송, 그리고 밭을 침묵하며 점유하고 있는 자에게 수확이 귀속된다는 그런 종류의 확립에 (이것은 금령에서 기한을 정한 원래의 실제 의미이다) 관련한 민사 소송은 이 점에 국한된다.

'공유지'에서 점유를 위한 점유 금령이 우선 **만들어진** 것이라는 사실은 중요한 근거를 가지고 논쟁된다. 공유지의 점유를 위해서 그런 금령이 **유효하지** 않았다는 점은 단지 근거를 댈 수 없을 것이다. [적어도 -로마와 통상(通商)의 관계에 있는- 이탈리아 인들이 점유에 참여하는 것에 대한 지시를 통해서 그러하다. 오로지 "퀴리스들의 권리"와 법률 소송에서 비로마인은 배제되어 있을 뿐이다.] 나에게는 기원전 111년의 농지법에서 금령229)이 언급되는 방식도 <160우> (당시에는 사유지로 된) '공유지'에 대한 그 효력과 관련하여 언급하는 것으로 보인다.

다른 모든 토지 점유상태와 관련한 문제의 해결에 관해서 그곳에서는 옛 시민법이 관련을 맺고 있지 않으며, 그런 것들은 행정 사항이다. 또한 개인에 의한 것도 아니고 형식에 의한 것도 아니게 (가장 오래된 예로서 "가비 농지"와 같이) 조약을 체결하거나, 인민의 결의나 혹 원로원 의결로 단체에 승인된 **모든** 토지가 유효한 것과 같이 공유지에서도 오로지 당국에 의해서 행정법으로 규제되거나 용인되는 사실상의 점유 상태가 존재한다.

1. 행정법으로 **규제되는** 점유 상태는 -팽창이 이탈리아 한계 내에서 유지되는 동안- 일부는 부역 특히 도로건설 부역('접도민')230)에 대한 토지 수여이고, 일부는 임대와 영구소작('과세지')231)이다. 영대소작과 토지 수여는 로마법에 완전히 결여된 것이 아니라 오히려 (12표법에 토대를 두고 있는) 로마의 사법(私法)에만 존재하지 않는다. 심지어 그것들의 구성은 국가의 최고법이며, 영대소작 점유에 관한 "법률

---

228) 강제로=vi, 은밀히=clam, 임의로=precario.
229) 111년 농지법 14행과 18행이다.
230) viasii vicanii: 도로에 인접해 사는 사람들, 역자는 접도민이라고 번역한다.
231) ager vectigalis: 일정액의 지세를 의미하는 벡티갈이 부여되었다는 의미에서 과세지라고 역자는 번역힌다. 이 과세지와 영대치지Erbpacht의 관계에 관해서는 베버, 『로마농지사』 p. 151 이하를 보세요.

소송"은 생각할 수 없는 것이기에, 애초 **시민법** 상의 보호가 없다. 경우에 따라서 **점유** 금령과 행정 명령이 간여하였음에 틀림없다. 이어서 원래 주권을 지닌 동맹국의 자치 단체가 "자치도시"로 되면서, 법무관은 자치도시와 국가에 관련되는 "과세지"에 격식을 마련하였다. 개인 소작이 없도록 한 목적은 오로지 개인에 의한 영주제가 생기는 것을 배제하는 것일 수 있다.[160-1]

> [160-1 그리스와 같고(앞을 보시오), 오리엔트와는 반대이다. 중세도시들에서도 시민권의 기초로서 유효한 토지점유를 개인 의존 관계를 배제한 특정한 법 형식에 국한한 것이 전혀 우연이 아니며, 오히려 시민권의 존재와 관련을 맺고 있다. 불변한 상태로 (그리고 확실히 자주) 있는 것은 시민 재산을 재산세 의무가 있는 토지로 변경하는 것이 자치단체의 합의에 결부되어 있다는 점이다. 이를테면 -앞을 보시오- 프라이부르크에서 시민 재산의 외상 구매를 금지한 것과 마찬가지다. 우선 지대 구입의 채용은 도시 내부에 일종의 토지 과세를 가능하게 하였는데, 이는 시민을 소작인으로 만들지 않는 것이었다.]

2. 공유지에 대해서 **용인된** 점유 상태는 **여러가지** 직업상의 선점(先占)이다. 공유지에서 선점권은 모든 로마인의 권리이며, **원래** 이탈리아의 동맹국 전쟁 명부에 수용된 자치단체에 있는 공유지에 대한 각 시민의 권리이다. (앞을 보시오) 국가에 일정액의 납세를 조건으로 황무지를 점유하는 것은 그리고 국가 행정이 더 이상의 처분을 하기까지 영구하게 보유하는 것은 -후대에 완전히 <161좌> 선점에 대한 허락이 공식상으로 알려져서 수여된 후이다. 우선 강력한 토지 집단을 만든 것이 바로 이 법이었으며, 후에는 이에 대항하여 그라쿠스의 입법이 (뒤를 보시오) 등장한다. 유명한 리키니우스-섹스티우스 법이 실재였는지의 여부는 졸타우232)의 방어에도 불구하고 늘 의심스럽다. 그 점과 관련해서 오늘날 사람들은 압도하여 그라쿠스 시기의 대상을 기원전 4세기로 역투사한 것이라고 보며 (카토에 의해서 **표면상 언급**된233)) 이 제한이 기원전 2세기 초에 속한다234)고 여긴다. 기원전 4세기 1/3분기에

---

232) Soltau, "Das Aechtheit des licinischen Ackergesetzes von 367 v. Chr," *Hermes*, 30, 1895, pp. 624-620.
233) 이 카토의 발언은 겔리우스, 『아테네의 밤』 6.3.37에 나오는 것으로, 카토는 500유게라 이상이나, 정해진 가축 두수를 가지려는 의사만으로 처벌할 수 있는가를 질문한다. 이 질문에 근거하여 그라쿠스의 농지법이 바로 카토가 보고하고 있는 농지법을 계승한 것으로 파악된다. 후자의 법은 기원전 167년 이전에 있었으나, 실제적으로 준수되지 않았을 것으로 파악된다. 특히 기원전 367년 리키니우스 법에 제시된 공유지 점유제한은 비현실이고, 오히려 그것은 2차 포에니 전쟁 이후라고 보는 것이 현재의 일반 견해이다. Tibiletti, "Lo sviluppo del Latifundis in Italia dall'epoca

는 로마의 경지 점유가 당시 "불과 2 제곱마일"235)에 불과하였으므로, 선점을 최대치로 500유게라에 한정하는 법이 **불가능**하였을 것이라는 점이 완전히 옳은 것은 분명 아니다. 단지 5만~6만 헥타르의 경작지에서도 개개의 대시민이 125 헥타르를 **개별** 선점하는 것이 그 자체로 절대 불가능한 것은 아니다. 그러나 로마의 토지점유는 기원전 4세기에 이미 '로마 농지'를 훨씬 넘어갔다. 언제나 전승은 매우 의심스러우며, 그 위조된 것을 받아들이는 데 마지막 난관은 이제 마쉬케236)를 통해서 통찰력 있게 제거되었다. -그러나 이제 그러하듯이, 사실상 결정점은 지나치게 단순함 속에서 **전례 없는** 이 제도, 즉 [비교 대상은 아마도 법으로 그리고 사실상 매우 빗나가기는 하지만 이집트에 있었던 왕의 황무지나 해변 불모지에 대한 "미개지 영유권(未開地 領有權)"에서 발견된다. 이에 관해서는 헬레니즘 장을 보시오] 대다수 정복으로 인해서 국가의 몫이 되어 있으며 이미 경작 상태인 토지에 황무지에 대한 옛 "미개지 영유권"을 **옮겨놓는 것**은 국가의 거대한 팽창과 더불어서 그 의미를 완전히 바꾸어 놓았다. 자연히 선점시마다 가축 점유자와 노예 점유자는 수많은 자유 농민과는 비교할 수 없이 다른 성과를 가지고 참여할 수 있었다. 이로써 **구매 노예들의 쇄도 이후에는 전대미문의 농업 자본주의가** 만들어졌으며, 이에 대항하여 농민들은 정복된 토지가 체계있게 모든 시민에게 분배되고 '사유지'로서 전유되도록 해달라는 요청으로 반응하였다. 사실상 대부분의 성공한 전쟁에서, 이미 언급하였듯이, 승리한 군대에 토지를 할당하게 된다. 그것에 상응하는 것은 개별 상속을 위해서 나머지 자식을 상속에서 배제하는 형태로 유언장 작성의 자유를 적

Graccana al principio dell'Impero," *Relazioni*, II, 1955, p. 245. 허승일, 『증보로마공화정연구』 pp. 61-66 참조. 대체로 20만 유게라이므로 500 유게라씩 나누면 400명이 선점하면 더 이상의 공유지는 남지 않는다. 이런 주장에 대해서 베버는 반론을 제기하는 셈이다. 아울러 테니 프랭크, 『고대 로마에 대한 경제조망』 1975 (1933년에 간행) p. 27에 따르면 베이로부터 30만 유게라의 공유지를 확보하여 500 유게라씩의 선점이 가능하였다고 파악한다.

234) 이런 의견을 최초로 제시한 것은 Niese, "Das sogenannte Licinisch-Sextische Ackergesetz," *Hermes* 23, 1888, pp. 410-442이다.

235) 베버는 Niese, 앞 논문, p. 416에 따랐다. 여기에서 베버가 사용한 프로이센 마일은 7.532km에 해당한다. 따라서 제곱 마일은 55km²에 해당한다. 원문에 따르면 110km²이므로, 11,000 헥타르에 해당한다. 5세기 중엽의 사정을 원문 <150좌>에 기술되어 있는데, 여기에서는 50,000~60,000 헥타르로 보고 있고, 30,000 헥타르가 가경지로 보고 있어 계산이 잘 맞지 않는다. 본문은 '4제곱 마일'로 고쳐야 할 것이다.

236) Maschke, 『로마 농지법 이론과 역사의 연구 *Zur Theorie und Geschichte der römischen Agrargesetze*』, Tübingen, Mohr, 1906, pp. 59-76.

용하는 것이다. 이는 **정복**의 과정에서 토지 처분이 가능한 한, 가족 내에서 토지점유를 유지하는 것에 대한 관심에서 특별히 실천의 의미를 지닌다. <161우> 로마 토지법의 나머지 제도와 마찬가지로 유언장 작성의 자유는 중갑병 군대의 상승으로 국가를 끌고 가게 된 두드러진 농지-팽창의 경향과 매우 밀접한 관계가 있다. 그러나 가축 점유자 및 노예 점유자들은 거꾸로 선점을 위해서 또는 공개하여 소작을 주기 위해서 개방된 '공유지'의 확대에 관심을 지니고 있었다. 우리는 전승에서 이탈리아를 정복하는 동안에237) 점유하는 계층이 공유지의 할당을 원하는 대중의 요청에 대해서, 할당할 목적으로 토지를 다시 정복하거나 아니면 식민시를 건설하자는 제안을 가지고 대응하였다는 점이 완전히 규칙인 것임을 알 수 있다. 이 보고의 신빙성을 거부하는 것은 이 관점에서도 아무런 근거가 없다. 계급 이해 관계가 만들어내는 별자리는 바로 팽창하는 동안에 다른 것으로 남아 있을 수가 없었다. 예컨대 엘리스238)에서 일어난 팽창이 완전히 유사하게 경과된다. 즉 귀족은 촌락민들로 하여금 약탈에 참여하도록 하였다. 그동안에 이해관계가 이렇게 경쟁하는 경우, 농민들은 확실히 점차 더 작은 것을 끌어갔다. 오로지 외부의 위중한 압력을 받는 경우에 귀족은 식민시 건설을 하고자 결심하였다. 즉 기원전 2세기 중엽 이래로 그리고 기원전 1세기 초에 수많은 시민 식민시들이 켈트 인의 위협과 페니키아 인의 위협에서,239) 그리고 전쟁을 통해서 벌어진 틈을 메꾸고자 하는 절대 필요에서 건설되었음이 매우 분명히 드러난다. 그럼에도 대규모 점유에 대한 저항은 갈리아 인과의 전쟁과 포이니 전쟁의 시점에도 흔히 매우 완강하였다. 즉 세논 족240)과 피케눔 족 지역을 둘러싼 계급투쟁은 오로지 원로원의 분명한 항변에 대해서만 식민시 건설을 감지한 평민에 의해서 (가이우스 플라미니우스241)에 의해서 기원전 232년)

---

237) 기원전 4세기 중엽부터 기원전 270년경까지.
238) Elis: 펠로폰네소스 반도의 서안에 위치한 폴리스로서 애초 시민구성이 다른 폴리스와 달랐다. 이들은 주변인으로서 다른 도시에도 자유롭게 다닐 수 있었다. 기원전 500년경에는 민주정을 시행했다. 아테네의 스트라토니코스는 엘리스인이 가장 나쁜 종족이라고 언급한 바 있다.
239) 이탈리아 북부의 갈리아인에 대한 전쟁은 기원전 225~221년, 200~101년에 있었고, 포이니 전쟁이 있었던 264~241년, 218~201년을 염두에 두고 있다.
240) Senon: 프랑스 동북지역의 지명이다. 이미 50년 전에 갈리아의 세논 족으로부터 몰수하였다.
241) C. Flaminius: 기원전 223년, 217년 두 차례 콘술을 역임한다. 플라미니우스 법을 통해서 정복지를 분배하는 정책을 폈으나, 후일 보이인과의 문제가 야기된다. 원로원의 반대를 무릅쓰고 일을 추진하여 후대에는 포풀라리스의 원형으로 간주된다. 그의 민중정책에 키케로의 비판이 가해진다.

결정될 수 있었다.

저 분쟁들에는 나중에 그라쿠스 형제의 시기에 혁명을 초래한 자유 노동과 부자유 노동 간의 투쟁이 숨겨져 있었다. 그리스에서 그리고 그리스의 영향을 받은 동부 지역에서 노예가 끼친 경제에 대한 영향력은 평지와 관련해서 매우 제한되어 있었다. 옛 그리스에 있는 수많은 소규모 교역 중심지들은 풍부하고 넉넉하고 저렴하게 획득할 수 있으며, 이로써 재식 영농을 위해 노예를 가지고 경작하는 대소유 농지인 "배후지(背後地)"를 전혀 가지고 있지 않았다. 오리엔트에서는 대지에 매우 인구 밀도가 높고, 토지가 비쌌으며 그 외에도 왕정이면서 관료 체제와 관련을 맺고 있는 헬레니즘 국가의 특성 그리고 **국유지**이고 그곳에서 소작인에 의해서 영위되는 토지 집단은 노예를 이용한 대경영의 상대 의미를 처음부터 엄하게 제한하였다. 스파르타[242] <162좌> 봉건 국가와 키오스는 별도로 하고, 그리스와 전체 오리엔트에서 노예 반란에 관해서 우리는 거의 전혀 듣지 못하고 있으며, 바로 **뒤로 가면 갈수록 더 듣지 못한다.** 반면에 남부 이탈리아와 시칠리아에서 스파르타쿠스의 반란[243]은 옛 세계가 가장 무섭게 겪은 사회의 동요에 속한다. 로마에서 현금 재산이 증대하여 등장한 것이, 지리상으로 정해지고 **내륙**으로 확장의 가능성이 높아진 것이, 그리고 이어서 노예 시장에 대한 훨씬 더 강력한 관심과 관련 있는 해상 정복이 가지는 자본주의 성격이, 노예의 증가를 향한 전대미문의 경향을 열어놓았다. 엄청난 규모로 노예를 로마에 수입하는 것과 아울러 -이점에 관해서는 페레로[244]가 주의를 환기하듯이- 일반 경제 사정에 관련하여 필히 같이 이야기되는 요소인 올리브 및 포도의 재식농업의 등장은 **사료에서는** 아마도 그라쿠스 형제의 운동과 더불어 **동시에** 등장할 것이다. -그러나 이미 카토의 저술은[245] 이 두 현상이 현저하게 오래된 것임에 틀림없다고 하는 점을 지시한다. 그것이 우리에게 묘사되고 있는 것과 같은 방식으로, 노예를 거느리고 이루어지는 "농장 경영"은 이탈리아에서 통

---

242) 기원전 7세기 중엽과 기원전 434-459년에 스파르타에서 헤일로타이가 반란을 일으켰다.
243) 스파르타쿠스의 난은 기원전 73-71년에 있었는데, 북부와 중부 이탈리아에도 영향을 미쳤으며, 시칠리아로 가려던 계획은 수포로 돌아갔다. 이미 기원전 135-132년, 104-101년에 시칠리아에서는 노예반란이 있었다.
244) Ferrero, 『로마의 위대함과 몰락 Grandezza e decadenza di Roma』, 1: La conquista dell'Impero, Milano, 1906, p. 83, n. 1.
245) 카토, 『농업에 관하여』 10-11장, 144-148장을 지시하는 것으로 보인다.

일 이후,246) 마침내 한니발의 몰락 이후,247) 도래한 **평화**를 전제로 한다. 그 이래로 600년의 기간에 그 땅은 아무런 적수를 만나지 못했다. 이로써 중갑병단의 **몰락**이 시작하였다.

정복이 더 멀리 나아갈수록, 정복된 땅은 자유 농민들을 통한 거주에 그 만큼 더 도움이 될 수 없었다. 해외 팽창의 시기에 그것은 완전히 종언을 고한다. 기원전 177년부터 그라쿠스 형제의 식민시 건설에 이르기까지 반세기가 넘는 동안에 오직 한 건의 시민 식민시가 건설되었을 뿐이다.248) 관직 귀족 및 현금 귀족은 -특히 최상부가 일치하는 가운데, 호민관은 그라쿠스 형제의 시기까지 단지 원로원의 꼭두각시 노릇을 했다- 사실상의 점유 상태를 **고정**시키고, **동맹시민**인 자치단체의 수행 능력을 온존함으로써 이탈리아의 방어력을 유지하고자 하였다. 슐텐249)은 다음과 같은 점에 주의를 환기시키는데, 이는 당연하다. 즉 기원전 177년 오랜 시민 식민시 건설이 끝나게 되었는데, '라틴 인 축출에 관한 클라우디우스 법'250)이 거부된다는 점과 더 가혹한 '유니우스의 외국인 법'251)이 티베리우스 그라쿠스가 진압된 후에 그리고 가이우스 그라쿠스의 등장 이전 사이에 거부된다는 점이다. 민주정과 관련되거나 직접 비합법의 요소를 민회에서 멀리하고자 하는 관심을 지니고 있었으므로 (로마의 **토지**를 점유한 라틴 인들이 민회에서는 원래 아마도 투표할 권리를 가졌을 것이다252)) 그리고 그들의 경작지와 그들의 자치단체를 위한 조세 부담력 <162우> 위에서 중갑병단을 유지하려는 관심을 가지고 동맹시민들의 자유 이전을 이렇게 제한하는 것은, **우선** 완전히 그들의 동의 -바로 그들의 제안에 대한 클라우디우스 법과 더불어 생겼다. 그러나 그것들은 동시에 관직 귀족의 보수적인 관심과

---

246) 기원전 270년경을 지시한다.
247) 한니발이 이탈리아에서 철수한 것은 기원전 203년이며, 2차 포이니 전쟁이 끝난 것은 기원전 201년이다. 이하에서 600년간 침입이 없었다고 하는 것은 5세기 초 서고트인의 침입까지를 베버는 생각하고 있는 것으로 보인다.
248) 기원전 177년에는 리구리아 해변에 식민시 루나Luna가, 기원전 157년에는 피케눔에 아욱시뭄 Auximum이 건설되었다.
249) Schulten, "Italische Namen und Stämme," *Klio*, 2-2, 1902, p. 185f.
250) lex Claudia: 기원전 177년 콘술 클라우디우스 풀케르가 제정한 법으로 라틴 동맹국이 자신의 주민이 로마로 빠져나가는 것에 항의해서 만들어진 법으로, 로마로 이주하여 로마 시민권을 획득하는 라틴 인의 권리를 취소하는 내용이다.
251) lex Iunia de peregrinis: 기원전 126년에 로마에서 로마인으로 행세하는 외국인을 몰아낸 법이다.
252) 이는 몸젠, 『로마국법』 3-1, p. 643에 나온다.

대립된다. 전설에 따르면 관직 귀족의 독특한 대변자인 스키피오 아이밀리아누스는 "증대"를 위한 보통 기도문 대신에 다른 것, 즉 국가의 "유지"를 입에 올린다.253) 사실상 귀족의 이해관계는 내부로도 외부로도 현상(現狀)을 유지하는 것에 전념하였다. 왜냐하면 군대와 국가에서 관직 귀족과 장교 귀족이 지닌 굳게 결집된 지배 체제는 로마가 폐쇄된 이탈리아 지역을 벗어나 합병하여 그곳에서 군대를 유지하자 바로 동요 상태에 들어갔음에 틀림없기 때문이다. 군대는 그 기간 동안에 매번 시민 소집군으로 남아있는 것이 불가능하였다. (완전히 독특하게 해상에서의 활동 영역이 확장되자, 최초의 난관은 **분대장**의 보충 및 임명254)과 관련하여 시작하였다.) 해외 팽창은 **자본주의**였다. 신중한 간섭 정책에 국한되기를 원하였던 옛 전통의 관직 귀족이 아니라, 상인과 조세 및 국유지 청부업자의 **자본주의** 관심이 옛 상업 중심, 이를테면 카르타고, 코린토스, 로도스를 파괴하는 것을 강요하였으며, 해외 **병합** 정책을 개시하였다. 그것은 자본의 판매 이익에 기여하는 것이지 자유인 농민의 정주 이익에 기여한 게 아니다. 해외로 이주하는 것이 농민들 자신에게도 매우 절박한 경우에만 매혹으로 보일 수 있었다는 점을 도외시하면, 관직 귀족도 자본가도 해외에서 획득한 것들을 농민들에게 맡기려는 관심을 가지고 있지 않았다. 이와 관련된 증상은 정복의 목적으로서 후손에 대한 배려가 줄어드는 것과 아울러 유언장 작성의 자유가 퇴색하기 시작하여 자유 국가의 마지막 세기에 이르러 그것들은 '의무위반 유언에 관한 소송'255)을 통해서 사실상 제거된다는, 즉 그것이 옛 의미를 상실했다는 점이다. 점차 저울의 무게추가 노예-대점유자 쪽으로 기울었다. 이탈리아의 점점 더 많아지는 부분을 포괄하는 '공유지' 선점은 분명히 일부가 대규모 **방목** 경영이 되었으며, 노(老) 카토의 관점에 따르면,256) 이것이 가장 소득

---

253) 발레리우스 막시무스, 4.1.9. 기원전 142년, 루키우스 스키피오는 아시아 속주의 땅을 잃고 오히려 감사하면서 '너무 큰 관리에서 벗어나 적당한 규모의 왕국을 통치하게 되었기에quod nimis magna procuratione libertatus modicis regni terminis uteretur'라고 말한다. 아이밀리아누스는 루키우스의 오기로 보인다.
254) 리비우스, 42.32.5-42.35.2 (기원전 171년의 기사), 전날 밤에 23명의 백부장이 거부하고 이를 설득하는 과정이 나온다.
255) querela inofficiosi testimenti: 로마인은 유언의 자유가 절대 인정하였으나, 유언자의 유언장에서 누락되거나 부당한 대우를 받았다고 생각하는 적법한 상속인이 제기하는 소송이다. 소송인이 승소하면 유언은 무효가 된다.
256) 키케로, 『의무론』 2.89, 콜루멜라 6, 시문 4에 나온다.

이 많은 자본 투자이다. (왜냐하면 그것이 비용이 가장 저렴하고, 노동력 창출의 문제를 논할 필요가 없기 때문이다.) 다른 면으로 그 토지들은 처음부터 토지 경영상 대기업이 되었음에 틀림없다. 국유지와 국유지 수익의 도급은 당시 속주에서 마찬가지로 대기업에 유리하였다. 일부는 의도상으로 <163좌> 자본력이 있는 수급자에게 있는 영업 관계상의 더 큰 편의 때문에, 일부는 실제상으로 정복된 토지 위에 임의로 (뒤를 보시오) 납세 의무를 조건으로 정착하고 있는 농민들에 대해서 그런 관계가 행사하는 위험한 억압을 통해서 그러하였다. 한편 자연히 로마의 대수급자들은 이 억압에 대해서 더 유리한 위치에 있었다. 로마 공화국의 국가 임대차계약이 대체로 고전 그리스의 자유 폴리스의 그것보다 훨씬 더 "자본주의의" 성격에 속하고 있었다. 수급자 회사들은 ('징세청부업자 회사') 사실상 통제를 받지 않았다. -이는 이를테면 헬레니즘 시기의 동방에 매우 대비되지만, 아울러 그리스의 정규 관행에도 대비된다.- 왜냐하면 자유 도시국가가 상비 재정관을 전혀 가지지 못하였고 또 그렇게 할 수도 없었으며 수급자들이 전체 징수 인원을 스스로 구비해야 했던 사정에, 로마는 지역의 경계가 없었던 점이 추가되었기 때문이다. 그와 더불어 강력한 노예 자본 및 현금 자본은 -토지 담보를 설정해야 하는 의무로 인해서- 완전한 ("이탈리아") 권리를 지닌 토지에 대한 대규모 점유가 (이것은 이점으로 인해서 경제 평가에서 매우 우대받았다) 고대에서 가장 큰 자본주의 기업에 참여할 수 있는 전제 조건이었다. 로마의 완전 토지권을 지닌 토지조각을 통해서 담보이행을 요구하는 것과 전국의 토지점유를 통해서 자격을 부여하는 것은 이 자본가 신분을 동방의 (여기에서는 프톨레마이오스 시기에 임차자들이 주로 외국인이었던 것으로 보인다) 어떤 곳보다 또는 그리스에서 어떤 곳보다도 훨씬 높은 정도로 **전국(全國)**의 상태로 만들어버렸다. (그리스에서는 실제로 그리고 개념으로 더 규모가 작은 곳에서 입찰하는 경우 경쟁을 유발하기 위해서, 일찍이 외국의 금융업자를 흔히 일부러 유리하게 하였다.257)) 경제·사회상으로 예전부터 귀족정치였던 로마의 인상은 이로써 자연 매우 강해졌다. **고전 그리스** 민주정의 번영기에 그곳에서 조합-소시민의 "생계"-관심이 항상 다시 등장하는 것에 대비하여, 훨씬 더 규모가 큰 "자본주

---

257) 이런 사례가 기원전 71년 시칠리아의 도시인 헤르비타Herbita의 십일세 징수청부인이 총독 베레스에 특혜를 주는 모습이다. 키케로,『베레스 탄핵연설』 2.33.77-34.78.

의"를 지향하는 정책의 전통이, 동맹국의 점유자 계층을 병합하는 과정에서 —로마인만 아니라 이탈리아 인들도 그처럼 공유지에 대한 선점권과 아울러 지배하는 강대국이 팽창하는 데에 따른 특권을 사업상으로 부여받았다- 마찬가지로 정복된 토지에 대한 처분에서, 그리고 "속주들"을 조직하는 데에서 등장한다. 그 점에서 이 정책은 하나하나 확실히 가장 강력한 이해관계 싸움의 대상이었다. 대규모로 가축과 노예를 점유한 점유자들에 대항한 농민들의 계급 대립과 더불어서, <163우> 점유자 계층의 내부에서 분열이 나타났다. 한편으로는 근본 정치에 관심을 가진 관직 귀족 가문이 있는데, 이들은 원로원에 그들의 대변인들을 지니고 있었으나, 법조문과 법 윤리를 통해서 -거의 고대 전체에서 자명한 것으로서- 생업에 직접 참여하는 것만 아니라 아울러 조세징수 청부업과 선박 점유에서도 배제되었다. 원로원은 대략 자신의 농장 경영에서 나온 자가생산물을 싣기에 넉넉한 크기의 배만을 점유할 수 있었다.[258] 그리고 그 결과 관직 재직시에 얻는 재부와 더불어서 지대 수취, 대부 영업 -이것은 실제 원로원의원에게는 엄금된 것이었으나, 그래도 (카토를 보시오)[259] 피해방민을 통해서 가능하였고 그런 것이 일반이었다- 그리고 **간접으로** 상업과 선박 항해에 자본을 투자하는 것에 국한되었다. 다른 한편에 서있는 자들은 자본주의 영업에 직접 참여하기 때문에 관직에 그리고 원로원에 참여하는 것에서 배제된 자본가 신분이다. 이들은 가장 높은 액수로 과세된 특히 "기사(騎士)" 켄투리아에서 자신들의 대변자를 지니고 있었고, 가이우스 그라쿠스를 (뒤를 보시오) 통해서 결국 "신분"으로 구성되었다. 속주에서 관직자들과 징세 청부업자들은 으레 서로 손을 잡고 일하였으며 가렴주구에 참여하였고 서로 방해하지 않았다. -오히려 그것을 제약했다- 즉 원로원 씨족은 "부르주아지"를 정치예속 상태로 유지하고 무엇보다 관직의 독직죄를 평가하는 법정의 배심원단을 원로원이 장악하는 데에 가장 절실한 이해관계를 지니고 있었다. 다른 한편으로 정복 덕분에 꾸준히 이익을 누릴 기회가 증가되자, 국고와 관련하여 자본주 그리고 전문-상인으로서 훈련된 국가의 세입 관리자로서 언제나 불가결한 자본 점유자들의 힘이 올라갔다. 국가의 자본주들은 사실상 이미 제 2차 포이니 전쟁 시기에 국가를 재정(財政)으로 구원하였

---

[258] 이 조치는 기원전 218년에 정해진 클라우디우스 법lex Claudia이다.
[259] 플루타르코스, 『대카토』 21.6 7. 카토는 돈을 빌려주고, 채무자들이 선단을 이루게 하고, 자신도 파트너가 되고, 이 선단의 대표를 자신의 피해방민이 맡도록 한다.

고, 이를 위해서 국가에 자신들의 정책을 지시하였던 세력을 만들었다.260) 적어도 속주 아시아에서의 직접세도 그들의 착취 대상이 되었던261) 그라쿠스 형제의 시기부터 부르주아지는 자신들의 전성기를 살았다. 그리스에서 오직 -물론 상당히 강력한- 맹아 상태로 알려진, 구매노예와 노예착취가 거대하게 발전한 것은 대체로 동반 현상이었다.

 개인이 군대식 규율을 갖추고 -전쟁에서 계속된 인간 약탈로 인해서 저렴하게 획득할 수 있었기에- 무자비하게 써먹은 후에 버리는 노예 무리를 거느리고 재식 농업을 경영하는 것은 최초의 순수한 상인 민족으로 식민시를 건설하였던 페니키아 인들과 특히 카르타고 인들이 이집트의 파라오-부역 농장에서 세계로 <164좌> 특별히 서구로 확산시켰던 것으로 보인다. 재식농업은 바로 로마 속주인 아프리카에서도, 더불어 시칠리아에서도 항상 그 고전(古典) 위상을 유지하고 있었으며, (카르타고 출신) 마고가 남긴 28권의 『농업서』262)에서 아마 최초로 체계를 갖추어 서술될 것이다. 상대로 보아 높은 가격이며 따라서 시장 판매를 위해 수송할 수 있는 제품을 얻을 수 있는 두 개의 수단, 즉 분익 소작과 노예 경영 중에서, 당시 상대로 주민이 덜 거주하고 있는 서구 지역에 있는 자본에게는 적어도 토지와 -무엇보다- 노동력의 남용이 경제상으로 가능한 한, 오랫동안 노예 경영이 바람직하였다. 로마의 경우 카토의 시기부터 제정기에 이르기까지 겉보기에 독특한 크기로 늘 점증하고 있는 노예 경영이 국민 경제의 형태가 되었다. 농업서 저술가들은 노예경영이 지배하고 있는 것을 당연한 것으로 간주하고 있으며, 더불어 (마고의 경우처럼) 오직 수확을 위해서만 자유인 농업노동자가 고려된다.263) 대규모 재산의 위세에 비해서 경작 시민과 농민 신분이 경제·사회상으로 중요성이 줄어드는 것은 시간이 지날수록 점점 더 확산되는 경향이 있다. 자력이 없는 후손들이 수도로 몰려들고, 그들이 정착을 통해서 정치상 완전한 시민이 되려는 관심

---

260) 리비우스, 29.16.1-3(기원전 204년)과 31.13.2-9(기원전 200년)가 관련되는데, 여기에서는 개인 자본주들에게 국가 채무를 변제하기 위해서 국가가 토지를 넘겨준다. 특히 후자에서 트리엔타불라라는 명목의 농지가 설정된다. 베버, 『로마농지사』 p. 38-39을 보시오.
261) 기원전 123년 가이우스 그라쿠스가 이것을 도급했다.
262) Mago: 이에 관해서는 바로, 『농촌 일』 1.1.10에서 보고되어 있다.
263) 바로, 『농촌일』 1.17.2-3. 수확 및 건초작업 등 노동이 집약적이고 강도가 높은 경우에는 노예보다 고용 노동을 이용하라는 권고인데, 이는 마고의 농업서를 그리스어로 번역한 우티카의 카시우스 디오니시우스의 의견으로 소개된다.

에 의해서 더 이상 움직이지 않게 된 이래로, 식민시 건설을 하는 데에 더 이상 이용될 수 없다. 그들은 규모가 점증하면서 곡물배급을 통한 국가의 곡물 행정에 의해서 보살핌을 받게 된다. 그와 더불어서 이탈리아에서 생산한 곡물과 관련한 원래의 시장이 협소해졌으며 그래서 그것이 자유 농업노동자로 하여금 수도로 집결시키는 유혹을 더 크게 했다. 여기에 더해진 것은 원거리 해외 지역으로 원정함으로써 그리고 자신의 것이 아닌 이해관계를 위해서, 농민층이 가공할 만큼 몰락한 것이다. 이미 자비로 무장을 갖추는 시민 군대를 가지고 전쟁을 장기간 벌일 수 없게 되었다. 그러나 도처에서 그런 것처럼 경작이 점차 집약화 됨으로써 여기에서도 자경하는 농민이 점점 경제상 "없어서는 안 되는 자"가 되었기 때문에, 시민군은 시간이 길어질수록 가능성이 줄어들었다.[164-1]

> [164-1 나는 루도 모리츠 하르트만264)이 이미 한번 언급한, 즉 노예제가 고대에는 경제상으로 (병역 의무 때문에) 필수였을 것이라는 소견 중 매우 올바른 점이 그 서술에서 정당하게 인정되기를 바란다. 그러나 자연히 고유의 특성, 즉 로마에서는 대규모 경영에 농업 노예가 있다는 점은 대체로 그것에서만 도출되는 것이 아니다. 그 상황에 대한 "적응"의 수단, 즉 정책과 전쟁을 위해서 "없어도 되는 것"이 불가결하게 되도록 한 것은 바로 노예제이며, 관리를 전가하는 다른 형태 <164우> 이를테면 세습 예민, 분익 소작자, 헤일로타이 등은 아니다. 그 특성에서 (대체로) 역사상 중요한 것은 역사의 형성물이 매우 다양한 "적응"의 방식 중에서 어떤 것을 취할 것인가 하는 바로 이점에 달려있다.]

<164우> 자유인 노동과 정착이 부자유인의 그것들에 대해서 벌인 단호한 투쟁은 그라쿠스 형제의 운동이었는데, 그것은 공유지를 분할해 달라는 옛날의 요구를 다시 채택한 것이다. 개인으로 그라쿠스 형제는 적어도 티베리우스 그라쿠스는 우선 **정치** 개혁자였으며, 그들의 목적은 **군**제도의 옛 토대를 회복하는 것이었다. 그들만이 자신과 자신의 자식들을 위해서 저렴하게 토지를 획득할 수 있는 기회를 얻고자 하는 농민들의 이해관계를 그들의 주 임무로 목표로 설정하였던 것이 자명하다. 정착하기 위한 토지는 대체로 오로지 선점의 제한으로 그리고 부분으로는 몰수를 통해서만 만들어질 수 있었다. 그러나 수 세대나 묵은 점유 상태를 박탈하는 것에

---

264) Hartmann, "Besprechung Max Weber, Römische Agrargeschichte," *Archiv für soziale Gesetzgebung und Statistik*, Band 5, 1892, p. 216f.

대해서 -실제로 이에 관해서 에두아르트 마이어가 힘차게 주장하였듯이- 로마인 점유자만 아니라 아주 마찬가지로 원칙상 선점하는 데 동일한 근거에서 허용된 **동맹국 사람** 점유자들도 반감을 가졌다. 그리고 그라쿠스 형제의 운동은 이로써 로마에서 계급투쟁만 아니라, 마찬가지로 로마 시민과 동맹국 간 투쟁의 물꼬를 텄다. 동맹국은 이제 자신의 경제 보호를 위해서 그리고 토지 할당에 참여할 수 있도록 로마 시민권을 요구해야 했는데, 반면 그전까지는 거꾸로 흔히 가장 부유한 시민들이 로마로 유출되는 것에 대해서 항의하는 정도에 그쳤던 것이다. (앞을 보시오) 그라쿠스 형제는 스스로 농민들과 연대하여, 단지 압도하는 적들의 분열에 편승하여, 바로 우선 이념으로 발단이 된 자신들의 운동이 승리할 것을 기대할 수 있었다. 사실상 그들은 "상업 이해관계" 즉 관직귀족에 속하지 않는 현금 점유 및 노예 점유 계층이, 그리고 순수하게 경제 이해관계에 있는 부르주아지, 즉 기사 신분을 끌어들이기에 성공한다. 이를 위해서 그들은 조세징수 청부업자를 위해서 속주 아시아를 도시 로마의 도급계약 체계 속에 맡겨버림으로써, 그리고 더욱이 법정을 그들에게 넘김으로써 그들이 세력의 정상에 이르도록 도와주었다. 술라는 이런 상태에서 처음으로 그들을 결국 격하시켰는데, 그는 원로원 씨족이 다시 법정에 대한 통제권을 장악하도록 하였다. 고대 자본주의가 이처럼 상승하여 (그에 고유한 형태를 지니고) 그 발전의 정점에 이르게 된 것은 자본가 계층의 세력과 더불어 이루어진 것인데, <165좌> 의심의 여지없이 속주민의 이익을 희생함으로써 진행되었다. 속주민들은 무자비한 착취에 내맡겨졌다. 그리고 그럼에도 그라쿠스 형제의 운동은 장기간 유효하지 않았다. 원로원이 경제상 배부른 기사 신분을 자신에게로 끌어들이는 데에 성공하였던 것이다.265) 시민권을 제공하여 동맹국들을 끌어들인다는 생각은 로마에서는 관철될 수 없었다. 시민권이 토지 할당에 대한 기대를 하게 할 뿐 아니라, 대체로 민회가 그들의 세력을 감지했으며 아울러 그들이 경제상 과실을 얻을 가능성을 다시 느낀 이래로, 페리클레스를 전후한 시기266) 아테네의 촌락처럼, 동맹국들도 유사한 경로로 들어가기 시작하였다. 그리고 마침내 바로 농지법이 지닌 군사 및 농지 정책의 목적으로 인해 대중에게 인기가 있어 보인 가이우스 그라쿠

---

265) 기원전 100년 이후 마리우스와 더불어 포풀라레스가 몰락하는 상황을 의미한다.
266) 기원전 451/450년 페리클레스에 의해 입법된 시민 자격 취득 제한을 빗대어 말한다.

스는 대 점유자들에 속한 민중선동가들에 의해 배제되는 것으로 보였다. 그라쿠스의 농지 할당은 후대의 농지 할당과 마찬가지로 투기와 채무예속화의 여지가 새로 만들어지는 것을 막고자 하였다. 즉 점유자는 실제 **농민**이어야 하였다. 따라서 다양한 방법으로 재산 수여를 뒷받침하는 것이 단호한 **법상의** 제한, 즉 매각 불가 및 국가의 상급 소유권에 대한 입증인 인정세(認定稅)와 더불어 존재한다. (술라에 의한 그리고 카이사르에 의한 제대병에 대한 토지할당은, 한편으로 담보 설정 및 지참금 설정 금지, 다른 한편으로 면세를 아울러 규정하였다.)267) 그러나 저 "사회정책상으로" 동기가 주어진 제한일지라도, 그라쿠스 형제에게는 파멸을 가져오는 것이 되었다. 저 정치 목적을 위해서 도입된, 새로 할당한 토지 몫의 매각 불가와 인정세는 가이우스 그라쿠스에 대해서 반대로 작용하였으며, 그는 "압도당하였다." "지주(地主) 측"의 승리는 그라쿠스 형제의 운동이 폭력에 의해 진압됨과 더불어서 부자유 노동의 승리를, 그리고 더불어서 국가의 옛 토대가 제거되는 것을 확정하였다. 기원전 111년 농지법이 제정됨으로써, 비문에 남아있는 선점은 형식상으로도 '사유지(私有地)'로 공표되었으며 또한 확고하게 전유(專有)되었고, 이로써 이탈리아의 공유지는 사라졌다.268) 이어서 마리우스는 옛날 자신의 비용으로 무장하던 시민 군대 속으로 "카피테 켄시"로 구성되고 국가가 무장시켜주는 무산자의 군대를 받아들였다.269) 왜냐하면 그렇게 해야만 군대 조직이 이루어지며 게르만 침입에 따른 시급한 위협을 몰아낼 수 있었기 때문이다. 이탈리아의 농민과 소시민 계층이 동맹국 전쟁을 통해서 바로 시민권이 주는 이익에 참여하는 것이 억지로 이루어졌다. 그러나 민회의 성격과 <165우> 국가 행정 및 세계 국가의 과제에서 **농민층**의 **정치** 의미는 사멸되었다. 군대는 마리우스 이래로 무전자(無田者)의 급양 기관이 되었다. 시민이 아니라 제대병이 이제 토지 할당에 대한 기대를 가지고 있었고 -마리우스 이래로 언제나, 평균 할당면적이 상승하기 시작하였다. 그라쿠스 형제의 시기에는 30 유게라, 삼두정 시기 이탈리아에서는 50 유게라, 속주에서는 보통 더 큰 몫이

---

267) 이런 금지에 관한 전거는 알려진 것이 없다. 다만, Kornemann, "Coloniae", *RE* 4-1, Sp.579, 1-2행의 견해로 보인다.
268) 베버, 『로마농지사』 p. 132, n. 14 참조.
269) 기원전 107년 마리우스의 병제개혁의 골자인데, 킴브리 인에 대한 전쟁이전에 이미 유구르타 전쟁에서 그 출발점이 있다. 마리우스는 기원전 109년에 5,000명의 병력을 모집하여 전장으로 나간다.

할당되었다. 다른 한편으로 기병의 역을 수행하는 점유자들의 군역 의무는 더 이상 효과가 없게 된다. 이 두 가지로 인해서 카이사르주의의 정치 토대가 창출되었다. 대규모 노예 반란은 부자유인 농업노동자의 격증과 그 수자가 지니는 의미를 제시하고 있다. 한때 삼두에 의한 재산 몰수와 토지 할당으로 초래된 점유자층의 심각한 전율은 근본에서 긍정이 아니라 부정으로 작용하였다. 일단 주어진 경제구조와 더불어 주어진 농민의 탈계층화는 더 이상 동요되지 않으며 제대병은 언급된 교역 제한에도 불구하고 토지에 집착하지 않았다. 토지는 이탈리아에 선점이 합법화된 이래 대 점유자의 손에 있는 강력한 부분이었다. 농민에게서 직접 매점함으로써, 이 점유가 얼마나 크게 **증대**하였는지 확실히 정할 수는 없다. 즉 남아 있는 사료에 나오는 "무더기"270)는 그 점과 관련하여 매우 우연한 (후대의) 정지점을 제시한다. 사람들은 로마에 관련하여 농민 신분이 양(量) 측면에서 감소가 아주 완전한 것으로 표상하지는 않도록 조심해야만 할 것이다. 로마가 지배하던 모든 시기에 무엇보다도 지대가 **없는** 토지로 이루어진 지역에는 수많은 "자립하는" 농민들이 있었다. 이는 **지금** 수많은 "자영" 수공업자가 존재하고 그렇게 될 것과 마찬가지다. 슐텐271)이 수행한, 사벨리 인 **인명**(人名)의 확산 지역에 관한 매우 깊이 있는 연구에 따르면 로마의 거주 이전에 대한 제한에 별로 귀속되지 않거나 아니면 원래 그렇게 된 산악 지대의 농민이 특히 매우 안정되었음을 알 수 있다. 농민은 양으로 큰 수가 존재하고 있었다. 그러나 **질**(質)로 -사회 그리고 경제의 무게에 따르면- 노예 점유자에 대비해서 농민은 더 이상 아무것도 의미하지 않는다. 농업서 저술가들의 눈에는 농민이 -완전 과장이지만- "가난뱅이"272)로 되며, 이들은 "자신의 자식과 함께"273) 합리 경영이 그에게 남겨놓은 토지를 경작한다. **목동**은 1/3이 자유인이어야 한다는 카이사르의 규정274)과 원로원에서 농업 노예에 의한 결과에 관하여 티베리우스가 보고한 것275)은 그 발전이 어디로 이끌고 가는지를 분명히 제시한다.

---

270) massae (fundorum): 많은 토지점유로 이루어지는 복합체의 의미이다. 이는 Schulten, 『로마 영주제: 농지사 연구 Die römischen Grundherrschaften: Eine agrarhistorische Untersuchung』, Weimar, E. Felber, 1896, p. 20에 수집된 사료를 지시한다.
271) Shulten, "Italische Namen und Stämme," p. 167f.
272) pauperculus: 빈민이라고 번역되는 pauper의 지소사이다.
273) cum sua progenie: 바로, 『농촌일』 1.17.2.
274) 이는 수에토니우스, 『카이사르』 42.1에 나오며, 이 문제는 베버, 『로마농지사』 p. 228-9, n. 25에서 다루었다.

로마 농업에서 "대영농"의 경영 기술은 <166좌> 그리스의 것과 유사한 단계에 머물러 있었다. 시비(施肥)는 카토의 시기에 어지간히 강하였으며, 외양간에서 가축 사육이 발생하지만 경작지 도구는 매우 소박하다. 쟁기의 술바닥을 사용하는 것은, 그것이 발견된 곳에서, 처음으로 제정기에 속한다.276) 작은 낫은 수확을 위해서, 가축이 밟아서 알곡이 나오게 하는 것이 타작 형태로 이용된다. 이어서 카르타고에서 탈곡차가 도입되어 변형된다.277) 당시 내륙에서 별로 지대 수입을 가져다주지 않는 곡물 경작은 이 자체의 기술로 일찍이 안정된다. 근본으로 고가의 재화인 기름, 포도주, 살찐 가축, 아울러 식탁 사치품은 내륙에서 지속된 이익을 누리면서 **판매용**으로 생산될 수 있었다. 그 후에 경영의 조직 방식은 로마의 대농장에 의존한다. 이동하는 가축 무리를 가지고 이루어지는 대방목의 경영은 아풀리아에서 그리고 산악지대의 "이목로(移牧路)"278)에서 성행하나 규칙은 아니다.279) 그러나 자본주의 운영을 하는 곳 도처에서 **곡물 경작**에 대한 관심이 **후퇴**하였다.166좌-1]

[166-1 비소바280)에 의해서 (*Apophoreton*, Berlin 1903) 간행된 "농민 월력"은 비록 흥미로운 것이기는 하나, 운영 방식과 관련하여 본질은 아무 것도 제시하지 않고 있다. 그 월력이 보리, 밀, 스펠트밀, 강낭콩, 살갈퀴속, 마른 풀, 과일, 올리브, 건재용 목재, 갈대, 포도, 가축을 위해서 농부가 각각 처치하는 계획의 시기를 제시한다고 해서, 비소바가 주장하는 경향이 있어 보이는 것처럼, 이 **모든** 생산물이 또는 어떤 것이든 그것에 의해서 하여간 한 농장의 운영에서 복합되었다는 것을 지시하지는 않는다.]

자체의 전매 상태에서 **자본집약** 분야, 즉 올리브 농장 및 포도 농장과 특용작물 경작은 노예 노동으로 운영되었으며, 곡물 재배지는 카토의 시기에 **아마도** 분익임대 작업으로 경작되었을 것이며, 몫에 따라서 아니면 (점점 더 그리고 법 자료에서

---

275) 타키투스, 『연대기』 3.53 이하.
276) 바로, 『농촌일』 1.29.2에 근거한 것이며, 여기에서는 쟁기질하면 흙덩이가 처음에는 뒤집어지고, 두 번째 다시 뒤집어지면서 부숴지는 것이 묘사된다. 시기는 기원전 37년이므로 제정기 직전이라고 할 수 있다.
277) 바로, 『농촌일』 1.52.1에서 'plostrum Poenicum'(페니키아의 작은 수레)으로 기술된다.
278) calles: 계절별로 이루어지는 지역 간의 가축 이동로로서, 이곳은 속주로 지정되어 관리되고 국가 세입의 중요한 부분을 이룬다.
279) 베버, 『로마농지사』 p. 134.
280) Wissoba, 『로마 농민력*Römische Bauernkalender: Apophoreton der Graeca Halensis*』, Berlin, 1903.

확실히 독점으로 취급되는)281) 현금 지대에 따라서, 더 자주 그러나 완전히 그리고 언제나 점점 더, '식민자들'(소작인)에게 제공되었을 것이다. 노예를 이용한 재식농업은 카토에서 바로에 이르는 시기에 자체 팽창을 경험하였다. 노예 시장이 계속된 공급을 보장하는 한, 노예는 병영에 가두어져서 혼인도 소유도 없이 살며 -여자 노예는 당시 운영에서 아무런 용도가 없었다- 긴장 상태에서 군대식으로 훈련되었다. 오직 빌리쿠스282)만이 정규의 동거(노예혼)283)와 '특유재산'(방목참여권)을 지니고 있다. 카토의 시기에 원래의 재식농업 노예들은 흔히 (포도원에) 속박되며, 고달픈 강제 노동에 상응하여 더 큰 식량을 받았다.284) 그러나 대체로 공화정 후기에 노예들은, "신왕국"에서 파라오의 노예들과 같이, 부자유인 노동이용의 측면에서 충분히 발전한 농장의 공동 숙사에 기거하면서,285) 바로의 책286)에 따르면 <166우> 십 명 단위로 밭에 나가서 그들의 몰이꾼에 의해서 일하게 된다. 더 나은 옷들은 창고에서 빌리카287)의 감독 하에 수여되며, 오로지 휴일에만 아니면 때때로 "점호"에 따라 인도된다. 병자를 위한 병원과 노동을 기피하는 자에 대한 감옥이 준비된다. 영업의 규모가 점점 더 커지고 노예 수요가 늘어나면서, 사람들은 가능하면 싸게 구입하고자 하며 노예가 된 범죄인이 쓸모 있다고 칭찬한다. "무뢰배의 정신이 더 재빠르다."288) 왜냐하면 비록 사람들이 아이를 낳고 기르는 것에 대해서 보상을 해 주었을지라도, 완전한 난혼 속에서 (바로가 주장하듯이, 여자 노예에 대한 애착은 꾀병을 부리는 경향을 촉진한다)289) 두드러진 노예 재생산은 그 자체로서 불가능하였기 때문이다. 그로 인해서 노예 병영은 항상 매입이 필요하고 이

---

281) 베버는 자신의 『로마농지사』 p. 248, n. 60 에서 분익소작은 법 사료에 오로지 1회만 언급되고 있다. 『칙법휘찬』 19.2.25.6.(소작인과 주인이 이익과 손해를 같이 나누도록)
282) vilicus: 감독노예라고 번역되는데, 신분은 노예지만 감독자의 입장에서 선다.
283) contubernium: 하나의 천막에서 같이 산다는 의미로 막료 관계를 뜻하나, 보통 노예끼리 또는 노예와 자유인의 동거를 뜻하는 말이다.
284) 카토, 『농업에 관하여』 56, 57.
285) 콜루멜라, 『농촌일』 1.6.3에서는 착고에 묶이지 않은 노예를 위한 "cellae", 묶인 노예를 위한 "ergastulum"을 언급한다.
286) 바로가 아니라 콜루멜라, 1.9.7-8에 나온다. 『로마농지사』 p. 272, n. 106에서 그렇게 되어있다.
287) villica: 감독노예의 동거녀를 뜻한다.
288) velocior est animus improborum: 이 인용은 콜루멜라, 1.9.4를 인용한 것인데, 원본에는 "velocior animus est improborum hominum"이라고 되어 있다.
289) 이는 바로가 아니라, 콜루멜라, 12.3.7에 나오는 내용이다. 여기에선 빌리쿠스의 동거녀가 꾀병을 부리는 노예를 어떻게 다루는지 기술되어 있는데, 이 부분은 베버가 오해한 것으로 보인다.

것을 위해서 저렴한 값이 핵심인 것이다. 왜냐하면 노예 경영이 일종의 불안한 인간 소모이기 때문이다. 노예 노동의 완전한 이용은 노동수요의 변동이라는 점에서 로마의 농장 경영에서 근본 문제의 하나이다. 지금 고정된 기계가 이자를 "먹듯이," -이 표현의 단어상 의미에서 그리고 더 직접의 방식으로- 지주 저택의 노예자본('말하는 도구')이 그러하다. (카토, 『농업에 관하여』 39.2) 애초 적당한 크기의 경영 면적은 -카토는 수백 모르겐으로 계산한다- 농장 소속 수공업자층의 발전을 허용하지 않으며, 노예가 저렴함으로 숙련 노동자로서 그들을 훈육하는 것에 대한 자극이 생길 수 없다. 몇몇의 바구니그릇 제조, 목공 작업, 수리 작업을 제외하고, 직업 생산물 이를테면 모든 금속기에 대한 수요와 그러나 외관상으로 노예 복장[166우-1]에 대한 수요도 그리고 더 나아가 생선과 소금(두 가지는 노예 생계를 위한 것이다) 그리고 (통을 만들기 위한) 역청 등에 대한 수요는 시장에서 충족된다.

[166우-1 예를 들어 그리스에서는 메가라가 노예 옷을 아테네에 공급하였다.]

그리고 거의 모든 생산품은 -양모도- 원료로서 판매된다. 노예 이외에도 자유인 노동자들이 곡물 수확, 건초 제조, 포도 수확 시 여러 작업을 위해서 그리고 -노예자본을 보호하고자- 건강에 좋지 않은 토지에 일용 임금자로서 고용된다. 애초 오로지 이 자유 노동자는 당시에 수확에서 없어서는 안 되었는데, 상대로 보아 점점 더 위축되었다. 왜냐하면 대량의 노예와 더불어서 그들을 유지하는 것은 위험하게 보였기 때문이다. 그리고 자연히 노동의 부자유한 상태가 초래한 일반의 심리 효과로 인해서 그런 위험이 잔존한다. -바로[290]는 항상 자유 노동자를, 가능하면, 매일 교체할 것을 권고한다- <167좌> 왜냐하면 바저(와 아울러 구메루스)가 해당되는 구절을 가지고 행한 우회 해석에 대비해서 페르니스의 생각들이[291] 내게는 적확한 것으로 남기 때문이다. 임시고용 노동자로서 바로의[292] 시기에 주목되었던 것은

---

290) 카토, 『농업에 관하여』 5.4.를 바로의 것으로 착각하였다.
291) Waaser, 『로마 법상 분익 소작에 관해서 Die colonia partiaria des römischen Rechts』, Hermann, 1885, p. 73. Gummerus, 『로마 농장경영』(본서 p. 24. 역주 17), p. 26f. Pernice, "Amoenitates iuris," Zeitschrift der Savigny-Stiftung für Rechtsgeschichte (Romanistische Abt.), Band 7, 1886, p. 101을 각각 참고한다.
292) 바로, 『농촌일』 1.17.2. Obaerati에 관해서는 바로, 『라틴어에 관하여』 7.105.

'채무 구금자'와 '채무자'가 있는데, 이들은 자신의 채무액을 일해서 갚아야 했다. 더 오래 전에는 사람들이 수확 노동자를 프레카리움 보유자로 평가하였을지도 모른다. (독일에서 그러한 종류의 소위 "자유인" 농업 노동자는 한 조각의 감자 밭을 계약보증이 **없**이 유지하고 있다. 이것은 이들을 수확 시기에 농장에 붙잡아 놓기 위한 것이다. 지금 동부 독일에서 이들의 법 지위는 -"세습 예민" 및 기타 계약노동자들과 반대로- 로마의 프레카리움 보유자의 지위에 상응한다. 『사회정책 협회 논문집』 55, p. 773 이하)293) 그러나 이미 카토의 시기에 자유인 노동자들과 편력하는 청부인에게 **수확** 노동을 전가하는 것 또는 더 간단하게 밭에 서있는 수확물을 매각하는 것이 매우 널리 확산되었음이 분명하다. 또한 수확물을 이용하기 위해서 가축 떼도 같은 양이 제공되었다. (카토의 계약 양식은 청부업자의 자본 취약과 관련을 맺고 있다.) 계절 노동자의 문제를 이렇게 해결한 결과 대(大) 카토가 묘사한, 기원전 2세기 이상(理想)의 농장 경영은 생산 중심 및 소비 중심으로서 또한 상대로 강한 정도로 노동 소비자로서 **시장**에 편입되었다. 기본 원칙은 스스로 만들 수 있는 것은 아무것도 사지 말라는 것인데, 이는 대대로 이어지는 지혜로 간주되었으며, 구메루스의 충분한 작업이 적확하게 증명하고 있듯이, 농장 경영의 구조만이 당시에 매우 적은 정도로만 그 시행을 허용하였을 뿐이다.294) 즉 화폐 경제가 카토의 시기에 증가하였다. 그러나 대점유와 운영 범위가 늘 더 넓어지면서 -두 가지는 자연히 같은 것은 아니지만 사실상 병행한다- 이미 바로에게서, 판매용의 벽돌 및 도기 제조와 더불어서 자가 수요를 위한 농장 소속 수공업자, 더 나아가 확실히 (그리스에서처럼, **카토**의 경우에서도 완전히 **없는**) 노예 옷을 만들기 위한 **여자 노예의 사용**,[167-1]

> [167-1 바로295)가 언급한 남자 직조공은 시장을 위해서 노동한다는 점이 내게는 (구메루스와 마찬가지로) 가능성이 있는 것으로 보인다. 그것들은 경제 잉여에서 나오는 재산 투자이다.]

---

293) Weber, "2. Die Verhältnisse der Landarbeiter im ostelbischen Deutschland," *Schriften des Vereins für Sozialpolitik*, Band 55, 1892.
294) 이 견해의 토대가 된 것은 바로, 『농촌일』 1.2.22-23과 1.16.4이다.
295) 바로, 『농촌일』 1.2.21.

-비용 면에서 오직 자본력이 있는 주인에게만 가능한- 자신의 올리브 압착기의 조달이 등장한다. 다른 한편으로 공화정 후기에 독특한 현상으로서 "콜로누스"가 보인다. - 농장의 **수공업자**는 도시와 교역이 미약한 장소에서 대영농이 부각되는 경우 대부분 자연스럽게 존재한다. 그리고 당시 <167우> 농장의 평균 크기에 관련해서, 바로296)가 분명히 지적하고 있는 대로, 자체의 숙련 수공업 노예의 점유가 그 자체로 초래할 자본상실 위험이 대체로 매우 컸다. 농장이 **클수록** 그리고 **내륙**에 위치할수록 그만큼 큰 역할을 수행하는 것이 한편에서는 수공업자이고, 다른 편에서는 콜로누스다. 쌍방의 선한 신의(信義)에 의한 임대차 계약의 형태로 이루어지는 영세소작은 옛날부터 확정될 수 없는 것이다. 그것은 이집트에서 그런 것처럼, 형식상으로도 순수하게 간청에 의해서 토지를 넘긴 것, 즉 옛 봉건 프레카리움을 대신한다. 콜로누스가 가진 사회 위치를 평가하는데, 이를 증언하는 사실은 콜로누스가 (프레카리움 보유자도 그러하듯이) 주인에 대해서만이 아니라, 주인과 (분명) 공유지 임차인과 반대로, **제삼자**에 대해서 한 번도 어떤 형태로든 점유 보호를 누리지 못하였고, 오히려 주인이 그에게 토지를 다시 만들어주지 않으면, 단지 보상에 대한 계약 소송을 지양할 수밖에 없다는 점이다.297) 이미 공화정 시기 도처에서 일부는 **분산** 점유로서, 일부는 **폐쇄** 점유로서 뭉쳐지는 "라티푼디아"의 규모가 늘어가면서, 콜로누스가 자연히 특히 전자의 유형으로 그러나 후자의 유형으로도 증대한다. 농지 개혁에 대한 희망이 사라진 이래로, 이탈리아에서 농민의 후예는 팽창하는 대점유자들에게서 토지의 임차를 지향하였다. 제국은 속주에서 대량으로 몰수되거나 아니면 정복된 점유지를 군주나 귀족 가문에게서 박탈하여, 그들의 콜로누스 혹은 농민들에게 프레카리움의 점유권을 주고 고착시켰다. 토지 점유를 스스로 (다시 말해서 노예를 이용하여) 경영하는 것이 유리한지 아니면 (콜로누스에게) 임대하는 것이 유리한지에 관한 질문은 이미 기원전 1세기 초에 학문상으로 논의되었다.298) 공화정 시기처럼 노예가 매우 싸게 **보충**되는 때에는 실제로 그 동안 농장 경영이 노예 노동에 유리한 결과가 된다. 그러나 당시에도 노동 **확장**의 재식농업 경영에서 생산되는 제품을 위해서만 그럴 수 있었다. 반대로 증대되는 농장에

---

296) 바로, 『농촌일』 1.16.4. 수공업 노예가 사망할 경우 그러하다.
297) 베버, 『로마농지사』 232면.
298) 이 논의는 아버지와 아들 사세르니Saserna에 의해서 논의된 것으로 콜루멜라, 1.7.4에 등장한다.

속한 다수의 곡물 경작지와 특히 원거리 농지('더 멀리 있는 농지')299)는, 나중에 그러한 것이 증명되듯이, 사람들이 바로의 시기에 (비록 그가 그것을 말하지 않을지라도) 이미 영세소작인에게 수여하였을 가능성이 있다. 그리고 대농장이 재식농업 생산을 위해서 편성되지 않을수록 결과로 콜로누스에 대한 교부가 그 만큼 더 우세해진다. 왜냐하면 이 의미에서 콜로누스가 이미 바로 이전에 하나의 완전히 독특한 현상이 되었다는 사실이 줄곧 확고하고, <168좌> 카이사르의 시기에 (『내란기』 1.34.2)300) 콜로누스는 사회·정치상으로 이미 농장 주인의 노예와 '피해방민'과 마찬가지로 그의 "차지인"으로서 간주되었기 때문이다. 콜로누스는 이미 공화정 후기에 농장 거주자이다. 대개 그들은 자기 자신의 재산으로 오로지 가축만을 점유하고 있으며, 농장 주인은 이들에게 재산목록이 딸린 토지를 임대하고 이와 관련하여 전체 농장에 흔히 -성격상 독일의 "노동 규정"에 상응하는- 공통의 "법"을 통해서 이용 방식을 규정한다. 콜로누스는 흔히 주인에게 빚지고 있으며, 이어서 그들의 동산에 대한 주인의 담보권으로 인해서 사실상 구속되어 있다. 이 위에서 이루어진 임차가 분익소작이 틀림없는 한 -물론 개인 점유와 관련해서 멀리 제정기까지 그것은 서구에는 입증되지 않는다301)- 그들이 주인을 위해서 -일정 몫의 수확이라는 형태로- 가능하면 많이 생산하도록 토지를 경작할 **의무**를 떠맡은 사람으로서 여겨지는지 아니면 몫에 관한 합의에 따라서 토지 조각을 이용할 **권리**를 획득한 임차인인지의 여부는 자연스럽게 때때로 개별 사례의 사정에 달렸을 것이다.302) 그러나 현금 임차의 경우에는 **주인**이 항상 재산목록을 넘겨주는데, 전자의 제도가 처음부터 우세하였다. 즉 주인은 바로 "콜로누스를 이용하여" ("콜로누스들을 통해") 자신의 토지를 경제상으로 "가치 있게 만든" ("행하는") 자이다.303) 농장에서 임시 노동을 하도

---

299) agri longinquiores: longinquus '멀리 떨어진'의 비교급과 농지의 합성이다. 이는 콜루멜라, 1.7.6의 보고에 기초한 것이다. 여기에서는 "원거리 토지"에 관해서 언급되어 있다.
300) Bellum civile: 기원전 54년에 콘술을 지낸 도미티우스 아헤노바르부스는 내란 시기인 기원전 49년에 폼페이우스 편에 가담하였다. 그는 자신의 노예, 피해방민과 콜로누스를 데리고 와서 돕는다.
301) 이점에 관해서는 베버, 『로마농지사』 234면.
302) 베버, 『로마농지사』 248면 주 60.
303) exercet: 이는 직업을 수행한다는 의미이다. 『로마농지사』 p. 234, n. 22에는 이의 전거로서 콜루멜라, 1.7.4가 제시되는데, 여기에는 "per domesticos colere"(가솔들을 통해 경작한다)로 되어 있으며, 도메스티쿠스는 콜로누스가 아니라 노예로 간주된다.

록 노동의무가 콜로누스에게 계약에 의해서 부과된다는 점은 사료상 직접 입증되지는 않는다. 바로는 그 점에 관해서 침묵하고 있다. 그럼에도 앞선 것들로 보아서 그런 노동이 –노동 수요가 큰 시기에- 발생하였다는 것은 가장 타당한 것으로 보인다. 물론 이 해석에서 논쟁되는 한 구절304)에 따르면, 나중에 고대의 거의 모든 자유 노동자와 마찬가지로, 농장을 위해서 콜로누스가 노동할 때에, 주인이 먹여주고 감독의 감시 하에 놓이게 된다. 또한 **자유인** 농촌 주민 대중도 대점유의 증대와 더불어 -왜냐하면 콜로누스가 **부분으로** 자유 농민의 토지를 선점하고 있으므로- 자신의 경작지에 대해서 파기가 가능한 점유권을 지니고 있다. 군대의 징집이, 모든 폴리스에 그러하듯이, 원래 스스로 무장하는 **자주**(自主)점유자에게 의존하고 있던 반면에, 이제 국가가 점유 토지가 없는 "카피테 켄시"를 무장시켜주는 군대로 수용한 이후에는, **콜로누스**가 점점 자주점유자를 대신한다.

공화정 시기에는, 이를테면 정치에 참여하는 도시 정착 영주의 전형인 **부재지주**제로 인해서 경영 관리는 불충분하다. 점유자는 대체로 때에 따라서 '감독노예'의 보고를 받고자 농촌에 나타난다. 점유자를 위해서 농업저술가들이 만들고자 하였던 자습서는 점유자 자신이 그 보고를 얼마나 적게 <168우> 이해하는지를 -오래될수록 더 적어진다- (상당히 자주) 보여주고 있다. 장부 기재는 고가의 판매용 제품, 즉 기름과 포도주에만 어느 정도 세심하게 해당되었다. 실제 이용 가능한 현금 지대는 점유의 유일한 목적이다. 이로부터 개량으로 보이는 모든 것에 대한 혐오가 생긴다. 이에 관련해서는 부동산 신용 형식도 없다. 동일한 근거에서 포도와 올리브 수확을 현장에서 매각하는 것이 빈번하게 일어난다.305) 올리브와 포도 재배업은 노동 **확장식**이며 겉보기에는 으레 세심한 주의를 별로 기울이지 않는다. 곡물 재배의 기술은 노동집약의 상태로 머물렀으며, 주로 농장주의 가계에서 자연경제로 필요한 물품을 충족하는 데에 기여하였다. 콜로누스는 소규모의 지방 시장에 공급할 수 있

---

304) 『로마농지사』 p. 246, n. 57을 보면, 콜루멜라, 2.9.17.이 관련되는 구절이다. 여기에서는 "cibariis eorum coloni sustinetur"를 그런 의미로 읽어야 하는지는 의문이다. 일반으로 농민이 먹고 사는 음식이라는 뜻이 더 맞는 것으로 보인다.
305) 베버, 『로마농지사』 p. 236, n. 34. 카토, 『농업에 관하여』 136에 근거한 논의이다. 여기에서는 경작지를 관리하도록 수여하는 경우 1등전은 1/8, 2등전은 1/7, 3등전은 1/6을 관리자가 받도록 한다. 이 관리자는 소작인은 아닌 것으로 베버는 파악한다. Loeb판 영역에는 이들을 share tenant 라고 표현하고 있으니 주의를 요힌다.

었을 것이다. 로마의 곡물 공급은 주로 대중을 배려하여 국가에 의해서 통제되는 해외 수입 때문에 거의 완전히 자유 시장에서 벗어나게 되었고, 곡물배급을 목적으로 사용되는, 복속민의 공납에 점점 의존한다.

로마의 귀족 정치가 행하는 행정은 그곳에 자신의 발을 놓았다. 왜냐하면 귀족들은 대토지 점유의 성립을 촉진하였기 때문이다. 간접으로 로마의 지배 체제가 크게 그리고 완전히, 예속된 해외의 자치단체 도처에서 과두들이 계속 지배하는 것을 도왔으며, 정치상 스스로 그들에 의존하였기 때문이다. 또한 직접 토지 자체에 대한 처분의 방식과 토지 법 때문이기도 하다. 비록 이 점을 "콜로나투스" 항목에서 상세히 언급하겠지만, 여기에서 적어도 하나는 미리 말하겠다.

완전한 개인 소유권에 있지 않은 모든 지역에서 점유의 법 성격은 매우 다채롭다. '로마 인민의 공유지'에는, 이미 말하였듯이, 개인 권리의 입장에서 원래 단지 "점유들"만이 있었다. 그러나 모든 선점지를 사유지로 넘겨주고 카이사르 (캄파니아에)306) 그리고 삼두들이 토지를 할당한 결과 이탈리아의 공유지는 사라졌다. 도미티아누스 황제가 최후로 남은 것["잔여지(殘餘地)"307)]마저 주민들에게 넘겼다. 사실상 카이사르 이래로 (경작 가능한) 공공 토지로 남은 것은 이탈리아에서는 자치도시의 토지였고, "공유지"는 속주로 제한되었다. -공공 토지의 합법 임차가 허가된 자들은 (항상 '통상권'을 가지고 있는 자들) 제삼자에 대해서 점유자로서의 그리고 청원자로서의 보호를 인식하고 있었다. 이점은 미타이스308)의 주장과 반대로, 내가 보기에는 정기 임차에서는 의심의 여지가 없으며, 히기누스309)에 의해서 입증된다. <169좌> (개인에 딸린 콜로누스들에게 직접 소송이 없다는 점은 -앞을 보시오- 사회상의 이유가 있었다. 국가 임차인은 어느 곳에서나 법으로 그리고 실제로 다르다.) 임차를 다른 대리인(비카리우스310))에게 넘기는 것은 행정관의 동의가 있으면 가능하였다. 그러나 저 법의 보호는 오로지 로마법의 결사에 있는 자들에게만 (로마인과 동맹시민에게) 유효하였으며, 복속민들에게는 아니었다. 이들이 공

---

306) 기원전 59년에 콘술이었던 카이사르가 할당한 것을 지시한다.
307) subseciva: 할당하고 남은 잔여지를 뜻한다.
308) Mitteis, 『고대 영대차지의 역사』, p. 16.
309) Hyginus, p. 116, 5-15행(Lachmann).
310) vicarius: 타인의 자리에서 대신 행하는 사람이라는 뜻인데, 제정기에는 대관구에서 사법행정을 다루는 책임자이다.

유지에 거주하는 한, 합법 임차 덕분이든 아니면 전통 납세를 이행하는 것에 대해서든, 프레카리움식으로 납세 의무가 있는 점유자층을 형성하였다. 정복된 토지를 몰수하는 경우, 식민시 건설을 목적으로 경작지에 대한 호구조사관의 재량이나 처분으로 다른 사람들로 대체하기까지, 점유자들은 우선 그 토지에 대한 당시까지의 소유자들 중에서 소집된다. -국유지임차는 사실 으레 오로지 법상으로 체결된 국유지 임차계약의 갱신에 불과하다. 이와 다른 것이 **조세징수도급**이다. 이것을 통해서 다른 업무는 말고 국유지 임차인들의 조세 징수가 경매의 방식으로 '청부업자들'에게 수여된다. 이 두 가지가 언제나 합류될 수 있는 경우는 대(大) 차지인이 국가직영지를 그곳에 정주하고 있는 영세임차인(콜로누스)이 내야하는 조세와 함께 수급한 때, 혹은 대차지인이 자신의 편에서 임차한 국가직영지를 조각으로 나누어서 전대(轉貸)하였던 때이다. 영대차지 종류의 관계들이 법상으로 호구조사 유효 기간에 속박되고 프레카리움식 점유 상태로부터 그리고 그것과 더불어서 실제로 토지 개량을 필요로 하는 토지가 문제되는 경우에 몇 배 발전하였다. 아프리카의 경우 이미 로마 건국 643년[311]의 '농지법'을 통해서 '지세'의 액수가 고정되었고, 사람들은 점차 지세와 영대차지료의 납부에 대해서 국가직영지를 대체로 100년과 그 이상의 기한으로 '만켑스'[312]에게 임대하기에 이른다. 이들은 이어서 스스로 용익 전차인(用益轉借人)을 도입하거나 아니면 대체로 스스로 경영하였다.

나는 지금도 미타이스[313]와 반대로 다음과 같이 생각한다. 즉 영구히 지속되는 대규모 임차는 콜로누스에 대하여 다시 임대하는 것과 결부되어서, 기원후 319년 콘스탄티누스의 처분(『유스티니아누스 법전』 XI, 63.1)에서 우리가 매우 분명히 직면하게 되는 것인데, 이미 히기누스의 책(『공유지의 사정에 관해서』 p. 116)[314]에서 그 맹아 상태로 등장한다는 것이다. 물론 (영국과 비교하시오!) "100년간의"[315] 임차는 미타이스와 슐

---

311) 기원전 111년의 농지법. 이에 관해서는 베버, 『로마농지사』 pp. 152-154에서 상세히 다룬다.
312) mancipes: 복수로서 단수는 만켑스manceps이며, 뜻은 대리인, 계약자, 임차인이다. 흔히 도급계약의 대표로서 회사를 대표한다. 김창성, 「로마 공화국 후기 청부회사의 조직과 위상」 『서양고대사연구』 37, 2017, pp. 75-79 참조.
313) 이 문단에서 차례로 Mitteis, 『고대 영대차지의 역사』 pp. 12-23, p. 14, p. 15, p. 33f를 인용한다.
314) Hyginus, *De conditionibus agrorum publicorum*, 11-15행 Lachmann.
315) 13행. 'id est conductibus ... in annos centenos'.

텐316)이 믿는 대로 영구히 임차하는 것은 아니다. 그러나 히기누스에 나오는 '만켑스'317)는 콘스탄티누스가 정한 영대차지인의 명백한 선구자이나, 단순히 영대차지인들을 모집하기 위해서 중재하는 '이주청부인'은 아니다. 이 점에서 나에게는 -여기에서 근본으로 연역되지만 사료로 입증되지 않는- 미타이스의 주장이 설득력이 없는 것으로 보인다. "가까이 있는 점유자들은 누구냐"318) 반드시 농민인 <169우> 것은 결코 아닌데, 이집트의 '정착민' 역시 그렇지 않은 것과 같다. 그리스의 소도시 정책에 비해서 **소규모의** 영대차지인은 로마 지배하의 경제 구조에서는 비록 **덜** 빈번하기는 하지만, 그리스의 법 영역처럼 로마의 법 영역에서도 등장한다. (사료 상으로 '과세지'의 영역에서 소규모 임차는 입증되지 않는다.) 그러나 확실히 개인의 그리고 준-개인의 점유 범위가 계속 **증대**한다는 점이 성격상 로마에 어울린다. 제정 **후기**와 관련해서 미타이스 역시 이점에는 찬성한다. 그러나 **공화정 후기**가, "만켑스"는 그 시기의 특별한 행정 기술에 속하는데, 대차지(大借地)의 회피를 노렸어야 한다는 것은 거의 가능성이 없어 보인다.

매우 일찍이 -언제인지는 모른다- 무기한의 점유 상태도 공유지에서 발전하였다. 그 상태는 원로원 의결에 의존하며 -바로 언급된 접도민(接道民)에게 농지를 수여하는 법319)-. 그리고 이어서 행정법으로만 규제되고 보장되거나, 아니면 법에 -아프리카에 있는 "과세된 사유지," 즉 영대임차토지처럼- 의존한다. 로마 토지 중에서 오로지 작은 일부가 로마 완전시민의 경향성 있는 토지권에 포함될 뿐이며, 토지 점유자의 대다수는 매우 많은 종류의, 주로 프레카리움의 권리에 고착되고 있다. - 최종으로 여기에 부가되는 것은 로마의 것이 아닌 농경지('외국인의 토지')에 대한 점유 상태이다. 라틴 동맹국 사회의 내부에서 토지가 지닌 법 지위와 그곳에서의 '통상권'은 계약의 방식으로 규제된다. 이 두 가지 부분은 특정한 역사 변화의 방식으로 상대편 국민 토지권에 관여하고 있다. 해외에 있는 로마의 점유지에는 완전한 권리가 수여된 자치와 아울러 토지에 대한 점유도 나름의 권리에 따라서 일부

---

316) Schulten, "Die lex Manciana, eine afrikanische Domänenordnung," *Abhandlungen der königlichen Gesellschaft der Wissenschaften zu Göttingen. Philologische-historische classe*, Neue Folege, 2-3, 1897. p. 43.
317) 12행. 'alii vero mancipibus ementibus'.
318) proximi quique possessores: Hyginus, p.117, 1행 이하, Lachmann.
319) 이는 기원전 111년 농지법 12행에 나온다. 베버, 『로마농지사』 143면 이하에서 다룬다.

동맹 도시들에게 '조약'을 통해서 보장되었으며 ('조약 도시들'),320) 이 또한 취소할 수 없다. 해외의 군대 주둔 지역에 있는 토지 중에서 매우 중요한 부분은 "공유지"가 되어 로마에 있는 중앙 관리의 직접 처분을 받는다. 이 몰수되거나 혹은 국유지로서 위임된 토지 중에서 (아마도 다대한) 부분이 ('모퉁이를 통해서 측량으로 포함된 농지'로서, 앞을 보시오.) 재산세 납부에 대해서, 국가에 의해서 **취소될 수 있도록**, 자치단체들에게 할당된 것으로 보인다. (미타이스321)가 올바르게 주장한 바와 같이, 그 부분에 관해 기원전 4세기 국가의 재청구권을 채택한 것이 점유자들의 매우 강렬한 공포를 자아냈다.) 이 사정은 특히 자치단체들이 -이미 프톨레마이오스 왕조기 시리아처럼- 그들의 정치 영역에 들어온 '공유지'에 대한 국세를 포괄하여 (처음에는 시한부로, 나중에는 장기간에 걸쳐) 청부하였다는 사실에서 비롯할 수 있었다. 토지 중 더 넓은 부분에 법을 통해서 일방으로, 또 일방이기에 또한 법을 통해서 -그러나 행정의 자의를 통해서가 아니라- <170좌> 취소될 수 있는 상태로 '외국인 농지'의 자격이 허용된다. 예컨대 아프리카에 있는 '군세의무자들,'322) 즉 기여 의무가 있는 대토지점유자들은 자신의 토지를 보유하고 있지만 로마의 개인 임차권이나 직영지 임차권에 따라서 점유하고 있는 것이 아니라, 분명히 외국인의 권리에 따라서 점유하고 있다. 이는 모든 정복된 점유에 관련해서 생긴 대로, 점유 관계에서 총독의 임의 개입이 가능함을 의미한다. 마지막으로 일부 자치단체에서 -그리고 이곳은 특히 "군세의무 도시"라고 칭하는데- 점유는 프레카리움식으로 원로원의 처분을 통해서 '용익하는 만큼 가지는 것을 허용하라'323)는 (티스베 인들에

---

320) civitates foederatae: 로마의 속주에는 여러 수준의 원주민 단체가 존재한다. 가장 낮은 단체는 군세의무 도시civitas stipendiaria(복수 civitates stipendiariae), 그 위에는 자유 도시civitas libera(복수는 civitates liberae), 그리고 조약 도시 civitas foederata(복수는 civitates foederatae)가 있다. 이들은 다른 국가들과 마찬가지로 자치를 하지만 로마법 아래에서 로마인과 통혼, 통상을 자유롭게 한다. 서부 속주에서 원주민은 자신의 국가 지위를 로마인의 식민지colonia나 자치도시municipium로 높이는 데 주력하였으나, 동부 속주의 원주민은 자신의 전통을 고수하여 자치하는 데 만족하였다.
321) Mitteis,『고대 영대차지의 역사』, p. 28.
322) stipendiarii: 전쟁비를 의미하는 stipendium에서 유래한 파생어이다. 스티펜디움은 트리부툼과 기원은 같이 하나 후자가 로마시민에게만 부과되는 점에서 차별된다. 역자는 군세의무자라고 번역한다.
323) habere uti frui liceat: 토지를 이용하여 생산할 수 있는 능력의 범위 내에서 점유를 허용한다는 취지이다.

관한 원로원 의결에는 '우리를 위해서 가지는 것이 허용된다')324) 격식을 지니고 더 넓게 허용된 것도 취소가 가능한 외국인의 점유 토지이다. 이는 정규 조세(스티 펜디움=장기의 전쟁비용 기여금)가 부과되기는 하나, 로마의 '공유지'로 되지는 않 는다.

공공의 토지와 속주의 점유 상태에 대한 원로원의 처분 권한은 변하여 왔으며 (그 세부내용은 이 자리에서는 관심거리가 아니다) 전체로 보면 그것은 항상 커져 왔고, 아울러 세계 토지에 대한 로마 과두의 처분도 그러하였다. 점유 상태의 가능 성들은, 이미 앞서 말한 개략을 통해서 제시한 것처럼, 엄청나게 많다. 여기에서 확 실한 것은 다만 **모든 토지 경작자의 대다수가** 로마의 '세계'325)에서 공화정 말기에 "조약"을 통하여 **계약의 보장을 받지 못한**, 또 그래서 **프레카리움의 권리를 통해서** 자신의 토지에 정주하였다는 점이다. 그리고 이점은 완전히 **특별한 등급의 농민**에 게 유효하다. 그들이 몰수된 토지 혹은 넘겨받은 직영지에 대해서, 군세의무자인 영주나 자치단체의 토지 위에 정주하고 있는 한, 그들은 도처에서 헬레니즘 시기의 "에트노스들"에 그리고 프톨레마이오스 왕조 시기의 '라오이'와 동일한 위치에 있 었다. 즉 그들이 지닌 인신 지위와 토지 사정은 총독의 임의 처분에 대해서 **사실상** 아무런 보호를 받지 못하며, 설사 총독이 간섭하지 않아도, 조세징수 청부업자가 괴롭혔다. -이때에 베레스326)에 대한 소송과 같은 직접 소송을 제기하는 것은 이루 어질 수 없었다. 이를 위해서는 강력한 보호자들과 많은 돈이 필요하다는 점 그리 고 **농민들은** -변론에서도 그들이 등장하는 한- 자신의 힘으로 이 길을 거의 갈 수 없었을 것이라는 점은 분명하다.

공화정 시기에, 베레스와 같은 총독의 행정만 아니라 또한 속주의 완전 "정상의" 행정도 항상 농민 경제의 감소를, 노예 경영으로 유지되는 대규모 토지 복합의 증 대를 의미했다고 하는 점은 전혀 의심할 수 없는 상태이기 때문이다. (키케로에 의

---

324) ἡμῶν ἕνεκα ἔχειν ἐξεῖναι: 이 인용은 기원전 170년 티스베Thisbe에 대한 로마 원로원 의결, 19행 이다. Bruns ed., *Fontes iuris romani antiqui*, (5판), 1887, p. 154.
325) orbis terrarum: 고대 그리스인의 지도에는 세계가 둥근 물 위에 떠 있는 땅으로 묘사된다. 로마 인들도 역시 이 개념을 이어받아서 '땅의 원주'라는 의미를 가진 이 단어를 세계의 의미로 사 용한다.
326) Verres: 그는 기원전 73-71년에 시칠리아에서 총독을 지냈는데, 키케로가 탄핵연설을 남김으로서 부패한 관리의 전형으로 알려진다.

해서 제시된 <170우> 레온티니327) 농지에 대한 점유자 통계는 단지 특히 명백한 사례일 뿐이다.) 로마 공화정이 그 지배 체제를 세우는 토대가 된, 정치.경제 권리를 차등하는 복합 체계는 유사한 방향으로 작동하였다. 예를 들어 오로지 완전시민만 사실상 온전히 거주 이전의 자유가 있었다. 이미 라틴 인들과 관련해서 그들의 출신 자치단체가 역(役)에 참여하도록 복귀를 요구하였을 때, 그들은 로마에서 추방되었다. (앞을 보시오.) 완전히 같은 처지에 있고 우선 분명 자연스러운 것이 바로 다양한 형식으로 편성되거나 종속된 다른 자치단체에 속한 각 시민이다. 그는 사실상 개별로 매우 자유롭게 이동할 수 있을지 모르지만, **법으로는** 언제라도 고향에서 강제로 퇴거될 수 있거나 혹은 고향으로 복귀될 수 있다. 이 제도가 농지 제도에 미치는 영향은 제정 후기를 이끌었다. ("콜로나투스" 항목) 그것에 못하지 않게 '통상권,' '통혼권' 즉 혼인 가능성, 그리고 그와 관련된 것으로 조약을 맺거나 예속된 개별 자치단체의 각 시민이 지닌 상속권과 토지점유권은 계약을 통해서 또는 더 빈번하게 특권과 규정을 통해서 **개인별로** 정리되었다. 반면에 로마의 관직 귀족은 법무관의 고시에서 마치 대법관의 "동등성" 안에 있는 잉글랜드 귀족처럼, **사실 독립으로** 그들에게 적절한 "좋은 품질의" 상속권, 토지 점유권, 교역권을 만들어냈는데, 이때에는 전해진 "로마 완전시민의 권리"를 희생하는 것이 불가피하였다.328) 다른 모든 점과 마찬가지로 이 점에서, 로마 시민권이 지니는 **신분 특권**의 상태가 속주에서의 이 상업 '찬스'에서 자연스럽게 (미트리다테스에 의한 "시칠리아 만종"329)이 아시아에서 10만 명의 이탈리아인들을 하루에 몰살하였다) 그리고 이에 상응하

---

327) Leontini: 관련된 키케로의 보고는, 키케로,『베레스 탄핵연설』 2.3.51.120-52.121이다. 베버,『로마 농지사』 p. 139 n. 30에서 이를 요약하고 있다. 시칠리아는 로마에 1/10세를 바치는 지역이었는데, 베레스가 납조하는 농민의 수를 격감시킨 점을 비난하고 있다. 예를 들어 레온티니 농지에서는 84명이 32명으로, 무티카 농지에서는 188명에서 88명으로, 헤르비타에서는 252명에서 120명으로, 아기리움 농지에서는 250명에서 89명으로 줄었음을 이전 히에론 왕정 시절의 자료와 비교하여 제시되고 있다. 그렇지만 이런 자영농의 희생으로 얼마의 대토지소유자가 혜택을 보았는지는 알 수 없다.
328) 특수한 법률사건을 처리하기 위한 형평법은 14세기 잉글랜드 대법관의 사법권에서 비롯한다. 이를 베버는 로마의 법무관인 프라이토르의 권한과 비교하고 있다. 법무관은 전통적인 시민의 권리 말고도, 이에 의해서 망라되지 않은 법률상의 청구권을 보호한다.
329) sizilianische Vesper: 시칠리아의 팔레르모에서 1282년 3월 30일 부활절 다음날 만종시간 대에 일어난 반란으로 프랑스인을 몰아내고자 하였다. 이를 기원전 88년 에페소스에서 모든 로마인과 이탈리아인을 살해하라는 미트리다테스Mithridates의 명령과 비교하고 있다.

는, 비특권자들의 경제 예속에서 표현되었다. 당시 로마에서 기사 신분에게 조세 징수가 청부된 지역에서는 채무가 엄청 부풀어 올랐다. 미트리다테스의 성과는 - 그것은 특히 페레로330)가 매우 정당하게 강조한 바인데- 무엇보다도 일반 **세이삭테이아**에 대한 혁명 구호에 의존하였다. 여기에서 이것은 고대의 마지막 **사회** 프로그램으로서 등장하였으며 (왜냐하면 진실로 카틸리나는 채무 상태에 있는 **융커**를 대변하였기 때문에) 그리고 이를 위해서 오리엔트의 중산층이, 동시에 동맹국 전쟁에서 이탈리아의 중산층이 시민권이라는 특권에 참여하자는 구호를 둘러싸고 그렇게 한 것처럼, 로마에 대항해서 뭉쳤다.- 이런 요구에 대해서 **이제** 사실상 기사라는 부르주아지가 자신의 약탈 독점을, 특히 자신의 **토지** 점유(앞을 보시오)의 독점 가치를 유지하기 위해서 투쟁하였다. 로마의 <171좌> 관직 귀족은 마침내 승리하였다. 이탈리아의 중산층과 함께 자신들에게는 아무런 대가를 요구하지 않은 평화를 그들이 이룩하였기 때문이다. 술라가 옛 체제를 복구하자 불가결하게 그 비용은 "기사 신분"이라는 부르주아지가 정치상 (그라쿠스를 통해서 그 신분에 넘겨준 배심원직을 박탈한 것) 그리고 경제상 (그라쿠스가 도입한 아시아 속주의 1/10세를 로마에서 도급한 것을 제거한 것) 짊어져야만 했다. 그러나 이것으로 그들은 군사 권력기구를 위해서 경제도 유지하는 카이사르주의331)에 의해서 군대로 내몰렸다.

---

330) Ferrero, 『로마의 위대함과 몰락』, 1, pp. 143-145.
331) Caesarismus: 19세기 중엽에 나온 개념으로, 사회나 통치가 카리스마를 가진 개인의 지배에 카리스마에 입각한다는 사상이다. 공화주의에 반대된다.

[7] 제정기 발전의 토대

폴리스는 제정기에도 고대 세계를 통해서 승리의 행진을 계속 유지하였다. 마케도니아가 "알렉산드레스카타[1])"를 건설함으로써 투르크스탄의 국경에 접하게 된 것과 마찬가지로, 로마의 지배는 루시타니아인의 집주,[2]) 식민시 건설 그리고 더 중요하게는 브리타니아, 갈리아, 마우레타니아에서, 라인 강과 도나우 강 유역에서 **복속민들**을 도시로 조직함으로써, 항상 가능해 보이는 곳에서, 폴리스에 유사하게 승리의 대로를 서구에서 준비한다. 여기에서도 또한, 그리고 헬레니즘 시기보다 이 시기에 더욱 도시에 관련한 "속성이 부여된"[3]) 것은 바로 거대한 농촌 지역이다. 중심 도시로 행정을 이전함으로써, 더 나아가 최고액 납세자로 특권화 된 10인 위원회가 통치하는 국가를 만들어서, 가능한 모든, 그러나 적어도 대영주의 일부를 간접으로 (때로는 직접) 도시에 함께 정주시키는 것이 강행된다. 집주된 아테네에서 "에우파트리다이"가 "스스로 시내에 거주하는"[4]) 영주인 것처럼, 스트라본에 따르면 알로브로게스 인의 "에피파네스타토이"[5])는 '촌락들'에서 농촌 "평민"을 형성하고 있는 '게오르군테스'[6])와 대립한 채, 비엔[7])에 거주한다. 로마의 지배가 전자의 사람들에게 의존하는 동안, 이들은 로마의 시민권을 받을 기회를 가진다. 그리고 국가와 관련하여 그리스도교의 영향이 미친 제정기에는 교회도 폴리스와 관련을 맺었다. 교회의 무리는 예전부터 중요도로 보아서 -"입회하도록 강제하라"는 원칙[8])이 유효할 때까지- **도시식(소시민식)**이었다. 즉 "파가누스"라는 표현이 고대에는 점점 도시민의 관점에서 경멸하는 어감을 가지게 되는데, "민간인"에 대해서 군사 왕정이 은어에서 사용한 것처럼, 이제 교회에서는 "이교도"에 대해서 적용되었다. 그리

---

1) Alexanreschata: 이 이름은 아피아노스, 『시리아전쟁』 57에 나온다. 가장 멀리 떨어진 알렉산드리아라는 뜻으로 기원전 329년에 건설되었다. 현재는 타지크스탄의 Khujand이다.
2) 스트라본, 3.3.5, 154C에 나온다. 기원전 1세기 로마의 도시건설 방법을 보여준다.
3) attribuiert: 행정상으로 편입되었다는 의미이다. 이 용어는 베버가 Kuhn, *Entstehung der Städte*, 395에 나온 것을 차용한 것이다.
4) αὐτὸ τὸ ἄστυ οἰκοῦντες: 시내 거주민, 즉 귀족이라는 뜻.
5) ἐπιφανέστατοι: 가장 유명한 사람들, 가장 저명한 사람들이라는 뜻이다. 흔히 신의 현현(顯現)의 뜻으로 사용된다.
6) γεωργοῦντες: 농민이라는 뜻이다.
7) Vienne: 프랑스의 론강 리용에서 32km 남쪽의 도시로 기원전 47년에 로마의 식민시가 되었으며, 현재는 Vienne, Isère로 칭한다. 이에 관련한 기사는 스트라본, 4.1.11, 186C.에서 유래한다.
8) coge intrare: 이는 개종을 강요하는 말이다. 아우구스티누스(『서한』 93.5. 408년)가 『누가복음』 14.23에 근거하여, 도나투스파와의 투쟁에서 이런 원칙을 만들었다. 불가타 성서에서는 'compelle intrare'라고 되어 있다.

고 교회가 공식으로 국가 내 국가로서 스스로를 조직하기 시작하자, 교회는 주교가 **도시**에만 거주할 수 있다는 원칙을 점차 강력하게 관철하였다. -로마의 집주에서 정치 관심은 흔히 경제 관심과 투쟁하고 있었다. 즉 제정기에 흔히 있던 집주에 대한 반항은 만티네이아[9]와 파트라이[10]의 "별거(別居)"가 자신의 장원에 살고자 하는 영주의 바람과 얼마나 일치하였는지는 잘 보여준다. 그리고 멀수록 그 경향은 더욱 심했는데, 이를테면 도시가 해상 교역에서 자본을 투자할 기회가 전혀 없었던 내륙 도시에서 그러하다. 그러나 언제나 도처에서 노예 노동 혹은 콜로누스 소작은 부재지주제가 강력한 경우 <171우> 거대한 내륙 지역과 더불어 도시의 창설이 불가피하게 초래하였던 결과이다. 이어서 기원후 3세기 이래로 그리고 그 후 지속하여 이루어지는 도시 조직의 진전은 분명히 증대하는 난관에 직면한다. 그 이유에 관해서 상론하기에 앞서서 (더 자세한 설명은 "콜로나투스" 항목에 속한다) 판단을 위해 고대 폴리스의 특징을 다시 한 번 조망하고 여기에서 특히 고대 폴리스가 중세의 "도시"에 대해서 어떻게 관계되는지를 질문해 보자. 시민의 근거들로 토지 점유와 시장(市場) 참여가 결합된 것, 상업 이익을 통해서 점차 토지 점유를 쌓는 것, 무토지 점유자를 "객(客)"('거류외인')으로서 다루는 것, 도시 영주[11]에 대해서 시민의 공공봉사들, 시민단을 군대로 조직하는 것, 특히 군사 목적을 위해서 중요한 직업을 그렇게 하는 것, 기사와 보병을 사회상으로 갈라놓는 것 -우리가 고대 도시의 초기에 그 점을 주목하였듯이, 이 모두는 마찬가지로 중세 도시의 **시점(始點)**에서 발견된다. 그러나 그밖에 그 차이가 매우 크다. 확실히 우선 그들의 사회 구조에서 중세의 도시들 상호 간에 얼마나 큰 차이가 있는지를 회상하는 것이 매우 중요하다. 마찬가지로 중요한 점을, 즉 고대 도시에서 언제 어디서나 도시 발전의 **중핵**을 형성하는 기사 귀족에 대한 관계를 먼저 파악하기 위해서 -예를 들어서 제노바는 그 초기와 관련하여 어떤 의미로 사정이 고대 도시와 동일하였고, 피렌체에서는 시민단이 토지 귀족에게 "집 안에 들이기[12]"를 강제하였고, 때로는 일종의 "귀족 신분으로의 좌천"[13]

---

9) Mantineia: 스파르타와 아테네 간의 전투, 그리스 연합군과 테바이의 전투로 유명한 도시이다. 페르시아 전쟁 이후에 친 스파르타 정책을 펼친다.
10) Patrai: 이탈리아와 연결되는 그리스의 지중해 상업거점 도시로 만티네이아 북쪽에 있다. 이곳은 펠로폰네소스 전쟁에서 친 아테네 정책을 취하며, 아카이아 연맹 형성에 주도 역할을 했다. 이후 도시로서 기능이 없어졌다가 아우구스투스에 의해서 도시로 건설된다. 두 지역이 떨어져서 각개의 촌락을 형성한 것은 기원전 385년, 279년(혹은 146년)에 있었다.
11) Stadtherrn을 번역한 것인데, 초기 폴리스의 지배자를 뜻한다.
12) incasamento: 이 이탈리아식 표현은 집주를 충실히 번역한 것이다. 피렌체의 이런 방책은 11~13세기 이탈리아 코무네의 일반 경향에 일치하는 것이다. 이처럼 농촌 거주 귀족을 '도시에 들이는 것

을 알고 있었으며, 이어서 다수의 도시들은 귀족을 직접 혹은 간접으로 조합에 가입하도록 하였고, 다른 한편 프라이부르크임브레스가우(Freiburg im Bressgau)와 기타의 장소에서는 귀족이 도시에 거주하는 것을 **금지**하였으며, 마지막으로 매우 많은 도시들이 (절대 다수가) 시민에서 기사 귀족으로의 상승을 경험하였는데, 도시들은 서로간 이처럼 확실하게 매우 달랐다. 아주 보통으로 말할 수 있는 것은 바로 다음과 같은 점들이다. 즉 지중해에 있는 **해상** 도시들은 자신들의 압도하는 무역 이익과 상업 재산을 지니고 있어서, 고대 대도시의 도시 전형에 가장 가까이 있다는 점 그리고 (이차의) **순수한** 농경 시민 소도시는 고대의 소도시에 항상 유사하며 반면에 **공업** 도시는 고대 폴리스에서 매우 벗어난 유형을 지시한다는 점이다. 이런 차이는 -매우 커다란 경제 차이점들 **모두**와 마찬가지로- 매우 명증하므로, 비록 골트쉬미트의 항변이 있지만, 라스티히의 논제,14) 즉 피렌체와 같은 공업도시들이 영업과 관련한 **자본법**의 지역에서 특별히 새로 만들어지게 되었다는 주장은 매우 정당한 것으로 남는다. **노동법**, 조합이 사회에 미치는 힘, 최초의 **자유인** 노동 조직 또한 -거기에 관련해서 고대에는 수많은 싹이 발견되지만, 그저 싹일 뿐 완성된 것은 아니다- 근본으로 이 "공업 도시"들에서 기인한다는 점은 분명하다. -카롤링 왕국이 노예 시장을 알고 있고 이를 규제한다. 서유럽의 내륙 지역에는 <172좌> 지중해 해상도시(제노바)에서와 마찬가지로 노예 무역이 지속되고 있었다. -반면에 공업에 종사하는 내륙 도시에서는 사라졌다. 이 도시들에서 인신 예속이 처음부터 낯설었다는 말은 아니다. 반대로 수공업자와 아울러 상인은 새로 인허된 도시로 스며들어왔는데, 매우 상당한 부분이 인신예속인이었으며, 이들을 주인은 -고대 노예 점유자가 자신의 "촌락 거주자들"15)에게 하듯이- 도시에 남겨두어, 그들의 납세와 유산에서 나오는 이익을 누리고자 하였으며, 이들은 애초 점진으로 (일부는 수백년 후에) 인신상 완전히 자유인이 된다. 주인은 고대의 노예들에게서 "아포포라"를 받았는데, 이들과 마찬가지로, 이 인신예속인들은 자신들의 자유인 직업 동료와 더불어서 자신의 벌이에 나선다. -그러나 차이는 다음과 같다. 즉 자유인과 부자유인의 이 혼합은 여기에서

---

inurbamento'을 의미한다.
13) Strafversetzung in den Adelsstand: 귀족으로 변화시키는 것이 형벌로 이루어지는 것은 1293년 피렌체에서 만들어진 귀족에 반대하여 제도화된 "사법부Ordinamento iustitiae"와 관련된다.
14) Lastig, 『발전의 길과 상법사료*Entwickelungswege und Quellen des Handelsrechts*』, Stuttgart, 1877, pp. 8-14. Goldschmidt, "Besprechung von: Gustav Lastig, Entwickelungswege und Quellen des Handelsrechts, Stuttgart 1877," *Zeitschrift für das Gesammte Handelsrecht*, Band 23, 1878, p. 311.
15) χωρὶς οἰκοῦντες: "외거(外居)하는 자에게"라는 의미이다. 이는 데모스테네스, 『연설』 4.36에 나오는데, 여기에서는 노예가 아니라 피해방민을 대상으로 한다.

"목적 결사"를 형성하였고, 이것은 자신의 영역 내에서 신분 차이를 **무시하였으며** 더 나아가 이로부터 정해진 자유권을 가진 하나의 독립 **자치단체**로 성장하였다는 점이다. -또한 그들은 자신의 토지나 자신의 인신에서 연유하여 납세하는 자들로, 고대처럼 "**도시**"를 이루는 주인이 아니다.- 적어도 "공업 내륙도시"의 저 유형에서, 조합이 결정의 영향력을 획득하고 있는 모든 도시들에서 대체로 그러하다. "내륙도시"는 이 점에서 자연히 아마도 같은 것, 즉 "외부를 향해서 전혀 교역이 **없는** 지역에 있는 도시"라고 이해해서는 안 된다. -그런 지역에는 결코 도시의 발전이 없다. 오히려 그것은 자신의 생산과 소비가 **중요성**에서 **국지** 시장의 형성에 의존하고 있는 도시로 간주된다. 그리고 "공업 도시"는, 중세에 이야기되듯이, 농업경제의 산물에 대한 자신의 수요가 **오로지** 자기 소유의 공업 제품을 판매하여 충족되는 도시가 아니라, 오히려 **자유 영업**의 집중이 식량 공급의 여지라는 **근본** 토대를 그리고 동시에 평지에 대비해서 **특색**을 이루는 그런 장소이다. 19세기까지의 모스크바와 같이,16) 자신의 존재가 내륙의 토지납세와 노예납세에 의존하는 도시들과 그 경제상 극단으로 제노바처럼 해상무역에서 나오는 이익, 해외 자본 투자 그리고 식민지의 재식농업에 토대를 둔 도시들이 있다. 이 두 유형의 도시들은 양 극단의 사이에 있는 것, 바로 확실한 의미에서도 중세 **공업** 도시보다는 고대 폴리스에 더욱 가깝다. 공업 도시와 상업 도시가 (베네치아, 우선 바로 플랑드르와 북부 독일과 라인 지역의 다수 도시들) 언제나 다시금 서로 영향을 주고 있다는 점은 언제나 전혀 의심의 여지가 없으며 또 고대에서 그런 **공업**들이 폴리스의 발전을 위해서 특별한 중요성이 있을 수 있었다는 점은 마찬가지다. 그럼에도 차이점은 매우 크다. 또 가장 중요하고도 핵심인 점, 즉 고대 공업의 지위는 -사회·경제상으로- 재부의 발전과 더불어서 올라간 것이 아니며, 중세의 대규모 공업 중심지의 수준에 결코 이르지 **못**하였다. 반면에 완전히 독특한 **근대** 자본주의 발전, 즉 공업 자본주의의 발전은 심지어 저 "공업 도시"에 의해서 만들어진 법 형태에, 그러나 고대 폴리스에는 **없는** 것에, 연결되어 있다. 고대 폴리스 초기의 "데미우르고이"는 <172우> 노예자본의 발전과 더불어 가라앉는다. 반면에 자유 그리고 부자유 소인(小人)들의 저 혼합은 중세 초기에는 고대와 **완전히 마찬가지로** 경멸되었고, 당시처럼 상인들과 **마찬가지로** 관리들에 의해서 배척되었다. 이들은 "수공업자"를 결성하여, 경제 그리고 정치상으로 **상승한다**. 확실하게 고대

---

16) 이는 1861년 농민해방 이전 시기를 의미하며, 베버 당시에는 모스크바가 자본주의의 부화장으로 간주되었다. 그래서 원래는 금세기dieses Jahrjundert까지라고 기술되었으나 19세기까지라고 번역하였다.

에는, 우리에게 리베남과 치바르트의 저서들이17) 지시하고 있는 것처럼, 수공업자 협동조합이 알려져 있다. 그러나 한편 -완전히 중세와 같이- 상고기에 **군사상** 중요한 수공업자가 정치의 방어단과 투표단을 형성하였던 반면에, 고대 "고전" 시기에 바로 수공업자 결사가 지니는 특출한 의미는 어떤 형태로든지 **모두 결여되었다**. 구매 **노예층**의 상대로 본 중요성이 줄어들면서 처음으로 사회상으로 뚜렷한 수공업 결사들이 발생한다. -그러나 중세 조합의 독특한 권리는 **없다**. 오히려 애초 가장 후대에야 자본주의가 완전히 몰락하고 난 후에 싹들이 솟아났는데, 이점에 관해서는 루도 모리츠 하르트만18)의 지적이 올바르다.

바로 중세 도시 발전에 가장 특징인 것, 즉 귀족에 대한 자신들의 투쟁을 지니고 있는 **조합**과 특수한 **조합** 도시의 구성이 고대의 폴리스에 없는 데 비해서, 고대 **자유** 도시의 발전에서 가장 독특한 현상에 관련하여 비교되는 **모든** 것, 즉 귀족에 대한 **농민의** 투쟁과 그들의 구성 위에서 "호플리테스 폴리스"로 지시된 것, 즉 무장 가능한 농민이 도시를 지배하는 것은 중세 도시에 없다. 독특한 중세 도시는 애초 시민권 관여로부터 농민을 원칙상으로 배제한다. -그리고 그들이 나중에 "시외(市外) 시민"19)으로서 자신들의 보호 하에 농민을 받아들이려고 하자, 귀족과 군주들이 그에 훼방을 놓는다. 또 부유해진 시민이 획득하는 토지 점유는 **농촌 지역**의 확대를 의미하는 게 아니다. 자연히 역사에서 도처에 그런 것처럼 여기에서도 "이행(移行)"이 발견된다. 클레이스테네스와 에피알테스 이후 아테네에서나 호르텐시우스 법 이후의 로마에서든, 고대에 "호플리테스 폴리스"가 실제로 **결코** 순수하게 각인되어 나타나지 **않는**다는 점은 앞에 언급한 개략에서 제시된다. 그리고 더 나아가 자연히 "호플리테스 계층"이 가장 중요한 구성 요소로서 **도시 소시민**-특히 **주택** 점유자-을 포괄하였다는 점을 외면해서는 안 된다. ("데미우르고이"와 그들의 역할에 관한 언급은 이 표현에 있다.) 다른 면으로 보면, 중세에서 소규모 경작 시민, 그리고 도시들에 있는 "특수 자치단체"의 행정법상 역할은 망각해서는 안 되며, 이탈리아 도시국가에서 농촌 **지역**의 역할을 완전히 잊어서는 안 된다. 그러나 "모든 것이 이미 있었던 것"20)이고 차이점의 모두 혹은 대부분이 정도의 차이

---

17) Liebenam, 『로마 조합제도의 역사와 조직: 세 논고 Zur Geschichte und Organisation des römischen Vereinswesens; 3 Untersuchungen』, Leibzig, 1890. Ziebarth, 『그리스 조합제도 Das Griechische Vereinswesen』, Stuttgart, S. Hirzel, 1896.
18) Hartmann, "Zur Geschichte der Zünfte im frühen Mittelalter," Zeitschrift für Sozial- und Wirtschaftsgeschichte, Band, 3, 1895, p. 112f.
19) Ausbürger: 시민권은 가지고 있으나 도시의 법역에는 거주하지 않고 있는 사람들을 지시한다.

라고 하는 증명을 통해 -그것은 확실히 바른 것이다- 스스로 자신을 흘러넘치는 것으로 만드는 것이 "역사"의 유일한 과제라고 인정하지 않을 사람은, 모든 유사한 점에도 불구하고 두드러지는 **변위(變位)**들을 강조할 것이며, 두 발전 권역 중 <173좌> 어느 하나의 **고유** 특성을 다른 것에 대비하여 확인하기 위해서 동질성(同質性)만을 이용하게 될 것이다. 중세에 **조합**들이 도시 지배권을 장악하고 정치 목적을 위해서 정치 권력을 행사하고자 하는 자처럼 도시 귀족을 강제하며, 스스로 하나의 조합에 가입하고, 그들로부터 조세를 걷고 그들을 통제하는 것을 허용하는 데 비해서, 고대에는 데모스, 즉 **촌락**이 존재하는데, 이것은 -예를 들어 거의 아테네가 지배하는 전체 영역에서- 정치 목적을 위해서 동일한 강제를 행사하였다. 고대에 지대수취 등급에 따라서 무장 의무가 차등화되는 데 비해서, 중세에는 조합에 따라서 그렇게 한다. 그 차이는 특히 눈에 띄며 오로지 아주 "중세식의" 다시 말해서 중세에 특수하게 도시를 경제·사회상으로 결정짓는 점들이 고대와는 완전히 다르게 구성되었다는 점을 보여준다. 그리고 참으로 그런 의미에서, 중세는 자본주의 조직의 형태가 출현하기 오래 전부터 폴리스보다는 **우리의 자본주의 발전**에 더 가깝다는 점이 드러난다. 그 점은 여기저기에서 일어난 사회투쟁의 전개선에서 나타난다. 고대에는 단순히 **재산**의 대립, 즉 영주-소점유자의 대립이 **독특**하다. 우선 투쟁은 **정치상의 동등화**와 **부담**의 배분을 지향한다. 그 투쟁이 계층 간의 **경제 긴장**을 자체에서 종결짓는 곳에서는, 공유지의 문제라는 점에서 보면, 그 투쟁은 궁극에서 거의 완전하게 다음과 같이 대립된다. 즉

1. 토지점유자 - 계층탈락자 또는 그러나
2. 그에 대한 전단계로 채권자 - **채무자**.

채무자는 이점에서 도시의 문전 밖에 있는 **농민**일 뿐 아니라, 본질상 매우 그러하다. 우리의 중세 성기(盛期)에(13/14세기) 이제 귀족씨족에 대한 조합들의 대립은 맨 처음에는 고대의 "중세" 폴리스에서 전개된 투쟁과 항상 비교할 만하다. 즉 정치 권리의 박탈, 재정-정치의 압박 그리고 공동지 향유(享有)에서 손실이 전면에 등장한다. 그러나 도시 문 밖에 있는 농민이 아니라, 수공업자가 그 속에서 반대의 핵심 병력을 이룬다. 그리고 이어서 시작되는 자본주의 발전이 간여하자, 이제 터져 나오는 투쟁은 고대처럼 오로지 점유 **크기**의 대립이나 단순한 채권자-(채무자-) 관계가 결코 아니다. 오히려 특수한 **경제상의 긴장**이 더 명백하게 만들어질수록, 고대에 **이러한** 식으로 결코 실현되지

---

20) alles schon dagewesen: 이는 시인 칼 구츠코프Karl Gutzkow가 한 말로 알려져 있으며(1846), 『전도서』, 1.9, "해 아래는 새것이 없나니"에서 따온 표현이다.

않은 대립, 즉 상인-수공업자의 대립이 더 확고하게 각인된다. 고대의 농민은 도시에 거주하는 토지 및 금전 **취리자**의 채무 예속인 그리고 이와 더불어 **농업** 노동력이 되지 않을 것이다. 후기 중세 도시의 수공업자는 자본주의 "**기업가**"의 가내 수공자 그리고 아울러 **영업용** 노동력이 되지 않을 것이다. 그러나 조합이 승리한 이후에 이 위에 고대에는 알려질 수 없었던 또 하나의 새로운 사회 대립, 즉 "장인"과 "직인"의 대립이 등장한다. 오리엔트에서 고대의 부역 노동자가 "우리에게 우리의 (전통의) 빵을 주라"는 외침을 하면서 "파업을" 벌인다. 고대의 **농촌** 노예는 다시 청혼자가 되기 위해서 반항한다. -이와 달리 고대 **공업**노예의 반항과 투쟁에 관해서는 우리가 아무 것도 듣지 못하고 있다. 바로 공업은 고대에 <173우> 노예의 처지에 유리하였다. 즉 그것은 농업과 다르게 되사기의 기회를 주었다. 자유 "**수공업 직인**"의 사회 요구와 관련한 목표가 전혀 없었다. (앞을 보시오.) 왜냐하면, "직인" 자체가 없었기 (아니면 설사 존재하는 곳에서도[173-1]

[173-1 말했듯이, 이 존재는 결코 조건 없이 논의되어서는 안 되기 때문이다. 예컨대 아테네 도자공의 조수들은 후에 독립 장인으로 등장하는데, 사람들은 이들을 이 개념 하에 놓을 수 있을 것이다. 그 관계의 법 형태에 대한 인식(고용 관계인가 아니면 직인 결사인가?)이 없을 뿐이다.]

사회상으로 적절한 **계층**을 전혀 형성하지 않았기) 때문이다. 고대의 거의 모든 **사회** 투쟁은 그리고 **바로** 도시국가에서 궁극으로 **토지** 점유와 토지 권리를 둘러싸고 벌어진 투쟁이다. -이런 식으로 그리고 충분히 특수하게 **도시**식이며 중세에는 전혀 존재하지 않는 문제이다. 오히려 이 문제는 **토지** 정착자 계층 간의 분쟁, 즉 농민과 그들의 상위에 있으면서 도시에 속하지 **않은** 층, 즉 영주 혹은 정치 지배자 사이의 분쟁에 속하는 것이다. 이런 분쟁은 영국, 프랑스, 독일에서 농민이 주도한, 변화가 많고 대부분 불운한 자유전쟁으로 귀결된 것이다. 확실한 것은 도시들이 이런 대립 속에서 흔히 당파를 유지하였다는 점인데, 이탈리아에서는 봉건제를 넘어뜨렸고, 독일에서는 (장기간으로 약속하면서) 이에 맞서 싸웠다. 그러나 오로지 (이탈리아의) 대규모 도시국가 각각에서만, 이것이 도시 공동체 혹은 그들의 영역 **내부**에서 일어난 투쟁이었다.[173-2]

[173-2 그리고 이어서 시민과 귀족 간의 투쟁이며, 농민과 귀족 간의 투쟁은 아니다.]

따라서 서구 고대에 있었던 **도시 귀족**에 대한 중장보병 층의 투쟁이 중세에는 아마도 오로지 스위스의 용맹한 군대가 봉건 기사와 영방군주에 대해서 벌인 전투에서나 그 비슷한 것을 찾을 수도 있을 것이다.

> [173-3 스위스 인들의 투쟁은 대체로 필리스티나의 도시 귀족에 대한 이스라엘인들의 투쟁과 (앞을 보시오) 겉으로는 마찬가지로 로마에 대한 사벨리 산악족의 투쟁을 상기시킨다. 그러나 차이는 두 번째 사례에 있는데, 로마의 농민 중장보병대는 쇄도하는 산악족에 대항하여 평지에 있는 자신의 토지 점유를 지키고자 싸우면서 자신들의 훈련되고 그로 인해서 뛰어난 군사기술을 통해 삼니움 족을 물리치고 마침내 완전히 진압하였다. 이에 비해서 저물어가는 중세에 스위스 인들은 스파르타인 식 보병 전투의 거장이었다. 즉 그들의 농지 제도는 직접 용병대를 목적으로 편성되었다. (그밖에 도시민들이 스위스 인들과 투쟁하면서 어떤 역할을 수행하였는지는 알려져 있다.)]

이 차이에는 고대와 중세 도시 발전의 가장 중요한 대조, 즉 **귀족**과 **군주**의 거주와 성격의 차이가 근본이다. 고대 폴리스 발전이 **도시 왕정**과 더불어서 시작되고, 이어서 그것의 배척이 도시 귀족을 통해서 이루어진 다음에, **농촌**의 정치 해방과 도시에 대한 농촌의 지배를 가져왔다면, 중세 발전의 정점에는 **농촌에 정착한** 영주 귀족과 <174좌> 특히 **농촌의 왕정** 및 군주정이 있으며, 중세 도시 발전은 **도시거주** 시민이 비도시 권력에 의한 영주의 그리고 공공-법의 예속에서 해방되는 것이다. 사실 사람들은 여기에서도 그 대조를 절대화 하지 않는 게 좋을 것이다. 이를테면 피사, 베네치아, 그리고 마찬가지로 수많은 대규모 프랑스 및 스페인 도시들처럼, 중세 도시 발전의 남쪽 경계에 있는 바로 거대한 상업 도시들은 높은 정도로 귀족의 거주지이다. 바르게 말하자면 이탈리아는 마침내 그런 종류가 **되었다**. 즉 사람들은 18세기 토스카나에서 교회의 기준 (주교좌이냐 아니냐) 말고도 정말로 그곳에 거처를 가지고 있는 귀족의 등급에 따라서도 "도시"를 "성채"와 "요새"21)와 구별하였다. 또한 맹세에 의한 형제 결속을 통해서 -이를테면 제노바에서 "공동의 벗"22)을 통해서- 그런 도시들에서 도시 자치가 찬탈되었는데, 그 사회 구성에서 차이점이 있을지라도, 이를 통해서 고대 도시에 있었던 집주를 바로 회상할 수 있을 것이다. 사람들은 적어도 그것과 **비교**할 수 있는데, 중세 초 귀족이 이 로마 기원의 도시들에서도 사실상 주도하며 그리고 그곳에 더불어 있다. 그리고 -이와

---

21) 이탈리아어로 도시=città, 성채=borgo, 요새=castello이다.
22) compagna communis: 이는 11세기말 제노바의 변경백에 대항하여 만들어진 시민 자치조직이다.

관련하여- 이 도시들에서 새로 생긴 도시 귀족의 경제 토대는 원칙상 고대 폴리스 귀족 씨족의 그것과 동종이다. 즉 '코멘다' 형태로 불연속으로 이루어지는 해외 교역이 (옛 오리엔트처럼) 중요하면서 상업 이익으로 인해서 늘어가는 토지 점유와 결부되었던 것이다. 고대 초기 귀족제와 더불어서 **도시 귀족의 경제 구조에서 마지막으로 언급한 이 유사점은 바로 중세 도시들에도 상당히 널리 고유한 것이다**. 그에 비해서 중세 도시 대다수에서, 아울러 북유럽 및 대륙의 영업 도시에는 원래 **봉건** 권력에 대한 관계가 성립 방식에 따라서 그리고 그 후대의 발전에 따라서 고대의 자유 폴리스에서 완전히 벗어난다. 이것은 다음과 같은 사정의 결과이다. 즉 중세의 도시 발전은 매우 느슨하게 맞추어지지만 그래도 항상 맞추어진 거대한 **봉건** 국가들 속에 내재해 있었으며, 여기에 군주와 영주가 승인하고 특권을 부여하였으며, 봉건 국가들의 영역으로 둘러싸여 있었고, 종속이 매우 느슨한 곳에서도, 항상 되풀이해서 그들과의 타협에 의존하였기에 봉건 국가들의 영역이 발전하는 규모와 방식에 묶여 있었다. 이로부터 공업독점화와 소상업을 통해서 기인하는 성격이 지중해 해상무역 귀족이 태어난 경우보다 더 크게, 바로 매우 많이 각인된 "시민의" 영업에서 따라 나왔다. 중세 도시들은 이 매우 특수한 "경제" 성격으로 인해서 처음부터 고전기 고대 폴리스와는 매우 **차이가 났다**. -반면 헬레니즘 시기 도시들과 고대 후기의 도시들이 바로 그 점에서 중세 도시들에 더 가깝다. 광범위한 중세 도시 집단은 지대, 시장 사용세, 법원 수익을 기대하는 군주나 영주의 영토 위에 정착함으로써 성립된다.- 이미 동일한 목적을 추구한 것이 바로 오로지 "시장" 인허가들이 직선으로 성장한 것이다. <174우> 앞서 시장 설립의 경우처럼 도시의 건설에는 투기가 때때로 헛된 결과를 낳기도 한다. 그것이 성공하면, 지배자에 의해서 제공된 영토에 자유인과 부자유인 지원자가 혼합되어 거주한다. 그들은 집터, 채원, 공동지 이용 그리고 도시 시장에서 **거래권**, 바로 또한 거래의 **특권**, 즉 상품저장, 보호 지역 등을 보유하였다. 이런 정주는 곧바로 또는 짧은 기간이 지난 후에 **고정된 상태**가 되며 개별사례에서는 매우 상이한 크기이지만, 점차 확실히 도시 기초자에 대하여 독립을 획득한다. 때로는 완전한 이완, 때로는 단지 경제 자치와 경찰-자치, 그러나 대도시에서는 통상 완전한 내부의 자치 그리고 사실상 외부에 대한 자치를 지대 수취인들의 유지 하에 그리고 도시 군주의 재판권 하에서 획득한다. 또한 도시 군주는 또한 참으로 정치로 그러나 **우세하게 경제로** (의무와 조세를 받는 자로서) 그들에게 관심을 가지고 있다. 도시민이 자신의 자치를 국가 결속의 내부에서 아마도 15세기까지 점점 **확대**하였을 것이라는 점은 -한편 헬레니즘 시기와 로마 도시들은 왕정 국가의 내부에서 자신의 자치를 점점 **상실하였다**- 하나나 다른 형태가 내재되어 있는 국가 형태의 **구조** 모순에서 그 근거를 가진다. 고대의 군주정 국가는 **관료** 국가거나 그렇게 된다. 우리가 보았듯이, 이집트에는 왕의 피호민으로부터 이미 기원전 2천 년대에 관료의 보편 지배가 성장하였다. 이 지배 체제와 신정정치는 오리엔트에서 공통으로 자유 폴리스의 발전을 압살하였다. 그리고 로마 제국은 군주정 하에서 (뒤를 보시오) 같은 길을 갔다. 중세 서구 관직 제도에서 직신제의 형성이 영토주권의 형성과 평행하게 간다. 후자는 근본 13세기 이래로 시작하여, 16세기에는 마침내 단단하게 되며, 그 이래로 이미 15세기와 더불어 시작하여 도시의 자치를 점차 제거하고, 도시들을 왕조의 관료 국가에 편성한다. 그러나 완전히 더 이른 시기 동안 그리고 중세 성기에, 스스로 발전하는 **도시**들에는 자신들의 확실한 특성을 유지하기에 필요한 여지가 주어진다. 즉 도시는 이 시기에 화폐경제의 주요한 운반자였을 뿐 아니라 그와 결부되어서 **관직** 책임 덕분에 행정과 관련해서도 그러하였으며, 도처에서 봉토 관계와 부역 관계에 의존하는 세력판도의 위계질서에 의해서 둘러싸여 있다. (일반으로 말하자면) 그들의 시민은 그런 자로서 여기에 **지분**이 **없다**. 이는 중요한 결과를 지닌다. 즉 폴리스에서는 '부족,' '형제단' 그리고 경제상으로 층위가 있는 무장 등급으로 그 조직이 이루어져 있으므로, 여기에서는 군국주의가 오로지 모든 것에 관철되어 있고, 복무한다는 것과 시민권은 단순히 **동일한** 것이며, 오로지 모든 것이 이를테면 상업독점, 토지 소득의 기회가 관련되어 있다. 마지막으로 무엇보다 토지 **점유**인데 이는 한 도시가 -마지막 토대로- 다른 도시에 대해서 치루는 만성의 전쟁 상태에서 군사면의 성공에 연관되어 있는 것이다. 폴리스는 고전기에 **가장 완전한** 군사 조직이며, 이는 고대가 낳은 것이다. <175좌> 중세의 도시 무리들이 **근본** 경제 목적을 위해서 창설되는 것과 마찬가지로, 폴리스는 근본 **군사** 목적을 위해서 창설된다. 고대 폴리스에 나타난 군국주의와 무자비한 전쟁의 보급에 **유사한** 것들이 이탈리아의 해상 도시에서 발견된다. 즉 피사가 아말피를 철저히 파괴한 것,[23] 제노바가 피사를 마비시킨 것,[24] 베네치아에 대하여 제노바가 투쟁한 것은[25] 목적과 수단으로 보건대 줄곧 "고대의" 폴리스 정책이다. 유사한 것들은 내륙에서도 발견된다. 즉 피에졸레[26]의 파괴,

---

[23] Amalfi: 이탈리아 남서부 해안 도시로, 1135년과 1137년에 라이벌이던 피사에 점령당하여 해상세력으로서 힘을 상실한다.
[24] Pisa: 1284년 8월 6일, 멜로리아 해전에서 피사의 함대가 수의 우위에도 불구하고 제노바의 함대에 패배하여 피사의 세력이 꺾이고 다시는 회복하지 못한다.
[25] 두 도시는 13세기와 14세기에 걸쳐서 동지중해의 제해권을 놓고 경쟁을 벌였으며, 1381년에는 제노바에 불리한 화약을 맺는다.

아레초27)의 몰락, 피렌체에 의한 시에나의 마비,28) 그리고 한자동맹의 정책은29) 유사한 것을 제시하고 있다. 그러나 전체로 또한 대륙에 위치한 프랑스-독일 내륙 국가와 잉글랜드에서는, 전쟁에 의한 약탈 정책이 도시 정책으로서 처음부터 실행 가능한 것이 아니다. 초기 고대에 그렇듯 도시는 아주 완전한 군사 유기체는 아니다. 내륙 도시들은 기사 전쟁의 시기, 본래의 중세 시대에 오로지 독립과 자신들의 교역 이익을 위해서 국내 평화를 획득하고 주장할 수 있을 것이며, 이마저도 서로간의 동맹에서만 그럴 수 있다. 애초 콘도티에리30)와 용병대의 시기에는 자본주의가 충분히 발전한 곳에서, 이탈리아 자체에서도 물자를 조달하기 위해서는 자금력이 더 중시된다. (또한 네덜란드의 독립전쟁도 육지에서 -성벽의 보호는 제외하고- 피렌체의 확장과 마찬가지로 완전히 용병대를 동원해 치루어졌다.) (내륙에 있는) 도시는 처음부터도 어떤 경우든 시민의 무장능력에 의존해야만 하는 세력이며, 점차 "시민의" 성격을 지니면서 평화로운 시장 영업으로 편성된다. 고대 폴리스의 시민이 그렇게 되길 의지하고, 될 수 있는 것보다 상당히 더 높은 정도로, 중세에서 "시민"은 "경제인(經濟人)"31)이다. 모든 것보다 우선 고대 폴리스와 현저히 대조되게, 추첨지 보유자들을 위해서 토지를 정복하는 것은 으레 완전히 고려 대상에서 제외되는데, 이는 단순히 그런 것을 요구하는 사람이 없어서이다. 즉 계층탈락되어서, 자신의 토지 점유를 박탈당하고, 빚을 지거나 혹은 자식을 위해서 토지 점유를 추구하는 농민들이 도시 정책의 추진 요소로서 그 속에 존재하지 않았으며, 고대에서 그랬던 것과 완전히 마찬가지로, 도시 귀족도 자신의 돈을 자주 농장에 투자하였을 것이기 때문이다. -농민들이 스스로 원시림으로 그리고 동쪽을 향해 몰려간 것과 관련하여, 고대식으로 토지 선점을 위해서 정복하여 팽창하는 것은, 그것이 봉건 조직

---

26) Fiesole: 피렌체와 경합하던 도시였으나, 1125년 피렌체가 이곳을 정복하고 주민은 강제로 피렌체로 이주된다.
27) Arezzo: 1337년 피렌체에 매각되고 15-16세기에 걸쳐서 그 지배체제에 항거하였으나 무위로 돌아간다.
28) Siena: 1269년 시에나가 패배한 것이 결정적이다.
29) 한자 동맹은 14세기 중엽에서 16세기까지 덴마크, 잉글랜드와 홀랜드에 대항하여 군사 시도를 반복하였다.
30) condottieri: 이탈리아어로 원래는 계약자라는 뜻이었으나, 바로 용병대장의 의미를 가지게 되고 이어서 외국이나 이탈리아 국가들을 위해서 싸운 장군이라는 뜻을 가진다. 최초의 콘도티에로는 Guido da Landriano이며 Napoleon Bonaparte는 마지막 콘도티에로로 인정된다. 이런 관점에서 이들의 역사는 700년 이어진다.
31) homo oeconomicus: 호모 사피엔스에 대한 말장난으로서 만들어진 희화화로, 인간을 합리성에 따라서 협소한 자기 이해에 충실하게 살면서 주관의 목적을 추구하며 산다고 보는 인간의 모습이다.

속에 도입됨으로써, 중세에는 배제되었다. 저 팽창은 이제 영주와 영방 군주의 손에 놓였다. 한 (정상) 중세 **도시**의 정책 목적으로서 "추첨지 제도"는 **군사로도** 경제로도 불가능하였을 것이다. -반면 그것은 고대 폴리스에서 **정상**이다. 중세 시민층의 이해 관계는 –해외 관계를 다루고 식민화해서 약탈하는 소수의 대 도시는 제외하고- **상품 판매를** – 국지와 국지 사이에- **평화롭게** 확대하는 방향으로 끌어들여지며 그렇게 머무른다. <175우> 자연히 이제 성립하는 **자본주의**는 국가청부(제노바, 피렌체) 혹은 무엇보다 왕의 재정수요 충족이 자본주의의 손에 장악되어 있는 곳에서 중세 후반에 (좀바르트가 올바르게 강조하듯) 완전히 거대한 이익을 누릴 기회를 발견하였다. 그러나 이 **경과와** 이에 관련된 저 모든 형태-즉 아차유올리 가문,32) 바르디,33) 페루치,34) 메디치, 푸거35) 등-는 고대에 비해서 **새로운 것은 아니다.** 고대에도 함무라비의 "재정가"에서 크라수스36)에 이르기까지 그런 인물이 마찬가지로 알려져 있다. 후기 중세와 근대의 경제제도, 마침내 또한 근대 자본주의 특성의 유래에 관한 문제는 여기에 놓여 있는 게 아니며, 최초의 화폐 재산이 축적된 방식에 관한 의문에도 있는 게 아니다. 오히려 핵심 질문은 다음과 같다. 한편으로는 시장의 발전과 관련해서, 즉 중세에서 후대의 자본주의로 조직되는 **공업**을 위한 **고객층**이 중세에 어떻게 발전하였는가? - 다른 한편으로는 **생산**을 규제하는 방향, 즉 자본의 매각 노력이 어떻게 해서 고대에는 알지 **못했던** "자유인" 노동이라는 저 조직을 창설하는 길로 나아갔는가? 이 문제들은 여기에서 상론하지는 않겠다. 단지 **고대의** 발전에 대하여 중세의 발전이 가지는 대조에 관해서, **농지** 조건이 함께 역할을 하는 한, 몇 가지 언급을 이제까지 이야기한 것에 추가하고자 한다. 장기간에 걸쳐서 그러나 안정하게 상승한 중세 농민층의 경제 상태는, 애초 황무지와 동쪽을 향한 국내 식민이 중단되자, 그 종말을 맞이하게 된다. 그러나 중세에 이것은 도시에 대해서 천천히 스스로 **확장하는** 시장의 성립을 -거꾸로 도시의 발전은 농민이 생산한

---

32) Acciajuoli: 14세기의 인물로 원래 피렌체 출신으로 자수성가하여 나폴리 왕국의 왕실 집사로서 권력을 누렸다. 뒤에 이어지는 3가문은 13-14세기 피렌체에서 은해업과 상업으로 자수성가하였으며, 1343년과 1345년에 파산하였지만 피렌체에서 영향력을 상실하지 않았다. 이 중에서 메디치 가문은 15세기 이래로 더 많은 정치적 지배권을 누린다.
33) Bardi: 14세기 피렌체에서 은행을 운영하다가 에드워드 3세에게 빚을 받지 못해서 파산하였으며, 15세기에는 아메리카 대륙 발견에 대한 금융지원을 했다.
34) Peruzzi: 14세기 메디치가가 부상하기 전까지 번성했던 은행가문이다.
35) Fugger: 푸거는 아우크스부르크의 상인 가문이며, 이들은 상업에서 부를 축적하였으며, 이어서 은광과 동광에서 손을 대었고, 16세기에 정점에 이른다.
36) 마르쿠스 리키니우스 크라수스(기원전 115년-53년)는 당시 로마에서 가장 부유한 자로 알려져 있는데, 술라가 실시한 명단공개 처벌로 인해서 큰 수익을 올린 것으로 알려져 있다.

제품을 팔 기회가 생긴 것을- 의미하였다. 이런 사실은 이미 최후 언급에서 추측할 수 있듯이, 마지막으로 고대 도시와 대비하여 이미 밝힌 중세 도시의 특수한 "시민의" 발전과 마찬가지로, 중세에 도시 밖에 터를 잡은 **봉건 사회조직**이 대륙에 있는 농민들에게 수여한 생활 조건에 관련되어 있다. 고대의 유사현상에 대비하여 그 대조점은 광장(廣場)에서 조망된다.

우리는 고대 전체 시기 동안에 **봉건** 요소가 가지는 큰 의미를 보았다. 이집트에서는 종교로 물든 **피호관계**가 절대 지배함을 보았으며 그리고 종교에 관련된 것들의 힘이 거대한, 가장 예술답고, 순수하게 이성에 입각한 '부족' 형성 등도 즉시 종교 의미를 끌어당기는 고대 일상생활에서, 후대와 관련해서도 봉건의 충성 관계가 가지고 있는 집요함은 저평가되지는 않을 것이다. 두 가지의 사례에서 봉건 발전의 **출발점**은 또한 공통이다. 고대와 마찬가지로 중세에서도 발전의 초기에 지역지도자의 **종사단**이 있다. 이들은, 더 큰 척도로 보면, 왕의 종사단으로 되돌아오는데, 고대처럼 이때에도 흔히 이방인으로 보이거나 항상 국내법에 적용되지 않은 상태에 있으면서 왕의 금제권으로 <176좌> 보호된다. 고대에나 중세에나 왕에 소속된 창고 관리, 창고에서 나오는 군대에 대한 부양 (장원에 관한 칙법),37) 높은 가격을 위한 정책 등의 싹들이 발견된다. 고대처럼 중세에도 마지막으로 그 종사단에서 -비록 특수한 종사제도 밖에 놓인 다양한 법제도 아래에 있더라도- 발전해 나오는 **기마 귀족**이 있는데, 이들의 세력과 불가피성은 왕을 점차 구속하고, 자신들에게 의존하게 만들고, 때로는 순수한 선거제 왕으로 격하시키며 토지를 지배한다. 그러나 왕이 결코 도시 왕이 아니듯이, 귀족도 도시 귀족이 아니며, 이런 일은 -적어도 대륙 지역에서, 때로는 지중해 지역에 대비하여- 중세에도 일어나지 않았다. 영주들도 마찬가지이다. 고대에 이 제도들은 제정기에 이르기까지 **도시에 사는 취리자**(取利者)의 존재 기반이다. 우선 이 제도는, 단순히 우리가 고대라고 **부르는** 것이 **해변** 문화지역을 포괄하기 때문에, 즉 테살리아의 영주제가 그것을 지탱하기 때문에, 중세에 더 가까운 상태에 있는 성격인 것으로 보인다. -우리는 원래 내륙 평지의 성격에 관해서 우선 헬레니즘 시기와 특히 로마 제정기에 그것을 경험하고 있다. (뒤를 보시오) 반대로 중세에 파라오부터 우리의 문화에 이르는 저 역사 연속성의 중심이 내**륙**으로 움직인다. 영주들의 무리는 교외가 아니라 오히려 **농촌**의 모습인데, 농촌에 기

---

37) Capitulare de villis: Capitulare de Villis vel curtis imperii. 카롤루스 대제 통치후기인 771-800년에 작성된 왕의 칙법집이다. 이곳에는 별 순서가 없이 일련의 규정과 규정이 있어서 토지, 가축, 송사 등 왕의 재산 전반에 관한 경영을 지시하고 있다.

반을 두는 존재들은 자신의 동료(군주와 자유인 봉신 아울러 그들의 기사에 해당하는 직신)들과 함께 그런 형상을 지탱해야 한다. 크지만 언제나 우세하지는 않은 영주들은 이제 이 기능을 오로지 **자연경제** 형태로만 관장하지는 않는다. 반대로 왕, 군주, 대 봉신 모두는 이 경우에도 **교역**에서 이익을 얻고자 하였다. 시장과 도시의 설립은, 바로 이미 언급했듯이, 군주와 영주가 행하는 수수료와 지대에 대한 투기이다. 그러나 귀족과 영주는, 고대와 같은 **그런** 도시 시민은 아니다. -반대로 그들은 영주들의 장원청을, 도시의 "자유로운" 동료들 속으로 들어가는 것에 대해서, 고립시키면서 보호하고자, "시외 시민"을 편성하는 권리를 도시에게서 빼앗고자 한다. 농촌과 도시의 이익 단체는 스스로를 **분리**하고자 한다. 그들이 그런 목표를 멀지 않아 완전히 달성한다는 점은 이해된다. 그러나 그런 일은 고대의 폴리스, 즉 군사 연병장이며 주둔지에서는 결코 가능하지 않았던 것인데 비해서, 어느 정도 그들은 그것에 항상 가까이 간다. 그리고 봉건 계층들의 내부 사회 조직도 고대에서의 그것과는 다른 것이다. 고대 기사 신분의 시대에, 우리가 보다시피, 오리엔트의 군주들의 봉토 보유자, 헤일로타이, 오이케에스, 피호민, 프레카리움 보유자, 지중해 영주들에 속한 콜로누스는 소인들이다. 이들은 호송원으로서 그리고 언제나 경무장 보병 전투병으로서 **전차를** 타고 전장에 나가는 개별 전사를 호위하였다. **호플리테스** 군대의 시대에는 갑옷을 걸친 중무장 보병이 오로지 하나에서 둘 정도의 사람(헤일로타이, 노예)을 운반자로서 또는 시중을 들도록 데리고 간다. (고전기에 이르기까지 아직 등자가 도입되지 않았다!) 고대의 기사들은 반면에 기술상으로 파르타이의 시대로 깊이 침체되어 있다. 그에 비해서 <176우> 중세의 봉건 군대는 처음부터 기사 군대이며, 그러한 상태인 한에서 보호장비, 무기와 규율이 점점 높게 완성되어간다. 오리엔트의 '전사' 등 혹은 (아마도!) 로마의 피호민이 경작하였던 농민의 '추첨지'가, 대체로 **고대** 피호민 유대의 상태에 있는 봉토 보유자를 수용하는 그런 유의 억압된 사회 지위가, 봉건 위계의 최하단에 있는 직신들이 무장한 채 전쟁에 나가야 하는 때에 그들에게조차 제시될 수 없었다. 그들의 봉토는 "기사를 위한" 대여 방식을 자신들에게 보장하였음에 틀림없다. 반드시 근본으로 **취리자들**인 이 계층 아래에, "농민"인 것 모두가 존재한다.[176-1]

[176-1 나는 사실 다면으로 복합된 사실 관계를 여기에서 약간 단순화한다.]

그리고 아울러 중세 초기에 대륙의 농민층이 발전해나가는 방식은, 최하 농민 위에 군림하는 계층이 경제에서 **멀어진** 신분의 이해관계를 지니고 있는 **취리자** 신분이며, 다른 한편으로는 농민 자신이 점점 비전투 계층이 되어간 **사실**에 매우 근본으로 의존하고 있다. 이 농민층은 가장 큰 규모의 영토 정복을 이루었다. 어떤 고대의 호플리테스 군대처럼 이들은 매우 크지만, 도시와 마찬가지로 근본 **평화로우며**, 게다가 근본 봉건 취리자들에게 봉사한다. 황무지의 개간과 동방의 식민 토지의 점유는 둘 다 **지배자** 계층의 **지대** 이해관계가 간섭하면서 완성되었다. 이제 이 강력한 "국내 식민" 작업과 관련해서, 노예는

1. 양(量)으로 부족하였을 것이며
2. 노예의 부양이 더 높은 (그리고 **상승하는**) 비용을 초래하였을 것이기 때문에
3. -결정점인데- 질(質)로 노예 노동은 농민 보호를 창출하기 위해 "야생의 뿌리부터"[38] 또는 동부의 사질 토양 위에서는 장점을 가지고 이용할 수 없었기 때문에,

그 정착은 "자유인" 다시 말해 여기에서는 근본 고정된 조세를 납부하는 농민의 강력한 팽창을 의미하였고, 원시림에 있는 게르만의 "비팡크"[39]에 대한 개인주의식의 신개척지 정주자의 권리가 로마에 의해 정복된 영토(여기에서는 그것이 **재식농업**이 만들어지는 데 도움을 주었다)에 대한 선점권과는 거꾸로 작용하였으며, 초기의 오리엔트 국가들에서 반드시 관료에게 지시하여 **운하** 건설을 통해 새로운 토지를 창출하는 것에 완전히 대립한다. 봉건 **지대와 시장** 이익이 아닌 것을 추구하는 순수한 **봉건** 국가 지배층이 농민 위에 있는 동안, 중세의 농민층은 그렇게 오랫동안 확장하며 상승하는 계층이었다. 과거의 교역 수단과 관련하여 거대한 내륙 지역에 대한 자연경제의 중압은 농업 생산물의 원거리 판매기회가 발전하는 박자를 억제하였으며, 그 결과 중부 유럽의 정복을 위해서 농민 경제에 시간을 주었다. 중세 말경 영주식이지만 (정상으로!), 근본으로 단지 **전통** 조세만을 짊어지고 있는, 농업가 유형의 농민과 도시 근처의 정상 시장과 농민 자체는, 도시가 영업을 될 수 있으면 독점하고, <177좌> "행상"과 농촌공업 추구자들을 가능하면 말살하였으므로, 도시의 공업 제품 대량에 대한 정규의 그러나 확실한 고객이다. 봉건 군대와 봉건 국가는 순수하게 경제상으로 확장하는 농민과 순수하게 경제상으로 확장하는 중세 도시가 창설되는 데 도움을 준다. -이 상태는 공업에 또 토지 경작에 근대 **자본주의**가 침투하는 것과 관련된다. 확실한 것은 바로 자본주의가 점차 그것들을

---

38) von wilder Wurzel aus: 원래 경작할 수 없는 땅으로 사람을 보내서 정주하고 경작하게 하는 것에 관련한 오래된 법 표현으로서 작센 법전에서도 되풀이해서 나온다.
39) Bifanc: 영주의 거주지를 의미한다.

해체하였다는 점이다. 그러나 사람들은 천 겹으로 서로 맞물린 권리 수여, 특권, 조합 형성, 강제권, 저장권, 금제권 및 시장권 등을 통해서, 무엇보다도 전통에 따른 혹은 수여된 가격 규제를 통해서 창출된 교역의 토대를 자본주의 발전과 관련하여 저평가하지 말아야 할 것이다. 그것들은 자본주의 자체의 이익추구의 방해물이지만 자체의 계산을 뒷받침하고 있는 것이다. 이는 오리엔트식 판매라는 절대 불안한 모래 위에 세워질 수 없는 것이다. 왜냐하면 모든 경우에 천 개의 가닥을 통해서 맞추어진, 중세의 상품 거래-조직은, 당시 세계의 신정정치-봉건의 그릇 속에서 발전할 수 있었던 것으로, 계산에 접근할 수 있는 상품 시장의 복합 중 하나이기 때문이다. 이는 마치 저 조직 속으로 조여들어간 자유 농민-소시민 존재의 계층이 저 광범하고 상대로 보아 안정된 고객층을 구성하였는데, 근대 자본주의는 자신의 상품을 위해서 그들을 필요로 하였던 것과 마찬가지이다.

시민층과 농민 경제의 발달에서 서구 중세가 고대에 대비해서 나타나는 대조는 우선 지리무대의 교체에서, 둘째로 그와 더불어서 매우 다양한 일련의 원인을 통해서 결부되어 있으며 고대에서 벗어나는 중세의 군사 발전으로 인해서 발생하게 된다. 중세에 기사 군대가 봉건 사회질서를 강행하고 이어서 (마우리츠 판 오라녜 이래로40)) 기율이 확고한 근대 부대가 근대 국가질서의 승리를 함께 이끄는 동안, 고대는 두개의 거대한 군사-기술 혁명, 즉 기마가 동방에서 (이란이거나 투란41)일 것이다) 도입되며, (중세처럼) 성과 오리엔트식의 정복 국가와 지중해식 기사의 사회를 만들었다. 철기,[177-1]

[177-1 자명하게도 철기는 선사 시대 이래로 사용된다. 그러나 철제 무기는 애초 "호메로스 이후의" 시기에 주도권을 잡는다.]

돌격무기, 훈련된 근접전을 위해 갑옷으로 무장한 호플리테스는 대 농민 군대와 소 시민 군대를 창설했고 이와 더불어 고대의 "성채 국가"를 만들었다. -그 이상의 모든 것은 고대 성채 국가가 활약하는 무대에서 비롯한 결과이다. 왜냐하면 전쟁에 의한, 획득된 무역 독점과 공납의무자들, 그러나 이와 더불어서 호플리테스의 후손에 대한 부양을 위한 토지 혹은 소시민의 취리를 늘릴 기회를 추구하고 있는 것이 바로 성채 국가인데,

---

40) Moritz von Oranien: 17세기 네덜란드의 군주, 근대전투의 선구자로 간주된다.
41) Turan: 중앙아시아에 있었던 이란 계 부족의 명칭이다. 이란의 북쪽, 카스피해 동쪽에 있는 저지대이다.

여기에서는 항상 처음부터 호플리테스를 위한 기회가 제공되어 있으며, <177우> 정치상으로 강력한 힘이 그들의 번성을 방해하지 않는 곳이면 언제 어디든지 그렇기 때문이다. 그에 비해서 고대에는 **화폐**의 발명을 제외하고, **경제학과 경영 기술**은 람세스 왕조와 아수르바니팔 이래 여러 시기에 **상대**로 보아 별로 진보하지 않았음이 분명하다. 역사의 빛에 놓인 고대라는 시기가 얼마나 많이 -아니면 얼마나 적게- 기술 개량을 해왔는지는 일단 현재의 사료 상태에 상응하는, 이집트 및 메소포타미아의 **공업사**가 (기술과 관련해서는 특히 이집트의 것이) 앞에 제시되는 경우, 우선 결정될 수 있다. 이어서 오리엔트가 또한 **공업**의 영역에서 중세 말까지 이루어진 모든 **기술** 개량의 창조자로 보인다는 것은 매우 가능성이 있다. -오리엔트는 우리의 중세말까지 지배하고 있는 **상업 형태**(바빌론), 더 나아가 부역 농장(이집트), 부자유한 가내 공업(이집트), 공공봉사 체제(이집트), 관료제(이집트), 수도원 조직 및 기타 교회조직(이집트, 유대)의 아버지이다.- **농업 기술**의 영역에는, 고대가 경과하면서, 변혁이 기록되어야 한다. 그 변혁은 제시된 양의 노동을 가지고 제시된 시간 내에 처리하는 면적의 **증대**, 다시 말하면 노동 절약에 기여한 것이다. (더 나은 타작도구, 쟁기, 수확 도구 -후자의 두 가지 도구는 독특하게 고전기의 종말 이후에 그리고 북쪽의 **내륙**에서 기여하였다.) 얼마나 저렴하든 전쟁기계와 그와 같은 종류인 거중기 등등 그리고 근본으로 **공공** 작업에서 사용되는 유사한 도구를 제외하면, 공업의 영역에서 진보는, 노동 **통합**에는 전혀 또는 근본으로 기여하는 것이 아닌 **개별** 노동자의 **전문화**에서 인식될 수 있다. 그리고 우리는 유사한 것을 공업 **경제학** 영역에서 본다. 고대 공업의 내부 성질과 노예 점유를 활용하고자 하는 이해관계의 성질에 따르면, 이 두 가지는 놀라운 것이 아니다. -중세 상업 조직과 공업 조직의 토대 위에, 때로는 그 **곁**에, 때로는 그 내부에, 그러나 항상, 조합에 대한 모든 투쟁에도 불구하고, 조합을 통해서 창출된 궤도와 법 형태의 이용 하에서, 근대 자본주의는 자신의 성장 조건을 스스로 만들었다. 함무라비부터 13세기에 이르기까지 상업을 지배한 '위탁투자조합'에서, 자본주의는 주식합자회사를 만들어내었다. (고대에는 –독특하게- 국가 청부회사에서만 그 싹이 있었을 뿐이다.) 고대에 오로지 미숙한 러시아 자유노동자 협동조합 같은 부류의 형태로서만 존재하는 사원들의 연대 책임이 상업회사 및 공업회사에 관련된 중세 후기 법의 매우 세련된 형태, 즉 특수재산, 상호(商號) 등으로 승화된다. 환언하면, 이제 계속되는 자본주의 상업 활동과 공업 활동을 위한 법 형태가 생기며, 반면에 고대는 순수한 **개인** 교역으로 자본의 불연속 **기회투자**로 <178좌> **편성**되는 법 형태에 언제나 머물러 있었다.[178좌-1]

[178좌-1 이로써 자연히 고대 상업에는 대체로 그런 비연속 자본 이용이 있었다고 말해서는 안 된다. 그것은 "특수한 것"이다.]

자본은 중세에 시작한다. 자본은 소규모 수공업 영업을 **통합하자마자 바로 공업** 생산의 영역을 장악한다. 공업 생산은 판매 조직 그리고 더 나아가 원료의 조달에서부터 끊임없이 생산 과정의 내부로 진전하고, 새로운, 기술의 합리화에 적합하며, 인공(人工)이며, 가족으로부터 점점 이탈되며, 점점 크기가 더 커지는 경영 단위와 -일반으로 언급되고 있는- 노동 분할과 노동 통합을 통하여 이루어지는 더 깊은 내부 조직을 거의 종합한다. 우리는 고대에 순순한 개인 사업의 영역에서 그런 류의 것을 **전혀** 인지하지 못한다.[178좌-2]

[178좌-2 이것도, 이미 자주 강조하였듯이, 더 바람직하게 이해하는 것과 고대 자본주의의 성과는 이 방향에 놓여있지 않다. 말 그대로 모든 "내부의 분업"이 없이는 사실 고대에도 알려진 영업의 대부분이 전혀 경영될 수 없었을 것이다.]

12 명의, 아니 수천 명의 노예를 하나의 **재산**으로 모아서 덩어리를 만들어도, 노예 자체가 **동일한 공업 부문**에 속하는 곳에서도 경제 의미에서 "대기업"을 창출한 것이 아니며, 이는 현재 하나의 재산을 다양한 양조업의 주식에 투자해도 **새로운** 양조업을 창출하는 것을 의미하지 않는 것과 마찬가지다.[178좌-3]

[178좌-3 아테네 도기가 그 제작자의 보증, 즉 "제작자는 (자신의 "경쟁자"인) 아무개가 아직 완성하지 못한 것을 만들었다"[42])는 내용을 담고 있을 경우, -나는 그렇게 (경제의 미숙련자로서) 나름대로의 심사숙고에 세계규모의 구별을 인식하는 것을 남겨 놓을 지도 모르겠다. 그 구별은 이 선행하는 것들을, 그것들이 동일한 유개념에 놓이는 근대식 "경쟁"과 "광고"가 지니는 의미, 수단, 효과에 따라서 갈라놓는다.]

왜냐하면 우리가 보았듯이, 그것은 **재산의 투자**이기 때문에, 즉 -생산의 경제학과 기술은 그런 것과 관련되지 않기 때문에, 노예는 과거에 그랬던 것, 즉 소수공업자로 남아있다. 재산을 가진 사람이 **취리원**으로서 또는 -그것은 자본주의 "대기업"에 **근접한** 것

---

42) 이것은 뮌헨에 있는 헥토르 암포라에 있는 내용이다. 여기에는 도기장인인 에우티미데스Euthymides가 기원전 5 세기말에서 6세기 초에 '결코 에우프로니오스Euphronios가 할 수 없었던 대로.'라는 말이 기록되어 있다.

으로 최대인데- 일종의 수입업자(데모스테네스)가 자신의 원료에 대한 가공노동자로서 이들을 이용한다. "고정자본"의 의미가 별로 없는 경우에 모아서 덩어리를 만드는 것이 얼마나 **불안정**한지, "기업"의 운명이 재산의 운명에 의해서 얼마나 완전히 지배받는지를 보았다. 그리고 여기에서는 한 가지 점만을 마지막으로 첨가하겠다. 근대 재산을 이루는 유가증권들과는 매우 이질(異質)이며 이자 지불의 기회에서 완전히 대립되는 조건하에 있는 주식들이 있는 것을 아마도 우리가 볼 것과 마찬가지로, 완전히 이질의 수공업자들을 모아서 쌓은 것에서 고대의 노예 재산을 볼 때(티마르코스), 그것은 그만큼 우연이 아니다. <178우> 그런 식으로 가능한 한 최대로 이질의 주식에 투자하는 것은, 만인이 알고 있듯이, 신중을 기하라는 명령이다. -그러나 (니키아스처럼) 귀금속 광산 작업과 같이 절대로 연속된 영업에 관련한 노동자 또는 (데모스테네스처럼) 나름의 상품을 매각하는 것이 아닌 한, 고대에 노예에 대한 재산 투자와 관련하여, 완전히 동일한 효력이 있다. 기타의 경우에 이질의 수공업자를 사 모으는 것은 직접 조심하라는 명령에 따른 것이다. -우리가 임대료의 분야에서 **동일한** 사람이 가능하면 매우 다양한 집들에 대한 지분을 점유하는 데에 참여하는 것을 보듯이, 그런 것은 손실에 대해서 보험을 드는 것이다. 그러나 이에서 나오는 것은, 고대에 영업 분야에서 자본주의가 있었다고 하는 점이다. 왜냐하면 그것은 **취리**(取利) 자본주의43)였고, 어떤 의미에서 전문(專門)으로 **하나의** 제품을 생산하는 "대기업"의 창출에 대해서 직접 반감을 가졌기 때문이다. 게다가 공업 생산품을 **판매하는 것**, 적어도 **외부로** 판매하는 것은 **기회** 판매의 성격에 매우 부합하여, 수없는 정치 격변에 의해서 그러나 무엇보다도 고대 후기 이래로 오로지 이처럼 드물게 나타나는 정도로 곡물 가격의 동요에 좌우되었다. (앞을 보시오.) 즉 **대중**에게서 -그리고 **그들의** 수요는 근대 자본주의가 충족하는 것이므로- 고대에 절대 필수품을 구입하기 위한 비용이 남겨놓은 여지, 즉 공업제품을 사기 위한 그들의 구매력은 매우 협소하고 불안정하였다. 그래서 이 빈약한 토대 위에는 사회상으로 강력한, 조합에 의한 영업도, 더 규모가 작은 "가내 공업"도, 또는 더군다나 "공장"도 존재할 수 없었다. -이 다소 신랄한 상론(詳論)으로써 -이제 일단 의심의 여지없이 존재하는 구별이 드러나야 하므로 불가피하였는데- 고대의 공업 경영들이 여기저기에서 일종의 합리로운 "대기업"에 확실히 **가까이** 갔다는 것을 의미하였을지도 모른다는 점에 분명 이의

---

43) Rentenkapitalismus: 소유자가 자신의 토지점유를 수확의 50% 이상의 분익을 조건으로 소작인에게 경영하도록 허용하는 경영체제이다. 토지점유자의 수확지분(Renten)은 재투자되지 않으며, 소작인은 이렇다 할 투자를 할 입장이 아니어서 그들은 시턱 유지 수단에는 무관심하게 된다.

를 제기할 필요가 없다. 그것은 특수한 연구에 따르는 큰 결실이다. 그러나 고대와 관련하여 특징인 것은 근대 공업 자본주의에 다가간 것이 아니라 오히려 그것에서 **멀어지는** 완전히 상반된 발전이다. 이 발전을 이끌어간 것이야말로 고대에 자본을 이용하고자 하는 노력이 매우 근본으로 **노예 노동**을 지향하게 하였다는 바로 그 사실이다. 이 발전이 중세에는 달랐다는 것은 순수한 역사의 근거와 더불어서 오히려 무엇보다도 다시금 **지리 관련 활동무대**가 이동한 것에 좌우되었다. 기후에 의해 제한되었으므로, **불가피한 상태**[178우-1]

> [178우-1 사람들은 –아마도 '펠라케'와 비교될 수 있겠는데- 서구의 기후에서 계속 앉아서 노동할 수 있기 위해서 노동자가 순수하게 육체상 최소한으로 절대 요구되는 것이 무엇인지 모두 헤아려 보는 게 좋겠다.]

에서 나오는 완전히 다른 종류의 발전, 고대인의 경우 (아마도 현재 스페인 사람과 이탈리아 사람의 카페 생활에 상응하여) 집 밖에 있는 상태, 즉 "아고라에 있기"[44])에 대비하여 북구인이 더 오랜 계절 동안에 기후로 인해 **집에 묶여 있는 상태**, <179좌> - 어떤 "종족"-가설[179-1]

> [179-1 이는 그밖에 점에서 아울러 학술상 대체로 고려되지 않은 것이기는 하나 반드시 배제되어야 하는 것은 결코 아니다.]

없이- 이미 직접 모든 새로운 세대와 관련하여 다시 제시되는 기후에 따른 삶의 조건에 의해서 분명히 드러나는 "기질"-차이, 무엇보다도 소비와 생산이 특별히 계속 확산되는 비약을 모두 갖춘 **내륙 교역중심들**, -이 모든 것들이야말로, 고대 기술에 관련된 전통이 흘러들어가는, **새로운** 조건이었고, 다시 깨어나는 자본의 이용 노력이 이런 조건들을 계산에 넣게 되었다. 노예 노동을 이용하는 것은, 더 높은 부양 비용 때문에, 북구에서는 그 자체로 손해였을 뿐 아니라, 위에서 상술한, 중세의 **군사** 구조는 바로 공업 입지, 즉 **도시**를 고대 폴리스식 노예약탈 전쟁에서 배제하였고, 내륙에서 기사층의 불화는 전쟁의 대가로서 납조의무가 있는 농민의 주인들을 바꾸어지게 하였으며, 타인의 것을 희생하여 나름의 영주 고권(高權) 및 영방 고권을 확대하였다. 그러나 고대 해안문화의 해

---

44) ἀγοράζειν: 아고라 즉 광장에 나가서 있다는 의미로, 정치 참여나 장보기를 지시한다.

상약탈 전쟁에서처럼 인간을 매달아서 끌고 가는 일은 일어나게 하지 않았다. 노예는 내륙문화가 강해지면서 적어도 상대로 보아 위축된 반면에, "자유인" 노동의 발전은 위에서 상술한 저 계기들에서 (더 자세한 이유는 광범한 것에 기여한다.) 장점을 이끌어냈다. 마지막으로 로마 공화정 말까지 고대 폴리스들의 투쟁에서 **모든** 전쟁은 원칙상 전체 토지점유 상태를 강하게 부정하고, 거대하게 몰수가 행해지고, 새로운 식민이 이루어지는 것을 의미하는 반면, 또한 이런 관점에서 폴리스는 게르만 민족 이동의 상태를 고수하였다. -중세가 자신의 복수 욕망에 사로잡혀 있었고 완전히 근대 초에도 그러했다. 그럼에도 고대의, 아마도 고전 그리스의 척도로 잰다면, "평화로운" 민족 공동체였다.[179-2)]

> [179-2 아마도 전쟁 무역량의 감소라는 의미에서가 아니라, 자연히 개인 영업의 담당자들, 특히 도시와 시민이 누리는 "평화"가 (상대로 보아) 증가한다는 의미에서 그럴 것이다.]

확실하게도 근대 자본주의는 중세에서 그리고 근대에서 -이미 위에 언급한 대로- 자신의 가장 큰 이익을 "전쟁 수요"에서 이끌어내었다. 그러나 **새로운 것**, 즉 **공업을 통한** 상품 생산을 자본주의식으로 조직하는 것은, 모든 정치 격변을 겪으면서도 경제 발전의 계속성을 유지하고 있었으며 그리고 거대 봉건국가 곁에서 무엇보다 공동의 **교회**가 참여하고 있었던, "평화 유지"45)에 오히려 의존하고 있었다. 그에 비해서 고대에는 이미 폴리스의 **설립**이 일종의 정치-군사 동기가 부여된 행위였으며, 마찬가지로 그 계속된 발전은 군사 선례들과 관련되어 있었다. 그리고 이점에서 자본주의는 궁극으로 오로지 정치에 관련된 것을 먹고 **살았으며**, 말하자면 자본주의는 오로지 간접으로만 경제에 관련되었다. 즉 자체로 공공 청부업의 변화 기회를 지니는 폴리스의 정치 부침(浮沈), 인간 약탈 <179우> 그리고 (특히 로마에서) 토지 약탈은 자본주의의 요소였다. 헬레니즘 시기와 로마 제국에서 세계가 **평화롭게** 되었을 때, 당시부터 오로지 **경제** 이해관계의 담당자가 되었던 고대 도시라는 기반 위에서도, 이전에는 오로지 맹아에 머물렀던 상인과 수공업자의 직업 통합이 풍부하게 전개되었다. 이들은 고대 후기의 국가에 의해서 국가 목표를 위해서 이용되었으며, 중세 조합이 처음 시작하여 고착되기까지는 박해를 받았

---

45) Befriedung: 중세 11세기에 일어난 신(新)의 휴전(Truce of God, Pax et Treuga Dei)을 지시한다. 가톨릭 교회는 주일 중 정해진 날에는 일체의 사투를 금지하고 위반자에 대해서 성사를 거부함으로써 지역의 평화와 상업발전에 이바지했다.

다. 그러나 고대 **자본주의**에게 사망 시각을 알리는 종이 울렸다. 평화 그리고 군주정 국가, 해변 문화에서 내륙 문화로 이동하는 것이, 사람들이 앞서 믿었던 것에도 불구하고, 일단 처음에는 바로 전성기에 이르도록 도움을 주었던 데 비해서, 고대 자본을 억압하였다. 그러나 마침내 **로마 제정** 시기가 평화를 향하여 그리고 내륙 문화를 향한 전환을 완성하였다.

제국이 되자 평화와 토지 및 인간 약탈의 중지가, 잠시는 티베리우스 황제 하에서, 궁극으로는 하드리아누스 황제 하에서,[46] 이루어졌다. 동시에 거대한 내륙평지, 즉 갈리아, 라인 및 도나우 지역, 일리리아와 (옛 마케도니아 속주[47]에 더하여) 발칸 반도의 전체 내부도 제국에 포함되었다. 평화는 노예 공급이 점차 소진하는 것을 의미하였다. 바로의 이상[48]에 따라서 재식농업을 경영해야만 하고, 광산에 필요하였던, 인간 소모를 위해서는 투기식 노예 양육과 평화로운 노예 거래는 충분하지 않았다. 노예가격은 처음에 급격히 **상승하였고** -왜냐하면 시장의 공급이 없었기 때문에-, 거꾸로 제국 후기에는 -왜냐하면 그 사이에 경제 조직에서 일어난 격변에 의해서 **수요가** 가라앉았기 때문에- 매우 **낮은** 상태이다. 일찍이 나는 이 계기들을 서로 배척하는 것으로 과장했었다.[49] -그러나 사람들은 그것을 낮게 **평가하지** 않는 것이 좋을 것이다. 노예 병영이 해체된 것, 노예의 가정 생활이 부활한 것, 아울러 대규모 농업 경영에서 **자본주의가** 수축된 것은 사실이며 그런 추이와 강하게 (사료에 따르면[50] "일손 부족"을 알 수 있다) 관련을 맺고 있는 것이 또한 분명하다. 거대하지만 교역이 어려운 북구 내륙 평지에서 대점유는 카르타고-로마의 재식농업을 본보기로 하여 한없이 경영될 수 없었다. 이미 타키투스[51]는 (아니면 그의 보증인이) 프랑크 시대에 고수되고 있는 현물지대 영주제를 아마도 라인 강 지역에

---

46) 보통 이런 식으로 이야기되고 있으나, 이것은 베버의 실수로 보아야 한다. 왜냐하면 하드리아누스(117~138년)가 다키아의 포기를 고려했지만, 실제로는 아우렐리아누스 시기(270~275년)에 이루어지기 때문이다.
47) 기원전 146년에 속주로 지정되었다.
48) 바로, 『농촌일』 1.17.1.에 나오는 말하는 도구로서의 노예개념을 말한다.
49) 베버, 「고대 문화 몰락의 사회 원인」(본 역서 부록)을 의미한다.
50) 수에토니우스, 『아우구스투스』 32와 『티베리우스』 8에 나온다. 이에 관해서는 베버, 『로마농지사』 242면과 주 49와 50을 보시오.
51) 타키투스, 『게르마니아』 25.

있었던 우비 인들52)의 군주들에게서 보았으며 또 로마의 노예 병영에 대비하여 그들의 군역(軍役) 조직을 제시하고 있다. -서서히 로마 빌라는 높은 <180좌> 자신의 문화를 가지고 북쪽으로 향하여 항상 진전하기 시작해서 마침내는 스코틀랜드의 국경에까지 이른다. 여기에서 이 빌라는 -그 점도 사료로 알 수 있는데- 항상 더 넓은 토대 위에 의존하는데, "지배자의" 존재에 필요한 것이 항상 더 큰 지역을 요구하므로, 그렇게 하지 않을 수 없다. 대토지 점유의 확대 과정은 이미 공화정 시기에 진행되고 있었고, 이제 계속되며, 아울러 동시에 자신의 수요 충족에 불가결한 시장에서 점점 떨어져 나간다. -이 과정은 "콜로나투스" 항목에서 언급하도록 하겠다.- 군주정은 -사료에서 알 수 있듯이53) 점유자들의 항상 강력한 저항에 대해서- 이들을 집주하고자 노력한다. 그러나 도시로의 도망이 우세하였을 것이다. 귀족은 강력하게 토지에 정착한다. 이것은 경제·사회상으로 도시의 의미가 가라앉고 중세가 준비되고 있다는 의미이다. 제정 시기에 로마 제국이 아우르는 '세계'의 영역에서 그라쿠스54)에서 카라칼라55) 황제에 이르는 350년 간 재화의 거래는 절대로 매우 크게 증가하였을 것이 분명하다. 그러나 **상대로** 특정한 고대 **문화** 권역 속으로 시민 혹은 복속민으로서 **포함된** 지역과 인력의 크기를 그 매매량과 비교하면, 사정이 동일하지는 **않을 것이다**. 왜냐하면 이 권역은 거대하게 확장되었기 때문이다. 고대 문화는 해변 문화에서 내륙 문화가 되기 시작하였으며, 주어진 교역 수단이라는 척도에 따르면, 이는 교역 **집중도의 상대** 감소를 의미함에 틀림없었다. 해안 지역에서는 노예를 양육하고 옷 입히는 것이 대규모의 오이코스에서 완전히 충족되거나 아니면 **시장**에서 부분으로 충족되었다. 내륙에서 노예 혹은 점유자의 콜로누스는 자명하게도 자연경제로 산다. 오로지 희박한 지배층만이 여기에서 구입할 동기가 부여된 필수품을 농장의 잉여를 팔아서라도 충족시켰다. 이 교역은 자연경제의 토대 위에 있는 성긴 그물망이다. 한편 대규모 중심 도시의 대중을 배려하는 것은 개인 거래가 아니라 국가의 '아노나'이다. 이 발전은 자연히 줄곧 새로 편성된 내륙 지역으로의 이주와 토지 경작의 절대 **증가**를 배제하는 것이 아니다. 오히

---

52) Ubii: 이들은 기원전 1세기 후반 라인 강 우편에서 좌편에 걸쳐서 쾰른 주변에 거주하였다.
53) 베버, 『로마농지사』 p. 258 이하에 나오는 사료를 참조하시오.
54) 티베리우스 그라쿠스로 생각된다.
55) Caracalla: 211~217년 동안 재위하는데, 그 이후 3세기 제국위기기 전개된다.

려 이보다 더 확실한 것은 없다. 그러나 이점도 문화 변이의 작용을 **촉진하였다**. 내륙 문화의 성격은 두 가지에서 -폴리스가 무장이 해제된 상태에서 그 독립 정책이 마침내 제거된 것과 <180우> 그러나 아울러 **자본주의** 이해관계와 그에 매달려 있는 이익 기회에서- 그리고 **내륙의 대규모 토지점유자 신분**과 그들의 이해관계가 제국 정책에서 두드러지게 된 것에서 가장 분명히 드러난다. 이 후자의 것은 순수하게 정치 결과를 공고히 하였다. 로마 군대의 공격력 감소는 광범위한 북쪽 변경 전체에 걸쳐서 폐쇄된 군단들의 지도를 작성해 보면 현저히 드러난다. 이것은 속주에서 **토지**에 정착한 점유자들의 **문화** 상태가 증진되는 것에**도** 근거를 가진다. 이 점유자들은 군대에게서 자신들의 점유에 대한 모든 **보호**와 경호를, 다시 말해서 **방어** 과제를 요구한다. 이와 결부되어 있는 것이 고대 군주정체의 고유한 모든 결과를 지닌 국가의 **군주** 성격이다. 이탈리아 도시 동맹56)은 그것이 이루어진 시기에 자신의 시민소집군을 가지고서 켈트 인57)을 -이들의 군사력은 고트 족과 반달 족의 군사력(바로 15,000~20,000 명의 전사)58)에 족히 비견되며- 격퇴하였으며, 소위 "민족이동"을 극복하는 것이 하찮은 일이 되었을지도 모를 만한 병력을 한니발 전쟁에서 소집하였다. 그러나 -황제 시기에 이루어진 **사회** 계층 구조가 시민으로 이루어진 (그리고 말하자면 고대 폴리스에서 **농민의**) 소집군이 **자판** 무장하는 병역 의무를 기초하도록 허용하였는지에 관한 질문은 완전히 별도로 하고- 그렇게 이따금 '이를 위해' 생긴 시민 소집군이, 내륙에 거주하는 점유자들과 국유지 임차인의 이해관계가 요구한, 전체 유럽을 가로지르는 상비의 방어 군역을 떠맡을 수 없었다. 그것은 오로지 상비군만이, 또한 고대의 사정에 따르면, 직업군대만이 할 수 있었다. 그리고 이제 문화에 열린 내륙의 이해관계와 군주정의 **왕조** 이해관계가, 도처에서 그런 것처럼, 여기에서 만났다. 왕조에 의한 직업군대와 왕조에 충성하는 관료는, 헬레니즘-이집트의 모범을 따라 세계 제국을 이루기 어려운 폴리스 행정을 대신하였고, 그 군주정 국가가 거주지를 동쪽으로 옮기면서, 명백하게도 **헬레니즘**의 유산으로서 자신을 고백했을 때,59) 그것은 단지 발전의 귀결 끝마디에 불과하였

---

56) 기원전 3세기 전반 이래로 로마의 지배를 받고 있었던 이탈리아를 지시한다.
57) 기원전 3세기 말과 2세기 초 켈트인을 격퇴한 것을 지시한다.
58) 이 수자는 델브뤽, 『원시게르만의 가우』 473면 이하에 근거한다.
59) 이는 324년 콘스탄티노플의 건설을 의미한다.

다. 확실히 아우구스투스와 처음 이백년 간 모든 걸출한 형상이 로마 황제들이라고 생각된다. 이들은 당시에는 서쪽을 향해 시민권을 확대하면서 조심하였고, 그리고 로마 인이라는 특권을 유지하고자 하였다. 그러나 황제들은 자신의 편에서 지배 민족을 통치하기 위해서 <181좌> 그들을 점차 무장해제하였는데, 이는 제대병이 제대 증서에 고향에 관한 보고를 하는 데에서 명백히 충분하게 제시되고 있다. 그래서 단순한 국가의 행위를 통해서, 소동과 항의가 없이, 로마 인의 지배는 세베루스 가문의 황제들에 의해서 **부스러졌고**,60) 일리리아 인과 같이 문화 전통이 없는 종족이, 오리엔트 사람들 달리, 제국의 지배권을 장악하였다. 관직 및 공직에서 로마 씨족을 제거한 것, 로마 귀족의 확고한 옛 행정 **전통**을 없앤 것은 ("종족"-영향이 아니다. 이와 관련해서는 여기에서 파악될 수 있는 증거가 없다61)) 국가를 그 기초에서 흔들었다. 사실상 (도마스체프스키62)가 입증하듯이) 막강한 군대에 엄청나게 증가하는 선물을 준 덕에 결과된 것은 – 국가 파산, 아울러 한 세대 동안 지속된 고대 화폐경제의 붕괴 ("매장물"에 대한 후대의 결정은 현금 수단이 유사한 경우처럼 언제나 이 경우에 어디에 있었는지를 보여준다63)) 그리고 이제 완전히 새로운 기초 위에서 다시 맞추어진 제국의 몰락이다. 로마의 군주정은 이제 헬레니즘-이집트 모범에 따르는 **레이투르기아 국가**가 되었다. 그 싹은 기원후 2세기로 소급된다. 최고로 특권화 된 원로원의원부터 일종의 궁중의례 제공자(아우구스탈레스64))에 의해서 함께 폐쇄된, 소도시 피해방민 부르주아지, 제정기를 장악하고 있던 신분 계층 그리고 10인위원 제도,65) 치외법권상태의 직영지 및 영주제 조직에까지 ("콜로나투

---

60) Severus: 193년 셉티미우스 세베루스가 권좌에 오른 것을 말한다.
61) 베버는 1910년 10월 19-22일에 열린 1회 독일 사회학자 대회에서 Seeck, 『고대세계의 몰락사 Geschichte des Untergangs der Antiken Welt』 Stuttgart, 1895, 1, pp. 257-259에 나오는 종족 이론-로마 씨족이 행정에서 배제되어, 전통 가치가 무너졌다는 설을 비판하였다.
62) Domaszewski, "Der Truppensold der Kaiserzeit," *Neue Heidelberger Jahrbücher*, 10, 1900, pp. 228-240.
63) 베버가 참고한 것은 황제 레오 6세의 『신칙법』 51인데, 여기에는 조세 압력과 부자들의 재보 매장 사이의 관계가 그려져 있다. Zachariae v. Lingenthal, Karl Eduard, *Ius Graeco- Romanum 3, Novellae constituones*, Leipzig: T.O.Weigel, 1858, p. 144에 원문이 있다. S.P. Scott, *The Civil Law*, vol.17, AMS Press, 1973, p. 252.
64) Augustales: 일차로 황제숭배에 종사하는 자이며, 피해방민 가운데서 선발되었다. 이들은 기원전 12년부터 조합을 결성하여 제국내 주요 도시에서 존재하였다. 이들은 몸젠, 『로마국법』 3-1, p. 454에 따르면, 이들에게는 실제인 것은 없고 비용과 과시만이 있다고 보았다. 베버도 이런 견해를 따르고 있다.
65) decurion: 사실상 이들에 의해서 도시 행정이 장악되었다고 알려져 있으며, 사실상 폐쇄된 계층으

스" 항목을 보시오.) 이르는 신분층은 제정기가 만든 것인데, 카라칼라를 통해서 제국 내 모든 특권층에게 시민권을 확산하는 사회 토대를 이루었다. 인두세 의무를 진 라오이, 평민, 콜로누스, '재산세 의무자'가 그들에 대비되었다.66) 일반인의 "혐오스런 의무들"67)에서 면제된 "점유자" 계층, 영주들은 이제 공식(公式)으로 소위 "제국 직속" 복속민을 형성하였다. 이미 이 상태는 -공화정 하에 있던 복속민의 상태가 존속되는 것인데- 헬레니즘의 각인을 지니고 있는데, 그것을 직접 차용한 것과 마찬가지이다. 즉 고대 군주정의 조건들은 이 형태를 자체에 지니고 있었다. 군대 식량을 조달하고 혼인한 국경 주민으로서 사실상 세습 신분이 된 군단에 대하여 토지를 공급하는 방식은 의심의 여지없이, 동쪽에서, 특히 이집트에서 일차로 독점, 국영 작업장, 강제 조합, 조세 및 기타의 모든 '공공봉사'를 위한 '10인위원'의 공고함을 아주 자연스럽게 모방하였다. <181우> 이것들은 마치 견고한 그물처럼, 개인을 엮어서 짜고 그 기능에 묶어 버린다. -이 그물 속에서 고대 국가도, 천천히 그러나 확실하게, **자본주의**를 질식시켰다. 왜냐하면 적어도 제정기 초기 2세기 간, 질서와 평화가 다시 회복된 후 4세기에 고대의 "고전" 시기가 알지 못했던 (상대로) 심대한 **평화**의 기간이 자본주의 경제의 전성기가 아닐 수 있겠는가? **화폐경제**의 증가는, 적어도 마르쿠스 아우렐리우스의 시기에 이르기까지는 확고하다. -그러나 "화폐경제"는 "자본주의"와 동일한 것이 아니다. 거대 **영주**들이 생기고 자란다. -다른 한편으로 제정기의 전체에 또한 최후에는 동쪽의 소행상과 소수공업자들이 (여기에서 그들이 바로 그리스도교의 전달자이다) 서구에서 밀고나간다. 그러나 우리는 상업에서도 농업에서도 또한 완전히 공업에서도 **자본주의** 경제 조직의 진전에 관해서 아무 것도 듣지 못한다. 반대로 제정 초기에 북쪽으로 가서 거래하였던 "왕의 상인"68)은 줄어들며, -소규모 편력상업 민족이 전진한다- 3세기 대규모 붕괴

로 파악된다.
66) 이 내용에 따르면, 카라칼라의 212년 로마 시민권 수여 정책에서 인두세 납부 의무가 있는 제국내 거주민들이 배제되었다는 개념을 보여주는데, 이는 P.M. 마이어, 『이집트에서 프톨레마이오스와 로마의 군사제도』, pp. 136-143에 나오는 견해를 따른 것이다. 이 개념은 오류로 간주되고 있다.
67) sordida munera: 다른 말로 Munera corporalia(신체의무)라고 하는데, 숯굽기, 석회석 소성, 빵굽기 등 신체를 이용한 의무를 지시하며, 하층민들은 국영공장, 광산, 채석장, 공공사업장에서 강제노동을 제공하는 것을 의미한다.
68) 이는 플리니우스, 『자연사』 37.3(11).45. 기사 신분 출신의 상인이 네로를 위해 호박(琥珀)을 구하

의 시기에 거래세가 완전히 고갈되어 (도마스체프스키[69])가 입증하듯이) 징세관이 사라진다. 그리고 파피루스에 따르면 가능해 보이듯이, 침체 상황, 즉 아래를 향한 억압은 이미 마르쿠스 아우렐리우스의 시기로 소급된다. 확실히 고대는 기원후 3세기의 혼란기보다도 더 심한 전쟁 상태를 겪었다. -왜 그것이 되풀이되지 않았겠는가?- 고대의 자본주의는 **정치로** 닻을 내리고 있고, 팽창하는 도시국가에서 정치 지배 관계를 개인이 착취하는 데에 관련되어 있으며, 자본 형성의 근원이 몰락하면서, 자본 형성이 중단되었기 때문이다. 황제의 첫 작품은 바로 **조세**를 정규화하고 공공 청부인의 자의를 제한하는 것이었다. 프톨레마이오스의 행정과 (앞을 보시오) 같이, 우선 황제들은 공공 청부인들의 자본과 경영실무 경험이 없어서는 안 되었다. 그러나 황제들은, 자신의 관료가 필요한 감찰권을 더 많이 가질수록, 공공 청부인에게 필요도 없는데 개인의 이익을 베풀어야 했으므로, 자신들이 더 광범위하게 징수제의 "국영화"의 길로 나가고 있음을 분명히 그만큼 덜 통찰하였다. -그리고 도마스체프스키와 로스토프체프가 지시하였듯이- 공공 **청부인**은 결국 국가 관리가 되면서 끝난다. 한편으로는 자신의 **복속민**을 보호함으로써, 다른 한편으로는 세계를 **평화롭게** 함으로써, 제국은 자본주의를 <182좌> 사멸 상태에 놓았다. 노예 시장은 위축되고, 폴리스와 폴리스 간의 전쟁이 제공하는 모든 기회가 사라지고, 개별 폴리스를 통하여 무역로를 강하게 독점하던 것이 없어지고, 대체로 직영지와 복속민에 대한 개인 착취가 중단되었다. 이것은 고대 자본주의가 자신의 비옥토를 박탈당하는 것을 의미하였다. 디오클레티아누스 황제의 레이투르기아 국가에서 자본주의가 자신의 이익 추구를 고정하기 위한, 아르키메데스의 작용점을 충분히 찾지 못했다는 것은 자명하다. 관료 조직은, 복속민들의 정치 주도권과 마찬가지로, **경제 주도권**도 죽여버렸는데, 이에 상응하는 기회도 없었다. 모든 자본주의는 점유 계층의 "재산"을 "**자본**"으로 변화시킨다. -제국은 "**자본**"을 배제하였고 프톨레마이오스 국가와 같이 점유 계층의 "재산"에 기댄다. 고대 폴리스에서 그런 것처럼, 더 이상 창과 갑옷이 아니라 자신의 **점유**를 가지고, 점유하는 계급들이 이제 제국의 수입과 수확의 욕구를 보증하는 것으로 제국에 기여해야 하였다. -아울러 레이투르기아 국

려고 게르만 해안으로 파견된다.
[69]) Domaszewski, "Die Inschriften des Timesitheus," *RhM,* 58, 1903, p. 229f.

가의 형태로 재산을 가진 복속민을 이처럼 **직접** 이용하는 대신에, 근대 **중상주의** 국가에서 군주정과 자본 간 동맹의 형태로서 **간접** 이용하는 것이 등장하였을 때, 영업 자본주의의 발전 및 네덜란드와 잉글랜드의 개인 자본주의 재부라는 모범이 필요하였다. -개인의 경제 주도권이 관료제를 통해서 정지되는 것은 고대의 특수성이 아니다.

 모든 관료제는 확산을 통해서 동일한 작용에 도달하려는 **경향**이 있다. 아울러 우리의 관료제도 마찬가지다. 그리고 고대에는 폴리스의 정치가 자본주의에게 "선도자(先導者)"가 되었던 반면, **오늘날**에는 자본주의가 **경제를 관료화하는** 선도자이다. 석탄, 철 그리고 모든 광산물, 모든 부문의 야금업, 더욱이 주정, 설탕, 담배, 성냥 그리고 대체로 가능한 한, 오늘에 이미 고도로 카르텔화 된 모든 대중상품을 국가기업 혹은 사실상 국가에 의해서 통제되는 사업에 위임하고, 직영지 점유와 신탁유증 및 국가에 통제되는 지대 농장을 증대하며, 그 자체의 결과에서 "카니츠 계획"[70]을 관철한 것, 군대 수요를 위해서 그리고 국가 관리의 필요를 위해서 국가에 의해 지도되는 작업장과 소비조합, 국가소속 예인(曳引) 종사자들에 묶여진 내륙수로 항행, 국가에 통제되는 해상 항해, 철로 등을 국유화하고, 게다가 아마도 면화 수입을 공공계약을 통해서 규제하고 국가 지도하는 것 그리고 이 모든 <182우> 사업이 관료 "질서" 안에서 이끌어지고, 국가에 의해 "통제된" 신디케이트, 나머지 모두는 조합에 의해서, 학문상의 그리고 또 다른 종류의 무수한 능력 보고를 통해서 규제되고, "평온한 연금 수령자"[71]의 유형을 일반화 한 것을 우리가 생각해 보자. -그래서 일종의 군사-왕조의 체제 하에서, 후기 제정기의 상태는 오로지 기술상으로 더 완전한 토대 위에서만, 이룰 수 있을 것이다. 도시 동맹의 시기에 자신의 선조가 가진 성질로부터 독일 "시민"이 결국에 얻은 것은 로마 황제들 시기에 아테네인이 마라톤 전사가 지닌 성질로부터 얻은 것에 비해서 별로 더 많지 않다. "질서"는 시민의 깃발이다. -대개 시민이 "사회민주주의자"인 경우에도 그러하다. 사회의 관료화는 우리에게는, 모든 예견에 의하면, 고대와 같이, **언제든지** 심지어 자본주의를 지배하는 것이다. 우리에게도 이어서 "생산의무정부"[72] 대신에 저 "질서"가 대

---

70) Antrag Kanitz: 카니츠는 백작의 작위를 가진 보수 제국의회 상원의원으로 곡물 수입의 국유화와 전시 대비 곡물비축을 위한 계획을 입안하였고, 1894-6년에 3차례 제의하였으나 거부되었다.
71) rentier paisible: 19세 프랑스 사람들이 생각한 로마인 상이다.

두하는데, 그것은 원칙상 유사하게, 로마 제국이 그리고 더욱 더 이집트에서는 "신왕국"이 그리고 프톨레마이오스 지배 체제가 그려낸 것이다. 그리고 사람들은 관료주의식으로 전쟁 기계를 구비하고, 복장을 갖추고, 부양되고, 훈련 받고, 명령에 복종하는 병영 군대에서 치루는 병역 의무가 "평형추"를 제시할 수도 있을 것이며, 그리고 대체로 근대의 강제 부역은 시민의 무장력을 지닌 먼 과거의 **왕조** 국가에서 더 깊은 친척관계를 지니고 있다는 점을 바로 믿지 않을 뿐이다. -그래도 이런 관점들은 여기까지 올 것은 아니다. 이제까지 지중해-유럽 문화 발전의 연속성은 폐쇄된 "순환"도, 하나의 분명하게 지향된 "직선"**도** 알지 못했다. 때때로 완전히 가라앉은 고대 문화 현상은 후에 그것에 낯선 세계에서 다시 떠오른다. 한편 후기 고대의 특히 헬레니즘 시기의 도시들이 공업의 영역에서 그런 것처럼, 고대후기 **영주**는 농업의 영역에서 중세의 **전**(前) 단계였다. 이것이 중요하다는 점 그리고 어떤 의미에서 그러한지는 다른 곳에서 ("콜로나투스"항목을 참조) 설명될 예정이다.

---

72) Anarchie der Produktion: 원래 이 말은 프리드리히 엥겔스, 『반뒤링』 1878에서 사용된 표어로 시장 경제를 비판하는 것이다.

참고문헌 해제

계속되는 문헌목록으로서 그리고 사료학을 위해서 고대 **전체**에 관련해서는 "『역사학 연보』"가, 고전그리스-로마-헬레니즘에 관련해서는 "『**고전 고대학 연보**』"[1])가 고려된다. (더 상세하며 나름대로 모범의 효력이 있으며 확실한 것은 별쇄들인데, 여기에서는 개별 영역이 다루어지며, 특히 대체로 정치사와 함께 공통으로 다루어진 경제 문제점들이 매우 중요하고도 신중하게 취급된다. 대체로 이 측면은 약간 물러나 있다.) 그밖에도 잡지들이 있는데, 여기에는 특히 "『역사학 잡지』"의 문헌 목록과 "『**사회경제사잡지**』"에 있는 논문들과 <183좌> 비평들이 언급되어야 할 것이다. 국내 및 국외의 기타 사회경제 잡지들의 대부분에서 때에 **따라서** 중요한 논문과 비평이 발표되었고, 민속지, 고고학(예를 들면, "『고고학 잡지』"), 비교법 잡지(예를 들면 콜러의 잡지)[2])도 마찬가지다. 특히 고대 그리고 참으로 **전체** 고대는, 프로그램에 따라서 정기 발간되는 간행물들 즉 『클리오』, "『고대사를 위한 기고』"(보충 도움을 포함)에 의해서 포괄되는데, 여기에는 사회사로 가장 높은 가치를 지니고 있고 앞서 언급한 이용 가능한 논문의 항목을 찾을 수 있다. 종합된 서술 중에서 에두아르트 마이어가 위대하고 민족-그리스 고전기 역사의 끝까지 포괄하는 작품을 저술하였다. "『고대사』" 5권인데, 이는 사회사와 관련하여, 이어지는 낱권들과 더불어서 풍부해진다. 그리고 애초 인쇄 공급이 끝난 후, 2판의 최초 분책[3])은 최고의 가치 외에도, 보다시피, 논란의 여지가 있는 성질의 일반 고찰들도 몇 가지 지니고 있다. -국가의 "선사"와 역사 속에서 **국가인 것**의 변화와 관련해서, 언제나 그가 사실이라는 지면을 밟고 서는 곳에서, 1907년 『베를린 학술원의 의사록』에 들어있는 자신의 논문 이후에,[4]) 슈탐러가 **법학**의 미숙으로 인해서[5]) 그의 역사 시각의 공평무사함이 혼탁하게 될 가능성을 가지고 있으므로, 그 판단의 분명한 실재는 별로 확고하지 않을지도 모른다는 점을 염두에 두어야 할 것이다. 법학은 역사가에게, 자연 및 경

---

1) 원래의 제호는 *Jahresbericht über die Fortschiritte der classischen Altertumswissenschaft*이다.
2) *Zeitschrift für vergleichende Rechtswissenschaft*의 3권부터 Josef Kohler의 편집으로 만들어진다.
3) 2판 1권의 전반 분책 "서론. 인류학의 기초", 1907년 12월 7일 간행을 참조한 것으로 보인다.
4) Ed. 마이어, "Über die Anfänge des Staates und sein Verhältnis zu den Geschlechterverbänden und zum Volksthun," *Sitzungsbericht d. königl. preuss. Akad. d. Wiss.* 1907, pp. 508-538.
5) R. Stammler가 유물론의 역사 파악을 극복한다는 것을 비꼬는 말이다.

제의 개념 도식주의와 완전히 정확하게 동일한 위험을 초래한다. - 서론에서 일반 설명을 위해서 참조할 것은 다음과 같다. 에두아르트 마이어의 입장과 관련해서는 "고대의 경제발전"과 "고대 노예제"에 관한 그의 논문을 참조하시오. 이와 관련한 논쟁으로 뷔허를 보는데, 사실상 "민족 경제의 형성," 더 나아가 『셰플을 위한 기념논문』("그리스 경제사를 위해")에서, 그리고 "『국가학잡지』" 50에 게재된 디오클레티아누스 칙법에 관한 논문,6) 줄여서는 이 사전의 "공업" 항목을 참조하시오. 더 나아가 노예제에 관련해서는 특히 치코티의 "고대 세계에서 노예제의 몰락"이 고대의 사정에 입각한 케언스의 "노예 노동력"에 있는 관점을 적용하고 있어, (어떤 우둔함과 초점 없음에도 불구하고) 의심의 여지없이 훌륭한 가치를 가진다. 그리고 아킬레 로리아가 "『사회경제사를 위한 잡지』" 4에 기고한 것7)을 참고하시오. (이에 관해서는 "콜로나투스" 항목을 참조하시오.) 빌켄과 로스토프체프 등의 중요한 작업은 "헬레니즘" 장에서 보시오. 이 모든 곳에 역시 지난 문헌의 인용이 있다. 로드베르투스의 저술8)은 "『민족경제 잡지』" 4, 5, 8권에 수록되어 있다. 역사가(에두아르트 마이어와 그 제자들)가 지닌 인식에서의 진전 역시, 그리고 바로 그들이 뷔허 등에 대해서 정당성을 가지고 있는 바로 그곳에서, 그들이 (기쁘게도) 멸시받은 경제 "이론가"라는 암송아지를 거느리고 쟁기질하기 시작했으며 그래서 명백한 개념에 도달하였다는 사실로 인해서, 달성된다.9) -그것은 "공장"에 관련하여 분명히 그들에게는 여전히 현재에도 볼 수 있는 것은 아니다.- 고대 국가론의 사회 측면에 관련해서는 퓌스텔 드 쿨랑주의 <183우> 영감이 가득한 작업들이 있다. (특히 "고대도시"는 매우 -그러나 조심스럽게- 읽을 가치가 있다.) 폴리스의 정치 가치 평가와 관련해서는, 요즘 새로 기초를 놓고 있는 것이 쿤의 작업들 (특히 "고대도시들, 집주와 '농촌' 제도")이다.10) 더 나아가 참조할 것은 -에두아르트 마이어의 작업으로 4장 문헌에서 언급할 것을 제외하고- 카에르스트의 "『헬레니즘 시대의 역사』"(특히 p. 62 이

---

6) Bücher, "Die Diokletianische Taxordnung vom Jahre 301," *Zeitschrift für die gesamte Staatswissenschaft*, 50-4, 1894, pp. 672-698.
7) Achille Loria, "Die Sklavenwirtschaft im modernen Amerika und im europäischen Altertum," *Zeitschrift für Sozial- und Wirtschaftsgeschichte*, Vol. 4, 1896, pp. 67-118.
8) Rodbertus, "Untersuchungen auf dem Gebiete der Nationalökonomie des klassischen Alterthums. II. Zur Geschichte der römischen Tributsteueru seit Augustus," *Jahrbücher für Nationalökonomie und Statistik*, 5, 1865, pp. 135-171.
9) 이는 구메루스의 박사논문, 『경제조직으로서의 로마 농장경영: 카토, 바로, 콜루멜라의 작품에 의거하여』에 있는 이론 부분을 지적한다.
10) Kuhn, 『고대도시, 농촌제도와 집주의 형성』.

하)11)이다. 그밖에도 참조할 것은 각 장에 있는 문헌이다. -개인으로 나는 다음과 같은 점을 언급하고자 한다. 발행자와 출판사의 관대함이 그들이 지닌 가능성의 한계에 이르고 거의 그것을 넘어서기에 이르렀다는 것이다. -그래도 (앞 판의 텍스트에서 이미 그 자체로 동등한 가치가 없고 당시의 연구 수준에 따라서 보면 완전히 가치가 없는) 논문을 개작하면서, 전체 간행 사업을 논란이 된 시간 안에 마쳐야 한다는 책임감을 나는 느끼고 있었음이 자명한데, 엄청난 사료가 있어서 그 일 자체가 **고통스럽게 빠듯한 일**이었다. 특히 매우 중요한 사료 간행물이 다수 있는데, 일부는 2번째 교정 시에 처음으로 내가 입수할 수 있었고, 일부는 모든 노력에도 불구하고 전혀 볼 수 없었다. 그러나 대체로 원 사료와 (특히 비문) 매일 같이 지내지 않는 사람이, 개별 오류[183-1]

[183-1 나는 3가지 점을 정정한다.
  1. 폰 둔 v. Duhn 교수12)의 친절한 지적에 따라서 나는 아테네 도기에 적힌 글이 시조명이 아니라 오히려 늘 제작자를 나타내고 있다는 점을 납득하였다. (이 점을 제외하고 설명에서는 달라질 것이 없다.)
  -2. 이집트 로마의 에피크리시스는, 베셀리가 정당한 한, 징세대상의 작성으로서 볼 수 없을 것이다.
  -마지막으로 (점유 분할에 관한 설명에서) 농촌 지역 대신에 "로마 농지"(신성한 개념이다!)에 관해서는 부정확하게 언급되지 않았어야 했다.]

앞에서 확실하지 않으며, 이미 그런 이유로 해서 이 문제에 대한 최종 판단은 역사가들, 문헌학자들, 고고학자들이 해야 할 것이며, 우리는 **우리의 전문 경험**에 따라서 오로지 탐구하도록 발견을 돕는 것만을 -**질문을 제기하는 것**- 할 수 있고 또 그러고자 한다는 점이 그 자체로 이해된다.

많은 -모두가 아니라- 역사가가 항상 빠지는 가장 현저한 잘못은 역사 형상의 "복잡성" 그리고 "유동성"이 확고하고 정밀한 개념의 적용을 허용하지 않는다는 점에 있다. 이제 자명한 예를 들어보자. 때에 따라서 아니면 정해진 시기에 따라서 노예에게 일을 시키며 함께 노동하는 소 수공업자로부터, 그 기술을 실제 익혔고 이해하지만 주로 자신의 노예에 대한 감독만을 하는 수공업자에 이르기까지, 더욱이 때때로, 자주, 대개, 언제나 자신의 노예를 양도하는 사람에 이르기까지, 이어서 기술을 개인으로는 별로 또

---

11) Kaerst, *Geschichte des hellenistischen Zeitalters: Bd. 1, Die Grundlegung des Hellenismus*, Teubner, 1901, pp. 62-68.
12) 그는 1908년 2월 23일 결사단체인 에라노스에 관한 베버의 강의에 참석하였디.

는 전혀 구사하지 못하고 "상인 관리자"로서 매각을 이행하는 자, 더 나아가 자신이 가진 원료의 일부만을 자신의 노예를 통해서 활용하는 상인, 더욱이 자신의 돈을 때에 따라서 하나 혹은 다수의 숙련 노예에게 "투자"하는 상인이나 개인, 마지막으로 바로 시장을 위해 <184좌> 그러나 자가 수요를 위해서, 또는 오로지 자신의 필요만을 위해서 숙련 노예를 노동하게 하는 군주 가계에 이르기까지 하나의 빈틈없는, 가능성의 사슬이 있다. 그러나 이 분명치 않은 사실들의 잡다함은 우리가 둔한 개념을 만들어야 한다는 것이 아니라, 오히려 반대로 날카로운("이상형," 이와 관련해서는 "『사회과학을 위한 문서고』", XIX, 1을 참조)13) 개념을 올바르게 적용해야만 한다는 것을 입증한다. 그리고 역사의 소여성(所與性)을 억압하기 위한 도식이 아니라 오히려 한 현상의 경제 성격을 결정할 수 있도록, 즉 그 현상이 하나나 다른 "이상형"에 얼마나 가까운가를 정할 수 있도록 도와주기 위해서 그렇게 해야 한다. 앞서의 텍스트와 같은 짤막한 스케치는 자연히 도식화를 완전히 회피할 수 없을 것이다.

1. 메소포타미아에 관해서 번역된 문서 기록 사료로 최상의 것은 오페르와 메낭의 오래된 수집("『아시리아 법률 문서』")14)이다. 더 나아가 "『쐐기문자 총서』15)가 널리 읽힌다. 그리고 마이스너의 "문서와 텍스트"16) 등은 그가 작성한 "『고 바빌로니아 개인법 논고』"17)에서 발견되는데, 여기에 수많은 독일어로 된 "함무라비"-판이 더해진다. (법률 주석을 달아 콜러와 파이저에 의해서 간행된 것, 수메르 법에 관해서는 하우프트의 "『수메르 가족법』"18)을 보시오.) 그리고 더 많은 사료는 예를 들어 몰덴크의 "『바빌로니아 계약 점토판』,"19) 힐프레히트가 편집한 펜실베니아 대학의 발굴,20) 마이

---

13) Weber, "Die 《Objektivität》 sozialwissenschaftlicher und sozialpolitischer Erkenntnis," *Archiv für Sozialwissenschaft und Sozialpolitik*, 19, 1904, pp. 22-87을 지시한다.
14) Oppert et Ménant, *Documents juridiques de l'Assyrie et de la Chaldée*, Paris, 1877.
15) Schrader, ed, *Keilschriftlichen Bibliothek: Sammlung von Assyrischen und babylonischen Texten in Umschrift und Übersetyung*, I, Berlin, 1889.
16) 이런 제호의 논저는 없다.
17) Mesissner, *Beiträge zum altbabylonischen Privatrecht*, Leipzig, 1893.
18) Haupt, *Die Sumeischen Familiengesetze in Keilschrift, Transcription und Ubersetzung, nebst Ausfuhrlichem Commentar und Zahlreichen Excursen*, Leipzig, 1870.
19) Moldenke, *Babylonian Contract Tablets in the Metropolitan Museum of Art*, Columbia University Press, 1893.
20) Hilprecht, *Die Ausgrabungen der Universität von Pennsylvania Im Bel-Tempel zu Nippur*, Ein Vortrag, Leipzig, 1903.

스너와 로스트의 산헤립의 건축비문의 간행, 파이저의 『베를린 박물관 소장 바빌로니아 계약문서』가 (선매권에 관한 콜러의 잠정 논설이 여기에 추가된다)21) 제공하고 있다. 그리고 오페르는 "『아시아 잡지』" 7. Ser. XV, p. 54322)에서 바빌론 사람의 편성에 관해서 (당시에 시대에 뒤진) 기고한 것 그리고 (초기 역사에 매우 중요한) 튀로-당인의 수메르-아카드의 왕들의 비문에 대한 간행("『근동 총서』" 제 1권)이 있다. 그밖에도 사람들은 수많은 귀중한 작업을 다음과 같은 곳에서 탐구해야 할 것이다. 베촐트의 "『아시리아학 잡지』"23) (여기에는 문헌목록과 비평이 계속된다), 더 나아가 델리츠쉬의 "『아시리아학와 셈계의 언어학을 위한 기고』"24) 그리고 특히 (마스페로가 편집한) "『이집트 아시리아의 문헌학과 고고학에 관련된 작업』,"25) 아울러서 (더 빈번히) "『왕립 아시아 학회 잡지』,"26) "『아시아 잡지』," "『성서 고고학 회의록』"27) 그리고 "『독일 동양학회 잡지』"28)에 게재된 다수의 논문들, 마지막으로 특히 "『바빌로니아와 오리엔트의 기록』"이다. 일반의 방향 정립을 위해서 적합한 것으로는, 빙클러의 "『고대 오리엔트 연구』"와 "『고대 오리엔트의 제민족』" 제3권29)과 헬모트의 "『세계사』"에 관한 (매우 간략히 그리고 꼼꼼하진 않아도 매우 잘 쒸여진) 그의 묘사가 있으며, 마스페로의 "『고전 오리엔트 제인민의 고대사』"30)는 사회 관계에 관하여 간략한 (그러나 읽을 만한) 횡단의 역사를 제시하고 있다. 경제 발전에 대한 고유한 서술은 이제까지는 완전히 없었으며, 시기상조일 것이다. 그 전제는 엄청난 문서 자료를 분류하는 것인데, 이는 이제까지 자연스레 전면에 나왔던 시기-역사, 계보 등에 따라서만 아니라, 또한 전문성 있는 경제 관점 하에서 더 큰 시간 폭에 따라서 그리고 <184우> 가격 관계 추이의 확인과 더불어 경제의 (자본 이용 및 수요 충족의) 목적에 대한 분석으로 이루어진다.

---

21) Peiser, *Babylonische Verträge des Berliner Museums in Autographie, Transscription und Übersetzung. Nebst einem juristischen Excurs von Josef Kohler*, Berlin, 1890.
22) Oppert, "Tablettes juridique de Babylone," *Journal asiatique*, 7e serie, 15, 1880, 533-556.
23) Bezold가 편집한 잡지 *Zeitschrift für Assyriologie und verwandte Gebiete*이다.
24) Delitzsch가 편집한 *Beiträge zur Assyriologie und vergleichenden semitischen sprachwissenschaft*.
25) Maspero, *Recueil de travaux relatifs à la philologie et archéologie égyptiennes et assyriennes*인데, 앞의 단어를 누락하였다.
26) *Journal of the Royal Asiatic Society*.
27) *Proceedings of the Society of Biblical Archaeology*.
28) *Zeitschrift der deutschen morgenländischen Gesellschaft*.
29) 앞의 문헌은 Winckler, *Altorientalische Forschungen*, I-III, Leipzig, 1893-1906. 뒤의 문헌은 *Völker und Staaten des alten Oriens*, 1, Gechichte Babyloniens und Assyriens, 1892.
30) Maspero, *Histoire ancienne des peuples de l'Orinet classique*, I-III, Paris, 1895-1899.

2. 이집트와 관련해서는 대량의 신전 및 왕의 비문들이 적당한 형태로 특히 옛 영어 번역집에서 나와 있다. (슈타인도르프의 중요한 발간물31)들에서, 모든 교양인과 관심을 가진 사람들이 신성문자를 읽는다는 전제가 점차 새롭게 다시 이루어진다!) 발굴에 관해서는 "이집트 탐구재단"의 간행물들이 매번 최신의 것을 제시하고 있다. 외젠 르비유가 독자가 매우 지겨울 때까지 같은 문서를 반복하여 수없이 번역하는 작업을 하였는데, 이는 흔히 의심스럽고 특히 민중문자의 번역본에서 그러하다.32) 신뢰할 만한 번역은 다른 무엇보다 특히 빌헬름 슈피겔베르크의 작업("『세티 1세의 시기부터의 계산서』" 그리고 "『슈트라스부르크 서고의 민중문자 파피루스』")33)과 그리피트(중요한 예를 들면, "『페트리 파피리』")34)의 것이다. 더 나아가 1장에 인용된 "수집"(여기에는 원문 속에 이름과 함께 인용된 논문의 대부분이 있다)에도, "이집트학 총서"에 더 나아가 "『이집트어와 고대학 잡지』"35)에, "『스핑크스』"에 그리고 1장에서 인용된 "『성서고고학 회의록』"에 주석된 문서들이 있다.(외젠 르비유에 의해서 그리고 -더 일찍이- 빅토르 르비유에 의해서 편집되고 흔히 거의 완전히 전자 자신에 의해서 씌여진!) "『이집트학 잡지』"36)에 있는 주석과 관련하여 르비유에 반대하여 심지어는 그가 저술한 책들 "『이집트 법강의』"37)(읽을 만하다.) "『이집트법 개요』"(단순히 복잡한 것을 모아 놓은 괴물로, 몇가지 -이용되고 있으므로- 좋은 생각들이 무가치한 "유비"와 혼합되어 있다)에 대해서 제기된 유보사항이 의미가 있다. (르비유, 아이젠로르의) "『이집트 파피루스 집성』"38)은 "유리한 경우, 최초의 시도로 주목해야 한다."(슈피겔베르크)39) 입문을 위해서는 브루크쉬의 "『이집트학』"40)이 있는데, (오랜 시간이 지났어도) 여전히

---

31) Steindorf et al., ed. *Urkunden des ägyptische Altertums*, Leipzip, 1903을 지시하는데, 1908년에 예고되고, 1914년 이래로 독일어로 번역이 나오기 시작한다.
32) 이를테면, Eugène Revillout, "Quelques textes démotiques archaïques transcrits a mon cours," *Revue égyptologique*, 12, 1907, pp. 72-107, 205-212.
33) Spiegelberg, ed., *Rechnungen aus der Zeit setis I. (circa 1359 v. Chr.) mit anderen Rechnungen des neuen Reiches*, Sraßburg, 1896; ed., *Die demotischen Papyrus der Straßburger Bibliothek*, Straßburg, 1902.
34) Griffith, *The Petrie Papyri. Hieratic Papyri from Kahun and Gurob*, London, 1898.
35) *Zeitschrift für ägyptische Sprach- und Altertumskunde*.
36) *Revue égyptologique*.
37) Revillout, *Cours de droit égyptien*, 3 vols, Paris, 1884.
38) Revillout et Eisenlohr, ed., *Corpus Papyrorum aegypti*, 3 tom. Paris, 1885-1892.
39) 이것은 베버가 Spiegelberg, *Demotische Papyrus*, p. 6에 나오는 말을 인용한 것이다. "사람들은 이 번역들이 최초의 시도라는 점을 대체로 충분히 강조할 수 없다."
40) Brugsch, *Die Ägyptologie-Abriss der Entzifferungen und Forschungen auf dem Gebiete der ägyptischen*

항상 읽을 가치가 있다. 더 인기 있는 것으로 간주된 것은 에베르스의 작품들("『이집트 연구』")41)이다. 상세하지만 대체로 낡은 것이 가드너 윌킨슨의 "『고대 이집트의 규범과 관습』"42)이다. 최상의 것으로는 (경제 개념의 예리함이 없을 뿐인) 에어만의 "『고대 이집트와 이집트 인의 삶』"43)이다. 충분히 인기 있는 묘사는 슈타인도르프의 "『파라오 제국의 전성기』"44)이다. 사회사에 관한 짧은 기술은 투른발트가 "『사회학잡지』" IV. 1901에 기고한 것45)이 있다. 람세스 왕조 시기의 토지분할에 관해서 중요한 것은 에어만이 1903년 베를린 학술원 회의에서 보고한 "해리스 파피루스 해설"46)이다. 마스페로와 관련해서는 1번 문헌해제에서 언급된 것이 유효하다. 비더만의 작업 중에서 한 가지(헤로도토스 제 2권에 대한 해설)47)가 있다. 그리고 일반 역사 연구방향을 위해서는 (제테의 중요한 "『이집트 역사와 고대학 연구』"48)가 이번에는 내게 불충분하다.) 에두아르트 마이어의 "『고대 이집트 인의 역사』"49)와 고대사 총서 중에서 그가 저술한 제1권이 있다. 그리고 페트리의 작업("『이집트 역사』", "『콥트인』"50) 등)이 있다. 보크코리스에 관해서 이제 파리에 간행된 알렉상드르 모레(『보크코리스 왕에 관하여』, 1903)51)의 논저가 있다. -이미 20년 이전에 에두아르트 마이어는 정당하게도 (가드너 윌킨슨의 진부한 업적 대신에) 이집트 인의 공업사를 새로 쓸 것을 요구하였다.52) 여기에서 전제가 있을 것이다. 즉 특별히 발굴과 복사를 통해서 **기술이** 역추적될 수 있어야 한다. <185좌> 무엇보다도 (예를 들어서 철의 진전이 끼친 영향 하에서) **도구**, **원료**, **생산품**의 진화에 관하여 (오로지 **기술학**의 도움을 받아서만 이루어질 수 있는) 정밀하게 확인하는 것, 이어서 이와 결부된 것으로 이 진화가 한편으로는 대가

Schrift, Sprache und Alterthumskunde, Leipzig, 1897.
41) Ebers, Ägyptische Studien und Verwandtes, Stuttgart, 1900.
42) Wilkinson, Manners and Customs of the Ancient Egyptians, London, 1878.
43) Erman, Ägypten und ägyptisches Leben im Altertum, 2 Bände, Tübingen, 1885-1887.
44) Steindorf, Die Blützeit des Pharaonenreichs, Bielefeld, 1900.
45) Thurnwald, "Staat und Wirtschaft im alten Ägypten," Zeitschrift für Sozialwissenschaft, 4, 1901, pp. 697-714.
46) Erman, "Zur Erklärung des Papyrus Harris," Sitzungsberichte der Kön. Preussischen Akademie der Wissenschaften, XXI, 1903, pp. 456-474.
47) Wiedermann, Herodots Zweites Buch mit sachlichen Erläuterungen, Leipzig, 1890.
48) Sethe, Untersuchungen zur Geschichte und Altertumskunde Ägyptens, Leipzig, 1896.
49) Ed. Meyer, Geschichte des alten Ägyptens, Berlin, 1887.
50) Petrie, A History of Egypt, 3 vols, London, 1894-1905; Koptos, London, 1896.
51) Alexandre Moret, De Bocchori rege, Paris, 1903.
52) 마이어, 『고대사』, 1, 1884, p. 87에서 인용한 것이다.

계 내부의 직업 전문화, 다른 한편으로는 "자유" 공업에서의 전문화, 그리고 양자 사이의 관계에 얼마나 크게 영향을 끼쳤는지 확인하는 것, 개별 사례에서 공업 활동이 가진 경제 의미를 정확하게 확인할 수 있어야 할 것이다. 이를테면 실제 "농업사"에 관련한 것과 마찬가지로, 이런 작업을 위해 불가결의 전제는 확실하게도 원문에 사용된 용어법에 관한 고달픈 탐구이다.

3. 이스라엘과 유대의 역사에 관련하여 율리우스 벨하우젠의 대작 "『서설』"과 "『이스라엘·유대 역사』"53)가 기본인데, 특히 사회사와 관련해서는 담고 있는 것이 별로 없다. 이와 관련하여 비교해 볼 것은 (이집트 탈출 이후와 관련하여) 특히 에두아르트 마이어의 "『유대교의 성립』" 더 나아가 (탈출 이전 시기에 관련하여) (흔히 아마도 대담한) 빙클러의 작업(특히 그가 지은, 고대 오리엔트 연구에서 『이스라엘의 역사』54) -유감스럽게도 이 논문이 작성 중이라 나에게는 접근이 불가하였다.-) 이어서 예레미아스의 "『고대 오리엔트로 조명한 구약성서』"55) 그리고 (같은 가치를 전혀 가지지 않은) 성서-바벨-문헌(칼 베촐트의 잘 지향된 총괄)56)이다. 법의 역사와 농지사와 관련해서는 더 이른 작업이 있는데, 노바크의 "『유대 고고학』"57)과 불의 "『이스라엘의 사회사정』"58)이 있고, 그러나 이제 완전히 특수한 것이 아달베르트 메르크스의 "『모세의 책들과 여호수아』" (종교사로 본 민족서,59) II, 3, 1과 2, -결코 "대중적"이지 않음)이다. 구테가 저술한 전체 역사를 편히 이용할 수 있는 입문("『이스라엘 민족사』", "『신학개요』" II, III)60)이 있는데, 여기에는 문헌에 대한 개관이 있고, 구약성서와 셈족학에 관한 잡지들, 1장과 2장 참고문헌에 언급된 것들 그리고 구약성서에 대한 근대 주석에 있는 많은 개별 사료가 있다. "『유대 백과사전』"61)과 "『개신교 신학과 교회를 위한 실물백과사전』"에 다수의

---

53) Wellhausen, *Prolegomena zur Geschichte Israels*, Berlin, 1883; *Israelitische und jüdische Geshcichte*, Berlin, 1894.
54) Winckler, *Geschichte Israels in Einzeldarstellung*, 2 Teile, Leipzig, 1895-1900.
55) Jeremias, *Das alte Testament im Lichte des alten Orients*, Leipzig, 1906.
56) Bezold, *Babylonisch-assyrische Keilinschriften und Ihre Bedeutung für das Alte Testament*, Tübingen, 1904을 참조한 것으로 짐작된다.
57) Nowack, *Hebräische Archäologie*, Freiburg, 1894로 짐작된다.
58) Buhl, *Die sozialen Verhältnisse der Israeliten*, Berlin, 1899.
59) Religionsgeschichtliche Volksbücher für die deutsche christliche Gegenwart, Tübingen, 1904.
60) Guthe, *Geschichte des Volkes Israel*, Tübingen, 1914; *Grundriß der theologischen Wissenschaften-Geschichte des Volkes Israel*, Freiburg, 1899.
61) *Jewish Encyclopedia*; *Realenzyklopädie für protestantische Theologie und Kirche*.

좋은 개별 논문이 있다. (여기에서는 줄곧 문헌 보고가 잘 되어 있다.) 새롭고 잘 형성된 탈무드-전승은 **골트쉬미트**의 작업[62]이고, 유대법에 관한 문헌은 유대학 잡지들을 보시오.

4. 그리스와 로마 고대에 공통으로 관련하여, 『파울리 비소바 백과사전』[63](신판, 활자 "E"까지 포함함)이 대체로 훌륭한 논문을 제시한다. 정간물과 관련해서는, 서론에서 언급된 "『연보』"를 제외하고, 엄청난 양의 역사 및 고고학 잡지 중에서 특히 두 가지 선도하는 독일 잡지 "『헤르메스』"와 "『필롤로구스』"[64](후자는 보충 책자를 지니고 있으며, 둘 다 본래의 비평이 없으며 또 서지학상의 목적이 없다), 이와 더불어서 "『고전 고대를 위한 **신연보**』,"[65] 아테네와 로마에 있는 고고학 연구소의 "『공보』"(독일과 오스트리아), 프랑스의 경우 로마학교의 "『고고학총론』", (새로운 사료 발굴에 중요한) "『고전그리스통보』" <185우> 그리고 "『그리스 연구 잡지』"[66] (특히 먼저 두 잡지가 사회사에 관련된다.)가 주목된다. "『법사학잡지』"의 로마학 분야는 새로이 그리스 법의 논의도 제시한다. 부르크하르트 빌헬름 라이스트의 그리스-이탈리아 법사는 당시에 비교법 접근을 추구하였는데, 그 오류는 다른 유사한 작업의 방식에 따라서 ("『고아리어인의 만민법』"과 "『고아리어인의 시민법』") 부족이라는 조건을 과장한 데에 있다. 현재의 연구 상태와 관련해서 완전히 비교법학 및 파피루스학의 기초 위에 있는 미타이스의 작업(뒤를 보시오)이 확실히 중요하다. 율리우스 벨로호의 길이 남을 공적은, 그가 일부 당연히 발견하는 모든 이의[67]에도 불구하고, 인구 상태("『그리스·로마 세계의 인구』"와 다수의 개별

---

62) Goldschmidt, *Der Babylonische Talmud*, 12 Bände, Berlin, 1898.
63) *Pauly-Wissowasche Enzyklopädie*: 원명은 *Realencyclopädie der classischen Altertumswissenschaft*(약자로 RE) 아우구스트 파울리에 의해서 1839년에 간행되었으나 1849년에 사망하여 미완으로 끝난다. 이후 다른 사람들이 1852년에 6권을 완성한다. 1890년에 게오르크 비소바가 새 작업을 시작하였으며, 1978년이 되어야 83권 전체가 간행되고 1980년에 색인책자가 나온다. E항목이 간행된 것은 1909년이다.
64) *Hermes*: 부제목은 Zeitschrift für klassische Philologie이며 1866년 에밀 휘프너에 의해서 간행되기 시작하여 현재에 이른다. ; Philologus: 부제목은 Zeitschrift für antike Literatur und ihre Rezeption이다. 1846년부터 간행되었다.
65) *Neuen Jahrbücher für das klassische Altertum-Geschichte und deutsche Literatur und für Pädagogik*: 1898년부터 간행되었다.
66) *Revue des Études grecques*: 고대 그리스 전문잡지로, 프랑스 그리스 연구진흥회가 파리에서 1888년에 처음 이 잡지를 간행하였다.
67) Beloch, *Die Bevölkerung der griechisch-römischen Welt*, Leipzig, 1886에 대한 비판 Seeck, "Die Statistik in der alten Geschichte," *Jahrbücher für Nationalökonomie und Statistik*, Band 68, 3. Folge,

작업) 그리고 (근본으로 이의가 있는) 고대의 경제학에 대하여 (예를 들어서 콘라트의 『국민경제연보』 III, XVIII, p. 626을 참조하시오.) 수자로 표현하는 것의 기초를 놓은 것이다. 야콥 부르크하르트가 죽은 후 편집된 책인 "『그리스 문화사』"[68]는 근대 연구 전체와 기념비가 되는 사료들을 무시하는데, 그럼에도 성질상으로 여러 면에서 최고로 영감에 가득 찬 그의 관점을 이용하는 것은 이로부터 하나하나 철저히 오로지 조심스럽게 해야 가능하다. 그밖에 직접 경제 관련된 것은 별로 고려되지 않았다. (그러나 그 작품의 의미에 관해서 -폰 빌라모비츠[69])에 반대해서- "『역사학잡지』"에 있는 **칼 노이만**의 상세한 설명[70]과 **카에르스트**의 "『헬레니즘 시대의 역사』"[71])에 대한 그의 서문에 있는 설명을 참조하시오.) **블륌너**의 유명하고 호평받는 "『공업과 예술』"[72])은 새 작업이 필요한데, (그가 지은 다른 가치 있는 논문은 파울리-비소바에 있는데, 예를 들어 "경작", "철" 등이다) 그러나 무엇보다 그의 작업은 경제학에 관해서 아무 것도 관련된 것이 없다. 사람들이 많은 점에서 언제나 용감하지만 경제 범주에 대해서 완전히 방향을 상실한 뷕센쉬츠의 작업 "『그리스 고대에서 점유와 영업』"[73])을 지향하는 것은 나쁜 일이다. 프랑코트의 책 ("리에주의 철학 및 인문학과 총서" 제 7권, 8권)[74])에 관해서 본서를 보시오. 중요한 작업에서 오로지 자본에 관한 **이용관심**에 관한 출발점이 없다. 시장, 원료의 출처 및 방식, 그것을 통해서 그리고 경제 구조를 통해서 제시된 이익 기회의 방식에 관한 (추측컨대! -가설이 없으면 이와 관련해서 아무 것도 만들 수 없다) 확고한 문제 제기가 있다. 헬레니즘 시기와 로마에 관련된 영역에 대한 연구의 지속은 매우 감사해야 한다. (더 나아가 기로가 "『인문학 논총』," 파리, XII, 1900에 발표한 것[75])을 참조하시오.) 한스 델브뤽의 전쟁사 작업 중에서 "『전술의 역사』"는 전문가들에 의해서 여러 면에서, 그 자신이 (비전문가로서) 베르너 좀바르트의 업적을 평가할 수 있다고 믿었

Band 13, 1897, pp. 161-176를 지시한다.
68) Burckhardt, *Griechische Kulturgeschichte*, Berlin, 1898.
69) Wilamowitz, *Griechische Tragoedien*, 2, Berlin, 1906, p. 6 이하.
70) Neumann, "Griechische Kulturgeschichte in der Auffassung Jakob Burckhardts", *Historische Zeitschrift*, 85.
71) Kaerst, *Geschichte des hellenistischen Zeitalters*, 3 Bände. I. Bd., *Die Grundlegung des Hellenismus*, Teubner, 1909, p. v.
72) Blümner, *Technologie und Terminologie der Gewerbe und Künste bei Griechen und Römern*, 4 Bände, Leipzig, 1875ß1886.
73) Büchsenschütz, *Besitz und Erwerb im griechischen Altertum*, Halle, 1869.
74) Francotte, 『고대 그리스 공업』, 1-2를 지시한다. 본서 원문 <118좌-119우>를 보시오.
75) Guiraud, *La main d'œuvre industrielle dans l'ancienne Grèce*, Paris, 1900.

던 것과 유사하게, 판단된다.76) 아마도 더 정당한 반면에 확실히 같은 만큼 부당하다. 왜냐하면 경제 설명에 있는 의심의 여지없는 많은 실수에도 불구하고 그의 작업들은 가장 흥미를 끌 뿐 아니라 (특히 "페르시아 전쟁과 부르군트 전쟁", 마찬가지로 "전술"에 관한 그 부분들인데, 여기에서는 그의 특수한 재능이 현실의 실천을 위해서 유효하게 된다) 확실히 자주 근거에 기인한 것으로 남기 때문이다. <186좌> 사회사와 관련하여 근본으로 중요한 몇 개의 질문을 (아테네의 노예 수자, 인구 밀도 그리고 토지 경작, 리쿠르고스, 도시국가 개념 등) 에두아르트 마이어의 "『고대사연구』"가 담고 있다. 폰 빌라모비츠("『퀴다테나이로부터』,"77) "『아리스토텔레스와 아테네』", 사람들이 추구하지 않은 주제에 관련하여 많은 작업이 있는데, 이를테면 "헤라클레스"에 관한 개별논문과 많은 다른 글이 그러하였다. -여기에서도 영감에 찬 결과와 더불어 아테네로 대변되는 진정한 그리스다운 것에 대한 대립물로서 "도리스인다움"의 구성을 관철한 것이 중요하다. 수많은 논점은 사회-경제 자료에 관련성을 지니고 있는데, 폰 빌라모비츠는 그것들을 원칙상 "유물론인 것으로" 기피할 것이다), 에두아르트 마이어(앞을 보시오), 부졸트(『그리스 역사』 제 1권78)에서 특히 발굴을 통해서 미케네 시대의 거래 교환관계에 관한 가치 있는 분석을 하였다), 벨로흐79)(경제에 관련된 것에 관해서 철저히 고찰하였으며, 개념 형성에서는 전혀 날카롭지 않다), 헤어만("『그리스 고대사 입문』,"80) 블륌너와 디텐베르거에 의해서 새로 간행. 2권 『고대법』, 탈하임 저술. 4권 『고대 사생활』, 블륌너 저술. 매우 고맙지만, 대개 날카로운 경제 분류가 없다)의 위대한 작업은 아무런 인용이 필요하지 않을 것이다. 필수불가결한 것이 마르크바르트의 작업("『로마의 개인호고가』,"81) 그러나 이미 너무 오래되었고 둔하다) 그리고 마찬가지로 푈만의 다양한 업적(특히 "『역사잡지』" 신판 44, p. 193 이하와 p. 385 이하, 또한 "『고전고대를 위한 신연보』" I, p. 205, 더 나아가 그의 유명한 "『고대 사회주의와 공산주의의 역사』"82)가 중요하

---

76) Delbrück, *Geschichte der Kriegskunst im Rahmen der politischen Geschichte*, Berlin, 1900. 그는 *Preußische Jahrbücher*, 113, 1903, pp. 333-350에서 Sombart의 『근대 자본주의*Moderner Kapitalismus*』와 『19세기 독일국민경제*Die deutsche Volkswirtschaft im Neunzehnten Jahrhundert*』에 대해서 비평하였다.
77) Wilamowitz, Aus *Kydathen*, Berlin, 1880; *Aristoteles und Athen*, Berlin, 1893.
78) Busolt, *Forschung der Griechischen Geschichte*, Breslau, 1880.
79) Beloch, *Griechische Geschichte*, Straßburg, 4 Bd., 1893, 1-3.
80) Hermann et al, ed., *Lehrbuch der griechischen Antiquitäten*, 4 Bd., 1846.
81) Marquardt, *Privatleben der Römer*, Leipzig, 1886을 지시하는 것으로 보인다.
82) Pöhlmann, "Die Anfange des Sozialismus in Europa" (2. Theil), *Historische Zeitschrift*, Band 80, N.F., Band 44, 1898, pp. 193-242, pp. 385–435.; *1898*), "Die soziale Dichtung der Griechen," *Neue*

다. 그리고 -언제나 특히 이 중심 저서에서 지속으로 가치 있는 성과가 유지될 수 없으며 특히 경제와 관련한 예리함이 없는 의미와 결부되어 있다. 예를 들어서 그리스 도교로의 전향에 관련하여 본고 "헬레니즘"의 결론83)을 보시오. 그러나 특히 프뢸취의 "『사회학을 위한 문서고』" XXVI, 1.84)을 보시오)이다. 그리스 법제사를 알기 위해서는 이제 기로의 "『그리스에서 부동산의 역사』"85)와 더불어서 특히 보셰의 "『아테네 국가의 개인법』"86)을 이용해야 하며, 로마와 관련해서는 마찬가지로 카를로바의 (다양하지만 완전히 얼빠진) 작품87)과 더불어, 미타이스의 "『디오클레티아누스 황제까지 로마의 개인법』"88)(아직 1권)을 보시오. 농지사와 관련해서 "『법사학잡지』"에 게재된 퍼니스의 "부록"89)에는 상세한 것이 많다. 법의 역사가 중요한 한에서 그리스에 관한 기념비는 사람들이 가장 쾌적하게는 디텐베르거의 "『실로게』"에서 그리고 다레스뜨, 오술리에, 라이나흐가 만든 "『법률비문수집』"에서 배우고, 로마 법은 브룬스의 "『로마법 원천』"에서 배운다.90)

그리스(고 헬라스)와 관련해서 특히 여기에서는 가장 중요한 인용문헌만이 원문에서 언급된 특별한 논쟁점들이 된다. -호메로스에서 "경지공동체" 잔재에 관한 수용은 제외하였던 것, 그것은 푈만의 공적이다. (『사회·경제사 잡지』, 제 1권)91) '부족'에 관해서는 "『빈 학술원의 회의보고』" 144-5 (1901)에 있는 스찬토의 논문92)이 완전히 파악하고 있다. '형제단'에 관한 셰퍼의 논문과 클레이스테네스가 만든 '부족'에 관한 루돌프 쇨의

Jahrbuecher fuer das klassische Alterthum, Geschichte und deutsche Literatur, vol. 1, pp. 23-27, p. 88-104, p. 186-211; *Geschichte des antiken Kommunismus und Sozialismus*, München, 1893-1901, 2 Bd.
83) 본문 <140우>를 참조하시오.
84) Tröltsch, "Sozilallehren der chirsitlichen Kirchen," *Archiv für Sozialwissenschaft*, 26, 1, (1908), pp. 649-692.
85) Guiraud, *La propriété foncière en Grèce jusqu'à la conquête romaine*, Paris, 1893.
86) Beauchet, *Histoire du droit privé de la République athénienne*, 1, Paris, 1897.
87) Karlowa, *Römische Rechtsgeschichte*, 2 Bd. 1901.
88) Mitteis, *Römische Privatrecht bis auf Diokletian. 1. Bd. Grundbegriffe und Lehre von den juristischen Personen*, Leipyig, 1908.
89) Pernice, "Parerga," *Zeitschrift der Savigny-Stiftung für Rechtsgeschichte: Romanistische Abteilung*, 17-1, 1896.
90) Dittenberger, *Sylloge inscriptionum Graecarum*, Lipsiae, 1883; Dareste, Haussoullier, Reinach, *Recueil des Inscriptions juridiques*, Paris, 1898; Bruns, *Fontes Iuris Romani Antiqui*, Lipsiae, 1876.
91) Pöhlmann, "Feldgemeinschaft bei Homer," *Zeitschrift für Sozial- und Wirtschaftsgeschichte*, Bd. 1. 1893, pp. 1-42.
92) Szanto, "Die griechiesche Phylen," *Sitzungsberichte der Kaiserlichen Akademie der Wissenschaften in Wien*, 144-5, (1901).

논문(『바이어른 학술원의 회의보고』, 1889, II, 1)93)을 제외하고, 특히 좋은 논문으로 <186우> 파울리 비소바에 있는 (스찬토의) "데모티오니다이"94)에 관한 항목이 주목된다. "귀족씨족"과 관련하여 원문은 본질상 에두아르트 마이어의 견해를 (부분으로 폰 빌라모비츠의 것에 반대하여) 편든다.95) 마찬가지로 "미케네문화"와 관련하여 매우 많이 취급된 문제에서 에두아르트 마이어의 설명이 내게는 설득력이 있었다.96) 역사 시대에 생기는 토지 속박의 잔존이 귀족씨족 및 군사-정치의 근원에서 비롯한 것인지에 관한 질문은 자연히 매번 결정하지 쉽지 않으며 본고에서는 해결될 수 없었다. 내 의견으로는 실제 근거들이 대부분의 현상들과 관련하여 주로 후자의 설명을 지지한다. 폐쇄된 씨족-토지점유를 대변하는 것은 새로이 "『필롤로구스』"의 7번째 별책에 있는 빌브란트의 견해다("솔론 이전 아테네 귀족씨족의 정치 및 사회 의미").97) 더 나아가 폴리스의 초기 사회에 관해서는 다음을 참조하시오. 퇴퍼, "『아테네 족보』,"98) 프리드리히 카우어, "『메가라와 아테네에서 당파와 정치가』"99)(내 의견에 그 자신의 주장에 맞지 않는 것 모두가 기본 잘못, 즉 경제로 억압받는 계층만이, 아니면 특별히 큰 정도로 국가 혁명을 기도한다는 것에 근거하고 있다. 역사는 그 반대를 가르쳐준다), 브루노 카일의 "『솔론의 국법』,"100) 참주제에 관해서는 리하르트 노르딘, "판관직과 참주", "『클리오』" 5, 그밖에 에두아르트 마이어가 "『고대사』"에서 쓴 것101)이 있다. 채무 구류, 토지 채권, 부동산 저당권의 역사에 관해서, 현재는 스찬토가 빈 회의보고에 제출한 논문, 히치히의 "『그리스 저당법』" 그리고 스보보다의 "『그리스 법제사 논고』"가 중요하다.102) (본고 참

---

93) Shaefer, *Altes und neues über die attischen Phratrien zur Erklärung von CIA II, 841 b.*, Pforta, 1888; Schöll, "Die kleisthenischen Phratrien," *Königl. Bayer. Akademie der Wissenschaften*, 1889, 2:1-25.
94) Schoeffer, "Demotionidai," *RE*, 5, 1905, col. 194-202. 베버는 저자를 착각한 것으로 보인다.
95) 이것은 본문 <97우>에서 전개된 내용이다. 빌라모비츠는 모든 아테네인이 씨족에 귀속되었다고 보았는데 비해서 마이어는 『고대사연구』, 2, pp. 512-528, 『고대사』 2, pp. 85-87에서는 이를 부정하여 논쟁이 촉발되었다. 베버는 마이어의 입장을 따르고 있다.
96) 마이어, 『고대사연구』, 2, pp. 128-133에 나오는 미케네 문화에 관한 설명에 의존하면서, 다른 학자들과 달리 기원전 8세기로 시기를 정한다든지, 미케네 문화의 대표자를 히타이트 인과 카리아 인으로 보기도 한다.
97) Wilbrandt, "Politischen und soziale Bedeutung der attischen Geschlechter vor Solon," *Philologus* Suppl. Bd. VII, 1899, p. 133 ff.
98) Toepffer, *Attische Genealogie*, Berlin, 1889.
99) Cauer, *Parteien und Politiker im Megara und Athen*, Stuttgart, 1890.
100) Keil, *Die solonische Verfassung in Aristoteles Verfassungsgeschichte Athens*, Berlin, 1892.
101) Nordin, "Aisymnetie und Tyrannis," Klio: Beiträge zur Alten Geschicht, 5-5, 1905, pp. 392; 마이어, 『고대사』 2, pp. 608-639.
102) Szanto, "Hypothek und Scheinkauf im griechischen Recht," *Wiener Studien*, 9, 1887, pp. 272-96;

조) 크레타 법과 관련해서는 뷔헬러와 칠만, "고르틴 법"(『고문헌학을 위한 라인 박물관』 신 간행, 40의 별책)103)이 있다. 스파르타에 관해서는 부졸트, 니제, 그리고 에두아르트 마이어("연구들"에서)의 작업이 있는데, 마이어만이 "태고 성격"을 과장하는 것104)으로 나에게는 보인다. 추첨지 점유자들에 관한 법에 관해서는 곰퍼츠("『아테네 고고학 연구소 통보』 13, 1888)가 있고, 거기에 에두아르트 마이어가 "『고대사』"(IV, § 398이하)105)에서 언급한 것과 거기에서 인용된 문헌이 있다. 고전기 토지법에 관해서는 기로와 보셰의 인용된 작품을 참조하고, 또한 라이스트, "아테네의 절차법과 송사"106)는 여전히 항상 주목할 가치가 있다. 촌락들과 아테네 사회 구성에 관해서는 이제 "『클리오』" 별쇄판 4권에 있는 준트발의 글107)을 비교하시오. "자본주의"와 "공장"에 관해서는 서론에 인용된 문서, 특히 『셰플을 위한 기념논집』에 있는 (많이 논의된 소위 리시아스의 "방패공장"과 아테네 "공장"에 관해서 대체로, 더 나아가 고대 상업제도에 관해서 쓴) 뷔허의 글108)이 있다. 데모스테네스의 "피후견인 재산감정"에 관한 더 새로운 문헌은 당장 내가 일부 접근할 수 있었으며, 더 오래된 문헌으로는 셰퍼의 "『데모스테네스와 그 시대』" 제 1권이 있으니 참조하시오.109) '에라노스들'에 관해서는 치바르트의 "『그리스 결사조합』"(야블로노프스키 가격문서 34번, 여기에는 **직종조합**에 관해서도 포괄 보고를 담고 있으며, 로마에 관련해서는 더 오래된 리베남의 작품110)이

Hitzig, *Das griechische Pfandrecht. Ein Beitrag zur Geschichte des griechischen Rechts*, München, 1895; Swoboda, *Beiträge zur griechischen Rechtgeschichte*, Weimar, 1905.
103) Bücheler und Zielmann, "Das Recht von Gortyn," *Rheinisches Museum für Philologie*, N.F. 40, Erg.-Heft, Frankfur am Main, 1885.
104) Busolt, *Die Lakedaimonier und ihre Bundesgenossen*, Leipzig, 1878; Niese, *Neue Beiträge zur Geschichte und Landeskunde Lakedämon*, Berlin, 1906; 마이어, "Lykurgos von Sparta," 『고대사연구』 1, Halle, 1892, pp. 211-286; 마이어, 『고대사』, 2, p. 292 이하에서는 리쿠르고스의 체제를 "원시제도Institutionen der Urzeit"로 보았다. 아울러 "Lykurgos von Sparta," p. 282에서는 리쿠르고스를 도리스 인 이전 펠로폰네소스의 신에 소급한다.
105) Gomperz, "Der auf die Besiedlung von Salamis bezügliche Volksbeschluß," *Athenische Mitteilung*, Bd. 13, 1888, pp. 137-141; 마이어, 『고대사』, 4, pp. 18-22.
106) Leist, *Der attischer Eigentumsstreit im System der Diadikasien*, Jena, 1886. 서명에 착각이 있어 보인다.
107) Sundwall, *Epigraphische Beiträge zur sozial-politischen Geschichte Athens im Zeilalter des Demosthenes*, Leipzig, 1906.
108) Bücher, "Zur griechischen Wirtschaftsgeschichte," *Festgabe für Albert Schäffle zur siebenzigsten Wiederkehr seines Geburtstage*, Tübingen, 1901, pp. 191-254.
109) Otto Schulthess, *Die Vormundschaftsrechnung des Demosthenes; epikritische Beiträge zur Erklärung der Vormundschaftsreden des Demosthenes*, 1899; Schäfer, *Demosthenes und seine Zeit*, Erster Bd. Leipzig, 1856.

비교된다), 고 그리스의 경제 사정에 관해서는 언제나 항상 뵈크의 대작111)이 기본이며, 그러나 변화 없는 제2판을 기획한 것은 본래 <187좌> 빈곤에 대한 증명이었다. 사모스에서 도시 곡물 판매에 관해서는 탈하임이 "『헤르메스』" 39 (1904)에 게재한 것112)을 참조하시오.

5. 헬레니즘 시대와 관련하여 (유대인에 관해서는 위 본 해제 3번도 보시오) 드로이젠, 니제, 카에르스트의 일반 작품113)이 있으나, 특수한 사회사와 관련해서는 자연히 별로 많지 않다. (그래도 카에르스트의 책 p. 62 이하와 제 1권의 결론 장을 참조하시오.) 경제 측면은 벨로흐의 "『그리스 역사』"(본 해제 4번을 보시오) 제3권의 특별한 공로를 상세히 살펴보아야 할 것이다. 이집트에 관한 작업 중에서 룸브로소, "『라고스 왕조의 경제와 정치에 관한 연구』"가 당시로는 기본이었으나, 이제는 그의 "『그리스인과 로마인의 이집트』"114)와 마찬가지로 파피루스 발견의 진전으로 인해 매우 시대에 뒤떨어져 있다. 마하피("『프톨레마이오스 제국』")115)는 사회사와 관련하여 제시하는 것이 별로 없다. 여기에서는 탐구를 점점 주도하고 있는 파피루스학은 참고문헌의 관점에서 훌륭하게 조직되었다. 울리히 빌켄은 "『파피루스학 문서고』" 제1권에서 엄정하게 조직된 파피루스 총목록을 제시하였으며, 권마다 계속해서 같은 것116)을 유지하고 있다. 게다가 각 관점에서 훌륭한 작업이 이루어지고 산출된 비판 참고문헌이 비레크117)에 의해서

---

110) Ziebarth, *Griechiesches Vereinswesen*, Preisschriften, XXXIV, Leipzig, 1896; Liebenam, *Zur Geschichte und Organisation der römischen Vereinswesens Drei Untersuchen*, Leipzig, 1890.
111) Böckh, *Staatshaushaltung der Athene*r, Berlin, 1817인데, 2판(1851)에서는 저자가 증보하였고, Max Fränkel이 3판(1886)에 광범위하게 각주를 집어넣었다.
112) Thalheim, "Gesetz von Samos: Ueber Getreideankauf und –vertheilung," *Hermes*, 39-4, 1904, pp. 604-610.
113) Droysen, *Geschichte des Hellnenismus*, Hamburg, 1836; Niese, *Geschichte der griechischen and makedonischen Staaten seit der Schlacht bei Chaeronea*, Gotha, 1893; Kaerst, 『헬레니즘 시대의 역사』.
114) Lumbroso, *Recherches sur l'économie politique de l'Égypte sous les Lagides*, Turin, 1870; *L'Egitto al tempo dei Greci e dei Romani*, Roma, 1882.
115) Mahaffy, *The Empire of Ptolemies*, London, 1895.
116) Wilcken, "General-Register der griechischen und lateinischen Papyrusurkunden aus Ägypten," *Archiv für Papyrusforschung und verwandte Gebiet*, 1-1, 1901, pp. 1-28; "Papyrus-Urkunden," 같은 논문집, 1권, pp. 122-177, pp. 544-559; 2권, pp. 117-147, pp. 385-396; 3권, pp. 113-119, 300-313, 502-169.
117) Viereck, "Bericht über die ältere Papzruslitteratur," *Jahresbuch über die Fortschritte der classicschen Altertumswissenschaft*, 98, Bd. 26, 1898, 3 Abt., Leipzig, 1899, pp. 135-186; "Die papyrusliteratur von 70er jahreb bis 1889," 같은 논문집, 102, Bd. 27, 1899, 3 Abt., 1900, pp. 244-311; "Die

만들어져『고전고대학년보』에 게재되었다. 파피루스학 관련문헌과 그곳에 편집된 도편-문자는 무한히 증가하기 시작하고 있으므로(그라덴비쯔118)의 법률관련 "입문", 더 나아가 "『개신교 신학과 교회를 위한 실물사전』"에 있는 항목으로 다이스만119)이 게재한 "파피루스와 파피루스학"을 참조하시오), 이어서 농지사와 관련하여 단지 몇 개의 더 중요한 사료와 작업을 열거하겠다. 헬레니즘의 인식과 관련하여, 특히 이집트에서 프톨레마이오스 시기 및 초기 로마 시기의 경제와 관련하여 기초로 항상 남는 것은 바로 빌켄의 작품 "『그리스 도편』"120)이다. 후기(로마 지배기)에서 법의 발전에 관해서는 미타이스의 "『제국법과 민족법』"121)과 그 후에 나온 다수의 비교법 작업이 있는데 이것들도 앞의 것과 마찬가지이다. 파피루스 간행물 중에서 기술(번역과 원문에 첨가한 주석)과 실제 성과에 따르면 가장 중요한 것들이 마하피(『플린더스 페트리 파피리』),122) 그렌펠과 헌트(『프톨레마이오스 필라델포스의 세입법』123)은 초기의 독점체제 및 공공청부체제에 관한 것이다. 그리고『텝투니스 파피리』,『옥시링코스 파피리』는 둘 다 토지법 특히 파이윰의 토지법을 담고 있으며, 또『암허스트 파피리』가 있다),124) 케넌,125) 브뤼네 드 프레슬과 에저(『루브르 박물관 파피루스』),126) 베셀리(『라인 파피루스 대전』)127)의 것이다. 베를린 중앙관청에서 "『왕립 박물관 이집트 문서』"128)로 간행한 것들은 프

---

griechcischen Papyrusurkunden, 1899-1905," 같은 논문집, 131, Bd. 34, 1906, 3 Abt., 1907, pp. 36-240.

118) Gradenwitz, *Einfürung in die Papyruskunde. 1. Heft: Erklärungausgewählter Urkunden. Nebst einen Conträr-index und einen Tafel in Lichtdruck*, Leibzig, 1900.
119) Deissmann, "Artikel Papyrus und Papyri," *Realencyklopädie für protestantische Theologie und Kirche*, 3 Auf., Bd. 14, Leipzig, 1904, pp. 667-675.
120) Wilcken, *Griechische Ostraka aus Ägypten und Nubien. Ein Beitrag zur antiken wirtschaftsgeschichte*, 2책, Leipzig, 1899.
121) Mitteis, *Reichsrecht und Volksrecht in den östlichen Provinzen des römischen Kaiserreichs. Mit Beiträgen zur Kenntnis des griechischen Rechts und der spätrömischen Rechtsentwicklung*, Leipzig, 1891.
122) Mahaffy, trans. comment., and index, *The Flinders Petrie Papyri*, 2부, Dublin, 1891-1893.
123) Grenfell and Mahaffy, ed., *Revenus Laws of Ptolemy Philadelphus*, Oxford, 1896.
124) Grenfelt and Hunt, ed., *The Tebtunis Papyri*, part I, Londdon, 1902; *The Oxyrinchus Papyri*, Part I-VI, London, 1898-1908; *The Amherst Papyri*, 2권, London, 1900-1902.
125) Kenyon, *Greek Papyri in the British Museum*, 1-3, London, 1893-1907.
126) Brunet de Presle et Egger, *Les Papyrus Grecs du Musée du Louvre et de la Bibliothèque impériale*, Paris, 1865.
127) Wesseley, ed., *Corpus Papyrorum Raineri Archiduchis Austriae. I. Griechische Texte, Rechtsurkunden*, Wien, 1895.
128) *Ägyptische Urkunden aus den Königlichen Museen zu Berlin. Griechische Urkunden*, 3책, 1895-1903.

톨레마이오스 시기 중에서 극히 일부만 포함한다. 베셀리의 수많은 작업 중에서 특별한 것으로는 "카라니스와 소크노파이우 네소스", 『빈 학술원 회고록』 47, 1902이 있는데, 이는 경지사정과 관련하여 중요하며, 더 나아가 "라고스 왕조 시기 그리스법에서 이집트법까지의 사정에 관한 연구," 『빈 학술원 회의보고』, 철학-역사 분과, 124, 1891이 있고 『빈 학술원 회의보고』 145, 1902에 수록된 "아르시노에" 시기의 인구 분석이 있다.129) 프톨레마이오스 국가의 일반 경제의 성격을 판단하는 데에 중요한 것은 특히 로스토프체프의 "로마 제정기 공공청부의 역사"("『필롤로구스』" 보충편 9, 1902)이며, <187우> 고대 자본주의의 경제 발전에 대한 판단을 위해서 대체로 가장 중요한 것은(본문을 참조하시오) 오토의 귀중한 책, "『헬레니즘기 이집트의 사제와 신전』" 제 1권이며(제 2권이 간행된 상태이며, 이와 관련해서는 본고를 보시오), 파울 마르틴 마이어가 새롭게 제시하였지만, 본고에서 언급된 것처럼, 여러 번 비난을 받은 (슈바르트, 『파피루스 연구를 위한 고고학』," II, 1902, p. 147 이하를 참조)130) "『프톨레마이오스와 로마의 군제』" (에피크리시스의 문제와 관련해서 베셀리, 『빈 학술원 회의보고』, 142, 1900, 고문자 및 파피루스 연구-분과, 1 권을 참조하시오),131) 더 나아가 박스무트의 논문소책자 "트톨레마이오스 치세 이집트의 경제 상황"(가계부),132) "토지임대"에 관한 바스친스키의 책(제1권은 개인임대차를, 제2권은 공공청부를 설명해야 한다),133) 또 국영지 임대에 관해서는 로스토프체프와 파울 마르틴 마이어가 "『클리오』" I (1902)에 기고한 것134)이 있고, 곡물의 수확과 수송에 관해서는 로스토프체프가 『파피루스 연구를 위한 고문서』,

---

129) Wesseley, "Karanis und Soknopaiu Nesos," *Studien zur Geschichte antiker Cultur- und Personnenverhältnisse*, Philosophisch-historisch Classe, Bd., 47, Wien, 1902; "Studien über das Verhältnis des griechischen zum ägyptischen Recht im lagienreciche, insobesondere über Personal-Execution im Anschließ an Varro de Re Rustica 1.17.2," *Sitzungsberichte der kaiserlichen Akademie der Wissenschaften in Wien, Philosophisch-historische Classe*, Bd. 124, Wien, 1891; "Die Stadt Arsinoe (Krokodilopolis) in greichischer Zeit," 같은 논문집, Bd. 145, 1902, Wien, 1902.
130) Schubart, "Besprechung von P.M.Meyer, Das Heerwesens der Ptolemäer und Römer in Ägypten," *Archiv für Papyrusforschung und verwandte Gebiet*, Bd. 2. 1902/3. pp. 147-159.
131) Wessley, "Epikrisis, eine Untersuchungen zur hellenistischen Amtssprache," *Sitzungsberichte der kaiserlichen Akademie der Wissenschaften in Wien,* Philosophisch-historisch Classe, Bd., 142, Wien, 1900.
132) Wachsmuth, "Wirtschaftliche Zustände in Ägypten während der griechische-römische Periode," *Jahrbücher für Nationalökonomie und Statistik*, 3. Folge, Bd. 19[74], 1900, pp. 771-809.
133) Waszinski, *Die Bodenpacht. Agrargeschichtliche Papyrusstudien, Bd., 1. Die Privatpacht*, Leipzig, 1905. 2권을 베버의 바람이라고 보인다.
134) Rostowzew, "Ursprung des Colonats," *Klio*, I, 1901, pp. 295-299; P.M.Meyer, "Ursprung des Kolonats," 같은 논문집, pp. 424-26.

Ⅲ(1904, p. 201 이하)135)에 기고하였다. 그밖에도 처음에 이용한 체계 잡힌 문헌목록을 참조할 수 있을 것이다.

6. **로마**와 관련에서는 4번 해제의 처음에 인용된 문헌을 비교하시오. 에토레 파이스(『로마사』, 현재 2권까지 나옴)가 전승에 관해서 완전히 철저한 비판을 하는데, 이는 개별로만 수용된다. 즉 다수의 매우 가치있는 개별 추론은 매우 설득력이 있는 것으로 보인다. 가장 오래된 시기에 관한 설명은 당장은 아다시피 포룸 발굴을 통해서 매우 유동이다. -사회사 관찰은 여기에서 아마도 간접으로만 샘솟을 것이다. 농촌공동체에 관해서는 슐텐(본고 참조136))이 "『필롤로구스』" 제 53권에 쓴 논문을 보시오. (기묘하게도 그 권수에 있는 내용 목차에는 표시되어있지 않다!) 그것과 관련해서 더 오래된 문헌 칼 요하네스 노이만의 글 "『로마 공화국의 영주제』"(스트라스부르크대 총장취임 연설)은, 나의 "『농지사』"에 대해서 새로운 것을 제시하고 있지만, 내 의견으로는 주로 기피되어야 한다. (본고 참조) 그것은 구성의 세련됨에 만족하는 것을 방해하는 것이 아니다. 피호민에 관해서는 폰 모리츠 포이그트의 논문(『왕립 작센 학술단체 토론회』, 철학-역사 분과, 30, 1878)이 항상 기본이 되며 또한 파울리 비소바의 (프레머스타인이 기고한) "피호민"137) 항목도 (비록 부분으로는 거부해야 하지만) 매우 좋다. 평민에 관해서는 에두아르트 마이어, "트리부누스직의 기원과 네 트리부스의 자치단체"(『헤르메스』, XXX, 1895)와 이 사전 2판에서 "평민"이라는 항목으로 짧게 요약된 것을 참조하시오.138) 채무예속에 관해서는 미타이스, "넥숨에 관하여"(『법사학잡지』, 로마학 부문, 22, 1901)와 페오도르 클라인아이담("『12표법에 나오는 개인 처형』", 브레슬라우, 1904)을 비교하시오.139) -양전(量田)의 경제 특성에 관해서는 보두앵, "토지의 경계나누기" 그리고 특히 브루기의 "로마 토지측량가의 법 원칙", 슐텐의 "고대의 토지대장"(『헤르메스』, 41, 1906), 투텡이 고고학 잡지 16(1896)에 기고한 것140)이 있다. 그밖에 나는 내가 저술한

---

135) Rostowzew, "Kornerhebung und Korntransport im griechisch-romischen Agypten," *Archiv für Papyrusforschung* 3, 1904, pp. 201-224.
136) 이 번역서 본문 <144좌>에 그의 이론이 소개되고 있다.
137) Premerstein, "Clinetes," *RE*, Band 4, 1, 1900, col. 23-55.
138) Eduard Meyer, "Der Ursprung des Tribunats und die Gemeinde der vier Tribus," *Hermes*, 30, 1895, pp. 1-24; "Plebs," Conrad (ed.), *Handwörterbuch der Staatswissenchaft*, 2판, Bd. 6, 1901, pp. 98-106.
139) Mitteis, "Über das Nexum," *Zeitschrift der Savigny Stiftung für Rechtsgeschichte*, Romanische Abt., 22, 1901, pp. 96-125. F.Kleineidam, *Die Personalexekution der Zwölftafeln*, Breslau, 1904.
140) Beaudouin, "La limitation des fonds de terre dans ses rapports avec le droit de propriété: étude sur

"『로마농지사』"에서 "『로마 토지측량가』"라는 라흐만의 간행물에 대한 루도르프의 소개에 관련한 상론을 전거로 제시한다.141) 내가 오늘도 역시 (다른 관계에서도) 확실하게 "젊은 시절의 잘못"에서 기인하는 책임을 고백하는데, 원문에서 대략 거의 절반의 공간이 오로지 (콜로나투스의 탄생에 관해선 동 항목을 보시오), <188좌> 확실하게 오늘 바로 여러 가지 점에서 낡은 것인데, 그것은 많은 점에서 처음부터(마이첸의 범주를 다른 성격의 관계에 적용하여) 잘못된 길에 있었음이 지시된다.142) (보두앵은) 정신면에서도 고유한 생각에서도 별로 풍부하지 않으나 외부의 제안을 서로 비교하고 재검사할 수 있었기에 흔히 매우 유능한 저술가라고 여겨지고 그 책143)은 과대평가되지만, 나는 그에 대해서 당장 현재의 연구 상태와 관련하여, 확실히 아무 것도 지적할 것이 없다. -그러나 나 자신은 그에게 관련되지도 않고 신세진 것도 없다고 느낀다. 나는 몸젠의 비판(『헤르메스』 XXVII)이144) 한정된 범위에서만 설득력이 있는 것으로 간주할 수 있다. 헤카토뤼고스에 관해서는 브루노 카일, 『헤르메스』 XXXVIII (1903)을 보시오. -로마의 팽창기와 더불어, 굴리엘모 페레로가 우아하고도 풍부한 영감을 지닌 채 저술되고 읽을 가치가 매우 큰 작품145)을 제출하였는데, 그는 공화정 시기와 관련하여 가장 흥미를 불러일으킨 언급과 아울러서, 때때로 몸젠의 "『로마사』"에 나오는 많은 당파들과 마찬가지로 아마도 근대에 속하는 것으로 여겨지기 때문에, 반대를 불러일으킨 견해를 제시하기도 한다. 니제(『헤르메스』 XXIII)와 파이스(『로마사』 II, p. 141 이하)에 대항하여 리키니우스 농지법을 변호하는 것은 폰 졸타우, "『헤르메스』" XXX, p. 624이다.146) 마슈케,

---

l'histoire du droit romain de la propriété," *Nouvelle revue historique de droit française et étranger*, pp. 397-469, pp. 567-684; Brugi, *Le doctrine giuridiche degli agrimensori romani*, Verona, 1897; Schulten, "Vom Antiken Cataster," *Hermes* 41, 1906, pp. 1-44; Toutain, "Etudes sur l'organisation municipale du Haut-Empire. I. De la distinction faite par Aulu Gelle entre les municipes et les colonies des provinces à lépoque impériale," *Mélanges d'archéologie et d'histoire*, 16, 1896, pp. 315-329; "Les cités provinciales de l'empire romain, qui portaient le titre de colone, étaient-elle autonomes ou non?" 같은 논문집, 18, 1898, pp. 141-163.

141) 『로마 농지사』 1장(pp. 12-48)에 해당한다. Rudorff, "Gromatische Institutionen," Lachmann, et al., ed., *Die Schriften der römischen Feldmesser*, Bd. 2, Berlin, 1852, pp. 227-323.

142) 그의 대표적 저술인 『로마농지사』(1891)가 마이첸의 독일 경지후페제도와 그에 관련된 현상에 관한 연구에 영향을 크게 받아서 쓰인 것인데, 이제는 그것이 오류임을 자인하고 있다. 특히 중세 범주를 고대 사회의 다른 환경에 적용한 것이 큰 문제인 것을 본문에서 지적한다.

143) Beaudouin, *Les grands domaines dans l'empire romain d'après des travaux recents*, Paris, 1899에 관한 것이다.

144) Mommsen, "Zum römischen Bodenrecht," *Hermes*, 27, 1892, pp. 79-117.

145) Ferrero, 『로마의 위대함과 몰락』 5권, 1871-1907.

146) Niese, "Das sogennante licinische-sextische Ackergesetz," *Hermes*, 23, 1888, pp. 410-423; Pais, *Storia*

"『로마 농지법 이론과 역사의 연구』"(1906)에 나오는 종교와 법률 측면에 대한 통찰력 있는 농지사 문제 분석은 성과에서 항상 "되돌아보기"를 수용하게 한다. 영대소작에 관해서는 미타이스가 『왕립 작선 학술단체 토론회』 47, 철학-역사 분과, 20, 1901에 발표한 것147)과 "콜로나투스" 항목을 참조하시오. 경영 조직에 관해서는 이제 내가 지은 "『로마농지사』"에서 기술한 것에 대한 보충을 위해서 구메루스, "경제조직으로서의 로마 농장경영: 카토, 바로, 콜루멜라의 작품에 의거하여", "『클리오』" 제 1 보충판, 제5 별책을 참조하시오. 그라쿠스 형제의 시기와 관련해서는 바로 에두아르트 마이어가 "『할레 대학교 200주년 기념 논집』"(1894)에 쓴 논문을 참조하고, 다 나아가 코르네만이 "『클리오』" 보완판 I 에 쓴 것148)과 위에 제시한 마쉬케의 상론을 보시오. 기원전 111년 "농지법"의 해석은 언제나 몸젠이 "『라틴비문집성』"에 집필한 주해149)에서 출발해야 한다. 그밖에 일반 역사 문헌에 관해서는 "『역사학 연보』"에 있는 (리베남이 집필한) 문헌목록150)이 개별질문과 관련하여 참조되어야 한다.

7. 제정기에 관한 문헌은 "콜로나투스" 항목에 있는 것을 보시오.151) ("『진리』", 프로만스 출판사, 1896년 5월호에 실린, 나의 설명 "고대 문화 몰락의 사회 원인"을 참조하여 본고에 있는 언급을 보시오.152)) -고대 폴리스와 중세 도시의 발전단계에 관한 참된 비판 비교는 (예컨대 에버하르트 고타인, 『쉬바르츠발트의 경제사』, p. 61 이하에 있는 그와 관련된 언급153)을 참조하시오) 유익하고도 감사할 만한 것일 텐데 – 단 그것의 목

---

di Roma, 1, 2, pp. 141-143; von Soltau, "Die Ächtheit des licinischen Ackergesetz von 367 v. Chr.," Hermes, 30, 1895, pp. 624-629.
147) Mittheis, "Zur Geschichte der Erbpacht im Altertum," Abhandlungen der philologischen-historischen Classe der Königl. Sächsischen Gesellschaft der Wissenschafte (Romanistische Abt), 22, 1901, pp. 96-125.
148) Meyer, Untersuchungen zur Geschichte der Gracchen, Abdruck aus der Festschrift zur 200 Jährigen Jubelfeier der Universität Halle, Halle, 1894; Kornemann, "Zur Geschichte der Gracchenzeit – Quellenkritische und chronologische Untersuchungen," Klio, 1. Beiheft, Leipzig, 1903.
149) Mommsen, "Lex agraria a.u.c. DCXLIII", CIL, vol. 1, Berlin, 1863, pp. 75-106.
150) Liebenam, "Bericht über die Arbeiten auf dem Gebiet der römischen Staatsaltertümer von 1889-1901," Jahresbericht über die Fortschritte der klassischen Altertumswissenschaft, 118, 31 Jg. 1903, 3. Abt. Leipzig, pp. 1-148.
151) 베버는 이 항목에 관하여 22회 언급하고 있으나, 죽기 전에 간행되지는 못하였다. 로스토프체프에게 이 항목의 집필을 양보하여, 본고가 수록된 사전 5권에 게재되었다.
152) 본서의 「부록」 참조.
153) Gothein, Wirtschaftgeschichte des Schwarzwaldes und der angrenzenden Landschaften, Bd, 1: Städt- und Gewerbegeschichte, Straßburg, 1892, pp. 61-62. 고타인은 중세 독일의 도시가 시장과 교역이라

적이, 요즘 유행하는 일반 발전도식의 구성 방식에 따라서, "유추"와 "비교"를 추구하는 것이 아니라, 오히려 거꾸로 그 최종 결과에서 매우 상이한 <188우> 두 가지 발전 중에서 각각의 특성을 끌어내는 것, 그래서 저 상이한 경과에 대한 인과 속성(屬性)을 이끌어 내는 것일 때에야 자연히 그러할 수 있겠다. 이점에서 비판 비교는 필수불가결한 사전 작업으로서 사건을 이루는 개별 구성요소의 고립화(즉 추상화), 이어서 각 개별 요소와 관련해서는 경험 규칙에 따르는 방향 설정, 없어서는 속성의 어떠한 확실성도 획득할 수 없는 명백한 개념(앞 소개를 보시오)의 형성을 필요로 한다는 점은 여기에서도 확실히 계속 올바르며, 바로 경제 사건과 관련하여 주목되어야 한다. 경제 사건에 관하여 개념의 정밀성이 없는 경우는 생각할 수 있는 한 가장 왜곡된 판단을 초래할 수 있다.

막스 베버.

는 점에서 고대 도시 및 이탈리아 중세 도시와 내조된다고 보았다.

[부록] 고대 문화 몰락의 사회 원인[1]

로마 제국이 멸망한 것은 외부로부터, 다시 말하면 적의 수자상 우세나 제국 정치지도자들의 무능으로부터가 아니다. 로마는 그 생존의 마지막 세기(5세기)에 철혈의 재상[2]이 있었다. 게르만의 용맹과 세련된 외교술을 합일시키고 있었던 스틸리코[3]와 같은 영웅들이 제국의 정상에 있었다. 메로빙, 카롤링, 작센 출신의 문맹자들이 이루었던 것과 사라센인[4]과 훈족[5]에 대해서 투쟁했던 바를 왜 그들은 성취하지 못하였는가? -제국은 이미 오래 전에 제국 자신이 아니었다. 제국이 몰락할 때, 어떤 강력한 충격 하에서 갑자기 붕괴한 것이 아니었다. 단지 민족 이동은 오래 전에 진행되고 있는 사태의 결말을 이끌어 낸 것에 불과하다.

그러나 무엇보다 로마의 고대 문화는 애초 제국의 붕괴를 통해서 가라앉게 된 것이 아니었다. 정치 결합체로서 로마 제국은 고대 문화의 꽃을 약 100년 이상 더 지속시켰다. 문화는 오래 전에 소멸하였다. 이미 3세기 초에 로마의 문헌은 고갈하였다. 법학은 학파와 더불어 사라졌다. 그리스 문학과 라틴 문학은 죽음의 잠을 잤다. 역사 서술은 거의 사라질 정도로 위축되었고, 비문은 침묵하기 시작했다. 라틴어는 곧 완전히 퇴화하는 상태였다. -150년 후 서로마 제국 황제의 권위가 퇴색[6]하면서 <58> 외부의 종말이 발생할 때, 사람들은 야만인들이 내부로부터 승리했다고 하는 인상을 받는다. 또한 멸망한 로마의 영토에는 민족 이동의 결과로 어느 정도

---

1) 이 논문의 원제목은 "Die sozialen Gründe des Untergangs der antiken Kultur"이며, *Die Wahrheit*, 1, Maiheft, 1896, pp. 57-77에 실렸다. 이 논문은 1896년 1월 13일 프라이부르크에 있는 학회에서 개설한 대중 강연이었다. 역자는 *Gesammelte Aufsätze zur Sozial- und Wirtschaftgeschichte*, 1928, pp. 289-311에 게재된 것을 번역하였다. 중간에 < > 안에 표시된 면수는 원 논문의 면수이다.
2) 비스마르크를 빗대어 말한 것이다.
3) Flavius Stilicho: 황제가 어린 탓으로 반달족 출신이지만 395~408년 로마 제국의 서부에서 사실상의 지도자로 군림한다.
4) 프랑크왕국에 침입하여 732년에는 르와르, 이어서 프로방스에 이른다.
5) 훈의 왕국은 5세기 중엽에 몰락하였으므로, 메로빙 왕조의 수립이전이다. 베버는 사료에 흔히 훈이라고 지시되는 아바르 족이나 웅가르족을 생각한 듯하다.
6) 476년 게르만 장군 오도아케르에 의해서 서로마 황제 로물루스 아우구스툴루스가 폐위된 것을 지시한다.

충분히 새로운 관계가 결코 수립되지 않았다. 메로빙 왕국은, 적어도 갈리아에서는, 우선 모든 면에서 거의 완전하게 로마 속주의 여러 특징을 지닌다. - 그리고 우리에게 제기되는 문제는 다음과 같다. 즉, 고대 세계에서 저 **문화의 황혼**이 어디서 유래하는가?

혼히 가지각색의 설명이 제시되었다. 그런데 일부는 완전히 오류이며, 일부는 올바른 관점을 가졌으나 그릇된 조명을 하고 있다.

전제정치는 고대인을 즉, 그들의 국가 생활과 문화를 심리상으로 어느 정도까지는 억압하였음에 틀림없다. -그렇기는 하나 프리드리히 대제의 전제정치는 향상의 지렛대였다.-

상류층 사회의 이른바 사치와 비윤리성은 역사의 복수(復讐) 심판을 불러 일으켰다.- 그러나 이 두 가지는 그것들의 편에서는 증상이다. 앞으로 살펴보겠지만, 고대 문화를 가라앉힌 것은 위의 두 가지 각각의 책임보다도 훨씬 강한 선행자들이었다.

지배층에서 로마의 부인이 해방된 것과 혼인의 확고함이 파괴된 것은 사회의 기초들을 붕괴시켰을 것이다. 전사 농부의 궁색한 역축이라고 게르만인의 부녀자들을 평한 타키투스와 같은 경향성 있는 반동주의자를 현재의 목소리들이 유사하게 모방하고 있다.[7] 쾨니히그레츠 전투에서(1866)[8] "프로이센의 교사"가 별로 불가피하지 않았던 것처럼, "게르만의 부녀"[9]가 게르만인의 승리를 불가피하게 결정짓는 것은 아마 아닐 것이다. -오히려 우리가 보게 될 것은 사회의 **하층**에서 가족이 **재확립**되는 것이 고대 문화 몰락과 상관이 있다는 점이다.-

고대 자체로부터 플리니우스의 소리가 우리에게 와 닿는다. "라티푼디아가 이탈리아를 망쳤다."[10] 한편에서 말하기를 로마를 망친 자들은 융커(Junker)였다고 한다. 물론이다. 그러나 다른 한편에서 말하기를 단지 토지 귀족들이 외국 곡물의 수입에 패배하였기 때문이라고 한다. 카니츠[11]의 생각대로라면, 황제들은 오늘날도 권좌에

---

7) 타키투스, 『게르마니아』 7.17-19을 참고한 것이다.
8) Königgrätz: 체코에 있는 Hradec Králove인데, 이곳의 전투는 1866년 7월 3일 벌어졌으며, 프로이센-오스트리아 전쟁의 중요한 계기였다. 당시의 사람들은 프로이센의 승리를 학교 제도 탓으로 돌렸다.
9) 타키투스, 『게르마니아』 7.3-4, 18.1-19.5 참고한 것이다.
10) Latifundia perdidere italiam: 플리니우스, 『자연사』 18.7(6).35.
11) 1894년 4월 7일 제국 의회에서 전권을 위임받은 카니츠(Kanitz) 백작이 제안한 내용이다. 이에 따르면 제국 내 곡물 교역의 독점을 결과할 수 있었는데, 베버는 1894-1897년에 걸쳐서 논술과 연설

앉아 있을 것이다. 앞으로 **농민** 신분 회복의 첫 단계가 고대 문화의 침체와 더불어 놓였다는 점을 볼 것이다.

그와 더불어 "다윈의" 가설도 틀리지 않았는데, 최신의 가설, 특히 자연도태의 가설이 그러하다. <59> 군대의 징집을 통해서 가장 강한 자들이 미혼인의 상태에 빠지게 한 그 과정은 고대의 인종을 퇴화시켰다.12) -오히려 자기 **자체로부터** 점증하는 군대 보충은 로마 제국의 몰락과 손잡고 간다는 사실을 볼 것이다.-

그 점에 관해서는 충분히 말했다. -단지 사실을 검토하기 전에 한 마디만 덧붙이자.

즉, 만약 청중들이 "우리에 관한 이야기를 하고 있다"13)고 하는 느낌을 가지고 설명자가 "주의 깊게 공부하라"14)는 말로 끝맺을 수 있을 때에, 설명자가 심어준 인상은 매우 좋은 것이다. 이하의 언급은 이렇게 호감 상태에 있지 않다. 고대사로부터 우리가 우리의 현재 사회 문제에 관하여 별로 또는 전혀 배울 것이 없다. 오늘날의 프롤레타리아와 고대 노예는 유럽인과 중국인의 경우처럼 별로 일치하지 않는다. 우리의 문제는 완전히 다른 종류이다. 우리가 눈여겨보는 구경거리는 단지 역사의 흥미를 지닌다. 특히 그것은 역사를 아는 가장 고유한 것들 중의 하나이다. 즉, 고대 문화 내부로부터의 자기붕괴이다.15)

이제 막 드러낸 고대 사회의 사회구조상 **특징들을** 우선 명확히 해야만 할 것이다. 이것들을 통해서 고대의 문화 발달의 순환이 정해지는 것을 볼 것이다.

고대 문화는 본질로 우선 **도시** 문화다. 도시는 예술과 문학의 토대인 것처럼 정치 생활의 토대이다. 또한 고대, 적어도 역사의 초기 시대에 경제로 적합한 것은

을 통해서 강하게 거부하는 의사를 표명하였다.
12) 이 견해는 Otto Seeck, *Geschichte des Untergangs der antiken Welt*, 1, pp. 257-259를 따른 것이다.
13) de te narratur fabula: "너에 관하여 이야기되고 있다." Horatius, *Saturae*, 1.1.69 이하에 나오는 것이다.
14) discite moniti!: Vergilius, *Aeneis*, 6.620의 인용이다. "discite iustitiam moniti et non temere divos. 너희들은 명심하여 정의를 배우고 부주의하지 않게 신성한 사람들을 배워라."
15) die innere Selbstauflösung einer alten Kultur: 이 표현은 에우아르트 마이어, 『고대 경제발전*Die wirtschaftliche Entwicklung des Altertums, ein Vortrag*』 Jena, 1895 p. 733의 표현과 거의 같다. "die Auflösung einer aufs höchste gesteigerten Kultur von innen heraus최고도에 이른 문화의 내부로부터의 해체."

오늘날 흔히 우리가 "도시 경제" 라고 부르는 경제 형태이다. 헬레니즘 시대에 고대 도시는 본질상 중세 도시와 다르지 않다. 다르다고 한다면, 중부 유럽에 대한 지중해의 기후와 인종이며, 이는 오늘날에도 역시 영국 노동자와 이탈리아 노동자 그리고 독일 수공업자와 이탈리아 수공업자가 다른 것과 유사할 뿐이다. -또한 경제상 고대 도시는 원래 도시 공산품을 도시의 장(場)에서 협소한 주변 촌락 지대의 농산물과 교환하는 것에 기초를 두고 있다. 생산자로부터 소비자로의 **직접** 교환은 외부로부터의 운송이 없이 수요를 대체로 **만족시키고** 있다.- 아리스토텔레스의 이상 즉, 도시의 '아우타르케이아'(자급자족)는 대다수의 헬라스 도시에서 실현되었다.

한편 이 국지의 하부구조에 근거하여 태고로부터 <60> 일종의 국제 교역이 생긴다. 이는 광범한 지역과 수많은 상품들을 포괄한다. 역사에서 우리는 가지고 있는 선박이 교역의 운반자가 되는 도시들에 관해서 듣는다. 그러나 우리가 바로 그 도시들에 관하여 듣기는 하나, 쉽사리 잊고 있는 사실 하나는 그것이 **양**(量)으로 사소하다는 점이다. 먼저 고대 유럽의 문화는, 그 역사가 우선 해안 도시의 역사인 것처럼, **해안 문화**이다. 기술상으로 세밀하게 이루어지는 도시 거래와 더불어 내륙에 현저하게 존재한 것은 촌락 공동체나 봉건 가부장 하에 결박된 원시 농민의 자연경제이다. 단지 해상이나 강상에서만 국제 거래가 실제 지속되고 늘 이루어진다. 단지 중세의 것과 비교할 만한 내륙 거래는 고대 유럽에 존재하지 않는다. 로마의 역(驛)처럼, 칭송되고 있는 로마의 도로망은 우리로 하여금 약간이라도 새로운 사정을 생각하게 하는 거래의 토대가 아니다.16) 수로에서의 수익에 대하여 내륙 화물의 수익은 차이가 엄청나다. 고대 로마의 시기에 육로에 인접했다고 하는 것은 보통 이득이 아니라, 오히려 병사들의 병영 및 식객 때문에17) **부담**을 의미했다. 육로는 군사 도로이지 상업 도로는 아니다.

여전히 분해되지 않은 자연경제라는 기초에 교환 거래는 깊이 뿌리 내리지 못한다. 실제 지속된 교역 대상인 것은 **얇은 층의 고가 품목**-귀금속, 호박, 고가의 직물, 몇 가지의 철기 및 도자기 등등이다. 엄청난 수송비를 감당할 수 있는 것은 대체로

---

16) Karl Bücher, "Die diokletianische Taxordnung vom Jahre 301," *Zeitschrift für die gesamte Staatswissenschaft*, 50-2, 1894, p. 200, n. 3에서는 로마의 역(驛)은 개인 거래가 접근할 수 없음을 지적한다.
17) 콜루멜라, 『농촌일』 1.5.6 이하에 따른 것이다.

고가인 사치품이다. 그러한 교역은 근대의 무역과 결코 비교될 수 없다. 이것은, 마치 각 거래 통계가 대량 필수품이 매우 큰 수자의 무역고를 지시하지만, 여전히 샴페인, 생사 등이 거래되고 있는 것과 같을 것이다.- 물론 아테네, 로마와 같은 도시들은 곡물 수요를 운반에 의존하는 일이 생긴다. 그러나 이 경우에 중요한 것은, 세계사로 보았을 때, 그것이 비정상 현상이며 그 수요의 충족을 전체가 장악하고 있다는 점이다. 왜냐하면 전체가 자유 거래에 위임할 의도도 없고 또 그렇게 할 수도 없기 때문이다.

자신의 일상 필수품과 더불어서 국제 거래에 관심을 지니고 있는 자들은 대중이 아니라, 엷은 층의 유산 계층이다. 이로부터 한 가지 사실이 발생한다. 즉, 재산의 차이가 점점 더 커지는 것이 고대에는 상업이 <61> 융성하는 전제 조건이라는 점이다. 그러나 이 재산 차이가 심화되는 것은 -또한 이로써 우리는 3번째의 결정점에 도달한다.- 완전히 정해진 형태와 방향대로 이루어진다. 즉, 고대 문화는 노예 문화이다. - 처음부터 농촌의 부자유 노동이 도시의 자유 노동 곁에 있으며, 도시 시장에서 교환 거래를 통한 자유 노동분업 곁에 농촌 농장에서 -다시 말하면 중세처럼- 자가경영의 제품생산 조직을 통한 부자유 노동분업이 있다. 그리고 중세와 같이 또한 고대에도 인간 노동의 두 결합 형태 사이에 자연스러운 대립이 존재했다. 진보는 노동 분업이 진전하는 데 놓여 있다. 자유 노동의 경우 이것은, -우선- 교환의 범위가 외부로는 지리 팽창을 함으로써 내부로는 사람의 팽창을 함으로써 시장의 확대가 진전하는 것과 일치한다.- 따라서 도시의 시민층은 부역 장원을 파괴하고, 그들의 예속농을 자유 교환 거래로 포함시키고자 노력한다. 부자유 노동의 경우 노동 분업의 진전은 인력 증가가 진전함을 통해서 이루어진다. 즉, 노예나 예농이 많을수록 부자유 직업에서 전문화의 진전이 더욱 가능하다. 그러나 중세로부터 자유 노동과 토지 거래가 점점 더 우세하게 대두하는 데에 비해서 고대의 발전은 거꾸로 달려간다. 그 이유는 무엇인가? 그것은 바로 계속된 고대 전쟁의 성격을 통해서 야기되었던 인력의 "저렴함"이다. 이는 또한 고대의 기술 진전을 위축시켰다. 고대의 전쟁은 동시에 노예 사냥18)이다. 즉, 그것은 노예 시장에 끊임없이 물자를 공급

---

18) Sklavenhetzen: Karl Bücher, *Die Aufstände der unfreien Arbeiter 143-129 v. Chr.*, Frankfurt A. M., 1874, p. 44에는 노예노동의 저렴함이 강조되고, p. 36에서는 기원전 2세기에 벌어진 일련의 전쟁을 노예사냥으로 규정짓고 있다.

했으며 전에 들어 보지 못한 정도로 부자유 노동과 인력 증가를 조성한다. 이로써 자유 영업은 무산자 고객-품팔이의 단계에 정체된 것으로 판정되었다. 시장 판매를 목적으로 자유 임금노동을 가진 자유 기업가들의 경쟁이 발전하면서 노동을 절약하는 발명에 경제 보상이 생기는 것이 저지된 반면에 근대에는 그 발명을 촉구했다. 이와 달리 고대에는 오이코스에서 부자유 노동의 경제 중요성이 끊임없이 커진다. 단지 노예점유자들만이 노예 노동을 통해서 분업으로 필요를 충족하며, 생활수준에서 상승할 수 있다. 노예경영만이 자신의 필요를 충족시킴과 동시에 점차 시장을 위한 생산을 할 수 있도록 하였다.

이로써 고대의 경제 발전은 고대에 <62> 고유하고 중세와는 상이한 길로 향하게 되었다. 우선 중세에는, 고객 생산과 더불어, 좀 더 **집약된** 지방 시장의 토대 위에 있는 도시라는 지방 경제 범위의 내부에서 자유 노동 분업이 발달한다. 그런 후 비로소 선대제에서, 이어서 공장제 수공업에서 지방 간의 생산 분화와 더불어 외부를 향한 교역이 증가한다. 이것은 **자유** 노동에 근거하고 해외 시장 판매를 위한 여러 영업 형태가 생기도록 한다. 또 근대 국민경제의 발달은 지방 사이의 그리고 국가 사이의 상품 교환을 통해 폭넓은 **대중**의 수요 충족이 점점 더 많이 이루어지는 현상과 궤를 같이 한다. -그에 반해서 고대에는 보다시피 대 노예 가계에 부자유 노동이 집결되는데, 이는 국제 교역의 발달과 궤를 같이 한다. 그래서 교환경제인 상부 구조의 아래에는 교역에 **의하지 않는** 수요 충족을 갖춘 채 계속 확장되고 있는 하부 구조가 작용하고 있다. -후자는 계속 인력을 흡수하고 있는 노예 무리로, 이들의 수요는 주로 시장에서가 **아니라** 자가경제로 충족된다. 최상층에 있으면서 인력을 점유한 계층의 수요 상태와 그리고 교역의 **외연** 발달이 더욱 진전될수록, 교역의 **밀도**는 더욱 낮아진다. 즉, 교역은 점점 더 엉성한 망이 되어버린다. 그것은 자연경제 토대 위에서 확대되면서 그 그물의 코는 섬세해지지만 그물의 실은 동시에 더욱 엉성해진다. - 중세에는 외부로부터 내부로, 지방 경제공동체의 심층에 기업과 경쟁 원리가 서서히 침투함으로써 지방의 고객 생산으로부터 지방간의 시장 생산으로의 전이가 이루어진다. 반면 고대에는 국제 무역이 "오이코스"가 성장하도록 하였으며, 이는 **지방** 교환경제가 자라날 배양토를 박탈한다.

이 발전은 로마라는 토양에서 가장 강력하게 이루어졌다. 평민의 승리 이래로 애초 로마는 정복농민 국가, 혹 더 좋게 말하자면, 농경시민 국가다. 모든 전쟁은 식민하기 위한 토지 획득이다. 토지점유 시민의 아들은 부친의 유산을 받을 몫이 없으므로, 군대에서 자신의 경작지와 더불어 완전시민권을 얻기 위해서 싸웠다. 여기에 로마가 가진 팽창력의 비밀이 놓여 있다. 그것은 해외 정복과 더불어 중지되었다. <63> 핵심은 더 이상 농민의 식민자로서의 관심이 아니라, 귀족을 통한 속주 착취이다. 전쟁은 인간사냥과 많은 국유지임차인과 세입징수청부인을 통한 착취 목적의 토지 몰수를 지향한다. 제 2차 포이니 전쟁은 본국에서 많은 농민이 감소하게 하였으며,[19] 그런 몰락으로 초래된 결과들은 일부 한니발의 사후 보복이기도 하다. 그라쿠스 형제의 운동에 대한 반동은[20] 결국 농업 경제에서 노예 노동의 승리를 결정한다. 그 이후로 상승한 생활 수준, 구매력 증가, 판매 생산의 발전을 담당한 자들은 단지 노예점유자일 뿐이다. 자유인 노동이 완전히 소멸되지는 않았을 것이다. 그러나 노예 경영이 **진보** 요소이다. 로마의 농업서 저술가들은[21] 노예 노동을 노동 제도의 자명한 토대로서 제시했다.

마침내 스페인, 갈리아, 일리리아, 다뉴브 지역의 거대한 내륙 평지가 로마 세계의 권역 안에 포함됨으로써 부자유 노동의 문화 의미는 **확고히** 강화되었다. 로마제국의 인구 중심은 **내륙으로** 옮겨졌다. 이로써 고대 문화는 자신의 무대를 옮기고, 해안 문화로부터 내륙 문화가 되고자 하였다. 고대 문화는 수백 년간 그 자체로는 상품 교환이 불가능하였던 광대한 경제 지역으로 확산되었다. 그리고 화폐경제식의 수요 충족은 지중해 해안의 경우와 같은 정도에 이르지는 못하였지만 이루어질 수 있었다. 이미 언급했듯이, 고대의 국지간 상품교역이 저 해안 지역에서도 얇은 그리고 더 얇아지는 덮개를 나타냈다면, 내륙 교역의 그물코는 사실상 더욱 엉성했음에 틀림없다. 우선 **집약된** 상품 교역의 발달을 통해서 형성된 **자유** 노동 분업 위에서 형성된 문화 진보는 이곳 내륙에서 결코 **가능하지 않았다**. 여기에서

---

19) 이 전쟁은 한니발의 침입으로 이탈리아의 황폐화를 가져왔다. 여기에서 나온 한니발의 복수라는 명제는 이후 토인비의 저서인 『한니발의 유산 *Hannibal's Legacy*』 2권, Oxford, 1965의 주제가 된다.
20) 기원전 121년 가이우스 그라쿠스의 죽음 이후를 지시한다.
21) 카토(기원전 234-149년)의 『농업에 관하여』(기원전 160년경), 바로(기원전 116-27년)의 『농촌일』(기원전 37), 콜루멜라(기원후 1세기)의 『농촌 일에 관하여』(60-65년)를 지시한다.

는 -오이코스에서- 노예 점유와 부자유 노동 분업 위에 기초한 토지 귀족으로의 상승만이 점차 지중해 문화권에 포함되는 형태가 될 수 있었다. 해안보다 한층 더 많은 비용이 드는 내륙 교역은 우선 노예를 가진 최상층의 사치품 수요 충족으로 축소되는 한편 판매 생산의 가능성은 대 노예 경영을 하는 희박한 층에 의해서 보유됨에 틀림없었다.

따라서 노예 보유자는 고대 <64> 문화의 경제 담당자가 되었으며, 노예 노동의 조직이 로마 사회의 불가결한 하부구조를 구축하였다. 우리는 그 사회 특색을 더 면밀하게 살펴야만 할 것이다.

사료의 상태에 따라서 우리는 공화정 후기와 제정 초기 사이의 **농업** 경영에 관해서 훨씬 명백한 상을 그릴 수 있을 것이다. 또한 대토지 점유는 제국의 기본 형태이며, 그 토대 위에서 투기식으로 경영된 재산이 놓여 있었으며 또한 로마의 대 투기꾼들은 대개는 대지주이다. 왜냐하면 가장 이익이 많은 투기인 공공계약과 청부업[22])은 토지 담보가 전제되기 때문이다.-

로마 대토지 점유자의 유형은 스스로 관리하는 농업경영자가 아니라 오히려 도시에 거주하면서 정치 활동을 하며, 무엇보다도 현금소득을 얻고자 하는 자이다. 농장 자체의 관리는 부자유 감독자들(vilici)의 손에 있다. 경영의 방법에 관해서는 이제 으레 다음의 관계가 확고하다.

판매용 곡물(밀) 생산은 대체로 이익이 없다. 예를 들어 로마는 국가가 곡물을 조달하므로, 시장이 폐쇄되어 있으며 **내륙**으로부터의 수송비를 곡물가가 대개 부담하지 못한다. 이밖에도 노예 노동은 곡물 경작에 적합하지 않으며, 특히 로마식의 윤작[23])에는 노력이 많이 들고 세심한 주의를 요하며 또한 경작자의 자기 이해가 필요하기 때문이다. 따라서 곡물 경작은 대체로, 최소한 일부는 "콜로누스들"-영세농이며, 자유인의 자손이며, 재산 점유에서 배척된 농민층-에게 **임대된다**.그러한 콜로누스는 처음부터 자유 경제를 추구하는 독립 계약자나 농업 기업가는 아마도 아닐 것이다. 주인은 콜로누스에게 도구를 빌려주고, 빌리쿠스는 경영을 통제한다. 콜

---

22) Submission: 조세징수청부나 토지임대계약을 의미한다.
23) Reihenkultur: 곡물 파종이 밭이랑별로가 아니라 몇 개의 순서에 따라서 이루어지는 쟁기질 및 파종방식을 말한다. 로마 농법에서 윤작에 관해서『로마농지사』p. 221을 보시오.

로누스에게 **노동** 특히, 수확 보조가 부과된 것은 처음부터 더욱 공공연하게 빈번했다. 경작지를 콜로누스에게 제공하는 것은 **주인**의 편에서 보면 영세농24)에 "의한"("per" colonos) 경작형태25)를 의미한다.

그에 비해 "자가경영" 상태에 있는 **농장**의 판매 생산은 우선 고가의 생산품 즉, 올리브유, 포도주, 소채류, 가축 사육, 가금 사육 그리고 로마 사회에서 구매력이 있는 최상층의 식사에 필요한 것을 조달하기 위한 특수 경작을 포함한다. 이 경영은 곡물 생산을 생산성이 떨어지는 토지로 <65> 후퇴시키고, 콜로누스가 그 토지를 점유하게 한다. 농장 경영은 재식농장식이며, 농장 노동자는 **노예**이다. 제정기에도 노예 가족과 콜로누스는 으레 나란히 대농장의 동거 주민이다.

여기서 우리의 흥미를 끄는 것은 노예이다. 우리는 그들을 어떻게 생각하는가? 고대의 농업서 저술가들이 우리에게 전하는 이상형을 보도록 하자.26) "말하는 도구"를 위한 주택, 즉 노예 우리가 가축 ("반쯤 말하는 도구"27)) 우리의 옆에 있음을 발견한다. 노예 우리에는 공동 침실이 있으며, 의무실,28) 구류소,29) "가내수공업자"의 작업장(ergastulum)이 있음을 발견하게 된다. 곧 군복을 걸친 적이 있는 자 모두의 뇌리에 떠오르는 하나의 친숙한 상이 있다. 그것은 바로 **병영**30)이다. 또한 실제로 노예란 통상 병영에 있는 존재이다. 침식은 빌리쿠스의 감독 하에 이루어지며, 더 좋은 옷은 "창고에서" "창고계 하사관"처럼 활동하는 감독자부인(vilica)에게 맡겨지며, 매달 옷 검사를 위해서 점호가 실시된다. 작업은 매우 군대식으로 통제된다. 아침에 분대(decuriae)별로 집결하여 "노예몰이(monitores)"의 감독 하에 행진한

---

24) Parzellisten: 1871년 독일의 조세분류에 따르자면 2-5ha를 보유한 농민이며, 2ha미만은 최소점유자(Kleinstbesitzer)로 나뉜다. 베버는 콜로누스를 영세농민으로 보고 있다.
25) 이 인용의 출처는 알 수 없다. 베버의 『로마농지사』 p. 234, n. 29a에는 콜루멜라, 1.7이 나와 있는데, 이를 보면 "per domenicos colere"(1.7.4)라는 표현이 있다. 글의 맥락상 여기에 나오는 도메니쿠스는 가내 노예로 볼 수 있으며, 자신이 직접 경작하거나 아니면 이들 가내 노예를 통해서 경작하는 것이 허용되지 않으면, 촌민rusticos이나 정착한 콜로누스colonos를 부릴 수 있도록 할 것을 권고하고 있다.
26) 베버, 『로마농지사』 pp. 236-242, pp. 268-272이 해당된다.
27) instrumentum vocale, instrumentum semivocale: 바로, 『농촌일』 1.17.1.
28) valetudinarium: 콜루멜라, 『농촌일에 관하여』 12.3.7. 베버, 『로마농지사』 p. 273.
29) carcer: 이 표현은 농업서 저술가들에게서 나오지는 않는다. 베버, 『로마농지사』 p. 261, n. 83에 따르면, 486년에 반포된 규정인 『유스티니아누스 법전』, 9.5.1을 참조하고 있다.
30) 이에서 비롯한 노예병영Sklavenkaserne이라는 표현은 이미 『로마농지사』에서 여러 번 제시한다.(p. 239, p. 273 등)

다. 그것은 또한 어쩔 수가 없었다. 부자유 노동으로 시장 생산을 하는 것은 채찍이 없이 지속될 수 없게 된다. -그러나 우리에게 중요한 점은 무엇보다도 이런 형태의 병영 생활로부터 생기는 특징이다. 즉 병영 노예는 소유권이 없는 존재(eignetumslos)일 뿐만 아니라 또한 가족이 없는 존재(familienlos)이다. 단지 빌리쿠스만이 노예혼(contubernium)의 상태에서 살 뿐이니, 이는 근대의 병영에서 결혼한 상사 및 하사에 상응할 것이다.- 그러나 농서 저술가들에 따르자면,31) 이것 역시도 주인의 이해관계에 비추어 보면 빌리쿠스에게는 "명령"이기도 함에 틀림없다. 그리고 언제나 소유와 개별 가족이 상응하는 것처럼 여기에서도 노예혼인이 노예소유와 상응한다. 빌리쿠스는 -농업서 저술가들에 따르자면,32) 명백히 그만이- 특유재산(peculium)을 가진다. 그것은 본래 그 명칭이 지시하듯이, 오늘날 독일 동부에서 날품팔이가 하는 것과 같이, 주인의 목초지 위에서 빌리쿠스가 사육하는 가축 점유이다. 노예 대중은 특유재산처럼 단혼의 성관계가 없다. 성관계는 여자 노예들에게 자식을 낳아 기르는 데 대하여 보상이 이루어지는, 일종의 통제된 매춘이다. -3명을 낳아 기르면, 많은 주인이 자유를 준다.- 이미 이 마지막 방식은 단혼 가족의 결여가 어떤 결과를 촉진시키는지 지시하고 있다. 가족 안에서만 인간이 늘어난다. 노예 병영은 자충(自充)할 수 없었고, 보충을 위해서는 노예를 계속 구매하는 데 의존하였다. 그리고 사실 농업서 저술가들은 이 구매가 정규로 발생하는 것을 전제로 한다. 고대의 노예경영은 근대의 용광로가 석탄을 소모하듯이 소모한다. **노예시장과 또 여기에 인력 자원을 규칙에 따라서 넉넉하게 조달하는 것은, 시장을 위해서 생산하는 노예 병영의 불가결한 전제 조건이다.** 사람들은 저렴하게 구입했다. 바로는 특히 그러한 무뢰한이 대개 더 "기민하다"33)는 독특한 동기를 부여하면서 범죄자 및 그와 유사한 저렴한 물건을 인수해야 한다고 권하고 있다. 따라서 이 경

---

31) 콜루멜라, 1.8.5에 따른 것이다. 여기에서 여자 동료가 '할당되어야 한다adsignanda'로 표현된다.
32) 필자가 참조한 주석, p. 111에는 농업서 저술가가 이를 전하는 직접 사료는 알려진 것이 없다고 판단한다. 바로, 『농촌일』 1.17.5와 7에 페쿨리움이라는 표현이 등장하는 데 막상 이를 수혜하는 자가 'qui praesint'라고 표기되어 있어서 이들이 정작 빌리쿠스인지의 여부는 분명하지 않다. 뿐만 아니라 바로, 1.2.17과 1.19.3에는 노예들이 약간의 페쿨리움을 지니는 경우가 소개되어 있을 뿐이다. 페쿨리움에 관해서 차전환, 『로마공화정 후기 이탈리아의 농업경영에 관한 연구』, (1991, 성균관대학교박사학위논문) p. 46-7을 참조하시오.
33) velocior est animus hominum improborum: "무뢰배의 정신이 더 기민하다"는 뜻이다. 이 인용은 콜루멜라 1.9.4에서 기인한다.

영은 노예 시장에 정규로 **사람을 공급**하는 데에 의존하고 있다. 언제 어떻게 이것이 거부되는가? 그것은 석탄 저장소가 고갈되는 것이 용광로에 영향을 미치는 것처럼 노예 병영에 영향을 끼쳤음에 틀림없다. -마침내 이 시기가 왔다. 이로써 고대 문화의 발전에서 전환기가 도래한다.

로마 국력과 문화의 몰락이 애초에는 잠재되었다가 곧 표출되는 시점이 언제인가를 묻는다면, 여느 독일인의 머리에도 부지중에 떠오르는 토이토부르크 전투(기원후 9년)[34]에 대한 생각을 지울 수 없을 것이다. 트라야누스(기원후 98-117년) 치하에서 로마 제국이 그 국력의 융성기에 있음을 지시하는 겉모습과는 상치될지라도 실제로 그 일반 표상 속에는 정당성의 핵심이 심어져 있다. 물론 그 패배는 모든 민족이 야만인들에 대항하여 나가면서 겪는 것이다. 중요한 것은 전쟁 자체가 아니라 그것에 관련된 것이다. 즉, 티베리우스(기원후 14~37)에 의해서 라인 강 일대에서 **정복 전쟁이 중지된** 것이며,[35] 이는 다뉴브 강 일대에서 다키아가 하드리아누스 치하에서 포기된 것[36]과 비견된다. 이로써 로마 제국의 팽창 경향이 종말을 맞이하게 되었다. 노예 시장에 인력 자원을 정규로 공급하는 것은 고대 문화권 내부의 그리고 -주로- 외부의 충족과 더불어 위축된다. 그 결과로 이미 티베리우스 치하에서 매우 **시급한** 노동자 부족 현상이 나타났던 것으로 보인다. 대토지 점유자들이 인간약탈을 자행하였기 때문에, 그가 농장의 '작업장들'을 조사시킬 수밖에 없었다고 하는 말이 들린다. -이는 마치 <67> 약탈 기사가 거리에 나서서 기대하는 것이, 금전과 재화만이 아니라, 자신의 황폐해진 경작지에 쓸 노동력이었다는 것과 같다.[37] 더욱 중요한 것은 천천히 그리고 강력하게 발생하고 있던 **만성(慢性)** 작용이다. 즉, 노예 병영에 근거해서는 생산이 진전하기가 불가능했다는 점이다. 그것은 연속된 노예 공급을 전제로 하며, 스스로는 충족될 수 없었을 것이다. 공급이 장시간 중단될 때, 그것은 쇠퇴할 수밖에 없었다. 후기 농업서 저술가들로부터[38] 받는

---

34) 케루스키 족의 군주인 아르미니우스가 지휘한 게르만 군대가 로마의 장군 퀸크틸리우스 바루스의 군대를 기원후 9년에 몰살시켰던 전투이다.
35) 17년이다.
36) 일반으로 그렇게 생각되고 있으나 사실과 부합하지 않는다. 하드리아누스(117-138)는 다키아 과제를 떠맡았으며(Eutropus, 8.6.2), 실제로 중지된 것은 아우렐리아누스 황제(270-275) 때이다.
37) 수에토니우스, 『티베리우스』 8.

인상에 따르자면, 인력 자원의 "저렴함"이 소멸한 것 때문에 비로소 양질의 노동자를 육성함으로써 기술의 개량을 초래한 것으로 보인다. 그러나 이미 기원후 2세기에 실제 노예사냥39)의 성격을 마지막으로 가졌던 공격 전쟁이 종식된 이후에 대노예 농장은 결혼도 못하고 소유도 없는 농장 소속 노예들과 더불어서 함께 위축되었음에 틀림없다.

로마 저술가들이 우리에게 알려주고 있는 대규모 농업 경영에서 노예의 상태를 카롤루스 대제의 『황실 장원에 관한 칙법(capitulare de villis imperialibus)』과 그 당시 수도원의 재산 목록으로부터 알게 되는 **카롤링 시기의 장원 노예들의 위상과 비교**해 보면, 위 사실이 실제 언제 발생했고 또 어떻게 발생했는가를 알 수 있다. 우리는 전자의 경우나 후자의 경우나 마찬가지로 노예들이 농업 노동자로 존재하고, 더욱이 마찬가지로 권리가 없으며 특히 주인이 가진 노동력에 대한 무한정한 처분에 던져져 있다는 점을 알고 있다. 그 점에서는 아무런 차이도 발생하지 않았다. 같은 정도로 로마 영주제의 수다한 세부사항이 전가되어 있다. -용어에서도 그런 사실이 발견된다. 예를 들면 고대의 '부녀작업장'이 다시 "게니티움"에서 발견된다.40) 그러나 한 가지가 근본부터 다르다. 즉, 로마의 노예는 "공동의" 노예 병영에 있지만, 카롤링 시기의 노예(servus)는 부역 의무를 지는 소농으로서 주인이 임대한 토지 위에 있는 노예 농장41)(노예 망스)42)에 존재한다. 노예는 **가정에 되돌려졌고**, 가정과 더불어서 또한 **자기 점유도 생겼다.-** 이처럼 **노예가 "오이코스"로부터 분가한 것은** 로마 후기에 이루어졌다. 실제로 **이것은** 바로 노예 병영이 자기 보충을 결여한 결과임에 틀림없었다. 주인은 노예를 세습예민으로 다시 단세대 가족의 영역 속에 둠으로써 그 후손을 확보하였다. 이로써 <68> 카롤링 시기 그 마지막 흔적이 사라지

---

38) 콜루멜라와 팔라디우스Palladius를 지시한다. 베버, 『로마농지사』 p. 263 이하 참조.
39) 트라야누스의 원정을 지시하는 것으로 짐작되나, 사료는 분명하지 않다.
40) 부녀작업장들γυναικεῖα가 게니티아이genitiae로 되었다는 주장은 Alfredus Boretius, *Capitularia regum francorum*, Hannoverae, 1883, p. 86, n. 40에서 나온 것이다. 베버는 여성 복수형을 중성 단수인 genitium으로 표시하였다.
41) Kathe: Kate로도 표기함, 이는 소규모 농장으로 오로지 한 채의 집과 적은 농지로 이루어지며, 그 점유자는 다른 소득 특히 농업노동으로 영위한다.
42) mansus servilis: 망스(라틴어표기는 만수스)는 후페와 마찬가지로 농업단위이면서 과세단위이다. 한 망스는 보통 3-4가족이 맡으며 면적은 다양하다. 농민 신분에 따라서 노예 망스, 반자유인 망스, 자유인 망스가 있으나, 신분의 변화로 이런 구분은 의미가 없어지게 된다.

도록 위축되고 있는 노예 시장에서 구매를 통해서 더 이상 조달될 수 없는 노동력의 지속된 조달을 이루었다. 주인은 대농장에서 자신이 감당하였던 양육의 위험을 노예 본인에게 전가하였다. 천천히 그러나 확실히 진전하고 있던 변화의 과정이 지니는 의미는 심대하였다. 중요한 것은 사회의 기층에서 발생한 강한 변화 과정이다. 즉, 그들에게 가족과 자기 점유가 반환되었다는 점이다. 또한 필자가 여기에서 지시하고자 하는 것은 단지 그리스도교의 발달과 이 과정이 어떻게 병행하는가에 관한 것이다. 그리스도교는 노예 병영에서 지반을 거의 발견하지 못했을 것이다. 반면에 아우구스티누스 시기 아프리카의 부자유 농민들은[43] 이미 종파 운동의 담당자였다.

노예가 사회에서 부자유 부역농이 되어 상승하는 동시에 콜로누스는 예속농으로 전락한다. 지주에 대한 콜로누스의 관계는 일종의 **노동** 관계라는 성격을 점점 더 채택하였으므로 그 현상이 일어났다. 이미 언급한 것처럼, 처음부터 농장을 위한 노동이 수행되었다고 하더라도, 본래 주인에게 주로 도달하는 것은 콜로누스가 지불하는 **지대**이다. 그러나 농업서 저술가[44]들은 이미 제정 초기에 강조점을 콜로누스의 **노동**에 두었다. 그리고 노예 노동이 점점 더 부족해지면서 점점 더 그렇게 되어야만 했다. 코모두스 시기로부터 아프리카 지역에서 나오기 시작하는 비문들은[45] 그곳에서 이미 콜로누스가 토지를 수봉(受封)하고 그에 대해서 특정한 부역을 책임지는 부역 농민이 되었다고 하는 점을 우리에게 제시하고 있다. 그리고 일종의 **법률** 사항 즉, 문서상으로 콜로누스를 농장의 **노동**력으로 간주하는 경작지 결박이라는 표현이 곧 콜로누스의 지위상의 **경제** 변화에 부착되었다. 그 형성 과정을 이해하기 위해서 잠깐 행정법에 대한 고찰을 삽입해야 한다.

공화정말·제정초에 로마의 행정조직은 통치의 토대인 **도시 자치단체**, 즉 무니키피움 위에 기초를 두고 있었다. 이는 고대 문화가 그 경제 토대인 도시에 기초를

---

[43] 4~5세기 아프리카 그리스도교를 이끌었던 도나투스파와 그들의 하위 분파인 이동(移動)파 Circumcellions를 지시한다. 후자는 특히 소유권과 노예제를 부정하고 채무를 없앨 것을 주장하고, 순교를 가장 높은 가치로 여겼다. 이들은 그리스도의 군병으로 불리기도 했다.
[44] 콜루멜라, 1.7.1. "in hominibus. …coloni…servi"
[45] Mommsen, "Decret des Commodus für den Saltus Burunitanus", *Hermes*, 15, 1880, p. 390 이하에서 취급된 비문으로 180~182년에 해당된다. 이에 관해서 베버, 『로마농지사』 p. 246에 소개하고 있다. 특히 콜로누스가 '농지의 부분 partes agrariae'으로 취급되는 사정을 설명한다.

두고 있었던 것과 매우 흡사하다. 사람들은 체계 있게 제국 내에 포함된 지역을 -국법상 여러 단계의 의존도로- 도시 단체로 조직하였으며, 자치도시라는 행정법의 형태가 제국 전역에 확산되었다. 도시는 정식으로 최하위 행정 구역이다. 도시 행정관들은 조세징수 및 징병의 분담량을 국가에 책임지고 있었다. - 그러나 제정기가 경과하면서, 발전의 방향이 전환된다. <69> 대농장들은 그 단체에 포함되는 것을 기피하려는 노력에 성공을 거둔다. 내지에 인구가 증가함에 따라서 점점 안으로 제국의 중심점이 놓이게 되고 농업에 종사하는 내지의 인구가 점점 더 많은 신병을 제공하게 되었다. 그러나 또한 국가 정치에 대해서 고대의 "농지파" 즉 대지주들의 이해관계가 점점 더 확고해졌다. 오늘 우리가 독일 동부의 대지주들을 지방 자치단체로 "**공동체 편입시키려고**"46) 시도할 때에 저항이 있는 것을 발견하는 것처럼, 로마 제국은 농장들의 **공동체 이탈**의 경향을 별로 억제하지 않았다.47) 도시와 더불어서 "삼림"과 "영토(territoria)"가 많았다. 독일 동부에서 기사 지주들이 "장원 구역"에서 그러했던 것과 비슷하게, 이곳은 지주가 지방 관헌인 관할구역이다. 국가가 영토의 조세 때문에 붙들었던 자들이 농장점유자이었으며 -그는 최종으로 "소작농"에게 토지를 빌려주고 다시 그들로부터 수취했다- 국가는 영주에게 지주권에 대하여 분담해야 할 신병 수를 정해주었다. 그 결과 신병 조달은 곧 장원이 부담해야 하는 마치 또 다른 공공의 의무 수행을 의미하였다. 신병 조달은 사실 노동력-콜로누스-을 크게 훼손시켰던 것이다.48)

이로써 지주 하에 있는 콜로누스가 경작지에 법으로 결박되는 길이 닦여졌다.

로마 제국에서 -특별히 국법 관계를 제외하고- 일반 임의이주권이 법의 보장을 받았던 것은 아니다. 예를 들어서 『누가복음』의 저자에게 그 개념이 친숙했던 것처럼49) 과세를 목적으로 각 사람이 자신의 고향단체(오리고50)로 -이를테면 각자의 구호민구51)로- 쫓겨날 수 있다는 점을 우리가 회상해 보면, 베들레헴으로 향하는

---

46) inkommunalisieren: 프로이센에서 이런 저항은 1927년까지 지속되었다.
47) 이런 경향에 관해서 베버, 『로마농지사』 p. 258, p. 264에서 제시한 바 있다.
48) 특히 데쿠리온으로 불리는 지방관원의 역할과 관련해서 베버, 『로마농지사』 p. 265f을 보시오. 특히 테오도시우스의 법전을 충분히 활용하고 있다.
49) 『누가복음』, 2:3-4.
50) origo: 태어나다, 솟아오른다는 뜻의 orior에서 파생된 말로, 여기에서 Orient, Origin이 나온다. 번역은 기원, 본적, 원적, 출생지, 소속 등으로 번역한다. 황실지가 오리고로 지정되는 경우도 있다. 이 경우 고향단체에서는 일체의 역을 맡지 못한다.

그리스도의 부모가 그러했다. 그러나 **콜로누스**의 오리고는 자기 주인의 **농장 구역**이다.

이제 일찍이 공공-법의 의무를 수행하기 위해서 강제 복귀의 제도가 있었음을 본다. 원로원의원조차도 그가 장기간 의석에서 이탈해 있을 때에는 강제로 복귀되었다. 자신의 의무를 기피하고 있는 속주의 '의회의원'(decurio)에게는 덜 강제였으며, 공동체의 요구가 있을 때에는 강제로 복귀되었다. 흔히 그것으로 충분하였다. 왜냐하면 고대 로마의 시의회의원은 공동체의 예상된 조세를 책임지고 있었으므로 별로 매력이 없었기 때문이다. 그리고 차후에 모든 법 형태가 쇠퇴·소멸하였을 때 이런 복귀 요구들은 반환요구의, <70> 즉 옛 대물소송(vindicatio)의 개념을 열었다. 왜냐하면 단체들은 이 소송을 통해서 아마도 도망한 자치단체의 황소를 뒤쫓는 것처럼, 도주한 시의회의원을 뒤쫓았을 것이기 때문이다.52)

의회의원에게 맞는 것은 콜로누스에게도 적합하다. 부역 권리자와 관헌이 동일 인물에 있었으므로, 콜로누스의 부역 의무는 공공 부담과 구별되지 않는다. 그리고 콜로누스가 부역을 회피하면, 강제로 복귀되었다. 그래서 콜로누스는 행정관행상으로 실제 농장 구역에 지주의 영주권 아래 장기간 묶인 경작지 결박 부역 농민이 되었다. 그는 국가에 대해서는 "간접" 상태에 놓였다. 그리고 그 위에 "점유자들"이라고 하는 "제국 직속의" 신분이 군림하였다. 우리는 점유자들이 제정 후기에 비시고트 및 메로빙 왕조와 같이 부동의 유형임을 발견한다. 이 **신분상 분절**은 자유인과 부자유인 간에 전개된 전통의 대립 대신에 출발하였다. 각 단계에서 거의 눈에 띄지 않는 발전이 그것을 이끌었다. 경제의 여러 관계가 그 방향으로 유도하였기 때문이다. **봉건 사회**의 발전이 이미 로마 제정 후기의 공기 중에 있었다.

왜냐하면 제정 후기의 이 토지 지배에서 "무한한" 의무를 지고 있는 부자유인(노예들)과 일정한 화폐·현물 납세 및 후에는 점점 더 현물 **할당**으로 납부하게 되는 - 그리고 언제나 그런 것은 아니지만 정규로 부과되는- 특정한 부역 의무를 진 인신상 자유로운 자(콜로누스들, 재산세의무자들)라는 부역 농민의 두 가지 범주와 더

---

51) Unterstützungswohnsitz: 구빈적(救貧籍)이라고 번역하기도 한다. 베버 당시에 여기에서 24살 이상이고 2년간 체류한 후에는 지방자치단체를 통한 보조금을 신청할 법 권리를 가질 수 있었다.
52) 데쿠리온에 관한 "반환청구소송"에 관해서는 『테오도시우스 법전』, 12.1.181(416년)에 기술된다. 베버, 『로마농지사』 p. 256f에서 자세히 다루고 있다.

불어서 이미 **중세 장원**의 유형을 확실히 목전에 두고 있기 때문이다.

그러나 부역 노동으로 판매 생산을 하는 것은 고대의 교역 관계 하에서는 불가능한 것이었다. 판매 생산을 위해서는 훈련된 노예 병영이 전제 조건이었다. 내지에서는 노예 농장이 소농의 농장으로 분할됨으로써 판매 생산이 중지되지 않을 수 없었을 때, 자연경제 토대 위에서 짜진 엷은 교역의 망은 점차 느슨해지고 갈라지게 되었다. 우리는 분명히 최후의 위대한 로마 농업서 작가인 팔라디우스의 글53)에서 그것을 이미 보았다. 그는 될 수 있는 한, 농장 노동이 모든 노동의 필요를 충족하며 그 자체로서 자급하고 외부로부터는 **구매**가 필요 없도록 설비를 갖출 것을 제안한다. 제분, 제빵, 방적, 직조가 옛부터 <71> 장원 농장의 부녀자들에 의해서 관할되어 왔다면, 대장간 일, 가구 제작, 미장 일, 목공, 그리고 수공업을 행하는 데에 요구되는 것들은 농장에 속한 부자유 부역노동자를 통해서 마련하였다. 따라서 특히 **자유로운**, 대체로 임금과 식사 제공에 대해서 노동하는 도시 수공업자의 엷은 층은 상대 의미에서 더욱 후퇴하였다. 경제로 앞서 가고 있었던 지주의 가계는 수요를 **자연경제**로 충족하였다.

지주가 **자기수요를 노동 분업으로 충족**하는 것은 점점 더 계속해서 "오이코스"를 지배하는 경제 목표가 된다. 대지주들은 도시 시장과 분리된다. 따라서 대다수의 중·소 도시들은 그 경제 토대, 즉 도시경제의 노동 및 상품을 주변 농촌과 **교환하는 것**을 점점 더 포기한다. 제정 후기에 불투명하고 파편이 된 유리와 같은 법률 사료를 통하여 보아도, 우리에게 이점은 분명하다. 황제들은 도시로부터의 도주, 특히 **점유자들**이 도시에 있는 거주지를 포기하고 해체하여 널빤지와 집기를 자신의 별장에 옮기는 것에 대해서 늘 되풀이해서 비난한다.54)

도시들이 이렇게 몰락한 데에는 **국가의 재정 정책**이 강하게 작용한다. 재정 수요가 증가하면서 재정 정책도 점점 더 **자연경제**에 따라 이루어지며, "오이코스"로서 재정(fiscus)은 시장에서 수요를 되도록 적게 충족시키고, 되도록이면 자체의 수단으로써 많이 충족시킨다. - 따라서 **화폐** 재산의 형성을 막는다. 신민의 입장에서 보

---

53) Palladius: 기원후 363~431. 팔라디우스, 1.6.2가 참조된다.
54) 베버, 『로마농지사』 p. 263에서 이를 다루고 있으며 n. 91에는 상세한 전거를 소개하고 있다.

면, 중요한 투기업종인 징세청부가 제거되고 자체의 조세징수가 이를 대신하였다는 점은 일종의 시혜였다. 아마도 선박을 통해서 국가의 곡물을 조달하는 것이 더 이치에 맞을 것이다. 국가는 선박 건조에 대하여 이를 기업가에 맡기는 대신에 토지 할당으로 보상하였다. 다수의 수익성 있는 교역 부문과 국가 광산업을 공식으로 독점하는 것이 점점 더 재정상 유리하였다. 그러나 이 모든 것은 자연히 개인 자본과 근대 시민 계층에 상응할지 모르는 계층이 발달하는 계기를 억제하였다. 농촌을 착취하며 그 경제 중심을 해안과 도시 간 교역에 두고 있는 도시들의 집단으로부터 자연경제로 내륙을 <72> 정치로 통합하여 조직하려고 하는 국가 체제가 될수록, 제국에서는 자연경제 재정의 발전이 점점 더 이루어졌다. 따라서 엄청나게 증가하는 국가 수요를 **화폐경제**로 메우는 것은 교역의 너무 빈약한 껍질이 허락하지 않았다. 오히려 기필코 국가 재정 제도에서 **자연경제** 요소가 부풀어 올랐다.

국가에 대한 속주의 공납은 예로부터 상당 부분이 현물 특히 곡물로 이루어졌으며, 이로써 국가의 창고가 채워졌다. 제정기에도 시장 또는 청부에 입각한 판매에 의해서는 덜 조달하는 반면에 도시 공업에 현물 납세를 부과하는 방법으로 더욱 많이 조달하였다. 이로써 수공업품에 대한 관할이 필요하게 되었다. 도시 수공업은 이 목적을 위해서 강제 조합으로 통합되었다. 이로써 빈곤한 자유 수공업자들은 실제로 대를 물려가는 길드 성원의 상태로 전락했다. ─국고는 현물 수입을 상응하는 현물 지출로 소모하였다. 그래서 특히 지출의 양대 항목인 **관료**와 **군대**에 대해서는 자연경제식으로 지불하였다. 여기에서도 자연경제는 한계를 지닌다.

하나의 대규모 내륙 국가는 봉급을 받는 직업 관리에 의해서 운영되었는데, 이는 고대 도시 국가에서는 없어도 좋았던 것이다. 디오클레티아누스 제국에 속한 국가 관료의 봉급은 상당한 정도로 **현물**-봉급이었다. 그것은 마치 오늘날 메클렌부르크식의 농장 품꾼55)이 받은 많은 양의 현물급여와 같아 보인다. 수천 셰펠의 곡물, 일정 수의 가축, 상응하는 양의 소금·올리브유, 한 마디로 관리의 의식주 생활에 필요한 모든 물품이 제국의 국고에서 배분되었다. 아울러 상대로 보아 적은 양의 용

---

55) Mecklenburg: 1871년 독일제국에 편입된 공국이다. 이곳의 농민의 처지는 매우 열악하였으며, 1807년 슈타인 남작이 봉건체제 개혁을 시도하였고 1820년에는 농노제가 폐지되었으나 실제로 개선되지 못하였다. 이 지역 노동자들은 해가 뜰 때부터 해가 질 때까지 노동하여 한 페니히를 받았으며, 여기에서도 식비가 공제되었다. 그리고 대부분의 임금을 감자, 곡물, 목재 등으로 지급받았다.

돈도 수여되었다.56) 그러나 이 실물 충족을 향한 분명한 경향에도 불구하고 중요해지고 있는 관리 조직의 유지를 위해서도 상당한 현금 지출이 필요하였다. 또 제국 군사수요의 충족에서도 그런 요구가 더욱 고조되었다.

적으로부터 공격의 위협을 받은 국경을 지닌 내륙 국가는 **상비군**을 필요로 한다. 토지 점유자의 국방의무와 자판무장(自辦武裝)에 기초한 종래의 시민군은 공화정 말기 이래로 이미 국가에 의해서 무장이 지급되는 무산자 출신 신병들로 이루어진 군대로 변하였다. -바로 이들이 황제들의 버팀목이었다. 이어서 제정기에는 사실상으로만 아니라 법률상으로도 상비 **직업** 군대가 생겼다. <73> 그것을 유지하기 위해서는 두 가지가 필요하였다. 신병과 현금이었다. "계몽" 전제주의 시기에 중상주의 군주인 프리드리히 2세와 마리아 테레지아가 농민 소작지 몰수를 금지함으로써 농업에서 대경영을 억제하였던 이유는 바로 신병이 필요하였기 때문이다.57) 그것이 생긴 것은 농민들에 대한 인도주의의 근거나 사랑에서가 아니었다. 각 농민은 보호받지 않았다.- 한 명의 농민을 경작지에 두었다면, 영주는 그를 자신 있게 몰아낼 수 있었을 것이다. 오히려 프리드리히 빌헬름 1세 이후에 "넘쳐나는 농사꾼"58)이 신병 모집의 원천이 되었을 때, 농민들은 **경작지**에 있어야 했기 때문이다. 그로 인해서 농민 경지를 축소시킴으로써 현존하는 농민의 양을 감소시키는 것이 금지되었다. 그럴 경우 징병이 위협받고, 경작지에서 인구가 감소하였기 때문이다. -유사한 근거에서 로마 제국의 황제들도 콜로누스의 여러 관계에 관여했다. 예컨대 콜로누스의 부담이 느는 것을 금지하였다.- 다른 한편으로 중상주의 군주들은 대규모의 공장제 수공업을 추진하였다. 이로써 국토에 "사람을 채우고"59) -두 번째로- **돈**이

---

56) 관련된 기사는 황제사가, 『황신 클라우디우스』 14에 클라우디우스가 군단 천부장으로서 받은 연봉이 나와 있다. 이 시기는 268-270년인데, Bücher, "Diokletianische Taxordnung vom Jahre 301," p. 205에서는 이를 디오클레티아누스 시기와 관련이 있다고 확증하였다. 메클렌부르크와 관련해서는 베버, "Die Lage der Landarbeiter im ostelbischen Deutschland," *Die Verhältnisse der Landarbeiter in Deutschland*, 3, 1892(『막스베버전집MWG』, 1/3, pp. 831-866)에서 비교한 바 있다.
57) 농장을 만들기 위해서 자영 소농의 경작을 흡수해 버리는 농지 회수에 관해서는 프리드리이 빌헬름 1세가 최초로 시도했고, 프리드리히 대제가 1749년과 1764년에 농민보호칙법으로 그런 동향을 막았다. 마리아 테레지아는 1769년 이래도 상응하는 조치를 취하였다. 이 문제에 관해서는 베버가 다룬 바 있다.
58) überflüssige Bauernkerl: 이들은 장원에 출생한 농민의 자식들로, 징병구 제도가 도입된 이래로 농촌에서 스스로 징모되던 병사들의 핵심 부분을 이루었다.
59) peuplierten: 이것은 경제적으로 수행능력이 있는 주민, 예를 들어 수공업 노동자를 농촌에 정착시

나라에 들어왔기 때문이다. 프리드리히 대왕은 체포영장을 통해 탈영하는 병사들만 아니라 또한 도망하는 노동자와 -제조업자를 추적하였다.60) 이 점은 로마 제국의 황제들에게는 가능하지 않았다. 왜냐하면 자유 노동력으로 판매를 지향하여 생산하는 대규모 공업은 존재하지도 않았고 성립할 수도 없었기 때문이다. 오히려 도시와 교역의 몰락, 자연경제로의 후퇴와 더불어서 토지에 대해서 점점 더 많은 현금 세입을 획득할 수 있는 가능성은 반대로 상실되어 갔다. 또 노예 시장의 몰락이 초래한 노동력 부족 상태에 처하였으므로 콜로누스들의 징병은 농장들에게 파멸을 가져오는 부담이었다. 따라서 콜로누스들은 기필코 징병에서 벗어나려고 노력하였다. 병역 의무자61)가 몰락하는 도시에서 농촌으로 도망하여 콜로누스 예속 상태로 된다. 왜냐하면 노동력 부족이라는 압력 아래에서 점유자들은 도망자로 하여금 병역을 면하게 해주는 데에 이해관계를 가지기 때문이다. 예속인이 도시로 도주하는 것에 대해서 호엔슈타우펜 가문이 대처했던 것62)과 똑 같이, 제정 후기의 로마 황제들은 시민이 농촌으로 도주하는 것에 대처한다.-

우리는 제정기의 군대에서 이 신병부족으로 인한 반작용을 분명히 발견한다. 이탈리아는 베스파시아누스 이래로 징병에서 면제되었다. 하드리아누스 이래로 파견된 자들의 혼합은 줄고, 사람들은 비용 절감을 위해서 가능한 한, 자체의 주둔지 영역에서 군대를 채우려고 시도한다. -바로 제국 멸망의 최초의 전조이다. 좀 더 자세히 말해서 <74> 수백 년간 제대한 병사들의 출신지를 추적해 보면, "주둔지 출신자(castrenses)"로 지시되는 자들의 수가 전체 중 적은 비율에서 제정기에 거의 절반에 이르기까지 상승한다는 점이 드러난다. 다른 말로 하면, 로마 군대는 계속 점점 더 많은 부분을 자체로부터 보충하였다. 마치 자기 가족을 지닌 농민이 결혼하지 못하는 병영 노예를 대신한 것처럼, 적어도 일부는 군인으로 결혼한 상태에 있으면

키는 것을 말한다. 이것은 특히 판매를 지향한 중상주의 정책의 주요 목표이기도 했다. 베버는 「일반 국민경제」에 관한 강연을 통해서 이를 다루었다.
60) 프랑스인 견직물업자의 탈출에 반대하는 내각 명령을 지시한다. 이에 관해선 Schmoller et al., *Die preußische Seidenindustrie im 18. Jahrhundert und ihre Begründung durch Freidrich den Grossen*, Berlin, 1892, p. 269를 참조하시오.
61) Kantonphlichtige: 프리드리히 1세에 의해서 도입된 징병구Kantonen 제도에 따르는 의무자를 말한다.
62) 이 사례는 Nitsch, *Geschichte des deutschen Volkes. Durchbruch zu Industrialismus und Massengesellschaft*, 3, Leipzig, 1841, p. 671에 나오는데, 1219년에 있었던 투쟁이 있다.

서 실제로 세습되는 직업 용병이 결혼하지 못하는 병영 병사, 더 적확히 말하자면, 주둔지 병사를 대신하였다. 또 야만인들에게 병역 의무를 지는 대가로 토지를 제공함으로써 국경 감시를 감당시키려고 한다. 이 형태는 봉토의 먼 선구자로서 점점 더 많이 이용된다. 따라서 제국을 지배하는 군대는 재향 주민과의 관계에 의해 점점 더 이완되는 야만인 무리가 된다. 그런 이유로 인해서 제국의 **밖으로부터** 야만인들이 전승가도를 달려온 침입은 근본으로 제국의 지방민들에게는 첫눈에 숙영(宿營)의 변화만을 의미하였을 뿐이며, 로마의 숙영 제도의 형태는 여전히 전수되었다.63) 갈리아에서 야만인들은 도처에서 결코 정복자로서 공포의 대상이 된 것이 아니라, 여기저기에서 로마 행정의 억압에 대한 해방자로서 환영을 받았다.64) -또 이 점은 분명하다.

그 이유는 노쇠해지고 있는 제국이 자체의 인력 자원으로 싸우는 것을 어렵게 한 것이 **신병 소집**이었을 뿐 아니라, **현금 조세**가 자연경제로 후퇴한 국민들을 더욱 억압하였고, 그것이 없어서는 봉급을 받는 군대가 전혀 유지될 수 없었기 때문이다. 국가 통치 전체는 점점 더 현금 징수에 매달리게 되었다. 근본 자가수요를 위해서만 생산하는 점유자들이 **현금 조세**를 납부하지 못하는 경제 무능력이 점점 드러나게 되었다. 과연 그렇다. -만약 황제가 이렇게 말했다고 하자. "됐소. 그대들은 콜로누스로 하여금 무기를 만들게 하고, 말을 타고, 짐을 지고, 그대들이 먹고 사는 경작지를 지키도록 하라."65)- 그렇다면, 그들이 경제상으로 그것을 실천할 수 있을 것이다. 그리고 이렇게 함으로써 바로 중세가 되고, **봉건 군대**가 생겼을 것이다.66) 실상을 보면, 사회의 봉건 조직처럼 **봉건 군역제도**는 후기 로마의 발전이 도달하고자 한 목표였다. -민족이동의 시기에 <75> 이주하는 농민군에게 유리하게 단기간 그리고 오로지 국지로 후퇴한 후에- 카롤링 시기가 오면, 그 목표에 대개 도달할 것이다. 봉건기사 군대만으로는 참으로 외국의 왕들을 정복하고 자신의 위축

---

63) Brunner, *Deutsche Rechtsgeschichte*, 2 Aufl. 1, Leipzig, 1906, pp. 64-70에 나오는 내용이다. 숙영하는 병사들에게 한 집의 1/3을 넘겨주는 것을 말하는데, 이는 특히 갈리아서 정착한 야만인에 대해서도 이루어져서, 점유지의 1/3을 그렇게 했다.
64) Salvianus, *De gubernatione dei*, 5.37과 7.71의 내용이다
65) 이 인용문은 베버가 가상으로 만든 것이다.
66) 이는 메로빙 조의 궁장이던 카롤루스 마르텔이 8세기 초에 기사 군대를 육성한 것을 지시한다. 마르텔은 이를 이용해 732년 투르에서 이슬람 군의 침입을 막는다.

된 영역의 국경을 지킬 수 있다. 그러나 세계 제국의 통일성을 유지할 수는 없고, 수백 마일에 이르는 국경선을 토지에 굶주린 정복자들에 대항하여 유지할 수 없다. 그 때문에 로마 제정 후기에는 자연경제 토대에 상응하는 그 군제(軍制) 형태로의 이행은 가능하지 않았다. **따라서** 디오클레티아누스는 통일된 **현금** 조세의 토대 위에서 국가 재정의 재조직을 추구하지 않을 수 없었고, **도시는** 최후까지 국가라는 유기체가 가진 관공서의 최하단위 세포로 머물렀다. 그러나 광범한 로마의 다수 도시들은 **경제** 기반이 점점 위축되었다. 도시들은 장원들의 망으로 구성된 토대 위에서 현금을 필요로 하는 국가관리 기구를 위해서 마치 피를 뽑는 기계67)처럼 앉아있었다. 로마 제국의 멸망은 교역이 점점 감소하고 자연경제가 증가하여 나온 필연의 정치 귀결이었다. 그 멸망은 본래 저 통치 기구의 몰락을 의미하였으나, 더 이상 자연경제식 경제 하부구조에 적합하지 않은 화폐경제식 정치 상부구조가 몰락하는 것을 의미하였다.68)

그 후 500년이 지나서 디오클레티아누스의 유언에 대한 후대의 집행인이라고 할 카롤루스 대제(781-814)가 다시 서구의 정치 통일을 재연하였을 때에 이 통일은 엄한 자연경제 토대 위에서 이루어졌던 것이다. 왕령지 관리인(빌리쿠스들)에 대한 훈시를 -저 유명한 황실 농장에 대한 칙법은69) 전문 지식과 엄격함에서 프리드리히 빌헬름 1세(1713-1740)의 규정을 상기시킨다- 읽는 사람은 그 점에 대한 가장 분명한 예를 발견한다. 왕 옆에 있는 **왕후도** 상급 기관으로 나타난다. 왕의 부인은 재정관이다.70) 그리고 이는 당연하다. 이 "재정행정"에서 특히 중요한 것은 왕을 위한 식단 및 "국가"와 동일한 가계의 수요이다. 그것은 왕의 궁정에 감독자들이 무엇을 조달해야 하는지를 지시한다. -예를 들면, 곡물, 육류, 직물, 진귀한 다량의

---

67) Schröpfköpfe: 방혈기(放血器). 중세시기에 사용된 의료기구로, 베버, 『로마농지사』 p. 267에 같은 표현이 사용되고 있다.
68) 이 견해는 애초 Rodbertus, "Zur Geschichte der römische Tributsteuern seit Augustus", *Jahrbücher für Nationalökonomie und Statistik*, 8, 1867, p. 450에 나온다. 여기에서는 베버처럼 상부-하부라는 말 대신에 머리Kopf-몸Rumpf이라는 댓구를 사용하였다.
69) *Capitulare de villis*: 이것은 790-800년에 작성된 것으로 카롤루스 대제의 장원에 관한 규정이다. 여기에서는 관리인이 '빌리쿠스들vilici'이 아니라 '유디케스iudices'(심판관이라는 의미)로 표시된다. 전자의 명칭에 관해서는 Brunner, *Deutsche Rechtsgeschichte*, 2, p. 124를 참조하시오.
70) *Capitulari de villis*, 16.27.47.58.

비단 등등이다.71) 간단히 말해서 왕이 자신을 위해서, 자신의 집안 식구를 위해서, 그리고 식탁 동료를 위해서 소모하는 것과 정치 임무를 위한 것 즉, 전쟁용 말과 마차이다.72) 소멸된 것은 상비군과 유급 관리이다. 그와 더불어서 -예상처럼- 세금도 사라졌다. 왕은 왕의 관료들에게 자기 식탁에서 식사를 제공하거나 토지를 <76> 주었다. 특히 군대는 기사 군대가 되었다. 따라서 기사 신분의 영주로 구성된 군대로 변했다. 그러나 또한 국지간 상품 교환도 사라졌다. 경제생활의 자가경제 세포인 도시들 사이의 교역망은 파괴되었고 이민족의 -그리스인과 유대인의- 손에 장악된 행상(行商)의 단계로 다시 후퇴한다.73)

  사라진 것은 도시다. -카롤링 시기에 도시가 대체로 특별한 행정법 개념으로 파악되지 않았다. 장원 영주들이 문화의 담당자이다.- 또한 수도원의 토대이다. -영주들은 정치 기능의 수행자들이며, 왕 자신은 가장 큰 영주다.- 지나친 시골뜨기 문맹자다. 왕은 농촌에 여러 성을 가지고 있어서 일정한 거주지가 없다. 그는 자신의 생활을 유지하기 위해서 근대의 군주들보다도 더 많이 여행한다. -왜냐하면 그는 성에서 성으로 옮겨 다니면서 저장된 것을 소모하면서 생활하기 때문이다.- 문화는 농촌이 되었다.

  고대 경제 발전의 순환 과정은 완료되었다.74) 고대의 정신 노동이 완전히 근절된 것은 분명하다. 고대 도시들의 화려한 대리석이 교역의 침체와 더불어서 붕괴되었다. 그래서 도시에 터를 두고 있는 모든 정신상의 개화들, 예술, 문학, 과학, 세련된 모습의 고대 교역법도 몰락했다. 점유자들과 원로들의 농장에는 아직도 중세의 연가(戀歌)가 울리지 않는다. 최정상을 지향한 발전이 현저하게 물질 토대를 상실하고, 자체로 붕괴되는 광경은 우리로 하여금 부지불식간에 감상에 젖게 한다. 그러나 이 거대한 사례에서 우리 눈앞에 보이는 것이 무엇인가? 사회의 기저에서 유기체의 구조 변화가 발생하였으며, 발생하지 않으면 안 되었다. 그 변화는 또한 전체의 강력한 회복 과정을 의미했다. 단일가족과 개인점유는 부자유인 대중에게 되돌

---

71) *Capitulari de villis*, 43.46.62.
72) *Capitulari de villis*, 13-15.50.64.
73) 이 견해는 Goldschmidt, *Universalgeschichte des Handelsrechts*, 1, 3 Aufl., Stuttgart, 1891, pp. 106-112에 제시된 내용이다.
74) 이 표현은 마이어, "Die wirtschaftliche Entwickelung des Altertums" p. 743, 자체 붕괴에 관해서는 p. 733에 나온다.

려졌다. 이들은 "말하는 도구"75)의 상태에서 완만하게 다시 인간의 범위로 상승하였으며, 이어서 성장하는 그리스도교가 그 가족존재를 끈질긴 윤리 보장으로 감쌌다. 이미 제정 후기에 농민보호법은 부자유 가족의 결합을 승인하는데, 전에 없었던 정도였다. 물론 일부의 자유인이 동시에 사실상의 예속 상태로 전락하며, 고대의 세련된 교양을 갖춘 귀족이 야만인의 상태로 하강한다. 부자유 <77> 노동의 팽창이 고대문화 발전을 뒤바꿔치기 해 놓은 자연경제 토대는 우선 점점 더 무성해졌으며, 노예점유가 재산 차이를 점점 더 심화시켰고, 해안에서 내지로 정치 중심이 이동하고 인력공급이 고갈된 이후에 봉건제를 지향한 구조가 원래 교환경제인 상부구조에도 압력을 가하였다. 그래서 엷게 짜인 고대 문화의 외피는 사라지고, 서유럽인의 정신생활에 기나긴 밤이 왔다. 그런 몰락은 한편 그리스 신화에서 지모신의 품에 안겨 잠자면 새로운 힘을 얻는다고 하는 저 괴물76)을 상기시킨다. 그 경우는 고대의 상류층 사람들에게 분명히 기이하게 보였을 것이다. 아마도 그들 중 한명은 카롤링 시기에 그 양피지 문서에서 일어났을지도 모른다. 그리고 그는 세상을 수도원 방에서 검토하였을 것이다. 장원의 거름 냄새가 그에게 불어 왔을 것이다. 하지만 고대의 상층민들은 문화와 더불어 다시 농촌으로 변해버린 경제생활의 품에서 동면(冬眠)에 접어든다. 그리고 아직 그들에게는 봉건 사회의 연가와 마상 창 시합이 환기되지 않는다. 우선 자유 노동 분업과 교역의 토대 위에서 도시가 다시 부흥하고, 이어서 국민경제로의 이행이 시민의 자유를 확대시키고, 중세 내외의 권위 아래에 있는 강압을 파괴해버린 후에야, 비로소 새 힘을 얻는 그 괴물이 머리를 내밀고, 고대의 정신 유산이 또한 근대의 시민 문화라는 빛으로 조명되었다.

---

75) sprechenden Inventar: 바로, 1.17.1, "instrumenti genus vocale"를 독일어로 표현하였다.
76) 안타이오스Antaios를 지시한다. 그는 해신 포세이돈과 가이아 여신의 자식인데, 외지인을 강제로 자신과 겨루게 하여 그들의 두개골로 포세이돈 신전의 지붕을 만든다. 후에 헤라클레스가 그를 땅에서 떨어뜨려 처치한다.

찾아보기

【ㄱ】
가난뱅이 / 304
가비 농지 / 286
가이우스 플라미니우스 / 294
가정의 신 제우스 / 154
간청 / 256
같은 밥그릇을 나누는 자 / 121
개인재산 / 274
갸벨르 / 209
거류외인 / 110
거주 구역을 바꾸는 것 / 272
게니티움 / 382
게르 / 86
게오르군테스 / 319
견유주의 / 46
경계선들 / 281
경제인 / 329
계몽 / 388
계약에 따라서 / 118
고대 사회 / 373
고르틴 / 362
고르틴법 / 121
고향 단체 / 154
곡물수집자 / 216
공동방목지 / 247
공동소유 / 290
공동의 벗 / 326
공동체 편입시키려고 / 384
공인 / 238
공장 / 21, 222
과세된 사유지 / 285
과세지 / 291
교회 / 218
구두(口頭) 선언 / 277
구류소 / 379
구호민구 / 384
국가 농민들 / 217
국가소설 / 59
국민 총회 / 274
군세의무자들 / 315

궁토 / 66
귀부인의 복장 / 260
귀족 신분으로의 좌천 / 320
귀족씨족 / 361
그가 할 수 있을 범위에서 / 74
김나지온 / 143

【ㄴ】
나우크라리아 / 155
넘쳐나는 농사꾼 / 388
네테르 호테프 / 218
노동제공자 / 20
노모스 장 / 80
노예 농장 / 382
노예 망스 / 382
노예 문화 / 375
노예 사냥 / 375
노예의 의복 / 177
노예혼 / 306
농지파 / 191
농촌 순회 재판관 / 275
농촌과 촌락 / 123
니키아스 / 174

【ㄷ】
다윗 왕의 종사단 / 49
더 멀리 있는 농지 / 310
데겐 / 128
데모스테네스 / 362
데미우르고이 / 136
데켈레이아 전쟁 / 154, 166
데키마니 / 280
도검 제작공 / 148
도나투스파 / 232
도미니움 / 253
도시 / 134
도시 문화 / 373
도제 / 70
동등성 / 317
동의에 따른 식민자들 / 208

동종의 본성에 반대하여 / 110
두 헤라클레아 / 144
드보라 / 112
등급 아래에 / 267
디스케디테 / 268
디아디카시아 / 126
디케 엑술레스 / 126

【ㄹ】
라고스 / 65
라시텐 / 241
라오이 / 85
라우레이온 / 31
라이벌 / 243
라이프아이게네 / 63
라티푼디아가 이탈리아를 망쳤다 / 372
라틴 인 축출에 관한 클라우디우스 법 / 296
람세스 / 91
람프사코스 / 221
레길룸 / 257
레온티니 / 317
레우카스 / 140
레우케 코메 / 222
레우콘 / 189
레이투르기아 국가 / 52
레투 / 85
레프닝 제도 / 281
렐란티스전쟁 / 135, 158
로마 농지 / 263
로마 인민의 공유지 / 284
로마 중세 / 273
로쿠스 / 282
리비트 / 235
리시아스 / 165
리쿠르고스 / 362
리파라 제도 / 141

【ㅁ】
마 / 92
마고 / 300
마우리츠 판 오라녜 / 334
마카베오 / 232
마키모이 / 92
만다투 / 77
만약 피호민에게 사기치면 / 254
만켑스 / 313
만키피아 / 258
만티네이아 / 192, 320
말하는 도구 / 393

맘세르 / 117
머리 제거 / 193
메갈로폴리스 / 192
메디치 / 330
메딤노스 / 189
메클렌부르크 / 387
멘데 / 205
멘투호텝 / 84
면화 / 224
명백한 개념 / 369
명사귀족 / 274
명예로운 전리품 / 259
모두스 아그리 / 281
모퉁이를 통해서 측량으로 포함된 농지 / 286
모하르 / 116
목동 왕 / 91
무관심 / 236
무니키피아 / 282
무더기 / 304
무뢰한 / 380
무장을 마련한 자들 / 148
무툼 / 184, 185
므텐 / 86
미리티우 / 207
미연방의 민주정 / 156
미케네 문화 / 361
미트리다테스 / 317
민주정 / 156
민중 시대기 / 197

【ㅂ】
바르디 / 330
바리새 인 / 232
바벨 / 60
바실리코이 게오르고이 / 207
배 타는 대중 / 173
배낭 속에 원수의 지팡이를 / 83
베레스 / 316
베이 / 259
병역 의무자 / 389
병영 / 379
보호 길드 / 123
복제 / 240
봉 / 195
봉건 군대 / 390
부르트 / 249
부자유 가내노동 / 35
부지게스의 저주들 / 185
분익 토지 / 170

불모지 / 216
붕당 / 141
뷔소스 / 219
브레아 / 288
비교 / 369
비엔 / 319
비적 / 49
비카리우스 / 312
비쿠스 / 246
비팡크 / 333
빈디카티오 푼디 / 282
빈민 / 128
빈자를 위한 모퉁이 / 233
빌라 우르바나 / 275
빌리카 / 306
빌리쿠스 / 306

【ㅅ】
사두개 인 / 232
사랑을 위한 부역 / 84
사제 법전 / 198
산치 / 225
산헤드린 / 232
상부구조 / 391
생산의 무정부 / 346
서민(庶民) / 203
서사시 / 120
선물투기 / 221
선점지 / 248
선출 명부작성 / 215
세게스테스 / 146
세겜 / 112
세계 / 316
세논 족 / 294
세르비우스 / 239
세리 / 45
세바스테 / 204
세습지 / 244
세입지 / 217
셀라시아 / 142, 191
세송크 왕조 / 81
소 씨족 / 154
소매상들 / 209
소유권설정 절차법 / 167
소크노파이우 네소스 / 219
속성 / 369
솔두리 / 128
수석 장군 / 158
쉐타르 코브 / 235

쉰에르고스 / 179
스네프루 / 84, 207
스스로 시내에 거주하는 / 319
스캄나티오 / 286
스캄눔과 스트리가들을 통한 / 284
스키피오 / 259
스타트모이 / 212
스트라토니케이아 / 204
스티펜디움 / 286
스파르타쿠스의 반란 / 295
스팍테리아 전쟁 / 189
스포리모스 / 213
시간제 사제 / 82
시내거주민 / 146
시내를 위해 / 150
시민 폴리스 / 56
시민권 정책 / 46
시스라 / 112
시에나 / 329
시외(市外) 시민 / 323
시파르 / 60
신성 전쟁 / 159
신의 / 255
신의 몫 / 204
실피온 / 129
심모리아 / 202
10인위원 / 343

【ㅇ】
아고라에 있기 / 338
아그로이코이 / 241
아노나 / 19, 341
아라우시오 / 281
아레초 / 328
아르시노이 / 204
아르케시네 / 157
아르키피니우스 농지 / 286
아르타베 / 201
아르텔 / 25
아리오비스투스 / 122
아마크 / 84
아말피 / 328
아메노피스 4세 / 95
아멘호테프 / 95
아미트-페르 / 86
아버지를 모르는 자들 / 228
아버지와 할아버지의 재산 / 248
아사르하돈 / 69
아수르 / 60

아스케시스 / 218
아시두이 / 270
아우구스탈레스 / 343
아우토시토이 / 180
아이라리 / 270
아차유올리 / 330
아타 클라우수스 / 241
아포티메마타 / 166
아포포라 / 35
아후이트 / 89
악시오네 촌락 / 171
악취에 놓인 인신 / 241
안트루스티오넨 / 128
안티움 / 250
알렉산드레스카타 / 319
암파 / 86
앙키스테이스 / 122
야니쿨룸 / 268
야생의 뿌리부터 / 333
야수의 해독 / 110
야콥 부르크하르트 / 358
약자보호 / 44
에누베레 / 256
에드푸 / 217
에라노이 / 184
에렉테이온 / 178
에르고라본 / 225
에스겔 / 119
에우마이오스 / 127
에우파트리다이 / 146
에클레시아 / 268
에트노스 / 124, 208
에트루리아 인 / 237
에피크리시스 / 351
에피크세노스 / 205
에피파네스타토이 / 319
엘리스 / 190
엠바테우시스 / 167
엠피테우세 / 161
엥그라포스 가모스 / 228
엥크테티콘 / 171
역분전 / 213
연금 폴리스 / 186
연속된 점유들 / 283
영대차지 / 161
영방법 / 254
영세농 / 379
영웅의 분노 / 133
예비군 / 212

오나아흐 / 235
오르게오네스 / 171
오르코메노스 / 221
오리고 / 385
오브로크 / 29
오이케에스 / 128, 245
오이케타이 / 187
오이코게네이스 / 182
오피스 / 194
옵소니온 / 210
왕법 / 255
왕토권 / 68
외투잡기 / 235
요벨의 해 / 111
용익하는 만큼 가지는 것을 허용하라 / 315
우리를 위해서 가지는 것이 허용된다 / 316
우리에게 우리의 빵을 달라 / 225
우비 / 341
우푸트 / 89
원래의 몫 / 139
원정 중에 / 64
원하는 자에게 / 181
유니우스의 외국인 법 / 296
유스 / 247
유추 / 369
윤작 / 378
율법 / 111
의무실 / 379
의무위반 유언에 관한 소송 / 297
이목로(移牧路) / 305
이상형 / 352
이웃 사랑 / 236
이탈리아 권리 / 284
인민법정 / 156
인민을 분리해 부르는 것 / 275
인보동맹 / 124
인스트루멘툼 보칼레 / 188
인접한 점유 / 246
인쿄 / 165
일용양식을 세는 자 / 145
일용할 빵 / 225
임금 노동자 / 138
입회하도록 강제하라 / 319
2유게라 / 249

【ㅈ】
자가 작업자 / 138
자급자족 / 20
자본주의 경제 / 28

자식들 간에 유언 / 70
자신의 자식과 함께 / 304
자유인의 재산 / 149
잔여지 / 312
장원에 관한 칙법 / 331
장점관 / 237
재무관의 농지 / 285
재산을 조사하는 데 속하는 것 / 284
쟁기 / 33
저편 / 108
적법한 혼인 / 69
전제주의 / 388
전품에 비례한 규모 / 283
접도민 / 291
정결제 / 247
정착민 / 202
정치 / 134
젖지 않은 땅 / 217
제노바 / 76
제우기타이 / 265
제조자 / 70
조상의 신 아폴론 / 154
조약 도시들 / 315
종 되었던 집 / 108
종자 / 259
주인 / 125
주인 없는 사람은 없다 / 84
주인의 신의에 있다 / 255
지하 배수구 / 121
직신 / 65
직업근성이 있는 자 / 46
직인 / 179
집 안에 들이기 / 320

【ㅊ】
착취율 / 34
참주 / 120
창을 가지고 획득한 / 123
채무구금자 / 241
촌락 거주자들 / 321
촌락 순회 재판관 / 150
촌락민들처럼 / 272
최상의 권리를 가진 개인의 것이 되도록 하라 / 284
추첨지 / 127
추첨지 보유자 / 213
취리(取利) 자본주의 / 337

【ㅋ】
카니즈 / 346

카르디네스 / 280
카산드레이아 / 205
카산드로스 / 211
카이사르주의 / 318
카피타 / 210
카피테 켄시 / 274
칼데아 / 201
칼라스마 / 279
칼리자 제도 / 233
케루스키 족 / 146
케르케오시리스 / 212
케르퀴라 / 191
켄투리아 / 250
켄투리아에서 경계를 통해서 분할되고 할당된 농지 / 280
켈레레스 / 238
켈레스 / 238
켐수 / 84
코멘다 / 75
코미티움 / 252
코스 / 192
콘도티에리 / 329
콜로누스 / 208
쾨니히그레츠 / 372
퀴리스들의 권리 / 282
크니도스 / 221
크라수스 / 330
클라시스 / 259
클레온 / 174
키라와 크리사 / 159
키레네의 화병 / 129
키톤 / 129

【ㅌ】
타협하에 / 216
테노스 / 168
테르몬 / 193
테르미니 / 281
테메노스 / 127
테베로네 / 257
테오고니스 / 153
테프투니스 / 212
토지 점유의 세분화 / 170
토지할당 / 246
통혼 / 244
투란 / 334
투르가우 / 193
투르스카 / 237
트리아 / 175

트리엔타불라 / 285
트리티스 / 174
티니스 / 79
티마르코스 / 164
티베리스 강을 넘어서 / 264
티스베 / 162

【ㅍ】
파가누스들 / 262
파구스 / 243
파이키나 히스팔라 / 260
파트라이 / 320
파피루스 / 222, 363
팔라디우스 / 386
페루치 / 330
페르세우스 / 194
펠라 / 194
펠타이 / 144
평민 결의 / 269
평민 작정 / 89
평민과 함께 이끌기 / 269
평온한 연금 수령자 / 346
평지 / 155
평화 유지 / 339
포로이 / 209
포르마 / 281
포이니 전쟁 / 41
포키스 / 163
폴란드 법안 / 157
폴레테스 / 130
푸거 / 330
푼두스가 된다 / 273
퓌스텔 드 쿨랑주 / 350
프라시스 에피 뤼세이 / 166
프라이부르크 두루마리 / 278
프라이토레스 / 268
프라트리아 / 122
프레카리움 / 256
프로에이스포라 / 202
프롤레스 / 243
프리아모스 가문 / 121
프리타네이온 / 143

프톨레마이오스의 세입법 / 40
플로테이아 비문 / 171
피두키아 / 166
피를 뽑는 기계 / 391
피사 / 328
피선발자 / 164
피에졸레 / 328
피타네 / 211
피호민 / 241
필라델포스 / 224
필레 / 124

【ㅎ】
하부구조 / 391
하얀 집 / 93
한트게말 / 154
한트베르크 / 137
함무라비 법전 / 44, 59
해상동맹 / 166
해안 문화 / 374
해안 식민시 / 249
향신지배 / 190
헌신 / 254
헤게몬 / 179
헤카토뤼고이 / 283
헤타이로이 / 194
헥테모리오이 / 146
헵타루로이 마키모이 / 212
현금화 / 202
현역군인 / 212
혐오스런 의무들 / 344
형제 사이에 / 185
호누카 / 87
호로스 / 167
호모갈락테스 / 121
호위대 안에 / 64
황소 / 107
후손 / 212
후위 백인대 / 266
휘페로카 / 168
휘포테크 / 166
휴한지 / 216
히르스 / 96

고대농업사정
Agrarverhältnisse im Altertum

인　쇄 • 2019년 8월 28일
발　행 • 2019년 8월 30일

저　자 • 막스 베버(Max Weber)
역　자 • 김창성(金昌成)
발행인 • 원성수
발행처 • **공주대학교출판부**
　　　　충남 공주시 공주대학로 56
전　화 • (041) 850-8752
등록번호 • 5호
ISBN • 979-11-86737-23-1　93920

인쇄처 • **도서출판 보성**(042-673-1511)

정가 18,000원